대한민국 수립과 국제법

정인섭

박영사

서 문

　대학원 석사과정에서 국제법을 공부하기 시작할 무렵 국내 국제법 교과서에는 한국 사례가 거의 소개되어 있지 않았다. 한국의 법령이나 판례에 관한 언급조차 없었다. 국내 필자의 저서임에도 속 내용은 온통 미국, 영국 또는 다른 유럽국가들이 경험한 사건, 판례, 그들의 법령만으로 가득 차 있었다. 그렇다고 세부 연구서 또한 별달리 없었다. 국제법이라는 특성상 국제적으로 저명한 해외 사례가 주로 제시되고 분석되는 일은 당연했지만 대한민국이 경험한 사건으로 국제법적 시각에서 다룰 대상이 이렇게 없나 하는 의문이 들었다. 국제법이란 우리와는 관계없는 타자(他者)들만의 법질서인가? 남의 나라 이야기만 들으며 공부하다 보니 필자에게 국제법은 현실의 대지에 발을 붙이지 못하고 허공 위에 떠도는 소리 같았다. 국제법은 우리에게 "국제법도 법이냐?"는 조소성(嘲笑性) 질문 속 그런 존재에 불과한가? 국내 법조문 해석에 너무 몰두하지 말고, 좀 다른 법학을 공부하고 싶어 택한 국제법이었는데 내가 길을 잘못 들지 않았나 하는 불안감마저 들었다.

　석사과정 초년도에 우연히 접한 미국 L. Henkin의 「Foreign Affairs and the U.S. Constitution」과 「How Nations Behave(2nd)」를 읽으며 색다른 흥분을 느꼈다. 미국 중심의 이야기였지만 그 책 속에서는 국제법이 살아 움직이며 미국 외교와 헌법을 분석하고 있었다. 이제는 오래되어 책 내용은 대부분 잊어버렸지만, 40여 년 전 필자가 느꼈던 짜릿한 생동감에 대한 기억은 아직도 생생하다. 미국과 한국의 국제적 위상이야 큰 차이가 있지만, 우리의 역사와 경험을 국제법적으로 설명해 주면 국제법이 훨씬 현실감 있게 다가올 듯싶었다. 국제법이 한국의 대외적 주장을 뒷받침할 뿐 아니라, 다른 한편 우리의 역사와 현실을 분석하고 정리해 줄 수 있어야겠다고 생각했다. 연구자의 길 초반부에 가졌던 이런 생각이 교수 생활 내내 필자의 뇌리를 떠나지 않았다.

오늘날 어떤 나라도 세상에서 완전 고립되어 홀로 존재할 수 없다. 19세기 중반 조선은 세계사의 최변방 오지였지만, 1980년대에 들어설 무렵 대한민국의 무역 규모가 이미 세계 20위권에 들었다. 한류라는 소리가 나오기 훨씬 전 이미 1977년 6월 6일자 뉴스위크는 "The Koreans Are Coming"이란 표지 제목과 함께 한국인들이 소형 라디오, 계산기, 철봉, 와이셔츠, 가발, 수산물 그리고 선박까지 들고 지구 곳곳으로 몰려오고 있다는 특집기사를 게재했다. 반세기 전에도 한국은 이미 우리 자신의 인식 이상으로 국제사회에 크게 노출되고 긴밀히 연결되어 있던 국가였다. 우리 근현대사를 돌이켜 보면 한반도는 본의 아니게 청·일 전쟁, 러·일 전쟁을 필두로 6·25 전쟁에 이르기까지 여러 차례 국제전을 겪었다. 대한제국이 을사조약과 경술국치를 통해 일제의 식민지로 전락하는 과정은 조약이라는 국제법으로 포장되어 진행되었다. 제2차 대전 이후 대한민국 정부는 유엔의 개입으로 탄생한 첫 번째 독립 정부 사례였다. 일제 식민지로부터 미군정을 거쳐 정부 수립, 6·25 전쟁, 월남전 참전, 한일 국교 정상화, 대외무역 진흥을 통한 경제발전 등등 한국은 지난 세기 다른 어떤 나라 못지않게 다양한 국제법 경험을 겪었다. 적지 않은 고통과 혼란 속에서도 다른 나라들은 경험하지 못한 독특한 국제법적 문제에 자주 부딪쳤다. 결국 우리의 국제법 문제를 우리 스스로 찾고 분석하는 일을 게을리했을 뿐, 우리 역사를 국제법을 통해 설명해야 할 소재는 무궁무진하다고 생각되었다. 그리고 이러한 국제법적 설명이 충실히 되어야만 왜 우리에게 국제법이 필요하고, 미래를 위해 어떠한 대비를 해야 할지 윤곽이 분명해질 듯싶었다. 국제법 연구자로서 필자부터 이러한 작업의 일부라도 담당해야겠다고 마음먹었다. 이 책자는 그런 생각에서 출발했다. 우리 역사 중 우선 "1948년 대한민국 수립"을 연구 대상으로 잡았다.

흔히 정부, 영토, 인구를 국가의 3요소라고 말한다. 이 책은 대한민국이 정부, 영토, 인구를 어떻게 구성하고 출범했는가에 대한 국제법 측면의 분석을 주목적으로 한다. 더불어 대한민국 출범 당시의 법질서와 외교관계에 관한 설명도 덧붙인다. 목차를 살펴보면 전반적인 내용 자체는 생소하지 않다고 느낄 것이다. 사실 1948년 대한민국 수립과정에 대해서는 우리 모두가 기본적인 상식을 갖고 있다. 본 책자는 국제법의 시각에서 이를 처음으로 종합 분석했다는 점에서 의의가 있다. 작은 책자지만 필자로서는 나름 오랜 관심과 작업의 결과물이다. 참고문헌 속에 이 책 집필에 직간접으로 바탕이 되었던 필자의 과거 논문 목록을 별도로 분류해 첨부했다.

사실 약간은 막연하던 관심을 이 책자와 같은 결과물로 집중하게 된 계기는 한국연구재단의 연구비 지원이었다. 정년을 딱 3년 앞둔 시기에 3년을 연구기간으로 삼아 저술지원 신청을 했더니 덜컥 선정되었다는 연락을 받았다. 기왕에 해 놓은 작업도 있어서 3년이면 얼추 결과물을 만들 수 있으리라 생각했고, 나름 이를 정년퇴임 기념으로 만들고 싶었다. 그런데 예상외의 제 잡사가 많아 이 일에 온전히 집중하기 어려웠다. 3년이 그냥 훌쩍 지났다. 정년 후에도 작업이 좀

처럼 쉽게 끝나지 않았다. 다른 할 일이 늘 쏟아져 들어 왔고, 생활은 의외로 분주했다. 작업을 계속했으나, 온전히 집중할 시간은 많지 않았다. 결국 미루고 미루다 더 이상 연기할 수 없어 현재의 상태로 결과물을 제출하고 작업을 일단 마무리하기로 했다. '일단'이란 표현을 사용한 이유는 「대한민국 수립과 국제법」이란 제하에서 취급하고 싶은 주제가 좀 더 있기 때문이다. 특히 미군정 당국과 대한민국 간의 권리·의무 승계문제를 본격적으로 다루지 못한 점이 아쉽다. 개인적으로 후속 연구를 계속할 계획이나, 수십 년 가까이 가슴에 품고 살던 숙제 하나를 마무리하게 되어 우선은 후련하다.

연구재단 시한에 쫓기다 보니 본의 아니게 박영사 관계자들에게 폐를 많이 끼치게 되었다. 늦은 원고를 신속히 책자로 탈바꿈시켜 준 편집부 김선민 이사, 상업성 없는 책자의 출판을 너그럽게 수락해 준 조성호 이사, 그리고 눈에 보이지 않게 제작에 힘을 보태준 박영사 여러 직원들께 지면을 통해 감사를 표한다. 아울러 이 책의 독자에게 아직도 대한민국의 역사와 경험을 국제법적으로 분석해야 할 소재는 무궁무진하니 관심 있는 분의 동참을 기대한다는 말씀을 전하고 싶다.

2024년 4월
정인섭

목 차

서 장

    제2차 대전 종료와 동시에 한반도는 일제 식민통치에서 벗어나, 38선을 경계로 미·소의 분할점령 아래 놓였다. 3년간의 군정 후 남한은 1948년 8월 15일 대한민국으로, 북한지역은 1948년 9월 9일 조선민주주의인민공화국으로 공식 출범했다. 그중 남한에서는 UN 감시 아래 5·10 총선거를 통해 구성된 국회가 헌법을 제정하고, 이에 따라 대한민국 정부가 수립되었음은 잘 알려진 사실이다.

    대한민국 출범에 대해서는 역사학적 연구, 정치학적 연구, 사회학적 연구 등 학문분야에 따른 다양한 연구가 가능하고 필요하기도 하다. 그동안 각 분야마다 나름의 연구실적이 축적되어 왔다. 이 책자는 그간 상대적으로 연구가 소홀했던 대한민국 출범과정에 대한 국제법적 분석을 기본 목표로 한다. 흔히 정부, 영토, 국민을 국제법상 국가의 3요소라고 부른다. 그러면 일제 식민지로부터 해방된 대한민국은 1948년 바로 이 국가의 3요소를 어떻게 구성하고 출범했는가에 대한 조사가 이 책자의 핵심 주제이다. 아울러 대한민국은 출범 시 어떠한 법제도를 통해 국가와 정부 운영을 시작했는가에 관한 분석도

수행한다. 다음 장부터의 본격적 내용 전개에 앞서 전체적인 진행 방
향을 설명한다.

첫째, 정부의 수립. 대한민국 정부는 UN 총회 결의 제112호
(Ⅱ)(1947)로 수립된 「UN 한국임시위원회」 감시하 5·10 총선거로 선
출된 국회의원이 헌법을 제정하고, 이 헌법에 근거해 출범했다. 실질
적으로는 미국의 후원을 받았으나, 정부 수립의 국제법적 틀과 명분
은 UN이 제공했다. 당시 공산권 국가들은 UN이 한국독립문제를 취
급할 헌장상 권한이 없으니, UN은 한국독립문제에 관여하지 말라고
강력히 주장했다. 특히 남한만의 선거에 반대했다. 제1장은 UN 헌장
에 비추어 볼 때 이러한 주장이 UN 헌장의 타당한 해석이었는가를
분석함으로부터 출발한다.

이어 UN 총회는 1948년 12월 12일 결의 제195호(Ⅲ)를 통해 대
한민국 정부를 유일합법정부로 승인했다. 냉전시대 대한민국 정부는
이 총회 결의가 남북관계에서 대한민국의 정통성을 입증하는 근거라
고 주장했다. 그러나 이 결의 내용이 대한민국 정부가 한반도 전체를
대표하는 유일 합법정부임을 의미하는가 아니면 남한만을 대표하는
합법정부를 의미하는가에 대해 총회 결의 성안과정에서는 물론 결의
성립 이후에도 오랫동안 논란이 계속되었다. 근본적인 이유는 결의
문언의 모호성에서 비롯되었다. 본 연구는 총회 결의 제195호 문안의
성립 과정과 총회 회의시 각국 대표 발언을 분석함으로써 그 정확한
의미가 무엇이었는지를 제시하려 한다.

대한민국은 UN 후원 하에 수립된 국가임에도 불구하고 소련의
연이은 거부권 행사로 인해 UN 회원국으로 쉽게 가입하지 못했다.
1950년대까지 UN 총회는 대한민국의 회원국 자격을 지지하는 결의
를 3차례나 채택했으나, 소련은 대한민국 가입에 대해 거부권을 4차
례 행사했다. 한국은 최초로 UN 가입 신청서를 제출한 지 42년 8개

월 만인 1991년 9월에야 UN에 가입할 수 있었다. 그 기간 중 한국은 UN 회원국이 아니었지만 초기부터 UN과 다양한 관계를 구축했었다. 한국문제만을 위한 총회 보조기관이 4개가 설립되었고, 6·25 전쟁은 헌장이 예정하지 않았던 변형적 UN군이 파견되는 계기가 되었다. UN이 한국문제를 다루는 과정 속에서 헌장 해석에 관한 여러 규칙이 발전하기도 했다. 비회원국 시절부터 한국과 UN은 그야말로 특별한 관계를 지속해 왔다. 제1장 후반부에서는 이러한 와중에 제기된 여러 국제법적 쟁점들을 분석할 예정이다.

둘째, 영역의 획정. 제헌헌법은 "대한민국의 영토는 한반도와 그 부속도서로 한다(제4조)"라는 조항을 두어 국가 영역의 범위를 제시했다. 제2장 서두에서는 제헌헌법이 이 같은 영토조항을 설치한 이유와 제헌과정에서 영역과 관련해 제기되었던 논의를 분석한다. 제헌과정에서는 "한반도"라는 용어의 적절성, 부속도서의 의미, 대한민국의 영토가 한반도 이상 뻗어갈 수 있는가 등의 문제가 제기되었다. 특히 부속도서와 관련 당시 한국 소속 여부가 국제적으로 관심을 끌었던 "제주도" 및 "울릉도"와 관련된 상황을 정리하고, 한국 정부가 대일평화조약에 "독도"와 "파랑도"를 한국령으로 명기시키려고 노력했던 사실과 그 실패과정을 정리한다.

한편 대한민국 정부는 수립 직후부터 대외적으로 대마도 할양을 요구했었다. 역사적으로 대마도가 조선과 밀접한 관계가 있었다는 연고와 더불어 이는 일본의 대륙진출 길목을 차단하는 역할을 하리라는 국제정치적 명분도 있었다. 한국은 샌프란시스코 대일평화조약 속에 대마도 할양조항을 포함시키려고 조약 성안의 마지막 단계까지 노력했으나, 최종적으로는 성공하지 못했다.

이어 국경선은 아니나, 1952년 1월 한국이 해양관할경계로 주장한 "평화선"이 설정되게 된 배경과 이에 대한 국제적 반응, 이의 운명을 분석한다. 제2장의 마지막 항목으로 통일 이후 한국이 북방영토 간도와 녹둔도를 확보하자는 주장에 대한 국제법적 평가를 진행한다.

셋째, 국민의 범위. 대한민국은 출범 당시 국가의 3요소 중 하나인 국민의 범위를 어떻게 설정했는가? 1948년 최초 국적법은 대한민국 국민의 출발점에 대한 명문의 조항을 설치하지 않았고, 국내 일각에서 이는 법적 하자라고 비판하기도 했다. 이는 과연 적절한 비판이었을까? 이에 대한 답을 찾기 위해 제3장에서는 미군정, 일제, 대한제국으로 거슬러 올라가는 한국 근대사의 굴곡 속에서 각 시기마다 한국인(조선인)은 어떠한 법적 기준에서 판단되었고, 이는 서로 어떻게 계승되었는가를 분석할 예정이다. 미리 답을 제시한다면 남조선과도입법의원이 1948년 제정한 국적에 관한 임시조례와 이를 승계한 국적법의 해석을 통해 최초 국민 확정기준은 넉넉히 도출된다고 판단되며, 그 내용은 결과적으로 일제기간부터 사용되어 온 조선 호적 입적자를 대한민국 국민의 기본으로 수용하는 의미였다는 것이 결론이다. 여기서 조선 호적 입적자란 혈통상 조선인과는 다른 개념이었다.

정부, 영토, 국민만 확정되면 국가는 운영될 수 있는가? 국가행정은 정부가 담당하는데, 정부는 법제도에 의해 운영되게 된다. 이에 제4장에서는 대한민국 정부가 어떠한 법제도를 갖고 출범했는가를 검토하려 한다. 1948년 8월 대한민국 정부 수립 당시 우리 국회가 제정한 법률은 헌법·국회법·정부조직법 등 극소수에 불과했다. 그렇다면 정부 출범시 국내의 법질서는 무엇에 의해 규율되었는가? 정부 수립 초기에 발생할 불가피한 법적 공백을 대비하기 위해 제헌헌법은 제100조에 "현행법령은 이 헌법에 위배되지 않는 한 계속 효력을 갖는다"라는 조항을 두었다.

제헌헌법 제100조에 의해 현행법률로 효력을 지속할 수 있었던 구 법령은 크게 다음 3가지였다. 첫째, 구 대한제국 법령. 대한제국은

1910년 일제에 의해 강제 합병됨으로써 이 땅의 통치권을 빼앗겼지만, 일제가 조선 총독부 설치와 동시에 공포한 제령 제1호(1910년) 「조선에 있어서의 법령의 효력에 관한 건」에 의해 기존의 법령은 "당분간 조선 총독이 발한 명령으로서 여전히 그 효력을 가진다"고 선언되었다. 구 대한제국의 법령은 일본 통치기간 중 점차 일제 법령으로 대체되었으나 일정 수의 법령은 일제 말까지 존속하며 미군정 시절로 이어졌다. 둘째, 구 일제법령. 구 일제법령은 발령 형식에 따라 칙령·법률·제령·총독부령·도령 등으로 구분할 수 있다. 이들 일제법령이 1945년 일제 패망 당시 조선에 적용되던 법령의 중심축을 구성했다. 그중 일부는 미군정 기간 중 폐지·대체·개정되었으나, 상당수는 미군정법령 제21호에 의해 대한민국 정부 수립 시까지 그 효력이 지속되었다. 셋째, 미군정법령. 미군정 당시의 한국은 통상적인 전시점령과 전혀 다른 상황에 놓여 있었다. 제2차 대전 중 연합국의 카이로 선언과 포츠담 선언에 의해 한국은 일본의 노예 상태로부터 적절한 시기에 독립이 예정되어 있었고, 일본 지배로의 복귀는 원천적으로 부정되고 있었다. 이에 군정기간 중 독립국가 수립에 필요한 광범위한 입법 작업이 진행되었다. 이 같은 미군정법령에는 재조선 미군 육군사령부 군정청이 군정장관의 명의로 제219호까지 공포한 이른바 통상의 군정법령과 태평양 미육군총사령관 포고, 남조선과도정부 법률, 군정장관실 행정명령, 군정청 각부의 부령 및 지령, 미군정청 포고, 서한 형식의 군정장관 지령 등이 포함되었다. 미군정법령은 그 형식 여하를 막론하고 일제의 법령보다 우월한 효력을 지니었다. 이상 크게 3범주의 구 법령이 대한민국 정부 수립 당시의 "현행법령"을 구성해 제헌헌법 제100조에 따라 헌법에 저촉되지 않는 한 계속 효력을 갖게 되었다. 이러한 구 법령의 내용, 성격, 헌법 합치의 판단기관에 관한 논란 등을 분석함으로써 정부 출범 당시 법체제의 모습을 확인하려 한다.

이어서 제5장에서는 제헌헌법의 국제법 관련 조항의 성립 과정과 의미, 그 운영 실태를 분석할 예정이다. 제헌헌법에는 조약 체결과 국제법의 국내적 효력에 관해 몇 개의 조항을 두고 있다. 즉 대통령이 조약을 체결·비준하나(제59조), 그에 앞서 조약안은 국무회의 의결을 거쳐야 하며(제72조 제2호), 일정한 조약은 반드시 국회 동의를 얻어야 했다(제42조). 이렇게 체결되어 공포된 조약은 일반적으로 승인된 국제법규와 함께 국내법과 동일한 효력을 가졌다(제7조 제1항). 대통령의 조약 체결권과 조약안에 대한 국무회의 심의권에 대해서는 제헌과정에서 별다른 논란이 없었고, 사실 특별한 논점도 없기 때문에 제5장에서는 국회의 조약동의권과 조약 등 국제법의 국내적 효력을 다룬 조항, 즉 제헌헌법 제42조와 제7조 제1항을 분석대상으로 한다.

조선은 1876년 조일 수호조규 이래 모두 11개국과 근대적 조약을 통한 수교를 했고, 그중 9개국이 서울에 공관을 개설했다. 대한제국이 을사조약을 통해 외교권을 박탈당하고, 1910년 일제 식민지로 전락하자 일부 국가는 주한 공관을 차츰 철수시켰다. 제5장의 앞부분에서는 조선에 공관을 개설했던 9개국과의 수교와 공관 설치 과정을 정리한다.

일본의 1941년 진주만 기습 무렵까지 조선에는 미국, 영국, 프랑스, 중국, 소련 5개국이 구한말 시절부터의 영사관을 유지하고 있었다. 이들 영사관은 광복 후 대한민국과 어떻게 연계되었을까? 일제 후반까지 한반도에 영사관을 유지하던 국가는 광복 후 그 시설을 그대로 이용할 수 있었으나, 냉전과 분단의 여파로 대한민국과 국교가 없었던 주한 소련 영사관에 관해서는 여러 독특한 국제법적 문제가 제기되었다. 군정 시절 미국은 소련이 지배하던 평양에 상응하는 미국 공관의 설치를 요구하다 거절당하자, 서울의 소련 총영사관에 대해 철수 압력을 가했다. 결국 소련 영사관은 철수하고 관리인만 남은 상태에서 대한민국 정부 수립을 맞았다. 그런데 이들 소련측 관리인 역시 1949년 국가보안법 위반으로 체포되었다가 본국으로 추방되었다. 소련 영사관 건물은 빈집 상태에서 6·25를 맞아 거의 모든 시설이 파괴되었다. 후일 한국은 이 영사관 부지를 국유재산으로 취급하고, 대부분을 민간에게 불하했다. 제6장 후반부에서는 이러한 일련의 과정 속에서 소련 영사관에 관해 제기된 다양한 국제법 문제를 검토한다.

결론적으로 이 책자는 1948년 대한민국이 국제법상 국가의 3요소인 정부, 영토, 국민을 어떻게 구성하여 출범했고, 출발 당시 대한민국은 어떠한 법체제에 의해 운영되었으며, 구 한말부터 설치되어 있던 외국 공관들은 광복 후 어떻게 연계되었는가를 분석하려 한다.

제1장

정부 수립과 UN

Ⅰ. 의의

미·영·중 3국 정상은 1943년 12월 1일 발표된 카이로 선언을 통해 "한국민의 노예상태를 유의하고 적절한 시기에 한국이 자유롭게 독립할 예정임을 결정했다."[1] 이어 이들 3국 정상은 1945년 7월 26일 포츠담 선언에서 "카이로 선언이 이행되어야" 함을 재확인했다.[2] 1945년 12월 모스크바에서 회동한 미·영·소 3국 외교장관은 이른바 모스크바 합의를 통해 한반도 처리방향을 결정했다. 즉 남북한을 점령 중인 미국과 소련이 공동위원회를 설립하고, 미·소 공동위원회는 한

---

1) Cairo Declaration "The aforesaid three great powers, mindful of the enslavement of the people of Korea, are determined that in due course Korea shall become free and independent."

2) Potsdam Declaration 8. "The terms of the Cairo Declaration shall be carried out and Japanese sovereignty shall be limited to the islands of Honshu, Hokkaido, Kyushu, Shikoku and such minor islands as we determine." 소련은 1945년 8월 8일 대일 선전포고에서 포츠담 선언에 대한 지지를 표명했다. "The Soviet Government [⋯] has accepted Allies' proposal and has joined the declaration of the Allied Powers of July 26 this year."

국 독립을 지원하는 방안으로 최장 5년간 4개국 신탁통치를 실시할 계획을 작성하기로 했다. 모스크바 회의에 참석하지 않았던 중국도 이에 동참을 표시했다. 이에 대해 남한에서는 주로 반탁운동이, 북한에서는 공산세력에 의한 찬탁운동이 전개되었다. 당시 국내에서 진행된 상황을 간략히 반추해 본다.

모스크바 합의에 따라 1946년 3월 20일 미·소 공동위원회가 개시되었다. 이미 냉전이 본격화되었기 때문에 미·소 공동위원회는 지루한 논쟁만 계속하다가 1946년 5월 무기한 산회했다. 1947년 5월 21일 미·소 공동위원회가 다시 소집되었으나 주요 사항에 대해서는 여전히 타결을 볼 수 없었다. 1947년 8월 26일 미국 정부가 미·영·중·소 4개국 회담을 소집해 모스크바 합의 이행문제를 토의하자고 제안해 영국과 중국은 수락했으나, 그에 수반된 부대제안에 불만을 품은 소련이 이를 거부했다. 그러자 1947년 9월 17일 미국은 한국문제를 차기 UN 총회에 상정할 예정임을 소련에 통지하고, 같은 날 UN 총회 제82차 본회의 연설에서 Marshall 미 국무장관은 한국문제를 의제로 제안했다. 그는 미·소 양국이 근 2년간 회의를 해도 합의를 못했으니, 한국 독립을 조기에 달성하기 위해 다른 회원국들의 공평한 판단을 구하겠다고 설명했다.[3]

이후 UN 총회에서는 치열한 논쟁이 전개된 끝에 한반도에서 1948년 3월 31일 이전 총선거를 실시해 국회를 구성하고 이를 통해 독립정부를 세우는 한편, 한반도를 점령 중인 외국군은 정부 수립 후 가능하면 90일 이내 철수를 내용으로 하는 결의 제112호(Ⅱ)(1947.11.14.)가 채택되었다. 그리고 총회는 독립과정을 감시할 9개국 「UN 한국임시

---

3) UN Doc. A/PV.82(1947.9.17.), p.22. UN 회의록은 UN Digital Library(https://digitallibrary.un.org)에 거의 모두 공개되어 있으므로 이를 활용했다. 본장에서 출처로 제시된 회의록의 경우 UN 문서번호 뒤 ( ) 속의 날짜는 문서의 생산일자가 아니라 실제 회의일을 가리킨다.

위원회(UN Temporary Commission on Korea)」를 설치했다.[4]

「UN 한국임시위원회」는 1948년 1월부터 서울에서의 활동을 시작했다. 그러나 우크라이나는 처음부터 위원회 참여를 거부했고, 소련측 협조 거부로 위원들은 북한지역으로 진입조차 할 수 없었다. 한국임시위원회는 총회 결의가 예정한 남북한 총선거 실시가 불가능하다고 판단하고 이에 대한 대처방안을 소총회(Interim Committee)와 협의하기로 했다.[5] 소총회는 1948년 2월 26일 가능한 지역에서라도 선거업무를 진행하라고 결정했다. 이에 1948년 5월 10일 남한에서만 총선거가 실시되고, 이를 바탕으로 8월 15일 대한민국 정부가 출범했다. 반면 북한 지역에서는 1948년 9월 조선민주주의인민공화국이 정식으로 출범했다. 1948년 12월 12일 UN 총회는 남한에서의 총선거와 정부 수립과정에 대한 한국임시위원회의 보고서를 수락하는 한편,[6] 대한민국 정부를 합법정부(a lawful government)로 선언하는 결의 제195호(Ⅲ)를 채택했다. 이렇듯 UN은 대한민국 정부 탄생의 산파역이었으며, 이후 대한민국은 회원국 가입 이전에도 정치적으로 UN과 뗄래야 뗄 수 없는 관계를 형성하게 되었다.

이러한 역사적 사실은 이미 다양한 각도에서 연구되고 정리·분석·평가되어 왔지만, 여기서는 주로 국제법의 시각에서 대한민국 정부 수립과정과 UN의 역할을 분석하려 한다. 즉 1947년 9월 한국문제의 UN 총회 회부부터 1948년 12월 12일 UN 총회의 대한민국 정부 승인결의 채택에 이르기까지 어떠한 국제법적 쟁점이 제기되었는가와 그에 대한 평가가 주요 주제이다.

---

4) 구성국: 오스트레일리아, 캐나다, 중국, 엘살바도르, 프랑스, 인도, 필리핀, 시리아, 우크라이나.
5) 소총회에 대해서는 아래 각주 51 이하 및 관련본문 참조.
6) The Report of the United Nations Temporary Commission on Korea. UN Doc. A/575 & Add.1-3(1948).

한국 독립에 관한 1년 여의 UN 총회 논의과정에서는 다음과 같은 국제법적 쟁점들이 제기된 바 있다. 첫째, UN 총회는 과연 한국독립문제를 안건으로 취급할 헌장상 권한이 있는지 여부부터 논란이 되었다. 둘째, 공산권 국가들은 1948년 2월 남한 단독선거 진행을 지지한 소총회가 헌장상 근거가 없는 기관이라고 주장했다. 셋째, 소총회는 남한 단독선거를 결정할 권한이 없다는 주장이 제기되었다. 넷째, 1948년 12월 UN 총회 결의 제195호는 대한민국 정부가 한반도 전체를 대표하는 유일합법 정부임을 확인했다는 주장과 대한민국 정부는 실제 선거가 실시된 남한만을 대표하는 유일합법 정부임을 확인하는 의미에 불과하다는 주장이 대립되어 왔다.

당시만 해도 UN이 출범한 지 얼마 되지 않은 시점이라 헌장 운영 경험이 일천했고, 헌장 해석에 관한 실행이 제대로 정착되지 못하고 있었다. 한국 독립문제의 처리는 UN 헌장 조문의 적용실행이 자리 잡는 데 있어서 초기의 중요 사례였다.

II. 한국독립문제의 UN 총회 회부

1. 문제의 제기

1947년 9월 17일 미국의 Marshall 국무장관이 한국독립문제를 UN 총회 의제로 제출하자 Gromyko 소련 대표는 1947년 9월 21일 총회 일반위원회에서 미국의 주장은 그 자체로 위법한 제안이라고 주장했다. 즉 한국문제에 관한 이제까지의 미·소 협상이 불만족스러우면 다음 단계의 적절한 절차는 모스크바 합의 당사국들의 논의이지 이를 UN 총회로 제기함은 위법하다는 해석이었다.[7] Lange 폴란드 대표도 전후 새로운 평화를 구축하는 일은 UN의 관할이지만, 전쟁유산 처리

---

7) UN Doc. A/BUR/SR.38(1947.9.21.), pp.19-20.

는 UN 아닌 다른 방법으로 처리하기로 연합국이 이미 합의한 바 있다며, 총회가 한국독립문제를 의제로 다루는데 이의를 제기했다.[8] 그러나 Austin 미국 대표는 모스크바 합의 이행을 위한 노력을 근 2년간이나 해왔으나 별 진전이 없었기 때문에 미국으로서는 이 문제를 UN 총회로 제기하는 방안 외 다른 해결책이 없으며, 합의의 다른 당사국인 영국과 중국도 이 점에 동의했다고 주장했다. Shawcross 영국 대표도 모스크바 합의로 인해 UN이 한국문제에 눈을 감고 있어야 함을 의미하지는 않으며 총회가 필요한 권고를 할 수 있다고 주장했다.[9] UN 총회 일반위원회 표결 결과 찬성 12, 반대 2로 한국독립문제는 총회 의제로 채택되었다.

결과적으로 UN 총회는 1947년 11월 14일 결의 제112호 채택을 통해 한국독립에 관한 해결방향을 제시했다. 그 요지는 ① 한국의 독립이 재수립되어야(re-established) 함을 확인하고 ② 이 과정을 지원하기 위해 「UN 한국임시위원회」를 설치하고 ③ 한국임시위원회 감시하 선거를 통해 선출된 한국민의 대표가 국회(National Assembly)를 구성하고 정부(National Government)를 수립하고[10] ④ 이 정부는 남한과 북한의 군당국과 민간기관으로부터 정부 기능을 인수받고 ⑤ 모든 외

---

8) UN Doc. A/BUR/SR.38(1947.9.21.), p.20.
9) UN Doc. A/BUR/SR.38(1947.9.21.), p.20.
10) "2. Recommends that the elections be held not later than 31 March 1948 on the basis of adult suffrage and by secret ballot to choose representatives with whom the Commission may consult regarding the prompt attainment of the freedom and independence of the Korean people and which representatives, constituting a National Assembly, may establish a National Government of Korea. The number of representatives from each voting area or zone should be proportionate to the population, and the elections should be under the observation of the Commission;
3. Further recommends that as soon as possible after the elections, the National Assembly should convene and form a National Government and notify the Commission of its formation;"

국군은 가능하면 90일 이내에 한국으로부터 완전히 철수하도록 점령
국과 주선하라는 내용 등이었다.

이 과정에서 소련 등 공산권 국가들은 다음과 같은 반론을 제기
했다. 첫째, 미국이 한국독립문제를 UN 총회로 제기함은 모스크바 합
의 위반이다. 둘째, UN은 한국독립문제를 다룰 권한이 없으므로 이는
헌장 위반이며, 따라서 UN 한국임시위원단 설치도 헌장 위반이다. 셋
째, UN은 한국측 대표 참여가 없는 상태에서 한국문제를 논의하지
말아야 하며, 한국독립문제는 한국인 스스로 결정하도록 맡겨두는 편
이 최선의 방안이므로 모든 외국군(미·소 점령군)은 1948년 초 이전에
한반도로부터 철수하자. 세 번째 주장은 다분히 정책적 성격이 강한
반면,11) 첫 번째와 두 번째 주장은 국제합의 또는 UN 헌장 해석에
관한 법률적 문제제기라고 할 수 있다. 이 부분을 각각 검토한다.

2. 모스크바 합의 위반 문제

소련 등 공산권 국가들은 한국문제가 모스크바 합의에 따라 처리
되어야 한다며 이를 UN 총회로 제기한 미국을 비판하고, 합의가 이
행되지 않은 책임은 이를 조직적으로 방해한 미국에 있다고 주장했
다.12) 모스크바 합의란 미국의 Byrnes, 영국의 Bevin, 소련의 Molotov
등 3국 외교장관이 1945년 12월 16일부터 26일까지 모스크바에서 회
동해 제2차 대전 후 제반문제 처리방향을 협의한 끝에 12월 27일 발
표된 문건이다. 그 내용은 유럽의 이탈리아, 루마니아, 불가리아, 헝
가리, 핀란드와의 평화조약문제, 동아시아의 한·중·일 처리방향, 원

---

11) 소련, 우크라이나, 폴란드, 백러시아, 유고슬라비아 대표들은 한국인 대표의 참여
    없는 한국독립문제 논의는 헌장과 자결권에 위배된다고 주장했으나(UN Doc.
    A/C.1/SR.94(1947.11.5.), p.305), 이 주장의 법적 성격은 강하지 않다.
12) 전게주 6의 Gromyko 발언; Kieseilev 백러시아 대표, UN Doc. A/C.1/SR.89(1947.
    10.29.), p.261 등.

자력 이용통제를 위한 UN 기구 설립 등 다양한 주제를 다루었다. 한국관련 합의의 골자는 ① 한국을 독립국으로 재수립하기 위해 일단 임시정부를 수립한다. ② 임시정부 수립 논의를 위해 미·소 점령군 대표로 미·소 공동위원회를 구성한다. ③ 미·소 공동위원회는 한국에 최장 5년까지 미·영·중·소 4개국 신탁통치 실시계획을 성안한다는 내용이었다.

그 후 미·소 공동위원회 파행의 책임이 어느 쪽에 있는지와 무관하게 일단 미국의 행동이 한국문제에 관한 모스크바 합의로부터의 이탈임은 부인할 수 없다. 그렇다면 모스크바 합의에도 불구하고 미국이 한국독립문제를 UN 총회로 회부한 조치는 "위법"한 행동이었나? 이를 판단하기 위해서는 모스크바 합의의 법적 성격을 검토해야 한다.

통상 모스크바 협정으로 번역되어 온 이 합의는 1945년 12월 27일 미·영·소 3국 외교장관 공동성명 형식으로 발표되었다. 문서 제목에는 조약임을 표시하는 통상적 표현(treaty 또는 agreement 등)이 없고, 단순히 3개국 외교장관의 회의 보고서(Report of the Meeting)로 되어 있다. 이는 조약의 통상적 형식을 갖춘 문서가 전혀 아니었고, 발효에 관한 조항도 포함하고 있지 않았다. 서두의 첨부문은 토의가 격식 없이 탐색적 기반(on an informal and exploratory basis)에서 진행되었다고 설명하고 있다. 이 문서는 핵심 전승국들이 향후 취할 정책방향에 대한 합의를 담고 있었으나, 전형적인 정치적 합의였을 뿐 국제법적 구속력을 지닌 문서로 만들어지지는 않았다. 모스크바 합의가 법적 구속력 없는 문서에 불과했다면 이와 다른 행동의 국제법 위반 여부 문제는 제기되지 않는다. 따라서 모스크바 합의로 인해 미국의 한국독립문제 UN 회부가 위법하다는 주장도 성립하지 않는다. 사실 소련도 1947년 9월 UN 총회에서 한반도에서 모든 외국군은 신속히 철수하고 한국독립문제는 한국민들의 손에 맡기자고 제안하는 등 신탁통치를 예정한 모스크바 합의로부터 이탈한 상태였다.

3. 헌장 구(舊) 적국조항의 적용 여부

가. 입법취지

공산권 국가들이 한국문제의 UN 총회 상정이 위법하다고 주장한 또 다른 근거는 헌장 제107조 위반이라는 이유였다. 이 점에 관한 공산권 국가들의 설명부터 들어 본다. 총회 제1위원회 토의에서 소련 Gromyko 대표는 한국독립문제는 모스크바 합의를 기반으로 관련국가들에 의해 결정되어야 하며 이는 UN의 권한범위에 속하지 않는다고 재차 주장했다.13) 폴란드 Lange 대표도 제2차 대전 유산의 처리는 평화회담이나 외교장관 회의와 같이 UN 아닌 다른 무대에서 다루어져야 한다고 주장했다.14) 우크라이나 Manuily 대표 역시 한국독립문제는 일본과의 평화조약회담을 통해 결정되어야 하며, 평화조약의 이행과 관련된 모든 문제는 UN 소관이 아니라고 주장했다15) 체코슬로바키아의 Sekaninova 대표는 UN의 1차적 임무는 국제평화와 안전의 유지이며, 구 적국에 의해 점령되었던 영토처리에는 관여하지 말아야 한다고 주장했다.16) 이러한 주장의 취지는 한국독립이 제2차 대전 결과의 청산문제에 속하며, UN은 구 적국과 관련된 문제를 취급할 권한이 없다는 내용으로 정리될 수 있다.17)

---

13) UN Doc. A/C.1/SR.87(1947.10.28.), p.251; A/C.1/SR.93(1947.11.4.), p.297.
14) UN Doc. A/C.1/SR.87(1947.10.28.), p.252.
15) UN Doc. A/C.1/SR.87(1947.10.28.), p.254.
16) UN Doc. A/C.1/SR.89(1947.10.29.), p.258. Popovic 유고슬라비아 대표도 미·소 공동위원회를 통하는 방법이 한국문제 해결을 위한 최선책이라며, 총회 논의 자체에 반대했다. UN Doc. A/C.1/SR.88(1947.10.28.), p.255.
17) 공산권 국가들은 이 같은 주장을 이듬해인 1948년 총회에서도 반복했다. Malik 소련대표. UN Doc. A/PV.142(1948.9.24.), p.96; Katz-Sughy 폴란드 대표. 같은 출처, p.105; Modzelelewski 폴란드 대표. UN Doc. A/C.1/SR.236(1948.12.8.), p.1024 등.

이 같은 주장의 헌장상 근거는 제107조였다. 제107조가 과연 그러한 의미로 해석될 수 있는가를 검토한다. 제107조의 문언은 다음과 같다.

"이 헌장의 어떠한 규정도 제2차 세계대전중 이 헌장 서명국의 적이었던 국가에 관한 조치로서, 그러한 조치에 대하여 책임을 지는 정부가 그 전쟁의 결과로서 취하였거나 허가한 것을 무효로 하거나 배제하지 아니한다."[18]

이 조항은 헌장 제17장 과도적 안전보장장치 속에 포함되어 있다. 즉 UN은 새로운 안전보장체제를 수립했으나, 제2차 대전의 적국은 당분간 회원 가입이 제한되었고 UN의 평화체제 속에 포용되지 않았다.[19] 제107조는 제2차 대전 전승국들이 구 적국을 취급함에 있어서 헌장의 제약을 받지 않는 재량권을 확보하기 위한 일종의 예외조항으로 설치되었다.

이 조항의 필요성은 1944년 덤바튼 오크스 회담에서부터 논의되었다. 영국은 개별국가가 강제조치를 취하기 위해 안전보장이사회의 사전허가가 필요하다면 전후 구 적국에게 항복조건을 강제할 경우에도 안보리 허가가 필요한가라는 질문을 제기했다. 당시 영국은 독일의 위협을 막기 위해 향후 유럽에 지역안보기구 설치를 구상 중이었다. 미국은 그럼 구 적국에 대한 지역기구의 조치에 대해서는 안보리

---

18) Article 107: "Nothing in the present Charter shall invalidate or preclude action, in relation to any state which during the Second World War has been an enemy of any signatory to the present Charter, taken or authorized as a result of that war by the Governments having responsibility for such action."

19) Ress & Bröhmer, "Article 107," para.2, in B. Simma, DE Khan, G. Nolte & A. Paulus eds., *The Charter of the United Nations: A Commentary 3ed ed.*(Oxford UP, 2012).

허가를 면제하자고 제안했다. 그러나 소련은 전후 양자조약을 통해 독일의 위협을 막을 방법을 강구 중이라 이 같은 미국의 제안만으로는 만족할 수 없었다. 이에 헌장에 제107조와 같은 별도의 과도조치 마련이 합의되었다. 즉 제107조는 제2차 대전 전승국은 헌장의 제약을 받지 않고 구 적국에 대한 조치 ― 특히 평화조약의 조건을 강제할 수 있다는 사실을 명확히 하려는 취지에서 입안되었다.[20]

제107조는 헌장의 어떠한 규정도 구 적국에 대한 전승국 등의 조치(action)를 무효로 하거나 배제시키지 않는다고 규정하고 있다. 구 적국에 대한 조치라 하면 예를 들어 전후 평화조약의 체결이나 배상 합의, 적국 영토에서의 점령지 행정권 행사, 신탁통치를 위한 구 적국 영토의 분리 등을 가리킨다. 제107조는 이러한 실행과정에 UN 헌장상의 다른 의무 ― 즉 분쟁의 평화적 해결 의무(제2조 제3항, 제33조 제1항), 무력의 위협이나 행사를 삼갈 의무(제2조 제4항) 등이 적용되지 않는다는 의미이다.[21] 이는 특히 다른 조약에 대해 UN 헌장의 우위를 규정한 제103조와 관련해 중요한 의미를 지녔다. 예를 들어 연합국과 평화조약을 체결한 구 적국이 나중에 이를 헌장상 무력사용 위협금지나 주권평등 원칙에 위반된 합의이므로 무효라는 주장을 할 수 없게 되었다.

나. 적용실행

UN의 실행에서 제107조는 어떻게 해석되었는가? UN에서는 한

---

20) L. Goodrich, E. Hambro & A. Simons, *Charter of the United Nations: Commentary and Documents 3rd & Revised ed.*(Columbia UP, 1969), p.633; Ress & Bröhmer(상게주), para.1. 미국 역시 제1차 대전 이후 전승국이 패전국을 지속적으로 통제하지 못한 과오가 있다고 판단해 이러한 조항을 지지했다. 나인균, "UN 헌장의 적국조항과 한반도," 국제법학회논총 제43권 제1호(1998), p.86.

21) H. Kelsen, *The Law of the United Nations*(Praeger, 1950), p.808; Ress & Bröhmer(전게주 19), para.7.

국독립문제를 포함 모두 9건의 사태에 대해 제107조 적용 여부가 논란이 되었다. 제기된 기관과 순서에 따르면 그 목록은 다음과 같다.

① 이탈리아 평화조약 개정 제안(총회 제2차 회기)
② 한국 독립문제(총회 제2-4차 회기)
③ 불가리아와 헝가리의 UN 헌장과 평화조약 준수문제(총회 제3차 회기)[22]
④ 불가리아, 헝가리, 루마니아의 인권존중문제(총회 제4-5차 회기)
⑤ 대만 문제(총회 제5차 회기)
⑥ 소련의 전쟁포로 송환문제(총회 제5차 회기)
⑦ 독일에서의 선거감시위원회 구성문제(총회 제6차 회기)
⑧ 오스트리아 문제(총회 제7차 회기)
⑨ 베를린 봉쇄사태(1948년 안보리)[23]

이는 소련 등 공산권 국가들이 헌장 제107조를 근거로 UN은 이들 문제를 다룰 권한이 없다고 주장한 사례의 목록이다.[24] 공산권 국가들은 제2차 대전 결과의 청산은 물론 전쟁으로부터 유래하는 상황과 관련된 어떠한 사태도 UN의 권한에 속하지 않으며, 이러한 문제는 UN에서 의제로 채택되거나 토의될 수 없다고 주장했다. 그러나 UN 총회 또는 안보리는 위 9건의 사태를 모두 의제로 채택했다. 이러한 제안들이 의제로 채택되었다는 사실은 다수 회원국들이 한국문제를 포함한 이들 문제가 UN의 권한범위 내에 속한다고 판단했음을 의미한다. 한국 독립문제와 관련해 헌장 제107조의 내용을 좀 더 구

---

22) 나중에는 ③과 ④가 동일 안건으로 취급되었다.
23) 이상 *Repertory of Practice of United Nations Organs(1945-1954)* vol.5, pp. 383-396 수록.
24) *Repertory of Practice of United Nations Organs*에 등재된 사례에 따르면 제107조의 적용 문제는 1952년 제7차 총회를 마지막으로 UN 무대에서 더 이상 제기되지 않았다. 이후 제107조는 UN 헌장에서 삭제 필요성 여부와 관련해서만 논의되었다.

체적으로 분석해 본다.

첫째, 제107조는 "구 적국에 의한" UN 차원에서의 이의제기를 봉쇄해 연합국의 재량권을 보장하려는 목적에서 규정되었으며, 연합국 간 이견에 대해 "연합국에 의한" 문제제기까지 금지하려던 조항은 아니었다.[25] 즉 제107조는 구 적국 처리에 관해 연합국의 재량을 확보하려는 목적의 조항이지, 연합국의 권한을 제한하기 위한 조항은 아니었다. 1947년 UN 총회에 제기된 한국독립문제의 성격은 구 적국에 대한 조치로 인한 전승국과 구 적국 사이의 이견이 아니라, 전후처리에 관한 점령국(미국과 소련) 간의 견해충돌이었으므로 제107조가 적용될 대상이 아니었다.[26]

둘째, 제107조는 구 적국과 관련된 어떠한 조치라도 적용대상으로 삼는가? 아니면 구 적국에 대한 조치에 대해서만 적용되는가? 제107조의 영어본은 구 적국에 "관한" 조치(in relation to any State)라고 표현해 다소 불분명한 점이 있으나, 동등하게 정본인 불어본은 구 적국에 "대한"(vis-à-vis d'un État) 조치임을 명확히 하고 있다.[27] 또한 제107조를 인용하고 있는 헌장 제53조도 "적국에 대한(against any enemy state)"으로 표현하고 있어, 제107조 역시 구 적국에 대해 취해진 조치로 한정함이 조화로운 해석이 된다. 이러한 태도가 예외조항은 엄격히 해석한다는 법해석의 일반원칙과도 합치된다. 그렇다면 구 적국문제와 관련된 연합국 사이의 이견은 구 적국에 "대한" 조치라고 볼 수 없으므로, 이는 제107조의 적용대상이 아니었다.[28]

25) Jessup 미국대표 안보리 발언, UN Doc. S/PV.361(1948.10.4.), p.24; 같은 회의 Cadogna 영국대표 발언, 같은 출처, pp.28-29. P. Potter, "Legal Aspects of the Situation in Korea," *AJIL* vol.44, no.4(1950), p.710; H. Kelsen(전게주 21), p.808; Ress & Bröhmer(전게주 19), para.8.
26) 나인균(전게주 20), p.95.
27) Ress & Bröhmer(전게주 19), para.13.
28) H. Kelsen(전게주 21), p.808.

셋째, 소련은 자신의 입장에 부합되는 경우에는 UN이 구 적국에 대한 조치에 관여할 수 있다고 보고 아무런 이의를 제기하지 않았다. 즉 소련은 이탈리아 트리에스테 자유지역 문제, 이탈리아의 아프리카 식민지 처리문제, 구 일본의 위임통치지역 처리 방향에 대한 UN 안보리 또는 총회의 관여와 결정에 동참·동의했다.29) 이들 사태는 모두 제2차 대전 구 적국에 대한 전후청산 문제였음에도 UN의 책임 아래 처리되었다. 이 점에서 소련은 헌장 제107조 적용과 관련해 일관된 입장을 유지하지 않고 자기편의적 주장만 한 셈이다.

넷째, 제107조의 효과는 구 적국에 대한 연합국의 조치를 UN이 무효화하거나 배제시키는 결정을 할 수 없다는 것이다. UN 총회에서의 토의나 권고는 그 자체로 연합국의 조치를 무효화거나 배제시킬 효과를 갖지 못하므로 그런 의미에서도 제107조와는 관계가 없다.30)

즉 헌장 제107조는 구 적국에 대한 연합국의 조치에 관해 "구 적국"이 UN 무대에서 이의 제기를 하지 못하도록 막으려는 제한적 의미를 지닐 뿐, 구 적국과 관련된 어떠한 사태도 UN이 검토함을 금지하는 취지는 아니라는 해석이 다수 회원국들의 견해였다.31)

이상의 논거에서 제2차 대전의 직접적 결과를 다루는 경우가 아니라면 UN은 구 적국과 관련된 사항도 반복적으로 의제로 취급했다.32) 그 결과 총회로 제기된 8건의 사태 중 이탈리아 평화조약 개정

---

29) ① 미·영·불·소 4개국의 요청에 의해 안보리는 결의 제16호(1947.1.10.)를 통해 구 이탈리아 트리에스테 자유지역에 대한 관리책임을 수락한 바 있다(1947년 대 이탈리아 평화조약 제21조 참조). ② 미·영·불·소 4개국의 요청에 따라 총회는 결의 제289호(Ⅳ)(1949.11.21.) 및 제390호(Ⅴ)(1950.12.2.)를 통해 이탈리아의 아프리카 식민지 처리 방향에 합의했다(1947년 대 이탈리아 평화조약 제23조 및 Annex XI para.3 참조). ③ 안보리는 결의 제21호(1947.4.2.)를 통해 구 일본의 위임통치 지역을 미국을 시정국으로 하는 신탁통치지역으로 지정했다.

30) H. Kelsen(전게주 21), p.807; Ress & Bröhmer(전게주 19), para.18.

31) *Repertory of Practice of United Nations Organs(1945-1954)* vol.5, p.387 참조.

32) Ress & Bröhmer(전게주 19), para.17.

문제(①)와 대만문제(⑤)를 제외한 6개의 안건에 관해 모두 9개의 총
회 결의를 성립시켰다.33) 다만 안보리의 경우(⑨번 문제)는 소련의 거
부권 행사로 결의 채택이 불발되었다.34)

4. 총회의 한국독립문제 취급 권한

제107조 적용과 관련해 비교적 초기에 제기된 한국독립문제 토의
에서 역시 다음과 같은 평가가 UN 내 다수의견을 대변했다. 즉 헌장
제107조는 구 적국에 대해 일정한 정부(전승국 등)가 필요하다고 판단
한 조치를 취할 수 있도록 허용하는 내용이지, UN으로 하여금 한국독
립문제에 관여하지 못하게 하는 조항은 아니다.35) 헌장의 구조를 보
아도 총회는 국제평화와 안전의 유지에 관한 어떠한 문제도 토의할
수 있고(제11조 제2항), 또한 그 "기원에 관계없이(regardless of origin)"
어떠한 사태에 대해서도 이의 평화적 조정을 위한 조치를 권고할 수
있으므로(제14조) 구 적국과 관련된 사항에 대한 논의와 권고가 헌장
에 의해 봉쇄되지 않는다.36) 결론적으로 헌장 제107조는 UN이 한국
문제를 검토할 권한을 부인하는 근거가 될 수 없었다.

공산권 국가들은 총회에서 한국독립문제를 의제로 채택하지 말
자는 주장을 집요하게 전개했지만, 토의과정에서 헌장 제107조를 특

---

33) 각 사태별 해당 총회 결의는 다음과 같다. ② 제112호(Ⅱ), 제195호(Ⅲ), 제293호
(Ⅳ) ③ 제272호(Ⅲ) ④ 제294호(Ⅳ), 제385호(Ⅴ) ⑥ 제427호(Ⅴ) ⑦ 제510호(Ⅵ)
⑧ 제613호(Ⅶ). 이탈리아 평화조약 개정문제에 대해서는 제안국인 아르헨티나가
나중에 이를 철회했고, 대만문제에 관해서는 아무런 조치가 결정되지 않았다.
34) 안보리 표결 결과는 찬성 9, 반대 2(소련, 우크라이나)였으나, 소련의 거부권이
적용되었다. UN Doc. S/PV.372(1948.10.25.), p.14.
35) Cadogan 영국 대표 발언. UN Doc. A/C.1/SR.88(1947.10.28.), p.256; Sen 인도 대
표 발언. UN Doc. A/C.1/SR.91(1947.10.30.), p.285.
36) El-Khouri 시리아 대표 발언. UN Doc. A/BUR/SR.38(1947.9.21.), p.20; Evatt 호
주 대표 발언. UN Doc. A/PV.90(1947.9.23.), pp.279-280. Ress & Bröhmer(전게
주 19), para.18.

히 집중적으로 부각시키지는 않았다. 오히려 미·소 공동위원회 공전 책임은 미국에 있고, 한국민 대표의 참여 없는 논의에 반대하며, 한국 문제 해결을 위해 모든 외국군의 신속한 철수를 주장하는데 더 중점을 두었다. 소련은 UN이 한국독립문제를 토의할 권한이 없다고 주장하면서도, 미국측 제안에 대한 반론으로 1948년 초 이전까지 한반도에서 모든 외국군 철수 결의안을 총회 안건으로 제출하는 한편, 총회 논의에 한국인 대표를 초청해야 한다고 강조했다. 한편으로는 권한이 없으니 논의하지 말아야 한다고 주장하면서, 다른 한편 총회에 관련 결의안을 제출하고 논의를 위해 한국측 대표를 초빙하자는 제안은 논리적으로 앞뒤가 맞지 않는 태도였다. 공산국가들도 이러한 자체 모순을 모를리 없었을 것이다. 결과적으로 소련의 결의안은 총회에서 부결되었고,37) 미국 주도의 안이 결의 제112호(Ⅱ)로 통과되었다.38)

공산권 국가들은 헌장 제107조로 인해 총회가 한국독립문제를 취급할 권한이 없다는 전제 하에, 1947년 11월 14일자 총회 결의 제112호가 이 문제를 담당할 보조기관으로「UN 한국임시위원단」을 설치한 부분도 헌장 위반이라고 주장했다. 그러나 제107조의 입법취지나 문언, 이에 관한 UN에서의 반복된 실행 등에 비추어 볼 때 한반도 총선거를 감시하기 위한 보조기관으로「UN 한국임시위원회」를 설치한 결정에는 별다른 법적 하자가 없었다. 공산권 국가들이 구 적국 조항을 근거로 한반도 문제에 대한 UN 관여금지를 주장한 이유는 논리적 근거에 입각한 주장이었다기보다 수적 열세상황인 총회를 회피하기 위한 정치전략의 일환이었다.

---

37) UN Doc. A/477(1947). 찬성 7, 반대 34, 기권 6.
38) 찬성 43, 반대 0, 기권 6(공산권 국가들은 표결 불참). UN Doc. A/PV.112 (1947.11.14.), p.858. 한편 공산권 국가는 아니라도 덴마크와 스웨덴 등은 한국 독립문제를 UN이 다루는데 시종 회의적이었다. UN Doc. A/AC.18/SR.9(1948. 2. 26.), pp.8-9. 이런 비공산권 국가들은 미국측 결의안 표결에서 기권했다.

한국독립문제와 관련해 간과되지 말아야 할 논점의 하나는 과연 한국이 헌장 제107조가 말하는 구 적국이었냐는 점이다. 만약 구 적국이었다면 UN에서 그러한 지위는 언제까지 지속되었는가?

제2차 대전 중 연합국의 입장에서 한반도가 적국의 일부였다는 점은 부인하기 어렵다. 일본의 항복 후 미·소가 남북한을 분할점령하고, 1945년 12월 모스크바 회의가 한반도 신탁통치를 결정한 부분은 제107조가 말하는 적국에 대한 조치의 일환이었다.[39] 단 이상은 한반도를 일본으로부터 분리시키기 위해 구 적국 일본을 대상으로 한 조치였다. 헌장 제107조에 의해 일본은 UN에서 이러한 조치에 대한 이의제기를 금지당했다.

한편 카이로 선언은 한국민의 노예상태를 유의하고 한국이 적절한 시기에 자유와 독립이 부여될 대상으로 예정했다. UN 토의과정에서도 한국은 일본 침략주의의 희생자일 뿐 적국이 아니라는 발언만 있었으며,[40] 한국문제에 대한 제107조 적용을 주장한 공산권 국가들조차 한국을 적국으로 지칭하지는 않았다. 이는 1943년 모스크바 선언에서 "자유롭고 독립된 국가로 재수립될" 예정임이 선포되었던[41] 오스트리아 역시 총회 토의과정에서 다수 국가들이 나치 독일의 희생자일 뿐, 제107조 적용대상인 적국은 아니라고 지적했음과 동일하다.[42] 그런 의미에서 일본의 관할권에서 분리되어 독립국가를 설립하

---

39) 나인균(전게주 20), p.88.
40) Koo 중국대표 발언, UN Doc. A/C.1/SR.87(1947.10.28.), p.254; Lange 폴란드 대표 UN Doc. A/PV.112(1947.11.14.), p.850; Arce 아르헨티나 대표 발언. UN Doc. A/AC.18/SR.7(1948.2.28.), p.5.
41) 1943 Joint Four Nation Declaration: "[…] Austria, the first free country to fall a victim to Hitlerite aggression, shall be liberated from German domination. […] They declare that they wish to see re-established a free and independent Austria […]."
42) Muniz 브라질 대표, UN Doc. A/PV.380(1952.10.16.), para.189. Muniz 브라질 대표, UN Doc. A/BUR/SR.79(1952.10.15.), para.29; LLoyd 영국대표, 같은 출처,

는 과정의 한국은 제107조의 적용대상인 적국이 아니었다. 1950년 이후에는 소련도 한반도 문제에 구 적국조항이 적용되어야 한다는 주장을 더 이상 하지 않았다.[43]

Ⅲ. UN의 남한 선거실시 결정

1. 문제의 제기

한반도 총선거를 감독할 「UN 한국임시위원회」는 1948년 1월 12일 서울에서의 제1차 회의를 시작으로 정식 활동을 개시하고, 인도의 Menon을 첫 의장으로 선출했다. 그러나 위원국의 하나로 지명되었던 우크라이나는 끝내 참여를 거부했고, 북한을 점령 중인 소련은 임시위원회의 예방이나 문서 접수조차 거부했다. 임시위원회는 2월 6일 북한지역의 소련군 당국과 더 이상의 협력 시도는 무의미하다고 판단했다. 임시위원회 내부에서는 일단 남한에서라도 선거를 실시하자는 입장과 남북한 총선거라는 원래의 임무를 수행할 수 없으니 이 상황을 UN으로 보고해야 한다는 입장이 대립했다. 남한만의 선거와 정부 수립에 대해서는 남한 내 여러 세력들의 반발도 적지 않았다. 결국 임시위원회는 향후 업무추진 방향을 소총회와 협의하기로 했다.[44] 당초 한국임시위원회 설치를 결정한 총회 결의에서도 향후 사태 발전에 따라 이의 적용에 관해서는 소총회와 상의하라고 지정하고 있었다.[45]

para.23; Gross 미국 대표, 같은 출처, paras.39-41. Politis 그리스 대표, UN Doc. A/C.1/SR.555(1952.12.18.), para.11; Belaunde 페루 대표, 같은 출처, para.43; Jooste 남아공 대표, 같은 출처, para.47; Spender 호주 대표, 같은 출처, para.60 등 다수.

43) Ress & Bröhmer(전게주 19), para.101.
44) 이 과정에 대해서는 UN Doc. A/575(1948), pp.24-26 참조. 임시위원회의 구성원과 업무추진에 관한 이들의 입장에 대한 보다 상세한 분석은 하용운, "UN 한국임시위원단(UNTCOK) 연구," 한성사학 제6·7합집(1994), pp.152-174 참조.
45) 총회 결의 제112호(Ⅱ), para.5.

한국임시위원회는 다음 내용의 질의서를 소총회로 제출했다.

"1. 1947년 11월 14일자 총회 결의 내용과 이후 한반도에서의 사태 발전에 비추어 볼 때, 미국군이 점령하고 있는 지역에서 위 결의 Ⅰ에 제시된 계획을 이행함은 위원회의 재량인가 아니면 의무사항인가?

2. 만약 그렇지 않은 경우,

(a) 선거가 자유로운 분위기에서 진행될 수 있다고 결정한다면, 1947년 11월 14일 결의 Ⅱ에 제시된 바대로 한국문제를 검토하기 위해서 위원회가 한국의 대표자 선거를 감시해야 하는가?

(b) 위원회는 자신의 목적 달성을 위해 가능하고 바람직한 다른 방법을 강구해야 하는가?"[46]

소총회는 1947년 11월 13일자 총회 결의 제111호(Ⅱ)를 근거로 처음 설치된 총회 보조기관이다. 공식 명칭은 'Interim Committee'였으나, 전 회원국으로 구성되어 총회나 마찬가지라는 의미에서 후일 소총회(Little Assembly)라는 비공식 이름으로 더 흔히 불리었다.

한국임시위원회의 질의를 받은 소총회는 치열한 토의 끝에 1948년 2월 26일 "1947년 11월 14일자 총회 결의 내용과 이후 한반도에서의 사태 발전에 비추어 볼 때, 「UN 한국임시위원회」가 접근할 수 있는 지역에서 결의 제112호(Ⅱ)에 제시된 계획을 이행함은 위원회에 부여된 의무"라는 내용의 결의를 채택했다."[47] 임시위원회가 이 결정에 따라 남한에서의 5·10 총선거 감시를 진행했음을 잘 알려진 바와 같다.

---

46) UN Doc. A/AC.18/27(1948).

47) "Resolves that in its view it is incumbent upon the United Nations Temporary Commission on Korea, under the terms of the General Assembly resolution of 14 November 1947, and in the light of developments in the situation with respect to Korea since that date, to implement the programme as outlined in resolution Ⅱ, in such parts of Korea as are accessible to the Commission." 찬성 31, 반대 2(호주, 캐나다), 기권 11. UN Doc. A/AC.18/SR.9(1948.2.26.), p.15; A/575(1948), p.26.

이와 관련해서 크게 2가지 법적 반대가 제기되었다. 첫째, 소련 등
공산권 국가들은 소총회 설치 자체가 헌장 위반이라고 주장했다.[48]
둘째, 남한에서의 선거를 지지한 소총회 결정은 총회 결의 제112호(Ⅱ)
위반으로 소총회는 그러한 결정을 할 권한이 없다고 주장했다. 각각
에 대해 검토한다.

2. 소총회 설치의 합법성

가. 논란의 배경

소련 등 공산권 국가들은 소총회 자체가 헌장 위반의 기관이며,
소총회 결정을 근거로 한 남한만의 선거도 위법하다고 공격했다. 소
총회는 과연 헌장 위반의 불법기관이었는가? 소총회 설치의 배경과
관련 법리 논쟁을 살펴본다.

UN은 창설 직후부터 냉전의 영향을 크게 받았으며, 특히 핵심기
관인 안전보장이사회는 거부권으로 인해 정상적 임무수행이 쉽지 않
았다. 가장 심각한 문제는 신규 가입국을 제대로 받을 수 없었다는
점이었다. 냉전의 한 축인 미국은 물론, 거부권을 갖지 못한 일반 회
원국들의 불만이 높았다.[49] 이에 UN이 출범한 지 얼마 되지 않아서
부터 다양한 개선안이 제기되었다. 즉 안보리 의결 정족수 변경을 위
한 헌장 개정이 주장되기도 하고, 거부권이 적용되지 않는 절차문제
범위에 대한 확대 해석이 시도되었다.[50] 소총회 설치 제안은 이 같은

---

48) Vyshinsky 소련대표 발언, UN Doc. A/BUR/SR.43(1948.9.22), pp.7-8; Malik 소련
    대표 발언. UN Doc. A/PV.142(1948.9.24.), p.95; Modzelelewski 폴란드 대표 발
    언, UN Doc. A/C.1/SR.236(1948.12.8.), 1024. 소총회 설치가 헌장 위반이라는 공
    산국가들의 주장은 1949년 제4차 UN 총회까지 지속되었다. Hoffmeister 체코슬
    로바키아 대표 발언, UN Doc. A/PV.224(1949.9.22.), para.38; Kisley 백러시아
    대표 발언. 같은 출처, para.46 등.
49) 총회는 제1차 회기부터 안보리에서의 거부권 행사 자제를 요청하는 결의를 채택
    한 바 있다. 결의 제40호(Ⅰ)(1946.12.13.).
50) Y. Liang, "Notes on Legal Questions concerning the United Nations," *AJIL* vol

상황에 대한 미국측 대처방안의 하나였다.

1947년 9월 17일 제2차 UN 총회 개막시 미국의 마샬 국무장관은 총회가 정기회기를 마친 후에도 국제평화와 안전 문제를 검토할 수 있도록 전 회원국으로 구성되는 상설위원회를 설치하자고 제안했다.51) 보조기관이라는 지위에 부합되게 이를 'Interim Committee'라고 명명했다.52) 소총회 설치의 명분은 여러 가지가 주장되었지만, 가장 실질적 이유는 안보리 거부권을 피하기 위한 우회로 마련이었다. 즉 중요 국제문제에 대한 미국측 대처방안이 안보리 심의에서 소련의 거부권으로 번번이 저지당하자, 미국은 이런 문제를 확실한 다수를 확보할 수 있는 총회로 가져와 처리하기를 원했다. 그런데 총회는 매년 9월 중순부터 12월 중순까지 제한된 기간 동안만 정기회기를 갖고 1년 중 상당기간은 휴회상태였기 때문에 활동에 제약이 많았다. 이에 전 회원국으로 구성된 소총회를 총회 보조기관으로 설치해 정기회기 이후에도 상시적으로 활동할 수 있도록 하자는 제안이었다. 이미 1945년 12월 네덜란드가 총회 보조기관으로 국제평화와 안전에 관한 상설위원회를 설치하자는 제안을 했었으나, 당시는 미·영·불·소 등 주요 강대국이 모두 이에 반대해 무산되었는데 2년 만에 반전이 이루어졌다.53)

---

42 No.4(1948), pp.889-893에 이 점에 관한 당시 UN에서의 다양한 논의가 소개되어 있다.

51) UN Doc. A/PV.82(1947.9.17.), p.25; "The Interim Committee of the General Assembly," *Documents & State Papers* Vol.1, No.3(1948), pp.159-160.

52) 당초 마샬 미 국무장관은 기관의 명칭을 "Interim Committee of Peace and Security"로 제안했으나, 안보리의 대체기관임을 연상시킨다는 비판에 따라 단순히 "Interim Committee"로 변경했다. 이러한 명칭도 공산권 국가들의 비판의 빌미가 된 점은 사실이다. UN Doc. A/PV.110(1947.11.13), pp.765-767에서 Vyshinsky 발언 참조.

53) D. Coster, "The Interim Committee of the General Assembly: An Appraisal," *International Organization* Vol.3, No.3(1949), pp.444-446. 단 네덜란드는 18개국으로 구성된 상설위원회 설치를 제안했었다.

나. 반대의 논거

UN 출범 초기 국제정치 지형상 소련을 비롯한 공산권 국가들은 총회 표결에서 다수를 장악할 가능성이 없었기 때문에 총회의 역할을 강화하려는 어떠한 시도에 대해서도 반대했다. 소련 등 공산권 국가들은 소총회 설치가 바람직하지 않음은 물론 헌장 위반이라고 주장했다. 당시 UN 토의에서 제시된 주요 반대논거는 다음과 같았다.

첫째, 소총회는 헌장에 규정된 안보리의 권한을 침해하는 위법한 기관이다. 헌장 제24조는 국제평화와 안전의 문제에 관해 안보리에 우선적 권한을 부여했으므로, 이러한 문제를 다루려는 소총회의 설치는 안보리 권한을 침해하는 헌장 위반 조치이다.[54] 특히 헌장은 조치(action)를 필요로 하는 것은 총회 토의 전 또는 후 안보리에 회부되어야 하며(제11조 제2항), 안보리가 임무를 수행하는 동안 총회는 그 분쟁 또는 사태에 대해 어떠한 권고도 할 수 없다(제12조 제1항)고 규정하고 있으므로 소총회가 국제분쟁을 폭넓게 취급하려는 시도는 안보리의 권한을 침해하므로 헌장 위반이다.[55] 소총회는 안보리가 다루고 있는 문제는 취급하지 않을 예정이라고는 하나, 안보리 의제는 거부권 적용 없이 단순 7표로 언제든지 삭제될 수 있으므로 안보리 권한은 상시 위협받게 된다.[56]

둘째, 소총회는 표면상 총회의 보조기관(subsidiary organ)으로 예정되어 있으나, 폭넓은 권한을 갖고 있어 실제는 헌장 개정 없이 새로운 주요기관(principal organ)을 만드는 결과가 된다. 이는 소총회가 안보리의 무력화에 대응하기 위한 방안임을 표방하는 미국의 발언에 의해서도 입증된다. 안보리에서 합의가 성립되지 않는 문제를 소총회

---

54) Vyshinsky 주장. UN Doc. A/C.1/SR.94(1947.11.5.), p.309.
55) Vyshinsky 주장. UN Doc. A/C.1/SR.94(1947.11.5.), p.309. Slavik 체코슬로바키아 대표 주장. UN Doc. A/C.1/SR.95(1947.11.5.), p.314.
56) Vyshinsky 주장. UN Doc. A/C.1/SR.94(1947.11.5.), p.310. 당시는 안보리 이사국이 11개국이었다. 이사국이 15개국인 현재는 이런 경우 9표가 필요하다.

에서 다루겠다는 주장은 국제평화와 안전에 관한 문제는 모든 상임이
사국들의 의견일치를 통한 해결이라는 얄타 및 덤바튼 오크스 합의와
함께 UN 헌장의 기본 원칙을 침해하게 된다. 궁극적으로 소총회 설
치는 소수자의 입장을 무시하고 안보리를 사실상 유명무실하게 만들
려는 기도이며, UN을 파괴하려는 시도이다.[57]

셋째, 보조기관은 특별히 제한적 목적을 위해 설치되며, 구체적
주제에 관해 주요 기관을 보조하는 역할을 하도록 예정되어 있다. 소
총회는 그 같은 보조기관의 역할을 뛰어넘어 사실상 총회의 모든 기
능과 권한을 행사하게 되므로 이는 헌장 위반이다.[58]

넷째, 소총회 제도는 총회 회기에 관한 헌장 조항 위반이다. 헌장
제20조는 "총회는 연례 정기회기 및 필요한 경우에는 특별회기로서
모인다"라고 규정해 총회가 회기를 연중 계속하지 않을 예정임을 표
시하고 있다. 이는 안보리의 경우 계속적으로 임무 수행하도록 예정
되어 각 이사국의 기구 소재지에 항시 대표를 두어야 하는 점과 대비
된다(제28조 제1항). 그런데 전 회원국으로 구성된 소총회가 정규 회기
를 마친 직후 설립되어 다음 회기 이전까지 계속된다면 이는 사실상
총회의 연중 지속이므로, 이는 헌장 제20조 취지에 반한다. 소총회 설
치는 안보리와 같은 또 다른 지속적 활동기관을 추가하는 셈이며, 이
는 제안자의 의도가 무엇이든 관계없이 결과적으로 안보리의 권한을
침해하고 UN의 구조를 변경시키는 결과가 된다.[59]

토의 내내 공산권 국가들은 소총회가 헌장 위반이라는 주장을 끈
질기고도 장황할 정도로 계속했으나, 소총회 설치 결의안은 1947년 11
월 6일 총회 제1위원회에서 찬성 43, 반대 6, 기권 6으로 통과되었으

57) Vyshinsky 주장. UN Doc. A/C.1/SR.95(1947.11.5.), pp.313, 321.
58) Slavik 체코슬로바키아 대표 주장. UN Doc. A/C.1/SR.95(1947.11.5.), p.314; Po-
    povic 유고슬라비아 대표 주장. UN Doc. A/C.1/SR.96(1947.11.6.), p.326.
59) Lange 폴란드 대표 주장. UN Doc. A/C.1/SR.95(1947.11.5.), pp.318-319; A/PV.
    110(1947.11.13.), pp.805-806.

며,[60] 11월 13일자 본회의에서도 제1위원회에서와 같은 논란을 반복하다가 찬성 41, 반대 6, 기권 6으로 통과되었다(총회 결의 제111호 (Ⅱ)).[61] 그러자 소련 등 6개 공산권 국가들은 소총회가 소집되어도 이에 참여하지 않겠다고 선언했다.[62]

공산권 국가들의 입장은 한 마디로 요약해 소총회의 설치는 미국이 자신에게 의존적인 국가들의 지지를 바탕으로 안보리 상임이사국의 거부권을 회피하려는 시도라는 주장이었다. 그 같은 의도에서 소총회 설치가 제안된 점은 사실이지만, 소총회가 헌장 위반의 기관이냐는 별개의 검토가 필요한 사항이다.[63]

다. UN의 실행과 평가

UN에서는 필요하다고 인정되는 보조기관이 설치될 수 있으며(제7조 제2항), 좀 더 구체적으로 "총회는 그 임무의 수행에 필요하다고 인정되는 보조기관을 설치할 수 있다(제22조)." 실제로 총회는 자신의 활동을 보조할 보조기관을 무수히 설치해 왔다.[64]

소총회 설치와 관련된 논란의 핵심은 총회와 안보리의 권한 관계

---

60) UN Doc. A/454(1947).

61) UN Doc. A/PV.111(1947.11.13.), p.822.

62) 소련, 우크라이나, 백러시아, 폴란드, 체코슬로바키아, 유고슬라비아. UN Doc. A/C.1/SR.97(1947.11.6.), p.335. 소총회 설치 과정에 대한 종합적 정리는 "The Interim Committee of the General Assembly," *Documents & State Papers* Vol.1, No.3(1948), pp.159-180에 상세.

63) 논란이 계속되자 영국의 Shawcross 대표는 헌장 위반에 관해 ICJ에 권고적 의견을 묻자고 제안했으나, 소련의 Vyshinsky는 이를 즉석에서 거부했다. UN Doc. A/C.1/SR.97(1947.11.6.), pp.335-336.

64) 헌장에 보조기관에 관한 특별한 정의는 없다. UN 사무국은 보조기관을 "헌장 제7조 제2항에 따라 적절한 기관의 결의를 통해 UN 주요기관에 의해 또는 그 권한에 기해 설립된 기관"으로 정의한 바 있다. *Repertory of Practice of United Nations Organs, Supplement No.1(1954-55)* vol.1, p.100. UN에서의 보조기관에 관한 일반적 설명은 D. Sarooshi, "The Legal Framework Governing United Nations Subsidiary Organs," *BYIL* vol.67(1997), p.413 이하 참조.

에 대한 UN 헌장 해석 차이에서 비롯되었다. UN 헌장은 양자 관계를 다음과 같이 규정하고 있다. 국제평화와 안전 유지에 관한한 1차적 책임은 안보리에 부여되어 있다(제24조 제1항). 총회 역시 국제평화와 안전 유지에 관한 어떠한 문제도 토의할 수 있으나, 단 조치(action)를 필요로 하는 경우 토의 전후 안보리에 회부되어야 한다(제11조 제2항). 또한 안보리가 어떠한 분쟁이나 사태에 관해 임무를 수행하고 있는 동안 총회는 그 문제에 관해 어떠한 권고도 할 수 없지만(제12조 제1항), 그런 경우가 아니라면 총회는 국가간 우호관계를 해칠 우려가 있다고 인정되는 어떠한 사태에 대해서도 평화적 조정을 위한 조치를 권고할 수 있다(제14조).

이들 조항을 해석함에 있어서 소련은 되도록 자신의 거부권이 보장되는 안보리에서 국제문제를 논의하려 한 반면, 미국은 거부권을 피해 자국의 입장을 손쉽게 관철할 수 있는 총회 차원의 논의를 원했다. 소련은 안보리의 배타적 권한을 최대한 확보하려 했고, 미국은 총회의 역할을 강화하려 했다. 1947년 소총회 설립을 둘러싼 대립은 헌장상 총회와 안보리 권한관계 해석에 관한 미·소간의 격돌이었다. 이 점에 관한 양측 대립은 총회의 1950년 평화를 위한 단결(Uniting for Peace) 결의(제377호) 채택을 거쳐 1956년 UN 긴급군 I(UNEF I) 설치에 이르러 절정에 달했다.[65]

소총회와 관련해 당시 서방 국가들의 주장은 다음과 같았다. UN 체제에서 안보리만이 국제평화와 안전의 유지나 분쟁의 평화적 해결에 관해 배타적·독점적 권한을 갖지 않으며, 총회 역시 폭넓은 권한을 부여받고 있으므로 이런 문제를 다룰 보조기관(소총회) 설치가 헌장 위반은 아니다.[66] 소총회는 총회의 권한 범위 내에서 활동하며 회

---

65) UN Emergency Force I. 총회 결의 제1000호(ES-I).

66) Shawcross 영국 대표 주장. UN Doc. A/BUR/SR.38(1947.9.21.), p.18.; Austin 미국 대표 주장. 같은 출처, p.19; Evatt 호주 대표 주장. UN Doc. A/C.1/SR.95

부된 의제를 검토하고 그 결과를 총회에 보고하기로 예정되어 있다는 점에서[67] 이는 총회를 지원하기 위한 제한된 목적의 보조기관에 불과하다. 특히 안보리가 취급하고 있는 사안에 대해서는 소총회가 다루지 못하도록 규정하고 있으므로 소총회가 안보리의 권한을 침해할 염려가 없다.[68] 안보리에서 단순 7표에 의한 의제 삭제를 통해 총회가 그 문제를 취급할 가능성은 기왕에도 가능한 일이었으므로, 소총회 설치가 새삼 안보리 권한을 침해한다는 주장은 납득하기 어렵다 등이었다.[69]

1960년대 초까지 지속된 이러한 갈등은 1962년 ICJ의 일정경비 사건(Certain Expenses case)에 관한 권고적 의견을 통해 어느 정도 정리되었다. 이 사건에서 재판부는 안보리가 국제평화와 안전 유지에 관해 1차적(primary) 책임기관이기는 하나, 책임을 배타적(exclusive)으로 독점하지는 않으며 총회 역시 이런 문제에 관해 폭 넓은 권한을 갖고 토의·검토·조사·권고 등을 할 수 있다고 해석했다. 강제조치(enforcement action)를 필요로 하는 경우에는 총회에서의 토의 전 또는 후 안보리에 회부되어야 하나, 비구속적 조치인 권고 등은 총회도 독자적으로 할 수 있다고 판단했다.[70] 즉 ICJ는 헌장 조항을 유연하게 해석하며 총회가 국제평화와 안전을 다룰 보조기관을 설치할 권한이 있다고 판단했다.

총회가 임무수행을 위해 보조기관을 설립하려는 경우 그 필요성

(1947.11.5.), pp.308, 316; Wold 노르웨이 대표 주장. UN Doc. A/C.1/SR.96 (1947.11.6.), p.324.

67) 총회 결의 제111호(II), para.2 참조.

68) 총회 결의 제111호(II), para.3 참조.

69) Koo 중국 대표 주장. UN Doc. A/C.1/SR.95(1947.11.5.), p.320.

70) *Certain Expenses of the United Nations*, 1962 ICJ Reports 161, pp.163-164; *Legal Consequences of the Construction of a Wall in the Occupied Palestinian Territory*, 2004 ICJ Reports 136, para.26.

판단은 결국 다수 회원국들의 의사에 의해 결정될 수밖에 없다. 총회는 이러한 판단에 관해 폭넓은 재량을 가지며, 이러한 권한은 제한적으로 해석되지 말아야 한다.[71] 권한 범위도 주요기관이 수권할 수 있는 헌장상 한계를 초과하지 않는 한 단순히 포괄적으로 넓다는 사실만으로 헌장 위반이 되기 어렵다.[72]

총회 회기에 관해서는 다음과 같은 반박이 제시되었다. 총회는 헌장이 연례 정기회기를 요구하고 있는 유일한 주요기관이다(제20조). 아마 헌장 기초자들은 총회가 1년 내내 가동되리라고 예상하지 않았을 것이다. 정기 총회는 9월 중순 개회해 12월 중순까지 약 3달 정도 가동하고, 총회에 참석했던 각국 대표들은 귀국해 연말연시를 가족과 함께 보낼 수 있으리라 기대했다. 그렇다고 헌장 속에 총회의 연중 가동을 금지하는 내용 역시 없으므로 총회는 임무 수행을 위해 필요하다면 정기회기와 관계없이 상시 가동될 수 있는 보조기관을 설치할 수 있다고 보아야 한다.[73] 실제로 1947년 당시 이미 총회는 정기회기가 아닌 시기에도 활동을 지속하는 「팔레스타인 위원회」와 「발칸 특

---

71) "The object of both those Articles is to enable the United Nations to accomplish its purposes and to function effectively. Accordingly, to place a restrictive interpretation on the power of the General Assembly to establish subsidiary organs would run contrary to the clear intention of the Charter. Article 22, indeed, specifically leaves it to the General Assembly to appreciate the need for any particular organ, and the sole restriction placed by that Article on the General Assembly's power to establish subsidiary organs is that they should be necessary for the performance of its functions." *Application for Review of Judgement No 158 of the United Nations Administrative Tribunal*, 1973 ICJ Reports, 166, pp. 172-173.

72) 때로 주요기관은 자신이 직접 행사할 수 없는 기능을 보조기관에 부여하기도 했다. 예를 들어 사법적 기능을 수행하지 않는 총회가 UN 행정재판소를 설치했었으며, 총회는 이 보조기관의 결정에 구속된다. *Effect of Awards of Compensation Made by the U.N. Administrative Tribunal*, Advisory Opinion, 1954 ICJ Reports 47, p.61.

73) Arce 아르헨티나 대표 주장. UN Doc. A/C.1/SR.94(1947.11.5.), pp.322-323.

별위원회」를 설립해 가동 중이었다. 훗날의 실행이지만 UN은 헌장 개정 없이도 1997년부터는 정기회기 자체를 다음 해 정기회기 전일까지 지속시켜 현재는 1년 내내 회기를 계속하고 있다. 소총회 설치가 헌장 제20조 회기 조항 위반이라는 주장은 UN의 실행을 통해 부인되었다.

총회 구성원 모두가 참여하는 소총회는 보조기관이라기보다 총회의 복사판에 불과하다는 지적도 있었으나, UN에서 보조기관이라 해 이를 설립한 주요기관의 구성국 일부만 참여해야 한다는 규칙은 없다. 모기관의 구성국 전부가 참여하는 보조기관의 설립이 헌장상 금지되어 있지 않으며, 실제 사례 역시 적지 않았다.[74]

소총회는 당초 총회 제2차 회기 종료 후 6주 이내에 소집되어 제3차 회기 이전 임무가 종료되는 1회성 기관으로 예정되었다. 이를 위해 회원국들에게 각 1명씩의 자국 대표를 지명하라고 요청했다.[75] 그런데 총회는 제3차 회기를 마친 후에도 1949년 1월 31일 이전에 소총회를 다시 설치하기로 결정했다.[76] 이번에는 Interim Committee에게 ICJ의 권고적 의견을 요청할 권한도 인정했다. 임시적 보조기관에게 ICJ의 권고적 의견을 물을 권한을 부여하는 조치가 과연 헌장 제96조에 합당한가라는 이의가 제기되었으나, 표결 끝에 채택되었다.[77] 정기회기에 신임장을 제출했던 대표에게는 새로운 신임장이 요구되지 않음도 분명히 했다. Interim Committee는 여러모로 정기회기의 지속과 같았다. 제4차 회기 이후에는 매년 정기회기 종료(정지) 후 6주 이

---

74) R. Higgins *et al.*, *Oppenheim's International Law: United Nations vol.1*(Oxford UP, 2017), p.167.

75) 총회 결의 제111호(Ⅱ): Establishment of an Interim Committee of the General Assembly, paras. 1 & 3. 총회 제2차 정기회기는 1947.11.29. 종료되었다.

76) 총회 결의 제196호(Ⅲ)(1948.12.3.): Re-establishment of the Interim Committee of the General Assembly. 제3차 회기 전반부는 1948년 12월 12일 마쳤다.

77) Repertory of Practice of United Nations(1945-1954) vol.1, Article 22, para.83.

내에 Interim Committee를 소집하기로 결정해 이를 상설 기관화했다.[78] 그때마다 공산권 국가들은 격렬히 반대했으나, 표결에서는 항상 중과부족이었다.

결론적으로 소총회는 UN에서 다수 회원국의 동의와 실행을 통해 지지된 제도이며, ICJ 역시 총회의 국제평화와 안전을 다루는 보조기관 설립이 헌장상 허용된다고 판단했다. 거부권에 대해 반감을 가질 수밖에 없는 일반 회원국으로서도 총회 역할 확대가 반가웠을 것이다.[79]

다만 소총회는 상설기관화된 이후 별다른 활동을 하지 못했다. 적지 않은 국제분쟁의 배경에는 미·소 대립이 자리잡고 있었는데, 소련 등 공산권 국가들의 외면을 받은 기관이 적절한 해결책을 마련하기는 힘들었기 때문이었다.[80] 소총회 제도가 공식 폐지는 되지 않았으나, 1961년 이후에는 실제 회의가 소집되지 않았다. 1997년 제52차 회기부터 총회는 그 다음 정기 총회 소집 직전까지 회기를 지속하기로 했으므로 이 제도의 필요성은 완전히 소멸했다. 현재는 소총회

---

78) 총회 결의 제295호(Ⅳ)(1949.11.21.): Re-establishment of the Interim Committee of the General Assembly. Interim Committee는 첫 번째 활동보고에서 이미 이를 상설기구화하라는 제안을 했으나(A/606(1948)), 1948년 제3차 UN 총회에서 이 제안은 부결되었다. Repertory of Practice of United Nations Organs(1945-1954) vol.1, Article 11, paras.64-65.

79) Reyes 파나마 대표 발언, UN Doc. A/C.1/SR.94(1947.11.5.), p.308; Raafat 이집트 대표 발언, UN Doc. A/C.1/SR.95(1947.11.5.), p.315; Arce 아르헨티나 대표 발언, 같은 출처, p.322 등 참조. 초기 소총회 역할에 대한 긍정적 평가로는 C. Eagleton, "The Work of the UN Interim Committee," *AJIL* vol.42, No.3(1948), p.627.

80) 이에 관한 구체적 설명은 D. Coster(전게주 53), pp.450-451 참조. 한편 소총회 제도가 의미를 상실하게 된 또 다른 배경에는 미국 주도로 채택된 총회 결의 제377호(Ⅴ)(평화를 위한 단결 결의)를 통한 비상특별총회 제도의 도입이 있었다. 국제평화와 안전 유지에 관해 안보리가 적절한 역할을 못할 경우 이를 통해 총회의 신속한 개입이 가능해졌기 때문이다. 상세는 정인섭, "한국문제를 통한 UN법의 발달," 서울국제법연구 제22권 2호(2015), pp.96-103 참조.

가 보조기관의 목록에도 등재되지 않고 있으며,81) 그런 제도가 있다
는 사실조차 잊혀진 상태이다.82)

3. 소총회의 권한 범위

가. 논란의 배경

「UN 한국임시위원회」로부터 한국독립문제 처리 방향에 관한 질
의를 받은 소총회는 1948년 2월 24일부터 26일까지 3일간 이 문제를
논의했다. 미국은 임시위원회가 접근 가능한 지역에서라도 선거를 진
행하라는 내용의 결의를 채택하자고 제안했다. 특이 사항은 6개 공산
권 국가들이 소총회 자체가 헌장 위반의 제도라고 주장하며 회의에
불참한 가운데, 캐나다와 호주가 강력한 반대의사를 표명했다는 점이
었다.83)

반대논거는 다음과 같았다. 첫째, 한국임시위원회를 설치한 총회
결의 제112호에 따르면 선거는 전 한반도에서 실시되어야 하며, 임시
위원회는 남한에 국한해 활동할 수 없다.84) 둘째, 총회가 회부한 사
안에 대해 소총회는 이를 검토하고 총회에 보고할 권한만 있지, 총회
결의 내용을 변경할 수 없다.85) 소련의 협조거부로 야기된 사태에 대

---

81) https://www.un.org/en/ga/about/subsidiary/index.shtml 참조(2024.1.10. 확인).

82) 총회 의사규칙(Rules of Procedure)에는 Interim Committee에 의한 비상특별총회
소집에 관한 내용이 아직도 남아 있다(Rule 8 (B)).

83) 한국임시위원회에서도 캐나다와 호주 대표는 미국 정부 내지 주한 미군정청의 대
한(對韓) 정책에 가장 비판적인 태도를 보였다. Park, Tae-Gyun, "The Ugly Duc-
kling: Activities of the Canadian Delegate in UNTCOK and Koreans' Evaluation,"
Comparative Korean Studies, vol.13 no.1(2005), p.1 이하.

84) Pearson 캐나다 대표. UN Doc. A/AC.18/SR.7(1948.2.24.), pp.2-3; Forsyth 호주
대표. UN Doc. A/AC.18/SR.7(1948.2.24.), p.3; Moe 노르웨이 대표. UN Doc.
A/AC.18/SR.9(1948.2.26.), pp.14-15.

85) Pearson 캐나다 대표. UN Doc. A/AC.18/SR.7(1948.2.24.), p.2; Forsyth 호주 대
표. UN Doc. A/AC.18/SR.7(1948.2.24.), p.4; 호주 Harry 대표. UN Doc. A/AC.
18/SR.9(1948.2.26.), p.6. 소총회 회의에 참석하지 않았던 공산권 국가들은 다른

한 대응방법으로는 ① 이 사실을 소총회가 다음 총회 회기에 보고86) ② 총회 특별회기(emergency session)를 소집해 대책 강구87) ③ 남한만의 선거를 실시해 정부를 구성할 경우 이를 전국(national) 정부라고 칭하지 말고 임시적 지위만 인정 등이 제시되었다.88)

이에 대해서는 다음과 같은 반론이 주장되었다. 첫째, 총회 결의 제112호가 남북한 전국 선거를 전제하고는 있으나, 그렇다고 남한만의 선거실시를 금지하고 있지도 않다.89) 둘째, 총회가 한국임시위원회에 한반도에서의 선거를 관리하라는 임무를 부여했으면, 가급적 최대한 그 임무를 수행함이 위원회의 역할이다.90) 셋째, 사태의 원인은 소련이 총회 결의를 무시하고 이를 준수하지 않기 때문인데, 한 회원국의 협조거부로 UN이 아무 일도 하지 못하고 무력화되어서는 아니 된다.91) 넷째, 남한에 거주하는 2/3의 한국민은 최소한 그 비율만큼 자유선거를 통해 대표자를 선출하고 의회를 구성할 권리가 있다. 소련의 협조거부로 한국민 2/3가 독립을 위한 권리행사를 저지당해서는 아니 된다.92) 한국민들 역시 계속 미군정 하에 놓여 있기보다 이러한 정부의 수립을 더 좋아할 것이다.93) 다섯째, 이 문제를 다음 총회로

기회에 같은 주장을 했다. Zebrowski 폴란드 대표. UN Doc. A/PV.187(1948.12. 12.), p.1037 등.

86) Pearson 캐나다 대표. UN Doc. A/AC.18/SR.7(1948.2.24.), p.2.

87) Pearson 캐나다 대표. UN Doc. A/AC.18/SR.7(1948.2.24.), p.2; Moe 노르웨이 대표. UN Doc. A/AC.18/SR.7(1948.2.24.), p.6; 스웨덴 대표. UN Doc. A/AC.18/SR.9(1948.2.26.), p.9.

88) Forsyth 호주 대표. UN Doc. A/AC.18/SR.7(1948.2.24.), p.4.

89) Lawford 영국 대표. UN Doc. A/AC.18/SR.8(1948.2.25.), p.3.

90) Tsiang 중국 대표. UN Doc. A/AC.18/SR.6(1948.2.24.), p.8; Thorn 뉴질랜드 대표. UN Doc. A/AC.18/SR.9(1948.2.26.), p.4.

91) Larrain 칠레 대표. UN Doc. A/AC.18/SR.9(1948.2.26.), p.8.

92) Jessup 미국 대표. UN Doc. A/AC.18/SR.6(1948.2.24.), p.6; Lawford 영국 대표. UN Doc. A/AC.18/SR.8(1948.2.25.), p.4; Hurgronje 네덜란드 대표. 같은 출처, p.6.

93) Viteri-Lafronte 에콰도르 대표. UN Doc. A/AC.18/SR.9(1948.2.26.), p.11.

보고한다거나 특별회기를 소집해도 소련의 태도가 변할 리 없으니 상황 개선은 없이 한국독립만 지연시키는 결과가 우려된다.[94]

이 과정에서 논란의 핵심은 결의 제112호를 통해 총회는 한국임시위원회에 전 한반도에서의 선거감시 임무를 맡겼음이 분명한데, 총회의 보조기관인 소총회가 임시위원회에게 남한에서만의 선거감시를 허용하는 결정을 할 수 있는지 여부였다.

나. 소총회 결정의 의미

소총회 결정에 반대한 측의 핵심논거는 총회가 회부한 문제를 "검토하고 보고(to consider and report)"함을 기본임무로 하는 소총회는 원래의 총회 결의내용을 수정할 권한이 없다는 주장이었다. 그러면 1948년 2월 26일자 소총회 결정의 법적 성격과 내용은 무엇인가? 이는 총회 결의 제112호(Ⅱ)를 수정했는가?

결의 제112호를 보면 총회는 전 한반도에서의 선거 감시를 한국임시위원회의 임무로 예정했음이 분명하다. 그렇다고 전 한반도에서의 선거가 아니라면 부분적 선거는 하지 말라는 지침도 없었다. 총회가 특정 활동을 목적으로 보조기관을 설립하면 그 기관은 100% 임무수행이 가능하다는 전제에서만 활동하게 되는가? 총회 보조기관이 당초 부여된 임무를 100% 완수할 수 없는 상황에 발생하면 이 기관은 가능한 일부조차 하지 말아야 하는가? 사태에 따라서 일부 임무만의 수행이 무의미한 경우도 있겠지만, 통상적인 상황이라면 가능한 범위 내에서 임무를 최대한 수행함이 보조기관에 주어진 역할일 것이다. 더욱이 총회는 이 문제를 대비해 향후 사태발전에 따라(in the light of development) 필요한 경우 한국임시위원회는 소총회와 협의하라고

---

94) Ispahani 파키스탄 대표. UN Doc. A/AC.18/SR.9(1948.2.26.), p.5. D. Coster는 특별회기 소집을 회피한 소총회의 결정은 불가피했고, 현명했다고 평가했다. D. Coster (전게주 53), p.452.

미리 지정해 두었다. 임시위원회는 총회가 정해둔 절차를 충실히 따라 행동했다. 결국 한국임시위원회의 남한선거 결정은 총회 결의 제112호의 수정이 아니라 가능한 범위에서 그의 최대한 실현이었으며, 이는 결의 제112호가 예정한 방식에 따른 조치였다.

보조기관인 한국임시위원회가 모 기관인 총회가 아니라 총회의 다른 또 보조기관 소총회와 협의하는 방안이 타당한가에 대해 의문이 제기되기도 했으나, UN 실행에서 총회가 회기 중이 아닐 경우 소총회가 보조기관과 협의하거나 총회의 역할을 일정 부분 담당한 사례는 여러 차례 있었다. 즉 총회는 「발칸 특별위원회(Special Committee on the Balkans)」에게 사태발전에 비추어 임무 수행에 관해서는 소총회와 협의하라고 지정한 바 있다.[95] 「에리트리아 위원회」에 대해서는 보고서를 일단 소총회로 보고해 검토를 마친 후 그 내용을 다음 총회에 보고하도록 했다.[96] 평화를 위한 단결 결의도 이를 통해 설립한 「평화감시위원회(Peace Observation Commission)」를 소총회가 활용(utilize)할 수 있도록 규정했다.[97] 이러한 총회 결의가 성립될 때마다 주요 기관은 자신의 임무를 보조기관에 위임할 수 없다는 이의가 일부 제기되기도 했으나, 다수 회원국들은 소총회의 그러한 역할을 수락했다.[98]

엄밀히 말하여 소총회는 총회 결의 제112호의 해석에 관한 자신의 의견을 제시했을 뿐, 이를 수정한 것이 아니었다. 한국임시위원회로부터 질의를 받은 소총회는 총회 결의 제112호와 이후의 사태발전에 비추어 볼 때 임시위원회가 접근 가능한 지역에서 총회 결의가 예정했던 계획을 수행함이 "자신의 견해에 의하면(in its view)" 의무사

---

95) 총회 결의 제193호 A(Ⅲ)(1948), para.12.
96) 총회 결의 제289호 A(C)(Ⅳ)(1949), para.4.
97) 총회 결의 제377호 A(Ⅴ)(1950), para.3.
98) *Repertory of Practice of United Nations Organs(1945-1954) vol.1*, paras. 178-181.

항으로 본다는 입장을 표명했다. 즉 한국임시위원회는 총회 결의 제 112호가 자신에게 부여한 임무의 내용과 성격이 무엇이냐를 물었고, 소총회는 상황에 비추어 제112호의 의미를 해석했을 뿐이다. 비록 이 결정이 소총회 결의 형식으로 채택되었으나 그 내용이 총회는 물론 임시위원회도 구속하지 않았다. 임시위원회는 소총회에 "조언(advice)" 을 구한다며 질의했고, 소총회 의장 역시 결정 내용을 임시위원회에 전달할 때 이를 "조언"으로 표시했다.[99] 임시위원회는 소총회의 조언 을 바탕으로 미군 점령지역에서의 선거감시를 실시하기로 결정했 다.[100] 결국 남한에서만의 선거감시 진행을 결정한 주체는 어디까지 나 한국임시위원회였다. 그 과정에서 소총회는 총회 결의를 수정한 것이 아니라 해석에 관한 조언을 했을 뿐이었다.

결론적으로 총회 결의의 문언과 이후 UN의 실행에 비추어 볼 때 남한에서의 선거라도 진행하라는 소총회의 판단과 이후 한국임시 위원회의 실행이 정책적으로 올바른 방향이었냐에 대한 평가와는 별 도로 헌장 위반의 조치는 아니었다. 남한에서만의 선거는 한국 분단 을 영속화할 우려가 있다는 일부 국가의 예측은 불행히도 현실화되었 지만,[101] 이후의 국제정세에 비추어 보면 미·소가 협의와 조정을 통 해 원만히 해결하라는 요구 역시 비현실적이었다. 당시 소련으로서는 일단 확보한 북한지역에 공산정권을 수립할 목표를 어떠한 경우에도 양보하지 않았을 것이기 때문이다. 모든 외국군이 철수하고 한국문제

99) 소총회는 2월 26일자 결의와 함께 설명문(explanatory note)을 첨부해 한국임시위 원회에 전달하기로 결정했다. 다음은 그 문구의 일부이다. "the advice of the Interim Committee contained in the resolution." Letter from the Chairman of the Interim Committee of the General Assembly to the Chairman of the United Nations Temporary Commission on Korea(1948.3.1.)(UN Doc. A/AC.19/45). 이 설명문의 내용은 UN Doc. A/575(1948), pp.26-27에 수록.
100) UN Doc. A/AC.19/49(1948.3.12.). 이는 UN Doc. A/575, p.29에 수록.
101) Viteri-Lafronte 에콰도르 대표. UN Doc. A/AC.18/SR.6(1948.2.24.), pp.13-14; Forsyth 호주 대표. UN Doc. A/AC.18/SR.7(1948.2.24.), p.4.

처리는 한국인들에게 맡기자는 소련 제안도 결국 한반도 전체를 공산화하려는 전략이었다. 외국군이 있으면 자유선거에 방해되니 선거 전에 철수해야 된다는 소련의 제안은 자신이 점령한 북한에서는 1946년 11월 자유선거를 통해 민주적 인민의회가 결성되었다는 주장과 모순되며,102) 북한에는 약 10만 명의 군대가 조직화되어 있는 상황에서 외국이나 UN의 관여 없다면 더 많은 군대를 동원할 수 있는 측이 선거 결과를 장악하리라는 예상 역시 틀린 소리가 아니었다.103)

Ⅳ. UN 총회의 대한민국 정부 승인

1. 문제의 소재

1948년 8월 15일 대한민국 정부 출범하자 약 4개월 후인 12월 12일 UN 총회는 한국임시위원회가 감시와 협의를 할 수 있었고, 한국민의 절대다수가 거주하고 있는 (남한)지역에 대해 실효적 지배와 관할권을 가진 합법정부(대한민국 정부)가 수립되었으며, 이는 한국 내 유일한 그 같은 정부임을 선언하는 결의 제195호(Ⅲ)를 채택했다.104)

사실 총회 결의 제195호, 특히 대한민국 정부의 법적 성격을 선언한 제2항의 정확한 의미에 대해서는 채택 당시부터 논란이 있었다. 그동안 이 결의의 의미에 관해서는 대한민국 정부가 한반도 전체를

---

102) Sen 인도 대표 지적. UN Doc. A/C.1/SR.93(1947.11.4.), p.302.

103) Romulo 필리핀 대표 지적. UN Doc. A/C.1/SR.91(1947.10.30.), p.283.

104) 제2항; "Declares that there has been established a lawful government(the Government of the Republic of Korea), having effective control and jurisdiction over that part of Korea where the Temporary Commission was able to observe and consult and in which the great majority of the people of all Korea reside; that this Government is based on elections which were a valid expression of the free will of the electorate of that part of Korea and which were observed by the Temporary Commission, and that this is the only such Government in Korea;"

대표하는 유일 합법정부라는 주장과 대한민국 정부는 실제 선거가 실
시된 남한지역만을 대표하는 합법정부라는 주장이 대립되어 왔었다.
한·일 수교협상에서 대한민국 정부의 성격 규정에 관해 견해가 상충
되자, 양측은 1965년 기본관계조약에 "대한민국 정부가 국제연합 총
회의 결의 제195호(Ⅲ)에 명시된 바와 같이 한반도에 있어서의 유일
한 합법정부임을 확인한다"는 조항을 두기로 합의했다.105) 한국 정부
는 이 조항을 통해 대한민국 정부의 관할권을 이남에만 한정시키려는
일본측 의도를 봉쇄하게 되었다고 주장했다.106) 그러나 당시 일본 정
부 수뇌들은 총회 결의 제195호는 대한민국 정부가 남한지역에 대해
유효한 지배와 관할권을 행사하는 정부라는 의미일 뿐이라고 해석했
다.107) 동일한 문구를 각기 다른 의미로 이해했다.

　이 결의의 중요성에도 불구하고 이제까지 국내에서는 그 정확한
의미를 규명하려는 연구가 의외로 많지 않았다.108) 연구 내용도 결의
가 채택되기까지의 과정과 총회장에서의 토론을 종합적으로 검토하지
못하고, 제한적인 관점에서만 검토된 내용이 대부분이었다. 물론 남북

---

105) 한일 기본관계에 관한 조약 제3조
106) 대한민국 정부, 한일회담백서(1965), p.21.
107) 1965년 10월 29일 일본 중의원특별위원회에서 佐藤 수상 답변. 外務省條約局條
　　約課, 日韓條約國會審議要旨(1966), p.131 수록; 1965년 11월 27일 일본 참의원
　　특별위원회에서 椎名 외무장관 답변. 상게서, p.132 수록 등.
108) 이 문제를 집중적으로 분석한 선행연구로는 김명기, 국제연합 총회의 결의 제
　　195(Ⅲ)호에 관한 연구, 국제법학회논총 제28권 제1호(1983); 이영진·최민경, 남
　　북한의 법적 지위—UN 총회 결의 제195(Ⅲ)과 관련하여, 현대법학의 이론과 과
　　제(벽서 오세탁박사 화갑기념논문집(법영사, 1990); 박준호, 한국의 독립관련 유
　　엔 총회 결의 채택과정과 배경, 국제법 동향과 실무 제15권 제1호(2016); 김선영,
　　쿼바디스 한반도 유일의 합법정부(서강대학교 정치외교학과 석사논문, 2016) 등
　　정도이다. 김명기는 결의 제195호를 대한민국 정부가 한반도 전체를 대표하는
　　정부라는 의미로 해석했고, 이영진·최민경은 38선 이남만의 정부라는 의미로 해
　　석했다. 김선영과 박준호는 이 점에 대한 명백한 결론을 제시하지 않았다. 기타
　　제195호 의미에 관해 인용되는 문헌의 대다수는 이 점에 대한 본격적 연구성과
　　라기보다 단편적 논평 수준이다.

한이 각각 별개의 UN 회원국으로 가입한 오늘날 이 결의의 현재적 의의는 사실상 사라졌다고 할 수 있다. 그러나 냉전시대 수십 년간 한국 외교의 중요한 밑받침 중 하나였던 총회 결의 제195호가 원래 정확히 어떠한 의미로 채택되었는가를 분석하는 일은 대한민국 성립사 연구에 있어서 여전히 간과될 수 없는 필수 작업 중 하나이다.

UN 총회 결의 제195호 의미 파악을 위한 분석은 한국독립에 관한 총회의 첫 번째 결의인 제112호(Ⅱ)부터 시작할 필요가 있다. 결의 제195호 해석에 관한 논란은 제112호에 기원을 두고 있기 때문이다. 결의 제112호의 요지는 한국임시위원회가 감시하는 선거를 통해 선출된 한국민의 대표가 국회(National Assembly)를 구성하고 정부(National Government)를 수립하여 한국독립을 달성하라는 것이었다.[109] 이후 한국임시위원회는 북한을 점령 중인 소련으로부터 협조와 진입을 거부당하자 업무수행이 가능한 미군 점령 하의 남한에서만이라도 선거를 실시해야 하는가를 소총회로 질의했다. 남한에서만 선거가 실시된다면 그 결과 수립되는 정부의 성격이 무엇인가에 관한 논란은 바로 이때부터 시작되었다.

2. 논란의 핵심: "National Government"

결의 제112호에 여러 번 등장하는 "National"이란 단어는 한반도 전체를 포용하는 "전국적"이라는 의미였다. 제112호가 말하는 "National Government"는 분명 남북한을 아우르는 한반도 전체의 정부를 의미함은 이론의 여지가 없었다. 그렇다면 남한만의 선거 결과 탄생하는 정부를 결의 제112호가 예정한 "National Government"로 볼 수 있는가가 논란의 핵심이었다.[110]

---

109) 전게주 10 참조.
110) "national"은 전국적으로 번역할 수 있지만, "national"은 5·10 선거에 따라 설립되는 정부의 성격을 규정하는 핵심 주제어 중 하나였기 때문에 본고에서는 논의

시점을 잠시 1948년 2월 UN 소총회 회기로 되돌려 본다. 1948년 2월 24일–26일 진행된 소총회 토의에서 결의 제112호 채택의 주도국이었던 미국은 가능한 지역(남한)에서라도 선거를 실시하자고 주장했다. 미국 대표 Jessup은 임시위원회가 일단 남한에서의 선거를 진행해도 이는 2/3의 한국민이 해당 비율만큼의 National Assembly 대표를 선출하는 결과가 되며, 이 국회는 UN 총회 결의 제112호가 예정한 한국의 National Government를 수립할 수 있다고 주장했다.111) 즉 Jessup은 자유선거에 의해 탄생된 정부는 한국민에 의해 자신들의 national government로 간주될 수 있으리라고 주장했다.112) 뉴질랜드의 Thorn 대표,113) UN 한국임시위원회 위원국인 엘살바도르의 Aguilar 대표와114) 인도의 Piliai 대표115) 등은 소총회 토의에서 남한만의 선거를 통해서도 "national government"가 수립될 수 있다는 취지의 의견을 피력했다.

그러나 호주와 캐나다는 남한만의 선거에 반대하며, 남한에서의 선거로 구성된 정부는 "national government"가 될 수 없다고 주장했다. 캐나다 정부는 미국 주도의 총회 결의 제112호를 통해 한국독립

당시의 정확한 취지 전달을 위해 이를 번역하지 않고 영어로 사용한다. 첫 글자의 대문자(N)와 소문자(n) 여부는 인용된 해당 원전에서의 사용을 그대로 따른다.

111) UN Doc. A/AC.18/SR.6(1948.2.24.), p.6.

112) UN Doc. A/AC.18/SR.6(1948.2.24.), p.8.

113) 남한에서의 선거 결과 어쩔 수 없는 이유로 national assembly의 모든 의석이 채워지지 않을지라도 그 지위는 손상받지 않으며, 이 기구가 한국의 독립을 위해 national government를 구성할 헌법제정의회가 될 수 있다. UN Doc. A/AC.18/SR.9(1948.2.26.), p.4.

114) 한국민 2/3의 선거를 통한 "national Government" 수립 노력을 지지하며, 한국임시위원회는 가능한 지역에서의 national 선거를 실시하기 희망한다. UN Doc. A/AC.18/SR.7(1948.2.24.), p.5.

115) 가능한 지역에서라도 National Government의 구성을 위한 선거가 즉시 이루어져야 한다. UN Doc. A/AC.18/SR.8(1948.2.25.), p.2. 다만 후일 인도 정부는 대한민국 정부가 한반도 전체를 관할하는 national government라는 주장에 비판적인 입장이었다.

문제가 해결될 전망에 대해 처음부터 회의적이었다. 미·소 합의 없
이는 실패가 예상되며, 한국임시위원회는 결국 작은 나라들을 소련에
대항하는 노력의 제1선에 세우는 수단이 되리라고 생각했다. 사실 캐
나다는 자신이 한국임시위원회 위원국이 된 자체도 마땅치 않게 받아
들였다.116) 소총회 토의에서 캐나다 대표 Pearson은 한국임시위원회
가 남한만이 아닌 전체 한국을 다루어야 하며, 소총회가 총회 결의
제112호의 취지를 변경해 남한만의 선거를 결정할 수 없다고 주장했
다.117) 호주 대표 Forsyth 또한 남한만의 선거는 1947년 총회 결의에
반하며, 이를 통해 수립된 정부는 "national Government"의 지위를
가질 수 없으며, 남한에서의 "national government" 수립은 북한에서
도 마찬가지의 행동을 유발해 한반도 분단을 영속화할 가능성이 있다
고 주장했다.118) 만약 남한만의 선거가 불가피하다면 이는 "national
government"라고 주장하지 말고 행정기능을 수행하는 자문기구 정도
로 수립되기를 원했다.119) 에콰도르 대표 Viteri-Lafronte 역시 한반도
의 일부에서 선출된 의회를 "national assembly"라고 볼 수 있을지에
의문을 제기하며, 이를 "national government"라고 주장한다면 분단
을 합법화·영구화할 수 있다고 우려했다. 이에 남한 정부가 수립된
다면 이는 임시정부로 보고, 통일된 정부가 최종목적이 되어야 한다

---

116) Memorandum of Conversation, by the Acting Secretary of State(1948.1.3.),
Foreign Relations of the United States(United States Government Printing
Office, 1974) vol.Ⅵ(The Far East and Australasia)(1948), pp.1079-1080(이하 이
책은 FRUS로 약칭). 이에 미국 트루만 대통령은 캐나다 킹 수상에게 UN 한국임
시위원회에 대한 캐나다의 협조를 설득하는 서한을 보내기도 했다. President
Truman to the Canadian Prime Minister(Mackenzis King)(1948.1.5.), FRUS 1948
vol.Ⅵ, pp.1081-1082. 총회 결의 제195호를 통해 한국임시위원회가 종료되고,
이를 대체하는 한국위원회가 설립되자 캐나다는 위원국 역할을 사양했다.

117) UN Doc. A/AC.18/SR.7(1948.2.24.), pp.2-3.

118) UN Doc. A/AC.18/SR.7(1948.2.24.), pp.3-4.

119) UN Doc. A/AC.18/SR.7(1948.2.24.), p.4.

고 주장했다.[120]

보기에 따라서는 평범해 보이는 "national"이란 용어는 이때부터 1948년 12월 12일 UN 총회 결의 제195호 탄생에 이르기까지의 과정에서 관련국들 사이 시종 미묘한 신경전의 대상이 되었다. 이는 대한민국 정부의 법적 성격을 표시하는 중심 개념 중 하나였다.

미국의 적극적 막후 설득으로 소총회는 1948년 2월 26일 한국임시위원회가 접근할 수 있는 지역에서 결의 제112호가 제시한 선거를 실시하라는 결정을 채택했다.[121] 이는 상황 변화에 따라 남한만의 선거가 총회 결의 제112호 취지에 위반되지 않는다는 의미였다. 이후 한국임시위원회는 남한에서의 선거를 결정했고, 5월 10일 국회의원 선출을 위한 총선거가 실시되었다. 이에 따라 국회가 구성되었고, 8월 15일 대한민국 정부가 출범했다. 당초 미국은 남한만의 선거로 수립된 대한민국 정부가 총회 결의 제112호가 의미하는 national Government에 해당한다는 입장으로, 이 점을 연말 총회 결의를 통해 확인받고 싶어 했다. 그러나 미국은 우방국의 지지를 얻으려는 과정에서 결의 문언에 관해 모호한 타협을 하게 된다. 이하 총회 결의 제195호가 성안되는 과정을 추적해 본다.

3. 미국의 정책 구상

가. 대한민국 정부 승인문제

미국은 빠르면 1948년 7월 1일 이전에도 한국에 신 정부가 수립될 수 있으리라 예상했다. 총회 결의 제112호는 한국에서 National Government가 수립되면 이후 이를 통한 한국 내 군대 조직, 남북한 점령군의 행정권 이양, 외국군의 완전 철수 등을 예정하고 있었기 때

---

120) UN Doc. A/AC.18/SR.6(1948.2.24.), pp.13-14.
121) UN Doc. A/AC.18/SR.9(1948.2.26.), p.15. 공산권 6개국은 토의 불참. 전게주 62 참조.

문에 미국으로서는 신정부가 이에 해당하는지를 결정해야 했다. 미국은 1947년 총회 결의 제112호와 남한 선거를 지지한 1948년 2월 26일자 소총회 결정의 주도국이었다. 미국으로서는 남한의 새 정부가 총회 결의 제112호에 부합되는 정부로 인정되어야 자신이 UN에서 추진한 정책의 정당성을 인정받을 수 있으며, 이를 행정권을 이양할 파트너로 인정하고 점령국으로서의 임무를 법적으로 마무리할 수 있었다. 이에 미 국무부는 대한민국 정부가 아직 구성도 되기 전인 1948년 5월부터 한국의 새 정부를 출범 즉시 바로 승인해야 하느냐는 문제를 검토하기 시작했다.

미 국무부 극동과는 한국의 신정부가 실효적 통제나 선거 기반이라는 측면에서 남한만의 정부라는 사실에도 불구하고, 이 정부가 전 한반도(all of Korea)에 관할권을 갖는 national government로 수립되었다는 입장이었다.[122] 신정부가 수립되었음에도 미국이 승인을 주저한다면 신정부의 명성과 권위에 타격을 주며, 남한 주민의 불만을 초래해 미군정의 치안 유지에도 어려움이 야기될 수 있으리라고 우려했다. 북한 정권에 대한 소련의 유사 행위가 이어지리라는 걱정 때문에 미국이 남한 정부를 national government로 승인하지 않는다면 다수 의사에 반대한 한 국가(소련)에 의해 UN을 무능에 빠뜨리는 결과가 되며, 신정부를 단지 남한만의 정부로 승인한다면 결과적으로 분단을 강화하고 북한 대표를 포용할 기회를 배제하게 되리라고 우려했다. 이에 즉각적인 승인이 부작용보다 장점이 더 많다고 생각한 미 국무부로서는 한국의 신정부가 수립되면 바로 이를 총회 결의 제112호에 규정된 National Government of Korea로 간주한다는 성명을 발표하고, 결의 내용의 후속조치 협의를 위한 대표를 파견할 구상이었다.[123]

---

122) Memorandum by the Director of the Office of Far Eastern Affairs(Butterworth) to the Legal Adviser(Gross)(1948.5.25.), FRUS 1948 vol. IV, p.1205.

123) The Secretary of State to Certain Diplomatic and Consular Officers Abroad

한편 미국은 UN 총회가 한국의 신 정부 수립이 1947년 총회 제
112호 결의 내용에 부합되는지 여부에 관해 결론을 내릴 권한이 있음
을 인정하고, 총회 결정 이전에 미국이 독자적 행동을 취함이 현명한
지 검토할 필요가 있다고 보아 이 점에 관한 의견을 수렴했다.

미국 UN 대표부의 Jessup은 한국문제를 총회로 회부한 미국으로
서는 이에 대한 UN의 절차와 총회의 결정을 따라야 하며, 한국임시
위원회를 포함한 UN의 승인이나 묵인 없이 미국이 독자 행동을 취한
다면 입장이 어려워지리라고 우려했다. 그는 UN의 사전 지지 없이는
한국 정부(Korean national government)의 승인을 자제하라고 요청했
다.124)

미 국무부 내부 검토과정에서 E. Gross 법률고문은 새로 수립될
한국 정부에 대해 사실상 승인만 부여하자고 제안했다. 그는 사실상
승인만 하면 한국에 대사와 같은 공식 외교사절을 파견하지 않고, 특
별대표가 이끄는 대표단만 파견해도 무방하다고 설명했다. 사실상 승
인만 해도 미국은 한국의 신정부와 필요한 협정을 체결할 수 있고,
나중에 법률상 승인을 부여하면 승인의 효과는 사실상 승인을 부여했
을 때로 소급효를 가지므로 별다른 문제가 발생하지 않는다고 주장했
다.125)

미군정청 Jacobs 정치고문도 UN 총회가 한국문제를 검토하기 이
전에 미국이 먼저 한국 정부를 공식 승인한다면, 아마 소련 역시 거

(1948.7.10.), FRUS 1948 vol.Ⅵ, pp.1236-1237; The Secretary of State to the
Political Adviser in Korea(1948.7.25.), FRUS 1948 vol.Ⅵ, p.1258.

124) The Acting United States Representative at the United Nations (Jessup) to the
Secretary of State(1948.7.20.), FRUS 1948 vol.Ⅵ, pp.1249-1251.

125) Memorandum by Legal Adviser (Gross) to the Director of the Office of Far
Eastern Affairs(Butterworth)(1948.6.1.), FRUS 1948 vol.Ⅵ, pp.1212-1213. 단 독
립국가로서의 한국에 관해서는 완전한 승인을 부여하라고 제안했다. 이를 통해
일본으로부터 공식적인 분리를 확인한다는 의미였다.

의 틀림없이 북한 정권을 승인하면서 미국이 한국의 통일을 방해하고 있다는 비난을 가하리라고 우려했다. 그 역시 총회가 한국문제를 검토할 때까지는 한국 정부를 일단 사실상 승인만 하고 대사급의 대통령 특별사절만을 파견하는 방안을 지지했다.[126]

결국 다음 항목에서 설명된 우방국의 반응을 아울러 고려한 미국은 신생 대한민국 정부를 우선 사실상 승인만 하기로 방침을 정했다. 미 국무부는 5·10 선거가 실시되기도 전인 1948년 4월 27일 대통령에게 Muccio를 초대 주한대사로 추천했고, 4월 28일 곧바로 대통령의 재가가 났다. 그러나 대한민국 정부를 사실상 승인만 하기로 방침이 정해지자 외교사절 자격의 파견은 보류되었다. 후일 Muccio는 일단 대사급(personal rank of Ambassador)이나 공식적으로는 대통령의 특별대표(Special Representative of the President of the United States)로 임명되었다. 그는 정식 외교사절은 아니나 미국의 이익을 위해 전권을 갖고 신정부는 물론 한국임시위원회와 협상할 권한을 부여받았다.[127] Muccio는 대한민국 정부 출범 직후인 1948년 8월 23일 서울로 부임하게 된다.

나. 관련국의 반응

미국은 남한만의 선거로 구성된 한국 신정부를 UN 총회가 자신의 의도에 합당한 national government로 지지해 주기를 원했다. 미국은 한국 신정부의 성격과 승인문제에 대해 우방국 및 UN 한국임시위원회 위원국들의 입장을 타진했다. 한국임시위원회 위원국인 시리아, 중국, 필리핀 등은 한국의 신정부를 national government로 보려

---

126) The Political Adviser in Korea(Jacobs) to the Secretary of State(1948.6.8.), FRUS 1948 vol. Ⅵ, pp.1216-1217.

127) Memorandum by the Under Secretary of State(Lovett) to President Truman (1948.7.28.), FRUS 1948 vol. Ⅵ, pp1264-1265.

는 미국의 방침에 대해 별다른 이견을 표명하지 않았으나,128) 주로
영연방 국가들은 한국의 신정부를 그렇게 인정하는데 주저하거나 반
대했다.

영국은 한국의 신정부가 절반의 영토만을 통제하고 있기 때문에
이를 national government로 승인함은 비현실적이라는 입장이었다.
또한 미국의 조기 승인은 UN 총회나 한국임시위원회를 무시하는 행
동으로 비춰져 일부 UN 회원국의 반대를 야기할 수 있다고 염려했
다. 만약 그런 반대가 제기된다면 소련은 이를 선전에 최대한 활용할
것이며, 소련 역시 북한 정권을 national government로 선언할 빌미
를 제공한다고 보았다. 그런 이유에서 한국 신정부에 대한 발표에서
"national"이나 "all Korea"라는 용어는 사용하지 말기를 요청했다.129)
Dening 차관보는 미국이 5·10 선거 결과 "남한"에 수립된 정부가
UN 총회와 소총회 결의 내용에 합당한 정부라는 정도의 성명을 발표
하기 희망했다.130) 또한 한국임시위원회가 UN 결의에 따른 선거 결
과 신정부가 탄생했다는 보고를 하기 전까지 영국으로서는 신정부에
대한 어떠한 승인도 하지 않겠다는 의사를 표명했다.131)

---

128) The Chargé in Syria(Memminger) to the Secretary of Stae(1948.7.14.), FRUS
     1948 vol.Ⅵ, p.1242; The Ambassador in China(Stuart) to the Secretary of
     State(1948.7.15.), 상게서, p.1243; The Chargé in the Philippines(Lockett) to the
     Secretary of State(1948.7.16.), 상게서, p.1245.
129) 영국 외무부 M. Dening 차관보 및 MacDermot 면담 결과. The Ambassador in
     the United Kingdom(Douglas) to the Secretary of State(1948.7.13.), FRUS 1948
     vol.Ⅵ, pp.1239-1240.
130) 영국 정부의 문안: "The Government of the United States considers the ad-
     ministration which has established itself in south Korea as a result of the
     elections held there on May 10 to be the government envisaged in the terms of
     the resolutions of the General Assembly and of the Interim Committee of the
     United Nations." The Ambassador in the United Kingdom(Douglas) to the
     Secretary of State(1948.7.14.), FRUS 1948 vol.Ⅵ, p.1242.
131) The Ambassador in the United Kingdom(Douglas) to the Secretary of State
     (1948.7.19.), FRUS 1948 vol.Ⅵ, p.1247.

호주 역시 남한의 신정부가 북한 주민까지 대표하지는 않으므로 이를 한국의 national government로 승인하지 않을 의사를 미국에 전달했다. 또한 한국임시위원회의 보고서가 UN 총회에서 채택되기 전까지는 신정부를 남한의 정부로조차 승인하지 않겠다고 했다. 다만 미국은 점령국이므로 남한의 신정부에 대한 지지의사를 표명해도 무방하다는 입장이었다.[132]

인도의 Menon 외교장관도 미국이 한국의 신정부를 총회 결의에 규정된 "national government of Korea"로 승인하려는 정책을 지지할 수 없다고 반대했다.[133]

영국, 호주, 인도, 캐나다 등이 대한민국 정부를 전 한국의 national government로 인정하기를 주저한 가장 중요한 이유는 물론 이 정부가 한반도의 절반만을 통치하고 있다는 현실론이었다. 대한민국 정부를 전 한국의 national government로 인정하면 소련도 북한 정권에 대해 동일한 조치를 취하고, 남북한 정권이 모두 전 한국의 national government임을 주장한다면 미소 갈등의 격화는 물론 남북 통합이 더 어려워진다는 예상도 중요한 우려 이유였다.

보다 이론적 설명은 캐나다 정부에 의해 제시되었다. Pearson 캐나다 외교차관은 대한민국 정부가 전 한국의 national government라고 주장하는 일은 현명하지 않다는 이유를 다음과 같이 설명했다. 즉 대한민국 정부는 미·소 점령군 중 미국으로부터 남한의 행정권을 이양받았을 뿐이며, 소련은 일본과의 교전국의 지위에서 북한을 지배하고 있으므로 소련 역시 대일평화조약 성립 이전에는 자신이 북한에 대한 합법적 점령자라고 주장할 수 있다는 입장이었다. 그런 의미에

---

132) Burton 호주 외무장관 및 Evatt 의견. The Chargé in Australia(Nielson) to the Secretary of State(1948.7.14.), FRUS 1948 vol. Ⅵ, p.1241.
133) The Chargé in India(Donovan) to the Secretary of State(1948.7.19.), FRUS 1948 vol. Ⅵ, p.1246.

서 대한민국 정부가 전 한반도를 대표하는 정부라고 주장은 사실에서
는 물론 법적 근거에서도 취약점이 있다고 보았다. 이 같은 상황에서
는 일단 대한민국 정부가 총회 결의 제112호에 따라 수립된 남한의
정당한 정부라는 점을 UN 회원국으로부터 인정받고, 남한에서 진행
된 조치가 추후 북한에서도 실시되기를 기대하는 편이 바람직하다고
주장했다.[134] 단 캐나다 정부는 대한민국 정부가 당시의 국제정세상
UN 총회 결의 제112호 취지에 반해 설립된 정부라고는 생각하지 않
았다.[135] 후일 제3차 UN 총회 참석에 앞서 우방국의 지지를 호소하
기 위해 캐나다를 방문한 조병옥 등 한국 사절에 대해 캐나다 외교부
관리는 UN 총회에서 대한민국 정부가 한반도 전체를 대표하는 정부
라고 주장한다면 호응을 받지 못할 테니, 단순히 1947년 총회 결의
제112호에 따른 한국의 유일한 정부(only Government in Korea) 정도로
주장하라고 권고했다.[136]

다. National Government 호칭의 회피

우방들의 상반된 반응 속에서 점령국인 미국으로서는 한국의 신
정부가 수립되면 그 법적 지위에 관해 어떠한 입장을 취하지 않을 수
없었다. 신정부가 1947년 UN 총회 결의 제112호에 합당한 national
government로 판명되어야 후속조치로서 점령지 행정권 이양과 점령
군 철수에 관해 협정을 체결하는데 법적 장애가 없어지기 때문이었다.

---

134) The Canadian Under Secretary of State for External Affairs(Pearson) to the
    American Counselor of Embassy(Harrington)(1948.8.13.), FRUS 1948 vol.Ⅵ,
    pp.1274-1275.
135) Pearson 차관 역시 남한 신정부에 대한 지지가 한반도의 공산화를 막는 유일한
    방법임을 인정하고 있었다. Memorandum of Conversation, by the Assistant
    Chief of the Division of Northeast Asian Affairs(Bond)(1948.9.14.), FRUS 1948
    vol.Ⅵ, pp.1300-1301.
136) 김선영(전게주 108), p.64.

신정부를 national government로의 규정 여부가 논란의 핵심임을
파악한 군정청 Jacobs 정치고문은 이 문제에 대한 우회로를 모색했
다. 그는 새로 제정된 한국 헌법의 용어 사용에 주목했다. 제헌헌법
영문본에서 국회를 가리키는 용어로는 UN 총회 결의 제112호와 같이
National Assembly가 사용되고 있지만, 정부는 특별히 National Go-
vernment로 호칭되지 않고 있으며, 정식 국호는 Republic of Korea라
는 점에 착안했다. 그는 신정부를 national Korean Government로 지
칭하지 말고 단순히 Government of the Republic of Korea로 표현하
면,137) 한국 정부를 national Government로 볼 수 없다는 국가들의
반대를 누그러뜨릴 수 있으리라 기대했다. 그는 설사 한국 신정부에
대한 표현에서 national이 빠진다고 해도 한국 제헌헌법 제4조는 북
한지역을 포함하는 전 한반도를 자국 영토로 규정하고 있고, 국회에
대해서도 national이 여전히 사용되고 있음을 유의하라고 지적했
다.138) Jacobs 고문의 제안은 미국이 내용상으로는 신정부를 UN 총
회 결의 제112호가 예정한 전체 한국의 national 정부로 인정하면서
도, 이를 결의 제112호에서 사용된 National Government로 직접 지
칭은 회피하는 방안이었다.

이러한 제안은 국무부에 의해 수용되어 곧 이은 대한민국의 공
식 출범 이후 미 국무부 문서에서는 한국 정부를 가리키는 용어가
"Government of Republic of Korea"로 통일되었다.139) 미국은 대한
민국 정부에 관해 "national" 정부라는 표현을 피하고, UN 총회 결정
이전까지는 대한민국 정부를 사실상 승인만 하여 정식 외교사절이 아

---

137) 당시까지 미국은 주로 National Government of Korea를 대한민국 정부의 공식
    호칭으로 사용했다.
138) The Political Adviser in Korea(Jacobs) to the Secretary of State(1948.7.25.),
    FRUS 1948 vol. Ⅵ, pp.1259~1260.
139) 김선영(전게주 108), p.59.

닌 특별대표를 파견한다면 일부 우방국의 반대를 완화시켜 총회에서 대한민국 정부에 대한 지지 결의를 무난히 획득할 수 있으리라 기대했다.

실제로 이러한 방안은 소총회에서부터 미국의 대한(對韓) 정책에 반대하던 호주와 캐나다의 입장을 누그러뜨리는데 기여했고, 호주를 미국의 공동 제안국으로 포섭하는 성과를 거두었다. 그러나 한편으로 후일 UN 총회 결의 제195호에서 national이란 용어가 회피됨으로써 대한민국 정부가 단지 남한만의 정부라는 해석을 가능하게 만든 출발점이 되었다.

4. 결의 제195호의 준비과정

가. 한국임시위원회의 평가

1947년 결의 제112호는 한국임시위원회가 그 임무 수행내용을 자신의 결론과 함께 총회에 보고하도록 요구하고 있었다(B 제5항). 5·10 선거로 대한민국 정부가 수립되자 한국임시위원회는 경과 보고서를 작성해 이를 총회로 제출했다.[140] 총회는 이 보고서의 승인 여부와 함께 대한민국 정부의 성격을 판단해야 했다. 이것이 총회 결의 제195호가 나오게 된 이유이다.

한국임시위원회는 5·10 선거 결과가 전체 한국 주민 약 2/3가 거주하는 지역의 "유권자들의 자유로운 의지의 유효한 표현"이었다고 평가했다.[141] 그러나 대한민국 정부의 법적 성격에 대한 입장 표명은 조심스럽게 회피했다.

---

140) The Report of the United Nations Temporary Commission in Korea vol. I - Ⅲ, UN Doc. A/575 & Add.1-3(1948).

141) "the results of the ballot of 10 May 1948 are a valid expression of the free will of the electorate in those parts of Korea which were accessible to the Commission and in which the inhabitants constitute approximately two-thirds of the people of all Korea." UN Doc. A/575(1948), para.58 (d).

대한민국 정부의 조각이 완료되자 1948년 8월 6일 이승만 대통령은 총회 결의 제112호에 따른 후속조치(특히 B 제4항) 이행을 위해 한국임시위원회와의 협의를 요청했다.[142] 위원회 일부 위원은 서울의 신정부가 UN 총회 결의에 따른 정부로 간주되기 어렵다고 주장하며, 차기 UN 총회 전에 임시위원회가 대한민국 정부의 협의 요청에 응함으로써 총회의 판단에 영향을 미치지 말아야 한다고 주장했다. 그러나 위원회는 표결 끝에 대한민국 정부와 후속 협의를 진행하기로 하고(찬성 4, 반대 2, 기권 1), 8월 25일 첫 회합을 가졌다.[143] 이는 대한민국 정부가 남한지역에만 실효적 관할권을 행사하고 있지만, 국제정치 정세의 변화를 감안할 때 UN 총회 결의가 예정한 정부로 판단할 수밖에 없다는 다수위원들의 인식을 반영했다.

그러나 위원회 내에서의 견해 대립은 임시위원회 최종보고서에서 대한민국 정부의 법적 성격을 명확히 서술하지 못한 이유가 되었다. 즉 1948년 10월 15일 자로 작성된 보고서에서 임시위원회는 대한민국 정부가 구성된지 아직 얼마 되지 않았기 때문에 이 정부가 전체 한국에 대한 주권을 가졌다는 주장을 어느 정도 정당화할 수 있을지 결정하기 어렵다고 평가했다.[144] 즉 대한민국 정부는 한국임시위원회가 감시하고 유효성을 선언한 선거 결과를 바탕으로 탄생했기 때문에 1947년 총회 결의에 규정된 정부로 간주될 자격이 있다는 주장과 북한 주민의 선거 참여가 없었기 때문에 총회 결의가 예정한 National Government가 아니며 또한 전체 한국에 관할권을 확장할 지위에 있지 않다는 주장을 나란히 소개하며, 최종적인 판단은 총회로 미루

---

142) 제4항의 핵심내용은 1) 한국 군대의 조직과 여타 모든 기존 군사조직의 해체, 2) 남북한 군사 및 민간 당국으로부터 행정권의 이양, 3) 한국으로부터 모든 외국군 철수 조치이다.

143) UN Doc. A/575/Add.3(1948), The Chapter Ⅱ, paras.12-15.

144) 상계주, para.30.

었다.145)

나. 미국의 기본 입장

대한민국 정부에 대한 법률상 승인을 UN 총회 결정 이후로 미룬 미국 정부는 제3차 UN 총회에 참석하는 자국 대표단에게 다음과 같은 기본입장을 전달했다.146) 아래는 그 골자이다.

첫째, 미국은 UN 한국임시위원회 감시 아래 1948년 5월 10일 선거를 통해 수립된 대한민국 정부가 1947년 11월 14일자 총회 결의가 제시한 원칙에 합당한 합법적 정부로 간주될 자격이 있으며, 이는 한국 내 유일한 그 같은 정부(the only such government in Korea)임을 UN 총회가 수락하도록 주장해야 한다.

둘째, 미국은 대한민국 대표단이 1947년 11월 14일자 총회 결의가 의미하는 한국민(Korean people)의 선출된 대표임을 지적하며, 총회장에서 이들의 발언 요청을 지지해야 한다.147)

셋째, 미국은 ① 1947년 11월 14일자 총회 결의대로 한반도(Korea)에서의 모든 점령군의 빠른 철수를 지지해야 한다. ② 대한민국에 복종하지 않는 모든 군사 및 준군사 조직의 해체를 포함해, 한반도(Korea) 내 지역간 장벽의 제거를 촉진할 조치를 주장한다. ③ 대한민국 정부에 대한 북한지역 주민의 참여를 통해 남북통일을 증진할 조치를 주장한다.

넷째, 이상의 목적을 달성하기 위해 UN의 새로운 한국위원회 설

---

145) 상게주, paras.31-32.
146) United States Delegation Position Paper: Problem of the Independence of Korea(1948.10.22.), FRUS 1948 vol.Ⅵ, pp.1315-1317.
147) 반면 북한측 대표가 총회 참여 발언을 요청하면, 미국은 이들이 1947년 11월 14일자 총회 결의가 의미하는 한국민의 선출된 대표로 간주될 수 없다는 입장을 견지하고, 이들은 UN과 한국임시위원단을 반대·비판한 정권을 대표한다는 점을 지적해야 한다는 방침을 표명했다.

립을 제의한다.

이러한 기조하에 미국 정부는 1948년 10월 29일 총회에 제출할
결의 초안을 작성했다.148) 핵심 요지는 ① 대한민국 정부가 1947년
11월 14일자 총회 결의가 제시한 원칙에 따라 표시된 주민의 의사에
바탕을 둔 합법정부로서 이는 한국 내에서 그 같은 유일한 정부이며,
② 대한민국 정부는 1947년 11월 14일자 총회 결의가 제시한 정부로
간주될 자격이 있으며, ③ 해당 총회 결의 내용 중 아직 완수되지 못
한 부분 달성을 위해 기존 한국임시위원회를 대체할 새로운 한국위원
회를 설치해 이 위원회가 북한 주민의 대한민국 정부로의 참여를 알
선하고 또한 이 정부 아래서 남북한 군대통합도 이룩한다는 내용이었
다. 관심의 초점인 후일 결의 제195호 제2항의 기초가 된 내용 원문
은 다음과 같다.

The General Assembly

[…]

Taking note of the fact that elections were held in Korea on
May 10, 1948, in pursuance of the Resolution of November 14, 1947
and under the observation of the Temporary Commission, and that
on the basis thereof the Government of the Republic of Korea has
been constituted and has assumed the exercise of effective juris-
diction in that part of Korea where the Temporary Commission was
in a position to observe and consult and where a majority of the
Korean people reside;

[…]

2) Resolves that the Government of the Republic of Korea is a

---

148) Draft Resolution on Korea for the United Nations General Assembly, FRUS 1948
vol. Ⅵ, pp.1321-1323 수록.

lawful government deriving its authority from the will of the people expressed in accordance with the principles established by the Resolution of November 14, 1947; that it is the only such government in Korea; and that it is entitled in these respects to be regarded as the Government envisaged in the Resolution of November 14, 1947;"

미국 초안은 대한민국 정부가 1947년 총회 결의에 따른 선거를 기반으로 탄생했다는 점은 명시했으나, 남한만의 선거로 구성되었다는 사실은 직접적으로 지적하지 않았다. 초안 서문 제3문에서 대한민국 정부가 현재 남한에 대해서만 실효적 관할권을 행사하고 있는 사실은 인정했으나, 이 정부가 남한만을 대표하는 정부임을 가리키거나 암시하는 표현은 회피되었다. 남북 통합은 결국 대한민국 정부 중심으로 이루어질 사항임을 예정했다.[149]

미국은 기본적으로 대한민국 정부가 1947년 11월 14일자 총회 결의에 합당한 자격을 갖춘 한반도 전체를 대표하는 정부라는 입장이었다. 총회 결의 제112호(Ⅱ)는 인구 비례에 따른 선거를 통해 한반도 전체를 대표하는 국회(National Assembly)와 정부(National Government)를 구성한 다음, 이 정부가 남한과 북한의 군정 당국으로부터 정부 기능을 인수하라고 권고하고 있었기 때문에 이 결의가 규정한 정부로 간주될 자격을 갖춘 유일한 정부라는 의미는 곧 대한민국 정부가 한반도 전체를 대표하는 정부임을 가리킨다고 해석될 수 있다.[150] 이러

---

149) 미국 초안 제4항 (b) "That the Commission lend its good offices to bring about participation in the Government of the Republic of Korea of the Korean people residing in those parts of Korea which were not accessible to the Temporary Commission;"

150) 총회 결의 제112호(Ⅱ), B, paras.2-3 참조.

한 입장은 UN 감시하 선거에 참여하지 않았던 북한 주민들이 현 대한민국 정부에 참여함으로써 남북 통합을 이루라고 제시한 점에도 표시되어 있다(제4항 b호). 다만 미국 초안은 대한민국 정부를 공식 국호인 Republic of Korea의 정부라고만 호칭했지, 총회 결의 제112호(II)에서의 표현인 National Government로는 부르지 않았다. 이는 앞서 지적한 대로 영국, 호주, 캐나다 등 적지 않은 우방국들이 남한에서의 선거로 탄생한 대한민국 정부에 "national"이란 수식어 사용에 부정적이었던 입장을 감안한 조정이었다.

다. 미국 – 호주 공동초안

제3차 UN 총회에서 미국 대표단은 이 초안을 바탕으로 우방국들과 협의를 진행했다. 미국 국무부는 다른 국가와의 협의과정에서 대표단이 어느 정도의 합리적 재량을 발휘할 수는 있지만, 초안 내용에 실질적 변경이 필요하면 별도 허가를 받아야 한다고 못 박았다.151) 결과적으로 10월 29일자 초안이 그대로 UN 총회로 제출되지는 않았다.

미국은 종래부터 미국의 대한(對韓) 정책에 비판적이던 호주를 공동초안 작성국으로 포섭했다. 미국-호주 공동초안은 파리에서 미국 대표단의 Jacobs 및 Noble과 호주 출신으로 제3차 UN 총회 의장을 맡고 있던 Evatt의 승인 아래 호주 대표단 Plimsoll과의 집중적 협의 끝에 탄생했다.152) 미국이 왜 호주를 공동초안의 당사자로 지목했는지는 명확히 확인된 바 없지만, 미국으로서는 그동안 자국의 대한 정책에 가장 비판적인 호주를 공동 제안국으로 포섭하면 결의 통과가

---

151) Memorandum by the Director of the Office of Far Eastern Affairs(Butterworth) to the Under Secretary of State(Lovett)(1948.11.5.), FRUS 1948 vol. VI, pp. 1319-1320.
152) The Secretary of State to the Acting Secretary of State(1948.11.16.), FRUS 1948 vol. VI, p.1329.

한층 용이해질 것으로 기대했으리라 추측된다.[153]

호주측 의견을 반영해 수정된 공동초안은 미국측 원안으로부터 적지 않은 변화를 보였다. 가장 큰 차이를 보이는 부분은 대한민국 정부의 성격 규정에 관한 표현이었다. 당초 소총회 토의에서 남한만의 선거에 반대했던 호주로서는 UN 총회 결의에서 소총회에 관한 언급이 되도록 삭제되기 원했다.[154] 호주는 특히 대한민국 정부가 national government에 해당한다거나 이 정부가 1947년 11월 14일자 총회 결의가 제시한 원칙에 합당한 정부라는 표현에 반대했다. 호주와의 협의 결과 대한민국 정부 승인에 관한 핵심 조항인 제2항은 미국 초안으로부터 다음과 같이 수정되었다.

"Resolves that there has been established a lawful government(the Government of the Republic of Korea), having effective control and jurisdiction over the part of Korea where the Temporary Commission was able to observe and consult and in which the great majority of the people of all Korea reside; that this Government is based on elections which were a valid expression of the free will of the electorate of that part of Korea and which were observed by the Temporary Commission, and that this is the only such Government in Korea;"

---

153) 기존 국내 연구 중 하나는 장면 대표의 가톨릭 인맥이 중재자가 되어 호주 UN 대표부 대사이자 제3차 총회 의장인 H. Evatt를 설득할 수 있었다고 주장한다(홍순호, 장면 외교의 명암(1946-1952), 경기사학 제5권(2001), p.156 등). 이러한 사적 인연만으로 호주가 갑자기 미국과의 공동초안 작성을 수락했을지는 의문스럽다.

154) 따라서 미국 초안 제1항의 소총회 보고서를 승인한다는 구절은 삭제되고, 대신 공동초안에서는 서문에 소총회 보고서를 고려한다는 표현만을 삽입했다. 이는 결의 제195호 최종문안에서도 그대로 유지되었다.

이는 미국 초안의 제2항을 골격으로 하고, 서문 제3문의 요지를 결합시킨 결과가 되었다. 당초 미국 초안 제2항에서는 대한민국 정부가 1947년 UN 총회 결의 제112호가 규정한 원칙에 부합하는 정부라는 점이 2차례나 지적되고 있었으나, 공동초안에서는 1947년 UN 총회 결의에 관한 언급이 삭제되었다. 대신 대한민국 정부는 한국임시위원회가 감시한 선거에 근거한 정부로서 전체 한국민의 절대다수가 거주하는 지역에 실효적 통제와 관할권을 행사하고 있다는 점이 추가되어 있다. 대한민국 정부가 합법적 정부이며, 한국(Korea)에서 그 같은 유일한 정부라는 표현은 유지되었다. 또한 미국 초안에는 새로이 UN 한국위원회가 수립되면 임시위원회가 접근하지 못했던 지역(북한)의 주민들도 대한민국 정부에 참여할 수 있도록 알선을 권고한다는 내용이 있었는데(제4항 b호), 이를 단순히 1947년 UN 총회 결의에 따른 원칙에 부합되게 한국의 통일을 이루기 위한 알선을 제공한다는 보다 일반적 표현으로 수정되었다(제4항 b호). 결과적으로 대한민국 정부를 한반도 전체를 대표하는 정부로 보려는 미국 초안 상의 직접적 문구는 상당 부분 빠져 버렸다.

호주로서는 미국 초안에 있던 5·10 선거가 1947년 총회 결의 제112호에 따라 실시되었고 이를 바탕으로 구성된 대한민국 정부는 총회 결의 제112호에 합당한 정부라는 지적이 삭제된 대신, 공동초안 제2항에서 대한민국 정부가 남한에서의 선거를 기반으로 하며, 남한에 대해서만 실효적 통제와 관할권을 행사하고 있는 합법정부라는 사실이 지적됨으로써 원래 자신의 입장이 상당 부분 반영되었다고 판단했을 듯싶다.

공동초안의 내용을 접한 Marshall 미 국무장관은 이 안이 원래의 미국 초안보다는 약화된 표현이지만, 미국의 기존 입장을 해칠 정도는 아니며 전반적인 다른 관련 부분을 감안할 때 수락할 만하다고 평가했다.155) 미국은 새로운 초안이 UN에서 공산권 국가를 제외한 전반적인 지지를 얻으리라 기대했다.156) 그때까지 미국은 대한민국 정부 성격에 대한 기존 입장을 여전히 고수하고 있었다고 추정되지만, 결의안의 의미는 좀 더 모호해졌다.

미-호주 초안에는 중국이 추가로 공동 제안국으로 참가했다. 3국 공동초안은 부분적인 추가 수정을 거친 뒤 1948년 12월 6일 총회 제1위원회에 제출되었다.157) 공동초안은 나중에 총회 결의 제195호(Ⅲ)의 골격이 된다. 공동초안 내용 중 한국임시위원회를 대체할 한국위원회의 임무와 역할에 관한 제4항 이하 부분에서는 어느 정도 수정이 이루어졌지만, 대한민국 정부의 법적 성격에 관한 제2항은 사실상 그대로 유지되었다. 제2항 중 미국-호주 공동초안과 달리 최종 총회 결의에서 바뀐 부분은 첫 단어가 "Resolves"에서 "Declares"로 수정되었고,158) 중간의 남한을 가리키는 의미의 "the part of Korea"가 "that part of Korea"로 변경된 부분뿐이다.

---

155) The Secretary of State to the Acting Secretary of State(1948.11.16.), FRUS 1948 vol.Ⅵ, p.1330.

156) 마샬 장관은 공동초안을 최종 승인하면서 중국, 영국, 필리핀, 한국 등이 이를 수락했다고 보고했고, 캐나다, 프랑스, 엘살바도르 등도 지지하리라 예상했다. 호주는 인도 역시 지지하리라 믿었다. Paris to the Secretary of State(1948.11.19.). 국사편찬위원회, 대한민국사 자료집 42(UN의 한국문제처리에 관한 미국무부 문서 Ⅴ)(국사편찬위원회, 1998), p.417.

157) UN Doc. A/C.1/426(1948).

158) 미 국무부는 제2항의 첫 단어로 "determines"를 사용하면 사실 분석을 기반으로 한 판단임을 명확히 할 수 있다고 생각했지만, "declares"가 "resolves"보다 더 일반적으로 수락될 수 있다면 이로 대체되어도 좋다고 판단했다. Department of State, GADEL 596(1948.11.27), 국사편찬위원회(전게주 156), p.439 수록. "resolves"(다짐한다)보다 "declares"(선언한다)는 그 이하의 내용이 이미 확정되었음을 명확히 확인하는 의미를 지닌다고 볼 수 있다. 결의 제195호 제4항에서 앞으로 진행될 한국위원회 구성과 역할에 대해서는 "resolves"가 사용되었다.

5. 총회에서의 토의

가. 경과

UN 총회에 참석한 각국 대표들은 결의 제195호의 내용을 어떻게 이해했고 이에 관해 어떠한 토의를 진행했는가? 결의 제195호 채택 마지막 과정에서의 각국 논의는 이의 정확한 해석을 위한 가장 중요한 자료가 될 수 있다.

한국독립문제는 먼저 총회 제1위원회에 회부되어 1948년 12월 6일부터 8일까지 토의가 진행되었다. 그런데 당시 회의에서는 한국임시위원회 보고서나 결의 제195호 초안 문구에 대한 논의보다는 한국임시위원회 설치의 적법성이나 북한 대표 초청 여부, 북한 대표를 한국민의 합법적 대표로 볼 수 있느냐에 관한 정치공방에 더 많은 시간을 사용했다.

남북한 정부는 모두 UN에서의 한국문제 토의에 자신들의 대표 참가를 허용해 달라고 요청하고 있었다.[159] 공산권 국가들은 북한 유권자 99.7%와 남한 유권자 77.52%가 참가한 민주선거를 통해 북한 정권이 수립된 반면(전체 한국 유권자 85.2% 참여 주장), 남한의 5·10 선거는 폭력과 협박을 통한 사기적 선거였다고 비난하며 북한 정권만이 전 한국민을 대표할 수 있다고 주장했다.[160] 이에 반해 비공산권 국가들은 남한에서는 UN 한국임시위원회 감시 아래 선거가 진행된 반면, 북한 선거는 외부세계와 차단상태에서 당국이 지명한 후보에 대한 찬반만 묻는 방식으로 진행되었고 특히 남한 주민 3/4 이상이 비밀리에 북한 선거에 참여했다는 주장은 근거 없는 거짓이라고 반박했다. 12월 6일은 하루 종일 남북한 대표 초청 문제만을 두고 공방을

---

159) 대한민국의 대표 참가 요청: UN Doc. A/C.1/365(1948). 북한측 참가 요청: UN Doc. A/C.1/366(1948).

160) UN Doc. A/C.1/SR.229(1948.12.6.), p.945의 J. Malik 소련 대표 주장 등.

벌였다.[161] 결국 북한 대표를 초청하자는 체코슬로바키아 동의안은 찬성 6, 반대 34, 기권 8로 부결되고, 한국 대표를 초청하자는 중국 동의안은 찬성 39, 반대 6, 기권 1로 통과되어 대한민국 대표만이 총회 제1위원회 회의에 초대되었다.[162]

제1위원회는 이후 1948년 12월 7일 제231차 회의부터 12월 8일 제236차 회의까지 하루 3차례씩 모두 6번 한국문제를 토의했다. 공산권 국가를 제외한 다른 UN 회원국들은 초안 내용에 대해 전반적으로 우호적이었다. 공동초안이 수락되는 분위기 속에서 회의가 진행되었기 때문인지 한국임시위원회 구성국과 공산권 국가 외에는 발언국이 많지 않았다.[163] 회의 내내 공산권 국가들은 UN이 한국문제에 관여할 권한이 없고, 북한 대표만이 한국민의 진정한 대표이며, 남한에서의 5·10 선거는 반민주적이었다는 주장을 지루할 정도로 반복했다. 이들은 회의를 지연시킴으로 시간 부족을 이유로 결의 채택 자체를 무산 또는 연기시키려는 전략이었다. 이들은 대한민국 정부 출범의 합법성 자체를 부인하려 했기 때문에 결의 제195호의 구체적 문안에 관해서는 별다른 논박을 하지 않았다. 공산권 국가는 6개국에 불과했으나 전체 발언 분량은 절반을 훨씬 넘겼고, 12월 8일 제234차 회의에서는 소련의 J. Malik 대표가 2시간 반 가까이 혼자 발언을 했다. 비공산권국가 대표들도 이러한 정치공세를 반박하는데 더 많은 시간을 할애했으며, 결의 제195호의 의미 — 특히 제2항 대한민국 정부의 법적 성격에 대한 논의는 그다지 많지 않았다. 제1위원회에서는 결의

---

161) 중국의 한국 대표 초청안: UN Doc. A/C.1/395(1948), as amended. 체코슬로바키아의 북한 대표 초청안: UN Doc. A/C.1/367(1948). 체코슬로바키아는 이에 앞서 11월에도 북한 대표 초청안을 미리 처리하자고 주장했으나, 이 주장은 찬성 6, 반대 38, 기권 6으로 부결되었다. UN Doc. A/C.1/SR.200(1948.11.15.), p.631.

162) UN Doc. A/C.1/SR.230(1948), p.955.

163) 미국을 제외한 그 이외의 국가로는 브라질, 스웨덴, 버마, 도미니카, 영국, 뉴질랜드 등만이 상대적으로 짧은 발언을 했을 뿐이다.

제195호 초안이 찬성 41, 반대 6, 기권 2로써 통과되었다.[164]

총회 전체회의에서는 이 같은 분위기가 더욱 심해졌다. 제3차 총회 전반기 회기 종료일이 다가와 시간 부족 때문에 전체회의는 이례적으로 토요일과 일요일(11일 및 12일)에 진행되었다. 전체회의에서는 공산권 6개국이 거의 대부분의 발언시간을 독점했고, 한국임시위원회 구성국의 발언도 별로 없었다. 결의 제195호에 대한 유일한 기권국인 스웨덴도 아무 발언이 없었다.[165] 총회장은 공산권 국가들이 한 번씩 떠들게 내버려 두었다가 어느 정도 시간이 지나면 표결로써 공동초안을 통과시키자는 분위기였다. 당시 총회장에서 공산권 국가가 같은 소리를 지루하게 반복하자, 이들이 발언하면 대부분의 회원국 대표들은 처음 몇 분 정도만 듣다가 통역 이어폰을 꺼버렸다고 한다.[166] 결의 제195호는 12월 12일 오후 찬성 48, 반대 6, 기권 1로 통과되었는데, 이는 제3차 총회 전반기 회기 마지막으로 통과된 결의였다.[167]

나. 각국 대표 발언 내용

총회에서 각국 대표들은 결의 제195호의 내용을 어떻게 이해하며 토론에 참여하고 찬반 의사를 표시했는가? 총회 제1위원회와 전체회의를 종합해 볼 때 공산권 국가들은 결의 제195호가 나온 출발점인 결의 제112호와 한국임시위원회 구성 자체가 위법했다고 주장하며, 북한 정권이 전체 한국민의 합법적 대표라는 입장이었기 때문에 결의

---

164) UN Doc. A/C.1/SR.236(1948.12.8.), p.1025. 반대 6개국은 소련, 우크라이나, 벨라로스, 폴란드, 체코슬로바키아, 유고슬라비아 등 모두 공산권 국가들이었다.

165) 스웨덴은 한국 문제는 전후처리 문제의 일부이며, 이의 해결에 대한 관여는 자국의 중립정책에 반한다고 생각해 기권했다. New York Times 1948.12.13., p.3.

166) New York Times 1948.12.13., p.3.

167) UN Doc. A/PV.187(1948.12.12.), p.1042. 스웨덴 기권, 과테말라·파나마·사우디아라비아는 결석. 곧이어 한국임시위원회 해체를 주장하는 소련측 결의안(UN Doc. A/790)은 찬성 6, 반대 46, 기권 무로 부결되었다. 상계주, p.1043.

제195호의 구체적 내용에 대해서는 별다른 언급을 하지 않았다. 결의 제195호 문언에 관해 찬반 양측간 구체적 공방이 별로 없었기 때문에 각국 대표 발언을 통해 결의 제195호의 정확한 의미를 파악하기는 사실 쉽지 않다. 다음은 이 문제에 대한 각국의 이해를 보여주는 발언들이다.

　결의 제195호에서 대한민국 정부가 1947년 총회 결의 제112호가 규정한 national government에 해당한다는 표현이 회피되었음에도 불구하고, 일부 국가들은 여전히 그러한 이해 하에 토의를 진행했다. 예를 들어 결의안 공동 발의국 중 하나인 중국의 Tsiang 대표는 한국임시위원회가 5·10 선거는 한국민의 의지의 유효한 표현으로 확인되었음을 지적하며, 선거 결과 National Assembly와 National Government가 구성되었다고 주장했다.[168] 필리핀 Romulo 대표는 대한민국 정부가 전체 한국의 정부로 간주될 수 있느냐는 총회가 결정할 문제인데, 자국 외교부는 대한민국 정부가 1947년 총회 결의 제112호에 따른 한국의 정부(Government of Korea)로 승인되어야 한다는 성명을 이미 발표(1948.8.23.)한 사실을 지적하며 미국·호주·중국 공동초안에 대한 지지를 표시했다.[169] 시리아 대표 Mughir은 소총회의 권고, 선거

---

168) UN Doc. A/PV.186(1948.12.11.), p.1015. 이어 임시위원회가 38선 이북에 미치지 못해 임무의 절반이 남았는데, 결의안은 총회가 이 작업을 완수하도록 약속하고 있다고 주장했다. 같은 곳.

169) Romulo 대표 발언의 맥락상 여기서의 Korea는 남한 아닌 전체 한국이라는 의미였다. UN Doc. A/C.1/SR.231(1948.12.7.), pp.958-959. 한편 김명기(전게주 108), pp.24-25는 Romulo 대표가 "서울 정부는 한국의 정부로(as the government of Korea) 간주된다. … 이 정부는 다수결의 원칙에 따라 수립된 것이다. 요컨대 이번 총회가 1948년 8월 15일에 수립된 한국정부는 어떤 것인지를 결정하는 것은 전한국의 정부(the government of the whole Korea)로 인정되어야 하는 것이다."라고 발언해 대한민국 정부를 전 한국의 정부라고 주장했다고 설명하고 있다. 그러나 이는 부분적인 오역을 통해 Romulo 발언 취지를 곡해한 주장이다. Romulo 발언의 해당 부분은 다음과 같다. "한국임시위원회는 서울 정부가 총회 결의 제112호 A(Ⅱ)가 예상한 전 한국(as the government of Korea)의 정부로 간주될 수 있을지 여부에 대해 아무 의견도 표시하지 않았다. […] 북한 주민이나

결과에 대한 한국임시위원회의 평가, 임시위원회가 한국 국회와의 협의용의 표시 등이 남한 정부가 전체 한국의 정부로 합법적으로 수립되었다는 주장의 근거였다고 지적하며, 이 정부가 비록 전체 한국에 대한 실효적 정부는 아닐지라도 1947년 총회 결의 제112호에 부합되게 수립되었기 때문에 UN 총회의 지지와 지원을 받을 자격이 있다고 평가했다. 그는 이 정부가 한반도 통일을 위한 향후 노력의 기반되리라고 보았다.[170] 이러한 발언들은 결의 제195호가 대한민국 정부를 전 한국의 정부로 인정하는 의미로 이해한 해석이라 볼 수 있다.[171]

　　일부 국가는 결의 제195호의 문언이 대한민국 정부를 전체 한국의 정부로 암시(또는 의미)하고 있다고 생각하고 이에 대한 이의를 표시했다. 즉 인도 대표 Setalvad는 남한에서의 선거로 구성된 정부가 전체 한국의 정부로 간주될 수 없다고 생각하는데, 결의 제195호 제2항은 남한 정부를 총회 결의 제112호가 규정한 national government로의 승인을 암시한다고 해석될 수 있어서 약간의 유보를 갖고 있다고 발언했다.[172] 네덜란드 대표 S. Hurgrone은 공동초안을 지지하지만, 남한 정부를 Government of Korean Republic으로 호칭함이 타당한지는 약간의 의문을 갖고 있다고 발언했다.[173] 우크라이나 대표

남한의 일부 정당이 선거에 참여하지 않았기 때문에 남한에서 선출된 의회가 전국적 의회로 간주될 수 있을지는 명확하지 않다. […] 요컨대 이번 총회는 1948년 8월 15일 수립된 한국 정부가 전체 한국의 정부로 간주될 수 있을지 여부를 결정해야 한다."(UN Doc. A/C.1/SR.231(1948.12.7.), p.958). 다만 이후 이어진 Romulo 발언의 전 취지를 보면 대한민국 정부를 전체 한국의 대표로 본다는 입장이었다.

170) A/C.1/SR.231(1948.12.7.), p.969.

171) 프랑스 대표 de la Tournelle도 공동초안의 내용이 UN 헌장과 총회 결의 제112호는 물론 한국임시위원회 권고와도 부합되기 때문에 이를 지지한다고 발언했다. UN Doc. A/C.1/SR.232(1948.12.7.), p.975.

172) UN Doc. A/C.1/SR.232(1948.12.7.), pp.973-974.

173) UN Doc. A/C.1/SR.232(1948.12.7.), p.977.

Manuilsky는 결의안의 내용을 논점별로 따져 봐야 한다며 남한 정부가 국가 전체(whole country)의 정부이며 한국민(Korean people)을 대표한다고 주장되고 있는데, 자신들로서는 북한 정권만을 진정한 정부로 본다고 설명했다.[174] 이상은 대한민국 정부를 한반도 전체의 정부로 간주하지 않으려는 국가들도 결의 제195호의 문언이 자신들의 입장과 다른 해석 가능성을 내포하고 있음을 지적하는 발언들이다.

반면 대한민국 정부가 총회 결의 제112호에 합당한 정부가 될 수 없다고 강력히 주장하던 호주는 공동초안이 남한의 정부가 38선 이남 영토에 실효적 관할권을 행사하는 합법적 정부임을 선언하고 있다고 해석함으로써 대한민국 정부를 남한의 정부로만 보는 인식을 유지하고 있었다.[175] 다만 호주는 한국임시위원회의 역할을 긍정적으로 평가하며 남한 정부만이 유일한 자유 정부로 간주되어야 한다고 발언하고, 북한 정부가 남한에 대해 관할권을 갖는다고는 전혀 생각할 수 없다고 주장했다.[176] 호주와 함께 남한에서의 선거에 비판적이었던 캐나다는 결의 제195호의 채택과정에서 별다른 발언이 없었다. 캐나다는 한국임시위원회를 대체해 새로 구성될 한국위원회에 자국은 참

---

174) UN Doc. A/C.1/SR.236(1948.12.8.), p.1022.
175) UN Doc. A/PV.187(1948.12.12.), p.1022.
176) UN Doc. A/C.1/SR.231(1948.12.7.), p.960. 김명기(전게주 104), p.24는 제1위원회 제231차 회의에서 호주 대표가 "그 지역의 한국의 정부(대한민국 정부)는 전 한국민을 대표한다(… the government of that part of Korea represented the entire Korean people)"고 발언했다고 주장하며, 이를 총회 회의에서 대한민국 정부가 전체 한반도의 유일한 합법정부로 설명된 증거로 제시했다. 그러나 이는 전혀 엉뚱한 오역이다. 당시 호주 대표의 발언 취지는 다음과 같았다. 즉 그는 한국임시위원단이 상황을 감시할 수 있었던 남한과 달리 북한지역에서 벌어진 일은 확인할 수 없다고 전제하고, UN에서 일부 대표가 어떠한 증거 제시도 없이 그 지역의 정부(the government of that part of Korea)가 전 한국민을 대표한다고 주장할지라도 아무런 정보가 없다고 지적했다. 여기서 호주 대표가 말한 그 지역 정부는 대한민국 정부가 아닌 북한 정권을 가리키며, 호주 대표의 발언은 공산권 국가들이 아무 증거도 없이 북한 정부가 전 한국민을 대표한다는 주장함을 비꼰 내용이었다. UN Doc. A/C.1/SR.231(1948.12.7.), pp.959-960.

여하지 않을 의사를 표명해 이를 관철시켰다.[177]

그런데 당시 UN 총회 토의에서 결의 제195호 제2항 해석과 가장 직접적으로 관련되는 발언은 뉴질랜드 대표에 의해 제기되었다. 뉴질랜드 Fraser 대표는 제1위원회에서 남한만이 민주적으로 선출된 정부에 의해 운영되고 있음은 분명하지만, 남한 정부의 권한이 북한지역까지 미친다는 주장은 맞지 않는 이야기라고 지적했다.[178] Fraser 대표가 이런 반론을 제기했다면 그 역시 결의안이 남한 정부가 북한지역을 대표한다는 의미로 해석된다고(또는 될 수 있다고) 이해했기 때문일 것이다.

이에 대해 미국 대표 Dulles는 합법적 정부가 한국(Korea)의 인구가 가장 많은 지역을 통제하고 있으며, 이는 유권자 자유의사의 표현인 선거에 기반한 한국 내 유일한 정부라고 전제했지만,[179] 뉴질랜드 대표의 지적은 자명한 이야기라고 인정했다.[180] 그는 공동초안의 내용이 남한 정부의 권한이 북한지역에 미친다는 의미는 아니며, 이의 권한이 확장되기를 희망하나 이는 남북간 합의를 통해 이룩될 일이라고 대답했다.[181] 특히 결의 제2항은 논란이 될 수 없는 진실만을 서술하도록 주의 깊게 구상되었으며, 이는 남한의 현 정부가 실제로 전체 한국의 정부라는 주장이 아니며, 한반도 일정 지역에 또 다른 정권이 존재하는 사실을 부인하고 있지도 않다고 설명했다.[182] Dulles의 설명은 결의 제195호가 대한민국 정부를 한반도 내 유일 합법정부로 인정하고 있지만, 당장 이의 현실적 관할권은 남한지역에만 미치고 있다는 사실을 있는 그대로 수용하는 설명으로 이해된다. 여기서

---

177) UN Doc. A/C.1/SR.236(1948.12.8.), p.1026; A/PV.187(1948.12.12.), p.1042.
178) UN Doc. A/C.1/SR.230(1948.12.6.), p.951.
179) UN Doc. A/C.1/SR.231(1948.12.7.), p.961.
180) UN Doc. A/C.1/SR.235(1948.12.8.), p.1015.
181) 상게주.
182) UN Doc. A/C.1/SR.236(1948.12.8.), p.1023.

특히 결의 제195호가 대한민국 정부를 전체 한국의 정부로 주장하고 있지 않다는 언급이 주목을 끈다.

6. 유일 합법정부의 의미

이상의 작성 경과와 총회 토의 내용을 바탕으로 볼 때 대한민국 정부의 법적 성격과 관련해 결의 제195호의 정확한 의미는 무엇이었을까? 일단 결의 제195호가 대한민국 정부를 한반도에서의 유일한 합법정부라고 평가했음에는 큰 이론이 없으며, 동시에 대한민국 정부는 당시 남한에 대해서만 실효적 지배와 관할권을 행사하고 있다고 지적한 사실도 부인할 수 없다. 문제는 결의 제195호의 취지가 대한민국 정부가 한반도 전체를 대표하는 정부인가 아니면 단지 남한지역만을 대표하는 정부인가, 양자 중 어떠한 의미인가이다.

제1위원회 토의 마지막 단계에서 제시된 Dulles의 위 발언은 결의 제195호의 정확한 해석으로 수용되어야 하나? 그렇다면 총회 토의에서 여러 국가가 제195호의 내용을 그와 달리 이해하고 이를 지지 또는 비판했던 사실은 모두 오해에서 비롯된 잘못된 발언으로 무시되어도 무방한가? 미국은 결의 제195호 성안의 주도권이므로 이의 해석에 가장 무게감이 주어지겠지만, 미국 대표의 현장 발언이 바로 제195호의 유권해석이라고는 할 수 없다. Dulles 발언에도 불구하고 결의 제195호 제2항의 정확한 의미를 분석할 필요는 여전히 남는다고 할 수 있다.

사실 총회에서의 논의를 보아도 결의 제195호 제2항의 의미를 확정하기는 여전히 쉽지 않다. 공동초안 작성국의 하나인 호주는 대한민국 정부가 남한만의 정부라는 기조에서 작업과 회의에 임했다고 판단된다. 반대로 공동초안 제안국 중 중국(대만)은 토의과정에서 여전히 대한민국 정부가 전 한국을 대표하는 정부라고 해석될 수 있는 인식을 표명한 바 있다.

미국은 본래 대한민국 정부가 한반도 전체를 대표하는 합법정부라는 입장에서 출발했고, 어느 나라보다도 대한민국 정부가 UN에서 그 같은 지위를 확인받기 원했으리라 추정된다. 다만 일부 우방국의 반발을 무마하기 위해 결의안 중 이에 대한 직접적인 표현은 상당 부분 포기했다. 미국은 특히 호주와의 공통 기반을 찾으려는 희망에서 제2항 문언에 있어서 상당한 양보를 했다고 자평했다.[183] 그래도 Marshall 국무장관은 호주와의 공동초안이 미국의 기존 입장을 해칠 정도는 아니므로 수용할 만하다고 보았다.

한국의 장면 대표도 원만한 통과를 위해 공동초안을 수락했지만, 그 문안 내용이 만족스러울 만큼 명확하지 않음을 인지하고 있었다.[184] 그는 제1위원회 발언을 통해 제2항에 대해 일부 수정을 희망했다. 즉 대한민국 정부가 1947년 총회 결의에 규정된 정부에 해당하며, 전체 한국에 대한 대한민국 정부의 관할권 행사는 오직 무력에 의해 저지되고 있으며, 전체 한국에 대한 주권은 대한민국 정부에 있다는 주장을 확인하는 문구로의 수정을 요청했다.[185] 대한민국 정부 성격 규정에 관한 원래 미국 초안 상의 직접적 문구들이 공동초안에서 상당 부분 삭제되었기 때문에 한국으로서는 마지막 개정 호소를 한 셈이다. 그러나 회원국도 아닌 한국의 호소가 총회장 분위기를 바꿀 힘은 없었다.

이상을 종합해 볼 때 Dulles의 발언대로 결의 제195호 제2항의 의미는 대한민국 정부가 한반도 유일의 합법정부이나, 그렇다고 해서

---

183) Lovett to Paris(Australian's Points of View)(1948.11.20.). 국사편찬위원회(전게주 156), p.422.
184) 미국측 문건에 의하면 한국 대표단은 총회에서의 원만한 통과를 위해 일단 공동 초안을 수용했다고 한다. The Secretary of State to the Acting Secretary of State(1948.11.16.), FRUS 1948 vol.VI, p.1329.
185) UN Doc. A/C.1/SR.232(1948.12.7.), pp.966-967.

전체 한국의 정부라고 주장하는 취지는 아니며 북한지역에 대해서는
단순히 아무런 평가나 언급이 없다는 해석이 물론 가능하다.

그러나 결의 제195호의 전반적 취지와 몇 가지 문구는 여전히 대
한민국 정부가 한반도 전체를 대표하는 정부라는 해석도 가능하다는
점을 시사한다.

첫째, 결의 제2항은 대한민국 정부가 전체 한국민의 절대다수가
거주하는 지역 유권자의 선거를 바탕으로 하고 있고, 이 지역에 대한
실효적 관할권을 행사하는 합법정부로 표현되고 있다. 굳이 한국민의
절대다수가 거주하는 지역 유권자의 의사를 바탕으로 성립되었다는
지적은 이를 통해 대한민국 정부가 전체 한반도를 대표할 수 있다는
점을 암시한다고 해석될 수 있다.

둘째, 결의 제2항에서 남한만을 가리킴이 분명한 경우에는 두 번
이나 "한국의 그 지역(that part of Korea)"이라고 명시했지만, 대한민국
정부가 "한국에서의 유일한 그 같은 정부(the only such Government in
Korea)"라는 문구에서는 Korea만을 사용하고 있는데, 이는 대한민국
정부가 한반도 전체의 유일한 합법정부임을 가리키는 의미로 해석될
수 있다. 한반도는 하나의 국가로 독립이 예정되고 있었으므로 유일
한 합법정부가 수립되었다면 당연히 남북한 전체를 대표하는(또는 대
표할) 정부로 이해함이 엉뚱하거나 불가능한 해석은 아니다. 이에 몇
몇 학자들은 수년 후까지 그 같은 해석을 지지했다. H. Kelsen은 6·
25에 대한 안전보장이사회 결의 제82호(1950.6.25.)가 서두에서 총회
결의 제293호(Ⅳ)(제195호 2항과 동일한 내용)를 인용함과 아울러 "대한
민국 정부"와 달리 북한 정권은 단지 "북한 당국(authorities of North
Korea)"으로만 호칭한 점에서 볼 때 대한민국 정부가 북한지역에 대
한 실효적 통제를 하지 못함에도 불구하고, 안보리가 이 정부를 남한
의 정부가 아닌 전 한국(the whole of Korea)의 합법정부로 인식했다는

의미라고 해석했다.186) W. Gould 역시 총회 결의 제195호는 한국
(Korea)을 하나의 합법정부를 가진 단일 국가, 즉 대한민국으로 취급
했다고 설명했다.187)

셋째, 결의 채택 당시 남한지역에는 대한민국 정부에 대항하는
별다른 정치적 실체가 없었으므로 대한민국 정부를 남한의 "유일한"
정부라고 호칭할 필요가 전혀 없었다. "유일한" 정부라는 표현은 북
한 정권을 염두에 두고 전 한반도를 전제로 할 때만 의미를 지닐 수
있었다.188)

넷째, 1947년 총회 결의 중 미완성 부분의 이행과 관련해 제195
호 제4항 서두에 "여기에 규정된 대한민국 정부의 지위를 감안하고
(having in mind the status of the Government of the Republic of Korea as
herein defined)"라는 표현이 존치되었기 때문에 통일이 유일 합법정부
인 대한민국 정부 중심으로 이루어져야 한다는 점이 암시되어 있다고
도 볼 수 있다.

다섯째, 공산권 국가들이 결의 제195호 채택을 격렬히 반대한 이
유도 대한민국 정부가 전 한반도를 대표하는 정부로 인정됨을 두려워
했기 때문이지, 이를 단지 남한의 정부로조차 인정할 수 없다는 의미
는 아니었으리라 추정된다.

사실 결의 제195호 제2항은 타협을 위한 의도된 모호함을 내포하
고 있었다. Dulles는 원만한 통과를 위해 현장에서 일단 결의 문언의
의미를 최소한으로 축소 해석했으나, 문언의 행간에는 여전히 Dulles
발언 이상의 의미가 내포되어 있었다. 총회장에서는 바로 그 같은 이

---

186) H. Kelsen, The Law of the United Nations with Supplement(Praeger, 1951),
     pp.928-929.
187) W. Gould, An Introduction to International Law(Harper & Brothers, 1957),
     p.187.
188) 김명기(전게주 108), p.24.

해 속에서 여러 국가가 결의안에 대해 찬성 또는 비판 토론을 했다. New York Times는 제3차 총회 종료 직후 논평에서 결의 제195호는 대한민국 정부를 전체 한국의 National Government로 승인함은 회피했지만, 이 정부를 한반도에서의 유일한 합법정부로 승인하고, 이 정부가 창설된 방법과 마찬가지로 UN 후원 하의 통일을 제안함으로써 간접적으로 이를 표시했다고 해석했다. 또한 소련의 강력한 반대는 공산권 국가들도 이 결의를 그렇게 이해한 증거라고 보았다.[189]

그런 의미에서 결의 제195호는 대한민국 정부가 남한만의 합법정부임을 선언하고 있을 뿐이라는 해석도 가능하지만, 반면 대한민국 정부가 한반도 전체를 대표하는 합법정부라는 해석도 여전히 가능한 내용이었다고 판단된다. 제1위원회에서 결의안 통과 직후부터 한국 언론에서는 UN이 대한민국 정부를 전체 한국의 정부(중앙정부)로 인정했다는 해석이 주류를 이루었다.[190] 특히 결의 제195호가 채택되자 당시 국내에서는 거국적 환영 분위기가 넘쳐났고, 12월 15일은 경축식을 거행하기 위해 임시공휴일로 지정되기도 했다.[191] 장택상 한국 외무장관은 결의 제195호를 통해 UN이 전체 한반도에 대한 대한민국 정부의 권한 주장을 승인했다고 발표했다.[192] 결의 내용에 대한 당시 한국 사회에서의 이러한 반응이 전적인 오해나 왜곡에서 비롯되었다고 단정하기는 어렵다.

결의 제195호에 의해 새로이 구성된 UN 한국위원회도 이 점에

---

189) New York Times 1948.12.1.13., p.22.
190) 대표적인 표현: "동 결의안을 보면 […] 대한민국 정부를 전 한국 정부로 승인하
    자는 것." 동아일보 1948.12.14., p.1(사설). 기타 동아일보 1948.12.10., p.1(사
    설); 1948.12.19. p.1(사설). 조선일보 1948.12.10., p.1. 경향신문 1948.12.9., p.1
    등 참조.
191) 동아일보 1948.12.16., p.2.
192) The Special Representative in Korea(Muccio) to the Secretary of State(1948.
    12.23.), FRUS 1948 vol.VI, p.1343.

대한 명확한 입장을 정하지 못하고 활동했다.[193] 한국위원회는 총회
에 대한 1949년도 첫 번째 보고서에서 대한민국 정부를 한국의 유일
합법정부(the only lawful government in the country)로 승인한다는 점에
는 위원국들이 일치된 합의를 갖고 있으나,[194] "대한민국 정부가 전
한국(all Korea)에 대해 합법적 권한을 갖는다는 이 정부의 주장을 총
회가 인정했는가 또는 38선 이남에만 국한되는가 하는 문제를 가지고
한국정부와 논의할 필요성을 느끼지 않았다"며 곤혹스러운 입장을 나
타냈다.[195] 즉 위원회는 이 문제에 대한 시비가 임무수행을 위한 뚜
렷한 이익도 없이 한국 정부를 곤란하게 만들 뿐이라고 보았다.[196]

7. 평가

1948년 8월 15일 대한민국 정부 수립은 UN 관여하에 독립 정부
를 수립한 첫 번째 사례였다. 그에 이은 UN 총회 결의 제195호는 국
토 양분 상태에서 5·10 선거로 수립된 대한민국 정부의 정당성을 국
제적으로 공인한 조치였다. 한국은 결의 통과 직후부터 대한민국 정
부가 UN에 의해 한반도 전체를 대표하는 정부로 승인받았다고 주장
하며, 이를 남북 대결 외교에서 자신의 정치적·법적 정통성을 주장
하는 근거로 삼았다. UN이 인정한 유일 합법정부라는 주장은 냉전시
대 한국 외교의 큰 버팀돌 역할을 했다.

그러나 결의 제195호가 대한민국 정부를 5·10 선거가 적용되지

---

193) UN Commission on Korea. 1948-1949년 회기 첫 위원국: 호주, 중국, 엘살바도
르, 프랑스, 인도, 필리핀, 시리아. 1949-1950년 회기에는 총회 결의 제293(Ⅳ)호
(1949.10.21.)를 통해 시리아가 빠지고, 터키가 위원국에 추가되었다.

194) Report of the United Nations Commission on Korea vol. I (UN Doc. A/936
(1949)), Chapter Ⅱ, para.6.

195) Report of the United Nations Commission on Korea vol. I (UN Doc. A/936
(1949), Chapter Ⅳ, para.18.

196) 상게주.

않은 북한지역까지 대표하는 정부로 인정하는 의미이냐에 대해서는 결의안 작성과정에서부터 논란이 제기되었다. 남한의 점령국으로서 5·10 선거와 대한민국 정부 출범을 실질적으로 후원했던 미국은 누구보다도 이 정부가 한반도 전체를 대표하는 전국 정부로 인정받기 원했다. 당초 미국은 대한민국 정부가 남한만의 정부로 승인되고 북한에서는 별도 정부의 성립이 인정된다면 분단이 오히려 고착되리라고 우려하며, 대한민국 정부가 UN에서 전 한반도를 대표하는 정부로 인정되는 편이 분단 해소에 유리하다는 생각이었다. 그렇지만 대한민국 정부가 실효적으로 통제하는 지역은 남한뿐이며, 북한지역에는 별도의 정권이 성립되어 있다는 현실론에 입각한 일부 우방국의 반론에 부딪쳤다. 미국은 UN 총회에서의 원만한 지지 획득을 위해 결의안 성안 과정에서 일정한 타협을 하게 된다. 결과적으로 결의 제195호의 문구는 대한민국 정부가 남한만을 대표하는 정부로도 해석될 수 있고, 한반도 전체를 대표하는 정부로도 해석 가능한 애매한 상태로 봉합되었다. 사실 이는 의도된 모호함이었다.

이후 한반도의 정치적 현실이 남북분단에 따른 2개 국가체제로 공고화되었기 때문에 대한민국 정부가 북한지역을 포함한 전 한반도를 대표하는 합법적 정부라는 해석은 비현실적 주장이 되어 버렸다. 가정이지만 만약 6·25 전 신속히 대한민국 중심의 통일이 이루어졌다면 총회 결의 제195호는 대한민국 정부를 한반도 전체를 대표하는 정부로 인정한 의미라는 해석이 주를 이루었으리라 생각된다. 1970년대 초엽까지 한국은 자신이 UN이 인정한 한반도 전체를 대표하는 정부라는 주장을 고수했지만, 역사의 현실은 다른 방향으로 흘렀다. 1950년 말 한국군을 포함한 UN군이 북진을 통해 북한지역의 상당 부분을 일시 점령하자, 대한민국 정부는 한반도 전체를 대표하는 정부로서의 권한을 북한 점령지에서 행사하려 했지만 당시에도 이는 미국에 의해 수용되지 않았다.

1972년 7·4 공동성명으로 남북한 정부는 상호 상대방을 정치적 실체로 인정했고, 1973년 6월 23일 박정희 대통령의 "평화통일 외교 정책에 관한 특별성명"을 통해 북한이 UN을 포함한 국제기구에 한국 과 함께 참여함에 반대하지 않는다고 발표했다. 이 같은 한국 정부의 입장 변화는 헌법의 영토조항에도 불구하고 대외적으로는 대한민국 정부가 한반도 전체를 대표한다는 주장을 포기한 의미라고 해석된다. 드디어 1991년 남북한이 각기 UN 회원국으로 가입하게 됨으로써 대 한민국 정부가 한반도 전체를 대표하는 유일 합법정부라는 주장은 완 전히 설 땅을 잃어버리게 되었다. 그러나 최소한 1948년 시점에서는 결의 제195호가 대한민국 정부를 한반도 내 유일한 합법정부로 인정 했고, 대한민국 정부 중심의 통일을 지향하는 의미를 지녔다는 점만 은 분명하다.

V. 한국과 UN: 특별한 관계의 지속

1. 한국의 UN 회원국 가입 시도

가. 헌장 제정 회의 참가 요청

UN은 1945년 4월 25일부터 6월 26일까지 샌프란시스코에서 개 최된 헌장 제정회의에 참가한 국가 또는 1942년 1월 1일자 연합국 선 언에 서명한 국가로서 헌장을 비준한 51개국을 원회원국으로 1945년 10월 24일 출범했다(헌장 제3조). 샌프란시스코 회의에는 원칙적으로 1945년 3월 1일까지 추축국을 상대로 선전포고를 한 국가들이 초빙 되었다.[197)]

---

197) 아르헨티나는 그 이후 대독 선전포고를 했으나, 중남미 국가의 지원으로 예외적 으로 초청되었다. 폴란드는 정부 대표를 확정하지 못해 회의에 참여하지 못했다. 이에 관한 상세는 L. Goodrich, E. Hambro & A. Simons(전게주 20), pp.81-85.

대한민국 임시정부는 1941년 12월 10일 대일(對日) 선전포고를 하고,[198] 1945년 2월 9일 대독(對獨) 선전포고를 했다. 그러나 국제적 승인을 받지 못한 임시정부는 연합국 선언에 정식으로 참여할 기회를 얻지 못했다.[199] 이승만 주미 외교위원부 대표는 미국 정부를 상대로 샌프란시스코 회의에 대한민국 임시정부 대표의 참여를 수 차례 요청했으며,[200] 임시정부 조소앙 외무장관도 한국이 연합국의 일원으로 인정받아 UN 창설 회의에 참여를 희망한다는 성명을 발표했다. 그러나 미국 정부는 대한민국 임시정부가 한반도의 어느 지역에 대하여도 행정적 권한을 행사하지 못하고 있고 한국민의 대표로 간주될 수 없기 때문에, 승인을 받을 요건을 갖추지 못했다고 판단했다.[201] 결국 대한민국은 UN 원 회원국이 되지 못했고, 후일 전승국 자격으로 샌프란시스코 대일 평화조약에 참여하지도 못했다. 대한민국의 UN 가입 시도는 1948년 정부 수립 이후로 미루어졌다.

---

198) 미국 시각을 기준으로 선전포고일이 12월 9일로 기록되기도 한다. 이 성명의 전문은 김희곤, 대한민국 임시정부 연구(지식산업사, 2004), p.179 수록. 이 선전포고는 이승만에 의해 12월 17일 미국 국무부로 전달되었다.

199) 대한민국 임시정부는 1944년 30여 개국에 비망록을 보내 프랑스, 폴란드, 체코슬로바키아 등으로부터 승인을 받기도 했으나, 이들 역시 모두 망명정부였다. 김영수, 대한민국 임시정부 헌법론(삼영사, 1980), p.62.

200) The Chairman of the Korean Commission in the United States (Rhee) to the Secretary of State(1945.4.20.), FRUS 1945 vol.Ⅵ, pp.1027-1028.

201) "The United Nations which are represented at the San Francisco Conference all have legally constituted governing authorities, whereas the 'Korean Provisional Government' and other Korean organizations do not possess the qualifications requisite for obtaining recognition by the United States as a governing authority.

The 'Korean Provisional Government' has never had administrative authority over any part of Korea nor can it be considered representative of the Korean people of today. […] For these reasons, then, among others, the Department has not recognized the 'Korean Provisional Government.'" The Acting Secretary of State to the Chairman of the Korean Commission in the United States (Rhee)(1945.6.5.), FRUS 1945 vol.Ⅵ, pp.1029-1030. 또한 고정휴, 태평양전쟁기 대한민국 임시정부의 승인외교활동, 한림일본학 제9집(2004), pp.133-138 참조.

나. UN 회원국 가입 문제

(1) 한국 외교의 출발과 UN 가입신청

1948년 8월 15일 대한민국 정부 수립이 공포되었지만 미국, 중국, 필리핀 등 당시 우방국들은 우선 사실상(de facto) 승인만을 부여하고, 정식 승인을 미루고 있었다.202) 그 해 연말인 12월 12일 UN 총회에서 대한민국 정부를 합법적 정부로 승인하는 결의 제195호가 통과되자 그 직후부터 각국이 비로소 대한민국에 대해 법률상(de jure) 승인을 부여하기 시작했다.

미국은 1949년 1월 1일 백악관 성명을 통해 "the United States Government has dicided to extend full recognition the Government of the Republic of Korea"라고 발표했다. 주한 미국 공관은 그 이전에는 공식적으로 Mission of the United States Special Representative 라고 부르고, 1948년 8월 23일 부임한 Muccio 대사는 미국 대통령의 Special Representative로서 Personal Rank of Ambassador의 자격으로 근무하고 있었다.203) 미국 정부는 1949년 3월 20일 Muccio를 정식 외교사절로 임명하고 4월 20일 이승만 대통령에게 신임장을 제정했다. 장면 주미대사도 1949년 3월 25일 신임장을 제정할 수 있었다.204)

중국은 1949년 1월 4일,205) 영국은 1월 18일, 프랑스는 2월 15일, 필리핀은 3월 3일 한국 정부를 공식 승인하고 외교관계를 수립했다.

---

202) 그 배경에 대해서는 전게주 122 이하 및 관련 본문 참조.

203) 단 주한 미국 총영사는 1948년 9월 20일 장택상 외무장관에게 영사위임장을 제정하고 근무했다.

204) 외무부 외교연구원, 한국 외교의 20년(1967), p.29.

205) 1948년 9월 4일자 관보(제2호) 제2면에는 8월 13일자로 주한 중국 초대 대사대리가 한국정부 승인문서와 정식 외교관계 개시에 관한 친서를 대통령에게 상정했다는 소식이 실려 있는데, 그 정확한 내용은 파악되지 않는다. 이후 국내 언론은 중국정부가 1949년 1월 4일 대한민국의 정식 승인을 발표했으며, 1948년 8월의 승인은 사실상 승인이라고 보도했다. 동아일보 1949.1.5., p.1.

1949년 1년 동안 모두 26개국이 대한민국을 승인했다.[206]

[표] 1949년 대한민국 승인국

국가	승인일자	국가	승인일자
미국	1월 1일	네덜란드	7월 25일
중국	1월 4일	그리스	8월 4일
영국	1월 18일	코스타리카	8월 12일
프랑스	2월 15일	튀르키에	8월 13일
필리핀	3월 3일	아이티	8월 13일
캐나다	4월 9일	호주	8월 15일
교황청	4월 13일	벨기에	8월 15일
칠레	5월 27일	엘살바도르	9월 3일
브라질	6월 2일	이란	9월 24일
뉴질랜드	6월 20일	태국	10월 4일
도미니카공화국	6월 20일	에콰도르	10월 6일
볼리비아	7월 14일	우루과이	12월 8일
쿠바	7월 18일	페루	12월 16일

총회 결의 제195호가 통과되자 대한민국은 1949년 1월 19일 UN 가입신청서를 제출했다.[207] 북한도 1949년 2월 9일 UN 가입을 희망하는 전문을 제출했다.[208] 그러나 대한민국의 UN 가입 여정은 순탄하지 못했다. 당시 안보리 신규회원 가입위원회에서 소련과 우크라이나는 대한민국이 조작된 선거를 바탕으로 구성되었으며 외국군 점령하에 있으므로 가입자격이 없고, 북한 정부만이 모든 한국인의 의사

206) 1949년 대한민국을 승인한 국가의 명단과 그 일자는 김용호, 외교영토 넓히기: 대한민국의 수교 역사(대한민국 역사박물관, 2016), p.43 참조. 외무부 외교연구원(상계주), pp.28-36은 김용호 정리에서 4개국이 빠져있고, 1개국이 추가되어 1년간 총 23개국이 승인했다고 설명하고 있다. 김용호의 정리는 한국외교의 20년을 검토한 후 작성된 자료이므로 보다 정확한 내용으로 본다.
207) UN Doc. S/1238(1949).
208) UN Doc. S/1247(1949).

에 따라 수립되었다고 주장했다. 그러나 북한 가입을 추천하는 소련 측 결의안은 찬성 2, 반대 8, 기권 1로 부결되었으며,[209] 한국 가입 추천안만 찬성 9, 반대 2로 가결되었다. 그 결과 한국 가입 추천결의 안이[210] 1949년 4월 8일 안보리 제423차 회의에 회부되어 9표의 찬성을 얻었으나(반대: 소련, 우크라이나) 소련의 거부권 행사로 부결되었다. 이는 한국의 첫 번째 UN 가입 시도 실패였다.

이후 1950년대 중반까지 총회는 한국이 UN 회원국의 자격을 갖추었음을 확인하는 결의를 3차례나 채택했으나,[211] 소련은 안보리에서 모두 4차례 거부권을 행사해 한국의 UN 가입을 봉쇄했다.[212] UN 초창기 신규회원 가입문제는 동서 진영이 첨예하게 대립했던 이슈로서 한국의 가입만이 논란의 초점은 아니었다. 당시의 정치적 상황을 좀 더 구체적으로 알아본다.

(2) UN에서의 신규 회원 가입 논란
(가) 국제정치적 상황

UN 헌장 제4조 제2항은 신규 회원국의 가입이 "안전보장이사회의 권고(recommendation)에 따라 총회의 결정(decision)으로 이루어진다"고 규정하고 있다. 이 조항의 의미는 신규 회원국으로 가입 신청을 하는 경우 우선 안보리에서 상임이사국의 거부권 행사가 없는 가운데 9개국 이상 이사국의 동의가 있어야만 하며(제27조 제3항), 안보리의 가입 권고 이후 총회에 출석하고 표결한 회원국 2/3 이상의 찬성 결의가 있어야 가입이 실현되는 것으로 확립되어 있다(제18조 제2

---

209) UN Doc. S/1259(1949).
210) UN Doc. S/1305(1949).
211) 총회 결의 제296-G호(Ⅳ)(1949.11.22.), 제1017-A호(ⅩⅠ)(1957.1.3.), 제1144-A호 (ⅩⅡ)(1957.10.25.).
212) 한국 가입 권고안: UN Doc. S/1305(1949.4.8.)(찬 9, 반 2), S/3506(1955.12.13.) (찬 9, 반 1, 기권 1), S/3884(1957.9.9.)(찬 10, 반 1), S/4129(1958.12.9.)(찬 9, 반 1, 기권 1). 각 반대는 모두 소련. S/1305에서의 또 하나의 반대국은 우크라이나.

항). 총회는 안보리의 추천 의사에 구속되지 아니하며 신청국의 가입안을 언제든지 부결시킬 수 있으므로 가입에 관한 최종 결정권은 총회에 있다. 그러나 안보리의 가입 권고 없이는 총회가 먼저 가입절차를 진행시킬 수 없고, UN 역사상 총회에서 신규 가입 신청이 부결된 사례도 없으므로 가입에 관한 실제 관건은 안보리가 갖고 있는 셈이다.

UN 창설 초창기에는 동서 냉전을 배경으로 이 조항의 의미에 대해 다양한 해석이 대립되었다. 결국 총회는 제4조 제2항의 의미에 관해 ICJ에 권고적 의견까지 요청했고, 대한민국의 가입 신청건 역시 그 같은 사태 전개의 원인 중 하나가 되었다. 신규 가입에 관한 UN 초기의 논란을 좀 더 상세히 살펴본다.

UN에는 1946년 모두 9개국의 가입신청서가 접수되었다. 안보리 심의과정에서 미국은 이들 국가의 가입을 총회로 일괄 추천하자고 제안했으나, 소련은 가입신청이 개별적으로 심사되어야 한다며 반대했다. 결국 안보리는 개별 심사 끝에 그중 아프가니스탄·아이슬란드·스웨덴·태국 4개국의 가입 승인만을 총회로 권고했다. 요르단·포르투갈·아일랜드에 대해서는 소련의 거부권이 행사되었고, 알바니아와 몽골은 가입에 필요한 7표를 얻지 못했다.[213] 그러자 총회는 아프가니스탄 등 4개국의 가입을 의결하는 한편,[214] 나머지 알바니아·몽골·요르단·아일랜드·포르투갈 5개국도 헌장상 가입 요건을 충족하는 국가라며 안보리에 재고를 요청했다.[215] 다음 해인 1947년 안보리는 앞서 가입에 실패한 위 5개국과 8개의 신규 가입신청을 검토했는데, 그중 파키스탄과 예멘 2개국만이 추천을 받을 수 있었다. 알

---

[213] 안보리 이사국을 11개국에서 15개국으로 확대하는 헌장 제23조 제1항의 개정으로 현재는 9개국 찬성 필요.
[214] 총회 결의 제34호(Ⅰ) 및 제101호(Ⅰ)(1946).
[215] 총회 결의 제35호(Ⅰ)(1946).

바니아 · 몽골 · 헝가리 · 루마니아 · 불가리아는 가입 권고에 필요한 7표를 얻지 못했고, 요르단 · 포르투갈 · 아일랜드 · 이탈리아 · 오스트리아 · 핀란드의 가입안은 소련의 거부권 행사로 부결되었다. 당시 소련측은 불가리아 · 핀란드 · 헝가리 · 이탈리아 · 루마니아 5개국의 일괄 가입안을 제출했으나, 이번에는 미국의 반대로 개별심사를 진행했다. 총회는 다시 아일랜드 · 포르투갈 · 요르단 · 이탈리아 · 핀란드 · 오스트리아가 헌장상 가입 요건을 만족시키는 국가라고 판단하며 안보리에 이들의 가입신청을 재검토하라고 요청했다.216) 1948년에는 추가로 버마 · 실론 · 이스라엘이 가입을 신청했으나, 버마(현 미얀마)만 안보리의 가입 권고를 받을 수 있었다. 실론(현 스리랑카)에 대해서는 소련이 거부권을 행사했으며, 이스라엘은 가입에 필요한 표수를 얻지 못했다. 총회는 안보리가 표결시 헌장에 규정되지 않은 조건을 요구하거나 다른 국가의 가입을 조건으로 삼지 말라고 요구하며, 가입신청이 제출된 국가에 대한 조속한 재검토를 또다시 요청했다.217) 1949년에는 남북한과 네팔이 새로 가입을 신청했으나, 한국과 네팔에 대해서는 소련이 거부권을 행사했고,218) 북한의 신청은 안보리 내 "신규회원 가입위원회"에서 부결되어 안보리 본회의에 아예 상정조차 되지 못했다.219) 1949년에 안보리는 이스라엘의 가입만을 권고하고, 모두 14개의 가입신청을 부결시켰다.

사실 UN은 전세계 모든 평화애호국에게 문호를 개방하는 보편주의를 표방하고 출범했다. 제2차 대전시 추축국에 대항한 연합국을 모두 평화애호국으로 간주하고 이들을 원 회원국으로 출범했다(제3조 참조). 그러나 구 적국의 가입은 세계 안보와 관련된 문제라고 생각하고

216) 총회 결의 제113호(Ⅱ)(1947).
217) 총회 결의 제197호(Ⅲ)(1948).
218) 1949.4.8. 한국 가입 결의안(S/1305): 찬 9, 반 2(소련, 우크라이나).
219) UN Doc. S/1259(1949). 찬 2, 반 8, 기권 1.

이들의 가입 여부를 안보리가 우선 취급하도록 예정했다. 이것이 신규 가입신청에 대해 상임이사국이 거부권을 행사할 수 있다는 구도의 출발점이었다.220) UN 창설 초기부터의 동서 냉전은 본래 의도 이상의 결과를 가져왔고, 1945년 창설 이래 1955년 12월 초까지 총 31개 가입 신청국 중 단 9개국만이 회원국이 될 수 있었다. 특히 1950년 9월 인도네시아의 가입 이후 1955년 12월 초순까지는 새로운 가입이 전혀 없었다.

신규 가입절차에 관한 UN 초창기 논란은 주로 소련의 빈번한 안보리 거부권 행사로 유발되었다. 1955년까지 소련은 안보리에서 신규 가입신청에 대해 거부권을 모두 47회 행사했다.221)

(나) 신규 가입절차에 관한 대립

보편성을 표방한 UN의 신규 가입이 번번히 난항을 겪자 가입에 관한 총회와 안보리의 권한 범위가 무엇이고, 제4조 제2항에 관한 당시 실행이 과연 헌장 취지에 합치되는가라는 의문이 제기되었다. UN의 보편성이 상임이사국 거부권에 의해 침해되지 말아야 한다는 주장이었다. 신규 가입절차에 과연 안보리 상임이사국의 거부권이 적용되는가와 총회의 결정에 앞서 반드시 안보리의 긍정적 권고가 필요한가에 의문이 제기되기 시작했다.

사실 이 같은 논란은 신규 회원 가입에 관한 헌장 제4조 표현이 다소 불분명한 점에서 비롯되었다. 즉 제1항은 회원국 자격을 "기구(the Organization)," 즉 UN이 판단한다고 규정하고, 제2항은 안보리의 "권고에 따라(upon the recommendation)" "총회의 결정으로 이루어진다(be effected by a decision of the General Assembly)"고 규정하고 있다. 이에 따르면 회원 가입에 관한 UN의 최종 결정은 총회가 내리도록

---

220) Fastenrath, Article 4, para.28 in B. Simma, D. Khan, G. Nolte & A. Paulus(전게 주 19).
221) Fastenrath(상게주), para.7.

되어 있다. 이 절차 속에서 안보리의 권고는 무엇을 의미하는가? 권고란 그 자체 구속력이 없는 조언 정도에 해당하지 않는가? 총회가 최종 판단권이 있는 사항에 대한 안보리 권고에도 거부권이 적용될 수 있는가? 안보리 권고가 없다거나 부정적 권고가 있어도 총회가 가입 결정을 할 수 없는가? 이상과 같은 의문이 제기되었다. 이 같은 논란은 총회와 안보리 간 권한 경쟁이기도 하였다.

헌장 제4조 제2항 의미에 관한 논란은 UN 출범 직후부터 시작되었다. 1946년 안보리가 구성되어 잠정의사규칙을 성안하는 전문가위원회에서 호주는 신규 가입의 결정은 총회와 안보리의 합동행위이나 주도권은 어디까지나 총회에 있으며, 언제 누구를 어떻게 가입시킬지는 총회가 결정할 수 있다고 주장했다. 그러나 이 주장은 전문가위원회에서 수락되지 않았다. 이어 안보리 본회의에서도 호주는 안보리가 원칙적으로 안보에 관련된 사항만을 문제 삼아야 하며, 총회 권한에 속하는 사항에 관한 규칙을 안보리가 독자적으로 제정하지 말아야 한다고 재차 주장했다.[222] 그러나 다른 이사국들이 이에 동조하지 않아 호주의 제안은 채택되지 못했다.[223] 그러자 호주는 총회에서 같은 주장을 되풀이했다. 총회 제1차 회기시 호주는 신규 가입에 관해 총회와 안보리 모두가 합의할 수 있는 규칙을 마련하기 위한 위원회 설치를 안보리에 요청하자고 제안해 수락되었다.[224] 그 결과 양 기관은 신규 가입에 관한 의사규칙 문제를 합동으로 검토해 몇 가지 새로운 조항을 설치하기로 합의했다. 즉 안보리가 가입을 권고하지 않기로 하거나 검토를 연기할 경우 보고서와 함께 전체 토의기록을 총회로 송부하고(안보리 의사규칙 제60조), 총회는 이를 검토한 후 자신의 토의

---

222) 1946.5.17. 안보리 제42차 회의. Repertory of Practice of United Nations (1945–1954) vol.1, Article 4, para.73.
223) 상동, para.74.
224) 총회 결의 제36호(Ⅰ)(1946).

기록과 추가 검토 또는 권고를 요청하는 결정을 안보리에 통보할 수 있도록 했다(총회 의사규칙 제139조).

한편 총회 제2차 회기 제1위원회의 토의에서 아르헨티나 대표는 신규 가입의 결정권은 총회에게 있으므로 안보리에서 보류된 일정한 가입신청을 총회가 허용하자는 주장을 했다. 특히 샌프란시스코 회의 법률자문위원회가 총회는 안보리의 가입 거부 권고를 반대할 권한이 있다고 보았으므로, 마찬가지로 가입을 승인할 권한도 있다고 주장했다.225) 당시 아르헨티나는 가입에 관한 총회의 우월적 결정권을 주장하는 결의안을 총회 제3차 및 제4차 회기 특별정치위원회와 안보리에 여러 차례 제출했다. 아르헨티나는 안보리가 가입신청에 관한 자신의 의견을 총회로 송부할 수 있을 뿐, 헌장 제4조 제2항에 규정된 총회의 권한 행사를 방해할 수 없다는 해석이었다.226)

반면 다음과 같은 반론도 제기되었다. 즉 헌장 제18조 제2항은 신규 회원 가입에 관한 결정을 중요사항으로 지정해 총회 표결시 2/3 이상의 찬성을 얻도록 규정하고 있으므로 가입에 관한 안보리에서의 결정 역시 중요사항으로 보아 거부권이 적용되어야 한다는 주장이었다. 타기관에 대한 권고에 거부권에 적용될 수 없다는 주장에 대해서는 UN 회원국에 대한 제재(제5조)나 제명(제6조)도 안보리의 권고에 따라 총회가 결정하는데 이러한 안보리의 권고 결정에 거부권이 적용되지 않느냐고 반박했다. 또한 덤바튼 오크스 제안 이래 신규 가입에 관한 한 안보리의 역할은 단순한 자문역이 아니었고 거부권의 적용이 예정되었다는 지적도 제시되었다.

(다) ICJ의 권고적 의견과 그 이후

총회는 결국 이 문제 해결을 위해 ICJ에 권고적 의견을 요청하기로 결정했다. 총회 논의과정에서 적지 않은 국가가 아르헨티나의

---

225) Repertory of Practice of United Nations (1945-1954) vol.1, Article 4, para.70.
226) 상동, para.82.

해석에 의문을 표시했으나, 가입에 관한 총회와 안보리의 역할관계
에 관해 권고적 의견을 구하자는 제안은 수락되었다. 이에 1949년 11
월 22일 총회는 안보리가 한국을 포함한 9개국의 가입 신청을 재검토
할 것과 이때 상임이사국은 거부권 행사를 자제하도록 요청하는 한
편, 안보리의 가입 권고가 없어도 총회가 독자적으로 신규 회원국의
가입을 결정할 수 있는가에 관해 ICJ에 권고적 의견을 묻기로 결의했
다.[227]

요청을 받은 ICJ는 헌장 제4조 제2항의 자연적이고 통상적인 의
미를 확인하는데 별다른 어려움이 없다고 보았다. ICJ는 헌장상 안보
리와 총회는 어느 편도 상대에 종속된 기관이 아니며, 신규 가입에
관한 한 안보리와 총회의 합치된 행동이 필요한데, 이때 총회의 결정
에 앞서 안보리의 권고가 반드시 선행되어야 한다고 해석했다. 즉
"upon recommendation"이란 표현은 안보리 권고가 총회 결정의 기
초이며, 결정이 권고에 근거함을 암시한다고 보았다. ICJ는 이미 지난
수년간 UN의 실행 상으로 총회가 항상 안보리의 긍정적 권고를 받은
경우에만 신규 가입을 결정해 왔음을 주목했다. 또한 총회 의사규칙
상 "안보리가 신청국을 회원국으로 권고하는 경우" 총회가 결정하도
록 규정하고 있고(제125조), 안보리가 가입 권고를 하지 않은 경우는
총회가 독자적 결정을 내리지 않고 안보리에 추가적 검토를 다시 요
청하기로 규정되어 있음에도 유의했다(제126조). 따라서 만약 안보리
권고 없이도 총회가 신규 가입을 결정할 수 있다면 헌장이 안보리에
부여한 주요한 권한을 박탈시키는 결과를 초래한다고 보았다. ICJ는
12:2의 표결로써 헌장 제4조 제2항의 권고는 안보리의 긍정적 권고만
을 의미하며, 안보리의 가입 권고 없이 총회가 독자적으로 신규 가입

---

227) 총회 결의 제296호(Ⅳ) Admission of New Members(1949.11.22.). 그중 한국에
관한 부분은 G호.

을 결정할 수 없다고 판단했다.[228]

단 Alvarez 판사만은 헌장상 신규 가입은 총회가 결정하도록 규정되어 있는데, 이를 오직 안보리 권고에 따라서만 실현될 수 있는 수동적 권한으로 볼 수 없다는 반대의견을 개진했다. 즉 안보리 상임이사국의 거부권은 국제평화와 안전의 유지에 관련된 목적에서 창설되었는데, 상임이사국 하나가 UN의 모든 사항을 봉쇄시킬 수 있다면 UN은 무력화된다며 거부권 남용 여부를 총회가 판단할 수 있어야 한다고 보았다. 이에 Alvarez 판사는 안보리 권고가 없을지라도 총회가 신규 가입을 진행시킬 수 있다고 해석했다.[229] 한편 Azevedo 판사는 총회 결정 이전에 안보리 권고가 필요하다고 보았으나, 안보리가 UN 내 다른 기관에 제시하는 권고에는 거부권이 적용되지 않는다고 판단했다. 즉 그는 안보리에서 신청국이 단순 7표만 얻으면 총회는 가입을 결정할 수 있다고 해석했다.[230]

ICJ 다수의견은 결국 그때까지 신규 가입에 관한 UN의 실행을 그대로 정당화시켜 주는 내용이었다. 이 권고적 의견의 입장은 이후에도 UN의 확립된 실행으로 오늘날까지 계속되고 있다.

(3) 한국의 가입노력 지속

6·25를 겪으며 한국은 UN과 더욱 밀접한 관계를 형성하게 되었다. 한국은 1951년 12월 22일 다시 가입을 신청했고, 북한 역시 1952년 1월 2일 재차 가입신청을 했다. 6·25와 냉전의 와중에 동서 양측의 거부권이 행사될 것임은 불문가지였다. 이 신청은 안보리에서 심의되지 않았다.

---

228) *Competence of the General Assembly for the Admission of a State to the United Nations (Advisory Opinion)*, 1950 ICJ Reports 4, pp.7-9.

229) Dissenting Opinion by M. Alvarez, 1950 ICJ Reports 4, pp.19-20.

230) Dissenting Opinion by P. Azevedo, 1950 ICJ Reports 4, para.21.

1950년 ICJ의 권고적 의견으로 신규 회원 가입절차에 관한 헌장 해석은 사실상 해결되었으나, UN 정치에서는 이에 대한 논란이 일정 기간 더 지속되었다. 신규 가입 문제가 계속 교착상태에 빠져 있자 1952년 UN 총회는 "신규 회원국 가입에 관한 특별위원회"를 설치하고 가입 절차에 관한 논의를 지속하기로 결정했다. 여기서도 논의의 핵심은 총회의 가입 결정을 위해 안보리의 긍정적 권고가 선행되어야 하느냐 여부와 안보리의 권고 결정시 거부권이 적용되느냐 여부였다. 특별위원회에서 페루,231) 아르헨티나,232) 쿠바,233) 레바논234) 등은 안보리 권고 결정에 상임이사국의 거부권이 적용되지 않는다고 주장했다. 특히 아르헨티나 대표는 총회 권한에 관한 ICJ 권고적 의견(1950)은 샌프란시스코 회의 기록을 무시하는 태도라고 비판하며, 안보리 권고가 없더라도 총회가 신규 가입을 결정할 수 있다는 주장을 되풀이했다.

그러나 특별위원회의 전반적 분위기는 ICJ의 권고적 의견과 같이 안보리 권고 결정에 거부권이 적용되며, 안보리의 긍정적 권고 없이 총회가 독자적으로 가입 결정을 할 수 없다는 입장이었다.235) 그렇지만 상임이사국의 거부권으로 인해 신규 가입이 봉쇄되어 있는 현상을 타개할 특별한 해결책은 찾지 못했다.236)

동서 진영간 대립이 극심해서 1950년 10월부터 1955년 12월 초순까지 신규 가입이 전무했다. 1955년 12월 13일 안보리에서는 한국 등 기존 18개 신청국을 회원국으로 가입시키자는 결의안이 다시 표결

---

231) Report of the Special Committee on Admission of New Members(UN Doc. A/ 2400), para.10(1953).
232) 상동, para.20.
233) 상동, para.30.
234) 상동, para.38.
235) 상동, para.112.
236) 상동, para.114.

에 붙여졌으나, 소련의 거부권 행사로 부결되었다.[237] 결국 다음 날인 12월 14일 동서 양측은 18개 신청국 중 분단국인 한국과 베트남을 제외한 나머지 국가들의 가입을 일괄적으로 승인하기로 합의했다.[238] 이후에는 대체로 보편주의에 입각한 사실상의 자동적 가입이 이루어지고 있다. 그 이후에는 가입 절차에 관한 헌장 제4조 제2항의 해석에 관해 더 이상의 논란이 제기되지 않았다.

총회는 제11차 회기 중인 1957년 2월 28일 한국과 베트남의 UN 회원국 자격을 재확인하고 안보리에 대해 이의 가입신청을 재검토하라는 결의를 재차 채택했다.[239] 그러자 이에 대항하여 소련은 남북한과 남북 베트남 모두의 동시 가입 지지안을 제출했으나, 총회에서 부결되었다.[240] 이는 북한 단독 가입을 추진하던 공산권측의 첫 정책변화였다. 이어 1957년 9월 9일 대한민국의 회원 가입을 추천하는 결의안이 안보리에 제출되었다.[241] 소련은 안보리에서도 남북한 동시 가입안을 대안으로 제출했다.[242] 그 결과 공산측 동시 가입안은 찬성 1, 반대 9, 기권 1로 부결되었고, 한국 단독 가입안은 소련을 제외한 10개 안보리 이사국 전원의 찬성을 얻었으나 소련의 거부권으로 인해 부결되었다. 그러자 총회는 1957년 10월 25일 한국과 베트남의 가입 자격을 확인하는 결의를 재차 채택했다.[243] 1958년 12월 9일 한국 가입 권고안이 안보리에 제출되었으나 이번에도 소련의 거부권 행사로 부결되었다.[244] 이는 한국의 가입 신청에 관한 소련의 4번째 거부권

---

237) UN Doc. S/3506(1955). 이 결의안은 찬성 9, 반대 1(소련), 기권 1의 표를 얻었다.
238) UN Doc. S/3509(1955).
239) 총회 결의 제1017호(XI)(1957.1.3.).
240) UN Doc. A/SPC/L.9(1957).
241) UN Doc. S/3884(1957).
242) UN Doc. S/3887(1957).
243) 총회 결의 제1144호(XII)(1957.10.25.).
244) UN Doc. S/4129/Rev.1(1958). 찬성 9, 반대 1(소련), 기권 1.

행사였다. 한편 이때도 소련은 남북한 동시 가입안을 제출했으나 단 1표의 지지만 얻고 부결되었다.

1960년 UN에는 아프리카의 16개 독립국과 사이프러스 등 모두 17개국이 신규 가입을 했다. 1960년은 UN 역사상 가장 많은 신규 회원국이 가입한 해이다. 이 같은 국제정세를 배경으로 한국 정부는 1961년 4월 21일 가입신청서를 다시 제출했다.[245] 그러나 안보리와 총회는 이 신청서를 정식으로 심의하지 않았다.

1960년대까지 UN 가입에 관한 한국의 기본정책은 총회 결의 제195호(Ⅲ)에 근거한 유일 합법정부론을 기본으로 하여 법적으로 북한의 존재를 부인하고 한국의 단독 가입 추진이었다.[246] 1970년대 초반 이러한 정책에 변화가 오기 시작했다. 1971년 남북 적십자 회담이 제안되고, 1972년 7·4 남북 공동성명이 발표되었다. 1973년 가을에는 동서독의 UN 동시 가입이 예상되었다. 이렇듯 남북관계와 국제정세가 변화하자 한국 정부는 1973년 6월 23일 이른바 6·23 선언을 발표했다. 즉 한국은 남북한의 UN 동시 가입과 북한의 국제기구 가입에 불반대한다는 입장을 천명했다.[247] 이는 국제사회에서 북한 봉쇄전략으로 일관하던 종래 외교정책의 일대 변화였다. 북한은 그 해부터 옵저버국 자격으로 UN 총회에 참석하게 되었다. 한편 6·23 선언이 있던 같은 날 북한 김일성은 이른바 통일 5대 강령을 발표하고, 남북한이 고려연방공화국이라는 국호의 단일국가로 UN에 가입하자고 제안

---

245) 당시 한국 정부는 정일형 외무장관의 명의로 가입신청서를 새로 제출하고, 기존의 가입신청서는 회수했다. 정일형편, 유엔과 한국문제(국제연합한국협회, 1961), pp.157-162에 국영문 신청서 수록.

246) 박치영, 유엔정치론(법문사, 1994), p.365.

247) 6·23 선언 제5항: "유엔의 다수 회원국의 뜻이라면 통일에 장애가 되지 않는다는 전제하에 우리는 북한과 함께 유엔에 가입하는 것을 반대하지 않는다. 우리는 유엔 가입 전이라도 대한민국 대표가 참석하는 유엔 회의에서 한국문제 토의에 북한 측이 같이 초청되는 것을 반대하지 않는다."

했다.[248] 단독 가입을 시도하던 한국이 동시 별개가입으로 방향을 선회하자, 동시 별개가입을 추진하던 북한은 단일국가 가입안으로 정책을 변경했다.

이후 1975년 7월 29일 한국 정부는 기존의 가입신청을 재심의해 달라고 요청했으나, 이 제안은 안보리에서 찬성 7, 반대 6, 기권 2로 부결되었으며, 이어 한국은 9월 21일 북한의 UN 가입에도 불반대한다는 의사 표시와 함께 가입신청을 다시 심의해 주도록 요청했으나, 역시 안보리 의제 채택에 실패했다(찬성 7, 반대 7, 기권 1). 이는 한국의 가입신청이 실패한 마지막 시도였다.

1980년대 중반부터 동구권의 변혁이 시작되었다. 1988년 올림픽 개최를 계기로 한국의 국제적 위상은 한층 강화되었다. 한국의 노태우 정부는 UN 가입을 재추진하기로 결정했다. 1988년 10월 18일 한국은 아직 회원국이 아니면서도 노태우 대통령이 아시아·아프리카 국가 그룹의 초청을 받아 UN 총회에서 국가원수 자격으로 연설했다.[249] 1990년 3월 한국과 소련은 상호 영사처를 설치했다. 1990년 6월 4일 한·소 정상회담이 개최되었고, 드디어 1990년 9월 한국과 소련은 외교관계를 수립했다. 한편 1990년 1월 한국과 중국은 영사기능을 보유하는 무역대표부를 설치했다. 1989년에도 북한은 남북연방제를 통한 단일국가로 UN 가입 주장을 계속했으나,[250] 한국 정부는 단독으로라도 가입 방침을 이미 굳친 상태였다.

모든 면에서 국제정세가 불리하게 돌아가고 있다고 판단한 북한은 1990년 5월 24일자 김일성의 최고인민회의 시정연설을 통해 남북한이 별개의 국가지만 단일의석으로 UN에 가입하자는 제안을 했

248) 박치영, 유엔 정치와 한국문제(서울대학교 출판부, 1995), pp.242-243 참조.
249) 조선일보 1988.10.19., p.1.
250) 1989년 9월 26일자 주 UN 북한대표부 박길연 대사 발표. 조선일보 1989.9.28., p.1.

다.[251] UN 대표는 일정 기간씩 남북한이 교대로 맡고, 표결은 합의를 통해 행사하자는 제안이었다. 이는 종전 북한이 연방제 실현을 통한 단일국가로서 UN 가입을 하자는 안에서 벗어나, 2개의 국가를 전제로 단일의석으로 가입하자는 안이었다. 이어 1990년 9월 4일 서울에서의 제1차 남북 고위급 회담과 1990년 10월 5일 평양에서의 제2차 남북 고위급 회담에서도 북한은 같은 주장을 되풀이했다. 그러나 한국 정부는 2개 국가의 단일의석 가입은 UN 헌장 취지에도 어긋날뿐더러 현실성도 없다고 판단하고, 남북한 동시 별개 가입을 추진하되 북한이 원하지 않으면 단독 가입도 불사한다는 입장을 고수했다.[252] 1991년 4월 5일 한국 정부는 그해 안에 회원국 가입신청을 하겠다는 공한을 안보리 의장에게 제출했다.[253] 결국 더 이상 한국의 UN 가입을 막을 수 없다고 판단한 북한은 1991년 5월 27일 한국측 주장대로 남북한 동시 별개가입을 수락한다고 발표했다.

이후 남북한의 UN 가입은 일사천리로 진행되었다. 1991년 7월 8일 북한이 가입신청서를 제출하고, 8월 6일 한국도 가입신청을 했다. 8월 8일 안보리는 남북한의 가입을 동시에 추천했으며(결의 제702호), 143국이 서명한 남북한 동시 가입안은 1991년 9월 17일 총회 제46회 회기 첫 번째 결의로 표결 없이 만장일치로 채택되었다(제46/1호). 한국이 1949년 1월 최초로 가입신청을 한 이래 42년 8개월만의 성사였다. 한국은 UN 역사상 가장 오랜 가입 대기국이었다.

---

251) 조선일보 1990.5.27., p.1. 이에 관한 북한측의 구체적인 입장과 비판은 박치영 (1995), pp.267-271.
252) 1990년 제45차 UN 총회에서는 155개국이 기조연설을 했는데, 그중 118개국이 한국문제를 언급했다. 그중 71개국이 한국 정부의 입장을 지지했으며, 9개국이 북한 입장에 대한 지지를 표명했다. 그러나 북한이 제의한 남북한 단일의석 가입안을 지지한 국가는 1개국도 없었다. 박치영(전게주 246), p.367.
253) 조선일보 1991.4.12., p.4.

다. 상주 옵저버국

대한민국은 비회원국 시절에도 UN과 밀접한 관계를 유지하고 있었으며, 공식으로는 상주 옵저버국(permanent observer)의 지위를 인정받고 있었다. 옵저버란 헌장에 명문의 근거조항은 없으나, UN 총회와 사무총장의 실행을 통해 발전된 제도이다.[254] 옵저버란 비회원국, 지역기구, 일정한 국가집단, 민족해방전선 등이 UN 활동에 제한적으로 참여함을 허용할 때 부여되는 자격이다. UN 사무총장은 1946년 스위스를 옵저버국으로 인정했고, 스위스는 1948년 최초로 독립적인 상주 옵저버 대표부를 설치했다. 이후 발전된 관행에 따르면 1개 이상의 UN 전문기구 회원국으로 가입한 비회원국이 사무총장에게 상주 옵저버 대표부 설치를 통고하면 사무총장이 통상적으로 이를 수락해 왔다.[255]

한국은 스위스, 오스트리아, 이탈리아와 함께 UN 실행의 매우 초기부터 옵저버국 지위를 인정받았다.[256] 한국은 1949년 8월 1일 주 UN 옵저버 대표부를 설치했는데, 당시는 주미 대사가 UN 옵저버 대표 업무를 겸무했다. 6·25 발발 이후 한국은 1951년 11월 6일 UN에

---

254) 옵저버 지위에 관한 설명으로는 Seung Hwan Choi, The Status, Rights and Duties of Observers for Non-Member States of the United Nations, The Korean Journal of Comparative Law vol.19(1991), pp135-171; R. Jay, United Nations Observers Status: An Accumulation of Contemporary Developments(World Association of Lawyers, 1976) 참조. 한편 1975년 채택된 Vienna Convention on the Representation of States in their Relations with International Organizations of a Universal Character는 옵저버국의 대표에 대해서도 회원국의 대표에 거의 준하는 광범위한 지위를 인정하고 있으나, 이 조약은 발효되지 못했다.

255) Fastenrath(전게주 220), para.46. 현재 교황청과 팔레스타인이 비회원 상주 옵저버국의 지위를 인정받고 있다. 한편 국가가 아닌 일정한 국제기구나 단체에 대해서도 상주 옵저버 단체의 지위가 부여된다. 현재 옵저버 단체의 명단은 https://www.un.org/en/about-us/intergovernmental-and-other-organizations 참조(2024. 1.10. 확인).

256) Seung Hwan Choi(전게주 254), p.138.

상주 옵저버 대표부를 설치하고, 임병직 대사를 초대 대사로 임명했다. 이를 통해 한국은 회원 가입 이전에도 UN과 상시적인 연락망을 유지할 수 있었다. 한국의 UN 가입시까지 한국은 42년간 상주 옵저버국 자격으로 활동했다.

상주 옵저버국이 어떠한 법적 지위를 향유하느냐는 한마디로 말하기 어렵다. UN 사무국은 옵저버국에 대해 회원국과 거의 동일한 기준에서 자료 배포나 연락을 유지한다. 상주 옵저버국은 일반 회원국이 참여할 수 있는 거의 모든 UN 회의에 상시 초대장을 받은 상태라고 할 수 있다. 다만 회원국은 아니기 때문에 대표가 총회에 참석하고 발언을 해도, 표결권은 없다.

한편 북한은 1973년에야 UN 상주 옵저버국의 지위를 인정받고 UN 총회에 참석할 수 있었다. 북한은 그 해 UN 전문기구인 WHO에 처음으로 가입할 수 있었기 때문이었다. 다른 분단국인 독일과 베트남의 경우 서독과 월남공화국은 1952년 옵저버국의 자격을 얻었으나, 동독은 1972년까지 그리고 (북)베트남은 1975년 사실상 통일될 때까지 옵저버국 자격을 얻지 못했다. 동독과 (북)베트남은 그 이전까지 어떠한 UN 전문기구에도 가입하지 못했기 때문이었다.

2. 한국관련 총회 보조기관

대한민국 정부 수립부터의 특별한 인연으로 비회원국 시절에도 UN 총회는 한국관련 4개의 보조기관을 설치한 바 있다. 한국 정부 수립 이전부터 설치되기 시작해 가장 오래 존속한 기관은 1973년 해체되었다. 그 각 기관에 대해 간략히 설명한다.

① 「UN 한국 임시위원단」(1947-1948)과 「UN 한국위원단」(1949-1950)

총회 결의 제112호(Ⅱ)에 의해 설립된 「UN 한국 임시위원단」이 한국에서의 5·10 총선거를 관리했다. 이에 대해서는 이미 설명된 바 있다. 「UN 한국 임시위원단」이 대한민국 정부 수립과정에 대한 보고로써 그 임무를 마치자, 총회는 결의 제195호(Ⅲ)(1948)로써 새로이 「UN 한국위원단」을 설치했다. 이 위원단은 호주·중국·엘살바도르· 프랑스·인도·필리핀·시리아 7개국으로 구성되어 남북통일의 중개와 한반도에서의 외국군 철수 감시 임무를 부여받았다.257)

「UN 한국위원단」의 북한과의 접촉 시도는 전혀 성공하지 못했고, 남북통일은 실현될 조짐조차 보이지 않았다.258) 「UN 한국위원단」의 첫 연차보고서를259) 받은 총회는 1949년 10월 21일 결의 제293호(Ⅳ)를 통하여 위원단에게 기존임무의 계속과 특히 한반도에서 군사분쟁에 관한 감시와 보고도 요청한다. 그 결과 북한의 6·25 남침시 「UN 한국위원단」의 현지 보고는 안보리가 신속하고 정확하게 상황파악을 하고, 즉각적인 한국지원 결의를 성립시키는데 결정적으로 기여했다.260) 전쟁 발발로 제대로 임무수행이 어려웠던 1950년 9월 2일 2차 위원단은 임기 종료로 해산했다.

② 「UN 한국통일부흥위원단」(1950-1973)

6·25 전쟁은 한반도 상황을 전면적으로 변화시켰다. 제5차 총회

---

257) 시리아는 곧 터키로 교체되었다.
258) 이의 활동에 관한 전반적 내용은 신승욱, "1·2차 유엔한국위원단의 평화통일 중재 활동과 그 귀결(1948~1950년)"(서울대학교 국사학과 석사학위논문, 2013) 참조.
259) UN Doc. A/936 & Add.1(1949).
260) UN Doc. S/1503(1950.6.25.), S/1504(1950.6.26.), S/1505/Rev.1(1950.6.26.), S/1507(1950.6.26.).

가 「UN 한국위원단」의 보고서를 접수한 후,[261] 전쟁으로 파괴된 한국경제를 되살리기 위해 총회는 1950년 기존의 「UN 한국위원단」을 대체하는 「UN 한국통일부흥위원단(UN Commission for the Unification and Rehabilitation of Korea: UNCURK)」을 새로이 출범시켰다.[262] UNCURK는 호주·칠레·네덜란드·파키스탄·필리핀·태국·터키 7개국으로 구성되었으며, 1973년까지 존속하며 UN의 한국측 지원기관으로 활동했다. 이후 UNCURK가 연차보고서를 제출하면 한국문제는 자동적으로 총회 의제로 상정되어 연례적인 논의의 근거가 되었다. 그때마다 공산권측은 UNCURK와 주한 UN군 사령부의 해체를 주장해 표대결이 벌어졌다.

1973년 한국 정부는 6·23 선언을 통해 외교무대에서 북한에 대한 봉쇄·배제 정책을 포기했고, 그해 북한은 WHO 가입을 계기로 UN에 상주 옵저버 대표부를 설치했다. 변화된 정세를 배경으로 한국 정부는 휴전협정 이행을 위한 대안이 마련되면 주한 UN군 사령부의 장래문제도 검토할 수 있다는 입장을 처음으로 표명했다. 이어 11월 21일 총회 제1위원회 논의에서 동서 양측은 1973년 UN에서 한국문제 토의를 표결 없이 종결하는 한편, UNCURK는 해체하기로 합의했다.[263] 이미 UNCURK 위원국 중 1970년 칠레가, 1972년에는 파키스탄이 철수하여 마지막에는 5개국 대표로만 활동했다. 동서 합의에 따라 UNCURK는 1973년 11월 29일 해산 성명을 발표하고 23년간의 임무를 종료했다. UNCURK는 존속기간 동안 모두 643회의 전체회의와 822회의 분과회의를 개최했다.[264]

---

261) UN Doc. A/1350 & Add.1(1950).
262) 총회 결의 제376호(Ⅴ)(1950.10.7).
263) 조선일보 1973.11.22., p.1.
264) 조선일보 1973.11.30., p.2.

③ 「UN 한국재건단」(1950-1960)

총회는 1950년 12월 1일 한국의 경제부흥과 구호활동을 담당할 기관으로 「UN 한국재건단(UN Korean Reconstruction Agency: UNKRA)」을 추가로 설치했다.265) 앞서의 UNCURK는 한국 내에서 UN의 최고 대표기관으로 역할을 하고, UNKRA는 UNCURK의 감독 아래 한국의 부흥과 구호를 위한 실무업무를 구체적으로 기획하고 실천하기 위한 기관으로 설립되었다. 필요자금은 각국의 기부금으로 충당했다. 한국에서의 전쟁으로 UNKRA는 1952년 10월부터 활동을 시작할 수 있었다. UNKRA 사업을 위해 39개국이 1억 4,080만 달러를 기부했다.266) UNKRA는 한국에서 4,911건의 사업을 추진해, 그중 4,830건을 완료했다.267) UNKRA 사업은 6 · 25 전쟁 이후 한국경제의 재건에 커다란 도움이 되었다. UNKRA는 1959년 말로 실질적인 사업을 종료하고, 1960년도 제14차 총회에 최종보고서를 제출한 다음 해산했다.268)

3. 한국문제를 통한 초기 UN법의 발전

대한민국과 UN은 지난 세월 수많은 관계를 형성하는 가운데 한국문제를 통한 UN법의 발전도 적지 않게 이루어졌다. UN은 특히 창설 초반 한국문제를 다루면서 불분명하던 헌장의 의미를 명확히 확인하기도 하고, 헌장의 허점을 보완하는 계기를 마련하기도 했다. 이는 비록 한국의 관여나 노력으로 이룬 성과라고는 할 수 없으나, UN에서 한국문제가 그만큼 민감한 주제였음을 입증해 준다. 이하 한국문제를 통한 UN법의 변화와 발전을 몇 가지 항목으로 정리해 본다. 단 신규 회원국 가입절차에 관한 논란은 앞서 설명한 바 있어 여기서 재

---

265) 총회 결의 제410호(Ⅴ)(1950.12.1).
266) 770만 달러의 잡수입이 추가되어 총 사업비는 1억 4,850만 달러.
267) 최종기, 현대국제연합론(전정수정판)(박영사, 1991), p.400.
268) UN Doc. A/4516(1960) 및 총회 결의 제1547호(ⅩⅤ)(1960.12.18.) 참조.

차 언급하지 않는다.

가. 상임이사국 결석의 의미 확인

(1) 상임이사국 동의투표

안보리 각 이사국은 1개의 투표권을 가지며, 절차사항이 아닌 안보리의 모든 결정은 상임이사국의 동의투표(the concurring votes of the permanent members)를 포함한 9개(과거 7개) 이사국의 찬성투표로 성립한다(제27조 제3항). 여기서 "동의투표"란 5개 상임이사국 모두의 찬성표만을 의미하는가? 상임이사국 중 일부가 기권을 하거나, 불참하는 경우에도 반대만 하지 않는다면 결의가 성립되가라는 의문이 제기될 수 있다. 그중 불참에 관한 해석은 6·25 전쟁과 관련된 안보리 결의가 중요한 선례를 이룬다.

1949년 10월 중국 대륙이 공산당 정부에 의해 장악되자 소련은 안보리 상임이사국인 중국의 대표권이 대만 정부에서 북경 정부로 변경되어야 한다고 주장하고, 이것이 받아들여지지 않자 1950년 1월 17일자 제462차 회의부터 안보리 회의 참석을 거부했다. 잘 알려진 사실처럼 소련의 안보리 불참기간 중 6·25 남침이 발발했고, 한국을 지원하는 4개의 안보리 결의가 성립되었다.[269]

1950년 8월 1일부터 안보리 의장직을 맡을 순서가 되자 소련은 회의에 복귀하며, 상임이사국인 자신의 불참 하에 채택된 그간의 결의는 무효라고 주장했다.[270] 이에 상임이사국의 결석 상황에서는 안

---

269) 1950년 6월 25일자 결의 제82호, 6월 27일자 결의 제83호, 7월 7일자 결의 제84호, 7월 31일자 결의 제85호.

270) 소련은 6월 27일자 결의 제83호가 통과된 직후 2개의 상임이사국(소련 및 중국)이 참여하지 않은 상태에서의 안보리 결의는 법적으로 무효라고 주장하는 전문을 UN 사무총장에게 제출했다(UN Doc. S/1517). 소련은 그 밖에도 국내문제에 불과한 6·25에 UN이 개입함은 헌장 제2조 제7항 위반이라고 주장했다. 그중 6월 27일자 결의는 대만을 제외하면 단 6개국만이 찬성해 부결되었다고 주장했다.

보리 결의가 성립될 수 없는가라는 문제가 제기되었다. 헌장이나 안보리 의사규칙에 의사정족수에 관한 규정은 당시나 지금도 없다. 소규모 회의체 기관에서 의사정족수에 관한 규정이 없다면 전원 참석을 전제로 한다는 주장도 가능하다. 그러나 헌장 제27조 제3항이 당시 7개국 이상의 찬성표가 요구된다는 의결정족수 규정을 두고 있었다는 사실로부터 7개 이사국만 참석해도 안보리 회의가 성립한다는 해석 역시 가능하다.

사실 안보리 표결과 관련해 상임이사국의 결석보다 더 빈번하게 발생한 유사문제는 기권이었다. 상임이사국의 기권이 있는 경우 동의투표(concurring votes)가 성립되지 않는다면 결석의 경우도 마찬가지로 해석될 수 있기 때문에 기권에 관한 평가는 결석 의미의 해석과 밀접한 연관이 있다.

우선 안보리 표결과 관련된 헌장 내 다른 조항을 비교해 본다. 헌장 개정에 관한 제108조 및 제109조 제2항의 영문본은 "모든 상임이사국(all the permanent members)을 포함한"으로 규정해 반드시 상임이사국 모두의 적극적 찬성이 필요함을 명확히 하고 있다. 따라서 이 같은 표현을 취하지 않은 제27조 제3항의 "concurring votes"는 반드시 모든 상임이사국의 찬성표를 필요로 하지 않는다는 해석도 가능하다. 그러나 역시 정본인 불어본과 스페인어본에서는 제27조 제3항, 제108조, 제109조 제2항 모두 "tous les membres permanents" 또는 "todos los miembros permanentes"라고 동일하게 표현해 제27조 제3항이 다른 조항과 구별되지 않으며, 모든 상임이사국의 찬성이 필요함을 분명히 하고 있다.

한편 제27조 제3항은 결의 성립을 위해 상임이사국의 "동의투표

이 부분은 본고의 논점이 아니므로 논의를 하지 않는다. 정인섭, 신국제법강의 제14판(박영사, 2024), pp.883-884 참조

(concurring votes)"를 포함한 9개 이사국의 "찬성 투표(affirmative vote)"
가 필요하다는 2가지 표현을 사용하고 있으므로 concurring votes란
찬성투표와 구별되며 반드시 상임이사국의 적극적 찬성표를 필요로
하지 않는다는 해석도 가능하다. 그러나 이 경우 역시 불어본이나 스
페인어본을 기준으로 한다면 모든 상임이사국의 찬성표가 필요하다
는 해석이 문언상 더 타당하다. 반면 역시 정본인 중국어본이나 러시
아본은 영어본에 유사한 입장이다.[271]

　　헌장 제정 당시 기초자들은 이 문제를 어떻게 생각했는가? 샌프
란시스코 회의에서 캐나다 대표가 제27조 제3항의 표현을 "concurring
votes of the permanent members present and voting"을 포함한 2/3
이상의 찬성으로 개정 제안을 했다가 호응을 받지 못해 철회한 사실
을 바탕으로 이는 기권이나 불참이 있다면 결의가 성립되지 않는 취
지라는 해석도 가능하다.[272] 그러나 캐나다 제안이 호응을 얻지 못한
이유는 "2/3"라는 제안에 있었지 "present and voting" 때문은 아니었
다. 당시 이 조항을 담당했던 Ⅲ/1 위원회 보고자는 상임이사국 기권
의 의미에 대해서는 별다른 결론이 없었다고 보고했다.[273] 다만 샌프
란시스코 회의 당시 주요 국가들의 비공식적 회합에서의 분위기는 자
발적 기권은 거부권에 해당하는 의미로 이해했다고 한다.[274]

　　그렇다면 헌장 제27조 제3항은 어떻게 해석해야 할까? 비엔나 조
약법 협약은 복수 언어의 정본을 가진 조약의 경우 각 정본상 용어는
일단 동일한 의미를 갖는다고 추정하나, 통상적인 해석상 정본의 의

271) Zimmermann, Article 27, para. 178, in The Charter of the United Nations(전게
　　주 19).
272) 당시 캐나다의 개정안은 결석을 반대표와 동일시 할 수 없음을 명백히 하려는 의
　　도라고 설명되었다. Tae-Ho Yoo, The Korean War and the United Nations
　　(Libairie Desbarax, 1965), p.113.
273) Zimmermann(전게주 271), para.181.
274) L. Goodrich, E. Hambro & A. Simons(전게주 20), p.229.

미 간에 차이가 발생한다면 조약의 대상 및 목적을 고려해 조약문과 최대한 조화되는 의미를 선택한다고 규정하고 있다.275) 제27조 제3항의 경우 불어본은 그 의미가 명확하지만, 영어본은 다소 불명확하다. 이에 불어본은 영어본의 해석에 분명한 방향을 제시해 줄 수 있으며, 영어본을 불어본에 합치되게 해석하는데 아무런 어려움이 없다. 따라서 헌장 제27조 제3항의 본래 취지는 불어본에 더 잘 반영되어 있으며, 상임이사국의 기권은 "동의투표(concurring votes)"의 성립을 방해한다는 의미였다고 추정된다.276)

(2) 기권 및 표결 불참의 해석

UN의 실행에서 제27조 제3항은 어떻게 운영되어 왔는가? 안보리가 활동을 시작하자마자 상임이사국의 기권이 발생했다. 상임이사국의 기권은 1946년 4월 29일 안보리 회의에 처음 발생한 이래, 1946년부터 1954년 사이의 안보리에서 절차문제가 아닌 최소한 64건의 결정이 1개 이상 상임이사국의 기권 속에 성립되었다.277) 상임이사국의 기권에도 불구하고 결의가 성립되었다는 안보리 의장의 선언은 일상적으로 수락되었고, 기권한 상임이사국들도 별다른 이의를 제기하지 않았다.278) 경우에 따라서 기권은 거부권의 행사가 아님을 명백히

---

275) 비엔나 조약법 협약 제33조 제3항 및 제4항. 이 내용은 기존의 관습국제법에 해당한다고 판단된다.
276) H. Kelsen, Recent Trends in the The Law of the United Nations(Praeger, 1951), p.94 Footnote 1; Rensmann, Reform, para.40, in The Charter of the United Nations(전게주 20).
277) Repertory of Practice of Untied Nations Organs(1945-1954) vol.2, Article 27, para.46. 그 사례목록은 같은 책, pp.97-103 Annex Ⅲ에 정리되어 있다.
278) 한편 일부 비상임이사국들이 기권은 거부권의 행사와 동일하게 평가해야 한다고 주장했던 다른 사례에 대해서는 Yuen-Li Liang, Abstention and Absence of a Permanent Member in Relation to Voting Procedure in the Security Council, AJIL Vol.44, Issue 4(1950), p.699 참조.

한 국가도 있었다. 즉 영국은 1947년 8월 26일자 인도네시아 문제에
관한 안보리 결의 제32호 표결에서 기권을 한 후 이를 거부권으로 간
주하지 말기 바란다는 설명을 추가했다.[279] 1949년 3월 5일자 이스라
엘의 가입 표결에서도 영국은 거부권을 사용하지 않는다는 의미에서
반대가 아닌 기권을 했다고 설명했다.[280]

이 같은 실행은 헌장 제27조 제3항의 대상 및 목적과 조화를 이
룰 수 있는 해석으로 평가된다. 즉 이 조항의 취지는 1개의 상임이사
국이라도 반대하면 단지 다수결의 이름으로 결의 성립을 강행하지 않
겠다는 의미이다. 상임이사국이 특정 결의의 성립을 저지하려 한다
면, 다수 이사국의 견해와 상관없이 혼자 "반대"만 해도 목적을 달성
할 수 있다. 만약 상임이사국이 기권했다면 이는 반대할 수 있는 권
리를 스스로 포기한 행동이다. 그렇다면 기권은 반대의사로 보지 않
는다는 실행이 결코 무리한 해석은 아니다.[281] 이러한 해석이 국제평
화와 안전의 유지에 관한 안보리의 대처능력을 고양시키며, 궁극적으
로 UN 헌장의 목적 달성에 기여한다는 점에서 긍정적이다.

결과적으로 상임이사국의 기권이 거부권의 효과를 갖지 않는다
는 해석은 이후에도 안보리의 관행으로 지속되었다.[282] ICJ는 1971년

---

279) Security Council Official Records No.68(2nd year), p.1711. Tae-Ho Yoo(전게주
272), pp.110-111에서 재인.
280) Security Council, Official Records No.17(4th year), pp.2-3. Yuen-Li Liang(전게
주 278), p.699에서 재인.
281) Zimmermann(전게주 271), para.179.
282) 이후에도 안보리 실질사항에 관한 표결에서 상임이사국의 기권 하에 성립된 결의
가 적지 않았다. 1955년 4건(Repertory of Practice of United Nations Organs
Supplement No.1(1954-1955) vol.1, Article 27, Annex Ⅲ); 1957년 4건 및 1958
년 2건(Repertory of Practice of United Nations Organs Supplement No.2
(1955-1959) vol.2, Article 27, Annex Ⅲ); 1960년-1966년 43건(Repertory of
Practice of United Nations Organs Supplement No.3(1959-1966) vol.2, Article
27, Annex Ⅲ); 1966년-1969년 6건(Repertory of Practice of United Nations
Organs Supplement No.4(1966-1969) vol.1, Article 27, Annex III); 1970년-1978
년 111건(Repertory of Practice of United Nations Organs Supplement No.5

의 권고적 의견에서 상임이사국의 기권이 안보리 결의 성립을 방해하지 않는다는 사실은 UN 회원국에 의해 일반적으로 수락되어 왔고, UN의 일반적 관행에 해당한다고 평가했다.283)

　한편 상임이사국이 회의에는 참석했으나 단지 표결에만 불참한 경우는 어떻게 해석해야 하는가? 표결 불참의 예는 기권만큼 빈번하지 않았으나, 이 역시 기권과 마찬가지로 거부권의 행사로 보지 않는다는 선례가 축적되어 있다. 1946년 4월 4일 호주가 최초로 표결에만 불참한 사례가 있었고, 1947년 4월 9일 상임이사국인 영국도 표결에 불참한 예가 있었으나 안보리 결의 성립이 인정되었다. 1971년 UN에 복귀한 중국은 가장 많은 표결 불참을 했다. 1973년 12월 15일자 안보리 결의 제344호 채택시 미·영·불·소 4개 상임이사국은 기권하고, 중국은 표결에 불참했으나, 비상임 이사국의 찬성표만으로 결의가 채택되었다고 선언되었다. 이 결과에 어떠한 상임이사국도 이의를 제기하지 않았다. 표결 불참은 묵시적 기권 또는 사실상의 결석으로 해석될 수 있을 것이다.284) UN의 실행상 상임이사국의 표결 불참 역

(1970-1978) vol.2, Article 27, Annex Ⅲ); 1979년-1984년 77건(Repertory of Practice of United Nations Organs Supplement No.6(1979-1984) vol.3, Article 27, para.10 등.

283) "22. However, the proceedings of the Security Council extending over a long period supply abundant evidence that presidential rulings and the positions taken by members of the Council, in particular its permanent members, have consistently and uniformly interpreted the practice of voluntary abstention by a permanent member as not constituting a bar to the adoption of resolutions. By abstaining, a member does not signify its objection to the approval of what is being proposed; in order to prevent the adoption of a resolution requiring unanimity of the permanent members, a permanent member has only to cast a negative vote. This procedure followed by the Security Council [···] has been generally accepted by Members of the United Nations and evidences a general practice of that Organization." Legal Consequences for States of the Continued Presence of South Africa in Namibia(South West Africa) notwithstanding Security Council Resolution 276(1970)(Advisory Opinion), 1971 ICJ Reports 16.

284) 1979년-1984년 사이에도 안보리에서 18개의 실질사항 안건이 상임이사국의 표결

시 안보리 결의의 성립을 방해하지 않는다는 해석에 별다른 이의가
없다.285)

(3) 결석의 해석

마지막으로 상임이사국의 결석은 어떻게 평가해야 할까? 상임이
사국이 안보리 회의에 결석한 예는 사실 많지 않다. 안보리는 "계속
적으로 임무를 수행할 수 있도록 조직"되며, 이를 위해 각 이사국은
UN 소재지에 "항상 대표를 두어야 한다"(제28조 제1항). 이사국으로서
안보리 회의 참석은 일종의 의무이다. 실제 안보리 제487차 회의
(1950.8.14.)에서 프랑스 대표는 소련 대표의 회의 결석은 헌장 위반이
며, 결석은 헌장의 정신과 문언에 반한다고 비판했다. 소련은 그런 의
무가 없다고 반박했다.286)

6·25 전쟁 발발 이전에도 안보리 이사국의 결석 사례가 있었다.
소련은 1946년 4월 4일자 이란문제에 관한 안보리 결의 얼마 전 회의
장에서 철수해 표결에 결석했다.287) 회의 진행에 대한 일종의 불만
표시였다. 이때 다른 이사국들은 소련의 결석이 거부권으로 간주될
수 없다고 주장했다. 다만 당시 안보리 의장은 문제의 안건이 헌장
제27조 제2항이 적용되는 절차문제라고 보아 상임이사국의 거부권이
적용되지 않는다고 해석했다.288) 상임이사국은 아니지만 1948년 12
월 인도네시아 문제에 관한 안보리 회의와 표결에 한 이사국이 불참

불참 하에 성립되었다. Repertory of practice of United Nations Organs Supple-
ment No.6(1979-1984) vol.3, Article 27, para.11.

285) Zimmermann(전게주 271), paras.191-192.

286) UN Doc. S/PV.487, pp.11 & 15.

287) 안보리 결의 제3호(1946). 호주는 표결 불참.

288) Zimmermann(전게주 271), para.193. 또한 절차사항이 아니라도 소련은 당시 분
쟁 당사국의 하나로서 의무적 기권의 대상이라고 해석될 수 있었다(제27조 제3
항 참조). L. Goodrich, E. Hambro & A. Simons(전게주 20), p.231.

한 경우 안보리는 이를 기권의 일종으로 분류했다.[289] 6·25 발발 직전인 1950년 3월 14일에도 안보리는 소련의 불참 하에 인도-파키스탄 분쟁에 관한 결의를 채택했다.[290] 1950년 6월과 7월 소련의 불참시 6·25 관련 4개의 안보리 결의가 채택되었을 때도 다른 이사국들은 결석이 거부권의 행사로 해석될 수 없다는 입장에서 이들 결의 성립의 유효성을 의심하지 않았다.[291]

결론적으로 결석에 관해서도 기권이나 표결불참에서와 같은 논리가 적용될 수 있을 것이다. 즉 상임이사국은 자신이 원하지 않은 결의에 대해 혼자라도 반대하면 이의 성립을 무산시킬 수 있는데도 불구하고 자발적으로 결석했다면 표결불참이나 기권의 경우와 마찬가지로 자신의 특권을 스스로 포기한 행위이며, 굳이 결의 성립을 저지할 의도는 없다고 보아야 한다는 해석이 합리적이다.[292] 안보리는 이 같은 해석을 통해 거부권에 의해 자신이 마비되는 상황보다 국제평화와 안전에 관한 제1차적 책임기관의 역할을 달성할 수 있다.

물론 기권과 달리 상임이사국의 결석은 사례가 많지 않고, 1950년 8월 이후에는 더 이상 발생하지 않아 일관된 관행을 형성한다고 평가하기는 어렵다. 그러나 6·25 전쟁시 소련의 결석에도 불구하고 안보리 결의가 유효하게 성립되었다고 대부분의 회원국에 의해 수락되었다는 사실은 오늘날까지 가치 있는 선례에 해당한다. 즉 당시 59개 UN 회원국 중 52개국(88%)이 6월 25일과 27일자 안보리 결의에

---

289) Zimmermann(전게주 30), para.197. 단 1949년부터는 결석이 기권과는 별개의 투표유형으로 분류되었다.

290) 안보리 결의 제80호(1950) The Indian-Pakistan Question.

291) Repertory of Practice of Untied Nations Organs(1945-1954) vol.2, Article 27, para.52.

292) 박치영(전게주 246), pp.395-396; H. Kelsen(전게주 276), p.245; L. Goodrich, E. Hambro & A. Simons(전게주 20), p.231; Zimmermann(전게주 271), paras. 199-200; Yuen-Li Liang(전게주 278), p.708.

대한 지지의사를 공식적으로 표시했다.293) 향후 유사한 일이 재발해 결석한 상임이사국이 동의투표(concurring votes) 불성립을 주장해도, 수락될 가능성은 사실상 없다.294)

나. 비상특별총회의 설치

(1) 문제의 배경

UN은 국제연맹에는 없었던 강력한 권한의 안전보장이사회를 설치하고 국제평화와 안전에 관한 1차적(primary) 책임을 부여했다. 안보리는 UN 내에서 개별 주권국가의 의사와 상관없이 모든 회원국에게 구속력 있는 결정을 할 수 있는 유일한 기관이다(제25조). 단 5개 상임이사국 중 한 국가만 반대해도 안보리는 결정을 내릴 수 없다. UN의 설계자들이 중요한 국제문제가 강대국의 합일된 협력 속에서만 해결될 수 있다고 생각한 점에서는 현실적이었으나, 강대국의 협력이 쉽게 달성되리라고 기대했다면 비현실적이었다. UN은 수립 직후부터 전쟁 중 연합국간 협조 분위기에서 벗어나 동서 냉전에 휩싸였다. 국제평화와 안전에 관한 안보리의 역할은 거부권에 의해 빈번히 봉쇄되었다.

이 같은 상황을 타개하고자 미국 등 서방 국가들이 시도한 방안 중 하나가 총회의 역할 강화였다. 창설 초기 UN 회원국은 친서방 국가들이 다수를 이루었다. 51개 UN 원 회원국 중 공산권 국가는 6개국뿐이었다.295) 미국 등 서방국가는 총회에서 언제나 쉽게 다수를 차

---

293) 그 국가와 근거문서의 목록은 In Seop Chung, Korean Questions in the United Nations(Seoul National University Press, 2002), pp.258에 수록. 그중 일부 국가는 7월 7일자 결의에 대한 지지를 표명하지 않았다.

294) 다만 자발적 결석이 아닌 불가피한 사정에 의해 의도되지 않은 결석의 경우(예: 회의 참석을 위해 가는 도중 교통사고의 발생)에는 예외로서 결의 성립이 인정되지 않을 것이다. Zimmermann(전게주 271), para.200.

295) 소련, 우크라이나, 백러시아, 폴란드, 체코슬로바키아, 유고슬라비아.

지할 수 있었다. 그러나 상설 기관인 안보리와 달리 총회는 원래 매년 3개월 이내 회기만을 가지도록 예정했다. 즉 연례 정기회기는 매년 9월 중순에 개회해 같은 해 연말 이전에 마치도록 예정했을 뿐, 결코 상설적 회기 운영을 기대하지 않았다.[296] 총회는 그 밖에 필요한 경우 특별회기를 개최할 수 있을 뿐이었다(제20조). 창설 초기 "필요한 경우"란 긴급 상황을 의미한다고 이해되었다.[297] 서방측이 쉽게 정치적 목적을 달성할 수 있는 무대인 총회를 좀 더 활용하기 위해서는 무엇보다도 회기 기간을 늘려야 했다.

(2) 소총회

총회의 역할 확대를 위한 첫 번째 시도는 Interim Committee(소총회)의 설치였다. 제2차 회기 중인 1947년 11월 13일 총회는 정기회기를 마감한 이후 Interim Committee를 설치하기로 결의했다.[298] Interim Committee의 설치가 결의된 바로 그 다음 날 총회는 한국의 독립과정을 감시하기 위해 「UN 한국임시위원단(UN Temporary Commission on Korea)」을 설치하기로 하고 그 임무의 이행상황은 Interim Committee와 상의하라고 지시했다.[299] 이는 총회가 Interim Committee에 부여한 첫 번째 구체적 임무였다. 이후 소련이 한국임시위원단의 38선 이북으로의 진입을 거부하자, 그럼 가능한 지역에서만이라도 대한민국 수립을 위한 선거를 실시하라는 판단도 바로 Interim Com-

---

296) L. Goodrich, E. Hambro & A. Simons(전게주 20), pp.181-182. 단 헌장이나 총회 의사규칙에 정기회기 기간에 관한 규정은 없다.

297) Eick, Article 20, para.25 in The Charter of the United Nations(전게주 19). 근래에는 긴급사항이 아니라도 범세계적 중요성을 지닌 주제에 관해 특별회기가 종종 소집되었다.

298) 총회 결의 제111호(Ⅱ)(1947) "Establishment of an Interim Committee of the General Assembly."

299) 총회 결의 제112-B호(Ⅱ)(1947.11.14.) The Problem of the Independence of Korea, para.5.

mittee에서 내려졌다(1948.2.26.). 이러한 소총회 설치 합법성에 관한 논란은 이미 앞에서 설명한 바 있다.300)

제4차 정기회기를 마치며 총회는 Interim Committee를 상설기구화하는 결의를 채택했다. 공산권 국가들은 이러한 조치가 헌장 제20조 위반이라며 격렬히 반대했지만, 표결에서 중과부족이었다. 그러나 Interim Committee는 상설기구화된 이후 오히려 거의 활동을 하지 못했다. 1950년 이후 Interim Committee는 어떠한 실질적 문제도 토의하지 않았다. 그런 의미에서 Interim Committee는 자신의 중요성을 확보하기도 전에 사라졌다.

Interim Committee가 상설기구로 되자마자 활용도가 없어진 가장 큰 이유는 6·25를 계기로 채택된 「평화를 위한 단결결의」가 비상특별총회 제도를 도입했기 때문이었다.301) 당초 서방측이 Interim Committee를 설치한 이유는 거부권의 장애가 없고 숫적 우위가 확보되는 총회에서 주요 국제문제를 언제라도 논의할 수 있는 제도적 장치를 마련하려는 목적이었다. 그리스 사태가 직접적인 계기가 되었다. 그러나 6·25와 같은 대규모 전면전이 발발하자 미국은 국제평화의 유지에 관해 총회가 좀 더 적극적 역할을 해주길 기대했다. 미국은 새로운 제도를 모색했다.

(3) 비상특별총회 제도의 도입

총회 권한을 강화하기 위한 새로운 시도는 「평화를 위한 단결(Uniting for Peace) 결의」를 통한 비상특별총회(emergency special session) 제도의 도입이었다.302) 이는 헌장에 규정된 특별회기와는 완전히 다른 새로운 유형의 제도였다.

---

300) 2. 소총회 설치의 합법성 항목(전게주 51 이하 및 관련본문) 참조.
301) 박치영(전게주 248), p.321.
302) L. Goodrich, E. Hambro & A. Simons(전게주 20) p.122.

1950년 초부터 안보리 회의를 외면하던 소련이 그해 8월 1일부터 회의에 복귀하자 6·25에 대한 UN의 대응에 급제동이 걸렸다. 특히 소련이 안보리 의장국 직책을 담당하던 8월 한 달 동안 그간 비회원국이지만 6·25의 직접 당사국 자격으로 참여하던 한국의 안보리 회의 참석이 봉쇄되었다(제32조 참조). 북한의 6·25 남침을 비난하고 북한에 대한 지원의 자제를 요구하는 9월 6일자 안보리 결의안(S/1653)과 미군 비행기가 자국 영역을 침범해 폭격했다는 북경 정부의 주장을 인도와 스웨덴 조사단에 맡기자는 9월 12일자 결의안(S/1752)은 모두 소련의 거부권 행사로 부결되었다.[303) 그러자 미국은 9월 20일자 UN 총회에 대한 공한에서 "평화를 위한 단결"을 의제로 제안했다.[304)

이는 당시까지 총회 사상 가장 격렬한 논쟁을 불러일으킨 제안 중 하나였다.[305) 내용의 핵심은 다음과 같았다. 국제평화에 대한 위협, 평화의 파괴 또는 침략행위가 발생했어도 안보리가 상임이사국의 거부권 행사로 무력화된 경우 총회는 회원국에게 적절한 집단적 조치를 권고할 수 있도록 이를 즉각 검토하도록 하며, 만약 총회가 회기 중이 아니라면 위 사태를 논의하기 위하여 24시간 이내에 비상특별총회를 소집할 수 있도록 예정했다. 이는 6·25 전쟁에도 불구하고 소련의 거부권으로 UN이 더 이상의 적절한 대응을 할 수 없게 되자, 거부권의 장애를 우회하기 위해 고안된 방안이었다. 제안자인 당시 미국 국무장관의 이름을 따 애치슨안(Acheson Plan)이라고도 불리웠다. 이 항목에서는 비상특별총회의 소집에 관해서만 설명하고, 그 실질적 내용은 다음 항목에서 다룬다.

303) In Seop Chung(전게주 293), pp.285-288 참조.
304) UN Doc. A/1373(1950). 이어 미국은 UN Doc. A/1377(1950)로 이에 대한 이유를 설명했다.
305) L. Goodrich, E. Hambro & A. Simons(전게주 20) p.124.

미국의 초기 제안은 안보리 7개 이사국의 요구가 있으면 비상특별총회가 소집되도록 구상했다. 그러나 총회 소집을 위해서는 일종의 결정이 있어야 한다는 논의에 따라 7개 이상 이사국이 찬성하는 결정(the vote of any seven members)을 통해 안보리가 요청하거나 또는 UN 회원국 과반수의 요청으로 소집되도록 수정했다.[306]

이 제안에 대해서는 여러 반론이 제기되었다. 즉 헌장은 안보리 7개 이사국에 의한 총회 소집을 예정하고 있지 않다, 총회가 안보리의 결정 방식을 정할 권한이 없다, 안보리의 총회 소집 결정에는 상임이사국의 거부권이 적용되어야 한다, 총회의 주요 사항 결정에는 2/3 찬성이 필요한데 이 같은 특별조치가 과반수 요청으로 이루어질 수 없다는 등의 주장이었다.[307]

그러자 총회는 헌장에 명문으로 충돌되지 않는 한 자신의 소집절차를 스스로 정할 수 있으므로 비상특별총회의 소집절차 역시 총회가 결정할 수 있다, 비상특별총회를 소집하려는 이유가 거부권으로 인한 곤경을 타파하기 위함인데 이 절차에도 거부권을 적용하라는 요구는 비논리적이다, 총회 소집은 그 자체가 절차문제이므로 거부권이 적용되지 않는다는 등의 재반론이 제시되었다.[308]

비상특별총회에 관한 「평화를 위한 단결결의」는 논란 끝에 1950년 11월 3일자 총회에서 찬 52, 반 5, 기권 2의 압도적 표차로 통과되었다.[309] 이 결의 가장 큰 목적은 안보리를 견제하기 위한 총회 역할의 강화였고, 긴급 시에는 무엇보다도 총회를 쉽고 빠르게 소집하려는 의도였다. 이로 인해 총회 의사규칙 제8조, 제9조, 제10조, 제16조,

---

306) Repertory of Practices of United Nations Organs(1945-1954) vol.1, Article 20, paras.71-72.

307) 상동, para.73.

308) 상동, para.74.

309) 채택과정에 대한 설명은 Repertory of Practices of United Nations Organs(1945-1954) vol.1, Article 11, paras.77-90, 105-109 참조.

제19조, 제65조도 함께 개정되었다.[310] 모두 신속한 총회 소집과 토
의를 위해 통상적인 절차를 간소화시키는 내용들이었다. 비상특별총
회는 비록 헌장에 직접적인 근거는 없지만 일종의 변형된 특별회기로
간주될 수 있다.[311]

(4) 비상특별총회의 활용

채택 당시 소련 등 공산권 국가들은 비상특별총회 제도가 헌장
위반이라며 격렬히 반대했으나, 이 제도는 곧바로 회원국들에 의해
일반적으로 수용되었다. 비상특별총회가 마련된 직접적 계기는 6·25
전쟁이었으나, 정작 6·25의 대처를 위해서는 이 제도가 활용되지 않
았다. 최초의 비상특별총회는 1956년 수에즈 운하 국유화 문제로 이
스라엘·영국·프랑스가 이집트를 침공한 사태에 적용되었다. 수에즈
사태에 관한 2개의 안보리 결의안이 상임이사국인 영국과 프랑스의
거부권 행사로 연속적으로 부결되자,[312] 유고슬라비아의 제안에 따라
안보리는 비상특별총회의 소집을 요청하기로 결정했다.[313] 상임이사
국인 영국과 프랑스의 반대에도 불구하고 비상특별총회는 소집되었
고, 소련도 소집에 이의가 없었다. 이에 따른 제1차 비상특별총회는
1956년 11월 1일부터 10일까지 10일간 개최되었다. 이어 헝가리 사태
로 인한 제2차 비상특별총회는 소련의 반대 표결에도 불구하고 소집
되었다. 이후 비상특별총회의 소집 문제는 절차사항으로 거부권이 적
용되지 않는다는 사실이 관행으로 확립되었다.[314]

한반도에서의 6·25 전쟁을 계기로 안보리의 거부권을 우회하기

---

310) 총회 결의 제377호(Ⅴ) Uniting for Peace, A, Annex.
311) Eick(전게주 297), para.26.
312) UN Doc. S/3710(미국 제안: 찬 7, 반 2(영국, 프랑스), 기권 2), UN Doc.
　　　S/3717/Rev.1(소련 제안: 찬 7, 반 2(영국, 프랑스), 기권 2).
313) UN Doc. S/3721(찬 7, 반 2(영국, 프랑스), 기권 2).
314) Eick(전게주 297), para.32.

위한 전략으로 마련된 비상특별총회 제도는 현재까지 모두 11차례 소
집된 바 있다. 특히 안보리가 상임이사국의 거부권으로 마비되었을
때 나름 유용한 기능을 했었다. 제1차 비상특별총회를 통해 설치된
UN 긴급군(UNEF)은 수에즈 사태 수습에 나름의 기여를 했음은 물론
이고, 후일 UN 평화유지군의 효시가 되었다.[315] 그러나 1960년대부
터 제3세계 국가가 대거 UN 회원국으로 가입하게 되자 총회의 세력
판도에도 적지 않은 변화가 왔다. 비상특별총회는 당초 미국의 주도
로 만들어진 제도였지만 점차 미국의 외교정책에 대항하는 수단으로
더 활용되었다.

한편 현재는 총회가 1년 내내 상설적으로 운영되므로 비상특별
총회가 소집될 필요성은 거의 없어졌다. 그러나 2022년 러시아의 우
크라이나 침공에 대응해 제11차 비상특별총회가 소집되어 여전한 유
용성을 과시한 바 있다. 즉 안보리에서의 비난 결의가 러시아의 거부
권으로 좌절되자, 안보리는 「평화를 위한 단결 결의」(1950)에 따라 이
사태를 총회로 회부해 비상특별총회가 소집되었다. 거부권으로 인해
봉쇄된 사안을 안보리가 비상특별총회에 회부한 일은 1982년 이후 처
음이었다. 2014년 러시아의 크림반도 침공 시 안보리에서 러시아 비
난 결의가 거부권에 의해 봉쇄되자 당시 안보리는 더 이상의 조치를
취하지 않았고, 총회가 스스로 발의해 「우크라이나의 영토적 일체성」
이라는 결의를 독자적으로 채택했다(결의 제68/262호). 이 방식을 따라
도 총회는 동일한 대응을 할 수 있다. 그러나 2022년에는 총회가 회
기 중인데도 굳이 비상특별총회라는 새로운 회기를 이용한 이유는 무
엇보다도 사태의 긴급성을 여론에 부각시키는 한편 신속한 대처를 하
기 위함이었다. 「평화를 위한 단결 결의」를 통하면 안보리의 요청 24
시간 내에 총회를 소집한다는 의의가 있다. 산하 위원회 논의와 의제

---

315) 총회 결의 제1000호(ES-1)(1956.11.5.) 및 제1001호(ES-1)(1956.11.7.).

채택 절차도 거칠 필요가 없다(총회 의사규칙 제8조 b 및 제63조). 현재
는 총회가 연중 회기이기는 해도 크림반도 침공 시에는 안보리 결의
부결 12일 후 총회 결의가 채택되었는데, 2022년에는 안보리 결의 부
결 3일 만에 총회가 열려 5일 만에 결의가 채택되었다. 1주일의 시간
을 단축시킬 수 있었다. 또한 비상특별총회 소집이 러시아의 거부권
행사로 촉발되었음을 직접 부각시키는 정치적 효과도 있다.316) 사실
총회 정기총회 회기 중 별도의 비상특별총회 개최는 일종의 중복 소
집이다. ICJ는 이 같은 결과가 적절하다고 생각되지는 않으나 특별히
UN 규칙 위반은 아니라고 판단했다.317)

다. 국제평화와 안전에 관한 총회의 역할 확인
(1) 「평화를 위한 단결결의」의 의의

　「평화를 위한 단결결의」가 UN법에 미친 또 다른 의의는 국제평
화와 안전의 유지에 관한 총회의 책임과 의무를 재확인했다는 점이
다. 과거 국제연맹 규약은 세계 평화에 영향을 미치는 모든 문제를
취급할 권한을 총회에 부여하고(제3조 제3항), 동일한 권한을 이사회에
도 부여했다(제4조 제4항). 이에 반해 UN에서는 이 같은 관할 중복을
피하기 위해 총회는 국제평화와 안전에 관해 토의와 권고만을 할 수
있도록 하고, 행동에 관한 권한은 안보리에 부여하기로 설계되었다.

　즉 UN 헌장에 따르면 "회원국들은 국제평화와 안전의 유지를 위
한 1차적(primary) 책임을 안전보장이사회에 부여하며, 또한 안전보장
이사회가 그 책임 하에 의무를 이행함에 있어서 회원국을 대신하여

---

316) 정인섭(전게주 270), p.1181.
317) Legal Consequences of the Construction of a Wall in the Occupied Palestinian
　　 Territory (Advisory Opinion), 2004 ICJ Reports 136, para.34. 과거에도 중동 문
　　 제에 관한 제7차 및 제10차 비상특별총회는 총회 정기회기 중에도 여러 차례 소
　　 집되었으며, 공식적으로는 아직까지 종료되지 않았다.

활동하는 것에 동의"했다(제24조 제1항). 이에 총회는 자신에게 "회부된 국제평화와 안전의 유지에 관한 어떠한 문제도 토의할 수" 있으나, 단 "조치(action)를 필요로 하는 것은 토의의 전 또는 후에 총회에 의하여 안전보장이사회에 회부"되어야 한다(제11조 제2항). 즉 총회의 독자 행동권을 제한하고 있다. 그리고 "안전보장이사회가 어떠한 분쟁 또는 사태와 관련하여 이 헌장에서 부여된 임무를 수행하고 있는 동안에는, 총회는 이 분쟁 또는 사태에 관하여 안전보장이사회가 요청하지 아니하는 한 어떠한 권고도 하지" 못한다고 총회의 행동을 제한하고 있다(제12조 제1항). 이로써 총회는 사실상 모든 국제문제에 대해 관할권을 주장할 수 있으나, 조치를 취할 결정적 권한은 안보리에 유보되었다. 이 같은 구조는 샌프란시스코 회의에서 안보리로의 권한 집중을 원하는 강대국과 총회의 권한 강화를 원하는 여타국간의 타협으로 성립된 내용이다. UN 기초자들은 국제평화와 안전에 관한 구체적 대응은 원래 안보리 소관으로 생각했다.[318)

그러나 국제평화와 안전의 유지에 관한 안보리의 권한 범위에 관하여는 냉전이 UN 운영에 그림자를 드리운 창설 초기부터 논란이 시작되었다. 이미 Interim Committee 설치 시부터 국제평화와 안전에 관해 안보리는 배타적 권한이 아닌 1차적 권한을 가질 뿐이라는 주장이 본격 제기되었다.[319)

이어 6·25 전쟁을 계기로 채택된 「평화를 위한 단결결의」는 국제평화와 안전의 유지에 관해 총회도 책임이 있다고 확인하고, 총회가 회원국들에게 군사적 조치를 포함하는 집단적 조치를 권고할 수 있음을 명시적으로 인정했다. 즉 이 결의의 핵심은 상임이사국 간 의사 불일치로 인해 안보리가 국제평화와 안전의 유지에 관한 자신의 1

---

318) Klein & Schmahl, Article 10, para.28 in The Charter of the United Nations(전게 주 19).
319) 전게주 65 이하 및 관련 본문 참조.

차적 책임을 수행하는데 실패할 경우, 총회가 회원국들에게 적절한 집단적 조치를 권고하기 위해 즉각 이를 검토하며, 평화의 파괴나 침략행위가 발생한 경우 필요하다면 군사력 사용도 권고할 수 있다는 점이다.[320] 아울러 이 결의는 국제평화와 안전의 회복을 위한 안보리나 총회의 권고를 지지하기 위해 각국이 어느 정도의 지원할 수 있는지 조사하고, 자국 군대 내에 UN 활동을 지원할 수 있는 준비를 갖추라고 권고했다.[321] 제안국인 미국은 이 결의를 통해 안보리가 거부권에 의해 무력화된 경우에도 총회가 국제평화의 파괴와 침략행위에 대응할 수 있으므로 궁극적으로 평화 유지에 관한 UN의 노력이 효율성을 확보할 수 있다고 주장했다.[322]

　　이에 반해 소련 등 동구권 국가들은 「평화를 위한 단결결의」가 헌장상 안보리에 배타적으로 부여된 권한을 총회에도 인정함으로써 안보리의 기본적 책임과 권한을 박탈하려는 시도라고 비판했다. 또한 국제평화와 안전에 관한 강대국의 공동 책임과 의사 일치라는 헌장 원칙을 무시하는 조치로서 안보리의 기능을 총회가 대체하려는 위법한 시도라고 주장했다.[323]

　　그러나 결의의 지지국들은 안보리의 1차적(primary) 책임이란 용어는 다른 기관에 2차적 책임이 부여될 수 있음을 이미 암시하고 있으며, 헌장 제10조, 제11조, 제12조, 제14조에 비추어 볼 때 총회도 국제평화와 안전의 유지에 관한 2차적 책임을 지고 있음이 분명하고, 따라서 UN이 1차적 책임을 다하지 못할 때는 2차적 책임이 행사되어야 하며, 이는 총회의 단순한 권리에 그치지 않는 의무라고 반박했

---

320) 총회 결의 제377-A호(V)(1950), para.1
321) 상동, paras.7-8.
322) Repertory of Practices of United Nations Organs (1945-1954) vol.1, Article 11, paras.78-79.
323) 상동, paras.105-106.

다.324)

결의 반대국들의 가장 강력한 논거는 헌장 제11조 제2항이었다. 이 조항은 국제평화와 안전에 관한 문제로서 "조치(action)를 필요로 하는 것은 토의의 전 또는 후에 총회에 의하여 안전보장이사회에 회부된다"고 규정하고 있으므로, 「평화를 위한 단결결의」를 통해 총회가 회원국에게 군사력의 사용을 포함한 집단적 조치를 독자적으로 권고할 수 없다는 주장이었다.

논란의 핵심은 제11조 제2항에서 말하는 안보리에 회부되어야 할 "조치"가 과연 무엇이냐에 달려 있다. "조치"의 개념을 넓게 규정하면 총회의 권한 범위는 줄어들고, 좁게 규정하면 총회가 독자적으로 행사할 수 있는 권한의 범위는 넓어진다. 즉 "조치"는 헌장 제5장부터 제7장까지 규정된 모든 조치를 의미하는가, 아니면 제7장 규정된 안보리의 강제 조치만을 의미하느냐에 따라 결과가 달라지게 된다.

이에 대해 UN 회원국들은 압도적인 표차로 「평화를 위한 단결결의」를 지지함으로써 국제평화와 안전의 유지에 관한 총회의 2차적 책임을 확인하고, 안보리가 거부권에 의해 무력화된 경우 총회가 필요한 조치를 회원국들에게 권고할 수 있다고 판단했다. 즉 총회가 반드시 안보리로 회부해야 하는 "조치를 필요로 하는" 사항이란 안보리만이 취할 수 있는 "강제조치"에 한정된다는 해석이었다.

아마도 UN 설계자들의 본래 의도는 무력사용이 필요한 상황이라면 총회가 이에 관해 직접 권고하기보다는 안보리로 회부하라는 취지였을 것이다.325) 그러나 「평화를 위한 단결결의」는 적어도 헌장 제1조에 규정된 UN의 목적을 실현하려는 의도에서 비롯된 것으로 안보리의 실패가 UN 자체의 실패로 귀결됨을 방지하는 기능을 한다. 아

---

324) 상동, paras.107-108.
325) H. Kelsen(전게주 276), pp.962-963.

울러 상임이사국이 평화를 파괴하거나 침략행위를 저질러도 안보리가 거부권에 의해 무력화되는 상황이 발생할 경우 총회가 대처할 수 있는 대안을 확인해 주었다.[326] 결론적으로 총회는 국제평화와 안전에 관한 어떠한 문제에 대해서도 토의와 권고를 할 권한이 있으므로[327] 안보리가 자신의 1차적 책임을 다하지 못할 경우 총회가 2차적·보충적 책임을 수행함은 헌장 위반이라기보다 헌장의 구현이라는 해석이 타당할 듯하다. 물론 안보리 결의와 달리 총회의 결의는 어디까지나 권고적 효력을 갖는데 그치지만 커다란 정치적 또는 도덕적 무게를 지닐 수 있다.

(2) 「평화를 위한 단결결의」의 적용

이 결의가 실제로 적용된 첫 번째 사례는 6·25 전쟁 당시 총회결의 제498호(Ⅴ)(1951)였다. 1950년 11월 5일 주한 UN군 사령관은 한국전쟁에 중공군이 개입했음을 안보리에 보고했다.[328] 이에 관한 안보리 결의안이 소련의 거부권 행사로 부결되자[329] 이 문제는 총회로 회부되었다. 총회는 1951년 2월 1일 안보리가 상임이사국 간 견해 불일치로 인해 중국 공산주의자들의 개입에 따른 국제평화와 안전의 유지에 관한 1차적 책임을 다하지 못함을 확인하고, 중국(북경 정부)이 한국의 침략에 관여했음을 확인하며, 이에 모든 국가들에게 한국에서의 UN 활동을 지원하도록 요청하는 결의 제498호를 채택했다. 이 결의는 군사조치를 명시적으로 요청하지는 않았으나, 한국에서의 UN 활동에 대한 모든 지원(every assistance to the United Nations in Korea)

---

326) 헌장 제27조 제3항 참조.
327) 헌장 제10조 내지 제12조 및 제14조 참조.
328) S/1884(1950.11.6.).
329) S/1894(1950.11.30.). 안보리 제530차 회의. 표결 결과: 찬 9, 반 1, 표결 불참 1 (인도).

을 요청함으로써 군사력의 지원도 포함될 수 있음을 암시했다(para. 4).330) 이어 총회는 중국과 북한에 대한 군사물자의 금수를 권고하는 추가 결의를 채택했다.331) 당시만 해도 공산측은 「평화를 위한 단결결의」의 합법성과 이에 따른 결의 채택을 지속적으로 거부했다.332)

이후 「평화를 위한 단결결의」의 내용은 UN의 실행에서는 물론 ICJ에 의해서도 지지되었다. ICJ는 Certain Expenses of the United Nations에 관한 권고적 의견에서 안보리는 국제평화와 안전의 유지에 관해 배타적 책임이 아닌 1차적 책임을 질 뿐이며, 헌장은 총회 역시 국제평화와 안전에 관여할 수 있음을 지극히 명백히 하고 있다고 판단했다. 그리고 제11조 제2항에 따라 총회가 반드시 안보리로 회부해야 할 사항은 헌장상 전적으로 안보리의 영역에 속하는 제7장의 강제조치만을 의미한다고 제한적으로 해석함으로써 「평화를 위한 단결결의」의 기조를 지지했다.333)

안보리 역시 수에즈 사태에 관한 결의 제119호(1956), 헝가리 사태에 관한 결의 제120호(1956), 콩고 사태에 관한 결의 제157호(1960), 방글라데시 사태에 관한 결의 제303호(1971) 등에서 상임이사국 간의 견해 불일치로 인해 자신이 국제평화와 안전의 유지에 관한 1차적 책임을 다할 수 없기 때문에 「평화를 위한 단결결의」에 따라 비상특별

330) H. Kelsen(전게주 276), p.989. 당시 총회에서의 찬반 논의는 Repertory of Practices of United Nations Organs (1945-1954) vol.1, Article 11, paras.156-158 참조.
331) 총회 결의 제500호(Ⅴ)(1951.5.18.): Additional Measures to Be Employed to Meet the Aggression in Korea.
332) 결의 제498호는 찬 44, 반 7, 기권 9로 채택되었고, 결의 제500호 표결 시에는 5개 공산권 국가가 불참해 찬 47, 반 0, 기권 8로 채택되었다. In Seop Chung(전게주 293), pp.58-64 참조.
333) Certain Expenses of the United Nations(Advisory Opinion), 1962 ICJ Reports 151, pp.163-165. 또한 Legal Consequences of the Construction of a Wall in the Occupied Territory(Advisory Opinion), 2004 ICJ Reports 136, paras.26, 29-31 참조.

총회를 소집하거나 또는 사태를 총회로 이관함을 명시적으로 지적했
다.[334)]

국제평화와 안전의 유지에 관한 안보리와 총회의 권한 관계는
UN 창설 초기부터 논란의 대상이었으나, 결국 6·25 전쟁을 계기로
한「평화를 위한 단결결의」를 통해 총회의 2차적 책임과 권한이 분명
해졌다. 초기에는 이 결의에 합법성에 대한 저항도 있었으나, 이제는
UN 회원국 누구도 이의 합법성을 의심하지 않고 있다. 사실 총회 기
능의 강화는 UN 헌장 기초 시부터 대다수 참여국들의 희망사항이기
도 했다. 이 결의의 중요성은 총회가 헌장상 권한에 따라 군사력의
사용을 포함한 조치를 회원국에게 권고할 수 있음을 확인하고 있다는
점이다.[335)]

라. 헌장이 예정하지 않은 UN군의 창설

UN은 자체 상비군이 없기 때문에 안보리가 무력을 사용하기로
결정할 경우 필요한 병력은 헌장 제43조에 의한 특별협정을 근거로
회원국으로부터 제공받도록 설계되었고, 이들 병력은 헌장 제47조에
따른 군사참모위원회가 지휘하도록 예정되었다. 그러나 냉전의 여파
로 헌장 제43조에 의한 특별협정은 1건도 체결되지 않았다. 6·25 전

---

334) 예를 들어 안보리 결의 제303호(1971)에서는 다음과 같이 표현되어 있다. 다른
     결의 역시 유사한 표현을 사용했다.
     "The security Council, […]
     Taking into account that the lack of unanimity of its permanent members […]
     has prevented it from exercising its primary responsibility for the maintenance
     of international peace and security,
     Decides to refer the question contained in document S/Agenda/1606 to the
     General Assembly at its twenty-sixth session, as provided for in Assembly
     resolution 377 A(V) of 3 November 1950. […]"
335) Klein & Schmahl, Article 11, para.15 in The Charter of the United Nations(전게
     주 19).

쟁이 발발하자 안보리가 즉각 이를 평화에 대한 파괴(a breach of the peace)라고 규정했음에도 불구하고, 헌장이 본래 예정한 방식에 따른 군사적 대응은 불가능했다.

6·25 전쟁이 발발하자 바로 같은 날짜에 안보리는 북한의 행동이 평화의 파괴를 구성한다고 결정하고, 모든 적대행위의 즉각적인 중단과 북한군의 38선 이북으로의 철수를 요구했다(결의 제82호). 그러나 북한군의 남하가 계속되자 한국에 설치되어 있던 「UN 한국위원회」는 북한군이 잘 준비된 전면 공격을 하고 있으며, 현 상황에서 휴전과 북한군의 철수 요구는 비현실적(academic)이라고 보고했다.336) 이에 1950년 6월 27일 안보리는 회원국들에게 한반도에서의 무력공격을 격퇴하고 국제평화와 안전을 회복하기 위해 필요한 원조를 대한민국에게 지원하라고 권고했다(결의 제83호).337) 이어 7월 7일에는 한국에 파견된 각국 병력을 지휘하기 위해 미국이 관할하는 통합사령부를 설치하도록 하고, 이들 부대가 작전 중에는 본국기와 함께 UN기 사용을 허가했다(결의 제84호).338) 이들 결의가 채택되자 UN 사무총장은 긴급전문으로 전 회원국에게 한국에 대한 지원을 요청했다.339) 52개 UN 회원국이 이 결의에 대한 지지를 표명했다. 최종적으로 16개국이 전투병을 파병하고, 5개국이 의료부대 등을 파견하고, 기타 약 40개국이 한국에 각종 물자를 원조했다.340) 6·25 전쟁 당시 대한민국에 대한 국제사회의 지원은 전세계 국가수 대비 역사상 가장 높은 비

---

336) UN Doc. S/1503, S/1504, S/1505/Rev.1, S/1507(1950).

337) "Recommends that the Members of the United Nations furnish such assistance to the Republic of Korea as may be necessary to repel the armed attack and to restore international peace and security in the area." 안보리 결의 제83호(1950).

338) 7월 8일 UN 사무총장은 팔레스타인에서 사용되던 UN기를 미국대표에게 수교했고, 이는 7월 14일 동경의 맥아더 사령관에게 전달되었다.

339) UN Doc. S/1619(1950).

340) 상세는 In Seop Chung(전게주 293), pp.251-258 참조.

율의 참여였을 것이다.

6·25 전쟁에 파견된 UN군은 헌장이 전혀 예상하지 않았던 성격의 군대였다.341) 이에 일부 서방 학자들조차 6·25 전쟁에 파견된 UN군은 헌장상 근거가 없다거나, 이는 엄격한 의미의 UN 활동이 아니라 병력제공군의 자발적 파병에 불과하다고 주장했다.342) 특히 Kelsen은 안보리의 구속력 있는 결정이 아닌 단순한 권고에 부응한 회원국의 행동을 UN의 행동으로 볼 수 있겠냐는 의문을 제기하며,343) 비회원국인 한국 군대까지 포함하여 UN기를 사용함은 부적절하고,344) 통합사령부도 회원국간 자발적 합의의 결과에 불과하며 통합사령관은 UN의 기관이 아니라고 비판했다.345)

그러나 참전국들은 UN의 공식 요청에 부응해 파병했으며, 자신들의 참전이 UN과 관계없는 자발적 행동이라고 생각한 국가는 없었다. 이들 병력은 UN기를 사용하며 전투에 참가했다. 미국 외 15개 참전국은 1차적으로 UN 사령관과 파병을 위한 협정을 협의했는데 이때 미국은 UN군 기관(executive agent of the United Nations forces)의 자격으로 이들 국가와 협상했다.346) UN의 각종 결의나 문서에서도 이들 참전병력은 UN군(UN forces)으로 호칭되었다.347) 총회는 "UN 헌장의

---

341) 헌장은 제43조의 특별협정이 발효하기 이전에는 제106조에 따른 과도조치를 할 수 있는 근거를 마련하고 있으나, 6·25의 UN군은 이에 해당하지도 않았다.

342) H. Kelsen(전게주 276), pp.936-938; H. Kelsen(revised and edited by R. Tucker), Principles of International Law 2nd ed.(Holt, Rinehart and Winston, Inc., 1966), pp.46-47 및 J. Stone, Legal Control of International Conflicts 2nd revised ed.(Stevens & Sons, 1959), p.232. 단 후자는 D. Bowett, United Nations Forces (Stevens & Sons, 1964), p.33에서 재인용.

343) H. Kelsen(전게주 276), p.937.

344) H. Kelsen(전게주 276), p.938.

345) H. Kelsen(전게주 276), p.940.

346) D. Bowett(전게주 342), p.46.

347) 예를 들어 총회 결의 제376호(Ⅴ)(1950.10.7.) The Problem of the Independence of Korea; 총회 결의 제498호(Ⅴ)(1951.2.1.) Intervention of the Central People's

원칙을 수호하기 위해" 참전한 병력에게 UN 기장 수여를 결의했으며,[348] 6·25 전쟁에 참전했다가 죽은 이들을 "UN을 위한 사망자" (Died for the United Nations)로 명명했다.[349] 휴전이 성립되자 총회는 집단적 군사조치를 통해 침략을 격퇴하기 위한 UN의 요청에 부응한 최초의 노력이 성공적이었음에 만족을 표시하고 UN 헌장상 집단안보의 효율성이 국제평화와 안전의 유지에 기여함을 확신한다는 결의를 채택했다.[350] 휴전협정도 UN군 사령관 자격에서 서명되었다. 또한 UN 총회는 UN군으로 복무중 사망한 병사들을 위해 부산에 주한 UN 기념묘지를 조성하기로 결의했고,[351] 이 묘역은 현재도 유지되고 있다. 주한 UN 사령부는 안보리 결의 제83호에서는 단순히 통합사령부 (Unified Command)라고 표시되었으나, 전쟁이 지속되자 UN 사령부 (United Nations Command)로 주로 호칭되었다.[352] 6·25의 상대방인 중

Republic of China in Korea; 총회 결의 제706호(Ⅶ)(1953.4.23.) Question of Impartial Investigation of Charges of Use by United Nations Forces of Bacteriological Warfare; 총회 결의 제714호(Ⅷ)(1953.11.3.) Question of Impartial Investigation of Charges of Use by United Nations Forces of Bacteriological Warfare 등.

348) 총회 결의 제483호(Ⅴ)(1950.12.12.) Provision of a United Nations Distinguishing Ribbon or Other Insignia for Personnel Which Has Participated in Korea in the Defence of the Principles of the Charter of the United Nations.

349) 총회 결의 제699호(Ⅶ)(1952.12.5) Use of the Citation "Died for the United Nations" in respect to Persons Who, in Certain Circumstances, Are Killed in the Service of the United Nations.

350) 총회 결의 제712호(Ⅶ)(1953.8.28.) Tribute to the Armed Forces Who Have Fought in Korea to Resist Aggression and Uphold the Cause of Freedom and Peace.

351) 총회 결의 제977호(Ⅹ)(1955.12.15) Establishment and Maintenance of an United Nations Memorial Cemetery in Korea.

352) 안보리 결의 제88호(1950.11.8.); 총회 결의 제376호(Ⅴ)(상계주 116, 단 여기서는 United Nations Unified Command로 호칭); 총회 결의 제610호(Ⅶ)(1952.12.3.) Korea: Reports of the United Nations Commission for the Unification and Rehabilitation of Korea; 총회 결의 제699호(상계주 118); 총회 결의 제705호(Ⅶ)(1953.4.18.) The Korean Question 등 다수.

국도 이를 UN군/UN군 사령관으로 호칭했다.353) 이상의 현실을 감안할 때 6·25 전쟁에서 한국을 지원하기 위해 참전한 병력이 UN과는 무관한 자발적 행동이라는 해석은 비현실적이다.

6·25 전쟁은 UN 창설 이후 국제평화와 안전의 유지에 대한 최초의 대규모적 도전이었다. 6·25 전쟁에 대한 UN의 대응은 헌장이 본래 예정한 체제가 갖추어지지 않았더라도 평화에 대한 파괴 또는 침략이 발생한 이상 안보리가 무능력하게 방관하지 않겠다는 의지의 표현이었다.354) ICJ 역시 헌장 제43조의 특별협정이 없이도 안보리의 이런 방식의 대처가 헌장에 위배되지 않는다고 판단했다.355)

결국 6·25 전쟁에서 UN군은 비록 헌장 제43조가 예정한 체제는 성립되어 있지 않더라도 국제평화와 안전을 위협하는 사태 또는 그 이상이 발생할 경우 안보리가 회원국에게 군사적 대응권한을 부여하는 방식으로 대처하는 고전적 선례가 되었다. 6·25 전쟁은 UN 창설 초기에 발발해 비록 UN이 오늘날과 같은 방식으로 대응하지는 않았고, 한국전에 참전한 UN군과 동일한 형식의 군대는 더 이상 활용되지 않았다. 그러나 1966년 로디지아에 대한 금수결의를 이행하기 위해 안보리가 헌장 제7장에 근거해 영국에게 군사력 사용을 허가한 사례나356) 1990년 쿠웨이트에 대한 이락의 침공을 격퇴하기 위해 안

---

353) 예를 들어 UN Doc. A/2378 등.

354) Rensmann(전게주 276), para.42.

355) "Moreover, an argument which insists that all measures taken for the maintenance of international peace and security must be financed through agreements concluded under Article 43, would seem to exclude the possibility that the Security Council might act under some other Article of the Charter. The Court cannot accept so limited a view of the powers of the Security Council under the Charter. It cannot be said that the Charter has left the Security Council impotent in the face of an emergency situation when agreements under Article 43 have not been concluded." Certain Expenses of the United Nations(Advisory Opinion), 1962 ICJ Reports 151, p.167.

356) 안보리 결의 제221호(1966).

보리가 회원국들에게 "필요한 모든 수단의 사용"(to use all necessary means)을 허가한357) 이래 국제평화와 안전을 위협하는 사태가 발생할 때마다 같은 방식의 권한 부여가 반복적으로 활용되는 방식의 최초 선례는 바로 6·25 전쟁에 관한 안보리 결의이다.

이에 한 학자는 6·25 전쟁에 대한 UN의 조치는 침략을 격퇴하고 국제평화와 안전을 회복하기 위한 UN의 행동(UN action)이었으며, 군사적 승리로 귀결되지 못했을지 모르나 헌장의 목적과 원칙을 위한 정치적 승리였다고 평가했다.358)

---

357) 안보리 결의 제678호(1990).

358) D. Bowett(전게주 342), p.59. 그는 또한 1931년 일본의 만주침공에 국제연맹이 유사한 대응을 했다면 이후 제2차 대전으로 이어진 독일·이탈리아·소련 등의 침략주의가 시도되지 못했을지 모른다고 평가했다. D. Bowett(전게주 342), 같은 곳.

제2장

국가 영역의 획정

I. 헌법 영토조항의 성립 — 한반도와 부속도서

1. 문제의 제기

영토 없는 국가는 없다. 영토는 국가의 공간적 존립기반이요, 국가 정체성의 출발점을 이룬다. 국가는 자국 영토 내에서 배타적 관할권을 행사하며, 한 국가의 영토는 국제법적으로 불가침성 및 일체성이 보장된다. 영토는 역사 이래 국제관계의 핵심 주제였다. 영토는 주민에게 생활 기반을 제공하므로 모든 국가는 자국의 영토보전을 최우선 과제로 생각한다.

대한민국의 수립은 일제 식민지배에서 벗어난 새로운 민주국가의 건설이었지만, 동시에 과거 존재했던 구 국가로의 복구라는 의미도 가졌다. 영역에 관한 한 대한민국은 구 대한제국 판도로의 복귀를 기본 목표로 했으나, 현실에서는 미·소 대립의 결정적 영향을 받아 남북이 분단되었다.

이러한 상황 속에서 제정된 제헌헌법은 "제4조 대한민국의 영토는 한반도와 그 부속도서로 한다"라는 조항을 두어 대한민국 영토의 범위를 제시했다. 헌법에 영토조항을 설치하는 의의는 대외적으로 영토 수호의 의지를 나타내는 한편, 이 이상 영토 확장의 의사가 없다는 평화주의를 표방하는 데 있다. 이 조항은 번호만 제3조로 바뀌었을 뿐, 현재도 동일한 내용으로 유지되고 있다.

국가에 따라서는 헌법에 영토조항을 두지 않는 경우가 적지 않았기 때문에 제헌 시 이 조항의 필요성에 대해 논란이 제기되기도 했다. 그러면 대한민국은 왜 헌법에 영토조항을 두었으며, 그 의미는 무엇이었나? 특히 "한반도"와 "부속도서"는 구체적으로 무엇을 의미했는가? 그 내용과 관련해 제헌 과정에서 실제 논란이 된 대상이 있었는가? 한반도와 그 부속도서의 구성에 대해 연합국 또는 일본은 어떠한 입장이었나? 본 항목에서는 이러한 문제들을 검토한다.

2. 광복 이전의 영토조항

과거 조선은 성립 초기 이래 압록강·두만강을 영역선으로 인식하고 관리해 왔으나, 대한제국 시절까지 영토 범위를 구체적으로 규정한 법률은 없었다. 만주가 고토(故土)라는 인식은 있었으나 이 지역에 대해 직접적인 행정권을 행사하지는 못했다. 조선과 중국 간의 대표적인 국경합의는 숙종 시절 1712년 백두산 정계비 건립으로, 그 내용은 청(淸)과의 경계를 서쪽은 압록강, 동쪽은 토문강(西爲鴨綠, 東爲土門)으로 정한다는 것이었다.[1] 백두산 정계비 이전에도 조선과 청은 압록강·두만강을 국경으로 간주하고 무단으로 월강(越江)하는 자를 상호 처벌했다.[2] 범월자 적발과 처벌에 대해서는 상대적으로 청이 더

---

1) "大淸 烏喇摠管 穆克登, 奉旨査邊, 至此審視, 西爲鴨綠, 東爲土門, 故於分水嶺, 勒石爲記."(대청 오라총관 목극등은 황제의 명을 받아 국경을 조사하고, 이곳에 이르러 살펴보니 서쪽은 압록강으로, 동쪽은 토문강으로 한다. 이에 분수령의 돌에 새겨 기록한다.) 康熙 五十一年 五月 十五日(이하 수행원 명단).

2) 정묘호란 시(1627년) 조선과 후금(淸의 전신)은 양국 병마가 압록강을 넘지 말고,

욱 강경한 입장을 취했다고 한다.[3] 후일 제기된 간도 귀속에 대한 이견을 제외하면 조선시대에는 대체로 압록강·두만강 선이 국경선으로 간주되었다.[4]

　제헌헌법 영토조항의 배경으로 검토할 만한 법률은 대한민국 임시정부 헌법이다. 이때부터 제헌헌법과 유사한 취지의 영토조항이 등장했기 때문이다. 영토조항은 1919년 9월 11일 발표된 「대한민국 임시헌법」에 처음으로 설치되었다.[5] 이 임시헌법은 상해 임시정부 수립 후 여러 지역에 설립된 각종 임시정부 중 비교적 실체를 갖추고 있던 상해, 노령, 한성 임시정부가 통합하며 만들어진 헌법이다. 이는 신익희가 중국의 헌법 관련문서 중 「중화민국 임시약법(1912.3.11.)」, 「중화민국 헌법초안(1913.10.10.)」, 「중화민국 약법(1914.5.1.)」 등을 참고해 발췌 작성했다고 알려진 일종의 번안 헌법으로 평가된다.[6] 임시헌법은 전문과 8개장, 본문 58개조로 구성되어 현대적 헌법의 형식과 구조를 갖추었으며, 제1장 강령 제3조가 "대한민국의 강토(疆土)는 구한제국(舊韓帝國)의 판도로 정함"으로 규정하고 있었다. 신익희는 전반적으로 「중화민국 임시약법」을 가장 많이 참고했는데, 영토조항만

　　각수봉강(各守封疆)을 서약한 바 있다. 조선으로서는 후금의 병력을 평안도 지역에서 철수시킬 목적으로 강조한 내용이었으나, 일종의 국경합의적 요소를 담고 있다. 이화자, 조청 국경문제연구(집문당, 2008), pp.32-35.

3) 조선 중반 이후 압록강·두만강 범월사건에 관해서는 이화자(상게서) 및 강석화, 조선 후기 함경도와 북방영토의식(경세원, 2002), p.269 이하 등 참조.
4) 백두산 정계비상 토문(土門)의 의미에 대해 朝淸 사이 논란이 발생하자, 을사조약으로 조선의 외교권을 장악한 일제는 1909년 청과 간도협약을 체결해 "도문강(圖們江)"(두만강)을 청과의 국경으로 하며 특히 상류 석을수(石乙水)를 경계로 합의했다(제1조).
5) 1919년 4월 상해 임시정부가 출범하며 헌법격인 「대한민국 임시헌장」을 발표했으나, 이에 영토조항은 포함되지 않았다. 본문 10개조의 불과했던 임시헌장은 정식 헌법의 체제를 갖추었다고 보기 어려웠다.
6) 신우철, "중국의 제헌운동이 상해 임시정부 헌법제정에 미친 영향 — 임시헌장(1919.4.11.)과 임시헌법(1919.9.11.)을 중심으로", 법사학연구 제29호(2004). p.31.

은 「중화민국 약법」 제3조와 유사하다.[7] 영토조항이 특별히 삽입된 이유는 일제에 의해 주권을 탈취당한 상태에서 임시정부가 목표로 하는 국가수립의 장소적 범위를 명확히 하고, 그 국가가 (구) 대한제국의 역사적 계승자임을 표방하려는 목적이었다.

이후 임시정부 헌법은 1925년 4월, 1927년 4월, 1940년 10월 개정되었는데, 이 3번의 개정 헌법에서는 영토조항이 삭제되었다. 그 이유는 찾지 못했다.

1941년 12월 일본의 진주만 공격으로 제2차 대전의 전장이 확대되었다. 차츰 전세가 일본에게 불리하게 전개되고, 1943년 카이로 선언은 적절한 과정을 거쳐 한국의 독립을 예고했다.[8] 광복을 향한 임시정부의 희망도 구체화되었다. 1944년 4월 22일 새로운 개정헌법 「대한민국 임시헌장」이 채택되었다. 이에는 광복 후 독립국가의 건설을 전제로 제1조 내지 제3조에 국체 · 영토 · 인민을 표시하는 조항을 설치하고,[9] 그중 제2조에 "대한민국의 강토는 대한의 고유한 판도로 함"이라는 규정을 두었다.[10]

---

7) 중화민국 약법 제3조 "中華民國之領土依從前帝國所有之疆域." 신우철(상계주), pp. 33, 44.

8) "The aforesaid three great powers, mindful of the enslavement of the people of Korea, are determined that in due course Korea shall become free and independent." (1943년 12월 1일).

9) 大韓民國臨時約憲 改正案 說明書: "理由 原案 第一條에 國家成立 三要素中 主權만을 表明하고 領土와 人民을 表明치 아니하였고 또는 國體는 表明치 아니한 것이 疏略되었다고 認하야 새로 加入하는 第一條에는 國體를 말하고 同 第二條에는 領土를 말하고 同 第三條에는 基本人民을 말하였음." 국사편찬위원회, 한국독립운동사 자료 1(임정편 1)(국사편찬위원회, 1970)(한국사 데이터베이스 http://db.history.go.kr/item/level.do?levelId=kd_001_0120_0060 소재: 2024.1.30. 확인).

10) "고유한 판도"라는 표현은 중화민국 헌법초안(1913.10.10.) 제2조 "其固有之疆域"에 가깝다. 신우철(전게주 6), p.33 수록내용 참조.

3. 영토조항의 성립과정

1945년 8·15 일제 패망과 미군정이 시작되자 국내에서는 여러 갈래로 제헌작업이 준비되었다. 당시 제안된 대표적인 헌법 초안들의 영토조항을 살펴보고, 이 내용이 제헌헌법에 어떻게 연결되었는가를 검토한다.

광복 직후 임시정부 내무부장 신익희를 중심으로 1946년 3월 1일 완성되었던 이른바「행정연구위원회안」에는 영토조항이 들어 있지 않았다.[11] 남조선과도입법의원이 1947년 8월 마련한「조선임시약헌」에도 영토조항은 포함되어 있지 않았다.

당시 준비된 헌법 초안 중에서는 "남조선대한민국대표 민주의원"이 1946년 3월 말(또는 4월 초) 작성했다고 전해지는「대한민국 임시헌법」에 처음으로 영토조항이 마련되었다.[12] 제4조에 "대한민국의 강토는 경기도, 충청북도, 충청남도, 전라북도, 전라남도, 경상북도, 경상남도, 황해도, 평안남도, 평안북도, 강원도, 함경남도, 함경북도의 13도로 함"이라는 조항을 두었다.[13] 이 초안은 임시정부가 1944년 공포한「대한민국 임시헌장」의 체계를 따르며 이를 수정하는 형식으로 작성되었다는 점에서 임시정부 헌법과 이후 헌법 작성 논의의 연결고

---

11) 행정연구위원회는 1945년 12월 신익희를 위원장으로 하고 주로 일제 시 고등문관 출신자들을 주축으로 하는 약 70명의 위원으로 조직된 단체이다. 헌법, 정부조직법, 국회법 등의 초안을 작성했다. 행정연구위원회 헌법 초안은 국회보 1958년 7월호, p.59 이하에 수록되어 있고, 정종섭 편, 한국헌법사문류(박영사, 2002), p.158 이하에도 수록되어 있다. 행정연구위원회에 관해서는 김수용, 건국과 헌법(경인문화사, 2008), pp.21-51 참조.

12) "남조선대한민국대표 민주의원"은 1946년 2월 14일 출범한 미군정의 입법 자문기구. 초대 의장은 이승만, 부의장은 김구, 김규식. 이 헌법 초안은 김수용(상게주), p.398 이하 수록.

13) 과거의 조선 8도를 13개도로 개편한 출발점은 1896년 8월 4일 고종 칙령 제36호 "地方制度官制改正件"이었다.

리 역할을 했는데,[14] 영토조항을 설치하고 있다는 점에서도 맥이 통한다.[15]

한편 미군정측은 행정명령 제3호로 1947년 6월 30일 사법부 내 법전기초위원회를 설치하고, 유진오를 중심으로 한 헌법 초안 작성을 의뢰했다. 이 작업은 황동준, 윤길중, 정윤환 등이 유진오를 도와 진행되었다. 1948년 4월 성안되어 통상 유진오 제1초안이라고 불리는 4월 완성본에는 "제4조 조선의 영토는 조선반도와 울릉도, 제주도 급(及) 기타의 부속도서로 한다"라는 조항을 두었다.[16] 이후 유진오는 이 제1초안에서 전문(前文)을 제외하고는 거의 동일한 내용의 헌법 초안을 1948년 5월 사법부로 제출했는데(이른바 사법부 제출안), 이 안 제4조는 "조선민주공화국의 영토는 조선반도와 울릉도, 제주도 급(及) 기타의 부속도서로 한다"라고 규정해 당초의 "조선"이란 국호를 "조선민주공화국"으로 수정했을 뿐 내용은 제1초안과 동일했다. 결국 유진오 초안의 영토조항이 후일 제헌헌법 제4조의 원형이 되었다.

유진오안을 중심으로 하고 위 행정연구위원회안을 참고로 해 다시 작성된 이른바 "유진오-행정연구위원회 공동안"이 1948년 5월 31일 개원일에 맞춰 제헌국회로 제출되었는데, 이 안은 제4조에 "한국의 영토는 조선반도와 울릉도 및 기타의 부속도서로 한다"라는 영토

---

14) 김수용(전게주 11), p.87.
15) 이상의 논의에 대한 좀 더 상세한 설명은 김수용, 전게주 11 책자와 정상우, "1948년 헌법 영토조항의 도입과 헌정사적 의미", 공법학연구 제19권 제4호(2018), pp.272-280 참조.
16) 당초 유진오는 「대한민국 임시헌법」과 같이 "제4조 조선의 영토는 경기도, 충청북도, 충청남도, 전라북도, 전라남도, 경상북도, 경상남도, 평안남도, 평안북도, 강원도, 함경남도, 함경북도, 황해도의 14도로 한다"와 같이 13개도의 명칭을 나열하는 방식으로 초안을 작성했으나(14도는 13도의 오기), 나중에 본문과 같이 수정했다. 이 초안의 수기(手記) 원고는 고려대학교 박물관 편, 현민 유진오 제헌헌법 관계 자료집(고려대학교 출판부, 2009), 부록 p.108에 영인되어 있으며, 당초 13개 도를 나열한 원고 내용을 줄로 지우고, 새로 본문과 같은 내용으로 대체했음을 보여 준다.

조항을 두었다.

한편 미군정 사법부 차장을 지낸 권승렬은 민복기의 지원을 받아 "권승렬안"으로 알려진 헌법 초안을 작성했는데, 제4조에 "대한민국의 영토는 경기도, 충청북도, 충청남도, 전라북도, 전라남도, 경상북도, 경상남도, 황해도, 평안남도, 평안북도, 강원도, 함경남도, 함경북도이다"라는 조항을 설치했다.[17]

이상 국회 개원 전 마련된 각종 헌법 초안상의 영토조항을 보면 크게 영토조항을 설치하지 않은 안, 대한민국의 영토를 한반도와 부속도서로 비교적 간단히 표기한 안, 13개 도의 명칭을 나열해 영토 범위를 구체적으로 표기한 안으로 대별될 수 있었다.[18]

1948년 5월 31일 초대 국회가 개원했다. 당시 국회의 최대 과제는 물론 헌법 제정이었다. 6월 1일 국회는 헌법, 정부조직법, 국회법, 국회규칙 등 가장 시급한 입법작업을 담당할 기초위원을 선임할 10명의 전형위원을 뽑았고, 6월 3일에는 헌법기초위원 30명과 이를 조력할 전문위원 10명을 확정했다.

헌법기초위원회는 6월 4일부터 본격적인 논의를 시작해 6월 22일까지 총 16차례 회의를 통해 헌법 초안을 확정했는데, 유진오-행정연구위원회 초안, 권승렬안, 민주의원안, 남조선과도입법의원이 마련

---

17) 이 안은 김수용(전게주 11), p.474 이하 수록.
18) 20세기 전반 중화민국에서의 여러 헌법문서 제작과정에서도 영토에 관해 언급을 하지 않는 방안, 개괄적으로만 언급하는 방안, 영역의 내용을 구체적으로 열거하는 방안들이 대립되었다. 구체적 열거방식(예: 1912년 臨時約法)은 서구 열강의 몽골, 티벳 등 중국 주변 영토로의 침투를 의식해 이들 모두가 중국령임을 표시하려는 의도가 강했다. 그러나 연방국가가 아닌 중국이 구체적 열거주의를 택하면 누락되는 지역이 발생할 우려가 있고, 지방제도의 변경 시마다 개헌을 해야 하는 번거로움이 우려되었다. 1947년 중화민국 헌법은 영토에 관해 개괄적 조항만 두었다. 유진오도 초기에는 13도 열거안을 영토조항으로 마련했다가 결국은 제헌헌법과 같은 개괄적 표현으로 수정한 배경에는 이 같은 중국에서의 논의가 영향을 미쳤을지도 모른다. 신우철, "대한민국 헌법(1948)의 '민주주의 제 제도수립'", 헌법학연구 제15권 제3호(2009), pp.363-364 참조.

한 「조선임시약헌」, 「대한민국 임시헌법」 등이 참고자료로 우선 제시되었다고 한다.[19] 헌법기초위원회 진행에 관해서는 속기록이 남아 있지 않아 그 정확한 토의내용을 알 수 없지만, 실제로는 유진오-행정연구위원회안을 기본으로 하고 권승렬 전문위원이 제시한 초안을 참고안으로 논의가 진행되었다고 알려져 있다.[20]

헌법기초위원회는 6월 23일 완성된 헌법 초안을 국회 본회의에 보고했는데, 제4조가 "대한민국의 영토는 한반도와 그 부속도서로 한다"라는 내용이었다. 같은 날 서상일 의원이 헌법기초위원회 초안을 국회에 보고하며 3독회까지 진행된 토의과정에서 논란이 많았던 조항들을 지적했는데, 영토조항에 관해서는 별다른 언급이 없었던 점으로 보아 초안 준비과정에서 비교적 순탄하게 채택된 것으로 보인다.[21]

영토조항은 제헌국회 본회의 헌법제정 논의에서도 상대적으로 큰 논란 없이 원안이 채택된 조항 중 하나이다. 이 조항은 1962년 제정된 제3공화국 헌법에서 제3조로 위치 변경을 하고, "그 부속도서"에서 "그"를 빼고 단순히 "부속도서"로 개정되었으나, 1988년 시행된 현행 헌법에서는 "그"가 다시 부활해 "제3조 대한민국의 영토는 한반도와 그 부속도서로 한다"라는 제헌헌법에서의 문구가 그대로 존속하고 있다.

제헌과정에서는 다음과 같은 쟁점이 제기된 바 있다. 첫째, 영토조항의 필요성 여부. 둘째, 한반도라는 용어의 적절성 여부. 셋째, 부속도서의 의미 등이다. 토의과정에서 몇 개의 수정안이 제출되었으나 모두 부결되고 헌법기초위원회 원안 그대로 제헌헌법 제4조로 확정

---

19) 김수용(전게주 11), p.270.

20) 헌법 기초위원들은 13 대 11 표결을 통해 유진오 ― 행정연구회안을 기본안, 권승렬안을 참고안으로 결정했다고 한다. 이선민, 대한민국 국호의 탄생(나남, 2013), p.16.

21) 헌법기초위원회의 보고 및 헌법초안 제1독회: 제1회 국회속기록 제17호(1948. 6. 23.), p.7 이하.

되었다. 이하 항목에서는 제헌과정에서 제기되었던 쟁점을 구체적으로 분석한다.[22)

4. 영토조항에 관한 쟁점

가. 필요성

제헌헌법 초안 제1독회에서 김교현 의원은 우리에게 고유한 영토가 있는데 새삼 헌법에 우리 영토를 표시할 필요가 있느냐는 의문을 제기했다. 영토조항을 설치하면 오히려 우리나라는 이에 표시된 영역만을 가진다는 제한적 의미를 갖게 된다고 주장했다. 사실 제헌과정에 부지불식간에 적지 않은 영향을 미쳤을 일본헌법에는 영토조항이 없다는 점도 이러한 문제제기에 영향을 미쳤을지 모른다.[23)

---

22) 영토조항의 첫 단어는 국호인 "대한민국"의 채택과정에 대해서는 다음 글들을 참고하라. 임대식, "일제시기·해방 후 나라이름에 반영된 좌우갈등: 우 '대한'·좌 '조선'과 남 '대한'·북 '조선'의 대립과 통일", 역사비평 통권 제23호, 1993년 여름호; 이완범, "국호 '대한민국'의 명명", 항해문화 통권 제60호, 2008년 여름호; 황태연, "대한민국 국호의 기원과 의미", 정치사상연구 제21집 제1호(2015); 이선민, 전게주 20 책자.

23) 김교현 의원의 주장은 19세기 일본 명치(明治) 헌법 제정 시 영토조항 불필요론과 논거를 같이 한다는 점이 흥미롭다. 즉 명치헌법은 계보상 프로이센 헌법 및 벨기에 헌법을 많이 참조했는데, 이들 헌법은 영토조항을 갖고 있었으며, 명치헌법의 초기 초안에도 영토조항이 포함되어 있었다. 그러나 일본은 이미 오랜 역사를 가진 나라로서 영토의 내용이 명명백백하며, 벨기에와 같이 근대에 독립한 연방제 국가도 아니므로 헌법에 굳이 영토조항을 설치할 필요가 없다는 입장이 전개되었다. 또한 영토 변경은 열강의 협상이나 전쟁을 통해 발생된다는 사실도 고려되었다. 결국 1889년 명치헌법에 영토조항은 포함되지 않았다. 이는 결과적으로 이후 일본의 제국주의적 영토 확장정책이 헌법상 제약을 받지 않게 된 이유의 하나가 되었다고 평가된다. 김종호, "일본 헌법상 영토론에 대한 이해와 그 변화의 고찰", (단국대) 법학논총 제41권 제1호(2017), pp.40-42 참조.
한편 전후 일본의 1946년 헌법에도 영토조항이 포함되지 않은 이유는 패전국 일본의 영토처리는 1943년 카이로 선언과 1945년 포츠담 선언에 의해 기본 방향은 정해져 있었으나, 아직 평화조약이 체결되지 않아 미결의 문제였기 때문이었다. 당시 일본의 영토범위는 추후 국제법(평화조약)에 의해 결정될 대상이었기 때문에 1946년 헌법의 문제로 다루어지기 어려웠다.

이에 대해 유진오 전문위원은 대한민국이 연방제 국가가 아닌 단일제 국가라는 점을 고려한다면 영토조항이 반드시 필요하지는 않다고 답했다. 다만 영토조항의 설치는 남북분단에도 불구하고 헌법의 적용범위가 기존 조선 고유 영토 전체에 미친다는 의미를 표시하기 위한 의도라고 설명했다.[24] 남북분단이라는 정치적 특수상황이 이 조항을 필요로 한다는 설명이었다. 그러자 제1독회에서 이에 대한 더 이상의 문제제기가 없었다. 한편 이병국 의원은 영토라고 하지 말고 "국토"로 하자는 제안을 했으나, 다른 의원들의 별다른 반응이 없어 넘어갔다.[25] 이상이 제1독회 시 영토조항에 대한 언급의 전부였다.

영토조항은 제2독회에서 다시 논란이 되어 이를 삭제하자는 수정안이 제출되었다. 삭제안은 서순영 의원 외 10인 서명안과 강욱중 의원 외 12인 서명안 2건이 있었다. 강욱중 의원은 연방제가 아닌 단일제 국가에서는 영토를 헌법에 표시할 필요가 없으며, 헌법이 38선 이북에도 미쳐야 함은 이상이나 현실은 다르며, 독도 등이 장차 귀속이 달라지는 등 변화가 발생하면 제4조의 표현도 바꿔야 하니 차라리 삭제함이 좋겠다고 주장했다.[26] 2건의 삭제안은 동일 내용이라 함께 표결에 붙인 결과 재석 170, 찬성 8, 반대 142로 부결되었다. 이어 존치 원안이 재석 170, 찬성 137, 반대 6으로 가결되었다.[27] 제헌국회에서 삭제론은 더 이상 제기되지 않았다.

유진오의 답변과 같이 연방제 국가가 아닌 경우 헌법에 영토조항이 없는 경우가 보통인가? 연방제 국가들이 국가의 구성단위를 헌법에 열거하고 있는 경우가 많은 것은 사실이다. 그런데 오늘날의 시점

---

24) 제1독회: 제1회 국회속기록 제18호(1948. 6. 26.), p.12. 유진오는 제헌 직후 집필한 헌법해의(명세당, 1949), p.23에서도 동일한 견해를 반복했다.
25) 제1독회: 제1회 국회속기록 제18호(1948. 6. 26.), p.13.
26) 제2독회: 제1회 국회속기록 제22호(1948. 7. 1.), p.15.
27) 상계주, p.17.

에서 본다면 헌법에 영토조항 설치가 그리 특이한 현상은 아니다. 도회근의 조사에 의하면 세계 190개국 헌법 중 영토에 관한 조항이 없는 경우는 61개국이라고 한다. 즉 세계 2/3 이상의 국가가 어떤 방식으로든 헌법에 영토조항을 설치하고 있다. 영토조항을 두고 있는 129개국의 예를 분석하면 53개국은 구체적 영토범위는 표시하지 않고, 대체로 영토보존, 영토 불가침, 영토 불가양 등 원칙적 내용만 기술하고 있다. 반면 76개국(40%)의 헌법은 영토 내용을 구체적으로 표시하는 영토조항을 갖고 있다. 이 중 주로 연방국가인 37개국은 국가의 구성단위를 헌법에 열거하는 방식으로 영토의 범위를 설명하고 있고, 39개국은 여러 가지 방식으로 영토의 범위를 구체적으로 표시하고 있다.[28]

특히 나름의 영토문제를 안고 있는 국가는 영토조항을 설치하는 경향이 있다.[29] 예를 들어 북아일랜드 지역에 관해 영국과 영토분쟁이 있는 아일랜드의 1937년 헌법 제2조는 "영토는 아일랜드 섬 전체와 그 부속도서 및 영해로 구성된다"라고 규정했다.[30] 1998년 벨파스트 협정 이후 "아일랜드 섬 전체"라는 표현은 삭제되고 단순히 "아일랜드 섬"이라는 표현이 사용되었으나, 여전히 아일랜드 섬 전체를 국토로 본다는 함의를 내포하고 있다.[31] 중국 헌법 전문은 "대만은 중화

---

28) 도회근, "헌법의 영토조항에 관한 비교헌법적 연구", 법조 2009년 11월호, pp. 295-303에 각 해당국가 목록 수록.

29) 도회근(상계주), p.313 이하.

30) Article 2 [Territory] The national territory consists of the whole island of Ireland, its islands and the territorial seas.
Article 3 [Extent of Application of Laws] Pending the re-integration of the national territory, and without prejudice to the right of Parliament and Government established by this Constitution to exercise jurisdiction over the whole of that territory, the laws enacted by that Parliament shall have the like areas and extent of application as the laws of Ireland and the like extra-territorial effect.

31) Article 2: It is the entitlement and birthright of every person born in the island

인민공화국의 신성한 영토의 일부이다"라는 조항을 두고 있다. 1991
년 소련방 해체 후 독립한 조지아 헌법은 구 소련 시절 자치공화국이
었던 압하지야(Abkhazia) 공화국과 남오세티야(South Ossetia) 공화국을
자국 영토의 일부로 규정했는데(제1조), 친러 성향의 이들 공화국은
당시 독립을 선언하고 있었다.[32]

종합한다면 연방국가가 아닌 한국이 헌법에 구체적 영토조항을
설치했다고 해도 특이한 사례는 아니며, 남북분단이라는 특수상황 속
에서 이 조항의 정치적 존재의의를 충분히 수긍할 수 있다. 영토조항
은 오늘날까지도 대한민국이 규범적으로 남북한 전지역을 대표하는
국가임을 나타내며, 남북통일이 국가적 과제임을 표시하는 근거조항
으로 작용하고 있다.[33] 영토조항은 처음부터 규범과 현실이 불일치한
다는 문제를 내포하고 출발했으나, 분단체제를 부인하며 이를 극복하
려는 의지의 표현으로 이해될 수 있다. 도회근의 조사에 따르면 현대
로 올수록 각국 헌법이 영토조항을 단순 설치하는데 그치지 않고, 보
다 상세한 내용으로 규정한다고 한다.[34] 그런 의미에서 제헌헌법 제4
조는 이후 국제적 추세와도 어긋나지 않는다.

참고로 북한의 경우 1948년 헌법에 영토조항을 두지 않았으나,

---

of Ireland, which includes its islands and seas, to be part of the Irish Nation.
That is also the entitlement of all persons otherwise qualified in accordance
with law to be citizens of Ireland. Furthermore, the Irish nation cherishes its
special affinity with people of Irish ancestry living abroad who share its cultural
identity and heritage.

32) 2024년 1월 현재 두 공화국의 독립을 승인한 UN 회원국은 러시아, 니카라과, 베
네수엘라, 나우루, 시리아 5개국뿐이다.

33) 제헌헌법에는 통일에 관한 직접적인 조항은 없었다. 1962년 제정된 제3공화국 헌
법은 부칙에 "국토수복 후의 국회의원 수는 따로 법률로 정한다"(제8조)라는 조
항을 두어 남북분단의 현실을 시인했고, 1972년 제4공화국 헌법(유신헌법)은 전
문에 "조국의 평화적 통일의 역사적 사명"을 강조했다. 1988년부터 시행된 현행
헌법은 제4조에 평화통일 조항을 정식으로 설치했다.

34) 도회근(전게주 28), p.323.

"조선민주주의인민공화국 수부(首府)는 서울이다"(제103조)라는 조항을 통해 북한 영토가 한반도 전체를 가리킨다는 함의를 표시한 바 있다. 이 조항은 1972년 개헌 시 "조선민주주의인민공화국의 수도는 평양이다"(제172조)로 개정되어 현재에 이른다. 북한 헌법에는 별도의 영토조항이 없다.

나. 한반도

한반도는 대한민국 영토의 중심으로 제헌헌법 제4조의 핵심 키워드이다. 제헌 시 "한반도"의 의미와 구체적 범위와 관련해서 어떠한 논의가 제기되었나?

제헌 제2독회에서 이구수 의원 외 11인은 제4조 영토조항의 표현을 "대한민주국의 영토는 고유한 판도로 한다"로 개정하자는 수정안을 제출했다. 이는 임시정부의 마지막 개정 헌법이던 1944년 「대한민국 임시약헌」 제2조의 표현을 따른 내용이다. 이구수 의원은 제안설명에서 특히 "반도"라는 용어는 일본이 우리 민족을 모욕하는 의미로 사용한 표현이라며 이에 반대했다. 또한 우리의 영토를 한반도로 국한시키지 말고, 고유의 판도라고 하면 "장차 어떠한 여유가 있지 않을까"라는 의미에서 수정안을 제안한다고 설명했다.[35] 즉 수정안의 이유는 2가지였다. 첫째, 반도라는 용어 자체의 부적절성. 둘째, 반도라는 용어가 함유하는 제한성의 해제. 이 주장을 검토한다.

첫째, "한반도"는 우리를 비하하는 회피해야 할 표현이었나?

반도(半島)는 육지가 바다 쪽으로 돌출해 3면이 바다로 둘러싸인 지형을 가리킨다. 반도의 영어단어는 peninsula이다. 이는 라틴어의 pæne(거의: almost, nearly)와 insula(섬: island)가 합성된 pæninsula에서 유래한다. 영어의 peninsula는 16세기경부터 사용되었다고 알려져

---

35) 제2독회: 제1대 국회속기록 제22호(1948. 7. 1.), p.13.

있다.[36)]

peninsula가 한자 문화권에서 반도(半島)로 사용된 기원은 언제일까? 한국의 고문헌에서는 반도라는 단어가 발견되지 않는다. 고려시대부터 바다 쪽으로 튀어나온 지형을 곶(串)이나 갑(岬)으로 지칭했으나, 이 단어는 때로 내륙의 지형을 가리키는 경우에도 사용되었고, 대체로 소규모 지형을 지칭했다. 즉 영어의 peninsula에 해당하는 특별한 단어는 없었다.[37)]

일본학자 荒川淸秀는 일본에서 반도(半島)라는 단어가 등장하는 초기 문헌으로 靑地林宗譯 「輿地誌」 首卷(1827)을 필두로 小関三英譯 「新撰地誌」(1836), 桂川甫周의 「和蘭字彙」(1855-8) 등을 지적한다. 이후 19세기를 거치면서 반도라는 단어는 일본에서 일반화되었다.[38)] 19세기 후반부터 일본에서는 조선의 지형을 가리키는 용어로 조선반도 또는 한반도가 자주 사용되었다.[39)] 중국에서는 peninsula를 가리키는 용어로 枕地(「外國地理備考」, 1847년간)나 土股(「地質略論」, 1854년간) 등이 사용되었으나, 1866년 이후 일본에서 반도(半島)가 수입되어 오늘날까지 일반화되었다.[40)] 결론적으로 반도라는 단어는 19세기 초엽 일본에서 사용되기 시작해 점차 한·중·일 3국에 보급된 단어이다.

19세기 말까지 우리의 영역을 가리키는 단어로는 단순히 강역(疆域)이나 강토(疆土)가 주로 사용되었다. 조선의 지형을 반도로 표현한

---

36) Oxford English Dictionary는 이 단어의 알려진 최초 사용례를 J. Leland (1503-1552)의 *The itinerary of John Leland* (ed. Thomas Hearne)(1711년간) Ⅲ.8.에서의 "This Peninsula to cumpace it by the Rote lakkith litle of a Mile."를 들고 있다. http://www.oed.com.libproxy.snu.ac.kr/view/Entry/140129(2023.12.10. 확인).

37) 강경원, "한반도의 개념과 내재적 문제", 문화역사지리 제27권 제3호(2015), pp. 6-7.

38) 강경원(상계주), p.4.

39) 강경원(상계주), pp.8-9.

40) 강경원(상계주), p.5.

최초의 국내 문헌은 현채(玄采)의 「대한지지(大韓地誌)」(1899)로 알려져
있다.[41] 이 책에는 압록강과 두만강을 조선의 북방 경계로 전제하고,
"我大韓國 위치는 … 일본해(동해를 가리킴 −필자 주)와 황해 발해 간에
돌출훈 半島國이라"는 설명이 나온다.[42] 반도라는 단어는 20세기 초
부터 국내에서 빈번히 사용되기 시작했다. 최남선이 1906년 11월 창
간한 잡지 「少年韓半島」는 한반도라는 단어의 국내 보급에 큰 기여를
했다. 대한매일신보 1909년 8월 18일자에는 안창호가 지은 「한반도의
노래」가 수록되었으며, 1922년 남궁억 작사, 안대선 작곡의 「삼천리
반도 금수강산」이란 노래에 이르러서는 반도라는 용어가 상당히 보
급되었음을 알 수 있다. 상해 임시정부 1921년 7월 20일자 공보에 수
록된 당시 구미위원부 정한경 위원의 서한 번역에도 "대한반도"라는
단어가 등장한다.[43]

　　이상 반도라는 용어는 일본에서 사용되기 시작했고, 일제 때 단
순히 반도라고 하면 통상 한(조선)반도를 의미해 조선인을 하대하는
의미와 연결되어 사용된 것은 사실이다. 그러나 반도라는 용어는 객
관적 성격을 지닐 뿐이었다. 당시에도 사용된 이탈리아 반도나 스칸
디나비아 반도가 특별히 멸시적 의미를 지녔을 리 없었다. 이것이 조
선과 결합되자 비하적 의미가 부여되었다면 문제의 핵심은 "조선"에
있었지, "반도"에 있지 않았다. 반도는 19세기 후반을 거치며 한·중·
일 한자 문화권에 일반적으로 정착된 용어였다. 반도를 대체할 다른
적절한 고유 용어도 없다. 단순히 "고유한 판도"라는 표현보다는 국
가 영역에 대한 구체적 기준을 제시할 수 있다. 특히 이를 통해 대한
민국의 영역이 남북한을 모두 아우른다는 의미를 분명히 표현할 수

---

41) 강경원(전게주 37), p.4.

42) 玄采, 大韓地誌 一 (1899), p.1. 그는 "海岸이 海中에 突出ᄒ야 三面水圍處를 半島
　　라 云훔"이라고 설명하고 있다. 같은 책, 序, p.4.

43) 이에 관한 좀 더 상세한 설명은 강경원(전게주 37), pp.9-10 참조.

있었다. 이에 제헌 당시 대한민국의 영역을 표시하는 단어로 한반도가 손쉽게 수용되었다고 판단된다.[44] "반도"라는 용어 사용이 특별히 회피될 이유는 없었다.

그런데 일제 강점기는 물론 1948년 제헌 무렵까지 일상생활에서 우리나라의 지형을 가리키는 통상적 용어는 "한반도"가 아니라 "조선반도"였다. "한민족" 역시 일제시기에는 漢民族을 가리키는 의미로 더 많이 사용되었으며, 韓民族이란 의미로는 광복 이후에나 본격적으로 사용되었다. 1920년대부터 1948년 기간 중 동아일보와 조선일보 기사를 검색해 보면 조선반도가 한반도보다 더욱 빈번히 사용되었음을 확인할 수 있다.

이에 제헌국회 개원 이전 작성된 유진오 제1초안이나 사법부 제출안, 유진오-행정연구회 합작안에는 모두 "조선반도"가 사용된 반면 "한반도"라는 표현은 등장하지 않았다.[45] 유진오 제1초안에서는 "조선"이, 사법부 제출안에서는 "조선민주공화국"이 국호로 사용되었으므로 "조선반도"라는 표현의 선택이 자연스러운 귀결로 볼 수 있다. 그런데 "한국"을 국호로 사용한 유진오-행정연구회 합작안에서도 여전히 "조선반도"가 사용되었다. 그만큼 지명으로서는 "조선반도"가 익숙한 표현이었다. 그러나 제헌국회 헌법기초위원회는 초안 제4조에서 "한반도"라는 용어를 택했다. 국호가 "대한민국"으로 결정되고, "조선"이란 표현이 국호에서 사라지게 됨에 따른 자연스러운 변화였다고 생각된다. 이후 한반도라는 용어는 우리의 언어생활 속에 정착되었다. 한반도는 대한제국 시절부터 사용되기 시작한 용어이기는 했으나, 이것이 국내에서 보편적으로 보급된 계기는 제헌헌법 제4조 영토조항이었다.

---

44) 이런 이유 등으로 제헌 심의시 장병만, 김경배 의원 등은 한반도의 사용을 지지했다. 제2독회: 제1회 국회속기록 제22호(1948. 7. 1.), p.14.

45) 전게주 16 및 관련 본문 참조.

둘째, 한반도라는 표현은 우리 국토를 한정화시키므로 다른 용어를 사용함이 더 바람직했는가? 이구수 의원은 "장차 어떠한 여유가 있지 않을까 이러한 의미에서" 고유한 판도로 수정하자고 제안했다.[46] 박기운 의원도 역사적 사실로 보아 북간도가 우리 국토에 편입될 대상이며, 그런 의미에서 대한민국의 영토를 한반도와 이에 부속된 도서만으로 국한시키지 않도록 고유의 판도로 표시하자며 수정안에 지지를 표했다.[47] 제헌 당시 압록강·두만강 밖 유일한 영토적 관심대상은 간도였다.[48]

그러나 간도를 포함하기 위해 한반도라는 용어를 사용하지 말자는 제안은 그다지 호응을 못 얻었다. 실제로는 38선 이북에도 관할권을 행사하지 못하고 있는데, 간도까지 영역으로 전제하지 말고 현실을 바탕으로 헌법을 제정하자는 반론에 부딪쳐 수정안은 부결되었다.[49] 결국 헌법 제4조는 앞서 지적한 바와 같이 "한반도 및 그 부속도서"라는 원안대로 통과되었다.

한국인들은 한반도라고 하면 당연히 압록강-백두산-두만강 이남의 육지지형을 가리킨다고 생각한다. 이는 한반도의 면적이 22만 3,348㎢라는 근거가 되고 있다. 따라서 두만강 이북의 간도는 한반도에 포함되지 않는다고 인식한다. 그러나 역사적 요소를 배제하고 지리적 외형이나 지질학적 특성을 기준으로 한다면 한반도는 대체로 압록강 하구 또는 청천강 하구부터 함흥 부근 성천강 하구를 잇는 선

---

46) 전게주 35 참조.
47) 제2독회: 제1회 국회속기록 제22호(1948. 7. 1.), p.14.
48) 두만강 상의 하중도였다가 연해주로 연륙해 1860년 북경조약 이후 러시아령으로 된 녹둔도는 국내에서 1970년대 들어 문제제기가 시작되었으므로, 제헌 당시에는 알려지지도 않았다. 녹둔도에 관한 상세는 본장 IV. 통일과 국경 획정 중 녹둔도 부분 설명 참조.
49) 수정안은 재석 171, 찬성 13, 반대 106으로 부결되었다. 제2독회: 제1회 국회속기록 제22호(1948. 7. 1.), p.16.

이남을 가리킨다고 봄이 합리적이라는 주장이 있다.[50] 그런 의미에서 한반도를 공간적으로 압록강-두만강 선을 기준으로 파악하려는 시도는 순수한 지리학적 관점에 입각해 있기보다 지리적 요소에 정치적·역사적·사회경제적 관점을 가미한 비유적 표현에 불과하다. 사실 지리학적 의미의 반도가 한 국가의 영토와 정확히 일치하기는 불가능하다. 영토조항 상의 한반도는 대한민국 영역에 관한 일종의 상징적 표현이지, 지리학적으로 정확한 경계를 표상하지는 않는다. 설사 북간도가 한국령으로 편입된다 해도 반드시 영토조항과 충돌된다거나 위헌이라고는 보이지 않는다.

한편 압록강·두만강으로 표상되는 한반도의 북방한계에 관해 제헌국회는 보다 구체적인 선으로서의 국경개념을 갖고 있었는가? 근대 국제법상 하천이 국경에 해당하는 경우 당사국 간 별도의 합의가 없는 한 가항하천은 항행의 중심 수류선(Thalweg), 기타 하천은 중앙선이 국경선을 이룸이 통례이다.[51] 그러나 제헌국회는 물론 제헌과정 속 여러 논의에서도 한반도의 북방경계를 압록강·두만강 이상의 구체적 선으로 파악하려는 시도는 발견되지 않는다. 구체적 국경설정은 상대가 있는 문제이므로 단독으로 결정할 일이 아니라고 생각했는지 모른다.

흥미로운 점은 1962년 북한과 중국 간 체결된 국경조약에 의하면 양국간 경계는 하나의 선이 아니라, 강 전체가 국경이 되어 국경하천을 양측의 공동으로 관리·사용하기로 합의되었다는 사실이다.[52] 북

50) 강경원(전게주 37), pp.11-12.

51) R. Jennings & A. Watts, *Oppenheim's International Law* 9th ed. vol. 1, parts 2 to 4 (Longman, 1992), pp.664-665; M. Shaw, *International Law* 9th ed. (Cambridge UP, 2021), p.453.

52) 조선민주주의인민공화국과 중화인민공화국 간의 국경조약(1962) 제3조 제1항 "압록강과 두만강 상의 국경의 너비는 어떠한 때를 막론하고 모두 수면의 너비를 기준으로 한다. 양국간의 경계하천은 양국이 공유하며, 양국이 공동 관리하고, 공동

한의 국제법서는 중국과의 이러한 국경설정은 양국의 역사적 및 지리적 특성과 친선협조관계를 반영한 합리적 내용이라고 설명하고 있다.[53] 사실 조선시대에도 국경을 단일한 선으로 관리하지 않았다. 조청 간 범월(犯越)이란 압록강·두만강을 건너 상대방 하천 연안에 상륙한 경우를 가리켰다.[54] 그런 의미에서 1962년 북중 국경조약의 내용은 과거 조청 간 국경관리 방식을 계승했다고도 평가할 수 있다. 그러나 북한과 러시아(소련 시절) 간의 1985년 국경조약은 두만강 주수류의 중앙을 국경선으로 규정해(제1조), 국제관례를 따르고 있다.[55] 북한이 중국 및 러시아와 체결한 국경조약은 통일된다 해도 별도의 개정합의가 없는 한 국제법상 계속 승계됨이 원칙이다.[56]

다. 부속 도서

헌법 영토조항에 "부속도서" 삽입의 기원은 유진오 제1초안이었다.[57] 유진오는 부속도서 삽입안을 시종 유지했고, 제헌헌법 제4조에도 그대로 반영되었다.[58] 한반도의 부속도서란 무엇을 의미할까? 부

사용하며, 여기에는 항행, 어업과 강물 사용 등을 포함한다."(비공식 번역본). 단 압록강·두만강에 있는 도서와 사주에 관해서는 과거부터의 주민 정착과 개간에 따라 귀속을 정했다(제2조).

53) 국제법학(법학부용)(김일성종합대학교출판사, 1992), p.98.
54) 이화자(전게주 2)에서 제시된 범월 사례들은 대체로 강을 건너오는 경우를 가리키고 있다.
55) 본장 Ⅳ. 통일과 국경 획정 중 북한의 국경조약 해당 부분 참조.
56) 본장 Ⅳ. 통일과 국경 획정 중 통일과 국경조약의 승계 해당 부분 참조.
57) 전게주 16 및 관련 본문 참조. 방성주, 대한민국 헌법 영토조항의 역사정치학(연세대학교 석사학위논문, 2018), p.56.
58) 유진오가 "부속도서" 삽입을 어떻게 착안했는지는 확인하지 못했다. 도서를 열거하는 방식으로 영토의 범위를 표시하는 방식은 일본에서의 초기 헌법문서인 大日本政規(1873년 3월 이전), 立志社의 日本憲法見込案(1881), 西周의 憲法草案(1882) 등에서 발견된다. 신우철(전게주 18), pp.365-366 참조. 그러나 일본 明治憲法이나 1946년 헌법에는 영토조항이 설치되지 않았으므로 부속도서라는 용어도 등장하지 않는다. 유진오가 19세기 후반 일본에서의 논의의 영향을 받았으리라고는 생

속도서의 결정이 대한민국 영역의 한계와 직결되므로, 실제에 있어서는 "한반도"라는 표현 이상 중요하다.

도서란 밀물 시에도 항상 바다 수면 위로 나와 있는 자연적으로 형성된 육지지역이다.[59] 단 국제법상 부속도서의 정의는 존재하지 않는다. 부속도서란 국제법적 개념이라기보다, 지리학적·정치학적 개념이다. 따라서 도서의 위치나 규모에 따라 인접 육지에 부속되었다고 판단할 획일적 법적 기준은 없다. 제헌헌법 또한 부속도서를 구체적으로 열거하거나 이에 관한 판단기준을 제시하고 있지는 않다. 한반도의 부속도서가 무엇인지를 규정한 법률도 없다. 일단 한반도의 부속도서라 하면 한반도 근해에 위치해 남북한에 소속된 모든 도서를 의미한다고 해석된다.

제헌 당시 부속도서 여부에 관해 특히 논란이 된 경우가 있었는가? 제헌 과정에서 준비된 여러 초안에서 부속도서로 실제 열거되었던 사례는 제주도와 울릉도이며, 정부 수립을 전후해 부속도서 여부가 국내외적으로 주목되었던 대상으로는 독도, 파랑도, 대마도 등이 있다. 이런 도서들이 제헌과정에서 어떻게 취급되었고 연합국은 전후 처리과정에서 이들 섬의 귀속을 어떻게 인식하고 있었나를 살펴본다.

(1) 제주도

제주도는 이미 오래전 신라에 복속된 바 있고, 이후 고려와 조선의 일부였다. 일제 강점기에는 전라남도 소속 제주군(濟州郡)이었으며, 광복 이후에도 주한 미군정청 관할에 속했다. 군정기인 1946년 8월 1일부터 제주도(濟州道)로 승격되었다. 이 같은 역사적 배경으로 인해 제헌 시 국내에 제주도가 한반도 부속도서 중 하나임을 의심하

___

각되지 않는다.

59) UN 해양법협약 제121조 제1항.

는 이는 없었다. 제헌 준비과정에서 1948년 4월과 5월에 성안되었던 이른바 유진오 제1초안과 사법부 제출안은 한국의 영토를 "조선반도 와 울릉도, 제주도 급(及) 기타의 부속도서로 한다(제4조)"라고 규정해 제주도를 부속도서의 하나로 명기했었다.[60] 최종적으로 제헌헌법 제4 조는 부속도서를 구체적으로 열거하지 않는 방식을 취했으나, 제주도 는 당연히 한반도의 대표적 부속도서로 인식되었다.

동아시아 수역에서 한·중·일 3국의 중심점에 위치한 제주도는 그 지정학적 가치로 인해 전후 연합국들의 각별한 관심을 끌었다. 특 히 중국(국민당 정부)은 혹시라도 제주도가 일본이나 소련에 귀속될 가능성을 경계하며 전후처리 준비과정에서 암암리에 제주도를 탐냈 었다. 만약 조선에 신탁통치가 실시된다면 제주도는 중국이 관할해야 한다고 생각했다. 즉 중국은 제주도가 한국에 귀속되어야 한다고 생 각하면서도, 제주도의 지정학적 가치로 인해 이에 대한 자국의 통제 가 확보되기를 원했다.[61]

소련은 제주도에 대해 직접적인 영토적 야심을 표하지는 않았으 나, 자신이 이권을 갖고 있었던 여순(旅順)에서 태평양으로 진출 길목 에 있는 제주도에 대해 나름의 통제권을 확보하기 원했다. 즉 소련 해군의 접근로 보장을 위해 부산·진해, 제물포, 제주도 지역을 자신 의 통제대상으로 삼고 싶어 했다.[62]

---

60) 전게주 16 및 관련본문 참조.
61) 이 같은 종전 직후 중국 정부 인식에 대한 전반적 소개는 유미림, 우리 사료 속의 독도와 울릉도(지식산업사, 2013), pp.330-334 참조. 유미림은 2007년 중국 남경 (南京) 제2역사당안관에서 제2차 대전 종료 후 중국 국민당 정부의 인식을 보여 주는 문서들을 여러 건 발견해 이를 위 책자에서 소개했다. 당시 발굴된 문서의 대부분은 중국 정부 내부문서로서 정확한 작성자와 작성일자가 확인되지 않는 경 우가 많았으나, 대체로 1946년 초부터 1947년 가을 무렵 사이에 만들어졌다고 추 정됐다.
62) 이 같은 소련의 구상은 1945년 런던 외상회의를 위해 소련 외무성이 준비한 문 서―"과거 일본 식민지들 및 위임통치 지역들의 문제에 대한 노트"에 수록되어

미국은 1946년 1월 29일자 연합국최고사령관 각서(SCAPIN) 677호[63] 제3항을 통해 울릉도, 독도, 제주도가 일본에서 제외됨을 공표했다. 이후에도 제주도가 일본으로부터 분리되어 한국의 일부가 된다는 미국의 입장은 시종일관되었다. 일본 역시 평화조약 준비과정에서 제주도를 확보하려는 시도는 하지 않았다. 결국 대일평화조약 제2조 제1항은 제주도가 한국에 속함을 명기했다.

제주도의 지정학적 가치로 인해 중국이나 소련이 이에 대한 모종의 통제권 확보를 검토한 바 있으나, 이 섬은 1,000년 이상 한반도 소재 국가의 일부였으며 인구 대부분이 한국인이라는 역사적 배경으로 인해 미국의 확고한 지지하에 큰 어려움 없이 한국령으로 존속하게 되었다.

(2) 울릉도

울릉도는 삼국시대부터 신라에 속했으며 고려와 조선은 이를 자국령으로 관리했다. 조선은 관리상 편의를 위해 태종 때인 1416년부터 울릉도에 주민거주를 금하는 공도(空島)정책을 취했고, 이는 공식적으로 1881년까지 지속되었다.[64] 울릉도가 사실상 비어 있는 틈을 타 17세기 무렵 일본인들이 울릉도를 빈번히 방문하며 경제활동을 했

있다. 다만 소련은 이를 구상만 했을 뿐, 런던 외상회의에서 이를 관철하려고 주장하지는 않았다고 알려져 있다. 정병준, "1945-1951년 미소·한일의 대마도 인식과 정책", 한국근현대사연구 제59집, 2011년 겨울호, pp.160-164.

63) Memorandum concerning Governmental and Administrative Separation of Certain Outlying Areas from Japan(1946. 1. 29.). 이는 미국 점령 하에서 일본 정부가 어느 범위까지 행정적 권한을 행사할 수 있는가에 관한 한계를 설정한 문서이다. 단 이 내용을 일본 영토의 최종적 결정에 관한 연합국의 방침으로 해석하지 말라는 내용이 첨부되어 있다(제6항). 실제 여기서 일본에서 배제된 지역의 상당 부분은 후일 일본령으로 인정·복귀되었다. 이 문서는 이석우 편, 대일강화조약 자료집(동북아역사재단, 2006), pp.24-25에 영인본 수록.

64) 이한기, 한국의 영토(서울대학교 출판부, 1969), p.250.

다. 이러한 사실은 양국간 외교분쟁을 초래했다. 결국 일본 막부는 울릉도가 일본령이 아니라는 결론하에 일본인 도해금지령을 내리고, 1697년 이를 조선에 공식 통보함으로써 분쟁은 일단락되었다.[65] 일제 강점기에도 울릉도는 조선총독부 소속 경상북도의 일부였다. 주민의 대부분 역시 한국인이었다.

이러한 배경으로 인해 제헌 무렵 국내에서는 동해 멀리 떨어진 울릉도가 제주도와 함께 가장 대표적인 한반도 부속도서로 인식되었다. 앞서 언급된 바와 같이 1948년 4월과 5월에 성안되었던 이른바 유진오 제1초안과 사법부 제출안은 한국의 영토를 "조선반도와 울릉도, 제주도 급(及) 기타의 부속도서로 한다"(제4조)라고 규정해 울릉도를 부속도서의 하나로 열거했다.[66] 이들 초안이 다시 정리되어 1948년 5월 31일 제헌국회로 제출된 "유진오-행정연구위원회 공동안"은 "제4조 한국의 영토는 조선반도와 울릉도 및 기타의 부속도서로 한다"라는 조항을 설치해 울릉도만을 부속도서로 명기했다. 제헌헌법이 제4조에서 부속도서의 명칭을 구체적으로 열거하지 않는 방식을 취함으로써 울릉도라는 명칭은 헌법에서 사라졌으나, 이를 한반도의 대표적 부속도서로 인식함에는 추호의 의심도 없었다.

17세기 이래 호시탐탐 울릉도를 노리던 일본은 종전 후 평화조약 준비과정에서도 다시 이를 자국령으로 확보하려고 노력했다. 연합국은 포츠담 선언을 통해 "일본의 주권은 혼슈, 홋카이도, 큐슈, 시코쿠와 우리가 결정하는 제소도(諸小島)로 제한된다"(제8항)라고 발표했다.[67] 일본 인근의 소도를 어디까지 확보하느냐가 영역 결정의 관건

---

65) 송병기, 고쳐 쓴 울릉도와 독도(단국대학교 출판부, 2005), pp.49-63.

66) 전게주 16 및 관련본문 참조.

67) Potsdam Declaration 8. "The terms of the Cairo Declaration shall be carried out and Japanese sovereignty shall be limited to the islands of Honshu, Hokkaido, Kyushu, Shikoku and such minor islands as we determine."

이라고 생각한 일본 외무성은 평화조약 준비작업의 일환으로 1946년 11월부터 일본에 속할 도서에 대한 영문 설명자료를 제작해 연합국측에 제공했다. 1947년 6월 제작된 제4차분은 태평양과 동해의 소도서에 관한 내용인데, 여기서 일본은 동해의 울릉도와 독도를 자국의 인접도서로 설명하고 있다.[68]

울릉도에 관한 이 자료의 내용 요지는 다음과 같다. 울릉도는 일찍이 1004년부터 일본 고문서에 등장하며, 조선은 1,400년대 이래 공도정책으로 이 섬을 실질적으로 포기하고 있었고, 이에 17세기에는 모든 면에서 일본의 어업기지 역할을 했으며, 1697년 일본 막부가 일본인 도해금지령을 내린 이후에도 조선의 공도정책은 변함이 없었으며 울릉도 인근 일본인의 어로는 계속되었다. 메이지 초기부터 일본인들이 다시 울릉도에 가기 시작했고, 조선정부의 개발노력은 별다른 성과가 없었다.[69] 이 문서는 결론적으로 일본이 울릉도에 대해 오랜 연고를 갖고 있으며, 조선보다 더 많이 활용했음을 강조함으로써 이 섬의 영유권에 대한 욕심을 노골적으로 드러냈다.

그러나 미국이 SCAPIN 677호를 통해 울릉도를 일본에서 제외한 이래 미 국무부 내 평화조약 준비작업에서 울릉도는 일관되게 한국령의 일부로 포함되어 있었다. 미 국무부 내 평화조약 초안작업에서 당초 한국령으로 표기되었던 독도가 1949년 말부터 한동안 일본령으로 표시되는 곡절을 겪었지만, 울릉도는 시종 한국령으로 예정되었다.[70]

영국이 미국과의 대일평화조약 협의를 위해 1951년 2월 작성한 초기 초안에서는 제주도, 거문도, 울릉도를 일본령으로 표시하는 오류를 범하기도 했으나, 3월의 개정 초안에서는 바로 시정되어 "제주

68) Minor Islands Adjacent Japan Proper IV (June 1947): Minor Islands in the Pacific, Minor Islands in the Japan Sea.
69) 이 문서의 내용은 정병준, 독도 1947(돌베개, 2010), pp.342-345 수록.
70) 정병준(상계주), p.386 이하 참조.

도, 울릉도, 독도"가 일본령에서 배제된다는 점을 지도와 함께 분명히 했다.[71]

미국은 1950년 4월 19일 덜레스를 아시아 정책 및 대일강화조약 관련 국무장관 수석고문으로 임명했다. 그는 되도록 간이한 내용의 평화조약 체결을 추진했다. 영토와 관련해서 그는 일본의 영토를 적극적으로 규정하는 조항은 삭제하고, 오직 일본이 포기할 대상만을 규정하는 방식을 취하기로 했다. 델레스의 주도로 만들어져 연합국에 공식 배포된 미국의 대일평화조약 초안(1951.3.23. 작성)은 "일본은 한국, 대만 및 팽호도에 대한 모든 권리·권원·청구권을 포기한다"(제2조 제1항)라는 매우 간단한 영토조항만을 제시했다. 그러나 보다 구체적인 영역 표시가 필요하다는 영국의 주장이 반영되어 결국 이 조항의 문구는 "일본은 제주도, 거문도, 울릉도를 포함하는 한국에 대한 모든 권리, 권원, 청구권을 포기"로 확정되었다.

중국(국민당 정부) 역시 울릉도가 한국령이라는 점에는 별다른 이견이 없었고, 혹시라도 일본에 귀속되어서는 아니된다고 인식하고 있었다.[72]

결론적으로 평화조약 준비과정에서 일본은 울릉도를 확보하려고 노력했으나 별다른 성과를 얻지 못했다. 무엇보다도 울릉도 주민의 대부분이 한국인이라는 점은 연합국으로서도 다른 고려를 하기 어렵게 만들었다. 즉 울릉도가 한국령의 일부라는 점에 대해서는 주요 연합국 사이에 이견이 없었고, 대일평화조약 제2조 제1항을 통해 한국령으로 확인되었다.

---

71) 정병준(전게주 69), pp.568, 573; 김채형, "독도에 관련된 샌프란시스코평화조약을 둘러싼 미국과 영국의 입장 고찰", (부경대) 인문사회과학연구 제15권 제1호 (2014), pp.13-14.
72) 유미림(전게주 61), p.329.

(3) 독도

(가) 국내 움직임

독도가 오늘날까지 일본과 갈등의 대상임은 널리 알려져 있다. 지금은 독도의 위치와 형상을 모르는 국민이 없을 정도지만, 광복 직후 독도는 일반 국민에게 그다지 뚜렷이 각인된 존재가 아니었다. 사실 일제 시기 국내 언론(동아일보, 조선일보 등)에서 독도에 관한 기사는 찾을 수 없다. 독도가 화제가 될 만한 특별한 사건이 없었다는 의미이다. 관련 어민이 아닌 한 당시 대부분의 일반인은 독도의 존재 자체를 몰랐을 것이다. 반면 이 섬을 1905년 2월 22일 島根縣 소속으로 편입시켰던 일본은 전후처리과정에서 독도를 자국령으로 확보하기 위해 갖은 노력을 기울였다.

미군정 기간 중 발생한 다음 2건의 사건은 독도에 대한 한국인의 인식을 확립시키는 계기가 되었다.

1947년 4월 울릉도 어선 1척이 독도 근해로 출어를 갔다가 일본인들로부터 총격을 받았다. 이 사실은 울릉도를 통해 경북도지사에게 보고되었고, 6월 19일 사건 전말이 중앙 당국에 보고되었다. 이 사건은 중앙 언론이 아닌 대구시보라는 지방지 보도를 통해 처음 알려지게 되었는데, 이 기사는 독도에 대해 상세한 정보도 담고 있었다. 독도는 울릉도에서 동남방 49해리 지점에 소재하며, 좌도와 우도 2개의 작은 섬으로 구성되어 있으며, 구 한말 국정이 피폐한 틈을 타 1906년 일본인들이 이 섬을 삼키려고 도근현(島根縣) 대표단이 울릉도를 방문한 바 있고, 당시 울릉도사는 그 사실을 보고하며 선처를 요청한 문서가 여전히 남아 있다고 전했다.[73] 이는 당시까지 국내 간행물이 독도를 소개한 가장 구체적인 정보이다. 이 사건은 독도가 일본과의

---

73) 대구시보 1947.6.20., p.2. 이 기사 원문은 국립중앙도서관 대한민국 신문 아카이브 항목을 통해 확인할 수 있다. 정병준(전게주 69), pp.98-99에도 전문이 수록되어 읽기 편하다.

분쟁대상임을 공개적으로 부각시킨 첫 사례였다.

이 사실은 약 1달 후 중앙지인 동아일보 보도를 통해 좀 더 널리 알려졌다. 동아일보 내용은 대구시보와 대동소이하나, 독도가 "당연히 우리나라 판도에 귀속되어야 할 것이며, 독립국가 된 후라도 군사상 또는 경제상 중대한 지점이 될 수 있다. … 맥아더 사령부에서 우리 판도로 확정해 주어야 할 것이다"라는 신석호 국사관장의 발언이 첨부되어 있다.[74]

그러자 미군정하 과도정부가 매우 신속한 대응을 했다. 이 문제를 중시해 안재홍 민정장관을 위원장으로 하는 수색위원회를 구성해 8월 4일 첫 회의를 개최했다.[75] 수색위원회라는 명칭을 사용한 점을 보면 중앙에서는 아직 독도의 위치나 역사적 배경을 정확히 알지 못하고 있지 않았나 싶다. 이어 곧바로 독도에 조사단을 파견하기로 결정했다. 민정장관실에서 신석호 국사관장, 추인봉 외무처 일본과장, 이봉수 문교부 편수사, 한기준 수산국 기술사 등을 파견했고, 조선산악회 울릉도·독도학술조사대가 합류했다. 이들은 1947년 8월 18일 포항을 출발해, 8월 20일 독도에 상륙한 후 조사활동을 하고, 8월 26일 포항으로 귀항했다. 이때 울릉군청에서 심흥택 보고서를 필사한 신석호 국사관장이 후일 학술지 "사해(史海)"에 발표한 논문을 통해 그 전문을 소개한 사실은 잘 알려져 있다.[76] 이들의 조사활동은 당시 여러 국내 언론에 보도되었으며,[77] 독도에 관한 지식을 고양시키는데

---

74) 동아일보 1947.7.23., p.2.

75) 동아일보 1947.8.3., p.4; 동아일보 1947.8.5., p.2.

76) 신석호, "독도 소속에 대하여", 史海 창간호(1948), p.89 이하. 신석호가 심흥택 보고서를 찾은 데는 전게주 73 대구시보 기사가 결정적 도움이 되었으리라 추정된다.

77) 영남일보 1948.8.17., p.3; 대구시보 1947.8.17., p.2; 대구시보 1947.8.22., p.2; 조선일보 1947.8.23., p.2; 영남일보 1947.8.23., p.2; 독립신문 1947.9.3., p.2; 한성일보 1947.9.21., p.2; 한성일보 1947.9.24., p.2 등.

큰 역할을 했다. 이후 국내 언론에는 독도 영유권을 확인하는 후속기
사가 이어졌다.[78]

　일반인에게 독도를 한층 더 뚜렷하게 각인시킨 또 하나의 사건은
미공군의 독도 폭격사고였다. 1948년 6월 8일 정오경 일단의 비행기
편대가 독도 인근에서 작업 중이던 어민들 머리 위로 포탄을 투하해
그중 14명 사망, 10여 명 부상 그리고 다수의 어선이 파손되는 피해
를 입었다.[79] 나중에 밝혀진 바로는 미 극동공군사령부 소속 비행기
가 독도 해역에서 폭격 훈련을 했기 때문이었다. 미 공군측은 독도
폭격사실을 인정하고, 고공이라 어선을 암석으로 오인했다고 발표했
다.[80] 이는 주일 미군사령부 내 각 부대 간 소통이 원활하지 못해 발
생한 사고였다. 이 사건은 피해 규모가 컸기 때문에 세간의 관심이
집중되었다. 국내 언론에 연일 크게 보도되었고, 동시에 독도가 한국
령이라는 점이 지적되었다.[81] 이 비극적 사건은 마침 제헌헌법을 심
의 중인 국회의원들은 물론 일반인들 뇌리에 독도 영유권이 확실히
자리 잡는 계기가 되었다. 정병준은 "독도폭격사건은 불행한 참사였
지만, 결국 독도가 한국령임을 숨진 이들의 핏 값을 통해 각인시키는
계기가 되었다"라고 평가했다.[82]

　한편 국회 제헌과정에서 황병규 의원은 "어장은 반드시 국유라
야" 한다며 수산자원의 국유조항 추가를 주장하고, 독도 주변어장을

78) 독립신문 1947.10.15., p.2; 한성일보 1947.10.15., p.2; 대동신문 1947.10.15., p.2;
　　공업신문 1947.10.15., p.2; 수산경제신문 1947.10.16., p.2; 동아일보 1947.10.22.,
　　p.2 등.
79) 조선일보 1948.6.11., p.2; 동아일보 1948.6.12., p.2.
80) 조선일보 1948.6.18., p.2.
81) "독도가 문헌상으로 보나 기타 지리적 조건으로 우리 영토에 속함이 분명한데도
　　해방 후 한 때 일본정부가 자기들 것이라고 억지를 부려 말썽이 되었던 것이다."
　　조선일보 1948.6.12., p.2. 독도 영유권을 주장한 기타 기사로 조선일보 1948.6.
　　17., p.1(사설), 조선일보 1947.6.20., p.2 등.
82) 정병준(전게주 69), p.249.

그 필요성을 설명하는 예로 들었다. 즉 당초 제헌헌법 초안 제84조 제1문은 "광물 기타 중요한 지하자원, 수력과 경제상 이용할 수 있는 자연력은 국유로 한다"라는 내용이었다. 황 의원은 지하자원 뒤에 "수산자원"을 추가해 우리의 영토인 독도 주변이 국유어장으로 지정된다면 향후 "외인의 침범에 대해서는 반드시 국제법상으로 제재할 권한이" 생긴다고 주장했다.[83] 결국 수산자원 추가안은 가결되었고,[84] 이 조항은 제헌헌법 제85조로 확정되었다.[85] 다만 연안 어업권은 본래 연안국의 배타적 권리이므로 수산자원의 국유화 조항을 통해서만 독도 주변 어장에 외국인의 침범을 제재할 수 있는 것은 아니므로 제안이유가 논리적 타당성을 지니지는 못했다.[86] 여하간 이러한 과정을 거치면서 국내에서는 독도 영유권에 대한 믿음이 확산되었다. 독도를 한반도 부속도서의 하나로 확보하는 일은 정부 수립 초기부터 중요한 외교현안으로 대두되게 된다.

(나) 대일평화조약 성안과정

일본 역시 독도를 자국령으로 만들려고 여러 노력을 기울였다. 일본 정부는 1946년 11월부터 자신에 속할 도서에 대한 영문 설명자료를 제작해 연합국측에 제공했으며, 1947년 6월 제작된 제4차분은 태평양과 동해의 소도서에 관한 부분에서 동해의 울릉도와 독도를 일

---

83) 제2독회: 제1회 국회속기록 제26호(1948.7.6.), p.22.
84) 재석 173, 찬성 126, 반대 2로 가결. 제2독회: 제1회 국회속기록 제26호(1948.7.6.), p.23.
85) 이 조항은 1954년 개헌시 "제85조 광물 기타 중요한 지하자원, 수산자원, 수력과 경제상 이용할 수 있는 자연력은 법률이 정하는 바에 의하여 일정한 기간 그 채취, 개발 또는 이용을 특허할 수 있다."로 개정되어 "국유"로 한다는 내용은 삭제되었다.
86) 국회 제헌과정에서 독도는 한 번 더 언급되었다. 강욱중 의원은 독도의 귀속이 특별한 주목을 받고 있는데, 앞으로 독도의 귀속이 달라진다면 등등을 언급하며 제4조 영토조항의 삭제를 주장했다. 전후 취지로 보아 독도 영유권에 대한 확고한 소신은 없는 듯했다. 제1회 국회속기록 제22호(1948.7.1.), p.15.

본의 인접도서로 설명했음은 앞서 지적한 바 있다.[87] 이 자료에서 일본은 자신이 고대로부터 독도(竹島: 다께시마)를 알고 있었으며, 이 섬에 대해서는 한국식 명칭조차 없으며, 한국에서 제작된 옛 지도에도 나타나지 않는 반면, 일본은 1905년 2월 22일 이 섬을 島根縣 고시로 편입했다고 설명했다.[88] 한국측 반박자료가 없는 가운데 일본이 제공한 영문자료는 후일 미국 관계자들의 독도 인식에 커다란 영향을 미쳤다. 일본 정부 관리들은 주일 미군정청 인사와의 지속적인 접촉을 통해 다께시마 = 일본령이라는 인식 확산에 노력했다.

미국 정부는 독도를 당초 한국령으로 인식한 듯하다. 1946년 1월 SCAPIN 677호 제3항은 독도를 한국령인 울릉도와 제주도 사이에 열거하며 이를 일본의 부속도서에서 제외시켰다.[89] 이어 1947년부터 시작된 국무부 내 대일평화조약 준비작업에서 독도는 일본령에서 배제되었다. 당시 국무부 내 대일평화조약 초안작업 초반부에는 포츠담 선언의 취지에 따라 일본 영토를 규정하는 조항을 두는 한편, 구 일본 판도에서 분리될 영역(예: 한국, 대만 등)에 관한 조항을 각각 별개로 규정하는 방식으로 진행되었다. 적어도 1949년 11월까지 작성된 미 국무부 작성 모든 대일평화조약 초안에서는 독도가 일본 아닌 한국에 소속될 지역으로 예정되어 있었다.[90]

이에 대해 변화를 초래한 계기는 1949년 11월 동경의 정치고문 W. Sebald 문서임은 잘 알려져 있다. Sebald는 독도에 관한 한 일본측 논리를 그대로 받아들이고 있었다. 그는 독도를 한국령에 포함시키고 있는 국무부 초안에 대해 재고를 요청했다. Sebald는 이 섬에 대

---

87) 전게주 68 및 관련 본문 참조.
88) 정병준(전게주 69), pp.348-349.
89) 미 해군성에서 1942년 발간한 동북아 지도에도 독도는 조선 관할로 표기되어 있었다. 이석우(전게주 63), pp.22-23 수록 지도.
90) 이 점에 대해서는 국내 기존의 연구가 적지 않다. 대표적인 성과물은 정병준(전게주 69), pp.402-455 등.

한 일본의 주장은 오래되었으며, 유효한 것으로 보이고, 안보적으로도 이 섬에 기상 및 레이더 기지 설치를 고려하라고 제안했다.[91] 후속문서에서 그는 더욱 적극적으로 독도를 일본령으로 특정하라고 요청하며, 이들을 한국 해안 외곽 섬으로 간주하기 어렵다고 주장했다.[92] Sebald 문서 이후 미 국무부 작성 대일평화조약 초안에서는 다께시마(독도)가 일본령에 편입되기 시작했다.[93]

당시 대일평화조약과 관련해 한국 정부의 주요 관심사는 연합국 자격으로의 대일평화회담 참여, 대일 배상청구권 문제, 맥아더 라인의 유지, 영토문제 등이었다. 그중 영토문제에 있어서 1차적 요구는 대마도 할양이었다. 덜레스의 주도로 작성되어 연합국에게 공개된 1951년 3월 23일자 미국측 대일평화조약 초안에 대한 한국 정부의 1차 답신서(1951.4.27. 작성)도 영토에 관해서는 대마도 반환만을 요구했다.[94] 한국 정부는 일본의 독도 확보공작에 대해 아직 경계심이 없었는지 독도에 관해서는 아무런 언급을 하지 않았다. 잘 알려진 바와 같이 1951년 7월 9일 양유찬 주미대사의 미 국무부 덜레스 면담이 대마도 확보에 별다른 성과를 거두지 못하자, 한국정부는 7월 19일 양

---

91) "Article 6: Recommend reconsideration Liancourt Rocks (Take-shima). Japan's claim to these islands is old and appears valid. Security considerations might conceivably envisage weather and radar stations thereon." The Acting Political Adviser in Japan (Sebald) to the Secretary of State (November 14, 1949), 740.0011 PW (Peace)/11-1449: Telegram. Foreign Relations of the United States (이하 FRUS), The Far East and Australasia, Volume Ⅶ (1949), Part 2, pp.900-901. (https://history.state.gov/historicaldocuments/frus1949v07p2/d162: 2022.11. 20. 확인).

92) The Acting Political Adviser in Japan (Sebald) to the Secretary of State (November 19, 1949). 이 문서 영인본은 이석우(전게주 63), pp.124-129 수록.

93) 1949년 12월 19일자 초안 관련문서는 처음으로 다께시마를 일본령에 포함시켰다. 단 이 초안 제3조에서는 리앙쿠르암을 여전히 한국령에 포함시켜 혼선을 보이고 있다. 정병준(전게주 69), pp.478-481.

94) 이 문서 영인본은 이석우(전게주 63), pp.214-216 수록.

유찬 주미대사가 재차 덜레스를 방문해 새로운 의견서를 전달했다.
이때 영토에 관해서는 대마도에 관한 요구를 빼고, 대신 평화조약에
독도와 파랑도의 한국령 명기를 요청했다. 덜레스가 일제의 한국 병
합 이전에도 독도와 파랑도가 한국령이었냐고 묻자 양 대사가 그렇다
고 답했다. 델레스는 그렇다면 일본의 영토포기 대상에 포함시키는데
별다른 문제가 없다는 견해를 밝혔다.[95]

　그러나 이 요구도 결국 성사되지 못했다. 파랑도는 실재하지도
않는 섬이었으며, 미국은 독도(Dokdo)라는 명칭 자체에 생소해 했다.
미국은 한국이 주장하는 독도가 서양에서 통용되는 Liancour Rocks
또는 일본명 다께시마와 동일한 존재라는 사실도 제대로 몰랐다. 미
국무부는 1951년 8월 10일 러스크 극동담당차관보 명의로 양유찬 주
미대사에 보낸 공한을 통해 독도가 대일평화조약에 한국령으로 표기
될 수 없음을 통지했다.[96] 그렇다고 독도를 일본령으로 확정한 것은
아니었다. 독도는 한일 양국간 문제로 남겨졌다.

　독도가 평화조약에서 한국령으로 명기되지 않기로 확정된 사실
은 안 일본 정부는 1951년 9월 3일 다께시마가 일본령이 되어야 할
섬이라는 점을 공식 주장했다. 이 소식에 접한 한국 외무부는 4일 독
도가 한국에 속한다는 사실은 여러 증거상 명백하다며, 일본이 "이러
한 물적 증거에 나타난 사실을 왜곡하여 일본 영역에 귀속시키려는
것은 영토적 야심에서 우러난 온당하지 않은 행위이다. […] 한국으

95) Memorandum of Conversation, by the Officer in Chargé of Korean Affairs in the
　　Office of Northeast Asian Affairs(Emmons) (July 19, 1951). FRUS, *Asia and the
　　Pacific*, Volume. Ⅵ, Part 1 (1951), p.1203.
96) 독도 부분의 원문은 다음과 같다. "As regards the island of Dokdo ⋯ this
　　normally uninhabited rock formation was according to our information never
　　treated as part of Korea and, since about 1905, has been under the jurisdiction
　　of the Oki Islands Branch Office of Shimane Prefecture of Japan. The island
　　does not appear ever before to have been claimed by Korea." 이석우(전게주
　　63), pp.264-265에 영인본 수록.

로서는 일본의 이런 간계에서 나온 처사는 매우 유감스러운 일이며, 일본이 이러한 영토적 야심을 마땅히 포기하여 줄 것을 믿는 바이다."라는 반박성명을 발표했다.[97] 이는 현재까지 이어지는 한일 간 외교공방의 시작이었다. 독도는 헌법에 규정된 한반도 인접도서 해당 여부에 대해 여전히 이의가 제기되고 있는 유일한 섬이다.

(4) 파랑도

파랑도는 제주 마라도 서남쪽 149km, 중국 서산다오(余山島)에서 287km, 일본 나가사키현 도리시마(鳥島) 서쪽으로 276km가량 떨어진 지점에 위치한 수중 암초이다. 최고봉이라도 항상 수면 몇 m 아래로 잠겨 있어 큰 파도가 칠 때 수중 암초가 일시 드러나 보일 수는 있으나 법적으로 섬은 아니다. 1900년 영국 상선 소코트라(Socotra)호가 이를 발견·보고한 후 국제적으로는 소코트라 암으로 표기되고 있다. 일본 정부는 1938년 이를 측량하고, 해저 암반에 나카사키와 상해를 연결하는 해저전선의 중간기지를 설치할 계획을 세웠다가 제2차 대전 발발로 무산된 일이 있어 관련 전문가들에게는 실체가 알려져 있었다.[98] 파랑도는 일본에서 명명한 명칭이다.

존재하지 않는 섬인 파랑도에 대해 광복 전후 영유권 논란이 벌어졌으며, 한국정부는 대일평화조약에 파랑도의 한국령을 명기해 달라고 요청하기도 했었다. 제주도에서는 파랑도가 이어도라는 전설의 섬으로 알려져 있었지만, 1974년 발표된 이청준의 소설 「이어도」 이전 국내에서는 주로 일본명인 파랑도로 알려져 있었다. 본항에서도 광복 전후의 사정을 설명하기 위해 당시 사용된 파랑도라는 명칭을

---

97) 민주시보 1951.9.5. (http://db.history.go.kr/id/dh_022_1951_09_03_0010).
98) S. Fox, *China, South Korea, and the Socotra Rock Dispute* (Palgrave, 2019), p.10.

사용한다.

1947년 10월 22일자 동아일보 기사는 파랑도가 국내에서 일반인에게 알려진 첫 계기로 보인다.[99] 이 기사는 "일본의 침략적 야욕"이라는 제목의 보도를 통해 한국의 판도에 속해야 할 파랑서(波浪嶼)라는 한 무리의 섬을 일본이 자기네 영토라고 주장하며 야욕의 마수를 뻗치고 있다는 주장을 보도하며, 대강의 위치를 보여 주는 지도를 함께 수록했다. 아울러 이 기사는 일본이 독도와 함께 이 섬을 침략하려 한다고 비판하며, 제주도나 목포, 중국 상해, 일본 나카사키와의 거리를 보면 위치상 이 섬이 한국에 속함은 두말할 필요조차 없다고 강조했다.[100] 다만 관측을 통해 파랑도가 수중암초임을 이미 알고 있던 일본이 이에 대한 영유권을 실제로 주장했었는지는 의문이다. 일본 외무성이 평화조약에 대비해 자국에 속할 부속도서 해설집으로 작성한 Minor Islands Adjacent Japan Proper(Ⅰ-Ⅳ)에도 파랑도는 포함되어 있지 않았다. 정병준은 그 무렵 일본 신문을 조사해봐도 파랑도 영유권 주장에 관한 기사를 찾을 수 없다고 한다.[101]

이어 우국노인회는 정부 수립 직전인 1948년 8월 5일 동경의 연합국사령부로 독도, 울릉도, 대마도, 파랑도를 한국령으로 귀속시켜 달라는 청원서를 제출한 적이 있다. 최남선이 작성했다고 알려진 이 청원서는 한중일 3국 영토와의 거리가 파랑도의 소속관계를 설명해 주고 있으니, 이의 한국 소속을 명확히 해 달라고 요청했다. 다만 이 청원서는 연합국사령부에 의해 사실상 무시되었다.[102]

이상 민간의 주장으로 끝날 수 있었던 파랑도 영유권론은 대일평

99) 정병준(전게주 69), p.171. 이는 파랑도, 파랑서, 이어도를 주제어로 일제 이래 동아일보, 조선일보, 경향신문 등을 검색한 결과 최초의 기사이다.
100) 동아일보 1947.10.22., p.2.
101) 정병준(전게주 69), p.258.
102) 정병준(전게주 69), pp.255-258.

화조약 준비과정에서 한국 정부의 공식 입장으로 등장했다. 파랑도가 한국정부 공식 요구항목에 들어간 배경은 다음과 같다. 1951년 3월 말 대일평화조약 미국측 최초 공개 초안이 한국에 전달되자 국내에서는 이 문제를 범정부적으로 논의하기 위해 1951년 4월 16일 「대일강화회의준비위원회」가 구성되었다(약칭 외교위원회).[103] 이 위원회 구성원인 유진오는 당시 논란이 되던 대마도와 독도 영유권 문제에 관한 자문을 얻기 위해 최남선을 방문했다. 최남선은 독도에 대해서는 역사적 근거가 많다고 설명해 유진오를 안심시켰다. 이어 유진오가 이승만 대통령의 대마도 반환론이 근거가 확실한 주장이냐고 묻자, 최남선은 빙그레 웃으며 고개를 좌우로 저었다고 한다. 그는 대신 파랑도 영유권을 주장하라고 조언했다. 즉 목포, 나가사키, 상해의 중심쯤 되는 곳에 파랑도라는 섬이 있는데, 차제에 이 섬이 대일평화조약에 한국령으로 명기되면 우리나라는 제주도 훨씬 서남방으로 영역을 넓힐 수 있다는 설명이었다. 당시 유진오는 이 말을 듣고 광희(狂喜)했다고 회고했다.[104]

파랑도의 위치에 대한 최남선의 설명은 1947년 10월 22일자 동아일보 기사 내용과 같은데, 그 역시 파랑도가 물결 속에 묻혔다 드러났다 하는 존재로 알고 있었다. 국제법상 섬으로 인정받으려면 항상 물 위로 드러나 있는 육지지형이어야 하므로 설사 최남선의 인식이 정확했다 해도 파랑도는 영유권 대상이 될 수 없었다. 실제 파랑도는 항상 수면 밑에 잠긴 수중암초이므로 간조노출지에도 해당하지 않는 국제법상 아무런 의미도 지닐 수 없는 존재였다.

그러나 최남선의 의견은 유진오를 통해 외교위원회에 전달되었

---

103) 유진오, 한일회담 — 제1차 회담을 회고하면서(외무부외교안보연구원, 1993), p. 27. 이는 유진오가 중앙일보 1983.8.29.-1983.10.31.자에 연재한 "남기고 싶은 이야기들"에서 한일회담관계 내용만을 발간한 책자이다.

104) 유진오(상계주), pp.26-27.

고, 후일 한국 정부 공식 입장으로 채택되었다. 1951년 7월 19일 양유찬 주미대사가 덜레스를 방문해 대일평화조약에서 "독도와 파랑도"를 한국령으로 명기해 달라는 요청서를 수교했다.105) 덜레스가 새로운 요구사항으로 등장한 독도와 파랑도의 위치를 묻자 배석한 주미대사관 한표욱 서기관은 이들 두 개의 섬은 울릉도 인근에 있다고 설명했다.106) 파랑도에 관해 엉뚱한 소리를 한 셈이었다.

이후 미 국무부가 한국의 새로운 요구인 파랑도를 조사했으나, 존재하지 않는 섬을 물론 찾을 수 없었다. 한국 정부 역시 파랑도에 대한 정보를 제공할 수 없었다. 파랑도 위치에 관한 한 당시 한국 외교라인은 1947년 10월 22일자 동아일보 기사 수준의 지식도 갖추지 못하고 있었다. 후일 유진오도 파랑도 건은 대미교섭상의 실수였다고 후회했다.107) 결국 변영태 외교장관은 8월 1일 기자회견을 통해 부분적으로 변경된 대일평화조약 관련 4개항을 요구했는데, 파랑도에 관한 주장은 더 이상 담겨 있지 않았다. 한반도 부속도서의 하나로서 파랑도 논란은 일단락되었다.

대일평화조약이 서명된 직후인 1951년 9월 18일 정부의 후원하에 한국산악회 제주도·파랑도 학술조사대가 파견되었다(단장: 홍종인). 이들은 9월 20일 제주항을 출발했다.108) 다분히 1947년 울릉도·독도 조사대와 마찬가지로 우리 영토 확인을 위한 학술탐사였다. 그러나 조사대는 파랑도를 발견하지 못했다. 가장 큰 이유는 파랑도의 정확한 좌표를 확보하지 못하고 출발했기 때문이었다.

한국 정부가 파랑도(이어도)를 공식 확인한 시점은 훨씬 뒤의 일이었다. 한국은 2003년 이어도 해저암반 위에 종합해양과학기지를 완

---

105) 이석우(전게주 63), p.249에 영인본 수록.
106) 전게주 96 참조.
107) 유진오(전게주 103), p.28.
108) 동아일보 1951.9.23., p.2; 자유신문 1951.9.25., p.2.

공해 운영하고 있는데, 현재 이 일대 수역 관할에 대해서는 한국과 중국 간 입장 충돌이 있다. 다만 양국은 이 수역이 어느 나라의 배타적 경제수역에 속하느냐에 관해 이견을 보이고 있을 뿐, 수중암초인 파랑도(이어도)가 특정국가의 영유권의 대상이 될 수 없음에는 견해가 일치하고 있다.109)

라. 제기되지 않은 쟁점: 영해와 영공

제헌헌법 이래 우리 헌법에는 영토조항이 설치되어 있으나, 영해나 영공에 대해서는 별다른 언급이 없다. 제헌 과정에서 영해나 영공에 관한 논의는 없었는가? 제헌 정국에서의 각종 헌법 초안 중 영해나 영공에 관한 언급을 한 경우는 없었으며, 국회의 제헌헌법 심의시에도 영해나 영공에 대한 논의는 전혀 없었다.

사실 과거에는 헌법에 영해나 영공에 관한 조항을 두는 경우가 드물었다.110) 영토가 확정되면 영해와 영공은 그에 수반되어 결정될 사항이라고 생각했기 때문이다. 영토가 확정되면 국가는 연안선을 따라 영해에 대한 주권을 자동적으로 취득하며, 영토와 영해의 상공은 그 국가의 영공으로 인정된다.

그럼 제헌 당시 한국의 영해는 어디까지였을까? 정부 수립 당시 한국의 영해 폭을 암시하는 법령으로는 미군정법령 제189호(1948. 5. 20. 시행) "해안경비대의 직무"가 있다. 이 영 제3조 나항은 38선 이남

---

109) 2012년 3월 중국 해군의 이어도 수역 순찰문제가 불거졌을 때도 2012.3.12. 중국 외교부 劉爲民 대변인은 정례브리핑에서 이 문제가 영토분쟁은 아님을 재차 확인했다. 조선일보 2012.3.13., A1.

110) 반면 근래 제정된 헌법에는 이에 관한 조항을 설치하는 예가 늘고 있다고 한다. 도회근(전게주 28), pp.297-300, 323-325 참조. 각국의 해양관할권에 관한 헌법 조항에 관해서는 한병호, "아시아 지역 국가의 헌법과 바다", 해사법연구 제31권 제1호(2019) 및 한병호, "유럽지역 국가의 헌법상 해양관할권 규정에 관한 연구", 해사법연구 제32권 제2호(2020) 참조.

조선의 영해를 연안으로부터 1리그 또는 3마일이라고 규정하고 있었다. 여기서의 마일은 해리를 의미한다고 보았을 때, 남한에도 당시 미국의 입장이었던 3해리 영해를 적용한 법령으로 판단된다. 미군정법령은 제헌헌법 제100조에 의해 대한민국 정부 수립 이후에도 적용될 수 있었으나, 과거 법제처는 이 조항이 1948년 11월 국군조직법 발효와 동시에 실효되었다고 해석한 바 있다.[111]

한국은 1977년 영해법을 처음으로 제정해 1978년 4월 30일부터 시행했다. 이에 따르면 동해안 대부분에는 연안 저조선을 의미하는 통상기선을 적용하고, 서해안과 남해안에는 직선기선을 적용해 그로부터 12해리 영해를 선언했다.[112] 그러나 제헌 당시는 아직 12해리 영해가 국제사회에서 보편화되기 이전으로 다수의 국가가 3해리 영해를 시행하고 있었다. 직선기선도 일반적으로 알려지기 전이었다.[113] 정부 수립 당시 또는 직후 별도의 영해 주장을 하지 않았기 때문에 당시 한국의 영해는 "한반도 및 그 부속도서"의 통상기선인 연안 저조선으로부터 3해리 폭의 해대(海帶)라고 볼 수밖에 없다. 영공은 영토와 영해의 상공이므로 자동 결정된다.

---

111) "동법령 제3조 나항의 규정은 영해의 범위 그 자체를 규정하는 독립적 의의가 있다고는 하기 어렵고 당시의 조선해안경비대의 지역적 직무범위 즉 관할구역에 관한 규정이라고 해석하여야 할 것이므로 국군조직법에 의하여 해군이 창설됨과 동시에 조선해안경비대에 관한 타규정과 함께 실효되었다고 사료됨." 법제처 법제1 제29호(1958.1.30.), 법제월보 1958년 6월호, pp.95-96.

112) 현재는 「영해 및 접속수역에 관한 법률」로 개정.

113) 직선기선제도는 ICJ의 Fisheries case, U.K. v. Norway, 1951 ICJ Reports 116 판결을 계기로 이후 국제사회에서 일반화되었다.

II. 대마도 할양요구

1. 문제의 제기

이승만 대통령은 정부 수립 직후인 1948년 8월 19일 외신기자 회견에서 대마도는 수백 년 전 일본에 의해 탈취된 땅이므로 이의 반환을 요구하겠다고 밝혔다.[114] 이는 당시 언론에 크게 보도되었고, 국내에서는 대마도에 대한 관심이 높아졌다. 이후 한국 정부의 대마도 반환 요구는 여러 차례 계속되었고, 국회에 대마도 반환을 촉구하는 결의안이 제출되기도 했다. 이러한 주장에 대해 일본 정부는 근거 없는 요구라며 강하게 반발했다. 한국은 샌프란시스코 대일평화조약 속에 대마도 반환조항을 포함시키려 조약 성안의 마지막 단계까지 노력했으나, 최종적으로는 성공하지 못했다. 대마도 반환론의 반추는 광복과 대한민국 출범시 우리 영토 범위가 어떻게 구상되었는가에 대한 생각의 일단을 살피는 길이기도 하다.

대마도는 면적이 709㎢로 울릉도의 거의 10배 정도 되는 섬이다. 부산에서부터의 거리(53km)가 큐슈로부터의 거리(147km)의 약 1/3에 불과할 정도로 한반도와 가깝다. 야간에 대마도 북단 높은 곳으로 올라가면 부산 야경이 육안으로 목격될 정도이다. 조선시대 대마도가 대일 외교의 중간 창구 역할을 했고, 왜관을 통한 경제교류가 지속되어 여러모로 밀접한 관계를 유지했던 사실은 잘 알려져 있다.

당시 대마도 반환론은 어떠한 의도에서 주장되었을까? 대마도가 한반도의 부속도서로서 되찾아야 할 영토로 확신했는가? 한국은 일제 피해국이자 전승국 자격에서 패전국 일본에 대해 일종의 전리품으로 대마도 할양을 요구했는가? 아니면 향후 전개될 대일 국교정상화 협

---

114) 동아일보 1948.8.20., p.1; 조선일보 1948.1.20., p.1; 경향신문 1948.1.20., p.1; 평화일보 1948.1.21., p.1 등.

상에서 주도권을 잡기 위한 공세적 외교전략의 일환으로 주장했을까?

흥미로운 점은 제2차 대전 종료 후 동북아에서의 새로운 영토질서 모색과정 중 안전보장이사회 상임이사국인 소련과 중국도 대마도의 한국 이양을 지지하는 내부 검토를 했었다는 사실이다. 결과적으로 대마도는 일본령으로 한다는 미국의 확고한 입장이 관철되었지만, 당시 국제정세 속에서 대마도 반환론이 전혀 엉뚱한 이야기는 아닌 셈이었다.

1951년 9월 대일평화조약이 서명된 이후에는 한국 정부가 공식으로 대마도 반환론을 주장한 기록이 없다. 오늘의 시점에서 보면 대마도 반환론은 제2차 대전 직후 일시 도출된 에피소드 같은 과거사라고도 볼 수 있다. 그러나 국내 민간에서는 대마도 반환론이 완전히 끊어지지 않았고, 특히 독도 문제가 크게 불거질 때마다 이에 대한 역공세의 일환으로 아직도 대마도 반환론이 거론되기도 한다. 2005년 3월 18일 경남 마산시 의회는 매년 6월 19일을 대마도의 날로 지정하는 조례를 제정해 세간의 화제가 되기도 했다.[115]

2. 역사 속의 대마도

대마도 반환론의 근거가 어디에서 비롯되었나를 보기 위해 우리 역사 속에서 대마도는 어떠한 위치를 차지하고 있었나를 간략히 살펴본다.

대마도에 관한 가장 오래된 기록은 3세기 중국 사서 삼국지 위지(魏志) 동이전(東夷傳) 왜인조(倭人條) 속에 나타난다. 대마도가 왜인조 속에 기록된 의미는 당시 중국도 이를 일본의 일부로 보았다는 표시이다. 일본 사서 고사기(古事記)(712년)에는 신(神)인 이자나기와 아지

---

115) 이는 다분히 그 이틀 전인 3월 16일 일본 시마네현 의회가 매년 2월 22일을 다케시마(竹島)의 날로 지정하는 조례를 통과시킨 일에 대한 대응이었다. 2월 22일은 독도가 시마네현 소속이라고 주장한 1905년 현 고시 제40호가 선포된 날이다.

나미가 아이를 낳듯 토지 8개를 낳아 일본을 이루었는데 그중 하나가
대마도였다.116) 일본서기(日本書紀)(680-720년)에서는 신대(神代)에 대
팔주국(大八洲國)을 낳아 일본을 형성하고, 주위 바닷물 거품이 응고
되어 대마도 등 작은 섬들이 생겼다고 기록하고 있다.117) 둘 다 신화
이기는 하나, 대마도가 일본 고유의 영토라는 사고가 자리 잡고 있다.
한편 백제를 지원하기 위한 일본 원정군이 백촌강 전투(663년)에서 패
배하자, 일본은 신라의 침공을 우려해 대마도에 봉수대를 설치하고
금전성(金田城)을 축조했다고 기록도 있다.118) 이상과 같이 중국과 일
본 사서는 일찍부터 대마도를 일본 영토의 일부로 취급하고 있었다.

수백 년 전 대마도가 탈취되었다는 주장의 근거는 무엇일까? 대
마도와의 역사적 관계를 간단히 회고해 본다. 고려는 일본과 중앙정
부 차원의 교류를 실시하지 않았으나, 12세기 후반부터 매년 대마도
및 일본 서부 지역과의 진봉선 무역이 정례화되었다. 이는 여몽연합
군의 일본 침공을 계기로 종료되었고, 고려와의 무역기회를 상실한
대마도인은 생계를 위해 왜구가 되기 시작했다. 고려는 이를 억제하
기 위한 수단의 하나로 대마도주에게 관직을 수여하고 조공무역을 허
가했다. 그래도 왜구가 번창하자 1389년 도원수 박위가 이끄는 원정
대가 대마도를 정벌해 300여척의 배를 소탕했었다. 대체로 고려는 대
마도가 일본령이라도 일종의 반 독립적 존재로서 자신에게 사대하는
지역으로 인식했다.119)

조선의 대마도 인식도 고려의 연장선 상에 있었다. 왜구의 발호
를 막기 위해 군사력도 사용했으나, 전반적으로는 회유책을 사용했

116) 古事記(노성환 역주)(민속원, 2009), pp.33-34.
117) 역주 일본서기 1(연민수(외) 역)(동북아역사재단, 2013), p.107.
118) 노성환, 대마도의 영토의식을 통하여 본 한일관계, 일본학보 제8호(2001), p.107.
119) 하우봉, 한국인의 대마도 인식, 한일관계사연구회 편저, 독도와 대마도(지성의
샘, 1996), pp.128-131.

다. 즉 대마도인에게 관직을 제수하고, 교역상 특권을 보장해 주었다. 세종조 시절 이종무의 대마도 정벌(1419년)에 즈음해 상왕인 태종이 출정 전 발표한 교유문은 "대마도는 본래 우리나라 땅"이라고 지적했다.[120] 이어 대마 정벌 이후 다시 태종이 대마도주에게 보낸 교유문에서 "대마도라는 섬은 경상도의 계림(鷄林)에 예속했으니, 본디 우리나라 땅이란 것이 문적에 실려 있어, 분명히 상고할 수가 있다."고 밝혔다.[121] 신증동국여지승람에도 "대마도는 곧 일본의 대마주이다. 옛날엔 우리 신라(계림)에 예속되었는데, 어느 때부터 일본 사람들이 살게 되었는지 모르겠다"고 기록되어 있었다.[122] 이같이 대마도가 본래 우리 땅이었다는 고토(故土) 의식은 그 기원이 확실치 않으나, 조선 학자들의 기본적 인식으로 작용했다. 다만 그 근거 문적이 무엇인지 구체적으로 제시된 바 없었고, 이미 당시에도 대마도가 일본인이 거주하는 일본령이라는 사실은 부정되지 않았다.

한편 이종무의 군사원정을 계기로 조선은 대마도를 경상도의 속주라고 선언하고, 향후 보고는 경상도 관찰사를 통해 올리라고 지시했던 적이 있다.[123] 그러나 막부가 개입하고 대마도주 역시 자신은 일본에 속한다고 항의를 하자, 1년 3개월 만에 속주화 조치는 철회되었다. 대신 대마도주가 신하의 자격으로 조선의 변경을 지키겠다는 명분상 약속에 만족했다.[124]

---

120) 세종실록 세종 1년 기해(1419) 6월 9일(임오)조. 이하 본고에서 조선왕조실록 번역은 한국고전번역원의 한국고전종합DB(http://db.itkc.or.kr/dir/item?itemId=JT#/dir/list?itemId=JT&gubun=book)에 의했으며, 조선왕조실록 내용에 관한 1차적 정보는 하우봉, 상계주의 글에서 얻었음.
121) 세종실록 세종 1년 기해(1419) 7월 17일(경신)조.
122) 신증동국여지승람 권23 경상도 동래현 산천조. 한국고전종합DB 번역본. (http://db.itkc.or.kr/dir/item?itemId=BT#dir/node?grpId=&itemId=BT&gubun=book&depth=2&cate1=G&cate2=&dataGubun=서지&dataId=ITKC_BT_1299A)
123) 세종실록 세종 2년 경자(1420) 윤 1월 23일(임진)조.
124) 하우봉(전계주 119), pp.134-135.

잘 알려진 바와 같이 역사적으로 조선은 조공무역을 통해 대마도 민에게 일정한 경제적 이익을 보장하는 한편, 대마도인에게 관직을 주어(수직왜인) 이들을 정치·경제적으로 통제하려 했다. 적어도 조선 전반기 대마도는 일본 막부보다 조선과의 교류가 더 많았으며, 경제적으로 조선에 더 의존적이었다. 그런 의미에서 대마도는 일본 및 조선과 양속관계 속에 있었다고 평가되었다.[125]

도요토미 히데요시(豊臣秀吉)의 일본 통일 이후 대마도는 막부에 대한 예속성이 높아졌다. 임란 후 조선은 쇠약해 졌고, 도쿠가와(德川) 시대인 17세기 초반부터 대마도의 대 조선 외교에 대한 막부의 감독이 강화되었다. 17세기 중반 이후 대마도 외교는 사실상 막부의 감독 아래 진행되었다. 왜관 무역은 쇠퇴하고 대마도에 대한 막부의 재정 지원이 강화된 18세기 중엽 이후에는 양속관계가 사실상 사라지고, 대마도는 막부와 조선 간 외교 창구 역할에 충실할 뿐이었다.[126] 이러한 현실변화와 달리 조선에서는 대마도 고토의식과 대마도가 조선에게는 일종의 남쪽 울타리라는 의식이 후기까지 관념적으로 지속되었다. 이것이 조선에서 제작된 지도에 대마도가 자주 등장하는 이유이다.

1869년 일본의 판적봉환(版籍奉還)으로 대마번은 이즈하라번으로 개칭되었다. 이후 1871년 폐번치현(廢藩置縣) 시 대마도는 이즈하라현으로 바뀌고 이마리현에 합병되었다가, 1877년 나가사키현에 편입되었다. 즉 나가사키현 소속의 작은 지방행정단위로 격하되었다. 대마도에는 1869년 9월 외무성 관리가 파견되었고, 대 조선 외교업무는 1872년 외무성으로 이관되었다. 이어 같은 해 5월 28일 부산 왜관도

---

125) 대마도에 관한 조선 시대 전반적 인식에 관한 설명은 한일관계사연구회 편저, 독도와 대마도(지성의 샘, 1996) 속에 수록된 손승철, 대마도의 조·일 양속관계 및 하우봉(전게주 119) 등에 주로 의존함.

126) 하우봉(전게주 119), p.146.

외무성이 접수함으로써 대마도의 조선 외교는 완전히 단절되었다.127)

3. 대마도 반환론의 전개

광복 후 대마도에 대한 영토적 관심이 제기된 구체적 계기는 확실하지 않다. 1947년 4월 독도에서 한국 어민에 대한 일본인의 총격 사건 발생을 계기로 독도에 대한 일반의 관심이 고조되었고, 조만간 출범이 기대되는 독립국가의 영토 한계로서 파랑도(이어도)와 대마도에 대한 관심이 같이 올라간 듯하다는 해석이 그간 설득력 있게 통용되고 있었다.128) 이를 바탕으로 군정 시절인 1947년 12월 남조선과도 입법의원에 제출된 대마도의 조선 반환 건과 1948년 8월 맥아더 사령관에 대한 우국노인회의 대마도 귀속 청원서가 국내에 알려짐으로써 세간의 관심이 촉발되었다고 설명된다.

그러나 대마도에 대한 이승만 대통령의 관심은 좀 더 역사가 깊다. 미주 구미위원부에서 이승만과 독립운동을 함께 했던 임병직 전 외무장관에 따르면 일제시 대일(對日)전쟁에 대한 대한민국 임시정부의 당면목표와 최종목표를 설명하는 문서에 이미 대마도 반환 주장이 포함되어 있었다. 본래 이 문서는 미국에 체류 중인 중국 胡世澤(Victor Hoo) 외무차관에게 전달할 목적으로 작성된 서한으로 임병직이 직접 그에게 수교했고, 같은 내용을 미국의 헐(Cordell Hull) 국무장관에게도 보냈다고 한다.129)

---

127) 하우봉(전게주 119), pp.152-153.
128) 정병준, 독도 1947(돌베개, 2010), pp.174-175.
129) 이는 중국 정부가 胡世澤 차관을 통해 대일(對日)전쟁에 대한 임시정부의 목적을 분명히 해 달라는 요청을 구미위원부에 전달해 와 그에 대한 대응으로 작성된 문서이다. 임병직 장관 회고록에 그 전문이 수록되어 있으므로 내용을 신뢰할 수 있다. 임병직, 임병직 회고록(여원사, 1964), pp.247-249. 한편 박실, 증보 한국 외교비사(정호출판사, 1984), pp.91-92는 윤석헌 대사의 회고를 근거로 건국 초기 이승만 대통령은 유진오, 이병도, 홍종인, 이한기 등의 자문위원에게 북간도와 두만강 정계비에 관한 국경문제, 독도와 대마도 문제에 대한 연구보고서를 요

해방 후 국내에서 대마도 영유권 주장에 관한 최초의 기록은 정문기(당시 부산 수산대)의 "대마도의 조선 환속과 동양평화의 영속성"(1945.10.)이란 소책자이다. 이는 국영문 총 27쪽 분량으로 대마도가 원래 조선에 속했다는 주장과 함께 관련 자료를 담고 있으며, 영문 번역도 포함하고 있다. 개인 발간의 형식으로 제작되었다(서울대학교 도서관 소장).

군정시절 공식 논의는 남조선과도입법의원에서 시작되었다. 1947년 12월 12일 허간룡 입법의원은 대일강화회의에 대마도의 조선반환을 건의하자는 안건을 제출했다.[130] 그 근거로 대마도는 본래 신라에 속했던 섬으로 조선조 시절 약 400년간 정치·경제적으로 이에 예속되어 있었고, 위치도 일본보다 부산에 훨씬 가깝고, 이 섬이 일본의 침략기지가 되는 일을 막기 위해서도 조선 영토로 복귀시켜야 한다고 주장했다. 허간룡 의원의 제안은 입법의원 59명의 찬동을 얻어 2월 17일 본회의에 회부되었다.[131] 그러나 이 안건은 본회의 정식 표결에 붙여지지 않은 상태에서 사장되었다.

그러나 이를 계기로 민간에서도 대마도 반환운동에 관한 관심이 높아졌다. 김종렬은 잡지 신천지 1948년 3월호에 「대마도와 조선관계: 대마도의 반환을 요구하자」는 글을 기고했다. 그는 허간룡 의원의 제안이 "참으로 적절 타당한 제의"라며, 중국도 琉球의 반환을 요구하고 있는 시점에 이러한 제안은 오히려 늦은 감이 있으니 "더욱

<hr>

청했었다고 설명하고 있으나, 그 정확한 시점과 근거는 제시하지 않고 있다. 여러 가지 정황상 대마도가 포함된 점은 신뢰하기 어려운 증언이며, 윤석헌 회고록(먼 길을 후회 없이, 동아일보사, 1993)에도 이 점은 특별히 언급되어 있지 않다. 이한기의 여러 글에도 이런 사항이 지적된 적 없다. 1950년대 중후반 독도문제에 대한 대응이 와전된 듯하다.

130) 정식 명칭은 「대마도의 조선영토 복귀를 대일강화조약에 제안할 것에 관한 결의안」. 남조선과도입법의원 속기록 제208호(1948.2.17.)(선인문화사, 1999), p.374.
131) 동아일보 1948.2.19., p.1.

적극적인 전국적 성원"이 필요하다고 주장했다. 그는 대마도가 삼한 이래 문화정치적으로 우리 속방이었는데, 왜구 해적의 침입을 연달아 받던 중 부지부식 간에 일본의 영향력이 지배적으로 침투했고, 명치 유신 이후 완전히 일본의 일부가 되었다고 주장했다.[132]

또 하나의 활동은 우국노인회의 연합국사령관에 대한 청원서였다. 이 단체는 1948년 8월 5일 맥아더 사령관에게 독도, 울릉도, 대마도, 파랑도가 한국령으로 귀속되어야 한다는 청원서를 제출했다. 당시 우국노인회의 총재는 임정요인을 지낸 조성환이었으며,[133] 청원서 내용을 작성한 사람이 당대의 명사 최남선이었다는 점에서 주목할 만하다.[134] 우국노인회 청원서는 대마도가 지리적으로 한국에 더 가깝고, 역사적으로 대마도는 조선과 신속(臣屬) 관계로서 대마도주는 조선의 관직과 녹봉을 받는 등 한일간 양속관계 하에 있었으며, 일본의 대륙침략을 막기 위해 대마도를 일본에서 분리시킬 필요가 있으며, 대마도는 경제적으로 자립이 불가능해 한국에 귀속시킬 필요가 있고, 포츠담 선언도 대마도를 일본에 포함시키지 않고 있다고 설명했다. 이어 우리가 일제에 의해 강제되어 당한 피해가 막대하므로 "대마도 하나로서 이를 위자(慰藉)한다 하면 일본이 얼른 이를 내어놓기에 주저할 염치가 없을 것"이라며 대마도의 이속(移屬)을 주장했다.[135] 이는 대마도가 우리 영토이므로 반환을 주장하기보다 일제 피해에 대한 대가로 할양을 요구하는 입장이었다.

---

132) 김종렬, 대마도와 조선관계: 대마도의 반환을 요구하자, 신천지 1948년 3월호, p. 69.
133) 우국노인회는 1946년 1월 10일 60세 이상 노인들의 발기로 조직된 단체로서 초대 회장은 이병관이었으며, 반탁과 우익활동에 주로 참여했다. 우국노인회에 대한 설명은 정병준(전게주 128), pp.251-252 참조.
134) 정병준(전게주 128), p.257. 동아일보 1961.12.28.(석간), p.2.
135) 이 청원서의 내용은 정병준 교수가 국영문본을 모두 찾아 잘 정리한 바 있다. 그 중 대마도에 관한 내용은 정병준, 1945-1951년 미소·한일의 대마도 인식과 정책, 한국근현대사연구 제59호(2011.12), pp.174-177에 의함.

한편 제헌과정에서도 대마도 문제가 거론된 바 있다. 헌법기초위
원회가 국회 본회의에 보고한 헌법 초안은 제4조에 "대한민국의 영토
는 한반도와 그 부속도서로 한다"는 영토조항을 설치하고 있었다. 당
초 이 조항이 헌법에 포함된 가장 큰 이유는 제1독회에서 유진오 전
문위원이 설명했듯이 "이 헌법에 적용된 범위가 38선 이남뿐만 아니
라, 우리 조선 고유의 영토 전체를 삼아가지고 성립되는 국가의 형태
를 표"하려는 의도였다.[136]

제2독회 시에는 이구수 의원 외 11인의 이름으로 제4조를 "대한
민주국의 영토는 고유한 판도로 한다"로 개정하자는 수정안이 제출되
었다.[137] 이에 대한 반론에서 김경배 의원은 고지도상 대마도는 조선
의 영토였다며, 이를 장래 찾기 위해서도 "부속도서"라는 표현을 넣
어 명백히 하자고 주장했다.[138] 반면 박종환 의원은 헌법 제6조가 침
략전쟁을 부인하고 있는데, 만주나 대마도를 염두에 두고 헌법을 만
들 수는 없다며 수정안에 반대했다.[139] 이성학 의원 역시 헌법은 현
재를 기준으로 만들어야지 장래를 예상하고 만들 수는 없다며, 한반
도와 그 부속도서로 영토를 단순히 규정하는 원안에 찬성했다.[140]

결국은 수정안은 재석 171, 찬성 13, 반대 106으로 부결되었으며,
당초 원안이 재석 170, 찬성 137, 반대 6으로 가결되었다.[141] 이후 제
헌국회에서 대마도에 관한 논의는 더 이상 없었으며, 제4조는 "대한
민국의 영토는 한반도와 그 부속도서로 한다."로 확정되었다. 위의
논란을 보면 "부속도서"의 의미에 대마도를 포함시키려는 입장과 그

136) 제1회 국회 속기록 제18호(1948.6.26.), p.12.
137) 제1회 국회 속기록 제22호(1948.7.1.), pp.13-14.
138) 상동, p.14. 박종환 의원 역시 욕심 같아서는 만주와 대마도를 다 얻었으면 좋겠
    다는 소감을 피력했었다. 상동, p.14.
139) 제1회 국회 속기록 제22호(1948.7.1.), p.14.
140) 제1회 국회 속기록 제22호(1948.7.1.), pp.14-15.
141) 제1회 국회 속기록 제22호(1948.7.1.), pp.16-17.

렇지 않은 입장이 혼재했다고 보이나, 제헌과정에서도 대마도 반환론이 거론된 사실은 부인할 수 없다.

1948년 8월 이승만 대통령의 대마도 반환 주장에 대해 일본에서는 즉각 반론이 제기되었다. 아시다 히토시(芦田均) 수상은 8월 27일자 동경 외신클럽 기자회견에서 대마도는 어떠한 조선 구 왕국에도 소속된 일이 없었으며, 이러한 영토병합 요구는 대서양 헌장이나 포츠담 선언에 표시된 연합국의 원칙에 위배된다고 반박했다.142) 그러자 한국 정부 대변인 김동성 공보처장은 9월 9일 대마도 문제는 역사상 근거가 확실하며, 이 섬이 한국 소속임은 누구도 부인하지 못할 것이라고 다시 반박했다.143) 곧 이어 이승만 대통령의 특별외교사절로 일본을 방문한 조병옥 단장도 9월 10일 동경 기자회견에서 대마도는 역사적으로 300년 전 조선에 속했던 땅으로, 국방상 이유에서도 한국으로의 귀속을 희망한다고 밝혔다.144) 이승만 대통령은 1949년 1월 7일 내외기자단 신년 회견에서 대마도가 우리 섬이라는 점은 더 말할 것도 없다며 실지 회복의 견지에서 반드시 환부받아야 한다고 다시 강조했다.145)

한편 1949년 2월 16일 이문원 외 30명의 국회의원은 대마도 반환 요구를 국회가 결의해 대일강화회의에 제안하자는 「대마도 반환요구에 관한 제안」을 제출했다.146) 그러나 이 제안은 본회의에 부의되지 못했다. 국회 외교국방위원회는 3월 18일 이에 대한 논의를 벌였으나, 대마도가 "역사적 지리적 등으로 확실한 우리 영토임은 재언을 불요하오나 현하 국제적 중대한 관계가 유하와 임시 보류하기를 가결

---

142) 대한일보 1948.8.30., p.1.
143) 경향신문 1948.9.10., p.1; 평화일보 1948.9.10., p.1; 조선중앙일보 1948.9.11., p.1.
144) 동아일보 1948.9.12., p.1; 경향신문 1948.9.12., p.1.
145) 동아일보 1949.1.8., p.1; 경향신문 1949.1.8., p.1.
146) 제2회 국회 정기회의속기록 제35호(1949.2.19.), p.1.

하고 본회의에 부의치 않기로" 결정했다.[147]

이 같은 유보적 움직임에는 대마도 할양요구의 실현이 결코 만만치 않으리라는 점에 대한 신생 한국 정부의 현실인식이 반영되었다고 본다. 분단 상황의 타개가 우선적 과제였던 한국으로서는 미국의 부정적 반응에도 불구하고 대마도 반환 주장을 고수함이 현실적인 외교 정책인가 고민하지 않을 수 없었을 것이다.[148] 이승만 대통령 역시 1949년 12월 30일 연말 기자간담회에서 대마도를 물론 되찾아야겠지만 일본과 갈등 조장은 우리에게 불리하며, 현재로서는 공산 세력의 방어가 급선무라는 인식을 피력한 바 있다. 그는 강화회의에서 대마도 문제를 해결할 수 있으리라 기대했다.[149] 공산세력 팽창에 대항할 한·미·일 반공동맹이 필요했던 한국 정부로서는 종전의 입장을 다소 완화시켰으나, 대마도 반환론은 여전히 유지되었다. 한국 정부의 대마도 할양 요구는 샌프란시스코 대일평화조약 체결 시까지 이어졌다.

4. 관계국의 반응

가. 미국

일본은 미국의 단독 점령 아래에 있었기 때문에 전후 일본의 영토처리는 미국 주도로 진행될 전망이었다. 연합국 수뇌는 이미 포츠담 선언(1945)을 통해 일본의 영토는 혼슈(本州)·홋카이도(北海島)·규슈(九州)·시코쿠(四國)의 4개 주도와 자신들이 결정하는 부속도서로

---

147) 제2회 국회 정기회의속기록 제60호(1949.3.22.), p.2. 당시 상임위원회 회의록이 남아 있지 않아 구체적인 논의 내용은 알 수 없다.

148) 그 무렵인 1949년 2월 주일 한국대표부의 정한경 대사는 한국의 시급한 문제는 대일배상이나 대마도 문제가 아니라 38선 철폐이며, 일본보다 소련이 더 큰 문제라며 대마도에 대한 완화된 생각을 피력했다. 또 대일배상청구도 한국내 구 일본재산 처리로 상계되는 부분이 있으리라 예상했다(동아일보 1949.2.23., p.1). 정한경 대사는 대일배상에 관한 이 같은 입장 표명 때문에 경질되었다고 알려져 있다.

149) 경향신문 1949.12.31., p.1.

한정됨을 밝힌바 있다.150) 이 선언에는 아직 부속도서의 범위가 명확히 제시되지 않았으나, 일본 영토에 관한 미국의 구상은 점령 초기부터 드러나기 시작했다.

1945년 11월 1일 미국 정부는 "일본 점령관리를 위한 연합국최고사령관에 대한 항복 후의 초기 기본지령"을 발표했는데, 이의 적용범위를 일본 4개 본도와 "대마도"를 포함한 약 1,000개의 인접 소도로 규정했다.151) 이어 1946년 1월 29일 발표된 SCAPIN152) 제677호(1946.1.29.)는 일본 정부의 행정적 권한 행사의 지리적 한계를 설정하며, 1,000여 개의 인접 소도에 "대마도"와 북위 30도 이북의 류큐 제도(단 쿠치노시마는 제외)를 이 안에 포함시켰다.153) 이어 일본 어업의 장소적 한계를 규정한 SCAPIN 제1033호(1946.6.22.)(맥아더 라인)도 "대마도"를 포함 그 외곽 3해리까지는 어로 가능 수역에 포함시켰다. 미 군정의 이러한 조치는 대마도가 본래 일본령의 일부였다는 인식을 반영한다. 우국노인회의 대마도 요구 청원에 대해서도 미군 당국은 역사적 사실에 반한다며 당연히 부정적이었다.154)

미 국무부 내 대일조약작업단이 작성한 대일평화조약 초기 초안

---

150) 포츠담 선언 제8항 "[…] Japanese sovereignty shall be limited to the islands of Honshu, Hokkaido, Kyushu, Shikoku and such minor islands as we determine."

151) Basic Initial Post-Surrender Directive to the Supreme Commander for the Allied Powers for the Occupation and Control of Japan.

152) 연합국최고사령관 지령(Supreme Commander for the Allied Powers Directives to the Japanese Government Index Number).

153) "3. For the purpose of this directive, Japan is defined to include the four main island of Japan(Hokkaido, Honshu, Kyushu and Shikoku) and the approximately 1,000 smaller adjacent islands, including the Tsushioma Islands and the Ryukyu (Kansei) Island north of 30° North Latitude (excluding Kuchinoshima Island);"

154) GHQ, FEC, G-3 Section, Memorandum for the Chief of Staff, Subject: Petition of Patriotic Old Men's Association of Seoul, Korea(August 25, 1948). 정병준(전 게주 135), p.177 재인.

은 일본의 영역을 적극적으로 규정하는 방식을 취하고 있었는데, 여기서도 대마도는 일본령으로 명시되어 있었다. 일본 영토조항에 관한 국무부 최초 초안은 1947년 1월 작성되었다고 알려져 있다. 1947년 1월 30일 대일평화조약작업단 회의에 제출된 최초 초안은 일본의 영역을 1894년 1월 1일 이전의 영토로 한정함을 원칙으로 하고 있었는데, 제1조는 혼슈(本州)·규슈(九州)·시코쿠(四國)·홋카이도(北海島) 4개 주도와 함께 대마도를 일본에 포함될 부속 인접도서의 하나로 예시하고 있었다. 이 초안은 전문과 영토조항만 담은 미완성본이었는데, 국무부는 이를 아직 검토 중이라는 단서와 함께 동경의 연합국최고사령부로도 송부했다.155) 동경의 연합국 사령부도 이의 영향을 피할 수 없었을 것이다. 이후 덜레스가 아시아 정책 및 대일강화조약 관련 국무장관 수석고문으로 임명된 1950년 4월 19일까지의 모든 미 국무부의 평화조약 초안은 일본의 영토 범위에 관한 한 같은 기조를 유지했다. 즉 일본의 영토를 적극적으로 규정하는 한편, 대마도를 일본령으로 명기했다.156) 다만 덜레스 등장 이전 미 국무부는 대일평화조약 초안

---

155) George Atcheson, Jr., Diplomatic Section, General Headquarters, Supreme Commander for the Allied Powers, "Memorandum for General MacArthur: Outline and Various Sections of Draft Treaty"

Peace Treaty with Japan(Dated on March 19, 1947)

"Article 1: The territorial limits of Japan shall be those existing on January 1, 1894, subject to the modifications set forth in Articles 2, 3 ··· As such these limits shall include the four principal islands of Honshu, Kyushu, Shikoku and Hokkaido and all minor offshore islands, excluding the Kurile Islands, but including the Ryukyu Islands forming part of Kagoshima Prefecture, the Izu Islands southward to Sofu Gan, the islands of the Inland Sea, Rebun, Riichiri, Okujiri, Sado, Oki, Tsushima, Iki and the Goto Archipelago. These territorial limits are traced on the maps attached to the present treaty." 이 초안은 이석우, 미국 국립문서보관소 소장 독도관련 자료, 서울국제법연구 제9권 1호(2002), pp. 143-144에 수록되어 있다.

156) 당시 관련 초안 문서들은 이석우(상게주), pp.143-163에 수록. 아울러 정병준(전게주 128), pp.401-497 설명 참조.

을 국내적으로만 검토·배포했고, 다른 연합국에는 공식으로 통지하지 않고 있었다.

　이상과 같이 점령기간 초기부터 진행된 여러 정책으로 보아 미국은 대마도가 역사적으로 일본령이라는 점에 별다른 의심을 하지 않았다. 그러나 한국이 대마도 반환론을 주장하자 미국 정부도 이에 대해 좀 더 조사를 했다. 미 국무부 정보조사국(Office of Intelligence Research: OIR)은 1950년 초 「대마도에 관한 한국의 최근 주장」이라는 제목의 보고서를 작성했다.[157] 이 보고서는 한국의 대마도 권리 주장을 민족주의와 반일 감정의 반영이자, 연합국으로부터 작은 양보라도 얻어내기 위한 시도로 인식했다. 즉 한국의 대마도 영유권 주장은 합리적인 법률적 분석에 기초하고 있지 않으며, 이는 영유권에 관한 공식 주장이라기보다 희망의 선언일 뿐이라고 평가절하했다.[158] 주한 미국 대사관도 한국 정부가 대마도 영유권 입증이 불가능함을 인식하고 있으며, 더 이상 주장하지 않으리라는 의견을 전했다.[159] 보고서는 일본이 최소한 380년 이상 대마도에 대해 완벽하고 실효적인 통치권을 행사했음은 추호도 의심의 여지가 없다고 결론내렸다.[160] 미 국무부는 한국의 대마도 반환 요구가 전혀 설득력 없으며, 미국을 귀찮게 하는 근거 없는 요구라고만 생각했다.

　덜레스 등장 이후 대일평화조약 초안 실무작업은 그에 의해 주도되었다. 과거의 통상적 전후 평화조약은 패전국의 전쟁책임 명시, 영토 할양, 배상금 지급 약속 등을 포함하고 있었다. 덜레스는 제1차 대전 후 베르사유 조약 협상에 참여한 경험이 있었다. 그는 패전국 독

---

157) "Korea's recent claim to the Island of Tsushima"(OIR Report No.4900, March 30, 1950). 정병준(전게주 135), p.166에서.

158) OIR Report No.4900, pp.1-2. 정병준(전게주 135), p.166 재인.

159) OIR Report No.4900, p.3. 정병준(전게주 135), p.167 재인.

160) OIR Report No.4900, p.6. 정병준(전게주 135), p.167 재인.

일에 대한 거액의 징벌적 배상금이 제2차 대전의 원인이 되었으며, 일본과 과거 방식의 평화조약 체결은 현명하지 않다고 확신했다. 덜레스는 일본이 경제적으로 번창한 친미 국가로 되는 편이 미국에 더 도움이 되리라 생각했다. 그는 징벌적 요소를 배제한 가급적 간단한 내용의 대일평화조약이 체결되기 원했다.161)

덜레스가 추진한 평화조약 초안에서는 일본 영토에 관한 적극적 조항이 삭제되고, 대신 일본이 포기할 구 영토만을 규정하는 방식이 적용되었다. 그는 대마도를 일본이 포기할 대상에 포함시킬 생각이 없었다. 덜레스 참여 후 최초의 대일평화조약 초안은 1950년 8월 7일자 초안이었다. 이 초안에는 일본이 한국의 독립을 승인한다는 내용뿐, 대마도를 포함한 일본 영토에 관한 언급은 사라졌다.162) 이러한 입장은 미국이 자신의 대일평화조약 초안으로 관련 연합국에 최초로 공식 통보한 1951년 3월 23일자 초안에도 그대로 유지되었고, 결국 1951년 9월 서명된 대일평화조약의 기조를 이루었다.

---

161) 정병준(전게주 128), pp.502-503.
162) "Draft Treaty of Peace with Japan: Revised on August 7, 1950
Chapter Ⅳ. Territory
4. Japan recognizes the independence of Korea and will base its relation with Korea on the resolutions adopted by the United Nations Assembly on December, 1948.
5. Japan accepts whatever decision may hereafter be agreed upon by the United States, the United Kingdom, the Soviet Union and China with reference to the future status of Formosa, the Pescadores, Sakhalin south of 50° north latitude and the Kurile Islands. In the event of failure in any case to agree within one year, the parties of this treaty will accept the decision of the United Nations General Assembly.
6. Japan accepts the action of the United Nations Security Council of February, 1947 (?) with reference to the trusteeship of former Japanese mandated islands and will accept any decision of the United Nations which extends the trusteeship system to all or part of Ryukyu and Bonin Islands." 이 문서는 이석우(전게주 155), pp.163-164 수록.

나. 일본

일본은 패전 후 평화조약 체결에 대비해 1945년 11월 외무성 산하에 평화조약문제연구간사회를 설치했다. 영토문제는 물론 핵심 관심사였다. 앞서 지적된 SCAPIN 제677호 등에 대마도가 일본령의 일부로 명시되어 있었으므로 패전 초기 일본 정부로서는 대마도 영유권이 위협받으리라고는 예상하지 않았다. 일본은 오히려 한국과의 관계에서 울릉도와 독도를 확보할 가능성에 관심을 기울였다.

대한민국 정부가 수립되고 이승만 대통령이 대마도 반환을 적극적으로 주장하자, 패전국 일본으로서도 나름 긴장을 하게 된다. 한국에서 대마도 반환 주장이 나올 때마다 적극 반박을 하며, 아울러 대마도에 관한 연구도 진행했다. 일본 정부는 맥아더 사령부에 한국측 주장을 막아주기 요청하는 한편, 외무성 산하에 대응 위원회를 구성했다. 1949년부터는 대마도에 관한 자료집을 발간하기 시작했다. 그무렵 일본에서는 패전 후 최초로 대마도에 관한 학술논문이 발표되기 시작했다. 나까무라(中村榮孝)의 「ツシマの歷史的地位」는 이승만의 대마도 반환론을 반박하는 대표적 논문이다.[163] 일본은 1950년 4월부터 역사학, 고고학, 인류학 등 5개 학회가 참여한 대마도 종합 학술조사를 실시하고, 대마도 개발 5개년 계획을 세워 약 5백만 달러를 투자할 의향임을 밝혔다.[164] 외무성 차원에서도 대마도가 일본 영토에 속함을 주장하는 여러 문건을 작성해 미국에 전달했다.[165]

다. 소련

제2차 대전 종전 직후 소련은 대마도의 한국 이양을 검토한 바

---

163) 中村榮孝, 「ツシマの歷史的地位」, 日本歷史 제19호(1949). 기타 幣原坦, 對馬問題, 朝鮮學報 創刊號(1951) 등이 있다. 하우봉(전게주 119), p.156에서.

164) 동아일보 1950.1.17., p.1; 경향신문 1950.1.17., p.1.

165) 정병준(전게주 135), pp.187-193 참조.

있다. 1945년 런던 외상회의를 위해 소련 외무부가 준비한 「과거 일본 식민지들 및 위임통치 지역들의 문제에 대한 노트」에 따르면 부산·진해, 제주도, 제물포(인천)는 소련군 통제를 받아야 하며, 단 제주도는 중국 점령지역으로 지정하고, 대마도는 한국으로 이전시키자는 제안을 구상했다. 이는 대마도에 대한 한국의 역사적 연고권을 인정해서가 아니라, 대마도가 과거 대륙국가에 대한 일본의 공격적 행동의 교두보가 되었다는 이유로 일본을 약화시키려는 의도에서 비롯되었다. 즉 소련의 구상은 한반도 남부에 대한 자신들의 통제권 확보하고, 대한해협에서의 소련 해군 항로 확보라는 목적에서 나왔다. 그러나 1945년 9월 진행된 런던 외상회의에서 소련은 위와 같은 제안을 실제 제출하지는 않았다고 하며, 1945년 말 일본을 점령중인 미국이 대마도를 일본에 포함될 인접도서의 하나로 인정한 이후에도 별다른 이견을 제기하지 않았다. 소련의 대마도 한국 이양론은 일시적 구상에 불과했던 듯하다.[166)]

라. 중국

중국(국민당 정부) 역시 흥미롭게도 대마도의 한국 귀속을 지지하는 입장을 취했었다. 중국 정부의 공식적인 입장을 나타내 주는 문서는 확인되지 않았으나, 대마도 처리 방향에 관한 내부 인식을 보여주는 문서들이 발굴된 바 있다.[167)]

1946년 1월 미국정부의 SCAPIN 제677호가 발표되자 중국 정부는 이를 기반으로 한반도의 영토처리에 관한 검토를 진행했다.[168)] 중

---

166) 대마도 처리에 관한 소련 입장에 관한 분석은 정병준(전게주 135), pp.159-165 참조.
167) 본 중국 항목의 내용은 유미림, 우리 사료 속의 독도와 울릉도(지식산업사, 2013) 속에 소개된 그의 연구를 바탕으로 한다.
168) 유미림(상게주), p.326.

국 정부 역시 과거 역사에서 대마도가 조선과 관계가 깊었음을 알고 있었고, 이를 조선에 귀속시킬 방안을 검토했다.169) 특히 중국은 일본이 그대로 대마도를 영유한다면 대한해협의 정세를 일본이 주도하게 되리라고 우려했다. 이에 신탁통치가 실시된다면 미국이나 중국이 대마도를 통치하기 원했으며, 만약 탁치가 실현되지 않는다면 조선 귀속도 가능하다고 생각했다.170) 당시 중국 외무부 張廷錚(亞東司 課長) 역시 대마도를 일본 관할에서 이탈시키자고 건의하는 보고서를 작성했다.171) 중국 언론도 같은 시각의 견해를 표명한 적이 있다.172)

결국 중국 정부는 동아시아 해양안보적 관점에서 일본의 대마도 지배를 저지하고 싶어 했다. 이에 SCAPIN 제677호를 통해 대마도의 일본 귀속에 대한 미국의 입장이 천명된 이후에도 이의 변경을 검토했고, 일본보다는 차라리 한국 귀속이 더 바람직하다고 판단한 듯하다.173) 같은 시각에서 중국은 제주도를 자국 해군기지로 활용하거나 이의 탁치에도 관심을 가졌다. 특히 이들 섬에 대해서는 일본은 물론 소련의 지배(탁치)가 허용되어서는 안 된다고 생각했다.174) 이러한 중국의 입장은 동북아에서 일본을 견제하기 위해 대마도 분리를 검토한 소련의 시각과 일맥상통한다.

---

169) 機密 日本領土處理辨法草案. 유미림(전게주 167), p.331에서.
170) 機密 日本領土處理辨法草案. 유미림(전게주 167), p.333에서.
171) 舊日本領土. 유미림(전게주 167), p.333에서.
172) 臺北發 共立通信은 류큐가 300년 전 중국령이었던 바와 같이 대마도도 300년 전에는 조선령이었으므로 조선으로의 반환이 응당하다고 보도했다. 대마도가 일본에게는 경제적 이득이 못되나, 조선으로서는 국방상 절대 필요하며 장래 일본의 침략에 대비한 해군작전상의 중요지역이 될 것이라고 보도했다. 동아일보 1948. 9.19., p.1; 평화일보 1948.9.19., p.1.
173) 유미림(전게주 167), p.331.
174) 日本領土處理辨法研究. 유미림(전게주 167), pp.330-331에서.

5. 대일강화조약 성립과 평화선 선포

미국은 1951년 3월 23일 대일평화조약 잠정초안을 성안해 관계국 회람에 돌렸으며, 한국에도 이를 통지했다. 이는 미국이 공식적으로 대외에 공개한 첫 번째 협상용 초안이었다. 당시 한국의 가장 큰 관심사는 대일평화조약에 전승국 자격으로의 참여와 대일배상청구였다. 이 초안에는 제3조에 일본은 한국(Korea)의 독립을 승인하고 이에 관한 모든 권리, 권원, 청구권을 포기한다는 내용 뿐, 양국간 배상이나 영토문제에 관한 구체적 내용은 없었다.[175]

초안을 통지받은 후 국내에서는 이 문제를 범정부적으로 논의하기 위해 1951년 4월 16일 「대일강화회의준비위원회」가 구성되었다(약칭 외교위원회).[176] 그 결과 작성된 한국정부의 공식 논평 및 제안서(1951년 4월 27일자)는 변영태 외무장관이 직접 번역해 5월 초 미국 정부로 전달했다.[177] 그중 영토부분에서 대마도가 원래 일본이 무력과 불법으로 점령하기 전까지는 역사적으로 한국령이었으므로, 대마도의 영토적 지위에 관해 철저한 연구가 필요함을 요구하면서 궁극적으로 일본은 대마도에 대한 모든 권리, 권원, 청구권을 포기하고, 이를

---

175) Provisional Draft of a Japanese Peace Treaty(1951.3.23.)
"3. Japan renounces all rights, titles and claims to Korea, Formosa and the Pescadores; and also all rights, titles and claims in connection with the mandate system or deriving from the activities of Japanese nationals in the Antarctic area. Japan accepts the action of the United Nations Security Council of April 2, 1947,3 in relation to extending the trusteeship system to Pacific Islands formerly under mandate to Japan."

176) 위원회는 장면 총리(위원장), 조병옥 내무장관, 김준연 법무장관, 배정현 외교위원회 위원, 최두선 동아일보사 사장, 임송본 식산은행(현 산업은행 전신) 총재, 홍종인 조선일보 주필, 장기영 한국은행 부총재, 손원일 제독, 유진오 및 이건호 고대 교수 등으로 구성되었고 법무부 홍진기 국장이 간사를 맡았다. 유진오, 한일회담-제1차 회담을 회고하면서(외무부외교안보연구원, 1993), p.27.

177) 장박진, 대일평화조약 제4조의 형성과정 분석, 국제지역연구 20권 3호(2011), pp. 24-25; 박진희, 한일회담(선인, 2008), p.73.

대한민국에 반환할 것을 요청했다.[178]

　미국은 각국의 반응을 수렴하고 특히 영국과의 협의를 거쳐 1953
년 5월 3일자로 미·영 합동초안을 작성했다. 이 초안 제2조에는 일
본은 한국에 대한 모든 권리, 권원, 청구권을 포기한다는 내용에 제
주도·거문도·울릉도가 한국에 포함된다는 구절이 추가되었다. 이는
자신의 영토적 범위를 좀 더 명확히 하기 원하는 한국의 요청이 받아
들여진 결과이나, 대마도와 독도의 명기는 포함되지 않았다.[179] 협의
과정에서 영국과 일본의 강력한 반대로 미국은 한국을 대일평화조약
에 당사국으로 참가시키기를 포기했다.

　1951년 7월 9일 양유찬 주미대사는 국무부로 덜레스를 방문해
한국이 대일평화조약의 당사국이 되어야 함과 아울러 대마도는 원래
한국령이었다며 평화조약에 이 점을 명기해 달라고 다시 요청했다.
이때 덜레스는 분명한 어조로 한국은 대일평화조약의 당사국이 될 수
없으며, 일본이 매우 오랫동안 대마도를 지배해 왔으므로 평화조약을
통해 이의 현 지위를 바꿀 수 없다고 답했다.[180]

　이후 대마도에 관한 한국 정부 입장은 차츰 완화된다. 한국 정부
는 평화조약 초안에 관한 입장을 다시 정리했고, 7월 19일 양유찬 주

178) 정병준(전게주 135), p.182.
179) Joint United States-United Kingdom Draft Peace Treaty(May 3, 1951.) Article 2:
　　"Japan renounces all rights, titles and claims to Korea (including Quelpart, Port
　　Hamilton and Dagelet), [Formosa and the Pescadores]; and also all rights, titles
　　and claims in connection with the mandate system [or based on any past
　　activity of Japanese nationals in the Antarctic area]. Japan accepts the action of
　　the United Nations Security Council of April 2, 1947, in relation to extending
　　the trusteeship system to Pacific Islands formerly under mandate to Japan.
　　(U.K. reserves position on passages between square brackets.)." Foreign
　　Relations of the United States(이하 FRUS), 1951, Asia and the Pacific, Volume
　　Ⅵ, Part 1. p.1025.
180) Memorandum of Conversation, by the Officer in Chargé of Korean Affairs in the
　　Office of Northeast Asian Affairs(Emmons)(July 9, 1951). FRUS 1951, Asia and
　　the Pacific, Volume. Ⅵ, Part 1, pp.1182-1183.

미대사가 덜레스를 방문해 이를 전달했다. 이때 영토에 관해서는 독
도와 파랑도의 한국령 명기만 요구하고, 대마도에 관한 언급은 빠져
있었다. 덜레스가 이 점을 지적하자 양유찬 대사는 대마도를 삭제했
다고 답했다.[181]

평화조약 당사국 참가가 불가능하다는 미국의 확고한 입장을 통
보받은 한국의 변영태 외무장관은 8월 1일 기자회견을 통해 부분적으
로 완화된 대일평화조약 관련 4개 요구사항을 발표했다. 그 속에는
대마도가 한국령으로 귀착된다면 수락하겠지만, 그렇지 않을 경우 유
엔 신탁통치 하 비무장지대로 남기자는 완화된 제안이 포함되어 있었
다.[182] 대마도 신탁통치 제안은 중국도 한때 검토한 안으로 한국으로
서는 일종의 출구전략이었다.[183] 이어 양유찬 대사는 8월 2일 미국측
에 평화조약 초안에 관한 수정의견을 재차 제출한다. 이때는 연합국
자격으로의 평화조약 당사국 참여와 대마도·파랑도 등에 대한 영유
권 주장을 더 이상 제기하지 않는 대신, 재한 일본재산의 한국 귀속
확인과 맥아더 라인의 존속 그리고 한국이 평화조약의 어느 조항의
적용을 받는지 명기해 달라고 요구했다.[184]

결과적으로 1951년 9월 8일 서명된 대일평화조약에 한국은 당사
국으로 참여하지 못했다. 한국에 관해서는 "일본은 한국의 독립을 승
인하고, 제주도·거문도·울릉도를 포함한 한국에 대한 모든 권리, 권
원, 청구권을 포기한다"(제2조 제1항)고 규정했는데, 평화조약 속에 일
본이 포기할 대상에서 대마도가 빠진 점은 이것이 일본 영토에 포함
된다는 사실을 의미했다. 평화조약을 통해 대마도 확보를 원하던 한

---

181) Memorandum of Conversation, by the Officer in Chargé of Korean Affairs in the
Office of Northeast Asian Affairs(Emmons)(July 19, 1951). FRUS 1951, Asia and
the Pacific, Volume. Ⅵ, Part 1, p.1203.
182) 민주신보 1951.8.3. 석간, 정병준(전게주 135), p.184 재인.
183) 정병준(전게주 135), p.184.
184) 박진희(전게주 177), p.78.

국으로서는 마지막 기대가 사라졌다.

한국의 희망과 달리 대일평화조약은 맥아더 라인의 존속도 예정하지 않았다. 이에 대응해 한국 정부는 대일평화조약이 발효하기 약 3달 전인 1952년 1월 18일 "인접해양의 주권에 관한 대통령 선언"을 선포한다(국무원 고시 제14호: 후일 평화선으로 불림). 이 선언에서 대마도는 한국측 수역에 포함되지 않았다. 직접적인 언급은 없었지만 이사실 역시 한국 정부가 대마도 반환 주장을 포기했다는 의미로 해석될 수 있다. 1952년 이후 한국 정부가 대마도 반환론을 주장한 바는 없다. 반세기도 더 지나 2008년 국회에서 대마도 반환론이 다시 제기되었을 때, 한국 정부는 이 주장이 국제법적 근거가 취약하고, 잘못하면 독도 영유권에 대한 의구심을 유발할 가능성이 있어 적절하지 않다는 입장을 취했다.[185]

6. 평가

이승만 대통령이 진정으로 대마도 확보를 목표로 했는지, 공세적 대일 외교전략의 일부 정도로 주장했는지는 정확히 확인하기 어렵다. 다만 이승만 대통령의 거듭되는 주장으로 인해 외교 실무진들은 대마도 반환을 진정으로 노력했다고 보여진다.

그렇다면 원래 조선 영토였다고 주장하던 대마도의 반환 주장이 포기된 이유는 무엇이었을까? 유진오는 1951년 상반기 최남선을 방

---

185) 유명환 외교통상부 장관 국회 답변. 제279회 국회(임시회) 외교통상통일위원회 회의록 제1호(2008.12.10.), p.23. 이는 2008년 정갑윤 등 50명의 국회의원이 "일본이 불법으로 강점하고 있는 대마도를 조속히 반환할 것을 촉구"하며, 6월 19일을 범국가적 기념행사일로 승격시키자는 제안은 담은 「대마도의 대한민국 영토 확인 및 반환 촉구 결의안(2008.7.22.)」을 제출한 데에 대한 답변이었다. 당시 국회 외교통상통일위원회 검토보고서 역시 대마도가 우리나라 영토임을 증명할 역사적 근거가 취약하며, 국제법적으로도 영유권을 주장할 논리적 근거가 약하다고 보고했다(2008.12. 외교통상통일위원회 수석전문위원(구희권) 검토보고서). 이 결의안은 내외의 신중론에 부딪쳐 결국 18대 국회의원 임기만료로 폐기되었다.

문해 이 대통령의 대마도 반환론의 근거를 문의하니, 육당은 빙그레 웃으며 고개를 좌우로 저었다고 회고한 바 있다.186) 광복 직전 연합 국사령관에 대해 대마도 반환을 주장하는 우국노인회의 청원서를 직접 작성한 최남선이 대마도 영유권에 회의적이었다는 사실은 청원서에서 "위자(慰藉)"로서 대마도의 "이속(移屬)"을 주장한 점과 일맥상통한다. 대마도가 조선과 특수관계에 있었던 것은 사실이었으나, 조선의 일부였다고 보기는 어려웠다. 고려 시대에도 대마도는 일본령으로 인식되고 있었으며, 이 같은 인식은 조선 시대에도 기조를 이루었다. 인종적으로나 문화적으로 대마도가 일본에 더 가깝다는 현실은 부인하기 어려웠다. 후일 독도와 간도 문제를 주로 다룬 「한국의 영토」를 집필한 이한기는 어떠한 역사적 사실에도 불구하고 법적으로 대마도를 우리 영토라고 주장하기는 곤란하므로 "대마도 문제는 본론에서 제외하는 것이 적당하다고 생각한다"고 서술했다.187) 역사적 특수관계만으로 대마도 영유권을 국제적으로 인정받기는 힘들었고, 이에 대한민국 정부는 미국 정부를 설득해 대일평화조약을 통해 대마도 영유권을 확보하려는 노력을 기울였다. 과거 패전국에 대한 전후 처리과정에서 일정한 영토할양이 있었던 사례는 무수히 많았기 때문에 아마도 역사적으로 조선과 가장 관계가 깊었던 대마도를 목표로 삼았던 듯싶다. 이는 일본의 대륙침략의 길목을 봉쇄하는 조치가 된다는 정치적 명분도 갖고 있었다. 그러나 대일평화조약을 통한 대마도 확보 시도가 실패하자, 이승만 정부도 6·25의 와중에 이를 실현시킬 방안을 더 이상 찾기 어렵다고 생각하고 포기한 것으로 보인다.

---

186) 유진오(전게주 176), p.26.
187) 이한기, 한국의 영토(서울대학교 출판부, 1969), p.13.

Ⅲ. 평화선과 어로수역

1. 문제의 제기

한국 정부는 1952년 1월 18일 「인접해양의 주권에 관한 대통령 선언」을 발표했다. 이는 한반도 주변에 부분적으로 최장 200해리에 육박하는 수역과 해저 대륙붕에 관해 대한민국은 주권을 보지한다는 선언이었다. 후일 이 선언 내용은 국내에서 "평화선"으로 통칭되었다. 평화선은 한반도 주변 수역에서 일본어선의 남획을 막기 위한 일종의 배타적 어로수역의 경계로 운영되었지만, 당초 1952년의 선언은 해저 하층토상 광물자원도 적용대상에 포함하고 있었다. 1952년 대통령 선언은 인접해양에 관해 "주권"을 선언해 언뜻 이것이 대한민국의 영해 주장으로 오해될 소지도 있었으나, 한국 정부가 평화선을 국가영역의 경계선으로 주장할 의도는 없었다고 본다. 이를 법제화한 1953년 "어업자원보호법"은 대상수역을 "어업자원을 보호하기 위한 관할수역"이라고만 표현했으며(제1조), 이 수역 내 어업만을 규제하고 있다(제2조 및 제3조). 그런 의미에서 평화선이 국가영역의 경계라고는 할 수 없었다. 다만 국가 관할권의 일정한 적용범위를 표시한다는 점에서는 해양 경계의 일종이라고 할 수 있다.

평화선 선언은 전통 국제법상 공해어업의 자유에 반기를 든 약소국의 외침이었다. 평화선은 당시 이를 기초한 실무자들조차 국제법 위반의 개연성을 부인하지 않았으며, 따라서 국제적 파장이 만만치 않으리라는 점을 각오했다고 한다. 6·25라는 전쟁을 치루며 국제 원조에 의존해 근근이 생존하기 급급했던 한국이 우방 미국의 비난을 감수하면서까지 평화선을 고수해 나갈 수 있었던 근거는 무엇이었나? 평화선은 그후 13년간의 한일 국교정상화 회담시 가장 큰 장애물 역할을 했으며, 회담 타결시 마지막까지 쟁점으로 남았던 난제였다. 일본은 평화선이 공해어로 자유의 원칙을 위반한 국제법상 불법조치라고 시종 비판한 반면, 한국은 국제 선례에 입각한 정당한 권리주장이라고 반박했다. 일본정부는 평화선을 침범한 일본어선을 나포하는 한국정부가 인질외교를 벌인다고 비난했다. 국내에서는 1960년대 한일회담 반대자론들이 국민의 심정적 동조를 쉽게 얻을 수 있었던 구호 중 하나가 "평화선을 팔아먹지 말라"는 주장이었다. 1965년 한국 어업협정 타결로 사실상 역사의 뒤안길로 사라져간 평화선은 국제법상 어떻게 평가될 수 있겠는가?

2. 평화선 선언의 배경과 내용

가. 평화선 선언의 배경

제2차 대전 이전 일본은 세계 최대의 어획고를 자랑할만큼 수산업이 발달했으며, 일본 어민의 원양어업 진출은 각국과 분쟁을 야기하기도 했다. 일본 어민들의 발달된 어로 기술과 어선, 어구로 인해 한반도 주변 역시 남획의 위협을 받고 있었다. 조선총독부는 어장 보호를 위해 1929년 12월 조선어업보호 취체규칙을 제정하고(조선총독부령 제109호) 한반도 주변 수역에 트롤어업 금지구역을 설정했다.[188]

과거 일본어선의 미국 알라스카 연안 등지로의 진출로 곤욕을 치룬 미국은 제2차 대전 종전 이전부터 일본어선의 대외진출 통제를 모색하고 있었다. 이에 점령 직후인 1945년 9월 27일 미국 태평양 함대 사령관은 일본어선의 조업구역을 일본 열도 주변으로 한정한다는 각서 제80호를 발표했다. 이것이 이른바 제1차 맥아더 라인이다.[189] 맥

---

188) 조선총독부는 이미 1911년 조선총독부령 제68호로 한반도 연안 일부 수역을 어업자원 보호를 위한 트롤어업 금지 구역으로 설정한 바 있었는데 1929년 총독부령 제109호는 이를 전 한반도 주변으로 확대했다. 또한 1929년 12월 총독부령 제479호는 기선 저인망어선의 조업구역 제한도 설정했다. 그 구체적 배경에 대하여는 지철근, 평화선(범우사, 1979), pp.84-89 참조.

189) 1945년 9월 14일 연합군 사령부는 일본은 목조선에 한해 연안 12해리 이내에서

아더 라인은 그후 수차례 확장되어 1950년 5월 이후에는 남태평양에
서의 모선식 참치어업도 허용되었다.[190] 한반도 주변 수역은 맥아더
라인 밖에 위치했기 때문에 일단 한반도 주변에서 일본인의 어로는
금지되었으나, 상당수 일본 어민들은 맥아더 라인을 넘어 서해까지
몰려와 조업했다. 그럼에도 불구하고 연합군 사령부나 일본 정부는
별달리 이들을 단속하지 않았다. 대부분의 어선이 무동력선이던 당시
한국 수산업계로서는 일본어선의 맥아더 라인 월선과 한반도 주변 수
역에서의 어로를 속수무책으로 바라만 보고 있을 수밖에 없었다. 드
디어 1949년 6월에는 남해안 일대 어민들이 곳곳에서 일본어선 침범
규탄대회를 벌였고, 1949년 6월 13일 국회는 맥아더 라인 확장 반대
및 일본어선의 한반도 근해 출몰을 비난하는 결의를 채택했다.[191]

　6·25가 발발하자 일본어선의 월선과 남획은 더욱 심해졌고, 전
쟁 중 단속은 어려웠다. 한국 당국자가 연합국 사령부에 이 문제를
제기하면 양국간 어업협정 체결을 권할 뿐이었는데, 당시 정세상 조
속한 협정 체결은 기대하기 어려웠다. 이에 상공부 수산국에 근무하
던 지철근 등이 중심이 되어 한반도 주변에 어로관할수역을 설정하자
는 주장을 제기했다. 지철근은 이 안을 실현시키기 위해 국내의 국제
법학자, 법조계 인사, 외무부 관계자와 접촉했지만, 공해자유의 원칙
과 영해 3해리설이 주류를 이루던 당시 영해 외곽에 일방적 어로수역
선포안에 대해 모두 부정적이었다고 한다.[192] 지철근은 1945년 미국
의 트루먼 선언 이후 중남미 여러 국가들이 대륙붕과 인접수역에 대

　　만 어로를 허용한다고 발표했으며, 이에 대한 완화 요청이 제기되자 9월 22일 어
　　업과 항해를 할 수 있는 선박의 종류를 확대했다가, 9월 27일 구체적 어로구역을
　　설정한 맥아더 라인을 발표했다. 이에 따른 구역은 총 63만 2400만 평방마일이었
　　다. 지철근(상게서), pp.89-90.
190) 이에 대한 상세는 지철근, 한일어업분쟁사(한국수산신문사, 1989), pp.46-49 참조.
191) 제3회 국회회의록 제16호(1949.6.13), p.349.
192) 지철근(전게주 188), p.111.

해 일방적 권리주장을 펴고 있는 예를 들어 한국도 유사한 조치를 취하자고 주장했다. 그는 과거 일제가 한반도 연안 어족자원보호를 위해 트롤어업 금지수역을 실시했던 예에 착안해 한국도 유사한 어로관할수역을 설정하면 일본도 반발할 명분이 적으리라 기대했다. 그는 일본의 지인을 통해 한반도 주변 어장도를 구하는 한편, 1950년 10월부터 한반도 주변 주요 어장을 포함할 수 있도록 어로관할수역 획선작업을 시작했다. 통일에 대비해 전 한반도 주변에 어로관할수역을 설정하기로 하고, 일제시 트롤어업금지 구역선을 기반으로 하되 동남해는 일본과의 중간선을 기준으로 하고 어족자원이 많은 제주 서남해 방면은 외곽으로 돌출시켜 넓게 포섭하고 소흑산도 이북 서해지역은 트롤어업금지선과 일치시켰다. 동해에서는 울릉도까지만 포함시켰다. 수산국에서 지철근을 중심으로 작성된 최초안은 주로 수산업계의 관점에서 한국 어민들의 연안 어장을 보호한다는 원칙 아래 작성되었다.[193)]

　　나름대로 일본어선의 남획으로부터 어족자원을 보호해야 된다는 필요성을 느끼고 있던 당시 외무부 김동조 정무국장은 외무부 내에서 이 문제의 대변인이라고 할 정도로 어로수역 설정에 적극적이었다고 한다.[194)] 그는 한국의 어로수역설정이 공해어업자유에 대한 침해라는 반발이 있으리라고 예상하면서도 해양법의 새로운 추세상 충분히 근거를 인정받을 수 있다고 확신했다.[195)] 김동조는 주로 정무국 내 장윤걸, 김영주 등과 함께 이 문제를 검토했다. 특히 UNCURK에 근무하는 김윤태를 통해 UN 국제법위원회에서 발간한 해양법 자료집을 몇 권 얻어 트루먼 선언 이후 중남미 각국의 해양 관할권 확대 선언

---

193) 지철근(전게주 188), pp.115-118. 이 책 p.118에는 그 구체적인 좌표점이 제시되어 있다.
194) 지철근(전게주 188), p.120.
195) 김동조, 회상 30년 한일회담(중앙일보사, 1986), pp.15-16.

에 관한 정보를 얻자 어두운 밤에 전등을 주운 것 같은 용기를 얻어
자신감을 가질 수 있었다고 회상했다. 변영태 외무장관도 김동조의
의견에 동조해 업무를 추진하라고 지시했다. 김동조는 당시 새로이
대두되던 대륙붕 내 자원에 대한 권리선언도 포함시키고 싶어 했으
나, 우선 급한대로 어족자원 보호에 중점을 두고 작업도 그 방향으로
진행했다. 지철근 수산과장의 원안을 외무부 차원에서 수정한 부분은
획선 안에 독도를 포함시킨 점이었다. 당시 국내 수산업계의 실정상
어업보호를 위한 목적에서는 울릉도 외곽 수역까지 포함시킬 필요가
없었다. 이에 독도 포함은 어족자원 보호라는 명분만 퇴색시킨다는
반대가 제기되었으나,196) 김동조는 향후 한·일간 영유권 분쟁을 대
비하기 위해 독도를 포함시킬 필요가 있다고 주장했다.197) 이에 동해
상의 경계가 독도 외곽을 둘러싸는 형태로 넓게 확장되었다. 샌프란
시스코 대일평화조약이 1951년 9월 초에 채택될 예정이었기 때문에
외무부는 평화조약 조인 이전에 어업수역을 선포하려는 의도에서 작
업을 서둘렀다. 1951년 9월 7일자 제98회 임시국무회의는 "어업보호
수역 선포에 관한 안건"을 통과시켰다.198) 이 의결안은 대일평화조약
이 조인되던 바로 9월 8일 이승만 대통령에게 제출되었으나 재가되지
않았다. 그 이유는 정확히 알려지지 않았다.199)

---

196) 지철근(전게주 188), pp.69-70.
197) 김동조(전게주 195), p.16.
198) 당시 이 안건의 필요성을 설명한 자료가 김동조(전게주 195), p.17에 수록되어 있
다. 즉 해양자원의 감소로 공해어업자원을 둘러싼 각국의 이권 쟁탈전은 세계평
화를 위협할 정도이며, 따라서 한국도 이로 인한 국제적 친선관계의 손상을 막고
우리 국민 생활과 경제에 중요한 인근 어장을 보호하기 위해 어업보호수역을 선
포한다는 내용이었다. 이어 트루먼 선언 이후 중남미 국가들이 공해에 대해 어업
보호조치를 취한 국제 선례를 지적하고, 이 선언을 통해 향후 일본과 어업협정을
체결할 때도 유리한 입장에 서게 되리라고 예상했다.
199) 변영태 장관이 국무회의 결정을 이 대통령에게 가져가니 이 대통령은 누가 이런
작업을 했냐며 화를 냈다고 한다. 박실, 증보 한국외교비사(정화출판사, 1984),
p.285. 김동조 국장이 임철호 대통령 비서로부터 들은 바로는 한국 정부가 맥아

1951년 10월 20일부터 한일회담 예비회담이 개시되었다. 예비회담으로 시작된 만큼 일단 양측은 서로의 기본 입장을 탐색하는 자리였다. 한국은 일본어선의 한반도 주변에서의 남획을 통제하기 위한 어업협정의 체결을 희망했으나 일본으로서는 별다른 반응을 보이지 않았다. 일본은 평화조약 발효 이후 주권을 완전히 회복한 다음 본격적인 회담을 진행하려는 의도가 명백했다. 반면 한국으로서는 평화조약이 발효하면 맥아더 라인이 철폐되어 일본어선이 연안까지 몰려오리라 걱정했다. 이에 예비회담을 시작한 결과 김용식 대표 등 한국 외교부 관계자들은 일본에 대한 협상 주도권을 잡기 위해서도 어업자원 보호수역 선포가 필요하다고 판단했다. 이들은 다시 경무대와 접촉하며 단순히 어업자원 보호뿐만 아니라 대륙붕 자원도 대상으로 하고, 안보·국방 차원의 성격도 가미한 해양주권선언을 추진하기로 했다.[200] 이에 어업보호수역의 선포에서 "인접해양의 주권에 관한 대통령 선언"으로 변화된 안이 1952년 1월 중순 다시 국무회의를 통과했고, 이 대통령도 이를 재가했다. 이는 1952년 1월 18일 국무원 고시 제14호로 공포되었다. 이후 평화선이 한국민의 마음이나 대일외교 상 차지했던 중요성에도 불구하고 정작 발표 당시에는 국내 언론의 주목도 별로 받지 못했다. 1월 20일자 동아일보에는 뒷면 기사로나마 보도되었으나, 조선일보에는 보도조차 되지 않았다. 이 선언에 대해 일본 정부가 항의하고 반박성명을 내자 그 사실이 1단 또는 2단 기사로

더 라인의 존속을 미국에 요청한 바 있고, 맥아더 라인은 어업보호뿐만 아니라, 안보상으로도 중요한 의미를 지니고 있으므로 한국이 어업보호수역을 서둘러 선포함으로써 아직 존속하는 맥아더 라인을 포기하는 듯한 태도를 보인다면 적절치 않다고 이 대통령이 생각했다고 한다. 김동조(전계주 195), p.18. 지철근은 이후 경무대에서의 조치를 보면 이 대통령은 단순한 어업자원뿐만 아니라 대륙붕 내 광물자원까지 포함하고 국방 안보까지 고려한 더욱 강화된 권리 주장을 할 필요가 있다고 판단했기 때문에 이를 재가하지 않았으리라 추측했다. 지철근(전계주 188), p.128.

200) 김동조(전계주 195), pp.35-36.

보도되었을 뿐이다.201)

"인접해양의 주권에 관한 대통령 선언"이 후일 평화선으로 불리게 된 이유는 다음과 같다. 선포 초기에는 정식 명칭이 긴 편이므로 해양주권선으로 주로 호칭되었고,202) 영해와 동일시되기도 했다. 원래 국내에서 평화선이란 맥아더 라인을 가리키는 용어였다.203) 한국의 해양주권선은 맥아더 라인(평화선)을 대체하려는 취지에서 탄생했다. 이 선언에 대해 우방국들도 반발을 하자 한국 정부는 1953년 2월 8일 선언의 목적이 한·일 양국의 평화유지에 있다는 성명을 발표했고, 이후 차츰 평화선이란 명칭의 사용이 국내에서는 일반화되었다.204) 반면 일본은 이 같은 취지를 인정하지 않는다는 취지에서 이를 시종 이승만(이) 라인으로만 호칭했다.205)

나. 평화선 선언의 내용

평화선 선언은 모두 4개 조항으로 구성되어 있었다. 전문은 확정된 국제선례에 의하고 국가의 복지와 방어를 보장하기 위해 이를 선언한다는 취지를 담고 있다. 제1항은 인접 대륙붕의 자원을 보호, 보존, 이용하기 위하여 국가의 주권을 보존, 행사한다고 선언했다. 제2항은 어족자원 등 인접 해양의 자원에 대한 주권의 보지와 행사를 선언했다. 제3항은 위와 같은 주권행사의 대상이 될 수역을 좌표를 통

201) 조선일보 1952.1.26., p.2; 1952.1.30., p.2.
202) 경향신문 1952.9.22., p.2; 동아일보 1952.9.23., p.2; 조선일보 1952.9.24., p.2, 1953.2.9., p.2, 1953.8.5., p.1 등.
203) 변영태 외무장관 성명(1952.5.2.): "맥아더 선은 명칭은 무엇이든 간에 평화선이었고, 지금도 평화선이며, 부득이하면 무슨 대가를 치루더라도 이를 지킬 것이다." 동아일보 1952.5.3., p.1.
204) 경향신문 1953.2.5., p.2에도 이미 평화선 호칭이 등장. 동아일보 1953.2.25., p.1과 조선일보 1953.2.26., p.1에도 평화선으로 등장했다. 본고에서는 이 선언을 가리키는 용어로 시점과 관계없이 평화선으로 통일한다.
205) 지철근(전게주 188), p.172.

해 밝혔다.206) 이 구획선이 바로 평화선이다. 다만 이 경계선은 장래
의 정세변화에 따라 수정될 수 있음을 첨부했다. 제4항은 수역 내에
서는 공해상의 자유항행권을 방해하지 않는다고 규정했다.

평화선 선언은 이의 목적으로 국가의 복지(경제적 목적)와 방어(군
사적 목적) 2가지를 내세웠다. 이를 위해 한반도 주변 수역의 자연자
원과 대륙붕에서의 자원에 대한 주권을 주장했다. 그러나 이 선언의
법적 성격은 처음부터 명확하지 못했다. 이는 당시 국무원(오늘날의 국
무회의) 고시로서 발표되었으므로 그 자체로는 법률적 효력을 가질 수
없었다. 후일 평화선 선언의 구속력 있는 집행을 위해 약 2년 후 제정
된 법률이 1953년 12월의 어업자원보호법이다. 이 법은 평화선의 대
상수역을 "어업자원을 보호하기 위한 관할수역"으로 규정하고(제1조),
관할수역 내에서는 어업허가를 받은 자만이 어업에 종사할 수 있도록
했으며(제2조), 위반자는 3년 이하의 징역 또는 50만환 이하의 벌금에
처하도록 처벌조항을 두었다(제3조). 이후 평화선의 집행을 위한 추가
적인 법률은 만들어지지는 않았다. 그렇다면 몇 가지 의문이 제기된다.

첫째, 대통령 선언은 제1항에서 대륙붕 자원에 대한 권리 주장을
했는데, 이는 법적으로 어떻게 실현될 수 있는가이다.207) 원래 국내

---

206) 평화선은 다음 지점을 연결하는 선이다.
   (1) 함경북도 경흥군 우암령 고령으로부터 북위 42도 15분 동경 130도 45분을
      연결하는 선.
   (2) (1)선의 종점으로부터 북위 38도 동경 132도 50분을 연결하는 선.
   (3) (2)선의 종점으로부터 북위 35도 동경 130도를 연결하는 선.
   (4) (3)선의 종점으로부터 북위 34도 40분 동경 129도 10분을 연결하는 선.
   (5) (4)선의 종점으로부터 북위 32도 동경 127도를 연결하는 선.
   (6) (5)선의 종점으로부터 북위 32도 동경 124도를 연결하는 선.
   (7) (6)선의 종점으로부터 북위 39도 45분 동경 124도(평북 용천군 신도 열도)를
      연결하는 선.
   (8) (7)선의 종점으로부터 마안도 서단을 연결하는 선.
   (9) (8)선의 종점으로부터 북으로 한만국경의 양단과 교차되는 직선.
207) 평화선 선언상으로는 대륙붕이 아닌 "海棚"이란 생소한 용어가 사용되고 있다.

어족자원 보호 목적으로 출발한 구상 속에 대륙붕 자원도 포함된 이
유는 대륙붕에 관한 트루먼 선언과 중남미 국가들의 연이은 권리주장
에 영향을 받았기 때문이다. 그러나 이 부분에 대하여는 후속 입법이
이루어지지 않았다. 당시로서는 대륙붕 자원을 개발할 자금이나 기술
이 없었으므로 대륙붕은 관심사가 되지 못했다.

후일 한국은 국제사법재판소의 1969년 북해대륙붕 사건 판결을
계기로 한반도 주변 대륙붕을 개발하기 위해 1970년 해저광물자원개
발법을 제정하고, 그 시행령을 통해 주변 대륙붕에 7개 광구를 설치
했다.208) 한반도에서 가장 멀리 떨어진 제7광구 남단은 마라도 남방
약 280해리 거리로 일본 큐슈지방보다 남측에 위치했다. 이는 평화선
선언의 후속 이행조치라고 해석될 수 있는가? 그 무렵 정부 당국자는
평화선을 통한 대륙붕 주권선언을 재확인한다는 입장을 밝히기도 하
였다.209) 그러나 1970년 시행령을 통해 실제로 설치된 해저광구는 평
화선의 범위와 일치하지 않았다. 동해 심해지역에 대하여는 광구가
설치되지 않았으며, 서남해의 경우 대체로 평화선보다 넓게 설치되었
으나, 부분적으로 평화선보다 축소된 지역도 있었다. 1970년 해저광
물자원개발법을 통한 대륙붕 광구설치가 "육지의 자연연장"이라는
개념에 입각한 주장이었다면, 1952년의 평화선 선언상의 대륙붕은 그
같은 개념을 기반으로 하지 않았다. 해저광물자원개발법은 평화선의

그러나 당시 평화선 선포의 주역들은 훗날 해붕을 현재의 대륙붕으로 설명하고
있고(지철근(전게주 188), p.128; 김동조(전게주 195), p.36), 평화선 선언의 핵심
적 근거자료로 이용되었던 트루먼 선언도 대륙붕 자원을 목표로 했으므로, 해붕
이란 용어는 오늘날의 대륙붕을 가리키는 용어로 사용되었다고 본다. 다만 당시
만 해도 국제사회에서 대륙붕의 법적 개념이 발달 중이었으므로 입안자들이 오
늘날의 대륙붕 개념과 일치되는 인식을 갖고 있지는 못했을 것이다.

208) 정인섭, 신국제법강의(제14판)(박영사, 2024), pp.760-761.

209) 1968년 7월 24일 박충훈 경제기획원장관 기자회견. 조선일보 1968.7.25., p.1. 이
는 1968년 6월부터 ECAFE 지원 하에 동아시아 대륙붕 탐사가 진행됨을 계기로
한 입장 표명이었다.

실현이라기보다는 평화선에서의 대륙붕 개념을 폐기시켰다는 해석이
타당하다.[210)]

둘째, 평화선의 목적 중 또 하나는 국가방위였으나, 그러한 내용
은 전문(前文)에만 지적되고 있을 뿐 선언 속에는 구체화되어 있지 않
았다. 이에 관한 후속 입법조치도 없었다. 더욱이 제4항에서 평화선
이 공해상 자유항행권을 방해하지 않는다고 규정했으므로 군함의 통
항 역시 제한되지 않았다. 상공비행 역시 아무런 제한이 가해지지 않
았다. 결국 전문에서의 언급과 달리 평화선은 안보와 직접적인 연관
이 없었다.

결국 평화선의 목적은 당초의 표방과 달리 어업자원보호만으로
한정되었으며, 일반인들도 그렇게 인식했다.

다. 평화선의 집행

일본어선의 침범을 막기 위해 인접 해양에 대한 주권선언을 했지
만 이의 집행은 쉽지 않았다.

평화선 선포 이전부터 한일 간에는 일본어선의 맥아더 라인 월선
이 문제되었다. 미군정 시절인 1947년 2월 4일 제주 근해에서 조선
해안경비대의 일본어선 幸漁丸 나포가 최초의 실력행사였다.[211)] 주한
미군정청도 맥아더 라인을 침범하는 일본어선의 나포를 지시했다. 미
군정 시절 약 20여 척의 일본어선이 맥아더 라인 침범을 이유로 나포
되었다. 그러나 1948년 7월 28일 군정청은 조선 영해를 침범하지 않

---

210) 1967년 7월 20일 과학기술심의회는 주변 대륙붕 개발을 위해 정부가 대륙붕 선
언을 하고 1958년 대륙붕 협약에 가입하라고 건의했다. 조선일보 1967.7.21.,
p.1. 그러나 당시 외무부 당국자는 한국은 평화선을 통해 이미 주변 대륙붕에 대
한 권리선언을 한 바 있으며, 한국이 이 협약에 가입한다면 평화선을 스스로 포기
하는 결과가 되므로 가입이 바람직하지 않다는 의사를 표명했다. 조선일보 1967.
8.23., p.1.
211) 지철근(전게주 190), p.100.

는 한 맥아더 라인 월선 어선을 나포하지 말고 그 침범 사실만을 통고하라고 지시했고, 정부 수립 직전 그동안 나포한 일본어선을 모두 석방했다. 연합군 사령부는 그 이후에도 맥아더 라인 월선 일본어선에 대해 동일한 방침의 실시를 요구했으나, 한국 해군은 종종 일본어선을 나포했다. 이에 연합군 사령부의 항의가 제기되었고, 미국의 압력으로 한국 정부는 일단 1950년 1월 27일을 기해 나포 중지를 약속했다.[212] 그러나 일본어선의 월선은 그치지 않았고, 6·25의 와중에도 한국 해군의 나포는 계속되었다.

1952년 1월 평화선이 선포되었으나 이를 위반한 경우의 대응책은 포함되어 있지 않았다. 사실 평화선 이전에도 수산관계법이 아직 정비되지 못해 한국의 영해 침범이 아닌 한 일본어선의 맥아더 라인의 월선에 대한 처벌근거가 명확하지 못했다. 맥아더 라인은 연합군 사령부가 공해상에 설정한 선이므로 그 위반 여부는 연합군 사령부가 처리할 문제였다.[213] 더욱이 1952년 4월 샌프란시스코 평화조약 발효에 즈음해 맥아더 라인이 철폐되었다. 일본어선으로서는 대외진출에 아무런 제약이 없어졌다. 일제시대 제정된 조선어업령과 정부 수립 후 1949년 제정된 어업에 관한 임시조치법만으로는 한국 영해 외곽인 인접 공해수역에서 조업하는 타국 어선에 대한 적절한 대책이 되기는 어려웠다.

평화선이 발표되자 일본은 1952년 1월 28일자 구상서를 통해 이는 국제적으로 확립된 공해자유원칙에 전적으로 배치된다는 항의를 전달했다.[214] 일본 정부는 이후 평화선이 국제법상 불법이라는 입장

---

212) 오제연, 평화선과 한일협정, 역사문제연구 제14호(2005), pp.14-15.
213) 실제 동경의 연합군 총사령부는 자신의 규칙을 위반한 일본어선에 대해 다른 국가가 일방적인 조치를 취함을 인정하지 않겠다는 입장이었다. 한국뿐 아니라 소련에 대해서도 맥아더 라인 위반 일본어선을 나포, 처벌하지 말고 그 처리는 자신에게 맡기라고 요구했다. 지철근(전게주 190), pp.101-102.
214) 일본의 이 구상서는 The Ministry of Foreign Affairs, The View of the Korea

을 한 번도 굽힌 적이 없었다. 일본 학자들 역시 시종 평화선은 불법
이라고 주장했다. 한국이 선례라고 제시하는 중남미 국가의 200해리
주장은 학설상 일고의 가치도 없는 잘못된 주장으로 입법론으로서의
가치조차 없으며, 평화선 선언은 한국 외교당국의 무지를 폭로함에
불과하다고 신랄히 비판했다.[215]

평화선 선언 이후 잠시 관망하던 일본어선들은 몇 개월이 지나자
다시 이를 넘기 시작했다. 1952년 7월 18일 이승만 대통령은 평화선
침범 외국 어선을 나포하라고 해군에게 지시했다. 그러자 일본은
1952년 9월 20일 평화선 안쪽으로 ABC 라인이라는 일본 경비구역선
을 설정하고 이 구역 내에서의 일본어선 조업을 해상보안청 순시선이
보호하겠다고 발표했다.[216] 그러나 일본의 ABC 라인은 1주일 후인 9
월 26일 주한 유엔군 사령부가 이른바 클라크 라인이라는 해상방위봉
쇄선을 설정함으로써 유야무야되었다. 클라크 라인은 북한 해상을 봉
쇄하고 6·25를 수행하기 위한 군사적 목적에서 설치되었지만, 이 선
을 넘는 모든 선박은 UN군 사령부의 허가를 받아야 했으므로 자연
일본어선의 한반도 연안 출입이 통제되었다. 클라크 라인은 울릉도와

Government, Selected Documents, and Thesis on Peace Line(Reference Material Series No. F.P.A.-P.12) vol. I (발행일자 미상), pp.42-44에 수록되어 있다. 일본 정부는 또한 평화선이 자국령 독도(죽도)를 포함하고 있다며 항의했다. 이에 대해 한국 정부는 이 조치가 한국 영토에 인접한 특별수역 내의 자연자원을 보호하기 위한 정당한 조치라고 답신했다. 이 답신서는 상게서 pp.45-49에 수록.

215) 小田滋, 日韓漁業紛爭をめぐつて, ジョリスト 1953年 4月 15日, p.27; 小田滋, 李承晚宣言の違法性, 法律時報 1953年 10月號, p.85.

216) A라인은 한국 동해안과 독도 사이 약 1/3에 해당하는 북위 38도, 동경 130도 지점과 부산 앞 바다인 북위 35도 15분, 동경 130도를 연결하는 직선이었고, B라인은 A라인 종점에서 목포와 제주도 중간인 북위 34도 동경 128도 10분을 연결하는 직선이었고, C라인은 B라인 종점에서 북위 34도, 동경 128도를 연결하는 직선이었다. 일본의 ABC 라인은 제주도와 한반도 사이를 가로지르는 등 평화선 선포 수역과 상당 부분 중첩되었다. 최종화, 현대한일어업관계사(세종출판사, 2000), p.25.

독도를 외곽으로 배제하고 있는 등 평화선보다는 축소된 수역에 설정되었으나, 일단 일본어선에 대한 유사한 통제선의 역할을 담당했다.217)

한국은 평화선을 침범한 외국선박과 선원을 심판하기 위해 1952년 10월 4일자 대통령 긴급명령 제12호로써 포획심판령을 제정하고 포획심판소와 고등포획심판소를 설치했다. 또한 평화선 선언을 실체법적으로 뒷받침하기 위해 1953년 12월 어업자원보호법을 제정했다. 이후 평화선 침범 어선에 대한 단속과 처벌은 어업자원보호법에 근거했다.

평화선은 주로 일본과의 문제였으나, 간혹 중국어선의 침범이 문제되기도 했다. 1953년 12월 25일 흑산도 남방에서 중국어선이 무장선의 호위를 받으며 조업을 해 한국 해양경비정이 어선 1척을 나포했다. 그러자 중국 무장선이 발표를 하며 어선을 탈취하고 오히려 한국 경비대원 1명을 납치해 갔다.218) 중국 어선의 한반도 주변 수역으로의 진출은 1990년대 들어 본격화되었으므로 중국과의 관계에서는 평화선이 별다른 갈등을 야기하지 않았다.

---

217) 클라크 라인은 휴전협정이 발효하자 1953년 8월 27일 철회되었다. 클라크 라인에 대한 상세는 김영구, (신판) 한국과 바다의 국제법(21세기북스, 2004), pp.181-182 참조.

218) 피납되었던 김창호 씨는 중국에서 간첩죄로 10년 형을 받고 복역한 후 1967년 6월 22일 귀국했다. 지철근(전게주 188), pp.330-331 참조.

[표] 한국에 나포된 일본 어선척수와 선원수

연도	나포어선척수/억류선원	송환어선척수/송환선원
1947	7/81	6/81
1948	15/202	10/202
1949	14/154	14/151
1950	13/165	13/165
1951	45/518	42/518
1952	10/132	5/131
1953	47/585	2/584
1954	34/454	6/453
1955	30/498	1/496
1956	19/235	3/235
1957	12/121	2/121
1958	9/93	0/93
1959	10/100	2/100
1960	6/52	0/52
1961	15/152	11/152
1962	15/116	4/116
1963	16/147	13/147
1964	9/99	7/99
1965	1/7	1/7
합계	327/3911	142/3903

주: 미송환 어선 185척(그중 3척은 침몰), 미송환 어민 8명은 사망.
출처: 小田滋, 海の資源と國際法 I (有斐閣, 1971), p.196. 단 1965년도 통계는 최종화
    (전게주 216), p.27에서.

3. 평화선과 해양법의 발전 추세

가. 제2차 대전 이후 해양관할권 확장 경향

초기 평화선 추진의 주역들이 일정한 국제적 파장을 예상하면서
도 한국 정부가 평화선 선포를 밀고 나갔던 근거는 무엇인가? 이는

한국정부 나름대로 국제해양법의 변화 움직임을 파악하고, 이를 적극 활용한 결과라고 판단된다.

제2차 대전 이후 연안국은 마치 경쟁이나 하듯이 고전적인 3해리 영해를 넘어서는 해양관할권 확장에 나섰다.[219] 그 직접적인 계기가 된 사건은 미국의 트루먼 선언이었다. 1945년 9월 28일 미국 트루먼 대통령은 이후 해양법 발전에 중대한 영향을 미친 "대륙붕 자연자원에 대한 미국 정책에 관한 대통령 선언(제2667호)"과 "공해 일정지역 연안어로에 대한 미국의 정책에 관한 대통령 선언(제2668호)"이라는 2개의 정책선언을 발표했다. 전자는 미국 연안 수심 약 180m까지 대륙붕에서의 천연자원은 미국의 관할권과 통제권에 복종한다는 내용이었다. 단 상부수역은 공해로서의 성격을 유지한다. 후자는 미국 연안에 인접한 일정한 공해수역을 어업자원보존수역으로 선포하고, 다만 타국도 이 수역에서 어업활동을 하고 있던 경우에는 그 국가와의 협정을 통해 어족자원을 보존하겠다는 내용이었다. 단 이 수역의 공해로서의 성격과 자유항해는 보장된다고 첨부했다. 트루먼 선언은 훗날 국제사회에서 대륙붕 제도와 배타적 경제수역 제도가 정립되는 계기를 제공했다.

이후 중남미 제국을 필두로 인접수역에 대한 연안국의 관할권 확장 경쟁에 불이 붙었다. 1945년 10월 29일 멕시코는 대통령령을 통해 수심 200m까지의 대륙붕은 연안국의 불가분의 일부이며, 인접 해역에서의 수산자원을 보호하기 위한 어로 구역을 설정한다고 발표했다. 1946년 3월 1일자 파나마 헌법 제29조는 인접 대륙붕이 파나마에 속한다고 규정했고, 같은 해 12월 17일자 명령 제449호는 대륙붕 상부수역에 대하여도 영해로서의 관할권이 미친다고 규정했다. 1946년 10

---

219) 1930년 헤이그 법전화 회의에서 참가국들이 3해리 영해에 합의하지 못함에 따라 영해 3해리 원칙의 권위는 이미 크게 손상받은 바 있었다.

월 11일자 아르헨티나 법률 제14,708호는 인접 대륙붕과 상부수역은
아르헨티나 주권에 귀속된다고 규정했다. 칠레는 1947년 6월 23일자
대륙붕에 대한 대통령 선언을 통해, 페루는 1947년 8월 1일자 대륙붕
에 대한 대통령령을 통해, 코스타리카는 1949년 11월 2일자 대륙붕과
도서붕에 대한 법령 제803호를 통해 각각 인접 200해리까지의 대륙
붕과 상부 수역에 자국 주권이 미치며, 이에 존재하는 자연자원에 대
한 주권을 주장했다. 사우디아라비아는 1949년 5월 28일자 칙령을 통
해, 필리핀은 1949년 6월 18일자 석유관리법을 통해, 과테말라는 1949
년 8월 30일자 석유법을 통해 대륙붕의 범위를 명확히 표시하지는 않
았지만 대륙붕 자원에 대한 권리를 선언했다. 또한 당시 영국의 보호
하에 있던 아부다비(1949년 6월 10일자로), 아즈만(1949년 6월 20일 자
로), 바레인(1949년 6월 5일자로), 두바이(1949년 6월 14일자로), 쿠웨이트
(1949년 6월 12일자로), 카타르(1949년 6월 8일자로) 등이 인접 대륙붕의
자연자원은 연안국에 속한다는 선언을 발표했다. 1950년 3월 7일자
온두라스 개정 헌법 제4조는 수심과 상관없이 인접 대륙붕과 상부수
역에 자국의 주권이 미친다고 규정했다. 1950년 3월 9일 파키스탄은
수심 180m까지의 대륙붕은 자국 영토라고 선언했다. 1950년 9월 7일
자 엘살바도르 헌법 제7조는 200해리까지의 수역, 하층토, 상공은 자
국 영역이라고 규정했다. 1950년 11월 1일자 니카라과 헌법 제5조는
대륙붕을 자국 영토의 일부라고 규정했다. 1950년 11월 8일자 브라질
의 대륙붕에 관한 포고는 인접 대륙붕을 브라질 영토라고 선언했다.
에콰도르의 1951년 2월 21일자 대륙붕에 관한 입법부 명령은 수심
200m까지의 대륙붕과 상부 수역에서의 모든 자원은 자국에 속한다고
규정했다.[220]

---

220) 이상 당시 각국의 해양관할권 확대 주장에 관해서는 UN이 준비한 UN Legislative
Series, Laws and Regulations on the Regime of High Seas(UN Doc. ST/ LEG/
Ser.B/1(1951)에 의함. 이 책자는 당시 법무부가 원문을 영인 수록하고 전문 번역

1952년 한국정부가 평화선 선언을 할 수 있었던 배경에는 이와 같은 국제적인 해양관할권 확장 추세가 자리 잡고 있었다.[221] 평화선 선언의 전문에 "확정된 국제적 선례"에 의거하고 있다는 문구는 이러한 사실을 가리키는 의미였다. 이 같은 선례를 근거로 한국은 한일회담에서 평화선이 국제법적으로 문제가 없다는 입장을 견지했다.

나. 1958년 UN 해양법회의와 한국

제2차 대전 후 급격히 변화하는 해양환경에 발맞추어 UN은 해양법을 법전화하기 위한 회의를 소집했다. 그 첫 번째 회의가 1958년 제네바에서 개최된 제1차 UN 해양법회의였다. 공해어로에 대한 연안국의 통제권 문제는 당시 회의에서도 주요 쟁점이었다. 한국으로서는 평화선이 객관적 타당성을 인정받을 수 있느냐에 촉각을 곤두세우지 않을 수 없었다.

한국은 공해 어로에 있어서 연안국의 특수한 입장이 존중되어야 한다는 입장을 관철시키려고 시종 노력했다. 해양법회의에 앞서 1955년 4월 로마 FAO에서는 수산자원보호에 관한 국제회의가 개최된 바 있다. 당시 인접 공해에서 생물자원 생산성 유지에 연안국의 특수이익을 인정하는 문제가 쟁점이 되었고, 한·일 간에는 평화선의 타당성에 관해 치열한 논전이 벌어졌다.[222] 결국 표결 끝에 연안국의 특수이익을 인정하는 안이 18-17-8로 간신히 통과되었다.

공해 어로는 1958년 제네바 회의에서도 주요 관심사 중 하나였

을 해 公海에 관한 법령집 상하 2권으로 발간했다(발간일자 미상).

221) 평화선 선언 직후 1952년 8월 18일 칠레, 페루, 에콰도르 3국은 산티아고 선언을 통해 200해리까지의 연안국은 주권과 관할권을 갖는다고 선언했다. 1953년 9월 11일 호주는 인접 대륙붕에 대한 주권을 선언했다. 1956년 11월 29일 인도는 대통령 포고로써 6해리 영해 바깥 100해리까지를 어업보존수역으로 설정했다. 상계책자에 의함.

222) 당시 상황에 관하여는 지철근(전게주 188), pp.214-219에 상세.

다. 회의 준비를 위해 국제법위원회(ILC)가 준비한 해양법협약 초안에
도 FAO에서의 논의가 포함되어 있었다.[223] 초안 제49조는 일단 모든
국가의 국민은 공해어업에 종사할 권리를 갖는다고 규정해 일단 연안
국만을 위한 배타적 어로수역의 설치는 인정하지 않았다. 그러나 이
조항에 대한 ILC 주석은 기존 해양법이 해양생물자원의 남획과 멸종
을 방지하기에 충분치 못함을 인정하고, 따라서 연안국이 외국 어선
의 남획에 속수무책화된다면 외국어선을 일방적으로 배재시키는 조
치를 유발하게 되리라고 예상했다.[224] 이에 연안국은 자국 영해에 인
접한 공해에서의 생산성 유지에 특별한 이해를 가지며(초안 제54조 제1
항), 합리적 기간 내에 타국과 합의가 성립되지 않으면 연안국은 인접
공해에서의 생물 생산성 유지를 위해 일방적 보존조치를 취할 수 있
다고 규정했다(초안 제55조 제1항).[225] ILC의 이러한 제안은 비록 공해
어족자원의 보존 필요성이라는 제한을 달고 있었지만, 고전적 공해
어로자유를 수정할 필요성을 국제사회가 공식화하기 시작한 첫걸음
이었다.

제네바 회의에서는 공해어로 자유를 강조하는 입장과 연안국의
특수이익을 강조하는 입장이 대립되었다. 한국은 물론 인접 공해수역
에서의 어로 규제에 관해 연안국의 입지를 한층 강화시키려고 노력했

---

223) Final Draft on the Law of Sea. Yearbook of International Law Commission
(1956) vol. Ⅱ, p.254 이하 수록.

224) ILC commentary on article 49(상계서), pp.286-288.

225) 제54조 제1항: A coastal State has a special interest in the maintenance of the
productivity of the living resources in any area of the high seas adjacent to its
territorial sea. 제55조 제1항: Having regard to the provisions of paragraph 1 of
article 54, any coastal State may, with a view to the maintenance of the
productivity of the living resources of the sea. adopt unilateral measures of
conservation appropriate to any stock of fish or other marine resource in any
area of the high seas adjacent to its territorial sea, provided that negotiations to
that effect with the other States concerned have not led to an agreement within
a reasonable period of time.

다. 우선 베네수엘라, 멕시코, 버마와 공동으로 "협약상의 연안국 이 익과 권리를 조건으로(subject to the interests and rights of the coastal States, as provided for in this Convention)"라는 표현을 초안 제49조와 공해 어업규제에 관한 제51조 및 제52조에 모두 삽입시키자는 수정 안을 제안했다. 이는 연안국의 특수이익과 권리 보호를 공해어업 전 반에 관한 원칙으로 고양시키려는 의도였다. 이 제안은 39-11-15의 큰 표차로 통과되었다. 반면 일본은 인접 공해에서 연안국의 특수이 익을 규정한 제54조와 제55조 자체를 삭제하자는 수정안을 제출했으 나, 참가국들의 호응을 거의 얻지 못해 실패했다.226) 한국 등이 제의 한 수정안은 최종적으로 채택된 공해 어로와 생물자원 보존에 관한 협약 제1조에 포함되었다.227) 또한 한국은 필리핀, 베트남, 멕시코, 에콰도르, 유고슬라비아 등 다른 10개국과 공동으로 초안 제55조 제1 항의 "합리적 기간"을 6개월로 변경하자는 수정안을 제시해 40-22-4 로 통과되었다. 이는 공해어로 규제를 위한 연안국의 일방적 조치 를 위한 협상시한을 명확히 함으로써 연안국의 입지를 강화시켜 주 었다. 이 수정안 역시 최종적으로 같은 협약 제7조 제1항에 포함되 었다.228)

한편 아이슬란드는 국민생활이나 경제발전에 긴요한 경우에는 연안국이 인접 공해수역에서의 어로에 우선권을 갖는다는 조항의 신 설을 제안했다. 한국 역시 유사한 수정안을 제출했으나, 아이슬란드 안이 분과위원회에서 먼저 표결에 부쳐져 25-18-12로 채택되었기 때 문에 철회했다. 다만 아이슬란드안은 전체 총회에서 30-21-18로 2/3

---

226) 스웨덴과의 공동 제안. 6-43-9로 부결되었다.

227) Convention on Fishing and Conservation of the Living Resources of the High Seas 1958. 당초 국제법위원회는 하나의 종합적 해양법협약 초안을 제시했으나, 최종적으로는 4개 협약으로 내용이 분리되어 채택되었다.

228) 이상 1958년 제네바 회의시 한국 대표단의 활동내용에 대해서는 문철순, 제네바 국제해양법회의 경과, 국제법학회논총 제4호(1958.9), pp.96-100.

에 미달되어 부결되었다.229)

제네바 해양법회의의 가장 큰 관심사는 영해의 폭이었는데, 전통적인 3해리의 고수는 이미 어려운 분위기였다. 제3세계와 동구권은 12해리 영해를 지지했으나, 미국과 서구국가들은 6해리 영해에 6해리 어로수역을 추가하는 안을 제안했다. 그중 캐나다는 추가 6해리 어로수역에서는 연안국의 독점적 어업권을 인정하자고 주장했고, 미국은 과거 5년간 12해리 이내 어로수역에서 어업실적이 있는 타국의 어로권은 기득권으로 계속 존중되어야 한다고 주장했다. 한국대표단은 영해 폭은 가급적 넓은 편이 좋으나 평화선은 영해가 아닌 일종의 독점적 어로수역이므로 이 문제와 직접적으로 관련된 사항은 아니라고 판단했다.230)

당시 미국 정부의 협조 요청을 받은 한국 정부는 대표단에게 표결에서 미국안을 지지하라는 훈령을 내렸었다. 그러나 金用雨 한국 수석대표(주영대사)는 분과위와 전체회의에서 모두 미국안에 반대하고 캐나다안에 찬성했다. 그는 12해리 이내에서도 연안국의 독점적 어로권을 보장하지 않으려는 미국안은 평화선에 불리한 영향을 미치리라 우려했기 때문이었다.231) 본부 지시를 무시하고 미국안에 반대표를 던진 김용우 대사는 혼자 책임을 진다는 생각에 표결시 다른 한국대표단을 모두 회의장 밖으로 나가라고 지시하고, 홀로 남아 반대표를 던졌다고 한다.232) 미국안은 분과위 표결에서 38-36-9로 과반수를 얻지 못했으며, 같은 안이 재차 회부된 총회에서는 45-33-7로 가장

229) 문철순(상게주), pp.100-101.
230) 문철순(전게주 228), p.82.
231) 문철순(전게주 228), p.85; 지철근(전게주 188), pp.224-225. 당시 일본은 캐나다안에는 반대, 미국안에는 기권을 했다.
232) 한국의 반대표에 주한 미국대사는 이 대통령을 방문해 유감을 표했고, 김용우 대사는 다음 달인 5월 업무차 귀국 시 사표를 제출해 수리되었다. 박실, 증보 한국외교비사(정화출판사, 1984), pp.360-361.

많은 표를 얻었으나 2/3 미달로 역시 부결되었다. 결국 1차 해양법회의에서는 영해 폭에 대한 국제적 합의가 성립되지 못했다.

1958년 제1차 해양법회의는 영해의 폭을 합의하지 못해 해양법상 가장 중요한 숙제를 해결하지 못했으나, 공해 생물자원 보존에 관한 포괄적 조약을 성립시켰다는 점은 중요한 업적이었다.[233] 이는 트루먼 선언 이후 연안국의 해양 관할권 확대 주장을 정면으로 수용한 내용은 아니었으나, 영해 바깥 공해수역에서의 어로에 대한 연안국의 특별이익을 인정했다는 점에서 국제법의 새로운 발전추세를 보여주었다. 이는 훗날 배타적 경제수역제도가 성립되는 중간과정이었다고도 할 수 있다.

제1차 해양법회의가 끝난 후 일본은 자국 외교의 실패였다고 평가했는데, 이는 외교의 실패라기보다 일본의 입장이 해양법의 새로운 발전추세와 조화되지 못한 결과였다.[234] 반면 평화선 고수의 사명을 지녔던 한국대표단은 이 과정에서 의미 있는 기여를 했다. 12해리의 영해 및 어로수역 외곽에 대한 연안국의 통제권 확보를 위한 노력의 일부가 최종 협약에 반영되었으며, 한국측 입장은 대체로 국제사회의 다수의사와 일치했다. 이는 평화선을 통한 권리주장이 국제사회의 장기적 흐름과 큰 격차가 없었기 때문에 가능했다.

1960년에 제2차 해양법회의가 역시 제네바에서 개최되었다. 이 회의의 가장 큰 관심사는 영해 폭의 결정이었는데, 아울러 영해 바깥 인접 공해수역에서의 어로도 주요 의제였다. 동구권과 제3세계 국가들은 12해리 영해를 주장했고, 미국 등 서구 국가들은 6해리 영해 플러스 6해리 배타적 어로수역안을 지지했다. 이번에는 미국과 캐나다가 타협해 6해리 배타적 어로수역 내 과거 조업국의 어로 기득권을

---

233) A. Dean, The Geneva Conference on the Law of the Sea: What was accomplished, American Journal of International Law vol.52(1958), p.625.
234) 문철순(전게주 228), p.110.

향후 10년간 보장하기로 하는 단일 수정안을 제출했다. 전원위원회에서 한국과 일본은 미국·캐나다 공동안에 찬성했으며, 이는 43-33-12로 채택되었다. 당시 한국은 미국의 협조요청으로 일단 미국안에 찬성은 했으나 내심 만족스럽지는 않았다. 표결 직후 한국대표는 타협의 분위기 속에서 찬성은 했지만, 어로조항에 관하여는 찬성하지 않는다고 설명하고 한·일 간에는 이와는 별도로 양자협정으로 해결할 특수한 어업문제를 갖고 있다고 주장했다.235)

총회에서는 미국과 캐나다 공동안에 대해 브라질·큐바·우루과이 3국 수정안이 제출되었는데 그 주요 내용은 다음과 같다. 즉 연안국이 경제발전이나 국민 영양에 관해 특정 공해수역 내 생물자원에 현저히 의존하는 경우 우선적 어로권을 주장할 수 있도록 하고, 배타적 어로수역에서의 10년간 기득권 보장도 관계국간 협정으로 변경 또는 배제시킬 수 있다는 조항을 추가했다. 특히 후자는 한국과 이탈리아의 주장으로 포함되었다.236) 3국 수정안은 미·캐 공동안이 총회에서 2/3 이상 표를 얻기 어렵게 보이자 중남미 국가의 지지를 좀 더 획득하려는 미국측 전략으로 제출되었다는 것이 공공연한 사실이었다.237) 3국 수정안은 전원위원회에서 58-19-10으로 통과되었는데, 한국은 찬성, 일본은 반대했다. 이어 3국 수정안에 따라 변경된 미·캐 공동안이 총회 표결에 회부되었으나 54-28-5 단 1표 차이로 2/3에 미달해 채택되지 못했다.238) 한국은 찬성, 일본은 기권했다.239)

---

235) A/CONF.13/C.3/L.79/Rev.1(UN Conference on the Law of the Sea, Official Records, vol. Ⅴ), p.153. 小田滋, 海の資源と國際法 Ⅰ (有斐閣, 1971), p.281에서 재인.

236) A. Dean, The Second Geneva Conference on the Law of the Sea: The Fight for Freedom of Sea, American Journal of International Law vol.54(1960), p.779.

237) 小田滋(전게주 235), p.286.

238) 주요 반대 그룹은 12해리 영해를 지지하던 동구권과 아랍권이었다.

239) 1958년과 1960년 제네바 해양법회의시 주요 사항에 대한 각국별 표결상황은 小田滋(전게주 235), pp.300-303에 정리되어 있어 편리하다. 본고 역시 이를 참고

당초 미국·캐나다 공동안에 찬성을 하던 일본이 최종 총회에서는 기권으로 돌아선 이유는 6 내지 12해리 사이 배타적 어로수역에서의 기득권 10년 보장도 양자협정으로 배제시킬 가능성을 열어논 브라질 등 3국 수정안 때문이었다.[240] 한국은 이를 바탕으로 한·일 어업협정 체결을 통해 평화선을 지킬 근거가 생겼다고 판단하고 찬성했다.

제2차 해양법회의는 별다른 성과를 내지 못하고 종료되었으며, 차후 새로운 해양법회의를 소집하자는 제안조차 부결되었다. 그렇지만 브라질 등 3국 수정안이 압도적인 지지를 받았던 사실은 향후 해양법의 발전방향을 예고하고 있었다. 이는 12해리 외곽의 공해수역에 대하여도 일정한 필요가 있는 경우 연안국의 우선권을 인정하자는 의미였다. 1958년 협약은 공해 어족자원의 "보존"을 위한 연안국의 조치를 수용하는데 그쳤으나, 1960년 회의시 3국 수정안은 연안국의 "우선적 어로권"을 보장하자는 점에서 연안국의 권리 강화로 가는 흐름을 보여주었다. 1958년 회의 때 아이슬란드안에 대한 지지국 수보다 1960년 3국 수정안에 대한 지지가 크게 늘었다는 사실도 주목되었다. 적지 않은 참가국 대표들이 이는 국제법에 있어서 중요한 발전이라고 평가했다.[241] 3해리 영해를 고수하자는 안은 전혀 제출되지도 않았다. 전통적 3해리 영해는 국제법 규칙으로서의 생명에 종언을 고했다.

다. 1960년대 이후 해양법의 발전

1960년 해양법회의의 실패는 오히려 이후 해양법의 변화를 가속화시켰다. UN 해양법회의에서 영해의 폭과 어로수역, 그 외곽 공해어

했다.

240) 원래 일본은 미·캐 원안을 주저하며 지지했었다. A. Dean(전게주 236), p.779.

241) 小田滋(전게주 235), p.294. 회의 후 페루는 많은 국가들이 자국과 같이 특수한 사정이 있는 국가들에게 원양수역에서의 우선적 어로권을 승인했으며, 이는 해양법 발전에 결정적 1보를 기록했다는 의견을 담은 회람을 배포했다. A/CONF.19/L/16. 小田滋(전게주 235), p.296에서 재인.

로 등의 쟁점에 관해 합의가 성립되었다면 적어도 이후 상당 기간 안정적 해양법 질서가 유지되었으리라고 추정되기 때문이다.

1960년대 들어 공해어로 역시 새로운 변화를 맞이했다. 국제경제의 발달은 해양자원에 대한 수요를 촉발시켰고, 어로기술 발달은 남획의 우려를 고조시켰다. 특히 1960년대 중반 새로운 참치 어로기술의 발달은 해양 강국과 제3세계 국가 사이의 어업분쟁을 격화시켰다. 그 이전의 참치잡이는 연안에서 미끼 생선을 확보하고 이후 이를 바탕으로 인근 원양으로 진출해 어로작업을 하는 방식이었다. 원양에서의 어로가 인접 연안국에 의존하는 형태였다. 연안국은 이를 통해 원양 참치어업에 대한 통제권을 행사할 수 있었으며, 원양 어업국은 연안국의 입장을 어느 정도 존중해야만 했다. 그러나 어선 대형화와 어로기술 발달로 점차 원양어업이 연안국에 의존할 필요가 없어졌다. 그러자 자국 인접수역을 침범하는 원양어선에 대한 남미국가들의 나포가 시작되었다.242)

이를 계기로 중남미국가들의 200해리 주장이 재점화되었다. 1965년 나콰라구아가 200해리 어로수역을 선포했고, 에콰도르는 1966년 200해리 영해를 선포했다. 아르헨티나 역시 1966년 200해리 수역까지 자국 주권이 미친다는 국내법을 제정했다가, 1967년에는 200해리 영해를 선포했다. 파나마는 1967년 200해리까지의 수역과 하층토, 상공에 자국의 주권이 미친다고 공표했다. 1969년 우루과이는 200해리 영해를 선언하고 자국의 주권은 그 상공과 하층토에도 미친다고 주장했다.243) 브라질도 1970년 200해리 영해를 선포했다.244) 1970년까지 대

---

242) D. Attard, The Exclusive Economic Zone in International Law(Oxford University Press, 1987), p.13.
243) 12해리 이내의 어로는 우루과이인에게만 유보되며, 그 바깥에서 외국인의 어로는 허가를 요구했다. 외국선박은 무해통항을 인정받았다.
244) 200해리까지의 하층토와 상공에도 브라질의 주권이 미치며, 외국선박은 무해통항을 인정받았다. 1971년 법률 제68459호에 따르면 100해리 내지 200해리 사이

략 절반의 중남미 국가가 200해리 영해나 어로수역을 선언했다.[245]

　　1970년 8월 모든 중남미 국가가 페루에 초빙되어 해양법 문제를 논의했다. 이 회의에는 중남미 국가 외에 한국을 포함한 캐나다, 인도, 아이슬란드, 이집트, 세네갈, 유고슬라비아와 같은 타지역 국가도 옵저버로 초빙되었다. 한국은 평화선을 통해 폭넓은 어로수역을 주장한 바 있기 때문에 초빙되었다.[246] 회의 결과 200해리 등 명확한 거리는 제시되지 않고, 지리적·생물학적 성격과 자원에 대한 필요성 등을 감안해 각국이 합리적으로 연안 관할권을 설정할 수 있다고만 합의되었다. 카리브해 국가들의 1972년 산토도밍고 선언은 12해리 영해와 200해리 자원에 대한 연안국의 주권적 권리를 주장했다. 1973년 2월 미주간 사법위원회 선언도 상공과 하층토를 포함해 200해리까지 수역에 대한 연안국의 주권 또는 관할권을 주장했다.[247]

　　아프리카 국가들 역시 1960년대 말부터 본격적인 200해리 지지국이 되었다. 1971년 2월 아프리카단결기구(OAU)는 200해리 영해 건의를 수용했다. 1972년 아시아·아프리카 법률자문회의(AALCC) 라고스 회의에서 케냐는 200해리 EEZ 개념에 관한 보고서를 제출했다. EEZ란 200해리 이내에서는 타국의 이동이나 통신이 방해받지 않으나, 경제적 이익은 연안국이 독점하는 수역으로 정의되었다. 케냐는 당시 활동 중인 해저위원회(Sea-Bed Committee)에 좀 더 정밀한 EEZ 개념을 제안했다. 이후 EEZ 개념은 케냐 보고서와 거의 동일하게 성안되었다.[248]

　　1973년 시작된 제3차 해양법회의는 200해리 EEZ 개념이 정착되

의 수역에서 외국인은 허가를 받으면 어로를 할 수 있었다. 그 수역은 계속 영해로 주장되었다.

245) D. Attard(전게주 242), pp.13-19 참조.
246) D. Attard(전게주 242), p.19.
247) 이상 중남미 국가들의 권리주장은 D. Attard(전게주 242), pp.17-21 참조.
248) 이상 아프리카 국가들의 권리주장은 D. Attard(전게주 242), pp.21-23 참조.

는 계기가 되었다.[249] 1970년대 중반 이후 200해리 배타적 경제수역
은 사실상 국제사회의 대세로 자리 잡았다. 미국, 일본, 소련 등 주요
해양 강국들이 모두 1970년대 중반 200해리 어로수역 또는 경제수역
을 선언했다. 1982년 해양법 협약에서 채택된 EEZ 제도는 200해리까
지의 상부수역은 물론 해저와 하층토에서의 모든 천연자원에 대해 연
안국의 주권적 권리를 인정하고 있다. 이는 평화선 내 상부수역은 물
론 대륙붕에서의 자원에 대해 주권이 미친다는 1952년의 평화선 선언
과 사실 본질적인 차이가 없다.[250]

4. 한일 국교정상화와 평화선

한일회담에서 평화선은 청구권 협상과 함께 가장 타결이 어려운
주제였다. 1950년대 회담과정 내내 한국은 평화선 선포가 일본 어선
의 남획과 국내 어업의 열악한 실정상 한반도 연안 어족자원 보호를
위한 최소한의 불가피한 조치라고 설명했다. 또한 샌프란시스코 대일
평화조약에 따라 일본은 한국과 어업협정을 체결할 의무가 있으나 일
본이 이를 회피하므로 부득이 일방적으로 선언하게 되었다고 주장했
다.[251] 국제적으로도 영해 바깥에 대해 연안국이 어족자원 보호를 위
한 일정한 관할권 행사가 확산되고 있으며, 일본 역시 북태평양 공해
에 관해 미국·캐나다와 협정을 체결해 어로제한에 합의한 바 있고,
중국 및 소련과도 인접 공해에서의 유사한 제한협정에 합의한 바 있

---

249) EEZ 개념의 성립과정에 대하여는 추가로 F. Orrego Vicuna, The Exclusive Eco-
    nomic Zone(Cambridge University Press, 1989), pp.3-10; A. Hollick, The Origin
    of 200-mile Offshore Zones, American Journal of International Law vol.71
    (1977), pp.494-500 참조.

250) S. Kaye, The Relevance of the Syngman Rhee Line in the Development of the
    Law of the Sea, 서울국제법연구 제18권 2호(2011), p.219.

251) Official Views of the Republic of Korea Government on the Regime over the
    High Seas, The Ministry of Foreign Affairs(전게주 214), pp.12-15; 대한민국 정
    부, 한일회담백서(1965), pp.75-76.

는데 왜 한반도 주변에서는 동일한 조치에 비협조적이냐고 일본을 비
난했다. 즉 고전적 공해 어로자유 원칙은 국제사회에서 이미 수정되
고 있다는 입장이었다. 반면 일본은 공해자유원칙 상 당사국 간 합의
없이 일방적으로 배타적 어로수역을 설정함은 위법이며, 평화선을 우
선 폐지해야만 한일회담이 타결될 수 있다고 주장했다.[252]

평화선은 한일회담 과정에서 한국이 유일하게 협상의 칼자루를
쥐고 임할 수 있었던 주제였다. 한일관계가 경색되면 평화선 침범 일
본 어선에 대한 단속이 엄격해졌고, 원만한 관계가 필요하면 단속된
일본 어민을 석방했다. 특히 1950년대 말 일본이 재일교포 북송을 추
진하자 이를 막기 위한 외교적 수단의 일환으로 한국 정부가 사용할
수 있던 거의 유일한 협상카드였다. 당시 한국 정부는 처음으로 평화
선에 대한 양보 가능성을 내비추기도 했으나 북송은 강행되었고 1960
년대 초까지 양국의 기본입장은 변함이 없었다. 평화선은 점차 대일
외교에서 상징적인 수호대상으로 한국민들에게 인식되었으므로 정부
역시 쉽게 입장을 변경하기도 어려웠다.

5·16 후 시작된 제6차 한일회담에서 1962년 김종필·오히라 합
의를 통해 청구권 문제의 해결원칙이 합의되자, 이후 한일회담의 촛
점은 더욱더 평화선에 집중되었다. 이후 한일회담 타결이 2년 반을
더 필요로 했던 가장 큰 이유 중 하나가 바로 어업문제였다. 일본은
제2차 해양법회의에서의 다수의견과 같이 6해리 영해와 6해리 어업
전관수역안을 한국에 제시했으나(단 어로수역에서 10년간 일본 어선의 어
로 보장), 한국은 공해 어로에 대한 연안국의 특별이익을 인정하라고
요구했다. 1963년 7월 회의에서 한국은 40해리 어업전관수역 안을 제
시해 처음으로 평화선을 축소시키는 구체안을 제시했다. 그러나 일본

---

252) 평화선과 관련된 한일회담의 경과는 지철근(전게주 188), 235-497 및 지철근(전
　　게주 190), pp.141-540에 상세. 기타 최종화(전게주 216), pp.45-54 등 참조. 특
　　히 3차 회의까지의 진행에 대하여는 외무부, 한일회담약기(1955)에 상세.

은 일부 개별 어종의 규제는 가능하나 12해리 이상의 어업전관수역은
인정할 수 없다고 주장했다.253) 결국 마지막 제7차 회담에서 최종적
으로 타결된 결과는 12해리 어업전관수역만을 설치하고, 그 외곽의
공동규제수역에서는 기국(旗國)주의에 입각한 단속에 합의함으로써
평화선 역할은 사실상 종언을 고하게 되었다.

한일회담에서 12해리 어업전관수역에 합의하게 된 배경은 해양
법회의의 영향이 컸다. 두 차례 해양법회의를 통해 3해리 영해는 국
제사회에서 이미 지지기반을 상실했음이 확인되었으며, 최소한 12해
리까지는 연안국의 어로권 보장이 다수의견임도 확인되었다. 1960년
대 전반 유럽국가 간에 체결된 어업협정도 대체로 12해리 어업수역을
인정하고 있었다.254) 한일협정 이후 일본이 다른 나라와 체결한 어업
협정 역시 대체로 12해리 어업수역을 바탕으로 했다.255) 1960년대 중
후반은 국제사회에서 영해 12해리가 형성되는 중간단계에 있었다고
할 수 있다.256)

한일어업협정은 12해리 어업전관수역의 법적 성격을 명확히 하
지는 않았다. 영해의 폭에 대하여는 별도의 합의를 하지 않았기 때문
에 경우에 따라서는 이 수역 전부가 영해가 될 수도 있었다. 그러나 12
해리까지를 양국이 영해가 아닌 어업전관수역으로 존중하기로 했다는
사실은 이 구역 전체를 영해로 보지는 않겠다는 의사표시라고도 볼 수

253) 최종화(전게주 216), pp.50-51.
254) 1961년 영국-아이슬란드, 1961년 서독-아이슬란드, 1962년 노르웨이-소련, 1964
년 영국-폴란드, 1964년 영국-느르웨이, 1964년 영국-소련 간의 양자협정이나,
1964년의 유럽어업협정은 모두 12해리까지의 어업수역을 인정했다. 최종화(전게
주 216), p.74.
255) 1967년의 일본-미국(3해리 영해, 9해리 어업수역), 일본-뉴질랜드(6해리 영해, 6
해리 어업수역), 일본-멕시코(9해리 영해, 3해리 어업수역), 1969년 일본-호주(3
해리 영해, 9해리 어업수역) 등.
256) 小田滋(전게주 235), p.199는 한일 어업협정에서 12해리 전관수역의 인정은 일본
의 패배라고 평가했으나, 이는 국제사회의 흐름을 무시한 지나친 주장이었다.

있다. 한편 한일 양국은 어업전관수역에서 무해통항권이 보장된다고
합의함으로써[257] 이 수역이 영해적 성격을 지니었음도 암시했다. 공
동규제수역에서는 양국 모두 어획 상한선을 설정하고, 위반시 단속을
기국주의에 입각하기로 합의함으로써 사실상 공해적 성격에 바탕을
두고 있었다고 평가된다. 그 외곽의 공동자원조사수역의 성격은 공해
와 다를 바 없었다. 공동자원조사수역의 설치는 실질적으로는 별다른
의미가 없었으나, 한일어업협정으로 평화선이 아주 없어지지는 않는
다는 인상을 풍기기 위해 제안된 내용이었다.[258]

한일어업협정의 결과 평화선은 어떻게 되었는가? 협정 타결 이
후 한국 정부는 평화선 내 일정한 규제수역에서 일본은 제한된 척수
의 어선에 의한 제한된 어획량만 허가받았으므로 평화선은 원래의 목
적과 취지가 어업협정의 형식으로 엄연히 남아 있다고 주장했다.[259]
이후에도 종종 평화선의 존속을 전제로 한 정치적 판단이 내려지기도
했다.[260] 평화선을 집행하기 위한 국내법인 어업자원보호법은 아직도
법률로 존속하고 있으며, 평화선을 구성하는 해상 좌표점 역시 이 법
제1조에 유지되고 있다. 그렇다면 특별법적 성격의 한일어업협정(현
재는 신 한일어업협정)으로 인해 일본에 대하여만 적용이 배제되었을
뿐, 일반법으로의 평화선은 아직도 존재한다는 해석이 가능한가?

평화선은 당초 일본 어선의 배제를 목적으로 선포되었다. 일본에
대한 적용이 배제되었다면 그 실질적 생명은 종언을 고했다고 해도
과언은 아니다. 1990년 이후 중국어선이 한반도 서남해로 몰려오기
시작할 때에도 이 법이 엄격히 적용되지는 않았다. 중국과는 현재 별

---

257) 한일어업협정 합의의사록 제9항.
258) 김동조(전게주 195), p.284.
259) 대한민국 정부(전게주 251), p.80; 대한민국 정부, 대한민국과 일본국간의 조약
    및 협정 해설(1965), p.34.
260) 예를 들어 전게주 209 및 관련 본문 참조.

도의 어업협정이 체결되어 시행되고 있다. 한국은 1996년 UN 해양법 협약의 당사국이 되었고, 1996년 배타적 경제수역법을 제정함으로써 평화선을 통한 어로관할수역의 개념은 국내법적으로 배타적 경제수역에 의해 사실상 대체되었다. 관할 어로수역의 침범도 평화선에 근거한 어업자원보호법이 아닌 배타적 경제수역에서의 외국인어업 등에 관한 주권적 권리의 행사에 관한 법률에 의해 처벌하고 있다. UN 해양법협약은 배타적 경제수역 내 어업법령 위반자에 대해 원칙적으로 징역형을 금지하고 있다(제73조). 그러나 어업자원보호법은 평화선 내에서 허가 없는 어업을 한 경우 3년 이하의 징역을 규정하고 있다는 점에서 그대로의 집행은 협약 위반이 될 수 있다. 후법에 해당하는 배타적 경제수역에서의 외국인 어업 등에 대한 주권적 권리의 행사에 관한 법률은 제17조 이하에서 이러한 경우 벌금형만을 규정하고 있다는 점에서도 이 조항이 우선 적용되게 된다. 대륙붕에 대한 권리 주장 또한 1970년 해저광물자원개발법과 그 시행령 제정으로 포기되었다고 해석된다. 현재 어업자원보호법 제1조에 표시되어 있는 평화선은 법적으로 기능을 이미 상실했다.

5. 평가

평화선은 1952년 1월 18일 대통령 선언으로 선포되어, 한국의 해상 어로경계선으로 역할을 하다가, 1965년 6월 한일 어업협정의 체결을 통해 역사의 뒤안길로 물러섰다. 국제법적으로 평화선을 어떻게 평가되어야 할까?

분명 1952년의 시점에서 영해 외곽에 평화선 주장과 같이 폭넓은 어로수역의 설치가 국제법상 합법이었다거나 "확정된 국제적 선례에 의거"했다고 단언하기는 어렵다. 영해 3해리설이 중대한 시련을 겪고 있었던 점은 틀림없으나, 이후 제네바 해양법 회의시 12해리 어로수역에도 반대가 만만치 않았던 사실을 감안한다면 당시 평화선의 입지는 그다지 단단하지 못했다. 그러나 영해 외곽에 연안국의 배타적 어로수역 설치가 중남미 국가들을 중심으로 새로운 국제 추세로 등장하고 있었음도 부인할 수 없다. 한국의 평화선은 바로 이런 국제사회의 흐름을 이용한 권리주장이었다. 평화선은 중남미 국가들을 중심으로 확산되던 200해리 영해 또는 어로수역 주장을 아시아 지역으로 도입시킨 기폭제였다.[261] 일본측이 불법이며 일고의 가치도 없다고 비난하던 배타적 어로수역의 개념은 결국 1970년대 이후 국제사회에서 배타적 경제수역으로 일반화되었고 1982년 UN 해양법협약을 통해 성문화되었다. 평화선이 내포하던 개념이 결국 국제사회에서 수용된 결과이다. 평화선 선포 이후 10수년 동안 평화선 사수는 한국 외교의 중요 목표 중 하나였다. 평화선 수호를 위해 한국은 제1차 및 제2차 해양법회의에서 연안국 인접 공해에서의 연안국의 이익보호조치가 수용되도록 의미 있는 외교활동을 벌였으며, 이는 일정 부분 성공했다. 당시 한국의 주장은 대체로 국제사회의 다수의사와 일치했고, 평화선 반대에 입각한 일본의 입장은 소수의견인 경우가 대부분이었다. 한국 외교의 목표는 국제사회의 발전방향과 일치했지만, 일본의 외교는 지나간 관행만을 고수하려 했기 때문이었다.

당초 평화선은 어업수역뿐 아니라 "대륙붕"에 대한 주권도 주장했다. 그러나 평화선 선언에서의 대륙붕 권리 주장은 어로수역과 달리 현실화되지 못했다.[262] 대륙붕 개념은 국내법의 뒷받침을 받지 못했다. 1970년 제정된 해저광물자원개발법은 평화선과는 다른 개념에 입각한 대륙붕의 개발을 목표로 했다. 이는 당시 국제사회에서 대륙

---

261) 이후 아시아 지역에서 유사한 주장은 1956년 인도의 100해리 어로수역 선포가 처음이었다.
262) 일찍이 평화선을 대륙붕 개념과 연계해 합법성을 지지한 글로 김찬규, 평화선의 합법성에 관한 고찰, 건대학보 제9호(1960), p.80 이하가 있다.

붕 개념이 평화선이 제시한 대륙붕 개념과는 다른 방향으로 발전했기 때문이었다. 한국은 1958년 제네바 해양법 회의시 대륙붕 개념에서 수심 기준을 삭제하자고 제안했으나 13-48-13으로 부결되었다.263) 그러나 오늘날의 배타적 경제수역은 200해리까지의 상부수역뿐 아니라, 해저·하층토도 포함하는 개념이다. 이제 200해리까지의 대륙붕은 1차적으로 거리 개념에 입각하고 있다. 그렇다면 평화선이 상부수역만 아니라 해저 하층토까지 포함한 권리선언을 한 점은 현재의 해양법과 사실상 합치된다. 다만 1960년대 중반까지 한국은 물론 국제사회의 현실은 수심 200m 바깥의 대륙붕을 개발할 기술을 확보하지 못하고 있었기 때문에 동해의 심해 하층토까지 포함한 대륙붕 개념이 현실화되기 어려웠던 것이다.

평화선 선언은 대상 수역과 대륙붕에 대해 "주권"을 주장했다. 미국은 1952년 2월 11일자 각서 제167호를 통해 한국이 공해(公海)에 대한 주권의 보유와 행사를 주장함으로써 일정한 공해를 자국의 배타적 통제하에 두려는 의도가 아니냐는 항의 의사를 전달했다. 또한 한국의 대통령 선언이 자유항해를 방해하지 않는다고는 명시하고 있지만 상공비행에 대하여는 언급이 없고, 이 지역에서의 항해 자유가 국제법상 권리가 아니라 한국에 의해 부여되는 특권으로 운영될 수 있음을 우려했다. 결론적으로 미국정부는 한국의 주장과 같은 내용의 국제법 원칙을 알지 못한다고 비판했다.264) 한국은 영국과 대만(자유중국)으로부터도 항의를 받았다.265) 이에 한 연구자는 "공해에 대한 일방적 주권선포는 국제법상 불법이라는 국제사회의 비판을 피할 수

263) 문철순(전게주 228), p.105.
264) 이 각서는 The Ministry of Foreign Affairs(전게주 214), pp.65-67에 수록.
265) 1952년 6월 11일 대만(자유중국)이, 1953년 1월 11일 영국이 항의를 제기했다. 원용석, 한일회담 14년(삼화출판사, 1965), p.86 최영호, 평화선을 다시 본다(논형, 2021), pp.138-139.

는 없었다. 이는 대일협상에서 한국의 입지를 축소시키는 동시에 협
상카드로서의 평화선의 위력을 크게 감소시키는 것"이었으며,266) "평
화선을 선포하면서 막판에 주권 개념을 집어 넣은 것은 명백한 이승
만의 실책"이었다고 주장했다.267)

　미국의 트루먼 선언은 연안국의 권리를 주권이라고 표시하지 않
았다. 단지 대상지역 자원이 미국의 관할권과 통제(jurisdiction and
control)에 복종한다고만 규정하고, 상부수역은 공해임을 명시했다. 한
국의 주권 선언은 대상지역을 영해로 주장한다는 오해를 받을 수 있
었다. 미국의 항의에 대해 한국정부는 곧바로 선언상 "주권"의 성격
을 희석시키려고 노력했다. 변영태 외무장관은 평화선 선언의 "주권"
이란 용어는 절대적 의미의 주권이 아닌 완화된 의미에 불과하며 이
는 트루먼 선언의 "관할권과 통제(jurisdiction and control)"란 용어와
호환될 수 있다고 설명했다. 또한 평화선 선언의 적용대상은 대륙붕
과 상부수역만으로 상공에는 적용되지 않으며, 이는 결코 영해의 확
장이 아니라고 해명했다.268) 평화선의 성격에 대하여는 이러한 해석
이 이후 한국의 기본입장이 되었다.269)

　왜 한국은 인접수역과 대륙붕에 대해 "주권"을 주장했는가? 현재
의 해양법협약은 배타적 경제수역과 대륙붕에 대해 연안국은 "주권적
권리"(sovereign rights)를 갖는다고 규정하고 있다.270) 그러나 1952년
당시는 국제사회에서 대륙붕과 배타적 어로수역의 개념이 명확히 정

---

266) 오제연(전게주 212), p.37.
267) 오제연(전게주 212), p.41.
268) 변영태 외무장관 1952년 2월 13일자 각서. The Ministry of Foreign Affairs(전게주
　　214), pp.72-76 수록.
269) 문철순(전게주 228), p.83 참조. 그럼에도 불구하고 한국의 주권 주장은 이후에도
　　미국의 의심을 받았다. 덜레스 미국 국무장관은 1955년 12월 6일자 기자회견에
　　서 한국이 일반적으로 공해로 생각되는 수역에 주권을 행사하고 있다고 지적한
　　바 있다. 조선일보 1955.12.8., p.1.
270) UN 해양법협약 제56조 제1항 및 제77조 제1항.

립되지는 못했던 시기였다. 중남미 국가들 역시 실제 목적은 주권의 일부 기능 — 특히 배타적 어업통제권의 주장인 경우에도 자신들의 권리를 "주권"으로 표시한 예가 적지 않았다.[271] 이러한 현상은 1970년대 초반까지도 종종 계속되었다. 한국의 평화선 선언도 대상지역에 대한 포괄적 주권을 주장하려는 의도가 아니라, 자연자원의 보유·보존·이용을 위한 주권을 주장했다. 한국의 입장은 오늘날 배타적 경제수역이나 대륙붕 자원에 대한 연안국의 주권적 권리보다 넓은 개념도 아니었다. 따라서 대륙붕이나 경제수역 등에 대한 국제법상 개념이 미처 정립되지 못했던 1952년 시점에 이에 대한 연안국의 권리를 오늘날과 같은 "주권적 권리"가 아닌 "주권"으로 표현한 점을 심각한 실책이라고 비판한다면 지나치게 가혹한 평가이며, 기대불가능한 요구를 함과 마찬가지이다. 설사 평화선이 배타적 어로수역으로만 주장되었다고 해도 미국 등 해양 강국의 반발은 마찬가지였으리라 추정된다. 또한 평화선 선언 제3항에서 이 경계선을 "신 정세에 맞추어 수정할 수 있음"을 공표하고 있었는데, 이는 곧 한·일 어업협정 체결을 통해 평화선이 변경될 수 있음을 의미했다. 따라서 평화선 선언에서 "주권"을 주장했기 때문에 대일협상에서 한국의 입지가 약화되었다는 주장은 설득력이 없다.

결론적으로 평화선 선언은 발표 당시에는 각국의 비판도 적지 않았지만, 이후 국제사회에서의 해양법 발전의 방향과 일치했다.[272] 한국 외교는 평화선을 옹호하는 과정에서 영해 바깥 인접수역에서 연안국의 이익보호라는 국제법 발전에 기여했고, 이러한 행위는 후일 국제사회에서 배타적 경제수역제도 수립에 일조했다.[273] 평화선의 선언

---

271) D. Attard(전게주 242), p.7.
272) S. Kaye(전게주 250), p.210.
273) S. Kaye는 20세기 후반 해양법 발전에 있어서 평화선의 갖는 의미가 충분히 연구되지 않은 점은 안타까운 일이라고 평했다. S. Kaye(전게주 250), p.233.

은 국제법의 흐름을 잘 간파해 외교와 정치에 활용한 훌륭한 사례라
고 평가할 수 있다. 이러한 어로 경계선의 설정을 통해 일본어선의
남획을 막고 연안어업을 그나마 보호할 수 있었다.

그렇다면 1965년 한국이 한·일 어업협정의 체결을 통해 평화선
을 사실상 포기한 결정은 국제사회의 흐름을 간과한 실수였는가? 한·
일 어업협정의 체결은 국교 정상화라는 보다 큰 틀의 외교 속에서 이
루어졌기 때문에 어업협정 하나만 따로 떼어 잘잘못을 가리기는 어렵
다. 평화선의 양보를 통해 얻어낸 다른 성과를 종합적으로 평가해야
하기 때문이다. 한국은 한·일 국교정상화를 통해 도입한 자금을 바
탕으로 원양어업을 진흥시켜 1970년대 중반 이후에는 오히려 공해어
로 자유를 옹호하는 입장으로 뒤바뀌게 되었다는 점을 간과할 수 없
다. 1980년대를 지나면서는 오히려 일본이 한·일 어업협정에 불만을
토론했고, 한국은 이를 고수하려고 노력했다. 한·일 어업협정이 자국
에게 일방적으로 불리하다고 판단해 1998년 이를 폐기한 국가는 일본
이었다. 결국 시대와 환경이 바뀜에 따라 국가의 외교정책도 변할 수
밖에 없다. 외교정책 수립에 있어서 또 다른 중요한 점은 이를 추구
하는 "시점"임을 깨닫게 된다.

Ⅳ. 통일과 국경 획정

1. 문제의 소재

한반도가 일제 식민지의 질곡으로부터 해방되면 국내에서는 물
론 국제적으로도 하나의 민족으로 구성된 하나의 국가로 재출범하리
라 예상했었다. 1943년 카이로 선언이나 1945년 포츠담 선언이 예정
한 자유롭고 독립된 Korea는 당연히 단일 국가를 의미했다. 한국 독
립에 관한 1947년 UN 총회 결의 제112호의 목표도 전체 한반도 총선

거를 통한 하나의 단일 국가 수립이었다. 그러나 주지하다시피 한반
도는 미·소 냉전의 틈바귀 속에 분단되어 1948년 이래 남북한에 각
각 별개의 정부가 성립되고 별개의 국가로 운영되어왔다. 그러면서도
남북한 정부는 각기 자신이 전 한반도를 대표하는 정통성 있는 정권
으로 인정받기를 원하며, 공식적으로는 남북통일을 지향해 왔다.

남북 분단을 극복하고 한반도가 통일되면 그 국경은 어떻게 설정
되겠는가의 문제는 전 국민의 지대한 관심사이다. 이는 미래의 문제
이기는 하나, 해결해야 할 문제의 기원은 구 한말부터 유래하며, 1948
년 제헌과 대한민국 수립 시에도 논의된 사항이므로 여기서 함께 취
급할 의의가 있다.

현재의 남북 분단상태에서 한반도 북측은 압록강과 두만강이 각
각 중국 및 러시아와의 국경하천을 이루고 있다. 북한은 중국과 1962
년 조중변계협약을 체결해 압록강 하구부터 백두산을 거쳐 두만강에
이르는 양국 국경선에 합의한 바 있다. 또한 북한은 러시아와 1985년
과 1986년 두만강 국경 및 동해 해양경계에 관한 2개의 조약에 합의
했다.

한반도가 통일되면 현재의 남북한 영역이 단순 통합되어 자동
으로 통일 한국의 영역이 되는가? 통일과정에서 제3국의 무력개입 등
국제정치적 격변이 발발하지 않고 통일한국도 이러한 결과를 수용하
려 한다면 별다른 문제는 발생하지 않으리라 본다. 그러나 그간 국
내에서는 간도(間島) 지역이 1909년 청·일간 간도협약에 의해 부당하
게 중국령으로 편입되었으므로 이를 회복해야 한다는 주장이 널리 유
포되어왔다. 간도 영유권론은 이미 제헌 시부터 제기되어 헌법에 관
련 내용을 반영할지 여부가 논란이 되었다.[274] 또한 두만강 하구 녹
둔도(鹿屯島)가 본래 조선령이나 1860년 청·러 북경조약에 의해 러시

---

274) 제헌헌법 제2독회: 제1회 국회속기록 제22호(1948.7.1.), pp.13-14.

아령으로 잘못 편입되었으므로 이 역시 회복대상이라는 주장도 제기되어 있다. 이 같은 주장을 담은 논문이나 단행본 등 간행물들이 일일이 열거하기 어려울 정도로 많다. 결국 통일한국의 국경획정을 연구하는 의의는 위와 같은 이유에서 통일 후 영역이 현재의 남북한을 통합한 지역 이상이 되어야 한다는 주장의 타당성을 검토하는 데 있다. 자연 통일한국의 국경획정과 관련된 관심의 초점은 북한지역으로 모아진다.

간도나 녹둔도의 회복을 지지하는 입장은 대체로 이들 지역이 조선시대부터 고유의 영토였음을 입증하려고 노력하는 한편, 동시에 이들 지역을 청과 러시아령으로 각각 인정한 간도협약이나 북경조약의 해당 조항이 무효라고 주장하고 있다. 그렇다면 이들 지역이 역사적으로 본래 조선의 영토임이 입증되고, 간도협약이나 북경조약의 문제조항 역시 잘못된 내용임이 확인된다면 간도나 녹둔도는 바로 통일한국의 영역이 될 수 있는가? 이들 지역에 대한 현 점유국(중국 및 러시아)의 반환 의사 여부와 관계없이 최소한 통일한국은 이들 지역에 대한 정당한 권원(title)을 가진 국가로 국제사회에서 인정받을 수 있는가?

이러한 문제의식 아래 본 항목에서는 통일 후 간도나 녹둔도가 회복될 가능성이 있는가를 검토하되, 이는 어디까지나 인접 당사국과의 원만한 합의가 불가능해 국제재판 등 제3자의 객관적 판단을 받을 경우 어떠한 결과가 나올지를 예상하는데 촛점을 둔다.

2. 조선의 북방경계

가. 조선 중기까지의 경계

조선은 15세기 4군, 6진 개척을 계기로 자신의 세력권을 압록강·두만강 유역까지 넓혔다. 그러나 이는 조선이 나름대로 강역을 확보한 결과일 뿐, 인접국과의 국경이 공식 합의된 바는 없다. 당시는 명(明)

의 행정력 역시 압록강·두만강 대안까지 직접 미치고 있지도 않았다. 조선이 중엽에 들어서자 만주의 여진 세력이 커져서 특히 함경도 북방지역 관리가 힘겨워졌으며, 특히 임진왜란 이후에는 동북 변방에 대한 관심이 더욱 소홀해졌었다.

조선이 북방 변경 지역에 다시 관심을 갖게 된 시기는 두 차례의 호란의 여파가 어느 정도 가라앉은 17세기 후반부였다. 중국 대륙의 주인은 명에서 청(淸)으로 바뀌었다. 당시 조선과 청은 대체로 압록강과 두만강을 경계로 무단 왕래를 금지하고 있었으나, 이를 위반하는 범월사건이 자주 발생했다. 위반은 주로 산삼이나 모피 등을 구하려는 경제적 이유에서였으며, 그 과정에서 조선인과 청국인간의 충돌이나 범죄사건도 종종 발생했다. 조선과 청은 이 일대의 국경을 좀 더 명확히 획정할 필요를 느끼게 되었다.

조선이 청과 서북지방의 경계를 공식 협의한 시점은 숙종 시절이다. 당시 청의 강희제(康熙帝)는 조선과 청의 경계획정을 지시했다. 1712년 청이 조선과의 국경 회담을 제의했을 때, 조선 정부는 그 의도를 의심하며 협의에 응하고 싶어 하지 않았으나 청의 거듭된 요구를 거절하기도 어려웠다. 조선 정부는 백두산을 기준으로 압록강과 두만강 이남을 조선의 강역으로 확보한다는 입장을 갖고 감계회담에 임했다.275) 당시 조선 북방의 방어진지는 압록강·두만강 유역이나 백두산 정상 부근에 설치되어 있지 않았고, 그 이남으로 5, 6일 거리 정도 내려온 지역에 설치되어 있었다. 조선은 청이 조선의 실제 진지 방어선을 기준으로 경계를 삼자고 제의할까 봐 걱정했으나, 청의 회담대표 목극등(穆克登)은 압록강·두만강 이남이 조선의 강역이라는 주장에 쉽게 동의했다. 그 결과가 백두산 정계비에 西爲鴨綠 東爲土門으로 표현되었다. 후일 이 구절은 간도 영유권과 관련해 문제의 씨

---

275) 강석화, 조선 후기 함경도와 북방영토의식(경세원, 2000), pp.53-55.

앗이 되었다.[276] 당시까지는 러시아 세력이 연해주까지 미치지 못했기 때문에 조선의 국경은 청과의 문제로만 인식되었다.

나. 간도 및 녹둔도 문제의 역사적 배경

(1) 간도 문제

조선 중기까지 함경북도 두만강 인근에는 조선인의 거주가 많지 않았다. 조선 후기에야 함경도 개척이 본격화되었고, 특히 19세기 중엽을 지나면서 함경도 주민이 생계를 찾아 대거 두만강을 넘어 간도(間島) 지역에 정착하기 시작했다. 차츰 간도에 조선인들이 집단 촌락을 형성하기 시작했다. 이때까지 청은 간도 지역을 본격적으로 관리하지 않고 있었다. 청은 1867년 만주 지역에 대한 봉금 정책을 폐지하고, 주민 이주를 장려하기 시작했다. 이에 따라 압록강과 두만강 연변으로 청국인 유입이 급격히 증가했다. 당시 간도 주민 대다수는 조선인이라 이 지역 관리가 문제되기 시작했다. 1877년부터 청은 현 길림성 연길시 지역인 局子街에 초간국(招墾局)을 설치하고 행정업무를 개시했다. 청국인의 이주를 독려하는 한편, 조선인에게는 청국인처럼 머리를 땋고 호복(胡服)을 입도록 강요했다. 1882년에는 이 지역 주민들을 청국적에 강제로 편입하겠다는 방침을 발표했다. 이에 조선인 주민들이 반발하며, 조선 정부의 개입을 요청했다.[277]

---

276) 국내에서는 흔히들 土門江을 豆滿江과는 별개인 송화강의 한 지류로 이해하고 이를 근거로 조선의 간도 영유권을 지지한다. 그러나 강석화 교수는 당시 淸人들은 토문과 두만을 같은 지명으로 알고 있었다고 보이며, 조선 역시 정계대책을 논의할 당시 토문과 두만을 혼용했다고 지적한다. 이에 穆克登은 土門江을 경계로 한다고 하고, 접반사 박권은 豆滿江을 경계로 한다고 했음에도 양측은 서로 다른 강이라고 생각하지 않았다고 한다. 실제 토문과 두만은 별개의 강이며, 조선 초기에는 이 사실을 비교적 정확히 알고 있었으나, 강석화는 조선의 압록강·두만강선 변경 관리가 후퇴한 중기 이후 이 지역에 대한 지리적 지식이 오히려 감소해 이러한 혼선이 발생했다고 해석한다. 강석화(상계주), pp.56-57.

277) 강석화(전계주 275), pp.280-283.

두만강 너머 거주하는 조선인들의 청원을 받아 조선과 청은 1885
년(을유감계)과 1887년(정해감계) 감계회담을 진행했다. 조선의 감계사
이중하(李重夏)는 나름 백두산 정계비의 내용과 백두산 정상 부근의
강 흐름에 관한 정보를 파악하고 회담에 임했다. 감계회담에서 청은
정계비 속의 土門江이 圖們江(즉 두만강)과 같은 강임을 주장하며, 두
만강 지류인 홍단수 또는 석을수를 양국 경계로 주장했다. 반면 이중
하는 이들 강이 별개의 강이며, 정계비 내용대로 토문강을 양측 국경
으로 주장했다. 토문강이 경계로 되면 그 동쪽의 간도지역은 조선령
이 된다. 정해감계에서는 이중하가 토문강 경계를 양보하고, 두만강
최상류의 홍토수로 정계하자고 제의했으나, 청국은 그보다 남쪽 석을
수로 경계를 삼자고 주장해 회담은 결렬되었다.[278]

이후 경계가 미해결 상태에서 1905년 을사조약이 체결되었고, 조
선의 외교권을 장악한 일본은 1909년 이른바 청과 간도협약을 체결해
대한제국과 청의 국경을 도문강(두만강)으로 하고, 백두산 정상지역은
정계비와 석을수를 잇는 선을 경계로 합의했다(제1조). 조선과 청의
감계회담 시 청국측 주장을 수락한 내용이다. 대한제국은 곧이어 일
제의 식민지로 전락했으므로 청과의 국경문제는 수면 아래로 가라앉
았다. 그러나 간도지역에는 많은 조선인이 거주하고 있었으므로 간주
영유권론은 조선인의 마음속 불씨로 보전되어 있었다.

(2) 녹둔도 문제

녹둔도(鹿屯島)는 어떠한 섬이었나? 녹둔도는 간도에 비해 역사적
배경이 잘 알려져 있지 않기 때문에 좀 더 자세히 소개한다.

녹둔도의 위치나 면적에 대하여는 조선 시대 지도나 기록마다 일

---

278) 이현조, 조중 국경조약체제에 관한 국제법적 고찰, 국제법학회논총 제52권 제3호
    (2007), pp.190-191.

정하지 않으나, 두만강 하류의 하중도(河中島)였다는 주장이 정설이다. 조선 초 6진 개척 이후 녹둔도에 조선인이 진출해 조선 시대 내내 농업에 활용했다고 알려져 있다. 녹둔도가 조선 역사서에 최초로 등장한 예는 세종실록지리지 권125에 등장하는 사차마도(沙次亇島) 기록이다. 이 지리지는 咸吉道 두만강을 설명하는 가운데, "이 강은 … 孔州를 거쳐 동쪽으로 23리 흘러 사차마도에 이르고, 이 섬에서 5리를 더 흘러가면 바다에 이른다"고 서술하고 있다. 조선말 기록에 의하면 이 섬에 113호 822명의 주민이 거주했다고 하니 하중도로서는 상당한 규모의 섬이었다.[279] 그 후 이 섬은 沙次亇島, 沙次, 沙次磨島, 沙次麻 등 여러 명칭으로 등장하다가, 세조실록 이후에는 녹둔도라는 명칭으로 정착되었다.[280] 이순신 장군도 이곳을 관할하는 조산만호로 근무한 바 있어 녹둔도는 한층 역사서에 자주 등장하게 되었다.[281] 녹둔도는 본래 두만강의 하중도였으나, 조선 후기 두만강 수류변화로 한반도 반대편으로 연륙되어 섬으로서의 지위를 상실하게 되었다.[282] 조선 후기에 들어서자 녹둔도는 사서 속에 별달리 등장하지 않다가, 조선말 이 섬이 러시아령으로 편입된 이후 국경문제로 재조명된다.

한편 청의 약화를 틈타 러시아는 19세기 중엽 니콜라이 I세 시절부터 적극적인 동방진출을 시도했다. 네르친스크 경계를 넘어 동진하

---

279) 俄國輿地圖上의 기록. 유영박, 鹿屯島의 귀속문제, 학술원논문집(인문사회과학편) 제15집(1976), p.140.

280) 조선 시절 鹿屯島의 개황에 관하여는 유영박(상계주), pp.127-131; 노계현, 조선의 영토(한국방송통신대학출판부, 1997), pp.83-94 등 참조.

281) 조선시절 鹿屯島와 관련해서는 1587년(선조 20년)에 발생한 이른바 鹿屯島 야인사건이 유명하다. 당시 여진인이 鹿屯島에 침입해 농민 100여 명이 납치되었고, 병사 10명이 전사, 말 15필을 탈취당했다. 조선군은 4개월 후 豆滿江을 넘어 이 사건을 일으킨 여진인의 거점을 소탕한 바 있다. 유영박(전게주 279), pp.129, 131.

282) 본래 하중도였던 鹿屯島가 언제 豆滿江 대안으로 연륙되었는지 확실한 기록은 없지만 제반 기록과 지도 등으로 미루어 볼 때 아마 철종 연간 정도에 현재의 러시아령으로 연륙되었다고 추정된다. 유영박(전게주 279), p.138.

던 러시아는 1858년 4월 청을 압박해 아이훈(愛琿) 조약을 체결했다. 이 조약을 통해 러시아는 아무르강(흑룡강) 좌안을 자국령으로 획득하고, 우수리 강에서 태평양 해안선에 이르는 지역을 청·러 공동관리지역으로 인정받았다.[283] 러시아는 계속해서 공동관리지역을 완전히 할양받고 남진을 계속하기 위해 아무르강과 우수리강, 그리고 한반도에 이르는 선을 국경선으로 삼자고 주장했다. 영·불 연합군에 패배한 청에게 러시아는 1858년 6월 천진조약을 강요해 제9조에 "미획정 지역의 현지 조사"조항을 삽입시키는데 성공했으며, 이후 작성된 지도를 근거로 국경을 획정하기로 했다. 이는 러시아 영토가 두만강 변에 이르는 발판이 되었다. 서양 제국주의 세력의 공세에 밀려 혼란에 빠진 청은 1860년 11월 러시아와 새로이 北京條約을 체결함으로써 양국 공동관리지역으로 남아 있던 연해주 지역을 러시아령으로 인정하게 되었다. 이 결과 러시아는 두만강 하류에서 처음으로 조선과 직접 만나게 되었다.[284] 단 북경조약은 국경선 획정의 기본원칙만 정하고 지역의 세세한 경계선을 모두 확정하지는 못했기 때문에 청·러 양국은 차후 양국 대표의 현장 실사를 통해 경계를 정하기로 했다.[285] 이후 청과 러시아는 1861년 6월 28일 흥개호(興凱湖) 협약을 체결해 우수리강 합류점에서 두만강 하구까지 8개의 경계비를 공동으로 설치하기로 합의했다.[286] 그 결과 조선과 러시아가 접하는 두만강 경계도

---

283) 다만 아이훈 조약은 淸이 최종 비준을 하지 않았다.

284) 러시아 국경이 豆滿江線에 이르게 되는 경위에 대하여는 유영박(전게주 279), pp.138-139; 유영박, 鹿屯島의 연륙과정과 국경분쟁의 미결유산, 진단학보 제44집(1977), pp.26-30; 심헌용, 근대 조러 국경획정과 영토 이주민 문제, 북방사논총 제6호(2005), pp.286-293; 노계현(전게주 280), pp.98-100 등 참조.

285) 北京條約 제3조 "興凱湖 東岸에서 두만강변에 이르기까지 계표를 세워 경계를 확정하도록 양국이 위원을 임명해 그 임무를 수행한다."

286) 우수리강에서 興凱湖까지의 국경선은 하천으로 이루어졌기 때문에 확인이 비교적 용이하나, 興凱湖 이남 국경은 대부분 육상 국경이라 현지 답사를 통해 명확히 하기로 했다. 박태근, 1860년 北京條約과 한로 국경의 성립, 영토문제연구 창

구체적으로 확정되었다. 청과 러시아가 두만강 하류를 러시아의 국경으로 인정하게 되자 강 건너편에 연륙되어 있던 녹둔도는 자연스럽게 러시아령으로 편입되었다.

당시 조선은 위와 같은 국제정세의 전개를 제대로 모르고 있었다. 흥개호(興凱湖) 협약에 따라 1861년 9월 러시아 선발대와 청국인이 두만강 변에 경계비(土(T)字 木碑)를 설치하는 작업을 조선 최북단 봉수인 덕망산의 金大興 봉수장이 목격하고, 이 사실을 경흥부사 李錫永에게 보고했다. 그는 이를 북병사 尹守鳳에게 보고했고, 이로써 조선과 러시아가 두만강을 경계로 국경을 마주한 사실이 조선 정부에게도 알려지게 되었다.[287]

두만강 대안에 연륙된 녹둔도가 러시아령으로 편입된 사실을 보고받은 조선 조정은 어떻게 대응했는가? 불행히도 조선 정부가 즉각적인 환수 노력을 기울인 흔적은 발견되지 않는다. 조·러 수교 직전인 1882년 5월 청 주재 러시아 공사 Butzor가 청의 직예총독을 통해 조선과의 통상문제를 중심으로 국경문제도 논의하자고 제안했으나, 조선 정부는 후일 러시아와 수교할 때 녹둔도 북쪽에 비석을 세워 국경을 시정하면 된다고 생각하고, 당장 협상에 나설 의사가 없다고 통보했다. 내부적으로 녹둔도가 본래 조선령이라는 인식을 갖고 있었으나, 그 해결책을 후일로 미룬 것이다.[288]

조선 정부가 녹둔도 회복에 지속적인 관심을 가졌던 점은 분명하다. 1883년 1월 朝淸 감계회담에 참석하기 위해 출발하는 서북경략사 어윤중(魚允中)에게 고종은 "녹둔도는 본래 우리 땅이라 하는데 이번에 가서 可히 歸正할 수 있겠는가?"라고 물었다. 어윤중은 그 일이 쉽지 않을 듯하다고 답했다. 고종은 어윤중이 그해 10월 귀경 복명시에

도 녹둔도 사정을 물었다. 어윤중은 녹둔도가 본래 조선령으로 러시
아 쪽에 연륙되어 있으나, 거주민은 모두 조선인이며, 다른 나라 사람
은 하나도 없었다고 보고했다.[289] 그러나 1884년 조선이 러시아와 수
호조약을 맺는 과정에서 녹둔도 문제는 제기되지 않았고, 1885-87년
간 李重夏가 나섰던 청과의 土門 감계회담 시에도 청·러간 녹둔도 처
리 결과에 대한 이의는 제기된 바 없었다.[290] 1889년 조선은 청에 대
해 녹둔도 문제를 제기하며, 이 문제를 해결해 달라고 위촉했다. 청은
吳大徵을 감계위원으로 러시아에 파견했는데, 그는 녹둔도가 러시아
령에 속한다고 판단하고 조선의 입장을 별달리 옹호하지 않았다.[291]

당시 일본 역시 녹둔도의 러시아 귀속에 지대한 관심을 표하며
독자적인 조사를 했고, 그 결과 이 섬이 청·러 간 국경획정시 청 대
표의 주의 소홀로 러시아령으로 편입된 사실을 알고 있었다.[292] 곧이
어 조선은 일본에 강제 합병되었고, 녹둔도 문제는 잊혀졌다.

녹둔도는 1970년대 초 국내 한 사학자의 문제제기를 계기로 국내
에서 다시 조명을 받게 되었다. 국사학자 유영박은 1971년 장서각의
한말 러시아 관계 외교문서를 조사하던 도중 연해주 일대에 관한 지
도인 아국여지도(俄國與地圖)를 발견했는데 그 첫 장에 당시 러시아영
으로 편입되어 있던 녹둔도에 관한 사정이 비교적 자세히 기재된 사

---

289) 이상 魚允中, 從政年表中. 유영박(전게주 279), p.132에서 인용. 1883년 10월 13
일 러시아 연해주 군무지사는 조선의 경흥부사가 국경수비대장 마쮸닌을 통해
전달한 서한을 동시베리아 총독에게 전달한 바 있는데, 이에 따르면 경흥부사는
녹둔도가 중러 분계과정에서 잘못 러시아로 넘어갔다고 주장하며, "한 국가의 땅
이 잘못도 없이 제3국으로 넘어갔다면 당연히 그 땅을 돌려주는 것이 올바른 것
이 아니겠습니까?"라고 문제 제기를 했다고 한다. 다만 당시 러시아는 녹둔도를
의심할 바 없는 러시아령이라고 생각했다. 심헌용(전게주 284), pp.298-299.
290) 유영박(전게주 279), p.139.
291) 유영박(전게주 279), p.141
292) 녹둔도와 관련된 일본의 움직임에 대한 상세는 유영박, 鹿屯島 문제의 국제화와
일본개입의 진의, 학술원논문집(인문사회과학) 제17집(1978.12), 참조.

실을 발견하고 이를 깊이 유의했다고 한다. 그후 俄國輿地圖의 발견
사실이 언론에 보도되어 국민적 관심을 끌었고,[293] 이후 유영박은 녹
둔도의 운명에 대한 수편의 논문을 연이어 발표해 이 섬과 관련된 역
사적 연혁을 알렸다.[294] 이를 계기로 녹둔도는 한국의 잠재적 영토문
제의 하나로 인식되기 시작했다. 유영박의 연구 이후 이를 바탕으로
주로 영토문제에 관심이 있는 사학자들에 의해 녹둔도 회복을 주장하
는 논문 발표가 계속되었다.[295]

3. 북한의 국경조약

앞서 설명한 북방경계 형성과 변화의 역사적 경과와는 별도로 북
한은 중국 및 러시아와 1962년과 1985년 각각 국경조약을 체결했다.
이것이 현재의 북방국경에 해당한다. 각각의 개요는 다음과 같다.

가. 북한 · 중국 국경조약

북한과 중국은 1962년 압록강 · 두만강을 양측 경계로 하는 국경
조약을 체결했다. 양측이 체결 사실이나 조약문을 공식 발표한 사실
은 없으나, 그 내용은 여러 경로로 널리 알려져 있다. 즉 1962년 10월
12일 북한과 중국은 평양에서 조중변계협약과 조중변계협약문제 합
의서를 체결했다. 조중변계협약이 기본조약에 해당한다면 합의서는

---

293) 경향신문 1972.2.2., p.7; 중앙일보 1972.2.4., p.7.
294) 전게주 279, 284, 292에 지적된 유영박의 논문 3편. 그에 앞서 유영박은 국학자료
제1호(문화재관리국 장서각, 1972), pp.18-21에 귀중도서 해제의 일환으로 俄國
輿地圖를 발표했다. 여기서 俄國輿地圖의 내용을 간략히 설명했는데, 이에 따르
면 녹둔도를 비롯해 두만강 대안 러시아령 29개 지역에 조선인이 2,640호 20,313
명이 거주하고 있다고 보고했다.
295) 유영박(전게주 279), pp.141-142; 유영박(전게주 284), pp.34-35; 유영박(전게주
292), p.128; 노계현(전게주 280), p.107; 양태진, 한로 국경선상의 鹿屯島, 한국
학보 제19집(1980), p.174; 심헌용(전게주 284), p.300; 이형석, 고르비! 우리 땅
鹿屯島를 돌려주오, 북한 1990년 9월호, p.159 등.

이에 따른 구체적이고 기술적인 내용에 관한 합의문으로 본 조약에
부속된 합의의사록 같은 성격을 지닌다. 1962년 협약 제4조는 구체적
국경을 확정해 경계 팻말을 세우고, 압록강·두만강 내 섬과 사주의
귀속을 확정하기 위한 양국 국경연합위원회 설립을 예정하고 있다.
그 조사 결과를 반영해 양측은 1964년 3월 20일 의정서를 체결해 구
체적 경계를 확정했다.

이에 따르면 압록강과 두만강이 양측의 기본 경계이다. 단 압록
강과 두만강은 양측이 공유하며, 공동으로 관리·사용하는 하천으로
하나의 선이 아닌 강 전체가 양측 경계가 된다(협약 제3조 제1항). 북한
의 국제법서는 이는 양측의 역사적 및 지리적 특성과 친선협조관계를
반영한 합리적 국경설정이라고 설명한다.[296] 세간의 관심을 모았던
백두산 천지에 대해서는 수역을 북한 54.5: 중국 45.5의 비율로 분할
했다. 대체로 동남 부분은 북한에 속하고, 서북 부분은 중국에 귀속되
었다. 이에 따르면 백두산 최고봉은 북한 지역이 된다. 또한 두만강
지류 중 홍토수를 경계로 합의했다(협약 제1조). 아울러 이 협약 발효
와 동시에 양측 국경에 관련된 일체의 과거 문건은 모두 효력을 상실
한다고 규정하고 있다(협약 제5조).

이후 북한과 중국은 약 1년 반 동안 국경을 실측하고, 하천 내 섬
과 사주 귀속에 관한 협의를 진행해 그 결과를 담은 1964년 의정서를
체결했다. 이에 따르면 백두산 지역에는 21개의 국경비를 세우기로
하고, 그 위치를 결정했다. 압록강과 두만강 내 섬과 사주는 역사적
이용실적과 지리적 인접성을 기준으로 판단해 북한이 264개, 중국이
187개를 소유하기로 했다.[297]

조중변계협약은 압록강·두만강을 기본 경계로 삼았기 때문에 간

296) 국제법학(법학부용)(김일성종합대학출판사, 1992), p.98.
297) 이에 관한 개략적 설명은 이현조(전게주 278), pp.181-186 참조.

도는 자연 중국에 귀속되게 된다.

나. 북한-러시아 국경조약

북한과 러시아(당시 소련)는 1985년 두만강 및 영해 경계를 획정하는 국경조약을 체결했다.[298] 두만강 국경은 1860년 북경조약 이래 일제시대 내내 유지되던 경계에 입각한 세부사항의 확정이므로 내용 자체가 완전히 새롭지는 않다. 북한-러시아 간 약 17km의 육상국경은 육지가 직접 마주한 부분은 없고, 전체가 국경하천 두만강으로 이루어진다. 두만강은 백두산 동부 구역에서 북한-중국 간 국경을 이루다가 북한, 중국, 러시아 3국 교차점 이하에서는 북한-러시아 간 국경을 형성한다.

1985년 북한-러시아 간 국경협정은 두만강 주수로의 중간선을 양국 국경으로 규정하고 있다(제1조). 러시아 쪽에 연륙된 녹둔도는 자연히 러시아령으로 되었다. 1985년 협정과 동시에 체결된 국경선에 관한 명세서는 북한-러시아 두만강 국경의 출발점부터 두만강 하구 영해 경계점까지 모두 6개의 지점을 지정하고 이들 지점을 연결하는

---

298) 1984년 11월 13일-19일 북한과 러시아가 국경획정 회담을 한다는 소식이 알려지자 당시 국내 대부분의 신문은 국경회담이 개최되는 자체를 양국간 국경분쟁이 발생한 것처럼 보도했다. 기사의 제목도 대체로 영토분쟁으로 뽑았다. 그리고 영토분쟁의 쟁점이 녹둔도 등과 같은 두만강의 하중도 영유권이라고 추측했다. 동아일보 1984.11.15.; 한국일보 1984.11.14.; 중앙일보 1984.11.14. 국경협정 협상 당시 양국 사이에 어떠한 이견이 있었는지는 알 수 없으나, 위와 같은 보도는 지나친 추측 기사였다고 판단된다. 1982년 유엔 해양법협약 타결 이후 러시아는 1982년 11월 24일 국경법(소비에트 최고회의령 제8318-x호)을 새로이 제정하고(1983년 3월 1일 시행), 인접국가들과의 해양경계를 획정하는 조약을 연이어 체결했다(D. Dzurek, Deciphering the North Korean-Soviet(Russian) Maritime Boundary Agreements, Ocean Development and International Law vol.23(1992), p.33 참조). 북한과의 두만강 국경 및 해양경계협정을 체결한 사실 역시 이러한 노력의 연장선으로 판단된다. 한편 1985년 국경선 협정과는 별도로 북한과 러시아는 1986년 경제수역 및 대륙붕 경계획정 협정을 체결해 양국간 모든 경계에 합의한 바 있다.

주수로의 중간선을 양국 국경으로 삼았다. 다만 협정 속에서 이 지점
들은 개략적 위치로만 제시되고 경위도를 통한 좌표로 공개되지는 않
았다.

1985년 협정은 보다 구체적인 국경선 획정을 위해 조·소 공동경
계획정위원회를 구성을 예정하고 있었다(제3조). 이에 양국은 추가 협
상을 통해 1990년 9월 3일 북한-러시아 간 국경체제에 관한 협정을
체결했다.[299] 이 추가협정은 1985년 협정에서 좌표로 제시되지는 않
았던 두만강 하구 양국 경계의 종점이 북위 42도 17분 34.34초, 동경
130도 41분 49.16초라고 명기했다(제1조 제1항). 또한 두만강 내 하중
도 중 16개는 북한에, 1개는 러시아에 귀속됨을 규정하고(제3조 제5
항), 두만강 철교에 관하여도 주수로의 중간점을 기준으로 그 수직 상
공에 양국간 국경을 설정했다.[300] 한편 주수로 또는 그 일부에 자연
적 변화가 생길지라도 양국이 별도로 합의하지 않는 한 국경선은 변
경되지 않으며, 다만 양국은 공동위원회를 설립해 10년마다 국경선을
공동으로 검증하고 주수로의 중간선 등에 변경이 인정되는 경우 국경
선 조정을 협의하기로 했다(제4조). 또한 양국은 두만강 주수로의 위
치와 방향을 가능한 한 보전해야 하며, 강물 흐름에 영향을 미칠 수
있는 수리시설 등을 건설하지 말아야 하며, 두만강에 새로운 다리, 제
방, 댐 등의 시설은 양국 합의하에만 건설할 수 있다고 규정했다. 타
방 당사국의 하안 수위 변화에 영향을 줄 수 있는 시설의 개조나 철
거 역시 타방 당사국의 동의 하에 진행하기로 합의했다(제26조).[301]

---

299) 이 협정은 1991년 11월 27일 비준서가 교환, 발효되었다.

300) 주수로의 중간과 수직으로 만나는 지점 즉 소련측 철근 콘크리트 지주의 기점으
로부터 89.1m, 북한측 금속제 지주의 기점으로부터 491.5m 지점을 국경선으로
합의했다. 1990년 국경체제에 관한 협정 제1조 제1항.

301) 동아일보 2006.11.22., p.1에는 러시아가 2004년 11월경부터 두만강 하상 안정화
프로젝트에 착수해 2005년 7월 자국측 두만강 변에 제방공사를 했고, 이에 강물
로 침식된 구간에 돌멩이를 쌓는 보강공사를 진행하였다고 보도했다. 구 녹둔도

이 협정은 발효일로부터 일단 10년간 유효하며, 일방 당사국이 기한 만료 6개월 전에 종료를 통지하지 않는 한 다시 10년간 유효하게 된다(제45조).302)

이상 북한-러시아 간 두만강 국경은 가항하천의 경계는 중심 수류의 중간선을 기준으로 한다는 이른바 탈웨그 법칙에 입각해 합의되었다. 따라서 두만강이 가항 국경하천을 이루는 한 양국간 국경협정이 체결되지 않았을지라도 관습국제법에 의해 동일한 경계선이 적용되었을 것이다. 다만 위와 같은 국경조약이 체결되지 않았다면 두만강 수류의 완만한 변화로 인해 중심수류선이 조금씩 이동하는 경우 국경선도 그에 따라 이동되는 반면,303) 북한-러시아의 경우 당사국이 별도로 합의를 하지 않는 한 중심 수류의 변화에도 불구하고 기존 국경선은 변화하지 않기로 합의했다는 점 정도에 차이가 있다.304)

두만강은 백두산 지역에서 발원해 북한-중국 간 국경하천을 이루다가 북한-러시아 국경하천을 이루므로, 북한-러시아 간 두만강 국경은 필연적으로 북한, 중국, 러시아 3국 접경점으로부터 시작하게 된다. 이에 북한, 중국, 러시아 3국은 1998년 11월 3일 두만강 내 3국 접경점에 대한 협정을 별도로 체결한 바 있다. 이 협정에서 북한 등

지역도 보강공사 안쪽에 포함되었음은 물론이다.

302) 1990년 협정은 국경획정보다는 국경체제 운영에 관한 내용이 주를 이루고 있으며, 1957년 소련-북한 국경문제 해결에 관한 협정을 대체하는 효과를 지니었다(제46조). 1957년 협정은 국경체제 운영에 관한 내용뿐, 국경획정과 관련된 내용을 담고 있지 않았다.

303) Jennings & Watts, Oppenheim's International Law 9th ed., vol.1(Longman, 1992), p.665; M. Shaw, International Law 9th ed.(Cambridge, 2021), p.453. Land, Island and Maritime Frontier Dispute(El Salvador/Honduras; Nicaragua (intervening)), 1992 ICJ Reports 92, para.308 참조.

304) 조선일보 2004.2.11., p.17 보도에 따르면 2004년 2월 9일 북한과 러시아가 두만강 국경에 관한 합의를 도출하고, 새로운 의정서에 서명했다고 한다. 그 정확한 내용을 확보하지 못해 단언하기는 어렵지만, 1985년 국경협정 이후의 수류변화를 반영시키는 합의가 아니었을까 추측된다.

3국은 기존의 중·러 국경 제423호 계표점으로부터 두만강 주수류 중심선을 수직으로 만나는 직선을 3국 국경수역의 분계선으로 하고, 이 선과 두만강 주수류 중심선이 만나는 점을 3국 국경 접경점으로 합의했다.[305] 이 지점은 북한-러시아 간 국경의 기점이기도 하다(제1조 제1항 및 제2항). 아울러 두만강 수류의 자연적 변화 등으로 국경수역의 분계선이나 접경점에 실질적 변화가 발생해도 3국이 별도로 합의하지 않는 한 이 점과 선은 변경되지 않기로 합의했다(제2조). 다만 1998년 협정은 이상과 같이 접경점과 분계선의 획정방법만 규정하였을 뿐, 접경점의 구체적 위치를 좌표로 제시하지는 않았고 그 실제 위치는 추후 3국 정부대표가 모여 접경점을 표시하는 지도를 제작하기로 합의했다(제5조).

4. 통일 후 국경획정 상 쟁점

가. 논의의 촛점

현재 통일 후 북방국경과 관련해 세인의 관심을 모으고 있는 지역은 간도와 녹둔도이다. 이 문제를 연구한 학자들의 상당수는 간도와 녹둔도를 회복해야 할 우리의 영토라고 인식하고 있다. 이들은 간도와 녹둔도 모두 당사자인 대한제국이 배제된 상황에서 체결된 간도협약과 북경조약을 통해 우리 영역에서 잘못 제외되었다고 믿고 있다. 간도와 녹둔도가 역사적으로 조선의 영토였으며, 위법 또는 부당하게 중국 및 러시아령으로 편입되었다는 사실이 입증만 된다면 이들 지역은 우리의 영토로 인정받을 수 있는가?

국제사회에서 영유권 분쟁이 발생해 이에 대한 객관적 판정을 받는다면 이는 역사적 연고권의 기원이나 과거 누가 얼마나 오랫동안

---

305) 북한, 중국, 소련 3국은 두만강 3국 접경점에 관한 협상은 1994년 10월부터 시작했고, 기본원칙에 대하여는 1994년 회의에서 이미 합의한 바 있었다.

해당 지역을 지배했는가에 대한 역사적 사실을 규명하는 작업이 아니다. 이는 현시점에서 어느 국가가 그 지역의 영유권을 보유하는가를 국제법적으로 판정받는 일이다. 이 과정에서 역사적 지배실적은 현재의 법적 권리(title)를 직접 뒷받침할 수 있는 범위 내에서만 유의미한 취급을 받는다. 따라서 다수의 역사적 권리 주장은 현재의 국제법적 권리를 추론하기 위한 간접자료에 불과할 가능성이 높다. 이에 영유권 다툼을 판정하기 위한 분석은 현재의 국경 형성(승인)의 바탕이 된 가장 최근 사실에 대한 분석으로부터 출발해야 한다. 현재 점유국의 권원에 국제법적 하자가 없다면 이와 상치되는 그 이전의 역사적 실적은 비록 자료가 아무리 풍부할지라도 법적 권원 판단을 위한 근거로 가치를 인정받기 어렵기 때문이다.

결론적으로 통일 후 간도와 녹둔도 영유권의 회복 가능성 판단을 위한 우선적 과제는 1962년 북-중 국경조약과 1985년 북한-러시아 국경조약이 통일한국에도 구속력을 지닐지 여부의 검토이다. 이들 조약이 현재의 간도와 녹둔도 귀속에 관한 가장 최근의 국제적 합의이기 때문이다. 영토에 대한 권원 성립의 기초가 아무리 미약했을지라도 관련 당사국에 의해 국경이 합의되었다면, 이들 당사국은 후일 영유권에 대한 이의를 제기할 수 없으므로 2개의 국경조약은 특히 중요한 의미를 지닌다.306) 그동안 주로 역사학계에서 논의의 초점이 되었던 1909년 간도협약과 1860년 북경조약의 효력이나 그 이전 조선시대 간도와 녹둔도에 대한 실효적 지배실적의 규명은 만약 필요한 경우 그 다음 단계에서나 검토될 사항에 불과하다.

---

306) G. Schwarzenberger, Title to Territory: Response to a Challenge, American Journal of International Law vol.51(1957), pp.316-317 참조.

나. 통일과 국경조약의 승계

(1) 일반 원칙

남북한의 통일은 국제사회에서 각각 주권국가로 인정되던 두 개의 국가가 한 개의 국가로의 통합으로, 국제법적으로는 국가승계(state succession)의 한 형태이다.[307] 남북한이 통일되면 통일의 부분 주체인 북한이 체결하고 있던 2개 국경조약의 효력은 어떻게 되는가? 통일한국은 간도의 중국령과 녹둔도의 러시아령을 인정한 이들 조약의 효력을 부인할 수 있는가?

과거 국가승계 발생시 다른 국가들의 가장 큰 관심사 중 하나가 기존 조약에 대한 영향이었다. 종래의 학설은 국가승계가 그 유형에 따라 기존 조약에 대해 상이한 영향을 미친다고 보았다. 조약의 국가승계에 관한 1978년 비엔나 협약(이하 1978년 비엔나 협약)도 국가승계의 유형을 영토의 일부 승계, 국가분리, 신생국 독립, 국가통합의 4가지로 유형화하고 기존 조약에 미치는 영향을 각기 달리 규정하고 있다.[308] 국제사회의 관행 역시 비록 통일된 결과를 보여주지는 못했을지라도 국가승계 유형에 따라 기존 조약에 대한 영향이 달라진다는

---

307) 국가승계란 일정 영토의 국제관계에서의 책임이 1국가에서 다른 국가로 대체되는 것이라고 정의된다. 1978년 Vienna Convention on Succession of States in respect of Treaties 제2조 제1항 b호. 한편 남북한이 상대를 국가로서 승인하지 않는 상태에서는 국가승계가 성립되지 않는다는 주장도 있다. 상대를 미수복 지구나 불법집단으로 보는 한 국가승계가 성립되지 않는다는 주장이다. 김명기, 통일한국의 북중 국경선조약의 승계에 관한 고찰, 국제법 동향과 실무 제4권 3·4호(2005), p.39 등. 그러나 국제법상의 국가승계의 발생 여부는 객관적 사실을 기초로 파악해야지, 당사국의 정치적 입장에 따라 좌우될 수 없다.

308) 이 조약에 대한 전반적 설명으로는 P. Menon, The Succession of States in respect to Treaties, State Property, Archives, and Debts(The Edwin Mellen Press, 1991); 이순천, 조약의 국가승계(열린책들, 2012); G. Hafner & G. Nolte, State Succession in respect of Treaties, in D. Hollis ed., The Oxford Guide to Treaties 2nd ed.(Oxford UP, 2020); 신각수, 조약에 관한 국가승계, 국제법학회논총 제27권 제1호(1982); 신용호, 조약의 국가승계와 관행, 국제법학회논총 제48권 제3호(2003) 등 참조.

사실은 부인되지 않는다.

그러나 국경조약은 국제사회에서 비교적 이른 시기부터 특별한
취급을 받아 왔다. 다수의 학자들은 국경조약만은 계속성 원칙을 적
용받아 국가승계에도 불구하고 해당 지역에 구속력을 유지한다고 이
해했다.309) 1978년 비엔나 협약 역시 일반 조약과는 달리 국경조약
에 대하여는 국가승계 유형과 관계없이 공통적으로 적용되는 특칙을
두고 있다. 즉 협약 제11조는 1) 조약에 의해 수립된 국경과 2) 조약
에 의해 수립된 국경제도와 관련된 권리·의무에 대해서는 국가승계
가 영향을 미치지 못한다고 규정해 이른바 계속성 원칙을 택하고 있
다.310)

이 같은 입장이 반영된 국제판례 역시 쉽게 찾을 수 있다. 예를
들어 국제사법재판소는 부르키나파소-말리 간 국경분쟁 사건에서 국
가승계 시 기존 국경 존중 의무는 국제법상 일반원칙에서 비롯됨은
의문의 여지가 없다고 판단하는 등311) 이미 여러 건의 판결에서 기존
국경조약상의 국경(또는 국경제도)이 국가승계 후에도 준수되어야 한

---

309) ILC Final Draft Articles and Commentary on State Succession in respect of
Treaties(Yearbook of ILC, 1974, vol. Ⅱ, part 1: 이하 ILC Commentary로 약칭)
on article 11 & 12, para.1(이상 ILC Commentary는 A. Watts, The International
Law Commission 1949-1998 vol. Ⅱ: The Treaties(Oxford University Press, 1999)
에 재수록된 것에 의함); Jennings & Watts(전게주 303), vol.1, pp.228-229;
Kaikobad, Some Observation on the Doctrine of Continuity and Finality of
Boundaries, British Yearbook of International Law vol.54(1983), pp.126-136;
M. Shaw(전게주 303), p.843; P. Malanczuk, Akehurst's Modern Introduction to
International Law 7th rev. ed.(Routledge, 1997), p.162; J. Crawford, Brownlie's
Principles of Public International Law 9th ed.(Oxford UP, 2019), p.424.

310) Article 11(Boundary regime): A succession of States does not as such affect: (a)
a boundary established by a treaty: or (b) obligations and rights established by
a treaty and relating to the regime of a boundary.

311) "There is no doubt that the obligation to respect pre-existing international
frontiers in the event of a State succession derives from a general rule of
international law." Frontier Dispute(Burkina Faso/ Republic of Mali), 1986 ICJ
Reports 554, p.566.

다는 입장을 피력했다.312) 반면 국가승계에서 국경조약의 운명 역시
일반 조약과 동일하게 취급되어야 한다는 입장의 국제판례는 찾기 어
렵다.

조약 체결 당시 예견할 수 없었던 근본적인 사정의 변경이 있으
면 조약을 종료시킬(또는 탈퇴할) 권리를 인정하고 있는 조약법에 관
한 비엔나 협약 제62조(사정변경의 원칙)도 국경획정조약만은 이 원칙
적용에서 예외로 규정하고 있는 점 역시 국경조약의 계속성 원칙을
강화시켜 주고 있다.313)

여기서 한 가지 유의할 부분은 국가승계에 의해 영향받지 않는
대상은 국경조약 자체가 아니라, 국경조약에 의해 만들어진 결과라는
사실이다. 이 점에 관해 과거 국제선례는 약간의 혼선을 보이기도 했
으나,314) 국제법위원회는 논의과정에서 국가승계에 의해 영향받지 않

---

312) 예를 들어 Territorial Dispute(Libyan Arab Jamahiriya/ Chad)에서 ICJ는 리비아-
차드 간에는 1955년 리비아와 프랑스가 합의한 우호선린조약상의 국경이 지속되
며, 이 협정내용은 프랑스의 승계국인 차드에게도 구속력을 갖는다고 판단했다
(1994 ICJ Reports 6, paras.72,75-76). Land and Maritime Boundary between
Cameroon and Nigeria(Cameroon v. Nigeria: Equatorial Guinea intervening)에
서도 ICJ는 Bakassi 지역의 양국간 국경은 과거 이 지역을 지배했던 영국과 독일
간의 1913년 경계협정이 양국 독립 이후에도 결정력을 갖는다고 판단했다(2002
ICJ Reports 303, paras.205-213,217,225). Gabcikovo-Nagymaros Project (Hungary/
Slovakia)에서도 ICJ는 영토적 성격의 조약은 국가승계에 의해 영향받지 아니하
며, 이러한 내용의 비엔나 협약 제12조는 국제관습법의 반영으로 보았다(1997
ICJ Reports 7, para.123). 기타 Free Zones of Upper Savoy and the District of
Gex case(France v. Switzerland(1932)), PCIJ Reports Series A/B, No.46, p.145도
동지.

313) Aegean Sea(Greece v. Turkey), 1978 ICJ Reports 3, para.85 참조.

314) Free Zones of Upper Savoy and the District of Gex 사건에서 상설국제사법재판
소는 국가승계가 발생해도 "조약" 자체를 존중해야 한다는 입장을 표명한 사례
로 평가된다(PCIJ Series A/B, No.46, p.145 참조). 그러나 Aland 섬의 지위에 관
한 스웨덴과 핀란드의 분쟁을 담당한 국제연맹의 Committee of Jurists는 핀란드
가 1856년의 Aland Islands Convention 자체보다는 이 조약에 따라 이 섬에 관해
확립된 결과나 상황을 존중할 의무가 있다고 발표했다. ILC Commentary on
article 11 & 12, para.5.

는 것은 조약 자체라기보다는 조약의 결과 획정된 국경과 그와 관련
된 권리·의무라고 의견을 집약했고, 1978년 비엔나 협약 제11조 역
시 그러한 입장에서 조문이 작성되었다.315) 따라서 설사 원 국경조약
이 조약으로서의 효력을 더 이상 지니고 있지 못하는 경우에도 그에
따라 획정된 국경은 효력을 지속하게 된다.316)

OAU 헌장 제3조 제3항이 각국의 주권과 영토적 일체성에 대한
존중원칙을 규정하고, 1964년 OAU 카이로 정상회담에서 독립 당시
의 기존 국경 존중을 약속한 결의가 채택된 사실이나, 1964년 카이로
비동맹 정상회담 시에도 유사한 결의가 채택된 사실, 중남미 국가의
독립시 국경획정에 관하여 *uti possidetis* 원칙이 광범위하게 적용된
사실 등은 모두 국가승계에도 불구하고 기존 국경조약을 유지시키자
는 원칙과 상통하고 있다. 실제 과거 식민지로부터 독립한 국가가 제
국주의 세력이 설정한 기존 국경조약에 반발한 사례도 적지 않았지만,
결국에는 기존 국경에 대한 존중이 대체로 유지되었다. 국가승계시 기
존 국경조약에 관한 분쟁이 발생한 경우는 기존 조약 속 국경이 명확
하지 않았던 경우나, 기존 조약의 유효성 자체를 문제삼았던 경우들이
다. 이러한 사례는 독립을 계기로 국경 재조정을 요구했을 뿐,317) 국

---

315) ILC Commentary on article 11 & 12, para.18. 이에 대한 상세는 이근관, 통일 후
한·중 국경문제에 관한 국제법적 고찰, 국제법학회논총 제55권 제4호(2010), pp.
132-134 참조.

316) Territorial Dispute(Libyan Arab Jamahiriya/ Chad)에서 ICJ는 조약에 의해 수립된
국경은 조약 자체는 반드시 향유하지 못하는 항구성을 취득하며, 일단 국경협정
이 성립하면 국경의 지속성은 이의 근거가 된 조약의 지속성에 의존하지 않는다
고 지적했다(1994 ICJ Reports 6, para.74). 또한 Gabcikovo-Nagymaros Project
(Hungary/Slovakia), 1997 ICJ Reports 7, para.123; Territorial and Maritime
Dispute(Preliminary Objections) (Nicaragua v. Colombia), 2007 ICJ Reports 832,
para.89; Dispute regarding Navigational and Related Rights (Costa Rica v.
Nicaragua), 2009 ICJ Reports 213, para.89도 동지.

317) 예를 들어 모로코-알제리 국경분쟁, 수리남-가이아나 분쟁, 베네수엘라-가이아
나 분쟁 등이 그에 해당한다. ILC Commentary on article 11 & 12, para.16.

경승계의무라는 법원칙 자체에 의문을 제기한 주장은 아니었다.

이러한 입장은 "누구도 자기가 갖지 않는 것을 줄 수 없다(*nemo det quo non habet*)," "속지적 조약은 토지와 같이 이전된다(*res transit cum suo onere*)" 등의 법언과도 합치된다. 국가승계는 특정한 영토 내에서 발생하는 현상이므로, 국가승계의 결과 승계국은 선행국의 영토적 권리 이상을 취득할 수 없다는 해석이다. 그러나 한편 이러한 원칙은 기존 질서의 유지를 원하는 측의 기득권을 옹호하는 역할을 함도 사실이다.[318] 국경조약의 승계의무에 관하여는 여러 이론적 근거가 주장되고 있지만, 그 근저에는 국제관계의 안정화라는 정책적 목적이 바탕을 이루고 있음은 부인할 수 없다.

이상과 같은 종래 국제사회의 실행을 바탕으로 판단할 때 국가승계 시 그 유형에 관계 없이 기존 국경조약의 내용은 존중되어야 한다는 원칙은 오늘날 관습국제법에 해당한다고 평가된다.[319]

종래 국내에서는 남북통일의 형태에 따라 통일 후 북한이 체결한 국경조약 효력에 대한 해석이 달라질 수 있다는 주장이 제시되고 있었다. 즉 북한이 중심이 되는 통일의 경우나 남북한이 대등한 입장에서 이른바 1:1 통합을 이루는 경우(국가연합안 포함) 북한의 기존 조약을 존중할 수밖에 없기 때문에 간도와 녹둔도 회복은 불가능하게 된다고 보는 반면, 한국이 중심이 되는 흡수통일이 이룩될 경우 한국은

318) E. Bello, Reflections on Succession of States in the light of the Vienna Convention on Succession of States in Respect of Treaties 1978, German Yearbook of International Law vol.24, p.307(1981).

319) Frontier Dispute(Burkina Faso/Republic of Mali), 1986 ICJ Reports 554, p.566; Gabcikovo-Nagymaros Project(Hungary/Slovakia), 1997 ICJ Reports 7, para.123. 1978년 비엔나 협약 채택 시에도 이 조항에 대한 반대국은 소말리아 1개국에 불과했다. 소말리아는 1897년 에티오피아-영국 조약으로 소말리아인의 전통적 거주지가 분할된 결과에 대한 반발로서 국경조약의 승계의무에 반대했다. ILC Commentary on article 11 & 12, para.13. 기타 G. Hafner & G. Nolte(전게주 308), p.405.

이들 국경조약의 체결 주체가 아니기 때문에 그 결과를 재검토할 수 있으리라는 기대였다. 북한이 체결한 국경조약이 한반도 전체의 이익에 배치된다고 보는 입장에서는 이의 재논의를 위해 한국 중심의 흡수합병이 바람직하다고 주장했다.320) 그러나 국경조약의 승계에 관한 국제법에 비추어 볼 때, 남북통일의 형태가 한국 중심의 흡수통일이 되든, 과도기의 국가연합을 거치는 대등한 통합이든 통일한국이 북한의 국경조약을 승계할 의무가 있다는 점에서는 차이를 두기 어렵다.321) 더욱이 북한이 체결한 2개의 국경조약은 아프리카 등지에서 과거 제국주의 세력이 독립 이전 현지 주민의 실정을 무시하고 자신의 편의에 따라 그어 놓은 국경선과는 성격이 확연히 다르다. 이는 북한 스스로가 체결한 조약이며, 그 기본내용은 지난 약 100년 이상 유지되었던 국경체제 운영실태와도 일치한다. 따라서 통일한국이 설사 이 조약의 승계를 거부하더라도, 그러한 주장이 국제재판에서 수용될 가능성은 매우 희박하다.

(2) 분단국 통일 상의 특칙?

국가승계시 국경승계의무 원칙의 적용 자체는 수긍하더라도 분

---

320) 대체로 이러한 입장의 주장으로 박기갑, 일반 국제법이론에 비추어 본 남북한간 가능한 국가승계 형태론, 한림법학 Forum 제5권 1호(1996), pp.126-127; 박기갑, 남북한의 국제법상 관행연구, 벽파 김정건 박사 화갑논문집 — 변화하는 세계와 국제법(박영사, 1993), p.251. 김명기 교수는 남한 중심의 흡수통일이 이루어지는 경우 북·중 국경조약에 따라 간도영유권이 중국에 귀속되는 효력은 통일한국에게 구속력을 갖지 못한다고 주장했는데(김명기(전게주 307), p.41) 이 역시 동일한 관점에 입각한 주장이다.

321) 그러나 이장희, 남북한 통일 이후 국가승계의 국제법적 과제, 한국법학교수회, 한국 법학 50년 과거 현재 미래(Ⅰ)(1998), p.406은 통일한국은 국경협정과 관련해 얼마든지 제3국과 재협상이 가능하기 때문에 기존의 학설에 구애받을 필요가 없다고 주장하고, p.412에서는 북한이 체결한 국경협정에 대하여는 한반도의 구체적 상황과 국민적 이익의 관점에서 해결되어야 한다고 주장했는데, 별다른 이론적 근거를 제시하지 않아 그 의미를 이해하기 어렵다.

단국에 대하여는 특례가 주장될 수 있는가? 국내 일각에서는 예멘 통일의 사례를 통해 분단국의 경우 별도 특칙이 적용될 수 있는 시사점을 발견할 수 있다는 주장이 제기된 바 있다. 즉 예멘 왕국(북예멘에 상당)은 1934년 사우디아라비아와 국경협정인 Taif 협정을 체결한 바 있었다. 그러나 1967년 독립한 남예멘은 이러한 결과를 인정하지 않고 사우디아라비아와 영토분쟁이 존재한다고 주장했으며, 이 같은 입장은 남북 예멘 통합을 위한 1988년 공동합의서에도 반영되었고, 1990년 예멘 통일 이후에도 이러한 주장을 계속한 사실은 우리의 북방영토와 관련하여 시사하는 바 크다는 지적이었다.322) 이에 더해 통일 예멘은 독일과 같은 전쟁책임이 없었기 때문에 주변국과의 영토문제를 적극적으로 대처했다고 평가했다.323) 이것이 사실이라면 남북통일 이후 간도와 녹둔도 귀속문제와 관련해 우리로서는 참고할만한 선례라고 평가된다. 그러나 조사에 의하면 이 같은 지적은 객관적 사실을 명확히 파악하지 못하고 제기된 주장에 불과하다. 이하 기왕에 문제가 제기된 예멘 통일사례를 상세히 검토하고, 아울러 또 다른 분단

---

322) 박기갑, 일반 국제법이론에 비추어 본 남북한간 가능한 국가승계 형태론(전게주 320), 각주 63 및 해당 본문, 이장희(전게주 321), pp.404-405도 위 박기갑 교수 논문의 표현까지 그대로 반복하며 동일한 주장을 하고 있다. 이현조(전게주 278), p.194도 비슷한 문제제기를 한 바 있다. 한편 박기갑 교수는 1988년 공동합의서(Sana's Agreement) 제5항 (마) "… 또한 이 합의서는 분단심화를 획책하였던 혐오스러운 제국주의와 구시대의 이맘 제도가 남긴 부정적 잔재를 인정하거나 고착시키는 것을 의미하지 않는다"을 위 본문 같이 해석했는데(원문의 영역은 "Moreover, this agreement under no circumstances means the determination or demarcation or recognition of what was inherited from the hateful colonialism and defunct imamate in terms of negative repercussions aimed at deepening division."), 이 조항이 Taif 협정상의 국경을 부인하는 의미로 해석될 수 있을지는 의심스럽다. 왜냐하면 Sana 합의서 제5항은 남북 예멘간의 경제통합의 중요성을 강조하는 조항이며, e호 역시 양국간 경계지역에서의 공동자원 개발을 위한 협력사업의 중요성을 강조한 조항이기 때문이다.

323) 박기갑, 일반 국제법이론에 비추어 본 남북한간 가능한 국가승계 형태론(전게주 320), 각주 86 및 관련본문.

국 사례인 독일 통일의 경우도 살펴본다.

(가) 예멘 통일 사례

1) 예멘-사우디아라비아 국경협정

1934년 예멘과 사우디아라비아 간에 체결된 Taif 협정의 성립 배경과 내용은 다음과 같다. 아라비아반도는 오랫동안 오스만 터키 지배 아래 있었으나 20세기 초 사우드 왕가 압둘 아지즈를 중심으로 하는 사우디아라비아가 아라비아반도의 상당 부분을 장악하고 사실상 독립을 달성했다. 한편 아라비아반도 서남부에는 고대로부터 오늘날 예멘의 선조에 해당하는 독립왕국이 번성했다가 16세기 초 오스만 터키에게 정복당했다. 오스만 터키 세력이 약화되자 예멘 지역은 20세기 초부터 사실상의 독립왕국을 다시 수립했다. 아라비아반도를 지배하게 된 사우디아라비아와 예멘은 당시 명확한 국경을 확정하고 있었기보다는 지방의 여러 토후들과의 충성관계를 통해 느슨한 세력범위만을 확인할 수 있었다. 예멘이 Asir, Jizan, Najran으로 구성된 Idrisi 토후국 지역은 전통적으로 자신들의 판도라고 주장하며 이 지역으로 진군하자, Idrisi는 사우디아라비아에 지원을 요청했다. Idrisi 토후국은 1926년 사우디아라비아와 메카 협정을 체결하고 사우디아라비아 주권 아래로 편입되었다. 이후 예멘과 사우디아라비아는 이 지역에 관한 영유권 다툼을 계속했다. 결국 1934년 4월 6일 사우디아라비아는 예멘을 공격하고, 예멘에게 Najran 등의 지역으로부터 완전히 철수하라고 요구했다. 무력에서 열세를 보인 예멘은 사우디아라비아의 모든 요구사항을 수락했고, Idrisi 지역이 사우디아라비아령임을 확인하는 Taif 협정을 체결했다.[324]

북예멘에서 1962년 혁명이 발발해 왕정이 무너지고 공화국이 출

---

324) 이상의 경과에 대하여는 Rizk, Monarchs in War, Al Ahram Issue No.681 (2004. 3.11-17); R. Schofield, Negotiating the Saudi-Yemeni international boundary, The Britush-Yemeni Society(March 31, 1999) 등 참조.

범하자 새 정부는 과거 Taif 협정이 무력에 의한 강박조약이라며 이의 무효를 주장했다. 이후 북예멘은 예멘의 역사적, 법적 권리에 입각한 새로운 국경이 설정되어야 한다고 강조했다. 특히 Taif 협정에 의해 사우디아라비아로 편입이 인정된 3개 주를 포함해 사우디아라비아의 남부지역은 역사상 "대예멘"(historical "Greater Yemen")에 속하는 지역으로 자신에게 반환되어야 한다고 주장했다. 물론 사우디아라비아는 이러한 주장을 일축했다. 협의 끝에 1973년 3월 사우디아라비아와 북예멘 정부는 Taif 협정상의 국경이 양국간 최종적이며 영구적인 국경임을 재확인하는 공동성명을 발표했다. 다만 후일 북예멘 정부는 이 공동성명이 법적 구속력이 있는 문서는 아니라고 주장했다. 한편 영국의 지배를 받던 남예멘은 1967년 독립했다.

2) 예멘 통일과 국경 재협상

1990년 5월 남북 예멘이 통일되자 사우디아라비아와의 국경문제가 다시 불거졌다. Taif 협정 역시 예멘-사우디아라비아 간 전체 국경에 관한 합의라기보다 당시 분쟁지역이던 Idrisi를 중심으로 한 부분적 국경에 불과했으며, 지리적 좌표를 통한 국경획정이 아니었기 때문에 협정상의 경계선 자체도 모호했기 때문이었다. 1992년부터 양국 국경회담이 시작되었다. 예멘은 Taif 협정을 무시하고 양국간 새로운 국경협상을 원했으나, 사우디아라비아는 Taif 협정의 유효를 전제로 기타 지역의 국경만을 협의하자고 주장했다. 논란 끝에 1995년 2월 26일 양국은 양해각서를 체결하게 되었다. 이에 따르면 예멘은 Taif 협정을 유효하고 구속력 있는 협정으로 수락하는 대신, 사우디아라비아는 양국간 육상 및 해상에서의 포괄적 경계획정에 동의했다. 1997년 예멘은 자신들의 역사적, 법적 권리를 더 이상 주장하지 않기로 하고, 사우디아라비아는 Taif 협정상의 경계를 제외한 나머지 지역의 국경획정에서는 예멘측의 주장을 대폭 수용한다는 원칙에 합의했다.

다만 Taif 협정의 국경을 전제로 하더라도 구체적 경계는 현지 사정에 맞게 재조사하기로 결정했다. 1998년에는 무력충돌까지 겪으며 집중적인 협상을 진행한 결과 2000년 6월 12일 양국 외무장관은 해상을 포함한 양국 전 국경에 관한 새로운 협정(제다 협정)에 서명했고, 이는 2000년 7월 4일 발효했다.325)

제다 협정은 일단 1934년 Taif 협정에 따른 경계획정은 유효하고 구속력 있는 합의로 재확인했다(제1조). 즉 양국간의 오랜 분쟁지역은 사우디아라비아령으로 계속 인정되었다. 다만 국경에 걸친 정착지의 소속은 현지 주민들의 의사에 따르기로 합의했다.326) 그리고 Taif 협정 이외 지역에 대하여는 예멘측 주장이 대폭 반영되어 예멘은 석유와 가스 자원이 풍부하리라고 예상되는 상당 면적의 영역을 확보할 수 있었다. 실제 국경은 2년 동안 객관적이고 구체적 실측 후에 확정하기로 했다.

이후 독일회사인 Hansa Luftbild가 국경실측업무를 담당했고, 그 결과 종래 사우디아라비아가 지배하던 스위스 크기 정도의 영역이 예멘으로 반환되었다. 사우디는 2004년부터 영토를 반환하기 시작했고, 양국은 2006년 6월 2일 최종적인 국경선에 합의했다.

3) 예멘 사례의 평가

이상의 사실을 살펴보면 예멘 통일의 사례가 통일한국이 북한의

---

325) 이상의 경과에 관하여는 A. Halwan Al-Enazy, The International Boundary Treaty(Treaty of Jeddah) Concluded between the Kingdom of Saudi Arabia and the Yemeni Republic on June 12, 2000, 96 American Journal of International Law vol.96(2000), pp.161-164에 상세.

326) 당초 Taif 협정은 좌표로 국경을 획정하지 않고, 지형지물이나 현지 부족의 소속을 정하는 방식으로 국경을 정했기 때문에 오랜 세월이 지나자 협정상의 경계 자체가 모호해졌다. 지형지물의 멸실이나 부족 정착지의 이동 등으로 인해 Taif 협정의 국경 시작점과 종착점조차 명확하지 않았다. 제다 협정은 국경에 걸친 거주지의 경우 주민투표에 의한 소속 결정을 수용한 셈이므로 Taif 협정 상의 국경선 조정은 불가피했다. A. Halwan Al-Enazy(상게주), pp.168-169.

1962년 및 1985년 국경조약의 유효성을 부인하는 선례로 활용될 수 없음을 발견하게 된다.

첫째, 앞서 소개한 지적과 달리 예멘의 경우 원 국경조약인 Taif 협정의 무효 주장이 이의 체결 당사국인 북예멘 자신에 의해 제기되었으며, 통일 예멘은 기존 입장을 지속했을 뿐이었다. 한반도에서도 동일한 구조가 성립되려면 북한의 국경조약에 대해 우선 체결 당사자인 북한이 이의 무효를 주장해야 한다.

둘째, 북예멘과 통일 예멘이 Taif 협정의 무효를 주장한 이유는 이 협정이 일방 당사국에 대한 타방 당사국의 무력공격의 결과 체결된 강박조약이라는 점에 근거했다. 즉 통일 예멘이 기존 Taif 협정에 따른 국경선 무효 주장은 분단국 통일 상황에 따른 예외를 근거로 하지 않았고, 조약법상 일반 원칙에 근거한 무효 주장이었다. 이 점에 대하여는 좀 더 설명을 추가한다.

국가승계 시 기존 국경조약의 내용을 존중할 의무가 관습국제법에 해당한다고 할지라도, 승계국이 기존 국경조약을 언제나 무조건 수용해야 함을 의미하지는 않는다. 국가승계가 그 이전에 성립된 국경조약에 영향을 미치지 않는다고 할 때, 이는 어디까지나 원 국경조약의 유효한 성립을 전제로 한다. 즉 어떠한 이유에서든 기존 국경조약의 유효성 자체가 도전받고 있다면 이 조약의 효력은 국가승계와는 관계없이 별도로 판단되어야 한다. 본래 무효인 국경조약이 국가승계라는 현상을 거친다고 해 유효한 조약으로 변신되지 않기 때문이다.[327] 1978년 비엔나 협약 초안 시에도 이러한 점이 지적되어 이를 명백히 하기 위해 제14조가 별도로 설치되었다.[328] 따라서 Taif 협정

---

327) ILC Commentary on article 11& 12, para.17.
328) ILC Commentary on article 13 및 article 11& 12, paras.43-45 참조. ILC 초안상 제13조는 협약 제14조에 해당한다. 협약 제14조 "Nothing in the present Convention shall be considered as prejudging in any respect any question relating

자체의 무효를 주장한 예멘의 사례는 통일 한국에 적용될 수 있는 선례로서의 가치가 없다. 왜냐하면 예멘은 국가승계와는 무관하게 강박 조약이라는 별도의 근거에 입각해 원 국경조약의 효력을 문제시했다. 반면 북한과 중국 및 러시아 간 국경조약에 관해서는 체결과정 상의 강박이나 여타의 조약 무효사유가 발견되지 않는다. 북한 역시 아무런 이의제기가 없다. 1962년과 1985년 북한의 국경조약 자체를 무효라고 주장할 수 있는 별도의 근거가 없는 한 분단국 통일만을 이유로 이의 효력을 부인하기 어렵다.

셋째, 통일 예멘 역시 최종적으로는 Taif 협정의 무효 주장을 철회하고 기존 국경선을 수용했다. 예멘 사례의 종국적 결과는 국가승계시 국경조약 존중의무에 대한 분단국의 특례라는 주장 자체를 제기하기 불가능하게 만들어 버렸다.

(나) 독일 통일 사례

제2차 대전의 패전국인 독일은 미·영·불·소 4개국의 점령 아래에 있다가 소련 점령지구는 동독으로, 기타 지역은 서독으로 발전했음은 잘 알려져 있다. 다만 구 독일제국의 영토 중 오데르-나이세 강 이동 지역은 폴란드로 편입되었고, 1950년 동독-폴란드 간 국경선조약은 그 결과의 상호수용을 확인했다. 그 후 서독은 이른바 동방정책을 추진하며 1970년 8월 12일 서독-소련조약(모스크바 조약)을 체결해, 모든 유럽 제국의 기존 국경선에 따른 영토권을 존중함과 아울러 특히 폴란드 서부국경(오데르-나이세 선)이 불가침임을 인정했다 (제3조). 또한 서독은 1970년 11월 18일 폴란드와 바르샤바 조약을 체결하고, 포츠담 협정에 따른 오데르-나이세 선이 폴란드의 항구적인 국경임을 승인하고, 장래 상호 어떠한 영토적 요구도 하지 않기로 확인했다(제1조). 또한 독일 통일 이후인 1990년 11월 14일 통일

---

to the validity of a treaty."

독일과 폴란드는 국경조약을 다시 체결하고 기존 국경선 존중을 재
차 확인했다.329)

결국 통일 이전부터 서독은 분단상태에서 동독이 체결한 국경조
약의 준수를 약속하고 있었으며, 통일 이후 이를 재확인하는 조약을
또 다시 체결해 통일 독일의 영역은 구 서독과 구 동독의 단순 합산
으로 구성되었다. 통일 독일이 1990년 폴란드와 국경조약을 체결한
결과를 보고, 독일 통일에서는 국가승계시 국경조약 계속의 원칙이
배제되고, 백지출발주의가 적용되었다고 해석하는 입장도 있으나,330)
이는 현실과 동떨어진 무리한 해석이다. 독일-폴란드의 신 조약 역시
기존 국경조약의 준수를 재확인한 약속에 불과하다. 독일-폴란드가
새로운 국경조약을 체결한 이유는 독일 통일에 관한 폴란드의 불안감
을 해소시키기 위한 정치적 의미에서 이해되어야지, 이것이 국가승계
시 국경조약에 관한 백지출발주의의 예로 간주될 수는 없다. 따라서
독일 통일의 예는 통일한국의 간도나 녹둔도 회복 가능성과 관련해
특별한 시사점을 주지 못한다.

(3) 북한의 국경조약 체결 권한

이에 북한의 1962년 및 1985년 국경조약의 효력을 부인하려는
입장에서는 북한의 국경조약 체결능력 자체에 의문을 제기하기도 한
다. 원래의 협정이 당초부터 권한 없는 주체의 합의였다면 통일한국
도 이를 승계할 의무가 없기 때문이다. 이러한 입장에서는 종래 크게
두 가지 이론이 제시되고 있었다. 첫째, 한국 정부만이 한반도를 대표
하는 유일 합법 정부이며, 북한은 한반도 영토를 처분할 권한이 없는
정통성 없는 사실적 지방정부(또는 반도단체)이므로 1962년 및 1985년

국경조약은 유효하게 성립된 조약이 되지 못한다는 주장이다.[331] 둘째, 남북한 분단상태는 통일이 이룩되기 이전의 잠정적 상태이며, 통일 이전에는 남북한 어느 쪽도 전체 한국의 영역에 대한 처분 결정권을 갖지 못하므로 북한의 국경협정 체결은 권한 없는 자의 행위라는 주장이다. 각각의 주장을 검토해 본다.

첫째, 한국 정부만이 한반도를 대표하는 합법 정부이므로 북한이 체결한 국경조약은 당초부터 무효인 조약이라고 할 수 있을까? 구 냉전시대에는 정치적 명분론에 입각해 한국 정부만이 한반도 전체를 대표하는 유일 합법정부라는 주장을 펴기도 했지만, 오늘날까지 이러한 주장을 전개하는 학자들은 드물다. 특히 남북한 UN 동시 가입 이후 이 같은 주장은 더 이상 현실성을 갖기 어렵게 되었다. 또한 남북 기본합의서 등의 체결, 국가연합과정을 통한 통일방안의 주장 등 한국 정부의 일련의 태도로 미루어 볼 때 한국 역시 북한이 국제사회에서의 주권국가임을 부인하지 않고 있다. 한국만이 한반도 전체를 대표하는 정부라는 주장에 입각한 북한의 국경조약 무효론은 현재의 국제사회에서 수락되기 어렵다.[332]

둘째, 분단국 특수상황론. 즉 분단국 중 일방에 불과한 북한은 국경과 같이 전체 한국에 관련된 사안에 관한 조약을 체결할 권한이 없으며, 오직 통일한국만이 이러한 권한을 갖는다는 주장 역시 국제법상 수용되기 어렵다고 판단된다. 국제법상 엄연한 주권국가가 분단국이라는 이유로 위와 같은 법적 제약을 받는다는 확립된 국제법 이론이나 실행은 존재하지 않는다. 분단국이란 장래 통합을 전제로 하는

---

331) 김명기, 청일 간도협약의 무효, 고시계 1985년 9월호, p.143; 지봉도, 통일한국을 향한 간도 영유권의 영속성, p.290 참조. 위의 주장들은 대한민국 정부만이 정통성 있는 정부이므로 북한이 중국과 체결한 국경조약은 효력이 없다는 평가이나, 동일한 논리가 북·러 국경조약에도 적용될 수 있다.

332) 백진현, 한반도 통일시 남북한 체결 조약의 승계에 관한 연구, 서울대학교 통일학연구보고서 04-자-11(2006), p.35.

개념이나, 통일시점을 전혀 예측할 수 없는 막연한 상태에서 분단국이라는 이유만으로 주권국가로서의 당연한 권한을 무기한 제한받을 수는 없기 때문이다.[333) 분단국인 북한은 전체 한국과 관련된 사항에 관해 조약을 체결할 수 없다면, 동일한 논리는 한국에게도 적용되게 된다. 예를 들어 한국은 중국이나 일본과 해양경계협정을 체결할 권한이 없다고 해야 한다. 그리고 전체 한국에 관련된 사안이란 개념 역시 대단히 막연해 이를 이유로 주권국가의 권한을 제한하면 제3국으로서도 불측의 피해를 볼 수 있다. 그렇다면 제3국은 대한민국이나 북한과는 중요한 조약의 체결을 회피한다거나, 한국과의 조약 체결시 북한의 동의도 받아오라는 요구까지 나올 수 있다. 또한 1962년 및 1985년 국경조약이 과연 간도나 녹둔도를 처분한 조약인지도 명확하지 않다. 이는 새로운 국경선을 획정했다기보다는, 이미 확정되어 있는 국경선을 단순 확인한 조약으로 해석될 수 있기 때문이다.

이상과 같은 이유에서 분단국인 북한은 국경조약을 체결할 권한이 없었으므로 통일한국도 이를 승계할 의무가 없다는 주장은 국제사회에서 객관적 설득력을 확보하기 어렵다.[334)

다. 기타 고려사항

이상에서 살펴본 바와 같이 통일한국이 북한의 국경조약 승계를 부인하기는 어렵다. 그런데 1962년 및 1985년 국경조약 외에는 통일한국의 간도 및 녹둔도 영유권 확보를 위한 또 다른 법적 장애는 없

---

333) 이근관 교수도 Lee, Keun-Gwan, Korean Unification and State Succession in respect of Treaties, External Property and Debts of North Korea(미출간 대 외교부 보고서, 1998), pp.42-44에서 위 두 가지 주장이 모두 제3국에 대해 설득력을 지닐지는 의문이며, 통일과정에서 협상카드 정도로 사용될 수 있으리라 보았다. 그러나 주장이 국제법상 타당성이나 논리성을 갖추지 못하면 협상카드로서의 의의도 지니기 어렵다.

334) 동지, 황명준, 간도 영유권의 국제법적 분석, 서울대학교 석사논문(2005), p.92.

는가? 어떤 이유에서든 1962년 및 1985년 국경선 협정이 무효라고 한다면 통일한국은 간도나 녹둔도를 회복할 수 있을까? 여전히 법적 장애가 적지 않다.

중국은 간도협약 이후 110년 이상, 러시아는 북경조약 이후 160년 이상 이들 지역을 평화롭게 지배하고 있다. 국내에서 간도나 녹둔도 영유권 회복을 주장하는 학자들은 시효에 의한 이들 국가의 영유권 확정을 우려한다. 이에 중국이나 러시아의 영토주권이 공고화되기를 막기 위한 일정한 항의의 필요성을 강조하기도 한다.335) 지난 세월 이들 국가의 장기간 점유는 어떻게 평가해야 하는가?

영토의 시효취득이란 비록 처음에는 영토에 대한 정당한 권원이 없었을지라도 국가가 해당지역을 장기간 계속적으로 평온하고 공연히 점유함으로써 영유권을 확보하게 됨을 의미한다.336) 즉 장기간의 실효적이고 평화로운 주권행사가 당초의 위법성을 치유하는 결과를 가져온다는 이론이다. 국내법상 취득시효제도와 마찬가지로 국제법에서도 국제질서의 유지와 안정성 확보를 위해 시효에 의한 영토취득이 일반적으로 인정되고 있다. 다만 국제법상 아직 미결의 문제는 시효 완성에 어느 정도의 기간이 필요한가와 시효 진행을 중단시키는데 필요한 행동의 판단기준 정도이다.337) 시효 완성에 필요한 기간으로는 대체로 주민 거주 상황, 자연환경, 이해관계국의 태도 등 여러 정

335) 노계현(전게주 280), p.111; 박기갑, 남북한의 국제법상 관행연구(전게주 320), p.250. 그리고 백충현, 백두산 천지 양분설의 국제법적 평가, 북한 1984년 8월호, p.94; 김명기, 청일간도협약의 무효(전게주 331), p.144; 신각수, 국제법적 관점에서의 한중관계의 정상화, 동아연구 제26집(1993), pp.261, 293; 노영돈, 한중간도영유권문제의 고찰, 군사 제56호(2005), p.66 등과 같이 중국의 간도 영유권 고착화를 막기 위해 정부가 조속히 입장을 표명해야 한다는 주장 역시 같은 맥락에서 제기된 것이다.
336) S. Sharma, Territorial Acquisition, Disputes and International Law(Martinus Nijhoff Publishers, 1997), p.107.
337) Sharma(상게주), p.111.

황을 종합적으로 판단해야 한다는 막연한 기준만이 제시되고 있을 뿐
이다.338) 아직까지 명시적으로 시효만을 근거로 영유권을 판정한 국
제판례도 찾을 수 없어 기간에 관한 선례도 없다.

실제 영토분쟁에 있어서 분쟁 당사국들은 자국의 영유권이 위법
한 점유에서 기원함을 시인하고 싶어 하지 않기 때문에 시효 주장을
삼가는 경향이 있다.339) 일부 사건에서 당사국들이 시효취득을 주장
한 경우에도 재판부는 명시적으로 시효에 입각한 판정을 내리기를 회
피한다.340) 종래 영토분쟁에 관한 국제재판에 있어서 재판부는 대체
로 양측의 경쟁적 주장의 근거가 되는 여러 증거를 종합적으로 판단
해 어느 편이 상대적으로 더 우월한 증거를 제시하고 있느냐에 따라
무게를 두고 판정을 내려왔다. 이 과정에서 반드시 법적 요소만이 고
려되지 않으며, 평화와 안보에 관한 지역적 이해, 지리적 형상, 인종
적 · 역사적 · 경제적 유대, 현지 주민들의 귀속의사, 형평한 해결책의
모색 등 다양한 비(非)법적 요소도 고려되어 왔다. 비법적 요소는 그
자체만으로 영유권의 근거가 될 수는 없고 법적 근거의 확인을 위한
보충적 기능을 할 뿐이나, 실제 판단과정에서는 법률적 요소만큼이나

---

338) S. Sharma(전게주 336), p.111. Britisch Guiana-Venezuela Boundary 사건에서
양 당사국은 시효완성에 필요한 기간을 50년이라고 합의한 바 있으나, 이 기간이
국제법상의 일반적 기준이라고는 보기 어렵다. 이 사건에서도 이 기준의 적용을
통해 판정이 내려지지는 않았다.

339) S. Sharma(전게주 336), p.113. 예를 들어 Minquiers and Ecrehos case(France/
U.K., 1953 ICJ Reports 47)에서 영국과 프랑스는 영유권을 입증하기 위해 거의
1000년 전부터의 여러 사실을 영유권의 증거로 제시했으나, 시효에 입각한 권원
획득을 직접적으로 주장하지 않았다.

340) 예를 들어 Chamizal 중재재판(U.S. v. Mexico, 1911)에서의 미국과 the Island of
Palmas case(Netherlands v. U.S., 1928)에서의 네덜란드는 시효를 영유권 주장의
근거 중 하나로 내세웠으나, 재판부는 이와 다른 근거에 입각해 판정을 내렸다.
Kasikili/Sedudu Island(Botswana/Namibia)에서도 나미비아는 시효취득을 권원획
득 근거의 하나로 주장했으나, 재판부는 시효취득의 요건이 충족되지 않았다고
판단했다. 1999 ICJ Reports 1045, paras.90-99.

중요한 영향력을 발휘함이 사실이다.[341] 그렇다면 간도와 녹둔도의 경우도 110년 및 160년의 중국과 러시아의 실효적 지배가 시효 완성에 충분한 기간이냐를 굳이 따지기보다는 종래 국제재판의 경향에 입각해 이런 사실까지 고려한 종합적인 판단을 예상해 봄이 유용하다.

러시아는 1860년 이래 녹둔도를 계속적으로 평온하고 공연하게 실효적으로 지배해 왔다. 러시아는 청과의 조약을 통해 연해주의 일부로서 녹둔도를 획득했으므로 처음부터 이곳이 자국령이라고 당연히 믿을 만 했다. 반면 조선은 이미 1861년부터 러시아의 녹둔도 지배 사실을 알았음에도 내부적으로만 이의 회복 당위성을 논의했을 뿐, 대외적으로는 회복에 필요한 적극적 조치를 전혀 취하지 않았다. 특히 1884년 조·러 수교시는 물론 수교 이후에도 이 문제가 제기되지 않았다. 광복 후 북한은 아예 녹둔도의 러시아령을 인정하는 국경조약을 체결했다. 구 냉전시대 북한에 대한 정보가 부족해 두만강 국경선 협정의 내용이 알려지지 않았을 때는 물론이고, 근래 이 협정의 내용이 국내에 널리 알려지고 국내학계에서 영유권 회복 논의가 제기된 이후에도 한국 정부 역시 아무런 의사표시를 하지 않았다. 러시아와 수교 시에도 이 문제는 거론되지 않았다. 국제적으로는 두만강이 한반도와 러시아 간 국경하천을 형성한다는 사실이 널리 알려져 있다. 이 같은 상황이라면 한국 정부는 국제사회에서 녹둔도의 러시아령을 묵인한 입장으로 해석될 가능성이 매우 높다.[342] Temple of Preah Vihear 사건에서 태국 정부가 문제의 지역이 캄보디아령(당시

---

341) Munkman, Adjudication and Adjustment — International Judicial Decision and Settlement of Territorial and Boundary Disputes, British Yearbook of International Law vol.46(1972), p.105; S. Sharma(전게주 336), pp.197, 210-211.

342) 장기간의 평온한 점유를 필요로 하는 시효취득의 경우 국제재판소에서는 당사국과 제3국의 태도를 더욱 중시하는 경향을 보이고 있고, 특히 시효 완성을 방지하려는 대항적 행위를 하지 않는 경우 그 의의가 강조되는 경향을 보인다고 평가된다. S. Sharma(전게주 336), pp.117-118.

프랑스 식민지)으로 표기된 지도를 인수하고도 50년이나 아무런 이의
를 제기하지 않은 사실은 태국이 지도의 내용을 묵인했다고 해석되었
다.[343]

녹둔도를 둘러싼 비법적 고려요소 역시 대체로 통일한국에게 불
리하다. 간도에 비해 녹둔도의 경우 한국은 더욱 강력한 역사적 연고
를 주장할 수 있음은 사실이다. 만약 조선 말과 같이 현재도 녹둔도
에 한국계 주민들이 주로 거주하고 이들이 통일한국으로의 귀속을 원
한다면 이는 영유권 판정시 중요한 고려요소가 될 수 있다. 과거에도
역사적 유대, 주민들의 인종적·언어적·문화적 유대는 자결원칙과 결
합되어 종종 실지회복의 근거로 주장되기도 했다. 그러나 현재 녹둔
도 지역에 거주민 자체가 없다는 사실은 통일한국에 특별히 유리한
상황을 제공하지 못한다.

현재 주민이 없는 녹둔도의 경우 지리적 여건이 판정과정에서 보
다 중요한 고려요소가 될 가능성이 높다. 녹둔도는 러시아측 두만강
변에 연륙되어 러시아 영토와 지리적 일체를 형성하고 있다. 이를 통
일한국령으로 인정한다면 두만강이 국경하천을 이루는 현 지형에서
매우 예외적인 경우를 구성하게 된다. 이 같은 형상은 녹둔도 영유권
시비에 있어서 러시아에게 유리한 상황이라고 판단된다. 녹둔도 영유
권 회복 주장과 관련해 어려움을 제기되는 또 다른 지리적 요소는 녹
둔도가 두만강 건너로 연륙된지 매우 오래되었고, 현재 주민도 살지
않고 있기 때문에 과거 조선이 지배하던 녹둔도의 위치와 크기를 정
확하게 모른다는 점이다. 현재로서는 대강의 위치와 크기를 짐작할
뿐이다. 이 역시 녹둔도의 회복을 주장하는데 중대한 약점이 될 수
있다.

---

343) Temple of Preah Vihear case(Cambodia v. Thailand), 1962 ICJ Reports 6, pp.
    27-31.

간도를 둘러싼 비법적 고려요소 역시 대체로 통일한국에게 불리하다. 중국이 간도협약 이후 간도를 자국령으로 실효적으로 지배했음은 부인할 수 없는 사실이고, 적어도 19세기 말부터 행정관리를 했음은 명확하다. 그럼 그 이전에 조선이 간도를 실효적인 행정관리를 한 실적이 있는가? 오히려 조선은 장기간 압록강·두만강을 국경하천으로 관리해 왔고, 두만강 넘어 간도에 직접적인 행정권을 행사한 기록이 없다. 간도 영유권론의 근거가 되는 백두산 정계비 東爲土門의 토문강이 두만강이 아니고 송화강의 지류인 토문강을 의미하는지도 명확하지 않다. 청뿐만 아니라, 조선 역시 토문강과 두만강 지명을 혼용해 사용했던 예가 적지 않기 때문이다. 조선 말에는 간도 지역의 주민 다수가 조선인들이었으나, 오랜 세월을 거치는 동안 현재는 조선족보다 한족(漢族) 인구가 더 많다고 한다. 영토의 귀속을 묻는 주민투표를 실시해도 이 지역이 통일한국에 속하기 어려운 현실이다. 통일한국이 간도 영유권을 주장하려 할 때 과연 역사적으로 간도 지역이 어디를 의미하는지도 명확히 제시하기 어려운 점 역시 약점이다. 민간에서의 주장과 달리 한국 정부가 현재까지 간도 영유권을 공식 주장한 바 없다는 사실 역시 묵인으로 해석될 수 있는 부분이다.

　장기간의 점유는 결국 점유자에게 유리한 상황을 만들어 낸다. 중국과 러시아의 현 점유상태를 뒤집어야 한다는 사실 자체가 통일한국으로서는 불리한 입장이다. 국경조약에 의해 북한이 간도의 중국령과 녹둔도의 러시아령을 승인했다는 결정적인 약점 외에도 이상의 여러 정황을 종합한다면 통일한국이 제3자의 사법적 판단을 통해 이들 지역의 영유권을 회복할 가능성은 사실상 기대하기 어렵다.

5. 평가

국제관계에서 영토문제만큼이나 예민한 화약고도 드물다. 과거 모든 국제분쟁의 배후에는 더 넓은 영토에 대한 욕구가 자리 잡고 있었다고 할 정도로 영토문제는 어느 나라에서나 민감한 사항이다. 남북통일 후 통일한국의 영토가 어디까지 다다를지 역시 국민적 관심사이다.

간도와 녹둔도 회복론과 관련된 결론은 다음과 같다. 이 문제에 관한 기존 국내연구가 간도의 청국령을 확정한 1909년 간도협약과 녹둔도의 러시아 편입의 근거가 된 1860년 북경조약의 무효성을 입증하는데 주력한 태도는 영토분쟁의 법적 성격을 제대로 이해하지 못한 잘못된 방향 설정이었다. 간도 영유권에 관한 검토는 이의 중국령을 인정한 1962년 북·중 국경조약을, 녹둔도 영유권에 관한 검토는 이의 러시아령을 인정한 1985년 북·러 국경조약의 분석에서 출발했어야 했다. 왜냐하면 국제법상 국가승계 발생시 통일의 형태가 한국의 흡수통일이든 대등한 통합이든 통일한국은 국경조약의 효력을 승계할 의무를 지니기 때문이다. 이는 종래의 국제판례나 관행, 학설 등에 비추어 볼 때 관습국제법에 해당한다고 판단된다. 이와 관련해 북한은 영토처분조약을 체결할 권한이 없으므로 국경조약이 무효라는 주장은 국제사회에서 수락될 가능성이 거의 없다. 설사 북한의 국경조약이 없었다거나 무효라고 하더라도 간도와 녹둔에 대한 중국과 러시아의 장기간 실효적 지배실적과 이에 대한 조선 및 남북한의 대응태도, 그리고 이들 지역을 둘러싼 인문적·자연적 조건 등은 통일한국의 영유권 회복 가능성을 매우 어렵게 만들었다고 판단된다.344)

---

344) 국내 연구자 중에는 녹둔도 회복 주장을 통일과 관련된 외교협상시 협상카드로 활용하라거나, 통일관련 조약 체결시 녹둔도나 간도 등에 관한 상대국의 영유권을 인정하지 않는다는 조항을 삽입하고 나중에 반환협상을 하자고 주장하는 경

어느 나라에서나 영토문제에 관한 국민감정은 합리적 통제가 어려울 정도로 폭발성을 지니고 있다. 지난 세기 이래 강대국의 침략을 받았던 한민족 역시 영토문제에 관한 한 강력한 민족감정을 쉽게 표출하곤 한다. 과거 인구의 국제이동이 거의 없고, 국가운영의 기본 체제가 자급자족적 부국강병을 목표로 하던 19세기까지의 관념상으로는 국가영토의 확장은 곧 국력의 신장과 국민복리의 향상을 의미하기도 하였다. 그러나 인구의 국제 이동이 일상화, 대량화되고, 사회의 모든 분야에서 국가관할권의 장벽이 낮아지는 오늘날의 시대에도 국가영역의 가치가 동일하게 평가될 수는 없다. 통일한국의 국경획정에 있어서도 지나친 민족감정적 접근보다는 이같이 변화된 국제사회의 환경을 감안한 합리적 접근이 이루어질 필요가 있다.

우도 있다. 박기갑, 남북한의 국제법상 관행연구(전게주 320), p.251; 노영돈, 소위 청일 間島協約의 효력과 한국의 간도영유권, 국제법학회논총 제40권 2호 (1995), p.84; 이장희(전게주 321), p.405; 김명기(전게주 307), p.41 등. 그러나 이미 속이 다 보이는 카드는 협상카드로서의 의미가 없다. 현실적으로는 무의미한 제안에 불과하다고 생각한다.

제3장

국민의 범위

I. 문제의 제기

　대한민국 출범 당시 국가의 기본 요소 중 하나인 국민은 어떻게
구성되었는가? 일반인들은 과거의 조선인들이 대한민국 국민이 되었
으리라고 생각할 것이다. 이는 대단히 막연한 관념이기는 하나, 실제
와 크게 틀리지 않았다. 그러나 누가 과거의 조선인이었냐를 구체적
으로 따지고자 하면 이의 정확한 파악이 쉬운 작업은 아니다. 이는
대한민국 출범 직전 일제하 조선인을 의미하는가? 좀 더 거슬러 올라
가 대한제국 말기의 조선인을 의미하는가? 양자는 서로 차이가 없었
는가? 대한제국 또는 일제 시에 조선인을 법적으로 파악하는 기준은
무엇이었는가?

　국가는 일정한 영역과 주민을 기초로 성립되므로, 국적이란 개념
은 국가의 탄생과 동시에 발생했다. 그러나 서양에서도 국적의 법적
개념이 본격적으로 정밀화된 시기는 19세기 이후이다. 중세까지 개인
은 토지에 종속되어 토지를 지배하는 자에게 충성의무를 부담했다.

당시 국적(nationality)은 거주(domicile)와 사실상 분리되지 않았다. 인구의 국제이동이 활성화되기 이전에는 정치 공동체가 국적이란 기준을 통해 자신의 구성원을 명확히 할 필요성을 느끼지 않았다. 국적과 거주가 제도적으로 뚜렷이 분리되는 현상은 대체로 프랑스 혁명과 나폴레옹 전쟁 이후 본격화되었다.[1] 참정권의 확대와 국민 개병제의 실시로 누가 프랑스 국민인가를 정확하게 파악할 필요가 생겼기 때문이다. 1791년 프랑스 헌법의 시민권 조항과 1804년 나폴레옹 민법의 국적 조항은 이후 여러 유럽 국가의 국적법제에 커다란 영향을 끼쳤다. 물론 그 이면에는 산업혁명의 결과 물자와 인구의 국제이동이 본격화되고, 국제결혼도 증가해 과거보다 누가 자국민인가를 파악하기가 한층 복잡해졌다는 사회적 배경이 자리 잡고 있었다.[2] 점차 국적은 군(영)주와 신민 간 개인적 충성관계가 아닌 국가와 소속국민 간 상호적 권리의무를 포함하는 법적 지위라는 개념으로 발전했다.[3]

　　조선은 성립 이래 대한제국 말기까지 독립된 국적법을 갖고 있지 않았다. 대한제국 시절에 발표된 홍범(洪範) 14조(1894)나 대한국 국제(大韓國國制)(1899)에 각각 인민 또는 신민이란 단어는 등장하나, 국민 또는 국적이라는 용어는 등장하지 않는다. 일본이 1899년에, 청은 1909년에 처음으로 국적법을 제정했던 사실에 비추어 보면 이는 그다지 놀라운 일이 아니다.[4] 한국으로서는 1948년 정부 수립 이후 제정

1) H. van Fanhuys, The Role of Nationality in International Law(A.W. Sythoff, 1959), pp.32-33. 서양에서 국적의 불어인 nationalité는 1835년에 발간된 Diction-naire de l'Académie에서 처음 등장했다. A. Boll, Multiple Nationality and Inter-national Law(Martinus Nijhoff, 2007), p.65.
2) 정인섭, 신국제법강의(제14판)(박영사, 2024), p.897.
3) Kay Hailbronner, Nationality in Public International Law and European Law, in Rainer Bauböck, Eva Ersbøll, Kees Groenendijk & Harald Waldrauch ed., Acquisition and Loss of Nationality(Amsterdam UP, 2006), p.35.
4) 그러나 일본의 영향으로 최소한 한말에는 국적, 국민, 외국인이란 용어들이 이미 사회적으로 자주 사용되었다. 이러한 용어가 사용되었던 당시의 논설 등의 예를

된 국적법을 통해 근대적 국적제도를 비로소 주체적으로 시행하게 되었다.

　이 항목에서는 대한민국은 1948년 정부 수립 당시 누구를 소속 국민으로 하여 출범했는지를 파악하려 한다. 이 작업은 당연히 1948년 제정된 국적법과 이의 근거가 되었던 헌법 조항의 분석에서 출발한다. 그러나 1948년 최초의 국적법만을 별도로 본다면 대한민국 국민의 출발점에 대한 명문의 조항을 설치하지 않았다. 이는 일종의 법적 하자라고 비판받기도 했다. 결국 이에 대한 답을 찾기 위해서는 미군정, 일제, 대한제국으로 거슬러 올라가는 한국 근대사의 굴곡 속에 각 시기마다 한국인(조선인)은 어떠한 법적 기준에서 파악되었고, 이는 서로 어떻게 계승되었는가를 검토할 필요가 있다.

II. 1948년 국적법 제정

1. 헌법 제3조 국적법률주의

　국가를 구성하는 국민의 결정방법은 제헌헌법에 어떻게 표현되었는가? 제헌헌법 제3조는 "대한민국의 국민이 되는 요건은 법률로써 정한다"라고 규정했다. 이는 국가의 구성원을 "국민"으로 표현하고, 이의 결정기준을 법률로 정한다고 선언한 최초의 공식 문서이다.[5]

보면 다음과 같다. 국적: 윤효정, 국민의 정치사상, 대한자강월보 제6호(1906.12.25); 대동학회월보 제14호(1909.3.25), 외보 등. 국민: 윤효정편, 본회회보, 대한자강월보 제1호(1906.7.31); 대원장부, 위대한 국민에난 3개 특성이 유함을 견함, 대한자강월보 제2호(1906.8.25); 해외유객, 국가의 본의, 대한자강월보 제3호(1906.9.25); 남궁훈, 국민의 의무, 대한자강월보 제10호(1907.4.25); 국가의 개념, 서우 제16호(1908.3.1); 산운생, 국민의 의무, 서우 제17호(1908.5.1) 등. 외국인: 한광호, 외국인의 공권급공법상 의무, 서우 제10호(1907.9.1) 등. 淸의 국적법 제정 소식도 당시 국내에 보도되었다. 대동학회월보 제14호(1909.3.25), p.42.
5) 1919년 4월 25일자 대한민국 임시정부 章程 제42조 2호에도 내무부 지방국의 업무관장 내용으로 "국적 급 인구조사에 관한 사무"라는 표현이 등장한다. 이는 오

헌법 제3조는 제헌국회에서 별다른 논란이 없이 비교적 쉽게 합의된 조항이다. 그 입법연혁은 다음과 같다. 미군정 후반기부터 국내에서는 헌법 제정논의가 본격화되었다. 남조선과도입법의원은 1947년 8월 6일 일종의 헌법적 성격의 조선임시약헌을 의결했는데, 제3조에 "조선의 국민은 별로히 정하는 법률에 의하여 국적을 가진 자임"이라는 조항이 설치되었다. 임시약헌은 1947년 11월 24일 미군정청이 인준보류를 통지함으로써 시행되지 못했으나, 이후 헌법제정 논의에 있어서 임시약헌 제3조의 내용은 그 기조가 유지되었다. 제헌헌법에 관한 유진오안 제3조 "조선국민의 요건은 법률로 정한다," 권승렬안 제3조 "대한민국의 국민이 되는 요건은 법률로 정한다," 국회 헌법기초위원회 내각책임제 헌법안 제3조 "대한민국의 국민되는 요건은 법률로써 정한다"는 초안들은 그 내용이 모두 사실상 동일하다.[6] 모든 헌법 초안들이 제1조 대한민국(또는 조선)은 민주공화국이다, 제2조 대한민국(또는 조선)의 주권은 국민(또는 인민)에게 있고, 모든 권력은 국민으로부터 나온다는 조항을 앞에 두고, 제3조에 국적법률주의를 규정하고 있었다. 이러한 구조는 제헌헌법에 그대로 반영되었다.

　제헌국회에서 제3조에 관한 논의는 2번 정도 있었다. 그중 하나는 국적 변경문제에 대한 장면 의원의 질의였다. 권승렬 전문위원은 향후 국적법 제정시 가장 곤란한 사항은 우리 동포로서 생활에 따라 일본 호적에 입적했던 이들의 취급문제가 되리라고 예상했다. 그들은

늘날로 치면 정부조직법에 해당하는데, 임시정부 문서에서 "국적"이란 표현이 최초로 등장한 사례이다. 1944년 대한민국 임시의정원 제36회 회의에서 채택된 대한민국 임시헌장 제3조에 "대한민국의 인민은 원칙상 한민족으로 함"이라는 조항이 처음으로 설치되었다. 현실적으로는 "한민족"의 개념을 어떻게 정할지가 난제이나, 아직 광복을 이루지 못한 상황에서 국민의 결정기준에 관한 더 이상의 상세한 논의는 시기상조였을 것이다. 임시정부 시절의 문서는 정종섭편, 한국헌법사문류(박영사, 2002) 수록분을 기준으로 함.

6) 이상의 헌법 초안은 김수용, 건국과 헌법(경인문화사, 2008), p.461, p.474 및 p.488 등에 수록분에 의함.

자기 의사로써 일본 국적을 가졌지만 오늘날 조선 국민이 아니라고
하기도 어려우니, 이 문제는 국적법 제정시 국회가 결정할 사항이며
헌법은 제3조에 큰 취지만을 규정했다고 설명했다.[7] 다른 한번은 박
윤원 의원이 제3조와 관련해 국민과 인민의 차이를 질의했다. 권승렬
은 역사적으로 인민이 먼저 생겼으나, 국가가 구성되고 국가 안에서
국민이 생겼으므로 국가의 입장에서는 국민으로 불러야 한다고 답변
했다.[8]

헌법 전반에서 "국민"과 "인민" 어느 용어를 사용할지 역시 제
헌국회에서 논란거리였다. 제1독회 중 진헌식 외 44명 의원은 헌법
초안 제2장 상의 국민이란 용어를 전반적으로 인민으로 바꾸자는 수
정안을 제출했다.[9] 유진오 역시 인권의 견지에서 인민이 타당하다는
생각이었다.[10] 그러나 제3조에서는 우리 국적을 가진 사람을 지칭하
는 일반적 용어로 국민을 사용하자는데 아무런 이견이 없었다.[11] 헌
법 전반에서의 국민과 인민의 용어문제는 긴 토의 후 표결 끝에 국민
으로 통일되었다.[12]

이후 헌법 제2독회와 제3독회에서도 제3조에 관해 별다른 논의
없이 그냥 통과되었다. 제헌헌법 제3조는 1962년 개헌시 종전 헌법
제1조와 제2조가 1개 조문으로 통합되자, 미세한 표현상 수정을 거쳐
오늘날까지 헌법 제2조로 유지되고 있다.

---

7) 제1회 국회속기록 제18호((1948.6.26.), p.15.
8) 제1회 국회속기록 제18호, pp.7-8.
9) 제1회 국회속기록 제22호(1948.7.1.), p.27
10) 제1회 국회속기록 제22호, pp.28-29.
11) 제1회 국회속기록 제22호, p.13.
12) 제2장에서 "인민"으로의 개정안은 재석 167, 찬 32, 반 87로 부결되었다. 제1회
    국회속기록 제22호, p.32.

2. 부계혈통주의 국적법의 제정

헌법 제3조를 근거로 1948년 12월 제정된 법률이 국적법이다. 이는 법률 제16호로 공포되었으니 비교적 이른 시기에 제정된 법률이다. 당시 국적법은 출생에 의한 국적취득에 있어서 부계혈통주의를 기본원칙으로 삼고, 부(父)를 모르거나 부가 국적이 없을 경우 모계혈통주의를 적용하고, 최종적으로는 출생지주의로 보완하는 내용을 골간으로 했음은 잘 알려져 있다. 이중국적을 원칙적으로 배척하여 단일 국적주의를 추구하며, 가족국적 동일주의 · 부(夫) 중심주의적 내용을 갖고 있었다. 이후 국적법이 1997년 부모 양계혈통주의로 전면 개정되기 전까지 1948년의 기본 골격은 그대로 유지되었다.

각국 국적법의 기본원칙은 크게 출생지주의와 혈통주의로 대별된다. 1948년 국적법은 그중 혈통주의를 출생에 의한 국적취득의 기본원칙으로 삼았고, 특히 부계혈통주의를 채택했다. 정부 수립 당시 강력한 영향력을 행사하던 미국이 출생지주의 국적법을 가졌음에도 불구하고 이의 채택은 전혀 검토되지 않았다. 국적 외에도 개인의 신분파악 기능을 담당하던 호적이나 사회적 제도로서 상당한 영향력을 행사하던 종중과 족보가 부계혈통주의를 기반으로 운영되고 있었던 사정을 감안할 때, 국적법이 출생지주의를 채택하기는 어려웠을 것이다. 이에 강력한 단일민족의식까지 겹쳐 국민의 파악에 있어서 혈통주의는 매우 당연한 원칙으로 받아들여졌다. 국적법보다 약 반년 정도 앞서 제정된 남조선과도입법의원의 「국적에 관한 임시조례」 역시 부계혈통주의를 기본으로 하고 있었다. 당시 백관수 법사위원장(제헌국회에서도 법사위원장)은 "조선으로서는 생지주의보다 혈통주의를 취하는 것이 좋다"고 설명했고, 이에 대하여는 누구도 의문을 제기하지 않았다.[13]

---

13) 南朝鮮過渡立法議院 속기록 제201호(1948.1.27.), p.4.

그런 의미에서 국적법이 부계혈통주의를 택한 이유는 특별한 분석의 필요조차 없다고 보이기도 하나, 이 당연한 사실의 성립과정을 좀 더 부연 설명한다.

1948년 정부는 국적법의 제안이유를 "우리나라는 단일민족으로 구성되어 있으므로 남성 혈통을 보존하여 국민 모두가 국적을 가질 수 있게 함"이라고 설명하고 있었다.14) 이인 법무장관 역시 "우리는 단일민족으로 다른 나라와 같이 복잡다단한 여러 민족의 복합체가 아닌 것 만큼" […] "남성혈통을 보존하고" "국민은 이 원칙 밑에 국적을 가지게 해야겠다"는 점이 국적법의 입법정신이라고 강조했다.15)

국적법 심의과정에서도 단일민족의식은 국회의원들에 의해 수시로 강조되었다. 귀화자에 대하여는 대통령 등 주요 공직 취임을 금지한 조항(제10조)이 국회 입법과정에서 신설된 취지도 혈통상 한민족이 아닌 자에게 주요 공직을 허용할 수 없다는 생각에서 비롯되었다.16) 비록 통과되지는 않았으나 국회 심의과정에서의 다음 제안들 역시 혈통주의를 보다 강화하기 위한 시도였다. 첫째, 혈통주의를 보존하기 위해 대한민국인의 처(妻)가 된 자에게 국적을 부여하는 조항(제3조 1호)을 삭제하자는 주장이 강력히 제기되었다.17) 이 문제는 장시간 토의되었고,18) 1차 표결에서는 존치안과 폐지안 모두 과반수를 얻지 못

14) 1948.11.17자 정부의 국적법 제안이유중. http://likms.assembly.go.kr/bill/jsp/Bill Detail.jsp?bill_id=000019(국회 의안정보시스템. 2024.2.25. 확인).

15) 제1회 국회 속기록 제118호(1948.12.1.), p.1143.

16) 국적법 심의 당시 백관수 법사위원장 발언. 상계주, pp.1153 및 제1회 국회 속기록 제120호(1948.12.3.), p.1183; 신방호 의원 발언, 제1회 국회 속기록 속기록 제119호(1948.12.2.), p.1182 등 참조. 귀화자 공직제한 조항에 대하여 나용균 의원의 반대가 있었으나 별 호응을 얻지 못하였다. 제1회 국회 속기록 제118호, pp. 1149-1150.

17) 박윤원, 서용길, 김명동, 김옥주, 박기운 의원 등의 주장. 상동 국회 속기록 제119호, pp.1160-1162.

18) 제1회 국회 속기록 제119호, pp.1159-1166.

할 정도로 의견 대립이 팽팽했다. 결국 재투표 끝에 삭제안이 부결되고, 존치안이 가결되었다.[19] 둘째, 단일민족의 순수성을 보지하기 위해 일반 귀화제도는 삭제하고 대한민국에 특별한 공로가 있는 경우를 대상으로 하는 특별귀화만을 두자는 주장도 제기되었다. 이 제안은 별다른 호응을 얻지 못하고 부결되었다.[20] 셋째, 출생하기 전 부(父)가 사망한 경우 사망 당시 대한민국 국민이면 국적을 인정하는 조항(제2조 2호)에 대하여도 혈통주의를 강화하기 위해 임신 당시를 기준으로 자(子)의 국적을 결정하자는 주장도 제기되었으나,[21] 임신 시기를 정확히 알기 어렵다는 이유로 인해 호응을 얻지 못했다.

당시 김태영은 현대사회는 부계사회이며, 또한 민법 등의 법률관계에서 모(母)보다 부(父)가 자(子)와 더욱 밀접한 관계가 있으므로[22] 국적법이 부계혈통주의를 택했다고 설명했다.[23] 한편 사회문화적 전통에 있어서 한국과 유사성이 큰 일본과 중국도 모두 부계혈통주의 국적법을 갖고 있었다는 사실 역시 고려되었으리라 생각된다. 1948년 국적법을 제정하면서 어떠한 외국법을 참조했는가에 대해 직접 확인할 수 있는 자료는 없으나, 국적법의 내용을 보면 일본 국적법이 모법의 역할을 했음을 쉽게 알 수 있다.

즉 1948년 국적법의 기본원칙이라고 할 수 있는 부계혈통주의, 단일 국적주의, 가족국적 동일주의 등은 바로 당시 일본 국적법이 채

---

19) 삭제안은 재석 122중 찬 43, 반 57으로 부결되었고, 존치안이 찬 69, 반 37로 가결되었다. 제1회 국회 속기록 제119호, p.1166.

20) 조국현 의원 제안. 찬 2, 반 80으로 부결. 제1회 국회 속기록 제119호, pp.1168-1170.

21) 김병회 의원, 제1회 국회 속기록 제118호, p.1150 및 제119호, p.1159.

22) 예를 들어 호적변동 등에 관한 가족관계(구민법 제733조), 친권관계(구민법 제877조), 이혼의 경우 子에 대한 감호관계(구민법 제812호) 등에 있어서 子에 관하여 母보다 父가 우선함을 지적했다. 김태영, 국적법 개설(1), 법정 1949년 5월호, p.19.

23) 상게주, p.18.

택하고 있던 원칙이었다.24) 우리 국적법상 국적 취득과 상실에 관한
기본내용 중 일본 국적법에 없는 새로운 항목은 거의 없었다고 보아
도 과언이 아니다. 일반귀화나 간이귀화를 위한 거주기간과 같은 세
부적이고 기술적인 내용까지 동일하다. 다만 일본 국적법에 있는 내
용 중 국적유보제도는 한국이 도입하지 않았고,25) 기타 비교적 지엽
적 부분에 있어서만 일본 국적법과 차이를 보였다. 즉 일본식 가제도
(家制度)의 특성이 반영된 입부혼(入夫婚)과 입양을 통한 국적취득,26)
현직 문무관리 등의 국적이탈 제한 등이 한국 국적법에는 도입되지
않았다. 반면 일본 국적법에 없는 내용으로는 외국인의 양자가 된 자
로 그 국적을 취득한 자와 이중국적자가 법무장관 허가를 얻어 국적
을 이탈하는 경우(제12조 2호 및 5호) 한국 국적을 상실한다는 조항 정
도가 한국 국적법에 새로이 추가되었을 뿐이다.27)

한편 국적법 제정시 참고했으리라 추정되는 중국 국적법 역시 부
계혈통주의를 기본으로 하고 있었다. 중국은 淸 시절인 1909년 최초
의 국적법인 대청국적조례(大淸國籍條例)를 제정했는데, 국적취득에
있어서는 부계혈통주의를 기본요건으로 채택했다.28) 이 국적조례가

---

24) 이 항목에서 비교 대상인 일본 국적법은 1948년 당시 시행되던 국적법을 가리킨
다. 이후 일본에서는 1950년과 1984년 전면적인 국적법 개정이 있었다.

25) 일본 국적법 제20조의 2 및 3. 국적유보제도에 관하여는 정인섭, 국적유보제도 도
입의 득실, 서울국제법연구 제4권 2호(1997), p.63 이하 참조.

26) 일본 국적법 제5조 2호 및 3호. 당시 한국은 전통법에 따라 이성양자를 허용하지
않는다는 입장이었으므로 입양을 통한 국적취득을 인정할 필요가 없었다. 이 점
에 관하여는 정인섭, 대한민국의 수립과 구법령의 승계, 국제판례연구 제1집(박
영사, 1999), p.284 이하 참조.

27) 한국 국적법 제16조는 대한민국 국적 상실자는 국민만이 향유할 수 있는 권리를
1년 이내에 대한민국 국민에게 양도해야 한다는 조항을 갖고 있었는데, 이는 직
접 국적의 득상에 관한 내용은 아니며 따라서 반드시 국적법에 규정될 내용이라
고도 볼 수 없다.

28) 제1조는 중국인의 요건으로 출생시 父가 중국인 자, 출생시 父가 이미 사망한 경
우 父가 사망시 중국인인 자, 父를 알 수 없거나 무국적인 경우 母가 중국인인
자로 규정하고 있었다. 제2조는 父母를 모두 알 수 없거나 무국적인 자로서 중국

속지주의가 아닌 혈통주의를 국적취득의 기본원칙으로 삼은 배경에
는 해외 화교문제도 관련되어 있었다. 본래 청은 해외이주를 공식 허
용하지 않았으나 정치경제적인 원인으로 해외이민이 끊이지 않았다.
당시 네덜란드령 인도네시아에도 화교가 적지 않았다. 그런데 네덜란
드가 1892년 국적 및 거주조례를 공포했는데, 제국(네덜란드) 거류민
의 자녀는 모두 네덜란드인으로 규정했다(제2조). 제국 거류민이란 제
국과 식민지에서 18개월 이상 계속 거주한 자로 현재 해당지역에 거
주하고 있는 자를 의미했다(제13조). 이에 따르면 현지 출생 화교에게
는 본인 의사와 상관없이 거의 모두 네덜란드 국적이 부여되게 되었
다. 더욱이 1907년 공포된 신법은 모든 네덜란드 속지의 부모에게서
출생한 자에게 네덜란드 식민지적이 부여된다고 규정했다(제1조). 이
에 인도네시아 거주 화교들은 청이 신속히 혈통주의에 입각한 국적법
을 제정해 자신들이 네덜란드인이 되는 결과를 막아 달라고 청원했
다.29) 청으로서도 동남아의 수많은 화교가 서양 국적자 자격으로 귀
환해 치외법권을 주장하는 사태를 우려했다.30) 이에 청은 해외 출생
화교가 중국으로 귀환하는 경우 중국인으로 취급할 수 있고, 해외 화
교들에게 중국인이라는 정체성을 심어주기 위해 혈통주의에 입각한
국적법을 제정하게 되었다.31) 부계혈통주의를 기본으로 하는 원칙은
1929년 제정된 중화민국 국적법에도 그대로 유지되었다(제1조). 전반
적인 내용에 있어서 중화민국 국적법 역시 일본 국적법과 큰 차이가
없었다.

에서 출생한 자와 출생지를 알 수 없으나 중국에 버려진 아동을 중국인으로 규정
했다. 대청국적조례라는 제목에도 불구하고 그 내용에서는 청국인이 아니라, "중
국인"이라고 표현했다. 정지호, 청말 국적법 제정과 국민의 경계, 중국사연구 제
52집(2008), p.174.
29) 상게주, pp.165-167.
30) 정지호(전게주 28), p.162.
31) 정지호(전게주 28), p.173.

이상의 내용을 종합해 볼 때 1948년 국적법은 강력한 단일민족 의식 등 사회문화적 배경과 인접국 국적법제의 영향에 따라 부계혈 통주의를 출생에 의한 국적취득의 기본원칙으로 삼았으며, 일부 조항 을 제외하면 일본 국적법과 사실상 동일한 내용이었다고 평가될 수 있다.

3. 최초 국민의 판단기준

국적법이 제정됨으로써 이후 대한민국 국적의 취득과 상실은 이 법에 의해 결정되었다. 그런데 1948년 국적법에는 대한민국 국민을 부(父)로 하여 태어난 자(子)가 대한민국 국적을 취득한다고만 규정되 어 있지, 법제정 당시 누가 대한민국 국민인가에 대한 명문의 정의 규정이 없었다. 그렇다면 일제하 조선인들이 바로 대한민국 국민이 되었는가? 대한제국 신민의 후손이 곧 대한민국의 국민이 되었는가? 이들을 법적으로 명확히 구별할 수 있었는가? 아니면 별도의 판단기 준이 있었는가? 국적법은 과연 누구를 대한민국 국민의 출발점으로 상정하고 제정되었는가? 과거 국내 일각에서는 1948년 국적법에 최 초 국민에 관한 경과규정이 설치되지 못한 부분이 중대한 법적 흠결 이라는 비판도 제기되었다.[32]

1948년 국적법 제정시 이러한 점에 대한 문제의식이 없지는 않았 다. 국회 심의과정 중 8·15 이전에도 대한민국 국민이란 개념이 존재 했는가에 대하여 논란이 벌어졌다. 이와 관련해 국회 법제사법위원회 에서는 "대한민국 국민"이란 표현을 "한인(韓人)"으로 수정하는 안도

---

32) 노영돈, 우리나라 국적법의 몇 가지 문제에 관한 고찰, 국제법학회논총 제41권 2 호(1996), p.53 이하; 노영돈, 1997년 국적법 개정안의 검토, 서울국제법연구 4권 2호(1997), p.50; 이장희, 통일시대를 대비한 국적법의 개정방향, 이장희(편), 통 일시대를 대비한 국적법의 개정방향(아시아사회과학연구원, 1998), pp.56-57; 손 희두, 북한의 국적법(한국법제연구원, 1997), pp.61-62; 장효상, 한국인의 국적, 월간고시 1989년 3월, pp.128-129 등.

통과되었다.33) 이는 광복 이전의 사람을 대한민국 국민으로 호칭함이
적절하지 않다는 사고의 발로였다. 그러나 당시 이인 법무장관은 8·
15 이전 정부는 없었을지라도 정신적으로나 법률적으로 대한민국 국민
이 있었다는 전제하에 국적법을 제정한다고 설명했으며, "한인"으로의
수정안은 최종 부결되었다.34) 일제 식민지배의 합법성 자체를 부인하
려는 의도에서 일제 하에서도 대한민국 국민이라는 개념이 유지되었다
고 전제한다면, 1948년 국적법 제정 당시 최초 국민의 확정기준을 별
도로 설치할 필요성을 느끼지 않았으리라는 점도 이해가 간다.

　그러나 위와 같은 입장을 취한다 해도 1948년 국적법 제정 당시
최초 국민의 문제가 자동적으로 해결되지는 않는다. 그 이유는 첫째,
대한제국 시절에는 오늘날의 국적법에 해당하는 법률이 없었으므로,
단순히 대한제국 신민의 연속이라는 주장만으로는 국적법 제정시 국
민의 범위를 명확히 확정하기가 어렵다. 통상적인 조선인의 파악에는
어려움이 없겠지만, 현실적인 문제는 국제결혼을 한 경우 배우자 또
는 자의 국적, 외국 가정으로의 입양, 해외 출생자의 국적 처리 등 국
내외 경계선상에 발생한 사례를 어떻게 처리하느냐이다. 대한제국 당
시 이러한 경우를 처리하는 법제도가 명확히 정립되지 않았기 때문에
신민 확정을 위한 법적 기준이 명확하지 않았다. 둘째, 대한제국이 법
적으로 계속되었다는 입장을 취한다고 가정하더라도 일제기간 중 외
국 국적의 취득, 일본인과의 신분행위에 따른 호적이동 등의 결과를
광복 후 국적처리에 어떻게 반영해야 할지는 여전히 미결의 문제로
남는다. 일제기간 중 발생한 이러한 신분변동을 법적으로 모두 무효
라고 할 수는 없기 때문이었다.35)

33) 제1회 국회 속기록 제118호(1948.12.1), p.1145.
34) 제1회 국회 속기록 제118호(1948.12.1), p.1144 및 p.1151. "한인" 수정안은 모두
　　부결되었다.
35) 정인섭, 우리 국적법상 최초 국민 확정기준에 관한 검토, 국제법학회논총 제43권

그렇다면 1948년 국적법이 최초 국민에 관한 정의규정을 포함하지 않은 사실은 역시 중대한 결함이었는가? 원초적 하자를 치유하기 위해 뒤늦게라도 이를 위한 경과조항을 국적법에 설치함이 바람직한가?[36] 이하에서는 광복 이전에 조선인은 법적으로 어떻게 파악되었고, 그러한 판단기준은 1948년 국적법으로 어떻게 연결되었는가를 검토한다. 이를 바탕으로 대한민국 수립 당시의 이른바 최초 국민의 법적 경계를 보다 구체적으로 모색하려 한다.

III. 1948년 국적법 이전 조선인의 판단기준

1. 조선시대 조선인의 범위

조선은 초기부터 매 3년마다 호적을 정비해 이를 과세와 군역 부과의 기준으로 삼았다. 당시의 호적등재 대상자가 오늘날 의미로 법률상 조선인에 해당한다. 조선시대 호적 작성의 제1차적 목적은 세수 확보였다. 조선 후기에는 면리 단위의 공동납이 실시되어 지방관청은 할당된 세액에 따라 호구를 조정하는 일이 빈번했기 때문에 호적을 통하여도 정확한 인구 파악은 이루어지지 않았다고 한다.

조선시대에는 오늘날 국적법과 같이 조선인의 범위를 정하는 단일 법적 기준은 없었다. 조선의 기본 법전이라고 할 수 있는 성종기의 경국대전, 영조기의 속대전, 정조기의 대전통편, 고종기의 대전회통 등에는 조선에 속하는 신민의 범위를 정하는 조항은 없었다. 다만 조선 초기부터 3년마다 백성의 호적을 작성해 이를 과세와 군역 부과의 기준으로 삼았으므로 일단 호적등재자가 법률상 조선인으로 파악

2호(1998), p.237.
36) 이를 지지하는 주장으로는 노영돈, 우리 나라 국적법의 몇 가지 문제에 관한 고찰(전게주 32), p.56 및 1997년 국적법 개정안의 검토(전게주 32), p.53; 이장희(전게주 32), p.62; 손희두(전게주 32), p.62 등 참조.

되었으리라 생각된다. 인구의 국제적 이동이 거의 없던 당시 조선인 판단기준을 특별히 설치하지 않았어도 이상한 일이 아니었다. 다만 여진 등으로부터 귀래하는 자를 향화인(向化人)이라 해 3년간 면세하고, 10년간 복호(復戶)한다는 규정이 있던 사실에서 당시에도 귀화라는 개념이 존재했음을 알 수 있다.[37] 또한 국제결혼 역시 전혀 없지 않았으리라 생각되나 그들 가족의 국적 처리에 관한 법률조항은 찾지 못했다.

조선은 강화도 조약 이후 대외문호를 개방하기 시작했다. 외국인의 조선 거주와 조선인의 대외진출이 늘었다. 조선 후기 허가 없이 만주나 연해주로 이주하는 조선인도 적지 않았다. 조선은 1894년 갑오개혁 시 근대국가로서의 제도정비를 위해 정확한 인구 파악이 필요하다고 판단했다. 이에 내무아문(內務衙門)을 설치해 호적국에서 호수와 인구를 조사하고 출생·사망에 관한 문서를 관장했다. 1895년부터는 내부 판적국(版籍局) 호적과가 설치되어 호적업무를 담당했다. 1896년 9월에는 칙령 제61호로「호구조사규칙」과 내부령 제8호로「호구조사세칙」이 발표되었다.「호구조사규칙」은 전국의 호수와 인구를 상세히 편적해 인민으로 하여금 국가에 보호하는 이익을 균점케 함을 목적으로 한다고 규정했다(제1조). 이는 거주지 중심의 인구파악으로 오늘날 주민등록에 가까운 제도였다. 단순히 주민을 파악한다기 보다는 집의 형태(기와, 초가 등), 자가 또는 임차, 집의 크기도 내용에 포함되었다.[38] 다만 호수의 증가는 세금 증대로 이어지기 때문에 각 지역에서는 실제 인구를 정확히 등록하지 않으려는 경향이 있었다고 한다.[39]「호구조사규칙」에도 등록대상 조선인의 법적 기준에 관한 조항

---

37) 經國大典 卷2 戶典 收稅 및 卷4 兵典 復戶. 조선 초기의 귀화에 관하여는 이원택, 조선 전기의 귀화와 그 성격, 서울국제법연구 제8권 2호(2001), pp.225-246 참조.
38) 조성구, 民籍法規詳解(수문서관, 1914), p.3 참조. 조성구는 민적과장을 역임했다.
39) 이정선, 민적법 시행기(1909-23) 일제의 日鮮結婚 관련 법규정비와 日鮮人 구별

은 없었다. 예를 들어 해외거주자, 국제결혼자 및 그 자녀의 처리에
관한 별도 규정은 없었으므로, 조선 구법(舊法)의 범주를 크게 벗어나
지 못했다. 다만 조선인에 한해 호구조사 입적이 가능하다는 점은 당
연의 전제로 생각했다. 이러한 점은 토지, 산림, 광산 등에 관하여는
입적자에 한해 소유할 수 있다는 법률의 존재에 의해서도 간접적으로
입증된다.40)

  을사조약 이후 일제의 통감부가 조선에 설치된 다음인 1909년 3
월 「호구조사규칙」을 대체하는 민적법(民籍法)이 제정되었다(1909년 4
월 1일 시행).41) 시행령에 해당하는 「민적법 집행심득(民籍法 執行心得)」
도 제정되었다.42) 이 법은 조선인의 신분관계를 법적으로 명확히 하
는 동시에 전국의 호수를 정확히 파악해 시정의 편의를 도모하기 위
해 제정되었다.43) 그러나 민적법의 근본 목적은 일제가 조선을 지배
하기 위한 사전준비로서 조선인의 범위를 명확히 파악하기 위함이었
다. 자연 일본인이 중심이 되어 민적 정리작업이 진행되었다. 일본인
순사가 민적 조사에 동원되었고, 민적부는 경찰관서에 비치되었다.44)

  민적법 자체에 국적 취득과 상실을 규정한 내용은 없었다. 민적
법은 국적법보다는 호적법에 가까웠으며, 주민등록법과 같은 성격도
포함했다. 그래도 민적 입적은 조선인을 전제로 하고 있었으므로, 당
시로서는 가장 법률적인 조선인 파악방법이었다. 자연 민적 실무처리
과정은 오늘날의 국적법 운영과 같은 모습의 일단을 보여주고 있어서
과거 조선의 어떠한 법제도 이상으로 관심을 불러일으킨다.

  (서울대학교 석사학위논문, 2008), pp.6-11 참조.
40) 1894년 8월 26일 "토지, 산림, 광산을 本國 入籍人이 아니면 占有賣買를 불허하
   는 건."
41) 舊韓國 官報 1909년 3월 6일자.
42) 舊韓國 官報 1909년 3월 23일자.
43) 1909년 3월 26일 "民籍法施行에 관하여 각도관찰사에 발한 내무대신 훈령."
44) 1909년 3월 20일 내부훈령 제39호, 民籍法 執行心得 제1조.

민적은 호주를 중심으로 가(家)를 구성하고, 그들 가족관계를 한 장의 민적에 기재하도록 한 일종의 신분등록제도였다. 출생, 사망, 혼인, 입양, 분가 등을 기록했다.[45] 본적지라는 개념을 통해 조선인만이 민적등록을 할 수 있다고 전제되었으나, 외국인과의 혼인, 입양 등에 따른 신분처리 방법에 관해서는 특별한 조항이 없었다. 1909년 7월부터 1910년 12월 사이의 조사에서 12,935,282명의 인구가 파악되었다고 한다.[46] 민적 업무처리에 관한 기록을 토대로 당시 조선인 신분의 득상 기준을 다음과 같이 정리해 볼 수 있다.

첫째, 직접적인 규정은 없으나, 당시의 관습과 상황으로 보아 조선인 여부는 혈통주의에 따라 처리되었고 전제된다. 부모를 알 수 없는 기아(棄兒)는 그가 일단 조선에서 발견되었으므로 조선인으로 추정되고, 그를 일가창립시켰다(민적법 집행심득 제4조). 즉 조선인 신분 취득은 혈통주의를 원칙으로 하고, 출생지주의를 보충으로 삼았다.

둘째, 별도 허가가 없는 한 외국 귀화를 통한 조선적 이탈은 인정되지 않았으며, 依賴外國致損國體者處斷例 改正(1900년 9월 29일)에 의해 대명률 모반죄에 따른 처벌대상이 되었다.[47] 다만 이 처벌조항이 엄격히 시행되지는 않았던 듯하다. 왜냐하면 한반도 동북부 지방 주민은 조선 말부터 러시아 연해주로 이주한 자가 적지 않았고, 러시아도 연해주 개발을 위해 농사기술이 우수한 조선인을 확보하려고 이들 중 상당수에게 러시아 국적을 부여했다. 이들은 국내 친지 방문 등의 왕래를 했겠지만 처벌받았다는 기록은 찾기 어렵다. 러시아 귀

---

45) 조성구, 전게주 38 책자 참조.
46) 이정선(전게주 39), pp.14-15.
47) 이 법은 당초 1898년 11월 22일 법률 제2호로 공포되었다가, 1900년 4월 28일 법률 제4호로 1차 개정되었다. 이후 1900년 9월 29일 법률 제7호를 통한 개정으로 이 법 제2조에 "본국 정부의 特准 除籍을 經치 아니하고 외국에 入籍하므로 籍托한 자"는 "기수 미수를 불문하고 明律 賊盜篇 謀叛條에 照하야 처단할 事"라는 조항이 추가되었다.

화자 일부는 다시 조선으로 돌아와 자신이 러시아 신민이므로 러시아
영사의 보호 아래 치외법권을 향유한다고 주장하는 사례도 있었다.
당시 조선 정부는 조선인이 임의로 외국 국적을 취득해도 조선 정부
가 이를 인정하지 않으면 조선 국적을 이탈할 수 없으며, 러시아인으
로서 치외법권도 주장할 수 없다는 입장이었다. 이러한 문제와 관련
1906년 이후 조선은 러시아 및 프랑스와 약간의 마찰도 있었으나, 허
가 없는 외국 귀화를 통한 조선국적 이탈은 인정되지 않는다는 입장
을 고수했다. 조선 정부는 이런 취지를 1908년 5월 각국 관헌에 통보
하기도 했다.48)

셋째, 외국 귀화를 해도 허가가 없었으면 조선 국적에서 이탈되
지 않았으므로 조선인이 장기간 해외에 거주해 국내 민적 등이 제대
로 정리되어 있지 않아도 조선인 신분 유지에는 변함이 없었다. 민적
편성시 국외 출가자는 행선지 판명과 관계없이 민적부를 편성하고 해
외이주 사실만 기재했다.49) 수대를 만주에 거주해 조선에 아무 적이
없어도, 조선인 부모의 자손임이 입증되면 취적을 인정했다.

넷째, 민적법 시행 당시만 해도 외국인과의 혼인이나 입양에 관
해서는 명확한 입장이 정립되어 있지 않았다. 외국인으로 조선인의
처가 되거나 조선인의 양자가 된 경우(주로 일본인), 최종적인 처리방
침은 없이 민적에는 일단 해당자의 이름을 기재하고 신분 사실을 부
기해 두도록 했다.50) 외국인과의 혼인사례가 종종 발생하기 시작하자
이의 호적처리를 위한 법제정이 논의되기도 했으나 결실은 없었다.51)

---

48) 統監官房, 韓國施政年報(明治 39·40年)(1908), p.87.
49) 1909년 8월 2일 咸南部長 질의에 대한 1909년 8월 23일 민적과장 회신. 內部警務
　　局編. 民籍事務槪要(1910), pp.38-39.
50) 1909년 9월 30일 統監府 조회에 대한 1909년 10월 8일 內部 회답, 內部警務局編
　　(상게주), p.39.
51) 대한매일신보 1909.10.14.

2. 일제시기 조선인의 범위

가. 일본 국적법 적용 문제

대한제국은 1910년 8월 29일 일제 식민지로 전락했다. 일제는 통감부 대신 조선총독부를 설치하고, 일제는 1910년 8월 29일 제령 제1호 「조선에 있어서의 법령의 효력에 관한 건」을 통해 조선 총독에게 조선에서의 일반적 입법권을 부여했다. 이어 1911년 3월 25일 「조선에 시행할 법령에 관한 건」(법률 제30호)을 제정함으로써 조선 지배를 위한 법적 골격을 마련했다.[52]

합병조약 자체에 조선인 국적 처리에 관한 조항은 없었으나, 해외 거주자를 포함한 모든 조선인이 대외적으로 일본인으로 취급되었음은 부인할 수 없다.[53] 그러나 일제 기간 내내 일본 국적법은 조선인에 대해 적용되지 않았다. 일제는 1899년 국적법을 제정함과 동시에 식민지배를 하던 대만에 이를 적용했고, 남사할린에 대하여도 1924년부터 국적법을 시행했던 사실과 비교할 때 이는 매우 특이한 일이었다.[54] 그렇다고 총독부가 조선인 신분 득상을 위한 별도 법령을 만들지도 않았다. 일제가 조선인에 대해 국적법을 실시하지 않았던 이유는 무엇이었으며, 일제는 어떠한 법적 기준으로 조선인을 파악했는가?

일제가 조선에 대해 국적법을 실시하지 않았던 가장 큰 이유는 조선인의 국적이탈을 막아 이들에 대한 인적 관할권을 최대한 확보하기 위함이었다고 알려져 있다. 당시 일본 국적법에는 "자기의 지망에

---

52) 법률 제30호는 제령 제1호에 관한 합헌성 논란을 잠재우고 그 효력을 뒷받침하기 위해 제정되었다.

53) 1910년 합병조약에 의해 한국의 대인고권 즉 한국민에 대한 통치권이 일본으로 이양되어 한국민은 일본국민으로 되었다고 해석함이 일본의 통설이다. 江川英文·山田鎔一·早田芳郎, 國籍法(有斐閣, 1989), pp.200-201.

54) 1899년 칙령 제289호 "國籍法을 臺灣에 시행하는 건" 및 1924년 칙령 제88호 "國籍法을 樺太에 시행하는 건."

의하여 외국의 국적을 취득한 자는 국적을 상실한다"는 조항이 있었
다(제20조).55) 조선 말기부터 수많은 조선인이 만주와 연해주 등지로
이주했고, 이들 중 일부는 현지 국적을 취득했다. 만약 조선인에 대해
일본 국적법이 적용된다면 만주에서 중국인으로 귀화한 조선인은 자
동적으로 일본 신민의 자격을 상실하게 되었다. 반면 제령 제1호에
의해 조선에서 기왕에 시행되던 법령은 일제에 의해 새로운 내용으로
대체되지 않는 한 "당분간 조선 총독이 발한 명령으로서 여전히 그
효력을 가진다"고 선언되었다. 앞서 설명과 같이 조선은 정부의 허가
없이 외국에 입적하는 자를 처벌하는 법률을 제정하고, 허가 없는 조
선국적 이탈을 허용하지 않았다.56) 조선에 일본 국적법이 시행되지
않았기 때문에 결국 허가 없는 외국귀화를 금지하는 조선의 구법이
일제기간 내내 적용되었다.

일제기간 중 조선에 대하여도 일본 국적법을 시행하라는 요구가
여러 차례 제기되었다. 그 배경은 다음과 같다. 한말부터 많은 조선인
이 만주로 이주했는데, 당시 만주에서는 외국인의 토지소유가 제한되
었다. 따라서 대부분의 조선인은 소작농 형태로 생계를 꾸려갈 수밖
에 없어 그 생활이 비참했다. 현지인과 분쟁이 발생하면 일본 관헌의
보호를 받을 수밖에 없었던 조선인은 일본 대륙진출의 첨병으로 인식
되었고, 자연 중국인들의 배척을 받았다. 이에 만주의 조선인들이 당
장의 곤경을 벗어나려면 중국인으로 귀화해야 한다고 생각했다.

원래 청(靑)은 1881년 입경한 조선인에 대한 입적령을 발표하는
등 조선인에 대한 동화정책을 실시했으며, 청으로 귀화해야만 토지
소유가 가능했다.57) 그러나 간도협약 이후에는 조선인의 토지 취득이

---

55) 현행 일본 국적법이나 한국 국적법(제15조 제1항)에도 동일한 내용의 조항이 유
　지되고 있다.
56) 전게주 47 依賴外國致損國體者處斷例 改正(1900) 참조.
57) 당시 청에도 국적법이 제정되지 않았기 때문에 만주족과 같은 치발역복이 개인의

상대적으로 용이해졌다. 1917년 간도에서는 조선인의 입적을 간이하
게 처리하려는 간장(簡章)이 발표되었다. 중국 국적을 취득하면 토지
소유에 제한이 없어지기 때문에 많은 조선인이 귀화를 신청했다. 그
런데 1909년 제정된 청의 국적법 제3조 제5항은 귀화 후 속히 구 국
적의 이탈을 요구하고 있었기 때문에 귀화자는 조선 또는 일본 국적
을 이탈해야만 했다. 이를 근거로 중국 귀화 허가를 받은 조선인에
대해서도 일제는 양국 국적법상 중국 귀화가 인정되지 않는다고 주장
할 수 있었다. 중화민국이 성립되고 개정된 국적법에서는 귀화자의
구 국적 이탈의무가 삭제되었으나, 일본으로서는 중국 귀화자들이 최
소한 이중국적 상태임을 주장할 수 있었다.

구 한말시기부터 본격적으로 만주로 이주한 조선인은 중국의 입
장에서 적과 동지의 성격을 동시에 지녔다. 즉 항일연대의 우군이었
지만, 일제 만몽 침략의 선봉으로 인식되었다. 만주 벼농사 개척의 공
로자였지만, 관내 중국인과의 경제적 경쟁자이기도 했다. 만주 조선
인의 이러한 이중적 성격으로 인해 시기와 지역에 따라 조선인에 대
한 중국의 처우방침이 크게 달랐다.[58] 중국에서 외국인의 토지소유가
금지되었지만 1920년 중반까지 조선인들은 여러 가지 방법으로 토지
취득이 사실상 가능했다고 한다.[59] 그러나 조선인의 만주 진출이 늘
어나자 1927년부터 대규모 조선인 배척운동이 벌어졌고, 현지 정부
역시 조선인 토지취득에 대한 법적 규제를 강화했다.[60] 이에 만주에

정체성 판단의 중요한 기준으로 작용했다고 한다. 권영준, 근대 중국의 국적법과
　조선이 귀화정책, 한일민족문제연구 2003년호, p.41.
58) 손승회, 만주사변 전야 만주한인의 국적문제와 중국, 일본의 대응, 중국사연구 제
　31집(2004), p.353.
59) 상계주, p.342.
60) 조선총독부와 봉천성간의 1925.6.11의 이른바 三矢協定은 조선인의 반일조직에
　대한 봉천성측의 단속강화와 조선인의 귀화금지를 담고 있었다. 권영준, 근대 중
　국의 국적법과 조선인 귀화정책, 한일민족문제연구 2003년호, pp.50-51. 한편
　1929년 4월 요녕성 정부는 懲治盜賣國土暫行條令을 발표해 외국인에 대한 토지

서 조선인 배척운동이 벌어지거나 법적 규제가 강화될 때마다 조선에
서는 일본 국적법 시행 요구가 대두되었다.[61] 만주 동포들의 일본 국
적이탈이 허용되어야만 중국 귀화를 통해 이들의 곤경이 근본적으로
해결될 수 있으며, 이를 위해서는 일본 국적법이 조선에도 적용되어
야 한다는 주장이었다. 이러한 주장은 만보산 사건이 발생하고 국내
에서도 중국인 배척운동이 크게 벌어졌던 1931년 전후 특히 많이 제
기되었다. 이인(李仁)은 "백여만 생령에게 개죽움을 줄 것인가 귀화의
자유를 주어 그 생명을 구출할까 하에 있다. 목하의 형세 추이가 여
하할 것이냐 예측할 만큼 조선에 국적법 시행이 급중의 급무이다"라
고 주장했다.[62] 1931년 및 1932년의 전조선 변호사대회에서도 조선
인에 대해 국적법 실시 요구가 가결되었다.[63]

일본 정부와 조선총독부로서도 조선에서의 국적법 실시 여부는
중요 현안이었다. 찬성론자들은 귀화란 근본적으로 개인의 문제이며,
인도주의적 입장에서도 조선인의 중국 귀화를 막을 수 없다고 보았
다. 특히 일본인의 외국 귀화는 가능한데 조선인의 외국 귀화만 금지
할 명분이 없다는 입장에서 조선에도 일본 국적법을 시행하고 국적이
탈을 허용해야 한다고 주장했다. 그러면 만주 내 "불령선인(不逞鮮人)"
단속책임이 중국측에 넘어가는 장점이 있다는 보았다. 반면 반대론자
들은 수십만의 제국 신민이 단기간에 일본 국적을 이탈하고 외국으로

의 매각, 임대, 저당을 금지하고, 이를 위반하여 취득한 외국인의 권리는 무효로
했다. 손승회(전게주 58), p.341 참조.
61) 당시 이에 대한 보도로는 조선일보 1925.6.10.(석간), p.1; 조선일보 1926.7.10.(조
간), p.1; 조선일보 1927.12.11., p.1; 동아일보 1927.12.18., p.1; 조선일보 1930.8.
1., p.1 등 참조. 그리고 이인, 조선인의 국적문제, 별건곤 제32호(1930.9.), p.22
이하; 동광 제24호(1931.8.)의 내가 본 재만동포 해결책에서 안재홍, 이종린의 주
장, p.14.
62) 이인(상게주), p.23.
63) 동광 제29호(1931.12.), p.23 및 삼천리 제4권 12호(1932.12.), p.27 등 참조.

귀화하면 대외적으로 식민통치의 실패로 인식될 수 있으며, 만주 조선인을 일제의 만몽진출 선봉으로 삼으려던 계획에 차질이 빚어지고, 만주 항일 운동가에 대한 단속근거가 사라진다고 우려했다.64) 상대적으로 조선총독부는 이탈을 허용하자는 입장이었으나, 외무성 등이 강력히 반대했다고 한다. 일제의 입장에서는 찬반 양론 모두 나름대로 명분과 현실성을 갖고65) 있어 조선에 대해 국적법 시행문제를 쉽게 결정하지 못했다. 양자의 대립은 결국 일제 말까지 현상유지, 즉 일본 국적법이 적용되지 않는 결과가 되었다.

일본 국적법에는 국적유보제도라는 독특한 제도가 있다. 칙령으로 지정된 출생지주의 국적법제 국가에서 태어나 현지 국적을 부여받은 일본인은 호적법상 지정된 기간 내 일본국적 유보의사를 표시하지 않으면 출생시로 소급해 일본국적을 상실한다. 1924년 칙령 제262호로 미국, 캐나다, 브라질, 아르헨티나, 페루, 칠레 등 6개국이 대상국으로 지정되어 있었다.66) 혈통주의 국적법제 국가의 해외 출생자가 출생 직후 국적 보유의사를 표시하지 않으면 본래의 국적을 상실한다는 국적유보제도는 비교법상 흔치 않다. 이는 해외이주 일본인의 현지 동화를 촉진하고, 일본인이라는 이유로 현지에서 불이익을 받지

---

64) 만주 조선인의 일본 국적이탈 허가 여부에 대한 일본측의 논란에 대하여는 손승회(전게주 58), pp.347-353 참조. 한편 조선 총독부는 1923.11.20-11.23 조선총독부, 만주내 일본 영사관, 일본 외무성, 일본 육군, 관동청, 만철 등의 대표를 京城으로 초치해 在滿洲朝鮮關係領事官打合會議를 개최했다. 이의 첫 번째 협의사항이 "조선인의 귀화에 의해 국적상실을 인정하는 것의 가부"였다. 당시 회의에서는 조선인의 일본 국적이탈을 인정해 이들이 외국인이 된다면 일본 경찰 수사에 많은 지장을 초래하며, 간도지방 같은 곳에서는 지역의 근기를 뒤엎을 염려가 있다고 지적되었다. 조선총독부, 在滿洲朝鮮關係領事官打合會議報告(1923), 김정주, 조선통치사료 제8권(한국사료연구원, 1971), p.572 이하 소재. 기타 外務省 條約局 法規課, 日本統治時代の朝鮮, 外地法制誌(1971) 제4부 1 二, p.53; 二宮正人. 國籍法における男女平等(有斐閣, 1973), p.231.

65) 손승회(전게주 58), p.351.

66) 「國籍法 第20조의 二 제1항 규정에 의한 外國을 지정하는 건」(1924.11.17.).

않도록 하기 위한 조치였다.[67]

그러면 위에 지정된 국가에서 조선인 부모 하에 태어난 조선인 자(子)에게도 이 제도가 적용되어 소정의 기간 내 국적유보표시를 하지 않으면 조선(일본)적을 상실했는가? 당시 일제는 조선인에게는 일본 국적법이 적용되지 않는다는 이유에서 법정기간 내 국적유보 표시를 하지 않은 경우라도 조선인의 출생신고를 수리했다.[68] 이는 가능한 한 혈통상 조선인을 일본인 신분으로 묶어 두려는 정책의 표시였다.

나. 조선인 파악 기준

일제는 국적법의 적용 없이 어떠한 법적 기준에서 조선인을 파악했는가? 일제기간 중 조선인의 공식적 국적은 일본이었을지라도, 일제는 대내적으로 일본인과 구별되는 조선인이라는 법적 신분을 유지했다. 구체적으로 식민 초기에는 대한제국 말기부터 실시되었던 민적법의 적용을 통해,[69] 조선호적령이 실시된 1923년 7월 1일 이후부터는 이를 대체시킨 호적제도를 통해 조선인을 법적으로 구별했다.[70]

일제는 제국의 판도를 본래 일본 영토인 내지(內地)와 청일전쟁 이후 획득한 외지(外地)로 구분하고, 일본 본토·조선·대만·사할린·남양군도 등을 각기 이법지역(異法地域)으로 취급했다. 각 외지는 일본 제국 내에서 별도의 부분 법체계를 구성했다. 제국 전체에 공통적으로 적용되는 법도 있었으나, 각 지역별 독자적인 법도 있었다.

---

67) 일본의 국적유보제도에 관한 설명은 정인섭(전게주 25), pp.65-66 참조.

68) 朝鮮總督府編, 朝鮮戶籍及寄留例規(朝鮮戶籍協會, 1943), No.555. 이 책은 이하 朝鮮戶籍及寄留例規(전게주 68)로 약칭함.

69) 민적법에는 일본 호적과의 교류나 외국인과의 신분관계 설정에 관한 규정이 없었다. 이에 일제 초기에는 통첩 등을 통해 임기응변식 대응을 했다. 민적법 시행기의 호적 전적 실행에 관하여는 이정선의 전게주 39 논문 참조.

70) 조선호적령이 시행되자 당시의 민적은 호적으로 효력을 계속했다. 조선호적령 제128조 및 제132조.

일제 초기에는 다소 혼선과 마찰이 있었으나, 1918년 국제사법과 유사한 역할을 하는 공통법이 제정되어 각 지역간 법률관계를 규율하게 되었다.

일제는 본래의 일본인을 내지인이라고 불렀고,[71] 외지에 속하는 사람들은 외지인으로 구분했다. 외지에 속한다는 말은 외지에 신분상의 본거 즉 본적을 갖는다는 의미였다. 이 신분상의 본거를 표시해 주는 구체적 제도가 호적이었다.[72] 일본 호적법은 내지인에게만 적용되며, 각 외지는 별도로 제정된 자신의 호적관계법률을 갖고 있었다. 조선인에서는 1923년부터 시행된 조선호적령이, 대만인에 대해서는 대만 총독부령에 의한 호구규칙(戶口規則)이 이에 해당했다.[73] 조선인이란 조선호적령에 의한 조선호적 입적자를 의미했으며,[74] 조선인은 조선 호적을 기준으로 하나의 독자적 외지인을 구성했다. 각 지역 호적 간 임의 전적은 금지되었고, 혼인·입양·인지 등 법정사유가 있어야만 이동이 가능했다.[75] 전적되면 새로운 호적에 따라 소속 신분이 변경되었다. 예를 들어 일본 여자가 조선인 남자와 혼인하면 조선 호적에 편입되고, 법적으로는 조선인이 되었다. 조선 남자가 일본인 처

---

71) 內地人이 법률용어로 처음 사용된 예는 1896년 臺灣 總督府令 제38호 臺灣 總督府 國語學校規則이었다. 淸宮四郞, 外地法序說(有斐閣, 1944), pp.38-39.

72) 淸宮四郞(상게주), p.41; 松岡修太郞, 外地法(新法學全集 第三卷 中)(日本評論社, 1936), p.8.

73) 樺太(사할린)에서는 1924년 칙령 제86호로 호적법이 실시되었으나, 이는 내지로부터의 전적자에게만 적용되었다. 1932년 樺太施行法律特例에 의해 아이누족을 제외한 모든 樺太人(土人 포함)에게 호적법이 적용되었다. 樺太는 1943년 내지로 편입되어 호적법이 전면적으로 적용되었으며, 아이누족 이외의 樺太土人에게는 별도의 土人戶口規則이 제정되었다.

74) 조선인이란 법률용어가 처음 등장한 예는 조선민사령 제10조 및 제11조 등이었다. 淸宮四郞(전게주 71), pp.38-39.

75) 이에 관한 기본법이 공통법이다. 공통법 제3조 "한 지역의 법령에 의하여 그 지역의 家로 들어간 자는 다른 지역의 家를 떠난다. 한 지역의 법령에 의하여 家를 떠날 수 없는 자는 다른 지역의 家로 들어갈 수 없다." 이 조항은 1921년부터 조선에 적용되었다.

의 가(家)로 입부혼을 하면 그는 법적으로 일본인이 되었다. 이들이
이혼을 하면 원래의 실가 호적으로 복적되고, 신분도 다시 변경되었
다. 입양이나 인지를 통한 호적이동도 마찬가지였다. 일제 기간 중에
는 바로 호적을 기준으로 조선인을 법적으로 파악했으며, 이는 혈통상
조선인과는 구별되었다. 구체적인 신분행위에 따른 처리는 다음과 같
았다.

　① 본적과 전적: 조선인이 개인 희망만으로 일본 호적에 입적할
수는 없었다. 일본인 역시 조선으로 임의 전적을 할 수 없었다. 혼인·
입양·인지 등 법정 사유가 있어야만 전적이 가능했다.[76] 조선인은
일본으로 분가(分家)할 수 없었고, 일본인도 조선에서 일가창립이나
분가할 수 없었다.[77] 단 혼인으로 조선 호적에 입적한 혈통상 일본
여자가 이혼했는데, 일본 내 실가(實家)가 절가(絶家)된 경우 조선에서
일가창립이 인정되었다.[78]

　② 혼인과 이혼: 조선 호적과 일본 호적간 가장 대표적인 전적
사유는 혼인이었다. 혼인으로 인한 입적자는 자기 지역의 가(家)를 떠
나 타 지역 배우자의 가(家)로 이동하게 되었다. 1921년 공통법 제3조
가 조선에 적용되기 이전에는 이의 법적 근거가 다소 불분명했으나,
민적법을 통한 처리도 기본적으로 동일했다.[79]

　혼인하면 통상 여자가 남편의 호적으로 입적했으나, 사유가 있으
면 반대도 가능했다. 혼인으로 조선 호적에 입적한 일본 여자가 남편
사망 후 원래의 일본 실가로 복적절차를 밟지 않으면 계속 조선인으
로 취급되었고, 그 상태에서 재혼하려면 조선 관습의 적용을 받았

---

76) 朝鮮戶籍及寄留例規(전게주 68), No.1188 및 No.1192.
77) 朝鮮戶籍及寄留例規(전게주 68), No.1080 및 No.1293.
78) 朝鮮戶籍及寄留例規(전게주 68), No.844.
79) 민적법 시대 혼인에 따른 호적처리에 관해서는 정인섭, 법적 기준에서 본 한국인
　　의 범위, 두남 임원택교수 정년기념 — 사회과학의 제문제(법문사, 1988), pp.656-
　　657 참조.

다.[80] 다른 외국인과 혼인한 사례도 유사하게 처리되었다. 조선인 남자가 외국에서 외국 여자와 혼인을 한 경우, 외국 여자는 혼인을 통한 국적취득으로 입적했다.[81]

혼인을 통해 조선 호적이나 일본 호적에 입적된 이가 이혼하면 본래의 실가(實家)인 조선 호적 또는 일본 호적으로 복적했다. 일본 여자와 입부혼(入夫婚)을 했던 조선 남자가 이혼 후 복적한다 해도, 혼인 중 출생한 아이만은 아버지를 따라 조선 호적으로 복적되지는 않았다.[82] 조선인 남자와 혼인해 조선인이 되었던 외국인 여자가 이혼하면 호적에서 제적되고, 그녀가 원 국적을 회복하면 일본 국적법 제19조에 준해 일본 국적을 상실했다.[83]

③ 입양: 조선인이 일본인의 양자로 되는 경우 일본 호적으로 입적했다. 그의 부인도 수반 입적했으나, 직계비속은 부모를 따라 수반 입적되지 않았다.[84] 조선인이 외국인의 양자가 되어도, 국적에는 변함이 없었다. 당시 일본 국적법상 일본인이 외국인의 양자가 되어도 일본 국적을 상실하지 않았다.[85]

④ 인지: 일본인이던 사생자(私生子)를 조선인 부(父)가 인지하면, 그는 조선 호적으로 입적됐다. 반대로 일본인 부가 인지한 조선인 사생자는 일본 호적으로 입적됐다. 외국인이 조선인 사생자를 인지해 부의 국적을 취득하면, 조선 호적에서 제적되고 일본 국적을 상

---

80) 朝鮮戶籍及寄留例規(전게주 68), No.705.
81) 조선인 남자가 러시아에서 러시아 여자와 혼인한 예(1921.11.8. 元山府尹 앞 法務局長 通牒) 및 조선인 남자가 영국에서 영국 여자와 혼인한 예(1921.9.14. 慶尙道知事 앞 法務局長 通牒). 朝鮮總督府法務局編, 民籍例規(大成印刷所, 1922), pp. 216-217. 이 책은 이하 民籍例規(전게주 81)으로 약칭함.
82) 朝鮮戶籍及寄留例規(전게주 68), No.1623.
83) 朝鮮戶籍及寄留例規(전게주 68), No.845 및 No.878.
84) 朝鮮戶籍及寄留例規(전게주 68), No.1637.
85) 朝鮮戶籍及寄留例規(전게주 68), No.655.

실했다.86)

⑤ 귀화: 조선에는 국적법이 시행되지 않아 조선인은 외국 귀화로 일본 국적을 이탈할 수 없었고, 외국인이 귀화를 통해 조선에 본적을 가질 수 없었다.87)

⑥ 해외거주: 민적법이나 조선민사령에는 해외거주자 호적처리에 관한 조항이 없었다. 1923년 조선호적령에 이의 처리근거가 마련되었다(제49조 및 제50조).88) 조선인이 당국에 아무런 신고나 귀국 예정 없이 해외로 이주한 경우 그들의 호적도 일반 국내 거주자와 마찬가지로 유지되었다.89) 민적법 시행 이전 해외로 이주해 장기간 연락이 없던 경우라도 귀환 후 조선인으로 새로이 취적할 수 있었고,90) 해외거주자는 현지 일본공관을 통해 조선인이란 증명을 받을 수 있었다. 즉 해외거주기간, 현 거주지, 기존 민적(또는 호적) 입적 여부와 관계없이 혈통상 조선인임이 확인되면 모두 법률상 조선인으로 취급되었다.

이상 일제기간 중 법적인 조선인 개념은 다음과 같이 요약할 수 있다. 국제법적으로 조선인은 일본 신민의 일부였으나, 국내적으로 조선인은 일본인(내지인)과는 법적으로 구별되는 별도의 집단으로 존재했다. 일제는 대한제국 말 조선인의 법적 범위를 수용하고, 이를 부계혈통주의에 입각해 존속시켰다. 조선에는 국적법이 공식으로 시행되지 않았으나, 초기에는 민적으로 1923년부터는 조선호적령에 근거한 호적제도를 통해 조선인을 파악했다. 조선에 본적을 두고 출생한

---

86) 朝鮮戶籍及寄留例規(전게주 68), No.594 및 공통법 제18조 참조.
87) 朝鮮戶籍及寄留例規(전게주 68), No.1731.
88) 朝鮮戶籍令 시행 이전 처리 사례에 관해서는 정인섭(전게주 79), p.659 참조.
89) 民籍例規(전게주 81), pp.130-131.
90) 朝鮮戶籍及寄留例規(전게주 68), No.1242.

자는 출생지나 거주지와 관계없이 법적으로 조선인이 되었다. 조선인이 혼인·입양·인지와 같은 신분행위를 통해 일본 제국 내 타호적으로 전적되면 조선인 신분을 상실했고, 위와 같은 신분행위를 통해 타호적으로부터 조선 호적으로 전적하면 혈통과 관계없이 조선인 신분을 취득했다. 외국귀화를 통한 국적이탈은 허용되지 않았고, 외국인의 조선인으로의 귀화도 인정되지 않았다.

3. 미군정기 조선인 파악기준

일제의 패망과 동시에 한반도는 미군과 소련군의 점령하에 놓였다. 당시 38선 이남을 통치했던 미군정청은 식민지배로부터 해방되어 독립국가의 국민으로 예정된 조선인의 법적 범위를 어떻게 파악했는가? 사실 3년 통치기간 중 미군정청이 조선인의 범위를 판단해야 할 상황이 적지 않았다. 이는 두 가지 각도에서 필요했다. 첫째, 누가 조선인이냐를 결정해야 할 경우가 있었다. 둘째, 누가 조선인이 아닌 일본인이냐를 결정해야 할 경우도 있었다.

미군정청은 조선인 국적 판단기준은 궁극적으로 조선인 스스로 결정할 사항이라고 생각하고, 조선인을 적극적으로 정의하는 법령은 만들지 않았다. 그럼에도 불구하고 군정 당시 공포된 법령을 보면 조선인과 일본인을 법적으로 구별하는 내용을 갖는 사례가 적지 않다. 예를 들어 군정법령 제10호 「일본인의 등기」(1945.10.8)는 일본 국적을 가진 자에 대한 여행 규제와 등록을 명하고 있었다. 제33호 「조선 내 소재 일본인 재산권 취득에 관한 건」(1945.12.6)은 조선 내 일본인 재산의 몰수를 규정했다. 제55호 「정당에 관한 규칙」(1946.2.23)은 외국인이 정당 당원이 됨을 금지하고 있었다. 제207호 「변호사법」(1948.7.1.)은 조선국민만이 변호사가 될 수 있다고 규정하고 있었다. 이상은 모두 조선인 또는 일본인에 대한 법적 정의가 선행되어야 적용될 수 있는 법령이었다.

다음은 미군정기간 중 조선인 또는 일본인을 법적으로 구별해서 시행된 대표적 중요법령의 내용이다.

가. 군정법령 제33호와 적산 몰수

미군정청의 국적판단 관련조치 중 후일까지 커다란 영향을 미치고, 후술하는 남조선과도입법의원이 「국적에 관한 임시조례」를 제정한 계기가 된 사건이 적산처리에 관한 군정법령 제33호의 공포였다. 미군정청은 군정법령 제2호(1945.9.2)를 통해 1945년 8월 9일을 기준일로 삼아 남한 내 모든 일본 정부, 법인, 자연인의 재산권 이동을 금지했으며, 제33호를 통해서는 이들 모든 일본인의 재산을 적산(敵産)으로 몰수했다. 군정청 사법부(초기 명칭은 법무국)는 적산몰수의 대상이 되는 일본인이란 일제 기간 중 일본 국민으로서의 완전한 시민적·정치적 권리(civil and political rights)를 향유하는 자라고 전제하고, 이를 당사자의 호적 등재를 기준으로 구별했다.[91] 즉 1945년 8월 9일을 기준으로 일본 호적에 등재된 자는 일본인, 조선 호적에 등재된 자는 조선인으로 판단했다. 이 기준은 규정으로 공포되지 않고, 일종의 실무지침으로만 제시되었으나 적산몰수에 관한 한 일관되게 적용되었다.

따라서 일제 시 조선인과 혼인해 조선 호적에 입적된 일본인 배우자의 재산은 적산으로 취급되지 않았으며,[92] 조선인 남편과 사실혼 관계에 있었으나 조선 호적에 정식 입적되지 않은 일본 여자의 재산

---

91) United States Army Forces in Korea, Selected Legal Opinions of the Department of Justice, United States Army Military Government in Korea ②(1948), pp. 268-269(No. 948). 이하 이 책자는 Selected Legal Opinions ②로 표기함.

92) United States Army Forces in Korea, Selected Legal Opinions of the Department of Justice, United States Army Military Government in Korea ①(1948), p.160 (No.582). 이하 이 책은 Selected Legal Opinions ①로 표기함.

은 적산으로 취급되었다.[93] 일본인과 혼인한 조선 여자가 해방 이후
이혼한 경우에도 기준일인 1945년 8월 9일에 일본 호적에 속해 있었
으면 그는 제33호 적용상 일본인으로 판단되어 재산이 몰수되었다.[94]
일본인 남편이 해방 이전에 사망했어도, 조선인 부인과 아들이 해방
이후에도 여전히 일본 호적에 등재되어 있었다면 이들 역시 일본인으
로 판단되었다.[95] 일본 남자와 혼인한 후 조선인 처의 돈으로 구입한
부동산이 남편 이름으로 등기되어 있었다면, 일본인 남편이 공식 이
혼 없이 조선인 처를 유기하고 일본으로 귀국해 다른 여자와 혼인관
계에 있어도, 조선인 처의 재산은 적산으로 판정되었다.[96]

즉 군정청은 적산 몰수에 관한 군정법령 제33호의 적용에 있어서
는 철저히 일제 시의 호적만을 판단기준으로 사용했으며, 혈통이나
사실혼 관계 등은 전혀 고려에 넣지 않았다. 이러한 적산판단 기준은
광복 후 한국 사법부에 의해서도 그대로 받아들여졌다.[97]

나. 국회의원선거법

1948년 5월 10일 남한에서는 국회의원 선거가 실시되었다. 국회
의원선거법 제1조에 따라 만 21세에 달하는 조선인이 선거권을 행사
했고, 만 25세 이상의 조선인에게 피선거권이 인정되었다. 5·10 선거
는 대한민국 정부 수립을 위한 일반 국민의 첫 번째 공민권 행사였으
므로 당시 누가 대한민국 국민인가에 대한 판단은 중요한 문제였다.
아직 국적법 제정 이전이던 당시 이 문제는 어떻게 처리되었는가?

남조선과도입법의원은 이미 1947년 8월 12일 「입법의원 의원선

---

93) Selected Legal Opinions ①, pp.191-192(No.687). Selected Legal Opinions ②,
p.310(No.1035)도 같은 유형의 사안임.
94) Selected Legal Opinions ①, p.36(No.178).
95) Selected Legal Opinions ①, p.57(No.245).
96) Selected Legal Opinions ①, pp.57-58(No.247).
97) 하게주 115 참조.

거법」을 제정한 바 있었다(남조선과도정부 법률 제5호. 1947.9.3. 공포).
이의 시행을 위해 중앙선거관리위원회는 1948년 1월 전문 98개조의
선거법 시행세칙을 발표했다. 시행세칙으로는 이례적으로 제2조에 조
선인의 정의규정을 담고 있었다. 즉 「입법의원 의원선거법」상의 조선
인이란 "1. 조선에 호적을 가진 자. 2. 조선인 양친 사이에 출생한 자.
3. 조선인을 부친으로 하여 출생한 자로서 타국의 국적 또는 시민권
이 없는 자"로 정의되었다.[98] 사실 선거법 시행세칙에 유권자의 범위
를 규정함은 시행세칙에 규정될 수 있는 위임한계를 넘어선 일이었
다.[99] 이는 한번도 보통선거를 실시해 본 경험이 없는 나라에서 유권
자를 정의할 법적 기준이 당장 필요하다는 상황이 만들어낸 변칙이었
다. 그러나 이 「입법의원 의원선거법」은 5·10 선거에 적용되지 못하
고 폐기되었다. 가장 중요한 이유는 23세 이상으로 규정한 유권자 연
령이 너무 높고, 북한에 본적을 둔 유권자를 대상으로 하는 특별선거
구 설치 등에 대해 미군정청이 반대했기 때문이었다.[100]

이에 새로운 「국회의원선거법」이 1948년 3월 군정법령 제175호
로 제정되었다. 국회의원 선거관리위원회는 이 선거법의 시행세칙을
3월 22일 공포했는데, 역시 제2조에 국민의 정의 규정을 설치했다.
그 내용은 위 입법의원 의원선거법 시행세칙과 동일하다.[101]

이 시행세칙에 규정된 국민의 정의조항이 어떠한 법적 지위를 갖
느냐에 대한 논란과는 별개로 일단 5·10 국회의원선거에서 실제 적

---

98) 이 시행세칙안 제2조는 동아일보 1948.1.9., p.4에 수록되어 있다. 시행세칙안 전
　　 문은 동아일보 1948.1.9., p.2; 1948.1.13., p.2; 1948.1.14., p.2; 1948.1.16., p.2;
　　 1948.1.17., p.2에 5회에 걸쳐 수록되어 있다.
99) 황성희, 입법의원 의원선거법에 대한 의의 약간, 법정 1948년 3월호, p.15.
100) 이 선거법에 관한 상세는 박찬표, 제헌국회 선거법과 한국의 국가형성, 한국정치
　　 학회 회보 제29집 3호(1995); 심지연, 한민당이 주무른 과도입법의원, 월간조선
　　 1986년 4월호 등 참조.
101) 이 시행세칙이 당시 미군정청 관보에서는 발견되지 않으나, 조선일보 1949.3.25.,
　　 p.1과 노진설, 실무본위 선거법 해설(수선사, 1948) 등에 수록되어 있다.

용된 조항이므로 나름대로 검토의 의의가 있는 조항이다. 제1호 "조
선에 호적을 가진 자"라는 조항은 비교적 명백한 내용이다. 이는 조
선호적령에 의한 조선 호적 입적자를 가리킨다. 본래 혈통상 조선인
이 아니라도 혼인 등에 의해 조선호적에 입적된 자는 선거권을 갖는
국민에 해당했다. 그러나 조선인의 개념 규정이 선행되지 않았기 때
문에 제2호와 제3호는 그 내용이 명백하지 않다. 당시 군정대법원 판
사로서 선거관리위원장을 맡았던 노진설은 이 조항의 의미를 다음과
같이 설명했다. 제2호 "조선인 양친 사이에서 출생한 자"란 조선에
호적이 없더라도 건전한 민족의식에 따라 상식적인 판단을 할 때 조
선인이라고 볼 수 있는 양친 사이에 태어난 자라고 보았다. 제3호 역
시 부친이 조선인인가 여부는 건전한 민족의식을 통해 판단해야 한다
고 보았다. 그는 결국 제2호와 제3호를 종합하면 "정확한 적용은 도
저히 기대할 수 없으나, 일응 어떠한 조선인이 조선 국민이냐 하는
데 대하여 한 방향만은 지시하고 있는 것이 분명하다"고 해석했
다.[102] 제2호와 제3호의 차이는 양친이 조선인인 경우는 현재 외국
국적을 갖고 있어도 조선인으로 인정되나, 부(父)만이 조선인인 경우
외국 국적을 갖고 있으면 조선인으로 인정되지 않았다는 점이다. 모
(母)만이 조선인인 자의 경우 조선인으로 인정하지 않았다는 점에서
부계혈통주의를 바탕으로 하고 있다. 문언상 "제2호 조선인 양친 사
이에 출생한 자"에는 조선인으로 태어나 혼인 등 신분행위를 통해 당
시 일본 호적에 입적되어 있는 경우도 포함되나, 실제로 이런 자에게
도 선거권이 인정되었는지는 확인되지 않는다.

　이상의 내용을 종합할 때 법적으로 다소 불분명하지만 「국회의
원선거법 시행세칙」이 정의한 국민이란 조선호적 등재자를 기본으로
하고, 조선 호적 미등재자라도 혈통상 조선인을 부(父)로 하여 태어난

---

102) 노진설(상게주), pp.5-7.

자를 포함하는 개념이었다. 이는 일제시기 호적만을 기준으로 한 형식적 판단만으로는 장기간 해외거주를 마치고 귀국한 자가 많았던 당시의 현실에 적절히 대처하기가 곤란하다는 시각을 반영하고 있었다.

이 시행세칙은 당시 선거관리위원회가 선거실시를 위한 임시 방책으로 제정한 규정이었다. 법형식적으로도 국회의원선거법 시행세칙을 통해 국민의 범위를 결정할 수는 없었으며, 결국 그 내용이 후일 국적법으로 직접 연결되지도 못했다. 국회의원선거법 시행세칙을 통한 국민 파악은 5·10 선거라는 1회적 행사에만 적용되었다.

다. 「국적에 관한 임시조례」

미군정기인 1948년 5월 11일 남조선과도입법의원이 제정한 「국적에 관한 임시조례」가 공포되었다. 이 임시조례는 국적의 취득과 상실을 종합적으로 규정한 국내 최초의 법령이다. 미군정기에 제정·공포되었지만, 그 내용에 관하여는 미군정의 지시나 영향을 전혀 받지 않고 남조선과도입법의원이 자주적으로 결정했으며, 제헌헌법 제100조에 의해 1948년 8월 15일 정부 수립 이후에도 효력이 유지되었다는 점에서 특별한 의의가 있다.

이 임시조례가 만들어진 배경은 다음과 같다. 앞서 설명과 같이 미군정청은 1945년 8월 9일자 호적등재를 기준으로 일본 호적 입적자의 재산을 적산으로 간주하고 이를 몰수했다. 군정청은 사법부에서 입안한 이 방법의 적용이 "대단히 좋은 성적"을 거두었다고 자평했으나, 1945년 8월 9일자 호적 입적을 기준으로 조선인-일본인 구별하는 방안에 대해서는 이의 제기도 빈발했다. 예를 들어 혈통상 조선인이지만 혼인이나 입양 등을 통해 일본 호적에 입적되어 있던 자들이 자신은 조선인임을 주장하며, 재산을 적산 몰수대상에서 제외시켜 달라는 소청이 많이 제기되었다. 이에 군정장관 대리 C. G. 헬믹 준장은

1947년 9월 30일 남조선과도입법의원에 "후일 조선이 통일되고 전 민족을 일관한 입법기관이 법률 제정을 할 때까지 시행할 국적에 관한 법률"을 한국인 스스로가 만들어 달라고 요청했다.[103] 이러한 군정청 요구에 따라 과도입법의원은 "국적법이 제정될 때까지의 조선인의 국적을 확립하여 법률관계의 귀속을 명백히 함을 목적"(제1조)으로 임시조례를 제정했다. 즉 국적법은 대단히 중요한 법률이므로 정식 제정은 장래로 미루고 우선 임시조례라도 만들어 재산문제 처리에 관한 입장 표명을 하자는 의도였다.[104]

임시조례의 기본내용은 그해 연말 국회가 제정한 국적법과 유사했다. 출생에 의한 국적취득의 경우 부계혈통주의를 기본원칙으로 규정하고, 모계혈통주의와 출생지주의를 보충원칙으로 채택했다(제2조). 조선인의 처에게는 조선 국적을 부여하고, 귀화를 통한 국적취득도 인정했다. 외국에 귀화를 하거나 외국인의 처 또는 양자가 된 자는 국적을 상실했다(제4조). 그런데 임시조례는 "조선인을 부친으로 하여 출생한 자"가 조선의 국적을 가진다고만 규정했지, 제정 당시 누가 조선인이냐에 대한 적극적 정의규정은 포함하고 있지 않았다. 사실 대한제국 시절의 민적이 일제 하의 조선 호적으로 연계되었으므로 조선 호적 입적자가 곧 대한민국 국민이 된다는 점에는 당시 별다른 이의가 없었다. 근거법인 조선호적령도 법적 효력을 지속하고 있었다. 또한 혈통상 조선인으로 일제시 중국 등 외국에서 생활의 방편이나 현지 관헌의 보호를 받기 위해 외국 국적을 취득했다가 귀국한 사람들을 우리 국민으로 수용하자는 점에도 큰 이견은 없었다.[105] 앞서

---

103) 헬믹 장군의 서한은 南朝鮮過渡立法議院 속기록 제192호(1948.1.12.), p.5에 전문 수록.
104) 법제사법위원회 백관수 위원장 제안설명. 南朝鮮過渡立法議院 속기록 제201호 (1948.1.27.), p.3.
105) 임시조례 심의시 黃保翌 의원 발언. 南朝鮮過渡立法議院 속기록 제216호(1948.3. 19.), p.7.

제정된 국회의원선거법 시행세칙의 조선인 정의 조항도 같은 정신에 입각하고 있었다. 현실적인 난제는 혈통상 조선인으로 태어났으나 일제기간 중 신분행위를 통해 일본 호적으로 전적했던 자를 우리 국민으로 수용할지 여부였다. 이 점이 광복 후 최초 국민 파악기준 설정에 있어서 핵심 쟁점이었다.

임시조례 제5조는 바로 일제시기 외국국적이나 일본호적을 취득한 자에 대한 국적 처리기준을 담고 있었다. 즉 "외국의 국적 또는 일본의 호적을 취득한 자가 그 국적을 포기하거나 일본의 호적을 이탈한 자는 단기 4278년 8월 9일 이전에 조선의 국적을 회복한 것으로 간주함"이라는 규정을 두어 혈통상 조선인으로 일제기간 중 신분변동에 있었던 자의 국적처리 기준을 제시했다. 제5조는 임시조례 심의과정에서 가장 큰 논란이 벌어진 항목이기도 하였다.

일본 호적을 취득했던 자라도 이를 이탈하면 1945년 8월 9일 이전에 조선 국적을 회복했다고 간주한다는 제5조는 적산처리와 관련해 매우 민감한 내용이었다. 1945년 8월 9일 기준 일본 호적에 입적되어 있던 자라도 후일 어떠한 이유에서든 일본 호적을 이탈하면 소급적으로 조선인으로 간주되어 그의 재산은 적산 몰수에서 제외되게 되기 때문이었다. 당시 이 조항에 찬성하는 의원들은 그들의 재산을 미군정청의 적산 몰수에서 제외시켜 우선 조선 재산으로 만드는 방안이 국가적으로 득이 되고, 필요하면 나중에 친일파 처벌법 등을 제정해 우리 정부가 몰수할 수 있다고 주장했다.[106] 반대론자들은 이 조항이 친일파의 재산을 보호한다며 삭제를 주장했다. 이들은 미군정이 몰수한 적산도 불원 우리 정부가 수립되면 인계되리라고 기대했다.[107] 치열한 논란 끝에 제5조는 재석 34에 찬성 20, 반대 7로 가결

---

106) 김붕준 의원 발언, 南朝鮮過渡立法議院 속기록 제208호(1948.2.17.), pp.21-22. 홍성하 의원 발언, 南朝鮮過渡立法議院 속기록 제216호(1948.3.19.), pp.8-10.
107) 이종근 의원 발언, 南朝鮮過渡立法議院 속기록 제216호(1948.3.19.), pp.9-10.

되었다.[108]

여기서 "외국국적의 포기" 또는 "일본 호적의 이탈"이란 구체적으로 무엇을 의미하는가? 초안 책임자인 백관수 법사위원장은 별다른 절차 없이 본인 자유의사에 맡길 수밖에 없으며, 신청절차가 없다는 점이 좀 막연하지만 그래서 "간주"라고만 표현했다고 설명했다.[109] 심의과정에서 이 점에 관해 긴 논란이 벌어졌다. "포기"나 "이탈"을 위해서는 공식적인 절차를 밟아야 하며 따라서 표현도 "탈적"으로 수정하자는 주장이 강하게 제기되었다.[110] 단순히 외국국적을 포기하겠다는 의사 표시만으로 조선 국적을 인정하게 되면 2중 국적 상태가 된다는 지적도 있었다. 그러나 현실적인 문제로 몇몇 의원조차 독립운동 과정에서 중국의 보호를 받기 위해 중국 국적을 취득한 바 있었고, 이들은 중국 국적에 관해 별다른 법적 조치 없이 귀국했다. 이들이 국공 내전으로 혼란에 빠져 있는 중국으로 돌아가 공식적인 국적이탈 조치를 취해야만 국민으로 인정하겠다면 현실을 무시한 처사가 아닐 수 없었다. 본래의 조선인이 조선 국적을 갖겠다는데 문제 삼을 이유가 무엇이냐 반박도 있었다.[111] 심의과정에서 이 문언에 관해 많은 논란이 벌어졌으나 구체적 개정안이 제출되지 않았고, 최종적으로는 원안이 그대로 확정되었다. 결국 외국국적의 "포기"란 별다른 법적 절차를 요구하지 않는 취지로 이해되었다. 앞서 설명과 같이 일제시 조선인의 외국국적 취득은 일본 국적 상실의 사유가 되지 않았으며, 원래 조선 호적에 등재되어 있었다면 그대로 존치되고 있었다. 사실 제5조와 관련하여 외국국적 취득자 처리문제는 당시 큰

108) 南朝鮮過渡立法議院 속기록 제216호(1948.3.19.), p.11.
109) 南朝鮮過渡立法議院 속기록 제208호(1948.2.17.), p.15 및 p.17.
110) 변성옥 의원, 강순 의원, 황보익 의원 등. 南朝鮮過渡立法議院 속기록 제208호
     (1948.2.17.), pp.15-18. 김영규, 원세훈 의원, 상동 속기록, p.23 등.
111) 안동원 의원 발언, 南朝鮮過渡立法議院 속기록 제216호(1948.3.19.), p.10.

관심사가 아니었다.

한편 일본 호적에 대하여는 왜 포기와 달리 "이탈"이라는 별도의 표현이 사용되었는가? 백관수 위원장의 원 제안설명에서는 포기와 이탈의 의미를 특별히 구별하지 않았다. 그런데 당초 백관수 위원장이 제안한 제5조의 원안은 "조선인으로서 단기 4278년 8월 9일 이전 외국의 국적 또는 일본의 호적을 취득한 자가 본법 시행 시까지에 그 국적을 포기하거나 일본의 호적을 이탈한 자는 … "라고 되어 있었다.112) 최종적으로 채택된 조항에서는 "조선인으로서 단기 4278년 8월 9일 이전"과 "본법 시행 시까지에"가 삭제되었다. 특히 "본법 시행 시까지"라는 표현이 삭제된 이유는 그렇게 된다면 미처 수속하지 못한 사람은 조선 국적을 회복할 길에 없고, 그들의 재산을 조선 재산으로 할 수 없게 되므로 법안의 취지를 살리기 위하여는 이를 삭제하자는 주장이 받아들여졌기 때문이었다.113) 토의과정에서 명확하게 결정되었다고는 할 수 없으나 여기서 단순히 "포기"와 달리 "이탈"이라는 별개의 표현을 사용한 의미는 일정한 법절차를 전제로 한다는 사고의 발로 아니었을까 생각한다. 호적은 당시 남한에서 실제 적용되던 제도였기 때문에 이를 무시하고 내심의 의사만을 기준으로 조선인 여부를 판단할 수 없었으리라 생각된다. 후일 우리 법원의 실행도 일본 호적을 실제 이탈하고 한국 호적에 입적해야만 한국인으로 인정했다.

---

112) 1948년 1월 27일 임시조례 제1 독회시 제시된 초안 제5조 문언은 "조선인으로써 단기 4278년 8월 9일 이전에 외국의 국적 또는 일본의 호적을 포기하거나 일본의 호적을 이탈한 자는 단기 4278년 8월 9일 이전에 조선의 국적을 회복한 것으로 간주함."으로만 되어 있다(南朝鮮過渡立法議院 속기록 제201호, p.2). 그러나 임시조례에 관한 백관수 위원장 최초 보고인 南朝鮮過渡立法議院 속기록 제192호(1948.1.12.), p.6. 수록 내용이나 제2독회 심의시 제시된 문언(南朝鮮過渡立法議院 속기록 제216호(1948.2.17.), p.14)을 보면 제1독회 속기록 문언은 오식으로 판단된다.

113) 홍성하, 서우석, 이일우, 하상훈, 백남채 의원 등의 입장. 南朝鮮過渡立法議院 속기록 제216호(1948.3.19.), pp.8-10.

임시조례의 가장 직접적인 의도는 적산 처리와 관련해 일본 호적
에 입적되어 있던 혈통상 조선인의 법적 지위를 조선인으로 인정하자
는 목적이었다. 그 취지는 일단 이들의 재산을 적산 아닌 조선인 재
산으로 만들자는 의도였다.[114] 미군정청은 이 같은 임시조례에 당황
했다. 이에 따르면 기왕의 적산처리 결과 일부가 소급적으로 무효로
되기 때문이었다. 새로운 혼란에 직면한 미군정청은 임시조례 공포
다음 날인 1948년 5월 12일 군정법령 제191호 "법령 제33호의 석명"
을 통해 "법령 제33호에 의하여 미군정청에 이미 귀속된 재산은 원
소유자의 소급적 조선국적 회복에도 불구하고 귀속재산임에 변함이
없다"고 발표했다. 당시 남조선과도입법의원은 미군정청 휘하에 있었
으며, 군정법령 제191호의 효력은 임시조례에 우선했다. 결국 미군정
청의 기존 적산처리 결과는 고수되었다.[115] 적산처리의 법적 효과는
"대한민국 정부 및 미국정부간의 재정 및 재산에 관한 최초협정" 제5
조에 따라 한국 정부에 의해 수락되었고, 군정청이 관리하던 잔여 적
산은 한국 정부로 이양되었다. 적산처리 결과는 광복 후 한국의 귀속
재산처리법에 의해서도 유지되었다. 광복 후 사법부는 미군정청과 마
찬가지로 1945년 8월 9일자 일본 호적 등재를 기준으로 적산 여부를
판단해, 당시 일본 호적에 입적되어 있던 혈통상 조선인의 재산 반환
청구소송을 일관되게 기각했다.[116]

---

114) 이러한 결론이 나게 된 배경에는 적산몰수를 면하려는 과거 일본 호적 입적자의
막후 로비도 있었으리라 짐작된다. 黃保翌 의원 발언 참조. 南朝鮮過渡立法議院
속기록 제216호(1948.3.19.), p.7.
115) 김수자, 대한민국 정부수립 전후 국적법 제정 논의 과정에 나타난 '국민' 경계 설
정, 한국근현대사연구 제49집(2009), p.122와 p.128은 임시조례가 실질적으로(제
대로) 시행되지 못했다고 설명하고 있는데, 아마 미군정의 적산처리 기준에 영향
을 주지 못한 점을 가리키는 의미인 듯하다. 적산처리에 관한 부분 외에는 광복
후 사법부 판례에 의해 임시조례의 법규성이 일관되게 인정되었다. 하게주 125
참조.
116) 대법원 1962.1.18. 선고 1961행상86 판결, 대법원 1962.6.21. 선고 62다217 판결,

  결론적으로 임시조례에 의한 국적처리기준은 다음과 같이 요약될
수 있으며, 이러한 내용은 후일 우리 법원의 판례로도 뒷받침되었다.

  첫째, 조선 호적 입적자(입적 자격이 있으나 미쳐 등재되지 않은 "입
적되어야 할 자" 포함)는 그 혈통과 상관없이 모두 조선 국민으로 인정
되었다. 본래 일본인으로 조선 호적에 입적된 자는 일본 호적으로 복
귀해야만 조선 국적을 상실했다.117) 반면 일본 호적에 입적되어 있던
혈통상 조선인의 경우 임시조례 유효기간 중 일본 호적을 이탈해 조
선 호적으로 복적하면 소급적으로 조선 국민으로 인정되었으나,118)
복적하지 않은 자는 일본인으로 처리되었다.119)

  둘째, 일제기간 중 외국국적을 자진해서 취득한 자는 외국 국적
자로 되었으며,120) 다만 임시조례 유효기간 중 이를 포기하면 소급적

  대법원 1981.6.23. 선고 80다2870 판결, 대법원 1986.3.25. 선고 84다카1848 판결
  등. 기타 정인섭, 한국법원에서의 국제법판례(박영사, 2018), pp.82-84 수록 판
  결 목록 참조.
117) 대법원 1976.4.23. 자 73마1051 결정은 일제시 조선인 남편과 혼인한 일본인 처
  가 1945년 9월 6일 협의 이혼했더라도, "이혼한 사유만으로 한국 국적을 상실하
  고 일본 국적을 다시 취득하는 것은 아니고, 동녀가 일본국에 다시 복적할 때까
  지 여전히 한국 국적을 그대로 유지한다고 보아야 할 것"이라고 판시했다.
118) 서울고등법원 1967.6.30. 선고 67나15 판결은 1937년 일본 여자와 데릴사위 혼인
  을 해 일본 호적에 입적했다가, 협의 이혼해 "1945.9.26. 한국 호적에 복적함으로
  써 남조선과도정부 법령 제11호 국적에 관한 조례 제5조에 의하여 1945.8.9 이전
  에 대한민국 국적을 회복한 것으로 되지만"이라고 전제해 임시조례의 국적처리
  를 그대로 인정했다. 단 그의 재산은 군정법령에 의한 몰수대상이라고 판정했다.
  대법원 1962.1.31. 선고 1961민상651 판결도 같은 취지.
119) 대법원 1963.11.21. 선고 63누130 판결; 대법원 1974.8.30. 선고 74도1668 판결
  등. 일제기간 중 일본 호적에 입적한 조선인을 일본인으로 취급한 판결은 이 이
  외에도 적지 않다. 또한 1958.1.30 법무부장관의 대 외무부장관 유권해석 역시
  일본 호적 입적자는 한국 국적을 상실했다고 답했다. 다만 대법원 1958.9.18. 선
  고 1957민상170 판결만은 일본인의 서양자로 입적한 조선인은 한국인의 신분을
  상실하지 않았으며, 일본인 신분을 겸하여 취득했다고 판단했다. 단 귀속재산 여
  부의 판단이 쟁점인 이 판결도 대상자가 광복 후 이혼해 원적에 복적을 했어도
  적산몰수대상임에는 변함이 없다고 판단했다.
120) 대법원 1981.2.10. 선고 80다2189 판결은 1925년경 자진해서 미국 국적을 취득한
  자를 외국인으로 판단했다.

으로 조선 국민으로 인정되었다. 본인 의사와 무관하게 미국 출생에 의해 자동적으로 미국 국적이 부여된 조선인의 경우는 한·미 이중국 적자로 인정되었다.[121]

결국 임시조례에 의한 조선인의 파악은 일제가 조선 호적이란 법 제도를 통해 조선인을 파악하던 방법을 기본적으로 계승한 결과가 되었다.[122] 다만 일제 하에서는 조선인이 외국국적을 취득해도 조선인의 신분을 이탈할 수 없었으나, 임시조례는 이들의 외국국적 취득을 인정하고 반대로 외국국적을 포기해야 조선인의 국적을 인정했다는 점에 약간의 차이가 있었다.

4. 임시조례와 국적법의 관계

임시조례는 정부 수립 이후 그 효력이 어떻게 되었으며, 국적법 과는 어떠한 연관이 있는가? 만약 국적법 시행 이전에 대한민국 국민 의 범위를 이미 확정하고 있었고 그 내용이 1948년 국적법 체제로 승 계되었다면 국적법에는 최초 국민에 관한 정의조항이 별도로 설치될 필요가 없게 된다. 그러나 이에 대하여는 다음과 같은 이유에서 임시 조례가 국적법의 선행법률로서의 역할을 할 수 없었다는 견해가 주장 된 바 있다.

"첫째로, 근본적으로 국적이라는 것은 국가를 전제로 하는 것인데 임

---

121) 대법원 1973.10.31. 선고 72다2295 판결.
122) 호적기준에서 예외에 해당한 특수 그룹은 조선 왕가 소속자들이었다. 즉 이들은 일제시 조선 호적에 편입되지 않고, 일제의 王公家軌範에 따라 일본 귀족과 마찬 가지로 별도의 王公族譜에 등재되어 李王職長官에 의해 관리되었다. 광복 후 이 들 역시 한국 국민으로 인정되었다. 관련 법령으로 1927년 4월 19일자 制令 제12 호 및 동일자 朝鮮總督府令 제39호(조선총독부 관보 1927년 4월 19일자, p.2); 1927년 5월 4일자 朝鮮總督府令 제43호(조선총독부 관보 1927년 5월 4일자, p. 29); 1927년 6월 16일자 宮內省令 제10호 王公族譜規程(일본 관보 1927년 6월 16 일자, p.4) 참조.

시조례가 제정·시행되었던 기간은 미군정기였고, 더욱이 이 임시조례
를 제정한 남조선과도정부라는 것도 미군정청의 조선인 기관에 불과한
것이었다는 사실 등을 미루어 볼 때 국제법의 측면에서나 국내법의 측
면에서 남조선과도정부의 국적이 성립될 수 없다는 원론적인 문제가 있
다. 게다가 남조선과도정부의 법률이라는 것들도 남조선과도정부가 건
의하고 이를 미군정장관이 인정하게 되어 있었다. 둘째로 남조선과도정
부 이전에 설치된 조선과도입법의원은 '조선 전체'를 관할하는 것이었
지만 그것이 여의치 않게 되자 '북위 38도 이남의 조선'을 통치하는 기
관으로 남조선과도정부가 설립된 것이라는 점에서 국내법적으로 제헌헌
법의 영토조항에 저촉된다고 볼 것인데, 제헌헌법 제100조를 근거로 임
시조례를 유효하게 보는 것에는 문제가 있다. 셋째로 이 임시조례를 폐
지하는 1948년에 제정된 국적법에는 최초의 한국인의 범위를 정하는 규
정이나 또는 임시조례와의 적용관계를 정하는 경과규정은 존재하지 않
으며, 넷째로 국적행정의 담당부서인 법무부의 유권해석에서도 임시조
례의 법원성을 배제하고 있다는 것 등을 미루어 보아 국적법이 최초의
한국인의 범위를 정하지 못한 흠결을 이 임시조례로서 치유할 수는 없
다고 할 것이다."123)(각주 생략)

위 논지를 항목별로 검토한다.

첫째, 국적이란 국가를 전제로 하는 개념인데 정부 수립 이전 미
군정청의 조선인 기관에 불과한 남조선과도정부에 의해 제정된 임시
조례를 통해서는 국제법적으로나 국내법적으로 남조선과도정부의 국
적이 성립될 수 없다는 주장을 검토한다.

이의 요점은 정식 독립국가가 출발하기 이전에는 법적 의미의 국
적이 성립될 수 없다는 주장으로 파악된다. 물론 국제법상 국적이란

123) 盧泳暾, 우리 나라 국적법의 몇 가지 문제에 관한 고찰(전게주 32), pp.54-55. 권
영설, 헌법의 국민조항과 국적법, 고시계 1997년 7월호, pp.96-97도 임시조례가
국적법에 선행하는 경과규정의 역할을 할 수 없다는 견해에 동조한다.

독립 주권국가를 전제로 하는 개념이다. 그러나 완전한 독립을 달성하기 이전에도 그 지역의 최종적 통치권을 행사하는 당국의 승인 아래 소속민의 범위를 확정하기 위한 법률이 제정되고, 그렇게 결정된 국적이 국제법적으로 완전한 독립을 달성한 이후에도 지속되었던 사례는 국제사회에서 많이 발견된다. 예를 들어 필리핀의 국적은 1935년 헌법 제4조, 캄보디아의 국적은 1920년 민법 제22조 내지 제26조, 이락의 국적은 1924년 국적법, 리비아의 국적은 1951년 헌법 제8조 내지 제10조, 파키스탄의 국적은 1926년 법, 베트남의 국적은 1931년 통킨 민법 등 모두 정식 독립 달성 이전 외세 통치 하에 제정된 법률을 근거로 확정된 국적이 독립 이후에도 그대로 유지되었다.[124] 물론 이들 국가가 독립 이후 구 법령에 따른 국민 확정기준을 부인하고 새로운 입법을 할 수도 있었다. 그러나 위와 같은 조치는 독립과 동시에 바로 국민의 범위를 확정할 수 있다는 점에서 법적 공백 발생을 방지하는 기능을 했다. 임시조례 역시 정부수립 이후 대한민국 헌법 제100조에 의해 그 효력이 지속되었으며, 1948년 12월 국적법 제정 시까지 법적 공백을 메우는 역할을 했다. 대한민국에 의해 효력이 승인된 이상 미군정기 남조선과도입법의원에 의해 제정된 법률이라는 점이 문제될 이유는 없다. 더욱이 임시조례는 내용에 있어서 미군정 당국의 간섭을 받지 않고 조선인들에 의해 제정되었다.

둘째, 38선 이남만을 대상으로 하던 남조선과도입법의원에 의해 제정된 임시조례는 제헌헌법 영토조항과 저촉된다는 지적을 검토한다.

임시조례 자체에 그 적용지역을 38선 이남으로 한정한다는 조항은 없다. 그러나 임시조례를 포함해 미군정시절에 제정된 군정법령,

---

124) 각법의 내용은 UN, Laws concerning Nationality(UN, 1954) (ST/LEG/SER.B/4/Add.1)에 의거함.

과도정부 법률, 과도정부 명령 등은 모두 당시 미군정 관할지역인 38
선 이남을 적용대상으로 함이 원칙이었다. 이러한 법령들은 제헌헌법
제100조가 "현행법령은 이 헌법에 저촉되지 아니하는 한 효력을 가진
다"고 규정함에 따라 정부 수립 이후에도 원칙적으로 효력을 유지했
다. 그런데 유독 임시조례에 한해서만 38선 이남을 관할대상으로 하
는 기관이 발했음을 이유로 제헌헌법의 영토조항에 위배된다는 주장
은 성립되기 어렵다. 같은 논리에 입각한다면 임시조례뿐만 아니라,
미군정법령 전체를 위헌무효라고 주장해야 한다. 38선 이남에 적용될
예정이던 기존 법령이 신 헌법의 영토조항에 위반되어 위헌성이 제기
된다기보다는 특별한 사유가 없는 한 기존 법령의 적용영역은 신헌법
의 적용영역으로 자동적으로 변경된다고 해석함이 타당하다. 더욱이
국적관계 법령은 어느 나라의 경우나 속인적 적용을 전제로 하지, 자
국 영역 내로 적용이 한정되는 예는 찾기 어렵다.

　셋째, 1948년 국적법 속에 임시조례와의 적용관계를 규정한 경과
규정이 없기 때문에 양자의 연결성을 인정할 수 없다는 주장 역시 수
긍하기 어렵다. 무엇보다도 임시조례 자체가 제1조에 "본 조례는 국
적법이 제정될 때까지" 적용된다는 한시성과 연결성을 명기하고 있었
다. 또한 동일한 주제에 관해 새로운 내용을 담은 신법이 제정되면
법해석의 일반원칙상 당연히 신법이 구법을 대체하게 되지, 신법에
구법을 대체한다는 명문규정이 없다 하여 양자의 연결관계가 부인되
지는 않는다. 따라서 1948년 12월 국적법에 임시조례와의 관계를 규
정하는 경과조항이 없다는 점이 양자간 연결관계를 부인하는 근거가
될 수 없다. 국적에 관한 법령으로 헌법 제정 이전에는 「국적에 관한
임시조례」가 공포 시행되었고, 연이어 정부 수립 이후 국적법이 공포
되었다는 사실은 과거 학계에서도 인지하던 사실이다.[125]

---

125) 이창수, 증보 대한민국 헌법대의(동아인쇄관, 1950), p.60; 강문용, 헌법(신아사,

네 번째 논거로 지적되고 있는 1954년 10월 7일자 서울고등법원장의 질의에 대한 법무부장관의 유권해석이 임시조례의 법원성을 부인하고 있다는 점에 대하여는 상세한 검토를 요한다. 이 입장의 취지는 다음과 같다. 임시조례 제5조는 과거 "외국의 국적 또는 일본의 호적을 취득한 자가 그 외국의 국적을 포기하거나 일본의 호적을 이탈"하면 "1945년 8월 9일 이전에 조선의 국적을 회복한 것으로 간주함"이라고 규정하고 있어서 일제기간 중 외국국적을 취득한 자는 당사자의 외국적 포기가 없는 한 외국국적자로 인정하는 입장을 취했다. 그런데 1954년 10월 7일자 법무부장관 유권해석은 외국국적 취득으로 인한 한국국적의 이탈은 1948년 국적법이 시행된 이후부터 가능하다고 보고 일제시 미국국적을 취득한 자는 한국국적을 계속 보유하는 한미 2중국적자라고 판단했다.[126] 이는 위의 임시조례 제5조와 상반되는 태도였으므로, 법무부가 임시조례의 법원성을 부인했다는 주장이 제시되었다.

그러나 이 점에 관한 결론을 내리기 위하여는 이후 우리 사법부의 법해석을 보다 폭넓게 살펴볼 필요가 있다. 즉 대법원 1981년 2월 10일 선고, 80다2189 판결은 1925년 자진하여 미국의 국적을 취득(귀화)한 자를 대한민국 국적을 상실한 외국인으로 전제하고 판결을 내려 위 법무부 유권해석과는 반대로 임시조례 제5조와 같은 입장을 취했다.

또한 우리 법원은 국적법 시행 이전에는 임시조례가 우리의 국적문제를 규율했음을 일관되게 인정하고 있으며, 임시조례의 유효성을

1958), p.99 등.
126) 즉 1948년 국적법 제12조 4호 "자진하여 외국의 국적을 취득한 자"는 대한민국 국적을 상실한다는 조항의 실시 이후부터 외국국적 취득을 통한 대한민국 국적 이탈이 가능해졌다는 해석이었다. 법무부, 법령질의해석응답집 제1집(법무부, 1963), p.3.

부인한 판결은 한 건도 발견되지 않는다. 다음은 이에 관한 대표적인
판결이다.

"남조선과도정부법률 제11호 국적에 관한 임시조례 제2조 제1호는
조선인을 부친으로 하여 출생한 자는 조선의 국적을 가지는 것으로 규
정하고 있고, 제헌헌법은 제3조에서 대한민국의 국민되는 요건을 법률
로써 정한다고 규정하면서 제100조에서 현행 법령은 이 헌법에 저촉되
지 아니하는 한 효력을 가진다고 규정하고 있는 바, 원고는 조선인인 위
이승호를 부친으로 하여 출생함으로써 위 임시조례의 규정에 따라 조선
국적을 취득하였다가 1948.7.17 제헌헌법의 공포와 동시에 대한민국 국
적을 취득하였다 할 것 [⋯] "127)

이상의 경우를 종합하면 1954년 법무부장관의 유권해석은 이례
적인 경우였음을 알게 된다. 특히 제헌헌법 제100조에도 불구하고 임
시조례의 실효성을 부인하려면 위헌무효 등 별도의 근거가 있어야만
하며, 아무 이유 없이 실효성이 부인될 수는 없다.

결론적으로 임시조례는 1948년 정부 수립 당시를 포함해 국적법
에 의해 대체되기 전까지 대한민국의 국적을 결정하는 법률로서 기능
했으며, 이 점은 우리 법원도 일관되게 지지해 온 입장이다.128) 그런

---

127) 대법원 1996.11.12. 선고 96누1221 판결. 한편 1980년 9월 30일 법정 제295호 주
    일대사 질의에 대한 법원행정처장의 회답에서도 동일한 입장이 표시되었다. 대
    법원예규집 호적편(법원행정처, 1996), p.293(호적예규 제362호) 참조. 대법원
    2016.1.28. 선고 2011두24675 판결; 서울행정법원 1998.12.23. 선고 98구17882 판
    결(확정); 서울행정법원 2010.11.26. 선고 2010구합38899 판결; 서울행정법원
    2012.5.4. 선고 2012구합3217 판결; 서울행정법원 2014.6.19. 선고 2012구합26159
    판결(확정) 등도 같은 취지.
128) 다만 국회의 국적법 심의과정에서 국적법 제정이 임시조례에 대한 대체효과를 가
    져온다는 점에 대한 인식이 표시된 바는 없었다. 李仁 법무장관의 제안설명이나
    국회의원의 토론과정에서 임시조례와의 관계가 전혀 언급되지 않았으며, 오히려
    李仁 법무장관은 법제정 이전에 해당법률이 없는 상황이라면 조리상 신규 제정
    법률을 그 국가의 법률로 보아야 하지 않겠냐는 의사를 표시해 국적에 관한 선행

이유에서 1948년 국적법에 최초 국민에 관한 정의 조항이 없더라도
이를 중대한 흠결이라 볼 수 없다.

Ⅳ. 북한 국적법

북한 헌법에는 한국의 제헌헌법 제3조와 같은 국적 관련조항이
오랫동안 설치되지 않았고, 국적법 자체도 1963년에 처음으로 제정되
었다. 북한 헌법에는 1992년 개헌시 "조선민주주의인민공화국 공민이
되는 조건은 국적에 관한 법으로 규정한다"라는 조항이 최초로 설치
되었다(제62조). 국적법과 같이 국가 구성에 관한 기본법이 정부 수립
이후 15년이 지나서야 제정되었다는 점은 매우 특이하다. 그러면 그
이전 북한은 어떠한 기준으로 소속국민을 파악했는가?

1963년 북한 국적법은 "공화국 창건 이전에 조선의 국적을 소유
하였던 조선사람과 그의 자녀로서 그 국적을 포기하지 않은 자"를 북
한 공민으로 한다고 규정하고 있다(제2조 제1항). 북한 국제법서는 이
조항을 통해 일제 식민통치 이전에 조선 정부에 속했던 모든 사람들
과 그 자손으로 조선 국적을 합법적으로 변경하지 않은 사람은 거주
지에 관계없이 공화국 공민이 되었으며, 따라서 일제 식민통치로 인
해 수많은 해외교포가 발생한 역사적 특수성을 잘 처리하게 되었다고
평가하고 있다.129) 식민통치 이전의 조선 정부란 일단 대한제국의 정
부로 해석된다.

법률을 인식하지 못한 인상을 주었다. 제1대 국회 속기록 제118호(1948.12.1.),
p.4 참조. 그러나 국회 입법 관여자의 인식 여부가 헌법 제100조의 명문 규정에
우선할 수는 없으므로 임시조례가 헌법에 의해 어떠한 법적 효력을 지니고 있었
는가는 李仁 법무장관이 임시조례의 성격을 어떻게 인식하고 있었는가와 별개의
문제이다.
129) 국제법학(김일성종합대학출판부, 1992), p.84; 김영철·서원철, 현대국제법연구
(1988), p.77.

북한이 1963년이란 뒤늦은 시점에 위와 같은 국적법을 제정한 이유는 무엇일까? 이는 한일 국교 정상화 회담이 한창 진행되고 있던 당시 재일조총련을 염두에 둔 입법조치였다. 1951년부터 시작된 한일 회담은 1962년 김종필-오히라 회담을 계기로 급진전이 예상되었다. 당시 한일 국교정상화 회담 중요주제 중 하나가 재일교포 법적 지위였다. 협상 과정에서 한국 정부는 모든 재일교포가 대한민국 국민임을 확인받기를 원했으나, 일본 정부는 한반도의 분단 현실과 재일교포 상당수가 친북 조총련계임을 감안해 본인의사 존중을 내세웠다. 1960년대에 있어서 재일교포는 중국 등 공산권 거주 교포 외에는 한민족 최대의 해외교포 집단이었다. 특히 북한의 입장에서는 공산권 국가의 교포를 제외하면, 재일교포는 자신들과 연계될 수 있는 유일한 해외동포 집단이었다. 만의 하나라도 한일 국교 정상화를 통해 모든 재일교포에 대한 한국국적이 인정되면 북한에 대한 적지 않은 정치적 타격이 될 수밖에 없었다. 이에 북한은 협상 타결 이전에 재일교포를 북한 공민의 일부로 명확히 포용하려는 의도를 보여주기 위해 국적법을 제정했다.

즉 북한 국적법은 북한 창건 이전부터 조선의 국적을 가지고 있던 조선인과 그 자손으로 북한 국적을 포기하지 않은 모든 자에게 거주지와 관계없이 북한 국적을 인정했다. 북한 국제법서는 이 규정이 "미일 제국주의자들과 그 괴뢰들에 의하여 강요된 '국적'을 무효화하고, 해내외에 있는 조선 공민의 법적 지위를 공식적으로 선포"했으며, 이는 "조선 사람이라면 한 사람도 빠짐없이 공화국의 떳떳한 공민으로서의 법적 지위를 가질 수 있도록 하시려는 어버이 수령님의 뜨거운 동포애적 사랑과 배려"에서 비롯되었다고 설명한다.[130] 또한 "국적법에서 70만 재일 조선공민을 비롯한 해외공민들에게 국적을 부여

---

130) 김영철·서원철(상게주), p.77.

하고, 그들의 법적 지위를 옹호 보장하는 것은 국가 자주권"의 행사
인 정당한 조치이며, "어떤 나라도 70만 재일 조선공민의 국적문제에
간섭하거나 그것을 정치적 흥정의 미끼로 삼을 수 없다"고 주장했
다.[131] 북한 국제법서가 국적은 인권의 문제로서 본인의사 존중의 필
요를 특히 강조하고 있는 이유는[132] 재일교포의 북한 국적을 주장하
기 위한 법적 대비책이었다.

그간 국내 일각에서는 북한 국적법이 "공화국 창건 이전에 조선
의 국적을 소유하였던 조선인"이라는 표현을 사용함으로써 광복 후
최초 국민확정 기준에 관한 문제의식을 우리 국적법보다 분명히 갖
고, 이를 잘 대비한 조치로 평가하는 시각이 있었다.[133] 또한 위에 지
적된 북한 국제법서의 설명에 단순 착안해 북한 국적법이 최초 국민
의 범위를 임시조례보다 구체적으로 설정했다고 이해하기도 했다. 이
러한 평가는 과연 올바른 판단인가?

북한 국적법은 북한 창건 이전 주민과의 법적 연계 문제를 명시
하고 있다는 점이 우선 주목을 끈다.[134] 그러나 북한 국적법 역시 최
초 국민의 범위에 대해 구체적 해결책을 제시하지 못하는 불완전한
입법이라는 지적을 면할 수 없다. 북한 국적법에는 북한 창건 이전에
"조선의 국적을 소유하였던 조선인"이나 "국적의 포기"가 법적으로
무엇을 의미하는지에 대한 구체적 판단기준은 들어 있지 않기 때문이
다. 또한 일제시 "조선의 국적을 합법적으로 변경"이 법적으로 무엇

131) 김영철·서원철(전게주 129), p.79.
132) 국제법학(전게주 129), pp.77-78.
133) 손희두(전게주 32), p.61. 노영돈, 우리 나라 국적법의 몇 가지 문제에 관한 고찰
(전게주 32), p.56; 이장희(전게주 32), p.58; 장효상(전게주 32), pp.128-129 등
은 이 같은 입장을 명문으로 표시하고 있지는 않으나, 전후 문맥상 본문과 같은
견해에 동조하고 있다고 해석된다.
134) 북한 국적법은 광복 후 국가체제의 정비가 어느 정도 이루어지고 현실 세계에서
이러한 쟁점의 처리를 이미 경험한 이후인 1963년에 제정되었다는 점이 간과되
지 말아야 한다.

을 의미하는지 역시 명확하지 않다. 최초 국민의 범위와 관련해 실제
문제되는 사항은 일제기간 중 일본 호적에 입적한 조선인, 이들 중
광복 직후 조선 호적으로의 복적자, 혈통상 비조선인으로 조선 호적
입적자, 외국 국적을 자진 취득한 조선인, 외국 국적 취득 후에도 조
선 호적에 남아 있던 자, 출생에 의해 외국 국적이 자동으로 부여된
자 등등의 국적을 광복 후 어떻게 처리하느냐였다. 북한 국적법의 조
항만으로는 현실에서 제기되는 이러한 구체적 문제에 대한 해결책들
은 나오지 않는다. 반면 대한민국 국적법 제정 당시 국회에서의 논의
를 보아도 북한 국적법 수준의 문제의식은 당연히 갖고 있었다. 대한
민국 국적법은 그에 앞서 제정된 국적에 관한 임시조례(특히 제5조)와
함께 판단할 때, 최초 국민의 판단이란 과도기적 문제를 해결하는데
차라리 현실적인 방안을 제시해 주었다고 본다.

V. 평가

일제의 식민 피지배 경험과 광복 직후의 국가적 혼란은 우리 현
대사를 여러모로 굴곡시켰다. 국적법상 최초 국민 확정기준에 관한
논란 역시 그러한 사례 중 하나이다. 외국의 통치를 받다가 20세기에
독립을 쟁취한 상당수 국가의 국적법은 최초 국민의 범위를 확정하는
이른바 경과규정을 설치한 예가 많았다.[135] 그러나 우리는 1948년 국
적법을 처음 제정할 당시 누가 대한민국 국민이냐에 관해 명문의 정
의규정을 설치하지 않아 후일 소급 입법조치가 제안되기까지 했다.
임시조례 또는 국적법에 최초 국민에 관한 보다 명시적인 정의조항이

---

135) 버마의 1948년 국적법, 이락의 1924년 국적법, 쿠웨이트의 1959년 국적법, 아랍
에미레이트 아부다비의 1967년 법, 아프가니스탄의 1936년 국적법, (구)실론의
1948년 국적법, 인도네시아의 1946년 국적법, 리비아의 1951년 헌법 등이 그러한
예에 속한다.

설치되었으면 좀 더 명확했을 수 있으나, 본론에서의 설명과 같이 1948년 임시조례와 이를 대체한 국적법의 해석을 통해 최초 국민 확정기준은 넉넉히 도출된다고 판단된다. 그 내용은 결과적으로 일제기간부터 사용되어 온 조선 호적 입적자를 대한민국 국민의 기본으로 수용하는 의미였다. 이 점은 광복 이후 사법부에 의해서도 일관되게 지지되었다. 일제시기 외국 국적 취득자에 대하여만 부분적인 예외가 적용되었다.

실제로 혈통주의 국적법을 채택하는 경우 완벽한 경과규정의 설정은 이론상 불가능하다. 어느 나라나 합리적인 수준까지만 소급해 인위적 경계선을 그을 수밖에 없다. 오히려 한국은 20세기 여타 독립국과 달리 일제와의 피병합 기간이 비교적 짧았고, 대한제국 시절의 민적과 일제시기의 호적, 광복 후의 호적이 법률적으로 동일한 연장선상에 승계되어 왔기 때문에 광복 후의 최초 국민을 비교적 용이하게 확정할 수 있었던 사례였다.

그럼 왜 대한민국은 호적을 기준으로 국민의 범위를 결정했을까? 호적과 관계없이 대한제국 조선인의 혈통상 후손인지 여부만을 판단기준으로 삼는 방안이 일제 통치의 합법성을 부인하고, 조선 국적의 잠재적 지속을 주장하는 입장에 명분상 보다 합치된다는 문제 제기도 가능하지 않았을까?

사실 호적 기준에 의한 판단과 혈통상 조선인은 아마 99% 가까이 일치했을 것이다. 따라서 호적에 의한 구별은 법적으로 명확한 결과를 얻을 수 있었던 반면, 다른 기준 선택의 실익은 미미했다. 더욱이 일제의 조선호적령은 광복 후에도 대한민국 호적제도의 근거법령으로 계속 시행되던 현행법이었다. 당시 사회적 관심사였던 적산처리 역시 철저히 호적기준에 입각해 진행되었으며, 이는 귀속재산임시조치법과 귀속재산처리법 등에 의해 계속 지지되었다는 사실 또한 무시하기 어려웠을 듯하다. 이 모든 사정과의 조화를 위하여도 호적을 기준으로 수용하는 방안이 편리할 수밖에 없었다. 호적이 아닌 순수 혈통주의를 택할 경우 국민으로 추가될 주 대상은 일제시 일본 호적으로 입적한 조선인들이었는데, 이들에 대한 민족적 반감도 무시할 수 없었다.

결과적으로 1948년 대한민국은 일제 시부터 시행되던 조선 호적을 출발점으로 삼고, 단일 민족주의·부계혈통주의·국적 단일주의·가족 국적 동일주의 등의 실현을 목표로 하는 국적법의 적용을 통해 국민의 범위를 경계지웠다.

제4장

국가의 법률체제: 구 법령의 승계

I. 의의

1948년 8월 15일 대한민국 정부 수립 당시 우리 국회가 제정한 법률은 헌법·국회법·정부조직법 등 극소수에 불과했다. 그렇다면 그 무렵 국내 법질서는 무엇을 통해 규율되었는가? 신생국의 법적 공백을 대비하기 위해 제헌헌법은 제100조에 "현행법령은 이 헌법에 위배되지 않는 한 계속 효력을 갖는다"라는 조항을 두었다. 무릇 국가의 통상적 입법활동은 정식 국가조직이 성립한 이후에나 가능하므로 35년간 일제 식민지배와 3년간 미군정을 거쳐 대한민국을 성립시킨 당시로서는 이 같은 구 법령의 의용이 불가피했다. 외세 통치에서 벗어나 새로이 주권국가를 성립시킨 경우, 기존 법령의 잠정적 존속을 헌법으로 수용했던 예는 외국에서도 쉽게 찾을 수 있다.[1]

---

1) 1950년 11월 25일자 아이티 헌법 제157조, 1950년 8월 15일 인도네시아 헌법 제

제헌헌법 제100조에 따라 우리 법질서의 일부로 수용된 구 법령은 대체작업이 빠르게 진척되지 않아 그 후 무려 13년 이상 국내법 질서의 중요 부분을 차지했다. 1950년대 말기까지도 민법 등 한국인의 일상생활을 규제하던 법령으로는 국회가 제정한 법률보다 오히려 구 법령의 숫자가 더 많은 실정이었다.[2] 마침내 5·16 이후 1961년 7월 15일 공포된 「구 법령 정리에 관한 특별조치법」을 통해 설치된 법령정리위원회가 그 연말까지 구 법령을 대체하는 새 법령을 마련하되, 그때까지도 정리되지 않는 구 법령은 1962년 1월 20일자로 일괄적으로 폐지시켰다. 이 기간 중 총 561건의 구 법령이 정리되었다.[3]

일제가 우리 민족을 지배하기 위해 실시한 구 법령이 일제 패망 이후에도 그렇듯 장기간 폭넓게 우리 일상생활을 지배했다는 사실은 부끄러운 일이었다. 한편 수많은 구 법령이 장기간 적용되었으면서도 과연 제헌헌법 제100조의 정확한 의미가 무엇이었는가에 대하여는 불분명한 점이 적지 않았다. 제헌헌법이 유효한 "현행법령"으로 수용한 대상은 무엇이었나부터 구 법령의 법적 성격, 구 법령의 위헌 판단기관 등등에 관하여는 당시에도 논란이 많았다. 구 법령의 효력문제는 비단 과거의 일만이 아니고, 비교적 근래까지도 재판의 쟁점이 되기도 했다.[4] 본장에서는 광복 이후 우리 법질서의 일부로 수용된

142조, 1925년 3월 21일자 이라크 헌법 제113조, 1951년 10월 7일자 리비아 헌법 제210조, 1947년 9월 24일 버마 헌법 제226조 등은 그러한 예의 일부였다. 이상 각국 헌법 조항은 A. J. Peaslee(ed.), *Constitutions of Nations*, 2nd ed., vol. 1-3 (Martinus Nijhoff, 1956)에 의거함.

2) 대한민국 수립 이후 1959년 말엽까지 국회가 제정한 법률은 총 516건이었는데, 그중 개정법률과 폐기법률을 제외하면 당시 시행되던 법률은 281건이었다. 이 중 정부조직에 관한 법률이 80건, 재정 및 조세에 관한 법률이 92건을 차지했으므로 행정작용·민상사분야·형사분야에서는 오히려 구 법령의 숫자가 많았다고 한다. 이창석, 舊法令의 효력, 법제월보 1959년 12월호, p.7.

3) 문홍주, 한국헌법(제3판)(법문사, 1963), p.138. 문홍주는 "이것은 우리나라 입법 사업에 있어서 괄목할만한 대사건이었다"고 높이 평가했다. 문홍주, 같은 곳.

4) 대법원 1999.1.26. 선고 98두16620 판결과 헌법재판소 2001.4.26. 98헌바79·86·

구 법령의 개념 및 효력과 관련된 각종 법적 쟁점을 검토한다.

II. 구 법령의 개념

1. 구성 요소

제헌헌법 제100조에서 "현행법령"이라고 함은 1948년 헌법 시행 당시 국내법으로서 적용되고 있던 법령을 의미한다. 그 내용은 제헌 과정에서 유진오 전문위원이 설명한 바와 같이 구 대한제국의 법령, 일제의 법령, 미군정법령 등 크게 3가지로 구분될 수 있었다.[5]

첫째, 구 대한제국 법령. 대한제국은 1910년 일제에 의해 강제 합병됨으로써 이 땅의 통치권을 빼앗겼지만, 일제가 조선총독부 설치 와 동시에 발표한 제령 제1호「조선에 있어서의 법령 효력에 관한 건」 (1910.8.29.)에 의해 기존 법령은 "당분간 조선 총독이 발한 명령으로 서 여전히 그 효력을 가진다"고 선언되었다. 기존 대한제국 법령은 일본 통치기간 중 점차 일제 법령으로 대체되었으나 일정 수의 법령 은 일제 말까지 존속하며 미군정시절로 이어졌다.[6] 그중 일부는 미군 정청이 명시적으로 폐지시켰으나,[7] 일정 부분은 1945년 11월 2일자 미군정법령 제21호에 의해 대한민국 정부 수립 시점까지 계속 적용되

99, 99헌바36(병합) 결정에서 군정법령인 국방경비법의 존재와 효력이 쟁점 중 하나였다. 본고 아래 Ⅳ.5. 국방경비법 항목 참조.

5) 제1회 국회속기록 제19호(1948.6.28.), p.31.

6) 예를 들어 대한제국 시절 공포된 1908년 國有土石採取規則, 1908년 亨祀聲正에 관한 건, 1909년 郵便振替貯蓄規則 등은 일제 말은 물론 1960년대 초까지 현행법 령으로 존속했다. 법제처, 舊法令 정리사업의 현황, 법제월보 1962년 1월호, pp. 104, 113, 128 참조.

7) 예를 들어 1945년 10월 9일자 군정법령 제11호에 의한 1910년 2월 출판법의 폐지, 1948년 4월 8일자 군정법령 제183호를 통한 광무 11년 7월 보안법의 폐지 등. 본 항목에서 인용되는 미군정법령은 한국법제연구회편, 미군정법령총람(국문 판)(한국법제연구원, 1971)을 바탕으로 했다.

었다.8)

둘째, 구 일제법령. 구 일제법령은 발령 형식에 따라 칙령·법률·
제령·총독부령·도령 등 다양했다. 정부의 구조나 공무원제도, 교육
제도 등은 당시 일본 헌법상 천황의 권한으로 규정되어 천황 칙령으
로 발표되었다. 다음 일본 의회가 조선에 시행하기 위해 직접 제정한
법률이 있었으나, 그 수는 많지 않았다. 1911년 3월 25일자 「조선에
시행할 법령에 관한 법률」(법률 제30호) 제1조가 "조선에 있어서 법률
을 요하는 사항은 조선 총독의 명령"으로 제정하도록 규정해 당시 조
선에 관한 입법권은 사실상 조선 총독에 의해 행사되었다. 그 조선
총독의 명령이 제령(制令)이었다(제6조). 총독부령과 도령은 위의 열거
된 법령보다 하위 법규의 효력을 지니었다. 이들 일제법령이 1945년
일제 패망 당시 조선에 적용되던 법령 대부분을 구성했다. 그중 일부
는 미군정법령을 통해 폐지·대체·개정되었으나, 상당수는 미군정법
령 제21호에 의해 그 효력이 계속 인정되었다.9)

---

8) 군정법령 제21호 제1조 "모든 법률 또한 조선 구정부가 발포하고 법률적 효력을
   有한 규칙, 명령, 고시 기타 문서로서 1945년 8월 9일 실행 중인 것은 其間 이미
   폐지된 것을 제하고 조선군정부의 특수명령으로 폐지할 때까지 全効力으로 此를
   존속함."

9) 김창록 교수는 한일합병은 법적으로 무효이고, 따라서 "일제법령은 애당초 효력
   이 없는 것"이라고 전제하면서도 "다만 법의 효력을 오로지 실효성만으로 파악하
   는 입장을 취할 경우 일제 법령도 일제의 기관에 의해 실제로 집행되었고, 한국
   인들에 의해 실제로 준수되었으므로 효력이 있었다라고 주장할 수 있다"고 보나,
   이 경우에도 1945년 8월 15일 또는 9월 7일 미군정이 선포된 시점에는 그 효력이
   소멸되었다고 보아야 한다고 주장했다. 그러면서 일제 패전 후 일제법령의 통용
   은 미군정법령 제21호가 1945년 8월 9일 실행 중인 구 법령의 존속을 선언했기
   때문이라고 설명했다. 김창록, 1948년 헌법 제100조, (부산대학교) 법학연구 제39
   권 제1호(1998.12.), pp.479-481. 이는 한일합병의 무효 주장을 실제 현실에 접목
   시키기 위한 작위적인 설명이라고 생각된다. 김 교수의 전제와 같이 한일합병이
   무효라서 일제 법령이 애당초 효력이 없었다고 본다면, 미군정법령 제21호가 지
   적한 기존 법령이란 오히려 일제의 지배에 의해 사실적 효력이 중단되었던 구 대
   한제국 시절의 법령이라고 보아야 타당하지 않은가? 일제 법령이 애당초 무효였
   다면 해방 후 유효성의 근거를 미군정법령에서 찾을 수는 없다고 본다.

셋째, 미군정법령. 일반적으로 전시점령군은 국제법에 의해 특별히 금지되어 있지 않은 한 점령지의 치안 유지와 군사상 필요에 따라 현지 법령을 개폐시키고 새로운 입법을 할 수 있다.[10] 태평양 미 육군 총사령관 맥아더는 1945년 9월 7일 포고 제1호(조선 주민에게 포고함)로써 38선 이남 지역과 그 주민에 대한 "모든 행정권은 당분간 본관의 권한 하에서 시행"하며(제1조), "이후 공포하게 되는 포고, 법령, 규약, 고시, 지시 급(及) 조례는 본관 우(又)는 본관의 권한 하에서 발포하여 주민의 이행하여야 할 사항을 명기"한다고(제6조) 발표해 38선 이남 조선에 대한 모든 입법·행정권이 자신에게 있다고 선언했다. 통상적인 전시점령의 경우 전쟁 종식 후 피점령국의 주권회복이 예상되므로, 점령군은 현지 질서유지와 군사상 필요에 절대적인 지장이 없는 한 피점령지 법령을 존중하도록 요청된다.[11] 그러나 미군정기의 한반도는 일반적 경우와 전혀 다른 상황에 놓여 있었다. 제2차 대전 중 연합국의 카이로 선언과 포츠담 선언에 의해 한국은 일본의 노예상태로부터 적당한 시기에 독립이 예정되어 있었고, 일본 지배로의 복귀는 원천적으로 부정되고 있었다. 이에 군정기간 중 독립국가 수립에 필요한 광범위한 입법 작업이 진행되었다. 이 같은 미군정법령에는 재조선 미육군사령부 군정청이 군정장관의 명의로 제219호까지 공포한 이른바 통상의 군정법령과 태평양 미 육군 총사령관 포고, 남조선과도정부 법률, 군정장관실 행정명령, 군정청 각부의 부령 및 지

---

10) 헤이그 육전의법및관습에관한협약(Ⅳ) 제43조는 "정당한 권력이 사실상 점령군에게 이관되면 점령군은 절대적인 지장이 없는 한 점령지의 현행법을 존중하며, 가능한 한 공공의 질서 및 안녕을 회복하고, 확보하기 위하여 권한 내에 있는 모든 조치를 취하여야 한다."고 규정하고 있다. 이는 곧 점령군은 질서유지에 필요하면 현지 법제를 정지 또는 수정할 수 있다고 해석되고 있다. M. Kuhn, Military Government, in R. Wolfrum ed., The Max Planck Encyclopedia of Public International Law vol.Ⅶ(Oxford UP, 2012), p.195. 동지, 이한기, (신정판) 국제법강의(박영사, 1997), p.751.

11) M. Kuhn(상게주) 참조.

령, 미군정청 포고, 서한 형식의 군정장관 지령 등이 포함된다.[12] 미군정법령은 그 형식 여하를 막론하고 일제 법령보다 우월한 효력을 지니었다. 예를 들어 일제 시기 법률의 형식으로 제정된 것일지라도 군정청의 일개 부령에 의해 개폐될 수 있었다.[13] 군정장관(또는 그의 대리인) 서한 형식의 지령도 법규범으로서의 효력을 인정받았다.[14]

이상 크게 세 범주의 구 법령이 대한민국 정부 수립 당시의 "현행법령"에 해당해 제헌헌법 제100조에 따라 헌법에 저촉되지 않는 한 계속 효력을 갖게 되었다.

2. 미군정기 일제법령 정비

일제 패망 후 주한 미군은 전시점령의 일환으로 남한에 진주했다. 그러나 당시 미군 진주 목적 중 하나가 "적당한 시기에 조선을 해방·독립"시키고 "조선인의 인권 및 종교상의 권리를 보호"하기 위함이었다는 점에서 통상적인 전시점령과는 성격상 차이가 있었다.[15] 일단 점령지 치안 유지의 책임을 져야 하는 미군으로서는 기존 일제 법령의 활용을 완전히 외면하기 어려웠다. 군정청은 1945년 8월 9일 기

---

12) 기타 현재 정확한 내용이 파악되고 있지 않으나 실제 법적 구속력을 가지고 시행되었던 일반명령·일반고시 등도 있었다. 미군정법령은 당시 관보를 통해 발표되었으나, 미군정청 전체를 통괄하는 관보가 제작되지 않아 그 정확한 전체상 파악이 쉽지 않다. 따라서 그간 국내에서 제작된 몇 종의 미군정법령집도 모두 완벽한 수집이 아니다. 최정태, 한국의 관보(아세아문화사, 1992), p.113 이하 참조. 각종 군정법령의 종류와 공포 유형에 관해서는 최경옥, 미군정법령에 관한 연구, 법사학연구 제29호(2004), pp.140-143 참조.

13) 예를 들어 일제 법률인 국민생명보험법이 1947년 6월 5일자 군정청 체신부령 제15호에 의해 개정되었다.

14) 예를 들어 당시 1948년 7월 28일자 관보에 발표된 管財廳·司法部長·大法院長에 대한 軍政長官의 지령 서한은 광복 후 귀속재산관련 사건에서 주요 근거 법령으로 적용되었다. 대법원 1953.4.14. 선고 4285민상145 판결; 대법원 1955.6.23. 선고 4288민상2 판결; 대법원 1960.1.14. 선고 4292민상371 판결; 대법원 1962.4.12. 선고 4294민상918, 919 판결; 대법원 1965.6.22. 선고 65다856 판결 등 참조.

15) 태평양 미육군 총사령부 포고 제1호 참조.

준 조선에 시행 중이던 모든 법률·규칙·명령·고시 등은 군정 당국
이 폐지하지 않는 한 그 효력을 지속한다고 발표했다.16) 그러나 주한
미군에게는 질서유지를 위한 점령지 기존 법령의 유지 못지않게 한민
족에 대한 일제의 폭압적 법령을 신속히 폐기시킬 조치가 요구되었
다. 군정기간 중 일제 법령의 정리는 일단 다음과 같은 방식으로 처
리되었다.

첫째, 군정법령이 폐기·개정 대상인 구 법령을 구체적으로 지적
해 개폐시킨 경우. 예를 들어 정치범처벌법, 예비검속법, 치안유지법,
출판법, 정치범보안관찰령, 신사법, 경찰의 사법권 조항의 폐지를 규
정한 1945년 군정법령 제11호 제1조가 대표적인 경우이다.17) 군정법
령의 상당수는 자신을 통해 기존 법령 중 어떠한 조항이 개폐된다는
점을 구체적으로 적시하고 있었다.

둘째, 군정법령이 폐지대상인 구 법령의 범위를 개괄적으로만 지
적해 개폐시킨 경우. 예를 들어 군정법령 제122호 조선성명복구령은
일제의 창씨제도 무효를 선언함과 동시에 이에 위배되는 모든 법령·
훈령·통첩은 처음부터 무효라고 규정했다. 또한 일반고시 제1호 제1
조는 조선에서 미곡의 자유시장 설치에 상치되는 제반 법령의 폐기를
규정했다.

셋째, 개폐 대상인 구 법령을 구체적으로 지적하지는 않았으나,
구 법령과 상충되는 군정법령의 제정을 통해 구 법령이 자연스럽게
개폐된 경우. 군정법령 제91호 특허법, 제116호 관세법 개정 등이 이
에 해당한다. 이러한 취지의 군정법령을 말미에 "본령에 저촉되는 모

---

16) 1945년 11월 2일 군정법령 제21호 제1조.
17) 1945년 10월 7일 군정법령 제11호 제1조. 군정법령 제11호는 일반명령 제5호의
개정이라고 발표되었는데, 아직까지 일반명령 제5호의 정확한 내용은 전해오지
않는다. 1945년 10월 16일자 자유신문에 보도된 장경근 당시 경성 지방법원장의
담화내용에 따르면, 일반명령 제5호는 군정법령 제11호와 매우 유사한 내용이었
다고 판단된다. 김병화, 한국사법사(현대편)(일조각, 1979), p.6 참조.

든 법령은 차를 폐지함"이라는 주의적 규정을 둔 예가 많았다.

넷째, 군정법령 제11호 제2조는 "그 사법적 우(又)는 행정적 적용으로 인하야 종족, 국적, 신조 우(又)는 정치사상을 이유로 차별을 발생시키는 것은 자(玆)에 차(此)를 전부 폐지함"을 규정했다. 가장 일반적인 구 법령 폐지기준이었다.

자연 첫 번째 방식으로 폐기 또는 개정된 경우 외에는 일제 법령 중 무엇이 폐기되었고, 무엇이 계속 유지되는지 판단이 쉽지 않았다. 그중 가장 판단이 어려운 경우는 네 번째 군정법령 제11호 제2조 일반적 기준을 통한 구 법령의 폐지였다.

그러면 군정법령 제11호 제2조에 규정된 "사법적·행정적 적용으로 인하여" 차별을 발생시킨다고 판단되어 폐기된 일제 법령은 과연 무엇인가? 실제로 군정시대 법원이 군정법령 제11호 제2조를 어떻게 해석했는지는 파악하기 쉽지 않다. 당시 법원이 이 조항을 근거로 일제 법령의 무효를 선언한 사례를 찾지 못했기 때문이다. 군정 시절 사법부 법률조사국장으로 있으면서 직접 실무를 담당했던 김갑수는 이 조항이 제시하고 있는 원칙이 추상적이고 막연해 구체적으로 적용하기가 매우 어려우며, 자연 재판소와 법관마다 동일한 법령의 유·무효에 대한 해석의 상위가 발생할 수밖에 없어 법의 안정성이 저해되고, 국민이 고통을 받으리라고 우려했다.[18]

김갑수는 이 조항 적용의 어려움이 "차별"의 개념을 확정하기 곤란한 데서 비롯된다고 보았다. 즉 이의 의미가 법령 자체에 조선인에 대한 차별적 내용을 담고 있는 경우만을 의미하는지, 또는 법령 운영 결과가 차별을 야기한 법령까지를 포함하는지가 분명치 않다고 보았다. 그는 폐지 대상인 차별적 법령을 전자의 의미로 해석한다면 일제 법령 중 이에 해당하는 예는 거의 찾을 수 없다고 지적했다. 왜냐하

---

18) 김갑수, 軍政과 日本法 適用의 限界(1), 법정 1947년 2월호, p.22.

면 일제 법령 중 명문으로 조선인에 대한 차별조치를 규정한 경우는 찾기 어려웠기 때문에, 이러한 해석은 군정법령 제11호 제2조의 존재 의의를 몰각시키는 결과가 된다고 보았다.

반면 차별을 후자의 의미로 해석한다면 거의 모든 일제 법령이 폐지대상이 되리라고 보았다. 동일한 조항도 일본인에게는 너그럽고 유리하게 적용되었고 조선인에게는 상대적으로 엄격하고 불리하게 적용되어 그 결과는 항상 차별적이었기 때문이었다. 김갑수는 군정법령 제11호 제2조의 취지는 이상 어느 극단에 해당한다고 볼 수 없으므로 결국 적절한 선에서 합리적 해결책을 찾아야 한다고 주장했다.[19] 김갑수는 이의 해결책을 찾기 위한 방안으로 군정법령 제11호 제1조에 주목했다. 군정법령 제11호 제2조는 일제의 차별적이고 억압적 법령의 시급한 폐지에 관한 일반원칙을 제시했지만, 제1조는 정치법처벌법·예비검속법 등 대표적인 악법을 직접 명시해 폐지를 규정했는데, 양 조문은 결국 같은 취지를 가졌다고 볼 수 있기 때문이었다. 제1조는 모두에서 "조선 인민에게 차별과 압박을 가하는 모든 정책과 주의를 소멸하고 조선 인민에게 정의의 정치와 법률상 균등을 회복케 하기 위하여" 7종의 악법을 폐지한다고 설명했다. 김갑수는 바로 이 점에 유의해 제1조에 언급된 폐지법령과 동일계열에 있거나 유사한 성질의 법령이 제2조에 의한 폐지대상이라고 보았다.[20] 김갑수 스스로도 이 기준만으로는 명확성과 고정성이 부족하여 해석상 구체적 통일을 기대하기 어렵다고 인정했지만, 당시 상황에서 나름 최선의 해석기준을 제시했다고 판단된다. 그는 위의 기준에 따라 판단할 때 광무 보안법과 신문지법, 정치에 관한 집회 또는 옥외에 있어서의 다중집회 금지의 건(集會取締令), 조선불온문서임시취체령, 조선

19) 김갑수(상계주), pp.22-23.
20) 김갑수(전계주 18), p.23.

임시보안령, 조선형사령의 일부, 행정집행령의 일부 등은 폐지되었다
고 보아야 한다고 주장했다.[21)]

그러나 김갑수가 1945년 군정법령 제11호 제2조에 의한 대표적
폐지대상으로 지목한 법령 중 행정집행령은 1948년 3월 17일자 군정
법령 제176호에 의해, 조선형사령의 일부는 1948년 4월 1일자 군정법
령 제181호에 의해, 보안법·집회취체령·조선불온문서임시취체령·
조선임시보안령은 1948년 4월 8일자 군정법령 제183호에 의해 비로
소 폐지되었다. 이는 곧 군정 종료 직전까지 이들 법령이 적용되었다
는 반증이 된다.[22)] 또한 일제 말기 전시특별법으로 제정되었던 국가
총동원법 계열의 각종 통제법령 중 상당수도 군정기간 내내 계속 적
용되었다. 조선재판소령전시특례·조선전시민사특별령·조선전시형사
특별령 등은 1948년 4월 1일자 군정법령 제181호에 의해 폐지되었다.

일제의 억압에 의해 많은 고통을 당한 경험이 생생함에도 불구하
고 왜 그러한 결과가 발생했는가? 필자는 그 이유를 다음과 같이 추
론하여 본다. 미군정은 일제 패망 이후에도 가급적 기존 행정체제를
유지시켰기 때문에 해방 직후 활약하던 법조인과 공무원의 상당수는
일제 시기부터 같은 업무에 종사하던 자들이었다. 이들은 불과 엊그
제까지 자신들이 합법적으로 적용하던 법률을 갑자기 폐기대상인 부
당한 차별입법으로 인식하기 어려웠을 듯하다. 또한 일제 시기의 많
은 법률은 개인의 인권옹호라는 측면보다는 행정편의적 관점에서 입
법되었으므로, 법집행자 입장에서는 그 같은 편리함을 포기하고 싶지
않았을지도 모른다. 해방공간에서의 국내 정국의 혼란은 치안 유지를
위해 구 법령 존속이 불가피하다는 명분을 제공해 주기도 했다. 이러

---

21) 김갑수, 상동.
22) 김갑수의 확인에 따르면 1947년 초까지 조선형사령의 문제조항이나 행정집행령
   은 실무상 전면 적용되었으며, 그 밖의 보안법·집회취체령·조선임시보안령·조
   선불온문서취체령의 적용 여부는 모르겠다고 했다. 김갑수(전게주 18), p.24.

한 이유는 정부 수립 이후에도 구 법령 대체작업이 지지부진했던 원
인의 일부가 되었다.[23]

결과적으로 미군정기간 중 일제 악법에 대한 폐기·대체작업은
큰 진척을 보지 못했고, 사법부 역시 적극성을 보이지 않았다. 미군정
법령 제정을 통한 일제 법령의 개폐도 주로 행정작용에 관한 법령에
집중되었으며, 그것도 일제 법령의 존속을 전제로 하는 부분 개정작
업이 주를 이루었다. 결국 일제가 조선을 억압하고 속박하던 정치적
성격의 법령을 개폐시키는 작업은 매우 부진했다. 이로 인한 혼선은
자연 대한민국 정부 수립 이후 계속될 수밖에 없었다.

3. 효력 근거: 제헌헌법 제100조

대한민국 정부 수립 이후에도 구 법령 계속 적용의 근거는 제헌
헌법 제100조였다. 구 법령의 효력 근거가 된 헌법 제100조는 제헌과
정에서 거의 주목을 받지 못했다. 이의 필요성이나 의미에 대해 별다
른 토론이나 이견이 개진되지 않고 원안대로 통과되었다. 제헌국회에
서 제100조에 관한 유일한 토론은 제1독회 시 황호현 의원이 "현행법
령"이 무엇이냐고 물어 유진오 전문위원이 답변한 내용뿐이었다.[24]
제2독회 시에는 별다른 토론 없이 바로 통과되었다.

제헌헌법 제100조의 존재 의의는 무엇이었는가? 일부 학설은
"권한 있는 통치기관에 의하여 제정·시행되어 온 법은 후일 이 기관
이 소멸·폐지되거나 그 권한을 상실하는 일이 있다 할지라도 당연히
는 실효하는 것은 아니라 함이 법리상 정당"하며, 그런 의미에서 제
헌헌법 제100조는 주의적 규정에 불과하고 이 조항이 없었다고 할지
라도 결과는 동일하다고 주장했다.[25] 무릇 주권국가의 동일성이 유지

23) 법제처(전게주 6), p.85 참조.
24) 그 내용은 전게주 5 및 관련 본문 참조.
25) 이종극, 헌법해의(숭문사, 1954), pp.602~603; 한웅길, 개정한국헌법론(고시학회,

324 대한민국 수립과 국제법

된다면 입법기관 교체가 반드시 기존법률의 실효를 의미하지는 않는다. 그러나 주권 자체에 변동이 있는 경우에도 후법에 의해 대체나 폐기되지 않는 한 구 법령이 당연의 법리로서 계속 효력을 가진다는 주장은 수긍하기 어렵다. 일제가 패퇴하고 대한민국 정부가 수립되면 과거 일제가 한반도에 적용시키던 법령의 존립 근거는 상실되며, 구 법령은 오직 주권국가인 대한민국이 승인한 범위 내에서만 수용될 수 있다. 그런 의미에서 제헌헌법 제100조는 구 법령이 효력을 지속할 수 있는 근거 조항이었다.

광복 후 사법부 역시 "헌법의 입법사항을 규정한 당해 명령(남조선과도정부 행정명령 제9호-필자 주)은 헌법 제100조에 의하여 동법 시행 이후에도 법률로서 개정할 때까지는 법률적 효력을 보유한 것이라 할 것,"26) "국방경비법은 헌법 제100조에 의하여 금일에 있어서도 법률의 효력을 유지한다고 해석함이 타당하다"27) 등과 같은 표현을 통해 제헌헌법 제100조가 구 법령의 효력 근거임을 밝힌 바 있다. 유진오 교수가 제100조는 "헌법 실시와 동시에 기존 법령이 전부 무효하게 된다면 법적 진공상태가 출현하여 모든 질서는 수습할 수 없는 혼란에 빠질 것이므로 부득이한 경과 조치로서 기존 법령 중에서 헌법에 저촉되지 않는 것은 효력을 지속할 것을 특별히 규정한 것"이라고 한 설명은28) 당시 학계와 실무계의 일반적 지지를 받았다.29)

1953), p.47.

26) 헌법위원회 1954.2.27. 4286헌위1 결정. 「대법원판례집」 제1권 제3집(1956), p.1. 본 항목에 인용된 1950년대 및 1960년대 판결 중 법원 종합법률정보에 등재되어 있지 않은 판례에 대해서는 독자의 편의를 위해 출처를 표시한다.

27) 대법원 1955.5.24. 선고 4288형상100 판결. 한국법사연구원 편, 대법원판결례(헌법)(법전출판사, 1996), p.1749.

28) 유진오, 헌법해의(명세당, 1949), p.207.

29) 이경호, 헌법강의(일한도서출판사, 1959), p.509; 이창석(전게주 2), pp.7-8 등.

4. 법적 성격

구 법령은 구성 요소의 다양성만큼이나 다양한 형식으로 발령되었지만, 대부분은 법률보다 하위 형식인 영(令)이나 규칙의 형태로 공포되었다. 실제 내용의 많은 부분은 헌법상 법률로 규정되어야 할 사항에 해당했다. 그렇다면 당초 법률보다 하위 형식으로 공포된 구 법령이 대한민국 정부 수립 후 법률의 효력을 지닐 수 있냐는 의문이 제기되었다. 이에 대해 제1공화국 시절 헌법위원회와 대법원은 모두 발령 당시의 형식에 상관없이 일단 헌법 제100조에 의해 유효한 현행 법령으로 승인된 구 법령은 그 내용이 국회가 법률로 제정할 입법사항에 해당한다면 법률과 같은 효력을 지닌다고 해석했다. 다음은 그에 해당하는 사례들이다.

남조선 과도정부 행정명령 제9호에 의해 미군정 당시 설치된 비상전력위원회는 비상시기 중 전력의 생산·분배·사용에 관계된 일반적 명령, 지시, 우선순위 및 제한을 발령할 수 있었고, 이 위원회의 명령은 법률의 효력을 지니었다. 아울러 이의 위반자는 형사처벌 대상이 되었다. 정부 출범 후 이는 국회의 입법권을 침해하며, 행정관청 명령으로 국민을 처벌하는 결과가 되어 위헌이라는 이유에서 위헌심사가 제청되었다.[30] 이에 대해 1954년 헌법위원회는 행정명령 형식으로 발령된 경우라도 성립 당시 이를 유효하게 제정할 권한이 있는 행정기관의 공포였다면 법률적 효력을 보유한다고 보아 위헌성을 부인했다.[31]

대법원도 1939년 5월 26일 공포된 충청북도령 제14호 충청북도 목탄검사규칙이 헌법상 위임명령의 한계를 초월한 내용을 갖고 있어

---

30) 당시 청주지방법원은 이 행정명령이 제헌헌법 제31조·제18조·제22조 위반이라며 위헌심사를 제청했다.

31) 헌법위원회 1954.2.27. 4286헌위1 결정(전게주 26).

위헌이라는 청주지방법원 판결에 대해 "왜정하 적법히 제정·공포된 명령은 그것이 부령이거나 도령이거나 형식 여하를 불구하고 헌법 시행 당시 그 효력이 계속되어 있는 것은 헌법 제100조의 소위 현행법령에 해당하므로 그 내용이 실질적으로 헌법정신에 저촉되지 아니한 것이면 법률사항을 규정한 명령이라도 이를 개정할 때까지 … 법률과 동일한 효력을 지속하는 것이다"라고 보아 위 헌법위원회와 판단을 같이 했다.[32]

　　일부 학설은 구 법령은 법률이 아닌 명령으로서의 성격만을 가지므로 법률과 대등한 효력을 지닐 수 없고, 따라서 국회가 제정한 법률과 저촉되는 구 법령은 모두 효력을 상실하게 된다고 주장했다.[33] 그러나 국회가 제정한 법률과 충돌되는 구 법령이 개폐됨은 구법에 대한 신법 우위에서도 비롯될 수 있으며, 반드시 구 법령이 법률보다 항상 열등한 효력을 지녔기 때문이라고 단정할 수 없다. 국회가 구 법령과 저촉되는 신법을 제정한 경우라도 특별법으로서의 지위를 갖는 구 법령은 계속 유효하게 존속했다는 사실은 입법사항을 규정한 구 법령은 당시 실행상 법률과 대등한 효력을 지녔음을 의미했다.[34] 따라서 입법사항을 규정한 구 법령은 국회 입법을 통해서만 개정이나 대체가 가능했으며, 행정부의 시행령이나 규칙만으로는 개폐되지 않았음이 당시의 실행이자 다수설이었다.[35]

5. 판단 시점

　　제헌헌법 제100조가 규정한 현행법령에 해당하느냐 여부를 판단하는 기준시점은 언제인가? 제헌헌법 발효일은 1948년 7월 17일이므

---

32) 대법원 1955.3.4. 선고 4287형상101 판결.
33) 이경호, 군정법령의 효력과 위헌심사, 동국법학 창간호(1959), p.8.
34) 예를 들어 광복 후에 형법·형사소송법이 제정되었어도 특별법의 성격을 지닌 국방경비법·해안경비법은 일정기간 더 존속했다.
35) 유진오(전게주 28), p.206; 이창석(전게주 2), p.12.

로,36) 바로 이날이 유효한 현행법령의 판단 시점이 될 것이다.37) 그
런데 일부 군정법령은 1948년 7월 17일 이후 8월 15일 정부 수립 이
전에 공포·시행되었으므로, 이러한 군정법령도 "현행법령"에 해당하
느냐는 의문이 제기된다. 예를 들어 군정법령 제206호부터 제219호
(단, 제207호·제209호·제201호는 제외)까지가 이에 해당하는데, 여기에
는 검찰청법과 같이 정부 조직에 관한 기본법도 포함되어 있었다.

이에 대하여는 대한민국이 정식으로 수립된 1948년 8월 15일 이
전에는 미군정 당국이 남한에서 통치권을 행사하며 구속력 있는 법령
을 공포·시행할 수 있었으므로, 제헌절 이후에 시행된 군정법령도
유효한 현행법령에 포함된다고 주장될 수도 있다. 그러나 문제는
1948년 7월 17일 이후 미군정청이 유효한 입법권을 행사할 수 있었느
냐가 아니고, 제헌헌법 제100조가 언제를 기준일로 하여 구 법령을
현행법령으로 수용했는가이다.

대법원은 한 판결에서 제헌헌법 제100조에 의해 1948년 7월 17
일부터 구 법령이 대한민국의 법률로 되었다고 판시한 바 있는데,38)
다른 판결에서는 1948년 7월 5일 공포되어 8월 4일 발효된 국방경비
법도 헌법 제100조가 말하는 현행법령에 포함된다고 해석했다.39)

---

36) 제헌헌법 제99조는 "이 헌법을 제정한 국회의 의장이 공포한 날로부터 시행한다"
고 규정했으며, 당시 이승만 국회의장이 이를 공포한 날이 7월 17일이었다.
37) 김증한, 법학통론(삼정)(위성문화사, 1955), p.52; 이경호(전게주 33), p.1; 이종극
(전게주 25), p.602.
38) "남조선과도정부 법률 제11호 국적에 관한 임시조례 제2조 제1호는 조선인을 부
친으로 하여 출생한 자는 조선의 국적을 가지는 것으로 규정하고 있고, 제헌헌
법은 제3조에서 대한민국의 국민되는 요건을 법률로써 정한다고 규정하면서 제
100조에서 현행 법령은 이 헌법에 저촉되지 아니하는 한 효력을 가진다고 규정
하고 있는바, 원고는 조선인인 위 이승호를 부친으로 하여 출생함으로써 위 임
시조례의 규정에 따라 조선국적을 취득했다가 1948년 7월 17일 제헌헌법의 공
포와 동시에 대한민국 국적을 취득하였다 할 것." 대법원 1996.11.12. 선고 96누
1221 판결.
39) "1948.7.5. 공포한 국방경비법은 현행 제100조에 의하여 금일에 있어서도 법률의

생각건대 명분상 표방과 달리 제헌헌법의 법적 발효일을 대한민국이 공식 출범한 1948년 8월 15일이라고 해석하지 않는 한 논리적으로 1948년 7월 17일 이후 발효된 군정법령이 제헌헌법 제100조상 현행법령에 해당할지 의문이다. 당시는 이미 대한민국 국회가 구성되어 입법 활동을 하고 있었고 헌법까지 제정·공포된 바 있으므로, 미군 측의 긴급한 필요사항이 아닌 한 군정법령은 더 이상 제정되지 말았어야 했다. 헌법 공포 이후 시행된 각 군정법령의 내용을 보면 미군 측이 꼭 필요로 한 법이었다고는 생각되지 않는다. 그런 의미에서 제헌절 이후의 군정법령은 입법 정당성이 박약한 법령이었다고 생각된다. 다만 현실에서는 1948년 8월 14일까지 제정된 모든 미군정법령이 유효한 현행법령으로 인정되고 집행되었다.

혹시 제헌절 이후 시행된 군정법령의 유효성 근거를 한미간 재정 및 재산에 관한 최초협정에서 찾아볼 수 있을까?[40] 이 협정 제11조는 "대한민국 정부는 재조선 미군정청 또는 남조선과도정부의 일체의 현행법률, 법령급 규칙을 전적으로 계속 시행할 것을 협약함. 단, 대한민국 정부가 이를 폐지 또는 개정하는 시는 차한(此限)에 부재(不在)함"이라고 규정하고 있었는데, 제헌헌법 제7조가 비준·공포된 조약은 국내법과 동일한 효력을 가진다고 규정하고 있었으므로, 이에 따라 "모든" 미군정 법령이 유효한 현행 법령에 포함된다고 해석할 수 있는가? 그러나 구 법령의 유효 근거가 한미간 양자조약에서 찾아질 수는 없다고 생각된다.

효력을 유지한다고 해석함이 타당하다." 대법원 1955.5.24. 선고 4288형상100 판결(전게주 27). 대법원 1999.1.26. 선고 98두16620 판결과 헌법재판소 2001.4.26. 98헌바36(병합) 결정 등도 국방경비법을 제헌헌법 제100조에 의해 수용된 현행 법률로 이해하고 적용했다.
40) 1948년 9월 11일 서명, 동 9월 20일 발효.

Ⅲ. 구 법령의 위헌심사

1. 위헌심사기관

가. 학설의 대립

구 법령이 대한민국 수립 이후에도 계속 유효한가 여부는 제헌헌법에 합치되느냐에 달려 있었다. 정부 수립 초기 구 법령 대체작업은 지지부진해서 제헌헌법이 구 법령 존속 여부를 결정할 수 있는 거의 유일한 기준으로 작동했다. 즉 미군정기간 중 폐지되지 않았다면 어떠한 방식으로든 위헌이 확정되기 전까지는 대부분의 구 법령이 효력을 지속했다.

제헌헌법 하에서 위헌법령 심사권은 헌법위원회와 대법원으로 나누어져 있었다. 즉 명령·규칙·처분이 헌법에 위반되는지 여부에 관하여는 대법원이 최종 심사권을 가졌으나(헌법 제81조 제1항), 법률이 헌법에 위반되는지 여부가 재판의 전제가 되는 경우 담당법원의 제청에 따라 헌법위원회가 위헌 여부를 결정할 수 있었다(동 제2항). 국회가 제정한 법률과 이를 근거로 행정부에 의해 발령되는 명령·규칙·처분은 명확히 구별되므로 광복 이후 제정된 법령의 경우 위헌심사권 소재에 관해 별다른 논란의 소지가 없었다. 그러나 입법사항을 규정한 구 법령에 관해서는 위헌심사권의 소재를 둘러싸고 견해 충돌이 있었다. 제1공화국 시절 학계에서는 이의 위헌심사권이 대법원에 있다는 견해와 헌법위원회에 있다는 견해가 날카롭게 대립했다. 이 점은 특히 1959년 경향신문에 대한 폐·정간 처분과 관련해 커다란 사회적 논쟁거리로 부각되기도 했다. 당시 양측에서 제시되었던 주장 근거를 정리해 본다.

우선 입법사항을 규정한 구 법령의 위헌심사권이 헌법위원회에 있다는 주장을 정리해 보면 다음과 같았다.

① 헌법 제81조 제2항의 "법률"은 반드시 국회가 제정한 형식적 의미의 법률만을 가리키지 않는다. 헌법 제57조 긴급명령의 경우 국회의 승인을 얻으면 이의 위헌 여부는 헌법위원회가 결정해야 한다는 데 별다른 이론이 없었다.[41] 결국 헌법 제81조 제2항의 "법률"은 국회가 제정한 법률에 한정되기보다는 헌법에 의해 법률적 효력이 인정된 모든 법규라고 해석함이 타당하다. 입법사항을 규정한 구 법령은 그 발령 형식에 상관없이 헌법에 의해 법률적 효력이 인정되었으므로, 이에 대한 위헌심사권은 헌법위원회가 행사해야 한다. 국회 입법권에 대한 예외라는 점에서는 헌법 제57조를 근거로 한 긴급명령이나 제100조를 근거로 한 구 법령이 다를 바 없기 때문이다.[42]

② 구 법령은 헌법에 근거해 독립적으로 효력을 가진다는 점에서 일반법률과 다를 바 없다. 이의 위헌심사도 일반법률의 위헌심사와 같은 방식을 취하는 편이 타당하다.[43]

③ 입법사항에 해당하는 구 법령을 광복 후 국회가 법률로써 일부 개정한다면 이의 위헌심사권은 누가 가지는가를 생각해 본다. 예를 들어 군정법령인 특허법은 1952년 4월 13일 법률 제238호로 일부 개정되었고, 해안경비법은 1951년 2월 28일 법률 제177호로 일부 개정되었다. 이같이 구 법령이 광복 후 법률로써 개정된 예는 총 6건 있

---

41) 헌법 제57조에 의한 긴급명령의 경우 법률의 효력을 가짐이 헌법에 명기되어 있고 긴급명령은 국회에 보고되어 반드시 승인을 얻어야 했으므로, 국회 승인을 받은 긴급명령은 국회제정 법률과 같이 헌법위원회가 최종적 위헌판정권을 갖는다고 해석함이 당시 실무와 학계의 일반론이었다. 헌법위원회 1952.5.2. 4285헌위2 결정. 대법원법우회, 대법원행정판례집 I(위헌제청판례)(어문각, 1963), p.6 및 문홍주, 신한국헌법(법문사, 1960), p.395; 이경호, 법률과 군정법령의 차이," 법조 1959년 5월호, p.13; 이창석, 舊法令의 위헌심사권, 법제월보 1959년 10월호, p.8 등.
42) 이창석(상계주), pp.7-8. 동지, 이종극, 군정법령 위헌심사권, 법원에 있다, 없다론 (4), 동아일보, 1959년 9월 11일자. 이종극의 글은 동아일보에 5회에 걸쳐 연재되었는바, 이하 본고에서는 각 회차 게재일만 표시한다.
43) 이창석(전계주 41), p.10.

었다.44) 국회가 법률로써 개정한 부분에 대한 위헌심사권을 헌법위원회가 가진다는 점에는 이론이 있을 수 없었다. 동일 법령에서 개정되지 않는 부분의 위헌심사권만은 대법원이 행사한다고 보아야 할까? 이런 경우 해당 법령 전체에 대한 위헌심사권을 헌법위원회가 갖는다고 보아야 합리적이다. 그렇다면 국회에서 개정안이 제안되었다가 실현되지 못한 구 법령의 형식적 지위가 이와 다르다고 할 수 있는가? 구 법령이 일부 개정되면 해당 법령 전체의 형식적 효력이 비로소 격상된다고 보기보다는 입법사항을 규정한 구 법령의 효력은 원래 법률과 동등했다고 보아야 한다. 따라서 입법사항을 규정하고 있는 구 법령에 대하여는 헌법위원회가 위헌심사권을 갖는다는 해석이 타당하다.45)

④ 헌법위원회법 제20조가 법률의 위헌결정은 형벌법규에 관한 사항이 아닌 한 장래를 향하여만 효력을 지니며 소급하지 않는다고 규정한 이유는 법적 안정성과 기득권 존중을 위해서이다. 이같이 소급효를 제한할 필요성은 입법사항을 규정한 구 법령의 경우에도 동일하게 인정된다.46)

⑤ 구 법령을 타율적 법이라고 비판하나 구 법령 중에도 군정시대 과도입법원에서 제정된 부분은 자율적 법이라고 볼 수 있고 전체적으로 국회가 제정한 헌법 제100조가 그 효력을 인정했으므로, 우리 스스로 인정한 법이라고 보아야 한다.47)

⑥ 헌법위원회에서 위헌결정을 하면 그 결과가 관보에 공고되고 해당 법령이 완전히 폐기되는 효과가 발생하지만, 법원에서 위헌결정을 하면 위와 같은 통일적 효과가 발생하지 않으므로 법원마다 다른 견해를 가질 수 있어 혼란이 우려된다. 따라서 헌법위원회 위헌결정

---

44) 이창석(전게주 2), p.16.
45) 이창석(전게주 41), pp.5-6.
46) 이종극(전게주 42), (2) 동아일보, 1959년 9월 9일자.
47) 이종극(상게주).

을 통하는 방식이 효율적이다.

이에 반해 구 법령에 대한 위헌심사권이 대법원에 있다는 입장의 논지는 다음과 같았다.

① 구 법령은 제헌헌법 시행 당시 제100조에 의해 헌법에 저촉되지 않는 범위 내에서만 효력을 인정받았으므로 헌법에 위배되는 구 법령은 헌법 시행과 동시에 효력을 이미 상실했다고 해석해야 한다.[48] 그러나 입법사항을 규정한 군정법령의 위헌심사권이 헌법위원회에 있다고 보면 헌법위원회의 위헌결정은 장래를 향해서만 효력이 있으므로(헌법위원회법 제20조) 위헌결정 이전까지는 유효하다는 입장을 취해야 되는데, 이는 헌법 제100조의 취지와 모순되는 결과가 된다. 구 법령의 상당수는 우리 민족을 압박하는 내용을 담고 있었는데, 이것이 헌법에 위반됨에도 불구하고 우연히 재판의 전제가 되어 헌법위원회 위헌결정이 있기까지는 유효성을 인정해야 한다면 이는 독립국가를 건설한 의의에도 역행한다. 따라서 위헌인 구 법령은 헌법 시행 당시 바로 무효화되었고, 구 법령에 대한 위헌결정은 이 사실에 대한 사후확인에 불과하므로 일반 법원도 위헌 판정을 할 수 있어야 한다.[49]

② 구 법령의 위헌심사권이 헌법위원회에 있다고 보면 설사 위헌결정이 내려져도 위헌인 구 법령에 근거한 행정처분에 의해 이미 피해를 본 개인은 구제받을 수 없게 된다. 왜냐하면 헌법위원회의 위헌결정은 형벌조항 이외에는 장래에 대해서만 효력이 있고, 따라서 위헌인 구 법령에 근거한 기왕의 행정처분은 일응 유효한 법률에 따른

---

48) 문홍주, 신한국헌법(법문사, 1960), p.395. 이종극은 후일 다른 견해를 폈지만 한 때는 위헌법령이 소송에서 문제되지 않는 한 언제까지 유효하다고 인정된다면 제100조의 취지와 상치된다고 보며, 위헌성이 명백하고 중대한 현행법령은 누구나 그 효력을 부인할 수 있어야 한다고 주장했다. 이종극(전게주 25), p.604.
49) 이경호(전게주 33), p.14; 문홍주, 군정법령과 위헌심사, 고시계 1959년 9월호, pp.25-26. 이인, 헌법위원회 구성 시비, 법률신문, 1960년 3월 7일자, p.2 동지.

처분으로 존속되어 피해자는 구제받을 수가 없기 때문이다. 우리 국회가 제정한 법률도 아니고, 위헌인 일제법령에 의한 행정처분으로부터 받은 피해에 대해 구제를 받지 못하는 결과는 용납될 수 없다.[50] 헌법위원회의 위헌결정 시까지는 위헌 구 법령의 유효성을 인정하고 피해자 구제를 거부하는 결과보다는 법원마다 다른 결정에 따른 혼선 우려를 감수하는 편이 차라리 현명하다. 또한 그 같은 혼선은 명령·규칙·처분에 대한 대법원의 위헌심사에서도 동일하게 발생할 수 있는 일이지, 군정법령에만 특유한 문제가 아니다.[51]

③ 구 법령에 해당하는 일제 제령, 총독부령, 도령이나 미군정법령 등은 시행 당시 모두 명령의 일종으로 이를 공포한 지배자의 국내법 체제 속에서도 법률의 자격을 갖지 못했다. 이러한 명령 형식에 해당하는 구 법령은 정부 수립 초기의 법적 진공상태 방지라는 불가피한 이유에 의해 헌법 제100조에 의해 과도적·잠정적으로만 효력이 인정되게 된 타율적인 법에 불과하므로, 이는 우리 국회가 제정한 법률과 같은 지위가 인정될 수 없다.[52] 따라서 구 법령은 헌법 제81조 제2항의 법률이 아니며, 이에 대한 위헌심사권은 법원에 있다고 보아야 한다.

④ 구 법령의 위헌심사권이 헌법위원회에 있다는 주장은 법률의 위헌심사권을 헌법위원회에 부여한 취지에도 합당하지 않다. 통상적인 법률은 국민의 대표로 구성된 입법부가 제정하고, 역시 국민에 의해 선출된 대통령을 수반으로 하는 정부가 공포해 시행되는 2부 합작의 산물이다. 헌법위원회는 위와 같이 성립된 법률을 사법부 단독으로 무효화시키는 결과를 방지하기 위해 도입된 제도이다. 즉 부통령

---

50) 문홍주(상게주), p.26.
51) 문홍주(전게주 49), p.27.
52) 이경호, 헌법강의(일한도서출판, 1959), p.429; 이경호, 군정법령의 위헌심사권은 법원에 있다는 판례, 법학 제1권 제2호(1959), p.449.

을 위원장으로 하고 국회의원 5인과 대법관 5인으로 구성된 헌법위원회가 법률의 위헌 여부를 결정하게 함으로써 3부 의견을 종합하는 체제를 갖추고 있다. 그러나 구 법령은 일제 또는 미군정에 의해 일방적으로 제정된 법규이므로 3부 합의가 아닌 사법부 단독으로 위헌결정을 하더라도 민주주의 원리에 배치된다거나, 권력 균형상 모순이 발생하지 않는다. 이는 행정부만 관여해 발령한 명령·규칙·처분의 위헌 심사를 사법부가 전담하는 양상과 마찬가지이다.53)

⑤ 구 법령의 위헌심사권이 헌법위원회에 있다면 실제에 있어서 구 법령의 위헌심사권이 어디에 있느냐를 결정하기가 매우 어렵게 된다. 구 법령의 위헌심사권이 헌법위원회에 있다고 가정해도 그 대상은 제헌헌법 시행 당시 적용되던 "현행법령" 중 입법사항을 내용으로 하는 법규에 한정된다. 제헌헌법 시행 이전에 이미 실효된 구 법령의 위헌심사는 헌법위원회 소관이 아니며, 이에 대하여는 법원이 제헌헌법 시행 당시 이미 부존재했다는 확인만으로도 법규의 무효를 확인할 수 있다. 그러나 현실적으로 이에 대한 판단이 쉽지 않다. 왜냐하면 제헌헌법 당시의 "현행법령" 확인이 쉽지 않기 때문이다. 미군정기간 중 일제 법령은 다양한 방식에 의하여 개폐되었으나, 일반인은 물론 법률전문가도 실제 어느 법령이 개폐되었는가에 대한 판단이 쉽지 않은 경우가 많았다. 정부 수립 이후 이 문제에 대한 최종 판단은 결국 헌법의 합치 여부를 통해 판가름하게 되었다. 따라서 일제 법령이 제헌헌법에 위배되어 효력을 상실하게 되었는가, 아니면 미군정기에 이미 효력을 상실했는가의 구별이 실제 쉽지 않다. 그러므로 대법원이 일률적으로 이 문제를 판단하도록 함이 정책적으로도 올바르다.

---

53) 이경호(상계주), p.445; 문홍주(전게주 49), pp.24-25.

나. 사법부의 입장

학계에서의 논란에도 불구하고 제1공화국 시절 헌법위원회나 대법원은 모두 발령 형식이나 명칭과 관계없이 내용이 입법사항에 해당하는 구 법령에 관한 위헌결정권은 헌법위원회에 있고, 그 내용이 명령·규칙 등에 해당하는 경우에만 대법원이 위헌결정권을 갖는다고 보았다.

헌법위원회가 구 법령 위헌 여부를 심의한 유일한 사례였던 남조선 과도정부 행정명령 제9호(비상시 전력위원회) 위헌제청 사건에서 헌법위원회는 이 제청에 대한 결정권이 자신에게 있다는 전제하에 합헌결정을 내렸다. 이 사건에서 헌법위원회는 입법사항을 규정한 구 법령은 헌법 제100조에 의해 헌법 시행 이후에도 법률적 효력이 부여되었으므로, 이 행정명령은 위헌이 아니라고 판단했다.[54]

대법원 역시 입법사항을 규정한 구 법령의 경우 이의 위헌 여부 결정권은 헌법위원회에 있다는 입장을 취했다. 제1공화국 말기 세간의 관심을 끌었던 경향신문 사건에서 대법원은 문제된 군정법령 조항이 헌법 제13조 언론의 자유 조항에 위배된다며 헌법위원회에 위헌심의를 제청했다. 이는 제1공화국 시절 대법원이 구 법령에 관해 헌법위원회에 위헌제청을 한 유일한 사례였다. 이 사건은 정치적으로 매우 민감한 주제였고, 법리적으로 구 법령 위헌 판단권 소재에 관해 격렬한 사회적 논쟁을 불러일으켰던 사건이었으므로 그 경위를 좀 더 상세히 설명한다.

제1공화국 말기 당시 가톨릭계 야당지인 경향신문이 여러 차례 정부에 대한 신랄한 비판 기사를 게재하자, 정부 공보실장은 1959년 4월 30일 경향신문 발행 허가를 취소(폐간)했다.[55] 이에 경향신문사

---

54) 헌법위원회 1954.2.27. 286헌심1 결정.

55) 구체적 허가취소 사유는 ① 1959년 1월 11일자 사설 속에 허위사실 게재, ② 1959년 2월 4일자(조간) 수필 여적(餘滴)난 내용의 불온성, ③ 1959년 2월 16일

측이 발행 허가취소처분 취소 청구소송 및 동 처분 집행정지 가처분
신청을 서울고등법원에 제출하자, 1959년 6월 26일 서울고등법원은
경향신문사의 신청을 받아들여 발행 허가취소처분의 집행정지를 결
정했다. 그러자 공보실장은 같은 날짜로 경향신문 폐간조치를 철회하
는 대신 무기한 정간 처분을 내렸다. 경향신문사측은 다시 무기정간
처분 취소 청구소송을 서울고등법원에 제출하는 동시에 경향신문 정
간처분의 근거 법률인 군정법령 제88호 제1조 및 제4조와 헌법위원회
법 제20조에 관한 위헌제청을 신청했다.56) 위헌제청 신청을 받은 서
울고등법원은 1959년 8월 8일 군정법령의 경우 그 내용이 입법사항
을 규정한 경우라도 헌법위원회의 위헌법률심사를 규정한 헌법 제81
조 제2항의 법률에는 해당하지 않으며, 따라서 이의 위헌 여부는 헌
법위원회가 아닌 "법원"에 그 심사권이 있다고 판단하고, 원고측의
위헌법령심사 제청신청을 각하했다. 즉 서울고등법원은 "대한민국 국
회의 의결을 거쳐 제정 · 공포된 법률"만이 헌법위원회의 위헌심사 대
상이라는 입장이었다.57) 이어 서울고등법원은 군정법령 제88호의 제
1조와 제4조가 위헌이 아니라는 판단하에 8월 29일 경향신문에 대한
무기한 정간처분 효력정지 가처분신청을 기각했고, 9월 8일의 본안
판결에서도 같은 입장을 취했다.58) 서울고등법원에서 패소한 경향신

자 군부대 유류 부정사건에 관한 허위 보도, ④ 1959년 4월 3일자(조간) 간첩관
련 기사로 인해 간첩 도주를 용이하게 만듦, ⑤ 1959년 4월 11일자 국가보안법
개정관련 허위보도 등이었다(공보실장의 경향신문 발행허가취소 통지서 요지).
이경호(전게주 52), p.441 참조.

56) 1959년 행 제103호 행정처분취소청구 사건. 이경호(전게주 33), p.16 참조.

57) 서울고등법원 결정문은 법률신문, 1959년 8월 17일자, p.3에 수록. 그 이전에도
일부 하급심 판결은 입법사항에 관한 내용이라도 법원이 구 법령의 위헌심사를
할 수 있다는 전제하에 법원이 직접 위헌무효를 선언한 사례가 있었다(광주고등
법원 1953.9.2. 판결 및 대구지방법원 1953.3.17. 판결. 하게주 63 참조). 그러나
위 서울고등법원 판단에 대해 당시 여론은 대체로 부정적이었다. 조선일보 및 동
아일보, 각 1959.8.9. 사설 참조.

58) 이경호(전게주 52), p.455 참조.

문사측이 대법원에 상고해 다시 군정법령에 대한 위헌결정 제청을 하
자, 대법원은 1960년 2월 5일 제헌헌법 제81조 제2항이 규정한 "법률
은 헌법 공포 이후에 제정·시행된 법률은 물론이고, 동법 공포 이전
에 시행된 법령이라도 소위 입법사항을 규정한 법령·규칙 기타는 기
형식명칭 여하에 불구하고 차를 포함한다고 해석할 것이므로 군정법
령의 위헌 여부에 관한 심사 역시 법원의 권한에 속하는 것이 아니고
[…] 헌법위원회의 권한에 속한다고 할 것이며, 이 해석은 이미 남조
선과도정부 행정명령 제9호에 관한 위헌 여부 제청에 대한 단기 4286
년 헌심 제1호 헌법위원회 결정에 의하여 확인된 바이다"라고 판단했
다.59) 이어 대법원은 군정법령 제88호 제1조와 제4조가 헌법 제13조
언론의 자유 조항에 위배된다고 보아 헌법위원회에 위헌심의 제청을
결정했다.60)

대법원이 헌법위원회에 대해 구 법령 위헌심의 제청을 한 사례는
경향신문 사건이 유일했지만, 입법사항을 내용으로 하는 구 법령 위
헌결정권이 헌법위원회에 속한다는 입장은 그 이전에도 표명된 바 있
었다. 즉 유부남의 간통행위는 처벌하지 않고 유부녀의 간통행위만을
처벌 대상으로 한 구형법 제183조 제1항이 남녀 차별을 금지한 헌법
제8조와 혼인의 남녀 동권을 규정한 헌법 제20조 전단에 저촉되는 위
헌조항이라는 주장에 대해 대법원은 "간통죄의 규정은 설령 소론과
여히 위헌의 규정이라 할지라도 헌법위원회의 위헌결정이 없는 한 그
효력을 인정할 것임"이라고 판시한 바 있었다.61)

---

59) 대법원 1960.2.5. 선고 4292행상110 결정. 결정문은 고시계 1960년 3월호, pp.
245-246에 수록.
60) 이 같은 대법원의 결정에 대해 일각에서는 대법원의 책임회피라는 주장도 있었
다. 특히 1954년 이래 헌법위원회는 적절히 구성조차 되지 못하고 있었는데, 정
치적으로 민감한 사안의 판단을 존재하지도 않는 헌법위원회로 넘겼다는 비판이
었다(법률신문, 1960년 2월 20일자, p.1 기사 참조).
61) 대법원 1955.3.4. 선고 1952형상114 판결. 대법원판례집 제1권 제7집(형사) (1953),

제1공화국 시절의 검찰 역시 입법사항을 규정한 구 법령의 위헌 결정권은 헌법위원회에 있다는 입장이었다.[62]

다. 판단

구 법령의 위헌심사권을 누가 갖느냐의 문제는 구 법령의 성격을 어떻게 파악하느냐에 따라 좌우될 문제였다. 입법사항을 규정한 구 법령의 위헌심사권이 헌법위원회에 속한다는 주장과 대법원에 속한 다는 주장은 각기 나름대로 일리가 있다. 이에 대한 답을 찾기 위해 대한민국은 광복 이후 왜 구 법령을 의용했으며, 구 법령을 어떠한 시각에서 취급했어야 하는가라는 근본적 문제를 생각해 본다. 이는 결국 대한민국이 무엇을 택하고 무엇을 포기할지에 관한 가치 판단 문제와도 직결된다.

먼저 구 법령의 성격을 다시 생각해 본다. 구 법령은 대한민국이 자신을 위해 스스로 제정한 법규가 아니라, 이민족이 우리를 지배·관리하기 위해 제정했던 법이었다. 일제시대에 제정된 법령의 상당수 는 개인의 기본권을 보호하고 민주적 사회질서를 구축하기보다는 효 과적인 지배체제 확립과 개인에 대한 통제에 주안점을 두었으며, 미 군정은 당장의 편의를 위해 이의 상당수를 존속시켰다. 우리가 국가 주권을 되찾고도 위와 같은 구 법령을 의용했던 이유는 정부 수립 초

---

p.1 이하.

62) 대법원 1954.4.3. 선고 4286형상169 판결(판결문 사본 입수)과 대법원 1955.4.15. 선고 4287형비1 판결(대법원판례집 제1권 제9집(형사), p.5 이하) 중에 지적된 검찰측 상고이유. 이 두 판결은 모두 유부녀의 간통만을 처벌하도록 규정한 구형 법 제183조가 위헌이므로 간통 피고인(여)에 대해 무죄를 선고한 하급심 판결(광 주고등법원 1953.9.2. 판결 및 대구지방법원 1953.3.17. 판결)에 대한 검찰측 상 고 및 비상상고에 대한 대법원의 판단이었다. 본 항목에서 판결문 사본 입수로 표시된 판례는 기존의 판례집 등에 판결문이 공간이 되지 않아 서울대학교 법학 도서관이 소장하고 있는 1945-62년 대법원 판결 원본철 사본에서 직접 찾아낸 내용이다.

기 발생할 수밖에 없는 법적 공백을 막기 위한 불가피한 고육지책이
었다. 자주적 입법을 통한 의용법령의 조속한 청산은 국가적 과제이
기도 했다. 그런 의미에서 제헌헌법은 원칙적으로 모든 구 법령을 수
용했기보다는 당장 국가사회 유지에 필요하고, 우리 헌법정신 구현에
지장을 초래하지 않는 범위 내에서만 제한적으로 수용했다고 해석해
야 한다.

이를 전제로 위헌인 구 법령에 대해 우리는 어떻게 대처했어야
했는가에 관한 몇 가지 원칙을 정리해 본다. 첫째, 구 법령 의용은 고
육지책이었으므로 제헌헌법에 위배된 구 법령은 대한민국 출범과 함
께 무효가 되었다고 보아야 했다. 이는 당초부터 의용되지 않았다. 둘
째, 모든 구 법령의 신속한 청산이 국가적 과제였던만큼 구 법령에
대한 위헌판정은 가급적 신속하고 용이하게 이루어질 방안을 택해야
했다. 셋째, 불가피하게 의용된 구 법령은 비록 입법사항에 관한 것일
지라도 우리 국회가 제정한 법률과 동등한 권위가 인정될 필요는 없
었다.

이상의 원칙에 입각한다면 구 법령의 위헌판정권은 대법원의 권
한이었다고 해석함이 타당했다. 즉 구 법령에 대한 위헌판정의 의미
는 1948년 이미 무효로 된 사실에 대한 사후확인이었다고 보아야 한
다. 현실론으로서 제1공화국 시절 헌법위원회는 1950년부터 1954년
까지 불과 4년밖에 활동하지 못했다는 사실도 간과될 수 없다. 즉 제
1공화국 시절 헌법위원회를 통한 위헌 판정이 위 4년을 제외하고는
사실상 봉쇄되어 있었으므로, 대법원이 좀 더 적극적 역할을 했어야
만 하는 상황이었다.

당시 헌법위원회의 운영에 대해 간단히 설명한다. 헌법위원회 구
성과 권한을 규정한 제헌헌법 제81조에도 불구하고 관련 법률이 바로
만들어지지 않아 이의 설립이 지연되었다. 1950년 2월 뒤늦은 헌법위

원회법 제정으로 비로소 헌법위원회가 구성될 수 있었다. 헌법위원회
는 부통령을 위원장으로 하고, 대법관 5인과 국회의원 5인으로 구성
되었다(제헌헌법 제81조 제3항). 임기는 대법관의 경우 4년, 국회의원은
임기 중으로 하고, 미리 예비위원도 선임해 두었다(헌법위원회법 제2조
및 제6조). 그런데 헌법위원회 구성에 관한 헌법 조항이 1952년 7월
이른바 발췌개헌 시 개정되었다. 기존 단원제 국회가 참의원과 민의
원 양원제로 됨에 따라 헌법위원회 위원이 될 5명의 국회의원을 민의
원 3명, 참의원 2명으로 선임하는 방식으로 바뀌었다(1952년 헌법 제81
조 제3항). 다만 1950년 헌법위원회 위원으로 이미 선출된 "국회의원
은 민의원의원으로 하고, 그 임기는 국회의원 임기의 잔기"까지 지속
되었기 때문에(1952년 헌법 부칙 제4조), 1950년 구성된 헌법위원회는
발췌개헌 이후에도 기존 의원의 참여하에 활동하며 1954년까지 모두
6건 위헌제청사건을 심의했다.

　한편 양원제를 도입한 헌법조항에도 불구하고 제1공화국 내내
참의원은 구성되지 않았고 국회는 민의원 단원제로 운영되었다. 이에
제1기 헌법위원회 임기가 종료되자 1954년 국회에서는 참의원이 없
는 상태에서 헌법위원회 구성을 어떻게 하느냐는 문제가 제기되었다.
찬반 양론이 대립한 끝에 국회 법사위원회는 참의원 구성 전까지는
민의원의원 5명이 국회측 헌법위원회 위원을 담당해야 한다는 결론
을 내리고 이를 본회의에 회부했으나, 과반수의 지지를 얻지 못했
다.[63] 결국 제3대 국회에서는 민의원의원 3인만을 헌법위원회 위원으
로 선출했고(예비위원 3인 별도),[64] 이 점은 4대 국회 역시 마찬가지였
다.[65] 결국 헌법위원회는 제대로 구성되지 못했다. 제1공화국 말기에

---

63) 이 안건은 2차례 표결에 회부되었으나, 모두 과반수 미달로 부결되었다. 제19회
　　국회임시회의 속기록 제19호(1954.6.29.), p.7.
64) 상게주, p.8.
65) 제29회 국회임시회의 속기록 제12호(1958.6.27.), p.5.

는 대법원조차 한동안 헌법위원회 위원을 지명하지 않고 있었다. 이러한 경과로 1954년 이후에는 헌법위원회가 활동할 수 없었다.[66]

제1공화국 시절 대법원이 헌법위원회에 구 법령 위헌제청을 한 예는 경향신문 사건이 유일했다. 대법원은 1960년 2월 5일 경향신문 사건 관련 법령의 위헌심판을 제청하기로 결정하고, 부랴부랴 그 다음 날인 2월 6일 조용순 대법원장 등 5명의 대법관을 헌법위원회 위원으로 대통령에게 제청했다.[67] 그러자 대통령이 이들을 헌법위원회 위원으로 임명하더라도 참의원의원 2명이 없는 가운데 9명으로 구성된 헌법위원회가 합법적으로 활동할 수 있느냐, 정족수는 어떻게 계산해야 하느냐는 논란이 다시 벌어졌다. 당시 대통령은 3월 12일 대법원 5인을 헌법위원회 위원으로 임명하고,[68] 정족수 논란은 일단 9인으로 구성된 헌법위원회가 스스로 판단하도록 맡기었다.

결과적으로 제1공화국의 대법원은 입법사항을 규정한 구 법령의 위헌심사권을 사실상 활동도 못하고 있는 헌법위원회가 행사하리라는 가정 아래 자신의 권한을 축소해석하는 우를 범했다. 대법원 스스로 위헌 판정을 내린 구 법령 조항은 사찰령 시행규칙 제2조 제2항이 유일했다.[69] 당시의 대법원은 마치 구 법령에 대한 합헌추정의 원칙

---

66) 이경호, 참의원 의원의 부존재와 헌법위원회 구성, 법조 1959년 11월호, p.1 이하 참조. 그간 국내 학계에서는 발췌개헌 이후에도 참의원이 구성되지 않아 민의원 5명을 헌법위원회 위원으로 선임했다고 알려져 있었으나(김철수, 위헌법률심사제도론(박영사, 1983), p.78 등), 이는 사실과 다르다.

67) 동아일보 1960.2.7.(조간), p.1.

68) 동아일보 1960.3.13.(조간), p.1.

69) 사찰 주지 취임에 해당 지방장관의 인가를 요구하는 일제의 사찰령 시행규칙 제2조 제2항이 헌법 제12조 신앙의 자유에 위배된다는 판결이었다. 이때 사찰령 시행규칙은 헌법 제81조 제1항에 해당한다고 보아 대법원이 직접 위헌결정을 했다. 대법원 1956.3.30. 선고 4288행상21 판결. 서울대학교 법학연구소편, 주석한국판례집(공법 I)(서울대학교 법학연구소, 1970), pp.11–12; 대법원 1956.4.20. 선고 4287형상1 판결. 대법원판례집 제4권 제1집(형사), p.15; 대법원 1957.2.1. 선고 4289재2 판결. 주석한국판례집(공법 I), p.29.

을 고수하는 듯했다.[70] 대법원의 이러한 소극적 태도로 결과적으로
구 법령의 청산작업을 지연시키는 결과를 가져왔다. 경향신문 사건에
서 보인 대법원의 태도에 대해 한 일간지는 대법원이 "사건 처리의
핵심적인 책임을 헌법위원회에 전가시키고, 가처분신청에 대한 결정
마저 내리지 않고 있다는 비굴한 태도를 취했"다고 비판했다.[71]

2. 위헌 구 법령의 효력

구 법령이 헌법에 저촉되는 경우 그 효력은 어떻게 되는가? 이
점은 구 법령의 법적 성격을 어떻게 파악하느냐에 따라 견해가 갈리
었다.

제1공화국 당시 헌법위원회법 제20조는 "헌법위원회의 위헌결정
은 장래에 향하여 효력을 발행한다. 그러나 형벌조항은 소급하여 그
효력을 상실한다"고 규정하고 있었다. 따라서 입법사항을 내용으로
하는 구 법령의 위헌판단권이 헌법위원회에 있다고 본다면 그 논리적
결과로 구 법령 위헌무효 판정의 효력이 소급하지 않는다고 보았다.
법적 안정성과 기득권 존중을 위해 소급효를 제한해야 할 필요성은
국회 제정 법률이나 구 법령간에 차이가 없다는 점이 그 근거였다.[72]
그리고 헌법위원회의 위헌결정이 나면 그 법령 자체는 실효되었다.

---

70) 이러한 경향을 강하게 나타내는 표현으로는 다음을 들 수 있다.
"그 행위의 범위가 너무 추상적인 감이 없지 아니하나 … 동 법령은 我國 법제
정비에 따라 조만간 폐지당할 운명에 있다 할 것이나, 아직 이를 폐지하지 아니
한 이상 의구 유효히 존재한다 할 것"(군정법령 제19호 제4조 나항에 관한 대법
원 1950.4.3. 선고 4282형상111 판결. 판결문 사본 입수).
"법문이 현존하는 이상 법을 적용하는 법원으로서는 이를 헌법위반의 이유로 자
연히 배제할 수 없는 것"(구민법 제886조에 관한 대법원 1954.9.7. 선고 4287민상
50 판결. 서울대학교 법학연구소 편, 주석한국판례집(민사Ⅱ)(서울대학교 법학연
구소, 1968), pp.269-270.
71) 동아일보 1960.4.12.(석간), p.1(사설).
72) 이종극(전게주 42)(2), 동아일보, 1959년 9월 9일자.

반면 모든 구 법령에 대한 최종 위헌심사권이 대법원에 있다고
보는 입장에서는 제헌헌법 시행 시부터 효력을 가질 수 없다고 보았
다. 즉 제헌헌법 제100조가 헌법에 저촉되지 않는 한 구 법령의 효력
이 지속된다고 규정했으므로, 헌법에 저촉되는 구 법령은 헌법 시행
과 동시에 효력을 상실했다고 해석했다.73)

당시 대법원은 자신이 위헌심사권을 갖는 위헌인 명령·규칙 등
은 제헌헌법 실시와 동시에 무효로 되었다고 보았다. 즉 사찰의 주지
취임에 지방장관(도지사)의 인가를 요건으로 규정한 일제의 사찰령 시
행규칙 제2조 제2항의 위헌을 선언한 판결에서 문제된 조항은 헌법
제12조 신앙의 자유보장 조항에 저촉되므로, "헌법 제100조의 규정에
비추어 헌법의 공포·실시와 동시에 무효로 되었다"고 판시했다.74)
동일한 사찰령 시행규칙 제2조 제2항의 위헌 무효를 선언한 대법원
1956년 3월 30일 선고, 4288행상21 판결이나, 대법원 1957년 2월 1일
선고, 4289재2 판결도 같은 입장이었다.75) 그러나 위헌결정권이 헌법
위원회에 있다면 구 법령은 "설령 조문과 같이 위헌의 규정이라 할지
라도 헌법위원회의 위헌결정이 없는 한 그 효력을 인정"해야 한다고
보았다.76)

헌법위원회는 구 법령에 대한 위헌판정을 한 번도 내린 바 없었
기 때문에 위헌 구 법령의 효력이 언제부터 상실되는가에 대한 견해
를 표시한 바 없었으나, 헌법위원회법 제20조에 따라 형벌조항이 아
닌 한 무효의 소급효를 인정하지 않았으리라 추측된다.77) 경향신문

73) 전게주 47, 48 및 해당 본문 참조.
74) 대법원 1956.4.29. 선고 4289형상1 판결.
75) 주석한국판례집(공법Ⅰ)(전게주 69), p.29 이하 수록.
76) 대법원 1955.3.4. 선고 4285형상114 판결.
77) 대법원 1952.4.1. 선고 4283選15 판결. 주석한국판례집(공법Ⅰ)(전게주 69), p. 24;
  대법원 1953.1.13. 선고 4285민상24 판결. 주석한국판례집(민사Ⅱ)(전게주 70),
  p.561 참조.

정간처분 취소청구소송에서 원고측은 정간처분의 근거법령인 군정법령 제88호 제1조 및 제4조와 함께 헌법위원회법 제20조에 대하여도 아울러 위헌제청 신청을 했으나, 대법원은 군정법령 제88호에 대하여만 위헌심사 제청을 했다. 이 사건은 4·19 이후의 정치 격변으로 헌법위원회 결정에까지 이르지 못하고 대법원이 경향신문 정간처분 효력정지 가처분신청을 인용해 일단 복간됨으로써 사실상 정리되었다. 당시 대법원은 가처분신청에 대한 결정도 계속 미루다가 이승만 대통령이 하야를 발표한 4월 26일에 이르러서야 이를 인용했다.[78]

Ⅳ. 주요 구 법령의 효력검토

1. 창씨개명과 「조선성명복구령」

가. 문제의 소재

구 법령 효력과 관련된 논란 중 하나가 이성양자(異姓養子) 및 서양자(壻養子)[79] 제도의 인정 여부였다. 일제는 1912년 조선민사령을 공포함으로써 조선에서 민사에 관한 사항에는 일본 민법을 의용하도록 했으나(제1조 제1호), 단 제11조는 "능력·친족 및 상속"에 관한 사항은 조선의 관습에 의해 규율된다고 규정하고 있었다.[80] 이에 조선에서는 이성불양(異姓不養) 관습에 따라 일제 식민지가 된 이후에도 일본과 달리 이성양자와 서양자제도가 허용되지 않았다. 이에 대해서는 일제 말기 큰 변화가 온다. 일제는 1939년 제령 제19호로 조선민사령을 개정하고, 제령 제20호 「조선인 씨명(氏名)에 관한 건」 등을

---

78) 동아일보 1960.4.27.(조간), p.1.
79) 사위를 양자로 삼음.
80) 조선민사령 제11조는 1921년 11월 14일 "조선인의 친족 및 상속에 관해서는 제1조의 법률에 의하지 아니하고 관습에 의한다. 단, 친권, 후견, 보좌인 및 무능력자를 위해 두어야 할 친족회에 관한 규정은 그러하지 아니하다."로 개정되어, 이후 "능력"에 관해서는 일본 민법이 적용되게 되었다.

제정함으로써 이른바 창씨개명(創氏改名)을 실시함과 동시에 조선에도
이성양자와 서양자제도를 도입시켰다.[81]

창씨개명 강제가 일제 말 한민족이 겪었던 커다란 비극이었음은
새삼 되풀이할 필요가 없다. 일제가 퇴각하자 1946년 10월 23일 발표
된 군정법령 제122호 「조선성명복구령」은 일제의 "창씨제도에 의해
조선 성명을 일본식 씨명으로 변경한 호적부 기재는 그 창초일부터
무효임을 선언"했다. 아울러 「조선성명복구령」에 배치되는 모든 법
령·훈령·통첩도 그 창초일부터 무효라고 선언되었다. 따라서 조선
인이 60일 이내에 일본식 이름을 그대로 유지하겠다고 신청하지 않
는 한 자동적으로 원래의 성명으로 복귀시켰다.

민간인의 일상생활에서는 해방 직후부터 바로 일본식 창씨개명
이 포기되고 원래의 조선식 성명 사용으로 돌아갔으나, 호적 등 공식
서류에는 한동안 창씨개명된 호칭이 유지되어 혼란과 불편이 있었다.
이에 당시 언론은 뒤늦은 「조선성명복구령」에 대해 "우리 민족의 치
욕의 하나로 얼굴을 떳떳이 들지 못하던 창씨제도는 8·15 해방과 함
께 당연히 이 땅에서 말살되어야 할 것임에도 불구하고 […] 사법당
국의 태만으로 해방된 지 1년이 넘은 오늘 겨우 이 부끄럽기 짝이 없
는 창씨와 왜명을 버리고 빼앗겼던 우리 성과 이름을 찾게 되었다"고
보도했다.[82] 해방 후 열악한 사회 사정은 성명 복구작업을 예상 외로
지연시켰고, 「조선성명복구령」이 공포된 다음 해인 1947년 말에나 국
내 공식 서류에서 창씨개명이 말소될 수 있었다.[83]

---

81) 조선민사령 제11조의2 ① 조선인의 양자연조에 있어서 양자는 양친과 동성임을
요하지 아니한다. 단, 사후양자의 경우는 차한에 부재한다. ② 서양자 연조는 양
자연조의 계출과 동시에 혼인의 계출을 함으로 인하여 그 효력이 생긴다. ③ 서
양자는 처의 가에 들어간다.
82) 서울신문 1946년 11월 8일자.
83) 경향신문 1947.12.26., p.2.

그러나 「조선성명복구령」이 의미하는 바가 정확히 무엇인지는 파악하기 쉽지 않으며, 광복 후 몇 십 년이 지난 다음까지도 재판에서 논란이 제기되기도 했다. 특히 「조선성명복구령」이 단순히 일본식 창씨개명의 무효만을 선언한 의미인지, 창씨개명과 아울러 도입된 이성양자·서양자제도도 동시에 무효화시키려는 의미였는지에 대해 입장이 엇갈렸다.

나. 법원의 태도

「조선성명복구령」이 발표된 지 약 1년 후인 1947년 11월 18일 김병로 군정청 사법부장은 "이성양자 연조는 조선관습상의 이성불양 급(及)「조선성명복구령」입법취지에 비추어 타당치 아니하므로" 이를 수리하지 말도록 각급 법원에 지시했다.[84]

그 후 대법원은 1949년의 판결에서

---

84) 1947년 11월 18일자 사법부장 통첩, 대법원 법원행정처 법정국편, 韓國戸籍 및 寄留例規全集(대법원법우회, 1954), p.83, 제457번. 이성양자가 불허되면 이를 전제로 해야 하는 서양자제도도 당연히 금지된다.
　이 사법부장 통첩의 법적 성격이 무엇이냐에 대하여도 검토가 필요하다. 일반적으로 이러한 종류의 통첩은 법령에 대한 유권해석 자료라고 평가된다. 그러나 미군정 당시 사법부장은 군정장관의 고문으로 직책상 대법원의 상위기구로서 법원에 대한 감독권을 갖고 있었다(1946년 4월 2일자 군정법령 제67호 및 김석준, 미군정시대의 국가와 행정(이화여자대학교 출판부, 1996), p.250 참조). 또한 미군정청의 명령은 구 법령을 개폐시킬 수 있는 효력을 지니고 있었다. 그러나 현재까지 필자가 입수한 자료만으로는 1947년의 위 사법부장 통첩은 단지 대법원 법원행정처 법정국이 펴낸 위의 책 속에 그 내용만이 전해져 올 뿐, 실제 어떠한 형식으로 발표되었는지를 정확하게 알지 못한다. 당시 미군정청은 통합 관보를 발간하지 않았고 부처별로 여러 종류의 관보가 발간되었는데, 이의 완벽한 집성이 이루어진 바 없다(전게주 12 참조). 그 한 예로 1946년 11월 1일 사법부령으로 공포된 「조선성명복구령 시행세칙」은 여러 자료를 통해 그 존재와 내용이 확인되고 있으나 현재까지는 당시 군정청관보 등 공식적 자료에 의해 확인되지 않고 있으며, 어떠한 군정법령집에도 수록되어 있지 않다. 따라서 1947년 사법부장 통첩 역시 그 발동형식에 따라 단순한 유권해석의 자료 이상의 지위를 가졌을 가능성을 완전히 배제할 수 없으나, 더 이상은 확인하지 못했다.

"만이적(蠻夷的) 서양자제도는 왜정 퇴각과 동시에 자연 소멸되었음
은 물론이거니와 이에 의하여 성립된 서양자 관계는 상래(上來) 서술과
같이 공서양속에 위반됨으로 그 성립 당초부터 무효되는 바이다"

라고 판시했다.[85] 이 사건 당사자는 조선민사령 개정 후인 1942
년에 서양자 연조에 의해 혼인한 부부였으나, 해방 후 부인이 남편을
상대로 서양자 연조 무효 및 이혼청구소송을 제기했다. 하급심 판결
은 이혼청구만 받아들이고 서양자제도는 「조선성명복구령」의 영향을
받지 않아 당시 법제상 유지되고 있다고 판단했으나, 대법원이 위와
같은 취지에서 이를 파기 자판했다. 이 판결은 1947년 사법부장 통첩
이 「조선성명복구령」의 취지에 비추어 이성양자 입양을 수리하지 말
라고 지시한 데서 한 걸음 더 나아가 서양자 연조가 성립 당초부터
소급적으로 무효라고 판단했다. 판결문은 서양자 연조가 소급적으로
무효인 근거로 특정 법조항을 지적하지 않고, 이는 왜정 퇴각과 함께
자연 소멸된 제도로서 공서양속에 위반되기 때문이라고 설명했으나,
그 같은 결론의 배후에는 1946년 「조선성명복구령」과 1947년 사법부
장 통첩이 자리 잡고 있었다고 판단된다. 그 후 이 판결은 이성양자·
서양자에 관한 우리 법원의 기본 선례 역할을 했다. 1952년 대법원은
이 판례에 의해 이성양자와 서양자는 이미 무효화되었다고 해석하고,
과거 신고가 수리되어 호적부상 남아있는 이성양자와 서양자는 담당
공무원이 모두 직권 말소시키라고 각급 법원에 지시했다.[86] 이후 국
내에서는 대법원 판결에 의해 개정 조선민사령 상의 이성양자·서양
자 조항은 폐지 또는 수정되었다고 설명함이 보통이었다.[87]

---

85) 대법원 1949.3.26. 선고 4271민상348 판결. 이 판결문은 법조협회잡지 제1권 제3
   호(1949), p.307 및 동 제4호, p.405 이하 수록.
86) 1952년 5월 10일자 대법원장 통첩. 대법원 법원행정처 법정국 편(전게주 84),
   p.173(제954번).
87) 정광현, 한국가족법연구(서울대학교 출판부, 1967), pp.65-66; 양창수, 민법연구

대법원은 일제 강점기 중 이루어진 이성양자의 효력에 관해 1967
년 다시 판단할 기회를 가졌다. 이 사건에서는 조선시대 환관이었던
자가 조선민사령 개정 이후 이성양자를 입양한 행위의 유효성이 다투
어졌다. 대법원은

"의용민법 실시 중에 있어서는 이성양자 제도는 인정되어 있지 않았
으며 다만 환관가와 봉시가에 한하여 이성양자 제도가 인정되었던 때가
있었으나 그것도 1915.4.1 개정 민적법의 실시와 동시에 철폐되었으므
로 적어도 위 개정 민적법 실시 이후의 구 민법 실시기간 중에 있어서
호적부에 이성양자 입양의 기재가 되어 있다 하더라도 이성양자의 입양
이 법률상 당연 무효"

라고 판단했다.[88] 원래 조선의 관습상 환관의 경우 이성양자가
허용되었으나, 일제시대에는 1915년 민적법(民籍法) 시행 이후 환관에
게도 이성양자가 인정되지 않았다고 보았다. 즉 조선고등법원 1928년
5월 25일 선고, 민상 제131호 판결은 1915년 4월 1일의 개정 민적법
실시와 동시에 위 관습은 스스로 폐절되었고, 그 후 환관가에 대하여
도 이성양자가 인정되지 않는다고 판시했었다.[89] 광복 후 대법원은
이 입장을 계승하는 한편, 1939년 조선민사령 개정조항의 효력도 부
인해 구 민법시대 환관가 이성양자 입양이 무효라고 판단했다. 당시
이 판결에 대하여는 비판도 적지 않았다.[90] 그럼에도 불구하고 위와

Ⅲ(박영사, 1995), p.122. 단 양문사 편집부 편, 민법(친족상속법)(양문사, 1954),
p.87은 입양 요건으로 이성불양을 설명하며, 조선민사령 개정조항은 「조선성명복
구령」에 의해 폐지되었다고 해석했다.
88) 대법원 1967.4.24. 자 65마1163 결정.
89) 司法協會, 朝鮮高等法院要旨類集(司法協會, 1943), p.333.
90) 대법원 65마1163 결정은 개정 조선민사령 제11조의2가 서양자제도에 관한 것이
며, 일반 이성양자에 관한 규정은 아니라는 명백한 해석 오류를 담고 있어서 더
많은 비판을 받았다. 이 판결의 결론을 비판하는 글로는 윤천희, 환관 이성양자

같은 대법원 입장은 이후 모두 7건의 판결과 결정을 통해 구 민법 시대인 1959년 말까지 이성양자 입양은 무효라는 입장을 적어도 1992년까지는 일관되게 유지되었다.[91]

그러나 1994년 대법원은 구 민법시대에 이성양자가 불허되었다는 종래의 판례를 번복했다. 즉 이 판결은 "1940년 2월 11일부터 시행된 조선민사령 제11조의2 제2항에서 "조선인의 양자연조에 있어서 양자는 양친과 성을 같이 할 것을 요하지 않는다 [⋯] 라고 규정함으로써 [⋯] 양친과 성을 달리하는 이성의 자도 양자로 하는 것이 허용됨을 명백히 하였으므로 1940.2.11.부터는 사후양자가 아닌 한 이성의 자도 양자로 할 수 있게 되었다"고 지적하며, 이와 반대 입장이던 기존판례를 변경시키었다.[92] 윤진수 교수는 이성양자제도가 헌법에 반하지 않는 한 공서양속에 어긋난다는 이유만으로 무효라고 할 수 없으며, 「조선성명복구령」은 "일정시대 창씨가 무효임을 선언하고 일본식 이름을 조선성명으로 복구할 것을 규정하였을 뿐 서양자제도나 이성양자제도와는 직접 관계가 없는 것이다. 그러므로 위 개정 조선민사령의 규정(서양자 및 이성양자 허용을 규정한 조선민사령 제1조의2 ― 필자 주)이 왜정 퇴각과 동시에 당연히 효력을 잃는다고 볼 아무런 근거가 없고, 위 조선민사령이 효력을 잃게 되는 1960.1.1. 민법의 시행

시비, 법률신문 1967년 5월 22일자; 김주수, 환관의 이성양자 입양의 효력, 법률신문 1967년 6월 5일자.

91) ① 대법원 1967.10.31. 자 67마823 결정. ② 대법원 1968.1.31. 선고 67다1940 판결. ③ 대법원 1968.11.26. 선고 68다1543 판결. ④ 대법원 1970.3.24. 선고 69다1400 판결. ⑤ 대법원 1970.6.30. 선고 69므6, 7 판결. ⑥ 대법원 1977.7.26. 선고 77다433 판결. ⑦ 대법원 1992.10.23. 선고 92다29399 판결. 위의 ⑤ · ⑥은 판결문이 공간되지 않았으므로 이하 본고에서는 그 내용을 분석하지 못했다. 다만 1960년부터 시행된 우리 민법이 이성양자와 서양자제도를 인정했으므로(민법 제876조 및 제877조 제2항), 1959년 말까지만 이성양자가 금지되었다고 보았다. 서양자제도는 1990년 1월 13일의 민법 개정을 통해 다시 폐지되었다.

92) 대법원 1994.5.24. 선고 93므119 판결.

과 동시의 일이라고 보아야 할 것이다. 그 외에 대법원 판결이나 사법부장의 통첩 또는 대법원의 통첩이 법규를 개폐하는 효력은 갖지 못함은 명백하다"고 보아 과거 조선민사령 개정 이후에도 이성양자가 허용되지 않았다고 본 각 판례는 모두 잘못되었으며, 1994년의 대법원 판결은 뒤늦게나마 올바로 판단했다고 논평했다.93)

사실 「조선성명복구령」은 일정기 창씨제도에 의해 일본식 씨명으로 변경된 조선 성명의 간이한 복귀가 자신의 목적이라고 밝히고 있다. 그 내용에서도 일본식 씨명의 처리 방법만을 규정하고 있을 뿐 이성양자 · 서양자의 효력에 관한 직접적 언급은 없다. 따라서 1994년 대법원 판결의 논지는 나름대로 일리가 있다. 그러나 제기되는 의문은 이런 단순한 사실을 몰라 김병로 군정청 사법부장은 「조선성명복구령」의 취지에 비추어 이성양자가 금지되었다고 통첩했고, 무려 반세기 가까이 대법원은 통첩과 판례를 통해 반복적으로 1939년 조선민사령 개정조항의 유효성을 부인해 왔을까? 1994년 대법원 판결은 단순히 개정 조선민사령 제11조의2 제1항이 이성양자를 허용했으므로 구민법 시대에도 이성양자가 허용되었다고만 지적하고 있는데, 이 같은 공지의 사실에 대한 지적만으로 판례 번복을 흔쾌히 납득하기에는 반대 입장의 뿌리가 너무나 깊다. 이 점에 대해 양창수 교수도 1992년까지의 대법원이 조선민사령 제11조의2 제1항의 존재를 알지 못해 이성양자를 허용하지 않았다기보다는 이 규정이 "왜정 퇴각 후에는 이제 더 이상 효력이 없다고 생각하였기 때문에" 그러한 태도를 취했으리라고 전제하고, 조선민사령 제11조의2가 구 법령의 일부로서 우리의 헌법질서에 위배되기 때문에 이의 적용을 외면했던 것이 아닌가 추측했다.94)

---

93) 윤진수, 민법 시행 전에 이성양자가 허용되었는지 여부 및 민법 시행 전 입양의 요건에 대한 민법의 소급적용, 판례월보 1996년 11월호, pp.44-8-9.
94) 양창수, 헌법제정 후 일정법령의 효력, 오늘의 법률 제97호(1997.2.), pp.3080-

이에 대한 답은 창씨개명을 "창초일부터 무효"라고 선언한 군정
법령 제122호 「조선성명복구령」부터 실마리를 찾아야 한다. 이것이
1947년 사법부장 통첩의 근거가 되었고, 나아가 1949년의 대법원 판결
과 1952년의 대법원 통첩으로 이어졌기 때문이다. 「조선성명복구령」
을 이해하기 위하여는 창씨개명의 본질과 내용이 과연 무엇이었는가
를 검토할 필요가 있다.

다. 창씨개명의 본질

창씨개명의 법적 근거는 1939년 11월 1일 공포된 제령 제19호
「조선민사령중 개정의 건」, 제령 제20호 「조선인 씨명에 관한 건」, 조
선총독부령 제220호 「조선호적령 중 개정의 건」, 조선총독부령 제221
호 「조선인의 씨설정에 따른 신청 및 호적기재 수속에 관한 건」, 조
선총독부령 제222호 「조선인의 씨명 변경에 관한 건」, 조선총독부 훈
령 제77호 「조선인의 씨설정에 따른 호적사무취급에 관한 건」 등이었
다. 그중 제령 제19호와 제20호가 기본법제에 해당하며, 나머지는 부
속절차에 관한 내용이다. 이상의 각 법령은 일본 황기 2600년 기원절
인 1940년 2월 11일부터 시행되었다(조선총독부령 제219호).[95]

일제가 조선에 창씨개명을 실시한 목적은 무엇이었을까? 당시
조선총독 미나미 지로(南次郞)는 황국신민으로서의 신념과 긍지를 품
은 반도인들로부터 내선 양 민족의 혼연일체를 위해 개인의 호칭을
동일한 형태로 하자는 요망이 대두되었고, 창씨개명 실시는 이 같은
반도인의 열렬한 요망에 응해 반도인도 법률적으로 내지인 식의 씨를
칭할 수 있는 방도를 열어 주었다고 설명했다. 그는 사법영역에서의

3081.

95) 일제는 이미 1924년 무렵부터 조선에 이성양자와 서양자 제도 도입을 검토했다고
한다. 이홍민, 현행민법 시행 전 이성양자의 허용여부, 가족법연구 제25권 제3호
(2011), pp.116-118.

내선일체(內鮮一體) 구현을 위한 방안으로 ① 씨명의 공통 ② 내선 통혼(通婚) ③ 내선 연조(緣祖) 3가지를 꼽았다. 이미 내선통혼과 반도인의 내지 입양은 계속 증가하고 있었는데, 이번 조선민사령 등의 개정을 통해 반도인도 드디어 내지인 식의 씨를 칭할 수 있고, 이성자(異姓子)를 양자로 삼을 수 있게 되어 내지인도 반도인의 양자로 될 수 있게 되었으니 이제 사법상의 내선일체를 위한 3개 항목이 모두 실현되게 되었다고 설명했다.[96] 즉 창씨개명의 궁극적 목표가 내선일체의 실현임을 분명히 했다.

창씨개명이 왜 내선일체의 수단이 되는가? 창씨개명은 이광수(李光洙)를 香山光郎(가야마 미쓰로)으로 바꾸듯 조선인의 성명을 일본풍으로 바꾸어 이름에서 외관상 차이를 없애는 정책이었다. 그러나 창씨개명의 본질을 살펴보면 이는 단순히 이름에 관한 정책에 한정되지 않았다. 일제가 이를 통해 조선의 사회구조를 일본화시키려는 의도가 담겨 있었다. 창씨개명의 본질을 이해하기 위하여는 우리의 일상생활에서 흔히 혼용되고 있는 성과 씨를 일제는 전혀 다른 개념으로 파악했음을 주목해야 한다.[97]

일본은 개인 호칭 수단이 씨(氏)와 명(名)으로 구성되며, 그중 씨는 "가(家)를 표창하기 위한 법률상 명칭"에 해당한다고 보았다.[98] "호주 및 가족은 그 가의 씨를 칭한다"는 일본 구민법 제746조에 의해 동일한 가(家)의 소속원은 모두 같은 씨를 갖게 되며, 혼인이나 입양 등에 의해 소속 가가 바뀌게 되면 씨도 따라서 바뀐다. 일본에서

---

96) 1939년 11월 10일 南次郎 談話, 司法上に於ける內鮮一體の俱現-內地人式の氏の設定に就て, 朝鮮總督府 法務局, 氏制度の解說(1940), p.6.

97) 김영달, 창씨개명의 제도, p.46. 이 글은 원래 富田節子(도미타 세츠코)·金英達·梁太昊, 創氏改名(明石書店, 1992)에 수록되었는데, 국내에서 정운현 편역, 創氏改名(학민사, 1994)으로 번역·출판된 바 있다. 독자의 편의를 위해여 출처면수는 정운현 번역본을 기준으로 한다.

98) 朝鮮總督府 法務局(전게주 96), p.11.

는 혼인한 여자가 통상 남편 씨를 따르는 이유이다.

반면 개인을 지칭하는 한국식 호칭 수단은 성(姓)과 명으로 구성
된다. 이 중 성은 부계혈통의 표시로서 이 개념 속에는 조상 발원지
를 가리키는 본관의 의미도 내포되어 있다. 외관상 같은 이(李)를 성
으로 해도 전주를 본관으로 하는 이(李)가 있는가 하면, 경주를 본관
으로 하는 이(李)도 있어 이들 상호 간에는 혈통상 유대가 없다고 취
급된다. 성은 평생 불변으로 혼인한 여자가 남편 집안의 가족이 되어
도 본래 성이 유지된다. 동성동본자들은 종회(문중)를 구성하며, 문중
은 조선 내 사회적 조직의 하나로서 개인의 일상생활에 상당한 영향
을 미치었다. 같은 문중에 속함은 족보를 통해 외부적으로 표시된다.
동성동본자들은 같은 집안사람이기 때문에 서로 혼인할 수 없었고, 성
불변(姓不變)의 원칙으로 인해 타고난 성이 다르면 타 가문에 입양되
어 족보에 오르거나 조상제사를 모실 수 없었다. 즉 성은 가(家)가 아
니라 개인에게 붙여지는 칭호이다. 이러한 제도는 그 합리성 여부와는
관계없이 조선 사회에서 일반적 제도로서 자리 잡고 있었으며, 조선민
사령 제11조가 승인한 "조선의 관습"의 일부로서 일제 역시 존중했다.

일제는 이러한 성명제도로 인해 조선에는 개인의 호칭만 있지 사
회의 기본 구성단위인 가를 표창하는 칭호가 없다고 주장하며, 이는
마치 국가에 국명이 없는 모습과 같다고 비판했다.[99] 즉 조선에서는
가(家)를 표창하는 씨(氏)가 없이 성만 있었기 때문에 이성(異姓)의 양
자가 양부를 상속하면 어제까지 호주의 성이 김(金)이었다가 일순간
호주의 성이 박(朴)으로 되어 마치 점령당하는 모습 같이 비추어지고,
이는 상속 관념과도 합치되지 않아 이성양자가 허용되지 않았다고 보
았다. 그러나 조선의 가에도 씨가 설정되면 동일한 가에 소속된 사람

---

99) 宮本元, 婿養子, 異姓養子及氏制度の制定に就て, 朝鮮總督府 法務局(전게주 96),
p.11.

은 모두 같은 씨를 갖게 되고, 따라서 이성자를 입양해도 동일한 씨를 갖게 되어 상속 후 호주의 씨가 변경되는 폐단이 없어진다고 주장했다. 조선 관습상 여자는 혼인을 하면 반드시 출가를 하므로 남아인 자(子)가 없는 경우에도 친자인 출가녀에게는 상속이 안 되었다. 불가불 혈연관계가 더 먼 동성동본의 양자를 얻어 상속을 시켰는데, 이는 친자의 정과 인생 자연의 정의에 반한다고 비판했다. 그러나 조선에도 씨가 설정되면 여아만 있는 경우, 이성입양(異姓入養)을 통한 서양자제도의 도입이 가능해져 친자를 자신의 가에 남겨 둘 수 있다고 주장했다.[100] 이에 총독부 법무국은 씨제도 창설 이유로 반도인의 요망, 가(家) 관념의 확립과 함께 이성양자 가능화를 들었으며,[101] 미야모토 하지메(宮本元) 법무국장도 서양자·씨·이성양자는 서로 연환관계에 있다고 설명했다.[102]

일제는 조선인의 성명에 대한 애착과 급작스러운 변화에 대한 반발을 의식해 씨제도를 도입하면서도 조선의 성명 관습을 완전히 폐절시키지는 않았다. 종래의 성은 호적 본관난에 성과 본관으로 함께 기재되도록 했고, 일정한 법률적 기능도 인정했다. 예를 들어 사후양자는 여전히 동성동본자 중에서만 가능하도록 했고,[103] 동성동본 불혼도 유지되었다.[104] 당시 일제는 창씨개명을 촉진할 목적에서 이를 통해 종래 성이 바뀌지는 않는다고 계속 강조했다.[105] 그러나 종래 개인을 가리키는 사회적 호칭으로 성명이 사용되었던데 반해, 창씨제도

100) 朝鮮總督府 法務局(전게주 96), p.18. 이성불양(異姓不養) 제도 아래서는 양자와 양부의 친자는 항상 동성동본 관계가 되므로 서로 혼인할 수 없게 되나, 이성양자가 인정되면 동성동본 금혼(禁婚) 제한에 걸리지 않는 서양자가 가능하게 된다.
101) 朝鮮總督府 法務局(전게주 96), pp.16-18.
102) 宮本元(전게주 99), p.7.
103) 개정 조선민사령 제11조의2 제1항 단서.
104) 정광현(전게주 87), p.50 참조.
105) 朝鮮總督府 法務局(전게주 96), p.19 등.

도입 이후에는 씨명만이 호칭으로 사용되었다. 즉 고유의 성은 가장 중요한 개인 호칭의 기능을 상실하고, 호적부 한쪽 구석에 박제되어 일상생활에서 사라지게 되었다.

조선이 일제에 병합되자 국가를 통한 자신의 정체성을 표시할 수 없었던 조선인으로서는 차선의 방안으로 친족집단인 종(宗)을 통해 가문의 역사와 자신의 정체성을 강조함으로써 일본인과의 구별을 분명히 할 수 있었다. 이러한 영향으로 1930년대 조선에서는 족보 제작이 큰 유행을 이루었으며, 족보는 당시 최대 출판물이었다고 한다.106) 종(문중)이란 성불변·동성동본 불혼·이성불양이라는 조선식 성(姓) 개념을 바탕으로 성립된 남계혈통의 친족집단이었는데, 씨제도의 도입은 바로 조선식 사회구조 해체작업의 일환이었다.107)

씨는 가(家) 단위의 호칭으로 각 호주가 씨 설정권을 가지므로 이제까지 같은 종(문중)에 속하던 사람들도 창씨개명 이후에는 각기 다른 씨를 쓸 수 있었다. 심지어 같은 형제들도 분가 후에는 각기 다른 씨를 사용할 수 있게 되었다. 이는 곧 이씨(異氏) 동성동본 집단의 출현도 가능해짐을 의미했다. 이에 대한 조선사회 대응책 중 하나는 종친회 결정에 의한 집단적 창씨를 통해 동씨(同氏) 동성동본을 유지하려는 시도였다.108) 본관(예: 豐山)을 일본식 씨로 사용해 동성동본 문중을 표식으로 남기기도 했다. 그러나 사회적 호칭으로 성 대신 씨가 사용되는 상황 속에서는 세월이 갈수록 종래 조선 사회구조의 한 기둥을 차지하던 동성동본 집단으로서의 종(문중)은 역할이 위축될 수밖에 없으며, 조선의 가족제도는 개별가족화 형태로 분화가 촉진되리라고 예상되었다.109)

---

106) 양태호, 창씨개명의 사상적 배경, 정운현 편역(전게주 97), p.118.
107) 동지, 양태호(상계주), p.113.
108) 양태호(전게주 106), p.123.
109) 정광현, 姓氏論考(東光堂書店, 1940), p.98.

이렇듯 창씨개명은 호칭의 변화만이 아니라 새로운 가족제도의 도입을 의미했다.110) 법규상 반드시 일본풍 창씨만 강제되지는 않았으나, 현장에서는 일본풍 창씨만이 요구되었다. 세간의 오해와 같이 일제의 강압에 굴복한 사람만이 창씨를 한 것이 아니라, 법규정에 의해 모든 조선인에게 자동적으로 씨가 부여되었다. 즉 1939년 조선민사령 개정 부칙 제3항에 의해 개정령 시행 6개월 내, 즉 1940년 8월 10일까지 스스로 창씨 신고를 하지 않은 사람에게는 본래의 성이 바로 씨로 부여되었다.111) 예를 들어 김-박 부부가 자진하여 일본풍의 창씨를 하지 않으면 1940년 8월 11일을 기해 이들 부부에게 모두 김이라는 씨가 설정되었고, 부인의 성인 박은 더 이상 그녀의 사회적 호칭으로 사용될 수 없었다.112) 일제가 창씨개명을 실시하기 위해 갖가지 수단으로 개인에게 압박을 가하고, 조선인 유명인사를 선전의 앞잡이로 내세웠던 이유는 조선인들로 하여금 법규정에 의한 창씨(이른바 法定創氏)가 아니라, 본인의 신청에 기해 일본풍의 새로운 씨를 갖도록 하기 위함이었다(이른바 設定創氏).113) 이렇듯 창씨제도는 조선인의 호칭을 가급적 일본풍으로 변경시키고, 조선에 일본식 가(家) 제도 도입을 목표로 했다.114)

일본의 씨와 조선의 성은 이렇듯 서로 다른 제도였기 때문에 창씨개명의 의의가 단순히 조선인의 호칭을 일본풍으로 바꾸는데 국한되지 않았다. 일본풍의 창씨를 끝까지 거부하면 기존 조선 성(姓)을 새로운 일본식 씨(氏)로 인정했다는 점에서 일본풍 호칭 도입보다 일본식 씨제도의 적용은 창씨개명의 더 궁극적 목적이었다. 일본풍 호

110) 김영달(전게주 97), pp.49-50.
111) 6개월 내 창씨 설정에 응하지 않아도 특별한 벌칙이 적용되지는 않았다.
112) 남편 김(金) 아무개의 경우 성과 씨가 모두 金이 되었다.
113) 당시 1940년 8월 10일까지 조선인의 약 80%가 창씨신고를 했다고 한다. 양태호(전게주 106), p.110.
114) 양태호(전게주 106), p.110.

칭은 외견상 본인의 자발적 신청의 형식을 취했으나, 씨제도의 적용
은 법규정에 의해 예외 없이 100% 실시되었다. 즉 일제가 창씨제도
도입을 통해 달성하려던 궁극적 목표는 조선의 가족제도와 사회구
조를 일본화시켜 조선인의 일본 동화(內鮮一體)를 촉진시키려 함이
었다.

이상이 창씨개명의 본질이었다. 따라서 창씨개명이 조선인의 호
칭을 일본풍으로 변경시킨 작업이라고만 본다면, 이는 창씨개명에 관
한 표피적 이해에 불과하다.[115] 그런 의미에서 창씨개명이 단순한 이
름변경 문제에 한정되지 않았음을 밝힌 1947년 김병로 사법부장 통첩
은 문제의 본질을 정확히 꿰뚫고 있었다고 평가된다. 조선식 성명 복
구를 통한 일본식 씨명의 폐지는 곧 이를 전제로 하던 일본식 가제도
의 퇴각과 함께 이성양자 불가를 의미함이 당연한 논리적 귀결이었
기 때문이다. 이에 1939년 조선민사령 개정에 의해 도입되었던 이성
양자·서양자제도는 1946년 10월 「조선성명복구령」 발효에 의해 폐지
되었고, 1947년의 사법부장 통첩은 이를 확인한 행위에 불과했다. 결
론적으로 이성양자·서양자를 허용한 조선민사령 등의 규정은 1948년
대한민국 정부 수립 이전에 이미 폐지되었으므로, 제헌헌법 제100조
에 의해 유지된 "현행법령"에 포함될 수 없었다.[116]

이상과 같은 결론에는 다음의 반론이 제기될 수 있으리라 예상된
다. 창씨제도가 폐지된 이후 1960년부터 시행된 신민법이 이성양자와
서양자제도를 인정했음을 볼 때, 창씨개명과 이성양자·서양자제도는
각각 별개로 존재할 수 있는 제도이며, 따라서 「조선성명복구령」이
이성양자제도 폐지를 포함한다고 해석될 수 없다는 의문의 제기이다.

115) 김영달(전게주 97), p.50.
116) 동지, 이흥민(전게주 95), p.127. 그런 의미에서 이성양자·서양자제도가 1949년
    대법원 판결에 의해 폐지되었다는 설명은 정확한 이해라고 할 수 없다. 이에 대
    하여는 오히려 양문사 편집부(전게주 87)의 설명이 정확하다.

이는 대법원 1994년 5월 24일 선고, 93므1119 판결이 입각하고 있는 논리이기도 하다.

이 점은 결국 창씨개명과 「조선성명복구령」을 어떠한 시각에서 이해하고, 한국 사회에 적용하느냐에 따라 결론이 달라질 수 있는 문제이다. 이는 창씨제도 도입의 배경과 목적, 창씨제도에 대한 조선인의 수용자세, 특히 이성양자·서양자제도에 대한 조선인의 관습과 인식 등을 종합적으로 고려할 때 정확한 해석이 가능해진다. 일본식 창씨제도 도입은 단순히 조선인의 이름을 바꾸기 위해 실시되었다기보다는, 이를 통한 조선 가족제도 변화와 보다 완벽한 내선일체 실현을 목표로 도입된 제도였다. 일제 역시 씨제도의 도입 없이는 당시 조선 사회에서 이성양자·서양자제도의 도입이 비현실적이며 상속 관념에도 합당하지 않다고 판단하고 있었다. 따라서 조선총독부도 씨제도 도입 효과 중 하나가 "이성양자의 가능"이라고 꼽았다.[117] 이에 1946년 10월 23일자 「조선성명복구령」에 의한 창씨제도 철폐가 이성양자제도의 폐지도 포함하는 의미로 받아들여졌음은 매우 당연했으며,[118] 이러한 해석은 반세기 가까운 세월 동안 9건의 판결을 통해

---

117) 朝鮮總督府 法務局(전게주 96), pp.17-18.

118) 「조선성명복구령」 이후 1947년 사법부장 통첩이 나오기 전에도 미군정청 법무국은 조선의 관습상 이성양자는 허용되지 않는다는 법률의견을 제시한 바 있다. 당시 사안은 한국 체류 미국인이 한국 어린이를 입양할 수 있느냐는 것이었다. E. Fraenkel이 준비하고 C. Pergler가 승인한 1946년 11월 15일자 군정청 법무국의 의견은 일본 법례 제19조에 의해 양자 입양의 요건은 각 당사자의 본국법에 따르게 되는데, 입양 대상자인 아동의 본국법은 조선민사령 제11조에 따라 조선의 관습이 된다고 보았다. 그런데 조선에서는 양친자간 부계혈통상의 관계가 있어야만(동성동본을 의미—필자 주) 입양이 성립될 수 있으므로, 해당 미국인은 조선인을 입양할 수 없다고 발표하였다. 이른바 이성불양 원칙은 조선인 부(父)에게만 적용되며 외국인이 조선인을 입양하는 데는 적용되지 않았으므로 이러한 결론은 타당하지 않았다. 다만, 여기서 주목되는 점은 판단의 법적 근거로 조선민사령 제11조만 지적되고, 일제 말 제11조의2 개정 규정은 전혀 무시되었다는 점이다. 개정 조선민사령 제11조2의 제1항 이성양자에 대해 아무런 언급이 없었던 점은 군정당국도 이 조항이 더 이상 유효하지 않다고 판단했음을 보여주는 증거

대법원에 의해 일관되게 지지되었다. 자연 구민법 시대에는 호적실무
상으로도 이성양자의 입양이 불가능했다.[119] 또한 1960년부터 한국
민법에도 도입된 이성양자 및 서양자에게는 호주 상속권이 인정되지
않았다는 점에서(1960년 민법 제877조 제2항) 일본식 가족제도 속의 이
성양자·서양자와는 다른 제도였다고 할 수 있었다.[120] 그럼에도 불
구하고 1994년 대법원 판결에서는 이러한 제반사정이 모두 간과되었
다. 이는 일제가 퇴각한 지 세월이 오래 흐르자 창씨개명의 본질에
대한 이해가 흐려진 상태에서 내려진 잘못된 판결이었다.

라. 환관가의 이성양자

광복 후 이성양자의 유효성을 다투는 사건 중 일부는 환관가 이
성양자 입양의 유효성 다툼이었다. 조선의 법제 하에서도 환관가에게
만은 예외적으로 이성양자가 인정되었다.[121] 그러나 조선이 일제 식
민지가 된 이후에는 환관 자체가 거의 없어져 이러한 관습이 차츰 소
멸되었다고 알려졌다. 일제시 조선고등법원 1928년 5월 25일 선고,
민상 제131호 판결은 1915년 4월 1일의 개정 민적법 실시와 동시에
환관가 이성양자 관습은 스스로 폐절되었고, 그 후 환관가에 대하여
도 이성양자가 인정되지 않는다고 판시한 바 있다.[122]

라고 생각된다. The Department of Justice, Headquarters, United States Army
Military Government in Korea, Selected Legal Opinions of the Department of
Justice, United States Army Military Goverment in Korea, vol. 1(1948), pp. 203-
04.

119) 따라서 이 문제에 관한 종래 대법원 판결의 사안에서도 광복 후의 이성양자 입양
행위의 유효성이 다투어진 예는 없었다. 일제시 성립된 이성양자 입양의 유효성
을 다투거나, 광복 후 이성자를 친생자로 출생신고를 한 것이 이성양자 입양의
효과를 가져올 수 있느냐는 점에 대한 다툼일 뿐이었다.

120) 이흥민(전게주 95), p.128.

121) 이흥민(전게주 95), pp.112-113.

122) 司法協會, 朝鮮高等法院要旨類集(司法協會, 1943), p.333.

광복 후 우리 법원 역시 일제 판례 입장을 답습해 1915년 4월 1
일 이후 환관가의 이성양자 입양은 무효라는 판단이었다.[123] 그러나
1915년 개정 민적법에 이에 관한 명문의 규정이 없음에도 불구하고
위에 같은 해석이 나온 근거에 의문을 제기하며, 민적법 개정 이후에
도 환관가의 이성양자 관습은 사실상 계속되었으며, 단지 일본 당국
의 불인정으로 인해 재산상속이 법적으로 보장되지 못하였을 뿐이라
는 반론이 있다.[124] 대법원의 65마1163 결정에 대해 강력한 이의가
제기된 이유 중 일부는 이 사건이 환관가의 이성양자 사건이라는 특
수성에도 있었다. 환관가의 이성양자는 본래 우리의 관습이었으며,
일제의 식민지 정책으로 도입된 제도가 아니었으므로 광복 후 일반인
의 이성양자·서양자 금지와 같은 차원에서 처리될 문제가 아니라는
지적이다. 과연 1915년 민적법 개정 이후 환관가의 이성양자 관습이
폐절되었는가에 관하여는 법제사적인 연구가 좀 더 있기를 기대한다.

2. 광무 신문지법

미군정법령 제11호 제2조가 기존 구법령 폐기에 관한 가장 일반
적 기준을 제시하고 있음은 앞서 설명한 바 있다.[125] 이 조항을 근거
로 일제 법령의 폐기를 확정한 군정기 판결은 발견하지 못했지만, 광
무 「신문지법」에 관해서는 이 문제가 재판과정에서 논란이 된 사건이
있었으므로 당시 군정대법원 견해의 일단을 살펴볼 수 있다.

사건 내용을 살펴본다. 남로당 중앙위원 겸 민주주의민족전선 상
무위원인 김 아무개가 1947년 7월 2일자 「노력인민」이라는 신문에 게
재한 기사가 문제가 되어 태평양 미육군총사령부 포고령 제2호와 신

---

123) 전게주 88의 65마1163 결정; 68다1543 판결; 69나1400 판결; 77다433 판결 등.
기타 김주수, 주석친족상속법(전정증보판)(법문사, 1984), p.698 참조.
124) 윤천희(전게주 90).
125) 전게주 18 내지 21 및 관련 본문 참조.

문지법 위반으로 기소되었다. 서울고등심리원은 1948년 4월 7일자 판결에서 신문지법은 군정법령 제11호 제2조에 의해 이미 실효되었다고 보아 신문지법 위반 혐의에 대해 무죄를 선고했다. 이에 대해 검찰측이 비상상고를 하자 군정대법원은 1948년 5월 21일 선고, 1948비상1 판결을 통해 신문지법의 유효를 선언했다.[126] 이 판결을 통해 군정법령 제11호 제2조가 말하는 차별법을 군정대법원이 어떻게 파악하였는가에 관한 입장을 부분적으로나마 살필 수 있다. 그 요지는 다음과 같았다.

첫째, 군정법령이 특정법령의 폐지를 구체적으로 열거한 바 없다는 이유만으로 해당 법령이 존속한다는 결론은 내릴 수 없다.

둘째, 일제 법령의 존속 여부는 반드시 해당 법령 전체를 단위로 판단해야 하지는 않으며, 각 조문별로 존속 여부를 결정할 수 있다.

셋째, 해당 법령이 일본인과 조선인의 적용을 구분할 수 있다는 점만으로 차별이라고 할 수 없으며, 적용 자체가 차별을 초래하는 경우에만 제11호 제2조에 의해 폐지되었다.

결론적으로 군정대법원은 문제가 된 신문지법 제26조와 제37조는 조선인에 대한 차별적 처벌조항이 아니라고 보아, 서울고등심리원의 신문지법 실효 판단을 파기시켰다. 그러한 결론의 중요 근거는 일제시대 조선 내 일본인에게 적용되었던 「신문지규칙」의 해당 벌칙조항보다 조선인에게 적용된 「신문지법」 벌칙 내용이 오히려 가볍다는 점이었다. 다만 비상상고의 결과는 법령에 대한 해석을 제시할 뿐, 일단 내려진 판결의 형기는 변경되지 않기 때문에 형사상 무죄 판결의 효과는 유지되었다.[127]

이 판결에서 군정대법원이 광무 「신문지법」의 유효를 선언함으

---

126) 판결문은 법정 1948년 7월호, pp.48-49에 수록.
127) 경향신문 1948.5.23., p.3.

로써 결과적으로 군정법령 제11호 제2조를 적용한 판결은 찾기 어렵
게 되었다. 일제 법령 존속 여부에 관해 군정대법원이 밝힌 위 몇 가
지 원칙은 일반적으로 수긍될 수 있으나, 문제는 "적용에서의 차별"
이란 개념을 어떻게 파악했느냐는 점이다. 광무「신문지법」은 일제가
헤이그 특사사건을 빌미로 고종을 폐위하고 순종을 즉위시키면서 제
정한 법률 제1호였다. 즉 이 법은 고종 폐위일인 1907년 7월 27일 공
포, 시행되어 일제 기간 내내 민족언론에 대한 탄압 수단으로 활용되
었다. 「신문지법」이 형식적으로는 대한제국이 제정한 법이지만 실제
로는 일제 조선 침략을 위한 정지 작업의 일환으로 한말 애국언론을
속박하기 위해 제정된 법이라는 탄생 배경과 실제 일제기간 중 조선
인 언론을 통제하고 동아·조선 등 한글 신문을 폐간시킨 근거 법령
이었다는 점, 조선 내 일본인을 대상으로 한「신문지규칙」뿐만 아니
라, 일본에서의「신문지법」과 비교하면 결국 조선인에 대한 차별성이
뚜렷이 부각될 수 있다는 점 등을 군정대법원은 간과했다.[128] 그런
배경에서 일찍이 김갑수도 신문지법은 군정법령 제11호 제2조에 의
해 폐기되었다고 보아야 한다고 주장했었다.[129]

대한민국 수립 후에도 광무 신문지법은 한동안 정부의 언론통제
수단으로 악용되었다. 1948년 10월 13일 조선통신사 허가 취소,[130]
1948년 10월 29일 국민신문 폐간 명령에 신문지법이 활용되었다.[131]
이후에도 이 법을 근거로 대한일보와 민중신문이 폐간되었고,[132]

---

128) 「신문지법」의 처벌조항이 「신문지규칙」의 처벌 내용보다 가볍다는 군정대법원의
　　 결론 역시 잘못된 판단이라는 김갑수의 분석이 있다. 김갑수, 신문지법의 실효
　　 여부, 법정 1948년 7월호, pp.8-13.
129) 김갑수(전게주 18), p.23.
130) 조선일보 1948.10.16., p.1. 근거조항은 「신문지법」 제3조와 제6조로서 이유는 발
　　 행인이 국내에 7일 이상 없을 경우 후계책임자를 선정해야 하는 절차를 게을리
　　 한 점이었다.
131) 조선일보 1948.10.31., p.1. 조치의 근거조항은 「신문지법」 제11조.
132) 동아일보 1948.12.3., p.1.

1949년 5월 3일에는 서울신문이 정간되었다.[133] 6·25 당시 국민방위
군 사태 관련기사를 이유로 동아일보 기자와 편집인이 기소된 근거도
이 법이었다.[134] 신문지법은 당시 언론인들에 의해 대표적 악법으로
비판받았고, 결국 1952년 3월 19일 국회는 85:0으로 폐기를 결의했다.
1952년 4월 4일 정부는 이 법의 폐기를 공포했다.[135]

3. 여성의 능력제한 민법 조항

민사 각 분야에서 여성(妻·母·子)에 대한 차별철폐는 오랜 논란
의 대상이었다. 군정대법원은 구 민법상 여성의 능력제한 조항에 대
해 주목할 만한 판결을 내린 바 있었다. 구 민법상 처(妻)가 소송행위
를 하려면 부(夫)의 허가를 받아야만 했는데,[136] 군정대법원 1947년 9
월 2일 선고, 4280민상88 판결은 "우리 사회 상태에 적합하지 아니하
다"는 이유로 이 조항의 적용을 거부했다. 그 이유가 주목할 만하므
로 판결문의 해당 부분을 다소 길게 인용한다.

> "妻에 대하여는 민법 제14조 제1항에 의하여 그에 해당한 행위에는
> 夫의 허가를 受함을 요하여 그 능력을 제한한바, 이는 부부간의 화합을
> 위한 이유도 없지 않으나 주로 부에 대하여 우월적 지배권을 부여한 취
> 지라고 인정치 않을 수 없다. 그런데 서기 1945년 8월 15일로 我邦은 일
> 본의 기반(羈絆)으로부터 해방되었고 우리는 민주주의를 기초 삼아 국
> 가를 건설할 것이고 법률, 정치, 경제문화 등 모든 제도를 민주주의 이
> 념으로써 건설할 것은 現下의 國是라 할 것이다. 그러므로 萬民은 모름
> 지기 평등할 것이고 性의 구별로 인하여 生한 차별적 제도는 이미 민주
> 주의 추세에 적응한 변화를 본 바로서 現下 여성에 대하여 선거권과 피

---

133) 동아일보 1949.5.5., p.2.
134) 조선일보 1951.11.20., p.2.
135) 조선일보 1952.3.22., p.2; 동아일보 1952.4.6., p.2.
136) 구민법 제14조 제1항 1호 및 제12조 제1항 4호.

선거권을 인정하고 기타 官公吏에 임명되는 자격도 남성과 구별이 無하여 남자와 동등한 공권을 향유함에 이른 바인즉 여성의 私權에 대하여도 또한 同然할 것이매 남녀평등을 부인하던 舊制度로서 그 차별을 가장 현저히 한 민법 제14조는 우리 사회상태에 적합하지 아니하므로 그 적용에 있어서 적당한 변경을 가할 것은 자연의 事勢이다. 玆에 本院은 사회의 진전과 법률의 해석을 조정함에 의하여 비로소 심판의 타당을 기할 수 있음에 鑑하여 同條에 의한 처의 능력제한을 인정하지 아니하는 바이다. 현행 소송능력에 대하여는 … 처의 소송행위에 대하여 夫의 허가를 受케 되었으나 이는 前段說示에 의하여 적용치 아니할 것"

이라고 판시했다.[137]

군정대법원이 이른바 "현행 민법" 조항의 적용을 거부하면서 그 이유를 이 조항이 국시인 민주주의 이념에 비추어 볼 때 "우리 사회상태에 적합지 아니하"기 때문이라고 설명했다. 이 판결은 당시 국내 법조계에서는 이례적이라고 할 만큼 많은 논란을 불러일으켰다. 현재까지 파악된 바로 김갑수(金甲洙)·홍진기(洪璡基)·김안진(金安鎭)·황성희(黃聖熙)·김증한(金曾漢)·장후영(張厚永) 등이 약 반년에 걸쳐 법률잡지 「법정」을 중심으로 이 판결에 대한 치열한 찬반 논전을 전개했다.

그중 홍진기는 이 판결이 획기적 의의를 지니는 일종의 헌법재판이라고 성격을 규정지었다. 그는 당시의 조선을 생성 중의 국가라고 파악하고 "단체의 의사를 구성하고 집행하고 그 범위를 국한하고 그 단체 속에서의 및 그 단체에 대한 구성원의 지위를 규율하는 기준이 될 질서(G. Jellineck)"라는 실질적 의미의 헌법은 어떠한 형태의 국가나 정부가 있는 한 존재하고, 이러한 헌법은 당시 남한에도 존재한다고 주장했다. 즉

---

137) 판결문은 법정 1947년 10월호, p.49에 수록.

"군정도 실은 생성 중의 국가 조선을 위한 존재이고 […] 건국이념은 모든 법질서 위에 군림하여 있고, 모든 법은 이 건국이념에 합치함으로써 존재하고 또 불합치함으로써 소멸할 것이다. 그러니 이 건국이념이야말로 현재 남조선의 실질적 의의의 헌법인 것이다. 그리고 이 건국이념이란 두말할 것도 없이 민주주의가 아니냐."138)

라고 주장했다. 이 헌법의 기본권 중 하나인 평등권에서 남녀평등 이념이 도출될 수 있으므로 군정대법원이 구민법 제14조를 이에 저촉된다고 판단한 점은 대법원이 "보수성이 가장 농후한 신분법의 분야에서 봉건적 잔재 소탕의 선편(先鞭)을 가한" 반가운 일이라고 평가했다.139) 장후영도 일제 법령 중에는 군정법령으로 일일이 실효를 선언하지 않았더라도 조선 해방이란 커다란 현실변동으로 인해 당연히 현실적 적용 가능성을 전부 상실한 법이 상당히 있으며,140) 입법기관의 활동이 부진한 현실에 있어서 "대법원은 종래 일본법 중 해방 후 우리 사회상태에 비추어 적법하지 않는 법규를 신중 적절히 취사선택하여 그 적용의 거부를 천명했음은 법적용의 최고기관으로서의 숭고한 권한인 동시에 인민에 대한 충실한 의무"라고 주장했다. 그리고 "대법원이 그 취사선택의 기준을 해방 후 우리 사회상태에 구한 점은 가장 현명·적절한 소치"라고 평가했다.141)

그러나 당시 다수 학설은 군정대법원의 결론에 반대했다. 반대론의 근거는 크게 군정대법원이 민주주의 원리에 근거한 헌법재판을 할 권한이 없다는 점과 처의 능력을 제한한 구민법 제14조가 당시의 사회상태나 민주주의 원리에 어긋나는 조항이 아니라는 주장이었다. 즉

---

138) 홍진기, 사법재판소의 법률심사, 법정 1947년 11월호, pp.7-8.
139) 홍진기(상계주), pp.4, 8-9.
140) 장후영은 그러한 예의 하나로 형법 중 천황에 관한 범죄규정을 지적했다. 장후영, 민법 제14조의 운명, 법정 1948년 4월호, p.7.
141) 장후영(상계주), p.7.

황성희는 헌법재판이란 경성헌법의 존재를 전제로 해야 하는데, 어떠한 헌법전도 보유하지 못한 당시 헌법재판이란 논의의 여지가 없다는 입장이었다.142) 김증한 역시 법률의 위헌심사권에 관한 헌법적 규정이나 관습이 없는 상황에서 군정대법원이 법률심사를 할 권한은 없고, 권위도 없으며, 해서도 아니된다고 주장했다. 민주주의 이념이란 그 내용이 막연하고 다의적이므로 이는 헌법제정을 위한 기본방침에 불과하고 헌법 내용은 여전히 미정이라고 보았다.143) 처의 소송능력을 제한한 구민법 제14조에 대하여도 이는 여성을 차별하는 조항이라기보다 부부 공동생활을 보호하기 위한 조항으로 보아야 한다며, 조선의 현실에 비추어 그 타당성이 긍정된다고 주장했다.144) 김갑수는 이 문제가 사법부보다는 입법기관에 의해 결정될 성질의 사안이라고 판단해, 이 판결은 "실질적 의미에 있어서 사법권에 의한 입법권의 침해"라고 경고했다.145)

이러한 비판적 견해에도 불구하고 군정대법원은 1948년 3월 18일에 내린 또 다른 판결에서도 기존 입장을 고수했다. 즉 위의 "4280 민상88 가옥명도청구 사건에 관한 대법원 판결은 성문법을 적용하지 아니한 위법이 있으므로 차제에 변경이" 있어야 한다는 피고측의 주장을 배척하고, "원고가 가령 유부녀일지라도 현행 소송제도 하에서 소송행위에 관하여 부(夫)의 허가를 불요(不要)하는 바"라고 판단했다.146)

앞서 지적된 바와 같이 주한 미군정은 미군정법령을 통해 개폐되

---

142) 황성희, 처의 능력에 대한 신판례에 관하여, 법정 1947년 12월호, p.13.

143) 김증한, 민법 제14조에 대한 판례비평, 법정 1948년 1월호, pp.40-41.

144) 김증한(상계주), pp.42-43. 김갑수, 軍政과 日本法 적용의 限界 (5), 법정 1947년 10월호, p.37; 황성희(전계주 142), p.14 이하도 동지. 장후영(전계주 140), p.7 도 당시의 사회 현실상 이에 대한 대법원의 견해가 다소 지나친 감이 있다고 평가했다.

145) 김갑수(상계주), p.37.

146) 4280민상260 판결. 판결문 사본 입수.

었거나 '종족, 국적, 신조 또는 정치사상을 이유로 차별'을 발생시키는 법령의 폐지를 선언했을 뿐, 기존의 일제 법령은 원칙적으로 효력을 지속한다고 발표했다. 그렇다면 조선인 차별을 발생시키지도 않았고, 군정법령에 의해 개폐되지도 않은 모든 일제법령은 계속 구속력을 지닌다고 할 수밖에 없었는가? 장후영의 지적대로 조선 해방이라는 현실변동으로 인해 당연히 현실적 의의를 상실한 별도의 법은 전혀 없었겠는가? 미군정기에는 그러한 구 법령에 대해 어떻게 대처했어야 하는가 등의 의문이 제기된다.[147] 그런 의미에서 미군정의 목적과 방침에 위배되지 않는 한 당시 사법부가 일제 패망과 대한민국 독립 예정이라는 주권변동 사태에 부응해 "우리의 사회상태에 적합하지 아니"한 법령의 "적용에 있어서 적당한 변경을" 가함이 통상적인 사법부의 역할과 임무에 어긋나지 않았다고 생각된다. 위 판결에서 군정대법원이 보여준 자세는 타당했다고 판단된다.

구 민법의 해당 조항은 1960년부터 시행된 현행 민법에서는 삭제되었다. 그러나 대한민국 정부 수립 이후 1950년대 말까지 처의 소송능력 제한을 다투는 판례가 보고된 바 없어서 우리 대법원이 구 민법 제14조 제1항 제1호의 효력을 다시 판단할 기회가 있었는지는 알 수 없다.[148] 그러나 구 민법상 처의 능력제한에 관한 다른 조항은 문제된 바 있었다.

구 민법 제886조는 미성년의 자를 위해 친권을 행사하는 모는 일정한 경우 부와 달리 친족회의 동의를 얻도록 규정하고 있었다. 1950년대의 한 소송사건에서 구 민법의 이 조항은 헌법 제8조 남녀차별금

---

147) 양창수, 우리나라 최초의 헌법재판논의 ─ 처의 행위능력 제한에 관한 1947년 대법원 판결에 대하여, 법학 제40권 2호(1999), p.150 참조.
148) 양창수 교수는 1947년 9월 2일자 대법원 판결에 의해 해당 조항은 폐지되었고, 이는 헌법 시행 후에도 변함이 없을 것이라고 주장한 바 있다. 양창수, 민법연구 Ⅲ(박영사, 1995), p.122.

지조항에 위배되어 위헌이라고 주장되고, 처가 소송행위를 할 때 부의 동의를 필요로 하지 않는다고 본 대법원의 판례가 있었음이 지적되었다. 그러나 이 사건에서는 대법원이 "부모의 자에 대한 친권에 있어서도 그것을 동등으로 할 것이냐, 그렇지 않고 부와 모에 따라 어느 정도 차등을 둘 수 있느냐는 각기 사회의 생활상태와 남녀의 교육관계 기타를 표준으로 하여 이를 정하여야 할 것이며, 그에 차등을 둘 상당한 이유가 있을 때는 법률로써 부와 모의 친권의 내용에 다소 차등을 두어도 헌법위반이라 할 수 없을 것"이라고 보고, 또한 "법문이 현존하는 이상 법을 적용하는 법원으로서는 이를 헌법위반의 이유로 처연히 배제할 수 없는 것이며, 소론 판결은 미군정 하의 판결로 구속력이 없는 것"이라고 판시했다.149) 당시 이미 발표되었던 민법 초안에서도 이러한 모의 친권행사 제한조항이 배제된 상태였으며,150) 군정기의 대법원이 특별한 명문의 근거도 없이 처에 대한 소송능력 제한이 민주주의의 원리와 상치되므로 적용을 거부했던 사실에 비해 이 판결은 남녀차별금지에 관해 크게 후퇴한 자세를 보였다. 특히 법문이 현존하는 이상 법원으로서 이를 헌법위반을 이유로 배제할 수 없다고 판시한 내용은 이해하기 어려운 태도였다. 이러한 논지에 입각한다면 위헌법률의 적용배제는 불가능해진다.151) 왜냐하면 법률의 위헌 여부는 법원의 위헌제청에 기하여만 헌법위원회에서 판단할 수 있었으므로, 법원의 위헌 판단이 선행되지 않으면 헌법위원회에서의 위헌판정은 원천 봉쇄되기 때문이었다.152)

---

149) 대법원 1954.9.7. 선고 4287민상50 판결(전게주 70). 동일한 주제에 대하여 대법원 1956.8.11. 선고 4289민상289 판결(판결문 사본 입수 및 주석한국판례집(공법 I), p.7에 부분 수록)도 같은 입장에서 구민법 제886조에 대한 합헌판결을 내렸다.
150) 나중에 확정된 민법에도 이러한 제한조항은 포함되지 않았다.
151) 정광현, 한국가족법연구(서울대학교 출판부, 1967), p.67.
152) 제헌헌법 제81조 제2항 참조. 한편 판결문에서 "소론 판결은 미군정하의 판결로 구속력이 없는 것이다"라는 지적을 한 이유는 다음과 같다고 분석된다. 당시의

4. 간통죄

제헌헌법에 비추어 폐지되었다고 보아야 한다는 논란이 있었던 조항 중 하나가 간통죄였다. 구 형법 제181조 제1항은 유부녀의 간통행위만을 처벌대상으로 규정하고, 유부남의 간통행위에 대해서는 처벌규정을 두지 않아 이는 헌법 제8조 남녀차별금지 조항과 제22조 혼인에 있어서의 남녀동권 조항과 상충되며, 따라서 제헌헌법 제100조에 의해 무효라는 주장이 제기되었다.[153] 실제 구 형법 제181조 제1항을 무효라고 보고 간통혐의의 여성에 대해 무죄를 선고한 하급심 판결도 있었다.[154]

이에 대해 대법원은 일관되게 "남녀평등이란 국민의 기본권리를 말하는 것이고 성별 기타 신분에 따라 경우와 처리를 달리할 것은 물론인바, 혈통을 존중히 여기는 의미에서 원 간통죄 처벌법조인 구형법 제183조 제1항은 헌법 제8조에 저촉되지 않는 것"이라고 해석해 간통죄 조항은 위헌이 아니라고 판단했다.[155] 단 이후 1953년 형법부터는 간통죄가 남녀 모두에게 적용되는 범죄로 규정되었으며(제241조), 이 조항 또한 헌법재판소 2015.6.19. 선고 2009헌바17 결정으로 위헌이 선언됨에 따라 폐지되게 되었다.[156]

법원조직법 제19조는 종전에 판시된 법령의 해석변경은 대법원 판사 전원으로 구성된 연합부가 담당하도록 규정하고 있었다. 그러나 본 판결은 5인 판사로 구성된 합의부 판결로서 합의부는 종전 판례를 변경시킬 수 없었다. 위의 지적은 이를 염두에 둔 것이었다고 생각된다. 동일한 법령이 적용되었다 하여도 일제 시대나 미군정시절의 재판활동은 대한민국의 주권행사가 아니었으므로 당시의 판례가 선례로서의 자격은 갖지 못한다고 보아 대법원의 위 해석은 타당했다고 생각된다. 대법원 1984.3.13. 선고 83다358 판결 참조.

153) 한웅길(전게주 25), p.47.
154) 광주고등법원 1953.9.2. 판결 및 대구지방법원 1953.3.17. 판결 등.
155) 대법원 1954.4.3. 선고 4286형상169 판결(판결문 사본 입수); 대법원 1955.3.4. 선고 4285형상114 판결; 대법원 1955.4.15. 선고 4287형비1 판결(전게주 62) 등.
156) 2016.1.6. 법률 제13719호에 의해 삭제.

5. 국방경비법

미군정법령의 하나인 국방경비법(해안경비법 포함, 이하 동)의 효력
에 관하여는 근래까지 매우 특이한 문제 제기가 있었다. 일반적으로
국방경비법은 1948년 7월 5일 공포, 1948년 8월 4일 발효된 미군정법
령의 하나로 알려져 있다. 국방경비법은 1962년 1월 20일 군형법과
군법회의법이 제정되기 전까지는 군형사범에 대한 기본법률로서 기
능했으며, 특히 6·25 과정에서 민간인에게도 막대한 위력을 발휘한
법이었다. 그런데 이 국방경비법이 원래 성립된 바 없는 허구의 법률
이라는 주장이 제기되었다. 그 배경은 다음과 같다.

현재 군형법·국가보안법·형법의 특정 조항 위반자로서 그 형기
합계가 3년 이상인 자에 대해서는 보안관찰법에 의한 보안관찰처분
이 내려질 수 있다.[157] 그리고 군형법의 전신인 국방경비법 제32조
(적에 대한 구원, 통신 연락 또는 방조)와 제33조(간첩), 해안경비법 제8조
의2 및 제9조 등 위반자도 이에 해당해 군정법령이 폐지되고도 상당
히 뒤늦게까지 그 영향에서 벗어나지 못한 이들이 있었다.[158] 그런데
국방경비법을 근거로 내려진 보안관찰처분의 합법성을 다투는 한 사
건에서 원고측은 국방경비법이 미군정법령으로 성립된 바 없었다
고 주장했다. 그 이유로 국방경비법을 공포한 미군정청 관보가 발견
된 바 없고, 국방경비법은 법령호수조차 미상이며, 구체적 제정기관
도 알려지지 않았고, 다른 군정법령과 달리 영문본이 전해지지 않으
며, 군정기의 각종 기록에도 이 법이 제정·공포되었다는 사실이 지
적된 바 없고, 이를 적법하게 성립된 미군정법령 중의 하나로 보기에
는 형식이나 용어에서도 의문점이 많다는 등 다양한 근거가 제시되었

---

157) 보안관찰법 제2조 내지 제4조 참조.
158) 보안관찰법 부칙 제2조 제2호 참조.

다.159) 이에 대해 대법원은 다음과 같이 판결했다.

"구 국방경비법은 우리 정부가 수립되기 전 미군정 아래의 과도기에 시행된 법률로서 그 제정 및 공포의 경위에 관하여 관련 자료의 미비와 부족으로 불분명한 점이 없지 않으나, 위 법이 그 효력 발생일로 규정된 1948년 8월 4일부터 실제로 시행되어 온 사실 및 관련 미군정법령과 정부 수립 후의 군형법·군법회의법의 규정 내용 등 여러 정황에 비추어 볼 때, 위 법은 당시의 법규에 따라 군정장관이 1948년 7월 5일 자신의 직권에 의하여 남조선 과도정부 법령(South Korean Interim Govern-ment Ordinance)의 하나로 제정하여 군정청 관보에의 게재가 아닌 다른 방법에 의하여 공포한 것으로 보여지므로, 원심이 위 법이 적법하게 제정·공포되지 아니하여 무효라는 원고의 주장을 배척한 조치는 정당하고 거기에 상고이유의 주장과 같은 잘못이 없다."160)

국방경비법이 당초부터 유효한 법령이 아니었다고 주장하는 유사한 사건은 헌법재판소에서도 진행되었으며, 이에 대해 헌법재판소는 성립과정에 관한 여러 추론을 거쳐 다음과 같이 판단했다.

"미군정기의 법령체계나 제정, 공포방식은 지금과는 차이가 많은 과도기적인 것으로서 "법령 기타 법규"의 형식을 가진 법령이 반드시 "법률"보다 하위의 규범이라 할 수 없고 그 공포방식도 정형화되어 있지 않았던바, 구 국방경비법은 군정장관이 직권에 의하여 "법령"으로 제정한 것이거나 "조선경비청에 대한 규정"을 개정하는 "기타 법규"로서 군정청관보에의 게재가 아닌 다른 방법에 의하여 공포한 것이거나 특히

---

159) 상세는 조용환, 성문화된 관습형법? — 국방경비법의 인권문제, 세계인권선언 50주년 기념사업위원회 주최, 한국 인권의 현황과 과제(1999년 2월 26일 – 3월 1일, 제주도 세미나 발표논문) 참조.

160) 대법원 1999.1.26. 선고 98두16620 판결. 그 밖에 대법원 1999.1.29. 선고 98두16637 판결(미공간)도 같은 입장이다.

구 국방경비법 제32조, 제33조는 1946. 6. 15. 당시 이미 존재하고 있었
다고 볼 수 있는 점, 대한민국 정부수립 후 구 국방경비법은 1962. 1.
20. 폐지될 때까지 아무런 의심없이 국민들에 의해 유효한 법률로 취급
받았고 유효한 법률이었음을 전제로 입법이 되는 등 실질적으로 규범력
을 갖춘 법률로 승인된 점 등을 종합하여 볼 때, 비록 구 국방경비법의
제정, 공포경위가 명백히 밝혀지지 않기는 하나 그 유효한 성립을 인정
함이 합리적이다."¹⁶¹⁾

국방경비법의 존재 여부에 관한 의구심은 이 두 판결 이후의 연
구성과에 의해 어느 정도 합리적으로 해소되었다. 즉 1948년 국방경
비법은 1946년 조선(국방)경비법의 후법이며, 이는 미군정청이 군정법
령 제86호를 근거로 공포한 일종의 하위 규정이라는 설명이었다.
1946년 조선(국방)경비법에 관한 자료가 위 대법원과 헌법재판소 판
결 시까지는 구체적으로 확인되지 않았으나, 이후 국내 연구진에 의
해 미국 국립기록원에서 사본이 발굴되고, 양자간 연결고리가 설명되
었다.¹⁶²⁾ 결과적으로 1948년 국방경비법이 허구의 법이었다고는 보기
어렵다. 다만 국방경비법이 1948년 제헌헌법 제100조에 의해 "현행법
령"으로 수용되어 적용되는 데는 다음과 같은 의문이 추가될 수 있음
을 지적한다.

첫째, 당시 군법회의제도 자체에 대한 위헌 논란이다. 제헌헌법
은 제76조에서 "제1항 사법권은 법관으로써 조직된 법원이 행한다.
제2항 최고법원인 대법원과 하급법원의 조직은 법률로써 정한다"라
고만 규정하고, 군법회의에 관한 별도 근거 규정은 두지 않았다.

제헌과정에서 군사재판에 관해서는 딱 한번 질의·응답이 있었

---

161) 헌법재판소 2001.4.26. 98헌바79·86·99, 99헌바36(병합) 결정.

162) 최경옥, 미군정하의 국방경비법의 유래와 변천, 공법연구 제35집 제2호(2006),
　　 p.267 이하.

다. 제1독회 시 박찬현 의원이 위 사법권 조항과 관련해 군법회의의 언급 필요 여부를 질의했다. 이에 대해 권승렬 전문위원은 군법회의는 어느 나라나 사법제도를 달리한다고 전제하고, 군인의 범죄는 "대개 국가에 중대한 일인 까닭에 일반에게 공개하지 않는 […] 즉 말하자면 군법회의를 열든지 군사재판을 하든지 그렇게 해서 하는 것이 보통 상례인 까닭에 사법재판에서는 넣지 아니하고 분리해서 정할 것으로 생각해서 여기에다가 취급하지 않는 것이올시다."라고 답했다.163) 권승렬 전문위원 설명은 군법회의는 특수한 경우라 일반 사법부 관련조항에 포함시키지 않았으니, 이는 별도 법률을 통해 정하면 된다는 취지로 이해된다. 유진오도 헌법 제76조가 대법원의 하급심으로 군사재판소나 행정재판소 같은 특별재판소의 설치를 금지하는 의미는 아니라고 설명했다.164)

그런데 문제는 광복 직후 당시 국방경비법에 따른 군법회의 판결은 대법원에 대한 상고 대상이 되지 않았으며, 군법회의는 대법원과는 완전히 독립적으로 운영되었다. 국방경비법 등에 군법회의 판결에 대해 대법원에 상고할 수 없다는 조항은 특별히 없었으나, 현실은 그렇게 운영되었다. 군법회의 심판관은 반드시 법관으로 구성되지도 않았다. 이에 정부 수립 직후부터 군법회의의 헌법적 근거가 무엇이냐는 의문과 함께, 운영실태 역시 헌법에 위배된다는 문제제기가 있었다. 유진오는 최고법원인 대법원에 상고할 수 없는 군사재판소의 설치는 헌법상 용인되지 않는다고 지적했다.165) 이러한 논란을 배경으로 1954년 11월 29일부터 시행된 제2차 개헌 시 군법회의에 관한 근거조항이 헌법 제83조의2에 설치되었다. 즉 "군사재판을 관할하기 위하여 군법회의를 둘 수 있다. 단, 법률이 정하는 재판사항의 상고심은

---

163) 제1회 국회속기록 제19호(1948.6.28.), p.18.
164) 유진오(전게주 28), p.168.
165) 유진오(전게주 28), pp.167-168.

대법원에서 관할한다"는 조항을 통해 군법회의는 대법원의 하위 특별
법원으로 규정되었다.[166] 위헌논란과 함께 개헌 이전에는 군법회의
관할 재정신청이 여러 건 제기된 바 있었으나 당시 대법원은 하나도
수락하지 않았으며,[167] 1955년 5월 24일 선고, 4288형상100 판결을
통해 합헌론을 분명히 한 바 있다. 즉,

> "헌법 제76조 제2항에 의하면 "최고법원인 대법원과 하급법원의 조직
> 을 법률로써 정한다'고 규정해 하급법원인 특별법원을 둘 수 있음을 규
> 정하였고, […] 피고인에 대한 고등군법회의의 처형은 하급 특별재판소
> 로서 유효한 위 국방경비법 소정의 절차 및 재판관에 의하여 심판 과형
> 한 것이므로 적법한 재판이라 할 것이고, 위헌적 재판이라 할 수 없다.
> 특히 개정헌법 제83조의2 … 동조의 취의는 헌법 개정 전에 있어서의
> 전시 이론과 현실을 명문으로 구현하였을 뿐이요, 과거의 군법회의에
> 의한 재판이 위헌임을 이유로 하여 이를 합법화하기 위하여 서상과 같
> 이 개정한 것이 아니라고 해석함이 타당하다."

고 보았다.[168] 그러나 군법회의가 대법원과 완전 분리 운영됨으
로써 군사재판에 관한 한 대법원이 최고법원으로서의 지위를 인정받
지 못하던 1954년 11월까지의 상황에서 제76조 제2항이 헌법적 근거
가 될 수 있겠는가에 대해서는 여전히 의문이 남는다. 만약 당시 헌
법 제76조 제2항이 군법회의의 근거조항이 될 수 있었다면 군이 개헌
을 통해 헌법 제5장 법원편에 제83조의2가 신설될 필요가 없었기 때
문이다. 물론 6·25까지 경험한 당시 상황에서 1954년까지의 군법회

---

166) 군법회의를 대법원의 하위법원으로 설치해 군사건 일부가 최종적으로 대법원의
     통제를 받게 된 점에 대하여는 당시 군당국의 반발이 있었다. 홍현욱, 한국 군법
     회의제도의 구상, 법정 1955년 4월호, pp.25-26.
167) 홍현욱(상게주), p.22 참조.
168) 대법원 1955.5.24. 선고 4288형상100 판결(전게주 27).

의를 위헌적 기구로 판정했을 때 발생할 엄청난 국가적 혼란을 고려
하면 대법원으로서도 이의 합리화는 고육지책이었으리라 생각된다.

둘째, 국방경비법 제32조와 제33조가 적용대상자를 적을 지원한
"여하한 자"로 규정해 통상적인 군법 피적용자를 넘어선 일반 민간인
도 대상에 포함시켰다는 점이었다.[169] 군조직의 특수성과 군법회의
의 필요성은 긍정하더라도 이의 적용대상은 군법 피적용자에 한정되
어야 하며, 그 이외의 자에 대한 적용은 별도의 헌법적 근거가 없는
한 제헌헌법 제22조와[170] 제76조 이하에 위배된다는 주장이 가능하
다.[171] 생각건대 1954년 개헌 이전 군법회의의 근거를 설사 헌법 제
76조 제2항에서 찾는다 해도 군법회의에서 민간인에 대한 최종심 재
판을 한다면 이는 행정부에 의한 사법권의 최종적 행사가 되므로 헌
법 제22조와 제76조에 위배된다고 본다.[172] 최소한 국방경비법 제32
조와 제33조가 적용대상을 군법 피적용자로 한정시키는 범위 내에서
만 제헌헌법 제100조가 유효한 현행법령으로 수용했다고 해석함이
타당했다고 본다.

---

169) 해안경비법 제8조의2와 제9조도 이와 동일했다.
170) 제헌헌법 제22조 "모든 국민이 법률이 정한 법관에 의하여 법률에 의한 재판을
    받을 권리가 있다."
171) 장후영, 군법회의의 성격, 법조협회잡지 제4권 제1호(1955), pp.1-3 참조.
172) 이지형, "군사법원의 독립론(2)," 법정 1950년 1월호, p.48은 군법회의 참여 법관
    의 자격과 처벌법규는 사전에 법률로 정해지므로 국방경비법을 헌법 제22조가
    말하는 근거법률로 볼 수 있다고 해석했다.

제5장

제헌헌법의 국제법 관련 조항

I. 의의

제헌헌법 속 조약 체결과 국제법의 국내적 효력에 관한 조항은 어떤 과정을 통해 만들어졌는가? 그간 국내에는 헌정사 또는 제헌헌법 제정에 관한 적지 않은 단행본과 논문이 간행되어 왔지만, 대부분 헌법 전반을 대상으로 하고 있기 때문에 세부 조항에 관한 연구는 많지 않았다. 개별 조항에 관한 관심도 주로 권력구조의 형성과 변천에 집중되었다.

제헌헌법에는 조약 체결과 국제법의 국내적 효력에 관해 몇 개의 조항을 두고 있다. 그 골격은 대통령이 조약을 체결·비준하나(제59조), 그에 앞서 조약안은 국무회의 의결을 거쳐야 하며(제72조 2호), 일정한 조약은 반드시 국회 동의를 얻어야 했다(제42조). 즉 조약 체결은 국가를 대외적으로 대표하는 대통령의 권한에 속하나, 다만 그에 대한 견제장치로 국무회의 의결과 국회 동의가 필요하다. 이렇게 체결되어 공포된 조약은 일반적으로 승인된 국제법규와 함께 국내법과 동일한 효력을 가진다(제7조 제1항). 조약은 국가를 대외적으로 대표하는 직책의 자가 체결하나, 일정한 조약은 입법부의 동의를 필요로 한다는 내용은 국제적 공통사항이기도 해 복잡한 국내 헌정사 속에서도 조약 체결에 관한 조항은 제헌 이래 현행 헌법까지 기본적으로 동일한 틀을 유지하고 있다.[1]

이 장에서는 조약 체결과 국제법의 국내적 효력에 관한 제헌헌법 조항이 어떠한 경과를 거쳐 어떠한 취지로 제정되었고, 실제 운영상황은 어떠했는가를 검토하려 한다. 대통령의 조약 체결권과 조약안에 대한 국무회의 심의권에 대해서는 제헌과정에서 별다른 논란이 없었고, 사실 특별한 논점도 없기 때문에 여기서는 국회의 조약동의권과 조약 등 국제법의 국내적 효력을 다룬 조항, 즉 제헌헌법 제42조와 제7조 제1항을 분석대상으로 한다.

II. 조약 체결에 대한 국회동의 조항

1. 제정 경위

일정한 조약의 체결과정에서 입법부의 동의권 행사는 1948년 제헌 당시 국제적으로 이미 보편화된 현상이었다. 이 같은 제도의 본격화는 미국 헌법(1787년)에서 기원한다. 즉 미국 헌법 제2조 제2항 제2호는 대통령이 상원의원 2/3 이상 찬성의 "조언과 동의(advice and consent)"를 얻어 조약을 체결한다고 규정하고 있다. 당초 미국 헌법의 기초자들은 조약 체결권을 상원의 권한으로 예정했다가, 상원의 권한 비대를 우려해 마지막 순간 대통령의 권한으로 변경했다. 대신

---

1) 제헌헌법 제7조 제1항은 현행 제6조 제1항으로, 제42조는 현행 제60조 제1항으로, 제59조는 현행 제73조로, 제72조 제2호는 현행 제89조 제3호(및 제2호)에 약간의 표현 수정만 거쳐 존속하고 있다.

대통령은 상원의 조언과 동의 하에만 조약 체결권을 행사하도록 제한
이 설정되었다. 이 같은 변경은 당시 헌법제정회의에서의 심도 있는
토의의 결과라기보다 미국 제헌과정 막바지에 이루어진 급작스러운
정치적 타협의 산물이었다.[2] 그런 의미에서 입법부의 조약동의 제도
는 미국 헌법 제정시 조약체결에 관한 상원의 권한이 축소되는 과정
에서 살아남은 잔존물로 시작되었다.

조약에 대한 입법부 동의제도에는 미국에 앞선 유사한 선례가 있
었는가? 미국 헌법의 기초자였던 벤자민 플랭클린은 필라델피아 대
륙회의 직전 유럽으로부터 스위스 밧텔(E. de Vattel)의 국제법서(Le
Droit des Gens, 1758)를 3권이나 주문했으며, 이 책이 적절한 시기에
도착해 여러 위원들이 참고할 수 있었다고 술회했다.[3] 이 책에는 과
거 부르봉 왕조 이전의 프랑스나 영국, 스웨덴 등에서 왕의 대외적
권한을 국내 정치기관이 통제한 사례, 스위스 베른과 취리히 같은 칸
톤에서 조약 체결시 주민의 의사를 묻던 사례, 네덜란드에서 중요한
대외문제의 결정을 위해 지역대표의 동의를 구한 사례 등이 설명되어
있었다. 직접적인 증거는 없지만 아마도 이런 내용이 미국 헌법 제정
과정에서 참고가 되었을 것이다. 미국 헌법 이후 19세기를 거치며 조
약 체결에 대한 입법부 동의제도가 각국에 일반화되었다.[4]

제헌헌법의 입법부 동의조항은 구체적으로 어떤 경과를 통해 성
립되었을까? 그 기원을 찾아본다. 대한민국 임시정부 초기 헌법 초안
부터 관련 조항이 설치되어 있었다. 다만 동의대상 범위는 구체적으
로 제시하지 않은 체 단순히 입법부에 해당하는 기관이 "조약 체결"

---

2) P. Haggenmacher, Some Hints on the European Origin of Legislative Parti-
   cipation in the Treaty-Making Function, S. Risenfeld & F. Abbott ed., Parlia-
   mentary Participation in the Making and Operation of Treaties(Martinus Nijhoof,
   1994), p37.
3) P. Haggenmacher(상계주), p.28.
4) 정인섭, 조약법: 이론과 실행(박영사, 2023), pp.102-104 참조.

에 동의한다는 식의 간단한 내용에 불과했다. 1919년 발표된 대한민국 임시약헌 제21조 제7호는 임시의정원 권한에 "선전 강화와 조약 체결에 동의함"을 포함시켰다. 1940년 대한민국 임시약헌 제10조는 임시의정원이 "조약의 체결과 선전·강화를 동의함에는 총의원 과반수 출석과 출석의원 2/3 이상의 찬성이 있어야 한다"고 규정했다. 1944년 대한민국 임시약장 제17조 제7호는 임시의정원 직권의 하나로 "제7호 조약 체결과 선전강화에 동의"를 규정했다.

일제가 패망하고 독립 정부 수립이 눈앞으로 다가오자 국내에서는 여러 갈래에서 헌법 기초작업이 진행되었다. 1945년 말 임시정부 내무부장을 역임한 신익희가 위원장이 되어 주로 일제 때 고등문관 출신을 중심으로 한 행정연구위원회가 조직되었다. 고등문관 출신들은 일제에 협력했다는 비난은 받았지만, 당시로서는 최고의 인재들이었다.5) 행정연구위원회 헌법분과위원회는 1946년 초부터 헌법 초안 작업을 시작했다. 3월 1일까지 6차례 회의를 거쳐 자체 초안을 마련했다.6) 이 초안은 제29조에 대통령은 "외국과의 동맹 급(及) 조약으로서 입법범위에 속한 사항에 관한 것은 국회의 동의를 득한 후가 아니면 차를 비준함을 불득(不得)함"이라는 조항을 두었다. 행정연구위원회 초안 작성에는 독일 바이말 공화국 헌법이 가장 많이 참고되었는데,7) 제29조 역시 바이말 헌법 제45조 제3항에 바탕을 둔 조항이었다.8) 한반도 독립 정부 수립 일정이 아직 불투명하자 이 초안은 일단 수면 아래로 잠복되었다. 한편 남조선과도입법의원이 제정한 조선임

---

5) 행정연구위원회의 구성에 관해서는 김수용, 건국과 헌법(경인문화사, 2008), pp. 21-29 참조.

6) 이 초안은 국회보 제20호(1958년 7월), pp.59-64에 수록되어 있고, 정종섭, 한국 헌법사문류(박영사, 2002), pp.158-167에 재록되어 있다.

7) 김수용(전게주 5), pp.49-50.

8) Weimar 헌법 제45조 제3항(영역본) "Alliances and treaties which relate to matters of Reich legislation require the approval of Reichtag."

시약헌(1947.8.6. 의결)도 "조약체결 급(及) 선전강화에 대한 동의"를 입법의원의 권한으로 한다는 간단한 규정만을 두었다(제12조 5호).[9] 이때까지의 헌법 초안들은 조약에 대한 입법부 동의의 원칙만을 설정하는 수준에 그치고 있었다.

조약의 국회동의에 관해 제헌헌법과 같은 구체적 내용을 가진 조항은 유진오 초안부터 등장한다. 이 안이 만들어진 계기는 다음과 같다. 1947년 6월 30일 행정명령 제3호로 남조선 과도정부 산하 법전기초위원회가 설치되어 유진오도 그 위원으로 위촉되었다. 10월 10일에는 분과위원회로 헌법기초분과위원회가 설치되었다. 초안이 없는 상태에서는 생산적인 토론이 어려웠다. 우선 유진오가 초안을 작성하고 이를 바탕으로 논의를 진행하기로 했다. 유진오는 연말 겨울방학이 되어 실제 초안 작성에 본격적으로 착수했다고 한다.[10] 유진오는 작업이 어느 정도 진척된 단계에서는 윤길중과 황동준의 조력을 받아 작업을 마무리했다.[11] 유진오는 1948년 5월 초 최종 초안을 제출했다. 유진오는 이 초안이 "어디까지나 법전편찬위원회 헌법분과위원회의 한 멤버로서 위촉을 받아 작성, 제출한 것에 지나지 않으므로 굳이 이름을 붙이자면 '유모가 기안한 법전편찬위 헌법분위의 초안'이라고 할 수 있을망정 나 개인의 완성된 사안일 수 없는 것"이라고 설명했지만,[12] 내용상 유진오 단독 작품에 가까워 통상 학계에서는 이를 유진오 초안이라고 부른다. 이 초안에는 "국회는 국제조직에 관한 조약, 강화조약, 통상조약, 국가 또는 국민에게 재정적 부담을 지우는 조약, 입법사항에 관한 조약의 비준과 선전포고에 대하여 동의를 한

---

9) 조선임시약헌은 남조선과도입법의원이라는 공적 기관의 산물이었으나, 미군정 당국의 인준 보류로 사장되었다.
10) 유진오, 헌법기초회고록(일조각, 1980), pp.20-22.
11) 유진오(상계주), pp.22-24.
12) 유진오(전계주 10), p.37.

다"(제46조)는 조항을 설치해 후일 제헌헌법 해당 조항과 거의 동일한 내용을 처음으로 선보였다.

1948년 들어 5·10 남한 단독선거라는 정치일정이 구체화 되자 행정연구위원회도 헌법안 마련에 다시 적극성을 띠었다. 신익희가 1948년 4월·5월경 유진오와 만나 공동작업을 제안하자, 유진오도 이를 수락했다. 유진오는 이의 대표인 신익희가 임정 세력인 한편 이승만이 총재로 있던 대한독립촉성국민회의 부총재였기 때문에, 이들과의 공동작업이 장래 정국 주도세력과의 불필요한 마찰을 피할 수 있으리라 생각해 제안을 수락했다고 한다.13) 또한 대학교수 활동만 한 자신으로서는 행정 실무에 관한 경험이 없어 헌법 초안에 어려움을 많이 느꼈기 때문에 행정연구위원회 멤버들로부터 실무적 경험을 보완 받을 수 있으리라 기대했다.14) 공동작업은 1948년 5·10 선거가 끝난 직후인 5월 14일부터 시작해 5월 31일 마무리되었다. 전반적인 내용은 대체로 위 유진오 안이 중심이 되고, 행정연구위원회 기존안이 보완용으로 작용했다.15) 때문에 이를 여전히 유진오 안이라기도 하고, 공동초안이라고 부르기도 한다. 이 결과물이 바로 제헌국회로 제출되어 헌법 기초자료로 보고되었는데, 여기 역시 조약의 국회동의에 관한 처음 유진오 초안 상의 문구가 동일하게 유지되었다.

유진오는 이 조항을 성안함에 있어서 주로 무엇을 참고했는가? 유진오는 "조약에 관하여서는 그의 전부를 국회의 동의를 얻어야 하는 미국과 같은 국가도 있고, 그중 중요한 조약(입법사항에 관한 조약, 국고 또는 국민에게 부담을 지우는 조약, 영토변경에 관한 조약 등)만을 국회의 동의를 요하도록 하는 영국, 불란서, 독일과 같은 국가도 있는데

---

13) 유진오(전게주 10) p.35.
14) 유진오(전게주 10) p.23.
15) 김수용(전게주 5), p.231; 이영록, 유진오 헌법사상의 형성과 전개(한국학술정보, 2006), p.136.

(佛 신헌법 제27조, 와이말 독일 헌법 제45조 제3항 참조) 우리나라 헌법은 후자의 예를 따"랐다고 설명했다.[16] 유진오 초안의 내용은 바이말 공화국 헌법과는 차이가 컸으며,[17] 프랑스 제4공화국 헌법(1946년) 제27조와 매우 유사했다.[18]

프랑스 제4공화국 헌법(제27조)	유진오 초안 및 유진오·행정연구회 공동초안(제46조)
국제조직에 관한 조약, 평화조약, 통상조약, 국가재정에 관한 조약, 해외 프랑스인의 개인 신분 및 재산권에 관한 조약, 프랑스 국내법을 변경하는 조약, 영토의 할양, 교환, 취득에 관한 조약은 법률에 의해 비준되어야만 확정된다.	국회는 국제조직에 관한 조약, 강화조약, 통상조약, 국가 또는 국민에게 재정적 부담을 지우는 조약, 입법사항에 관한 조약의 비준과 선전포고에 대하여 동의를 한다.

프랑스 헌법과 비교할 때 유진오 초안에는 "해외 프랑스인의 개인 신분 및 재산권에 관한 조약"과 "영토의 할양, 교환, 취득에 관한 조약"이 국회동의 대상에서 빠졌다. 한국은 식민지가 많은 프랑스와는 사정이 달라 "해외 프랑스인 관련 조약"이 필요없다고 보았을 것이고, 프랑스와 달리 한국 헌법은 제4조에 영토조항을 설치해 영토변경이 헌법사항으로 규정되어 있으므로 "영토관련 조약"도 국회동의 대상에서 제외했으리라 판단된다. 이 점 이외에는 조약의 국회동의에 관한 한 유진오 초안은 프랑스 제4공화국 헌법의 복사판이라 해도 과

16) 유진오, 헌법해의(명세당, 1949), p.105.
17) 전게주 8 참조.
18) 프랑스 제4공화국 헌법 제27조 제1항 "Les traités relatifs à l'organisation internationale, les traités de paix, de commerce, les traités qui engagent les finances de l'Etat, ceux qui sont relatifs à l'état des personnes et au droit de propriété des Français à l'étranger, ceux qui modifient les lois internes françaises, ainsi que ceux qui comportent cession, échange, adjonction de territoire, ne sont définitifs qu'après avoir été ratifiés en vertu d'une loi."

언이 아니다. 동의대상 조약 유형의 규정 순서조차 동일하다.

제헌국회가 개회하자 2개의 헌법 초안이 접수되었다. 위 유진오
안(공동초안) 외에 군정청 사법부 법제차장이던 권승렬이 법전편찬위
원회 헌법기초분과위원회안으로 제출된 초안이 있었다.19) 흔히 권승
렬 안이라고 하는 이 초안은 바이말 헌법 내용을 기본 골격으로 삼아
작성되었는데, 국회의 조약 동의에 관해 상대적 간략한 문언만을 갖
고 있었다. 즉 "선전, 강화, 조약과 기타 중요한 섭외사항은 국회에서
의결한다"(제33조 2호 발췌)와 "대통령은 조약을 체결하고 국회의 승인
을 얻어 이를 비준한다"(제75조)고 표현해 동의대상을 구체적으로 열
거하지 않았다.

제헌국회 헌법기초위원회는 유진오 안을 기본으로 하고, 권승렬
안을 참고로 논의를 진행했다고 한다. 기초위원회 심의를 거쳐 1948
년 6월 23일 본회의에 보고된 헌법안 중 조약의 국회동의 조항은 조
문 번호만 제41조로 조정되었을 뿐, 그 내용은 유진오 초안의 문구가
그대로 유지되어 있었다.

국회 본회의 심의 과정 중 조약의 국회동의 조항은 의원들의 별
관심대상이 아니었고, 논의도 많지 않았다. 제2독회시 진헌식 외 44
명 의원이 동의대상에 "상호원조에 관한 조약"을 추가하자고 제안해
수정안이 재석 157, 찬성 84, 반대 0으로 가결된 점이 유일한 변화였
다.20) 다만 원안의 "동의를 한다"라는 표현은 마치 국회가 반드시 동
의를 해야 하는 의미로 해석될 수 있다는 문제제기가 있었다.21) 유진
오와 권승렬 전문위원은 모두 동의 여부는 국회의 권한임을 강조하

---

19) 이 초안의 제정 경위와 성격에 대한 논의는 김수용(전게주 5), pp.241-251; 이영
록(전게주 15), pp.138-140.
20) 제1회 국회속기록 제27차 회의(1948.7.7.), p.4. 국회속기록 상으로는 "상호원조에
관한 조약"의 추가 이유가 설명되어 있지 않다.
21) 조옥현 의원, 제1회 국회속기록 제18차 회의(1948.6.26.), p.24; 김교현 의원, 제1
회 국회속기록 제19차 회의(1948.5.28.), p.5.

며, 원안의 표현이 당연히 동의를 해야 한다는 의미로 해석되지 않는다고 답변했다.[22] 이 표현에 대한 논란이 계속되자 결국 제3독회시 "동의한다"를 "동의권을 가진다"로 수정하기로 했다.[23] 원안이 반드시 국회의 동의의무를 표시한다고는 보이지 않으나, 수정안은 동의권이 국회의 권한임을 더 명확히 하는 표현이었다. 제헌헌법에서 국회의 조약동의 조항은 "국회는 국제조직에 관한 조약, 상호원조에 관한 조약, 강화조약, 통상조약, 국가 또는 국민에게 재정적 부담을 지우는 조약, 입법사항에 관한 조약의 비준과 선전포고에 대하여 동의권을 가진다."(제42조)로 확정되었다.

2. 기본 취지와 실행

가. 국회동의 실태

제헌 직후 유진오는 제42조의 취지와 의미를 다음과 같이 설명했다. 즉 조약의 비준은 "원래 헌법 제59조에 따라 대통령의 권한에 속하는 것이나," "국민의 권리의무나 이해관계에 지대한 영향이 있으므로 대통령이 그를 단독히 행하지 못하게 하고, 국민의 대표기관인 국회의 동의를 얻게 한 것이다." 이어 헌법은 조약 중 제42조에 규정된 조약을 비준할 때에 한해 국회동의를 요하도록 했으나, "이상에 열거된 조약의 종류는 대단히 광범위하므로 국회의 동의를 요하지 않는 조약의 범위는 극히 국한되어 있는 것이다"라고 서술했다.[24] 그는 이를 조약의 국내적 효력에 관한 제헌헌법 제7조 제1항과 연계시켜 "비준공포된 국제조약은 대부분이 이미 국회의 동의를 얻은 것이므로(제

---

22) 제1회 국회속기록 제19차 회의(1948.6.28.), p.5; 제1회 국회속기록 제19차 회의(1948.6.28.), p.10. 제2독회시 이 조항에 대한 일부 수정안이 제출되었으나, 막상 회의 시에는 모두 철회해 별다른 토의 없이 이 조문이 통과되었다. 제1회 국회속기록 제25차 회의(1948.7.5.), p.28.
23) 제1회 국회속기록 제28차 회의(1948.7.12), p.10.
24) 유진오(전게주 16), p.105.

42조 참조) 국내법과 동일한 효력을 가진다는 것은 당연하다"라고 설명했다.[25]

제헌헌법 제42조에 열거된 조약 유형이 대단히 광범위해 국회동의가 요구되지 않는 조약 범위는 극히 제한적이라는 유진오의 생각은 과연 맞는 판단이었나?

제헌헌법 제42조를 당시 외국 헌법과 비교할 때 국회동의 대상조약의 유형을 비교적 구체적으로 열거하고 있음은 사실이다. 그러나 국회동의의 현실은 유진오의 예상과 달리 전개되었다. 즉 1948년 정부 수립 이후 1961년 5·16로 국회 기능이 정지되기 전인 제1공화국 및 제2공화국 기간 동안 성립된 조약 128건을 살펴보면 그중 41건의 조약만이 국회동의를 받아 성립되었다(32%).[26] 제헌 당시 동의대상 조약 문언이 동일하게 유지된 기간 중 실제로는 약 2/3의 조약이 국회동의 없이 성립되었다. 이 수치는 그 이후의 국회동의 실태와도 크게 다르지 않다. 필자가 정부 수립 이래 2007년 말까지 대한민국이 체결한 1,876건의 조약을 조사한 결과 29%의 조약만이 국회동의를 거쳤고, 7할에 해당하는 조약은 행정부 단독으로 체결되었다. 국회동의 없이 처리되는 고시류 조약까지 포함한다면 국회 동의율은 21%까지 떨어진다.[27] 그 이후에도 이 추세가 근본적으로 달라졌다고는 생각하지 않는다.

전 세계 거의 모든 국가가 일정한 조약에 대해서는 입법부 동의 절차를 거치도록 하고 있으나, 대부분의 국가에서 국회동의를 거치는

25) 유진오(전게주 16), p.26.
26) 128건이란 숫자는 외교부 조약번호 제80호까지의 조약과 이 시기의 조약이나 외교부가 과거 미공포된 조약을 발굴해 1993년과 1997년 뒤늦게 조약번호를 부여하고 관보 공포한 양자조약 37건(조약번호 제1124호-제1160호) 및 다자조약 11건(조약번호 제1380호-제1390호)을 합한 결과이다.
27) 정인섭, 한국의 조약정보 관리상의 오류실태, 국제법학회논총 제54권 제1호(2009), p.159.

조약보다 거치지 않는 조약의 비율이 더 많은 게 사실이다. 현대로
올수록 조약 체결건수의 증가와 체결 주제의 다양화로 인해 국회동의
를 거치지 않는 조약이 늘어가는 추세이다. 한국의 국회동의 비율이
외국에 비해 특별히 낮은 수준도 아니라고 생각된다. 국회동의 대상
이 대단히 광범위해 동의가 요구되지 않는 조약은 극히 국한되어 있
다는 유진오의 이해는 현실과 동떨어진 오해였다. 그럼에도 불구하고
조약의 국회동의에 관한 유진오의 생각은 오랫동안 국내 학계에서 사
실로 받아들여졌다.[28] 이는 학자들이 실제 실행에 대한 조사 없이 머
릿속 상상으로만 주장을 폈기 때문이다.[29]

나. "비준"에 대한 동의

제헌헌법 제42조의 문언대로라면 국회는 조약의 "비준"에 대해
서만 동의권을 행사하는가? 즉 비준 대상이 아닌 조약은 국회동의 대
상에서 제외되는가?

제1공화국 실행 초기부터 설사 비준 대상이 아니라도, 조약 내용
이 헌법에 열거된 동의사유에 해당하면 국회동의를 받는 방식으로 운
영되었다. 예를 들어 대한민국 조약 제1호인 「대한민국 정부와 미합
중국 정부간의 재정 및 재산에 관한 최초협정」도 비준절차가 적용되
지 않는 조약이었지만 국회동의를 거쳤으며, 그 같은 사례는 적지 않
게 발견된다.[30] 비준 여부는 국회동의 필요성 판단에 결정적 기준이

---

28) 서석순, 대한민국 헌법과 국제법, 국제법학회논총 창간호(1956), p.23; 이경호, 헌
   법강의(일한도서출판, 1959), p.297; 박일경, 신헌법해의(진명문화사, 1963), p.246;
   김기범, 헌법강의(수정초판)(법문사, 1964), p.295; 한동섭, 헌법(수정판)(박영사,
   1971), p.258 등.
29) 기타 제헌헌법 제42조의 동의 항목이 망라적 열거인가, 예시적 열거인가에 대한
   논의는 정인섭(전게주 4), pp.579-583 참조. 동의 시기에 관해서는 정인섭, 조약
   체결에 관한 국회의 사후동의, 서울국제법연구 제9권 1호(2002); 정인섭(전게주
   4), pp.555-558 참조.
30) ① 대한민국 정부와 미합중국 정부간의 재정 및 재산에 관한 최초협정(조약 제1

아니었으며, 조약 내용에 따라 국회동의 여부를 결정했다.

　바로 이 점이 문제되어 제3공화국 헌법부터는 국회 동의권 조항의 표현을 "[⋯] 조약의 체결·비준에 대한 동의권을 가진다"(제56조 제1항)로 수정되어 오늘에 이른다. 즉 비준 절차를 거치지 않는 조약에 대한 국회동의 가능성에 대비해 해당 헌법 조항에 "체결"을 추가했다.[31] 일리 있는 수정이었지만, 사실 "체결·비준" 역시 그다지 좋

호): 1948.9.11 서명, 1948.9.18 국회 동의, 비준 절차 없이 1948.9.20 발효.
② 대한민국 및 미합중국간의 원조협정(조약 제4호): 1948.12.10 서명, 1948.12.13 국회 동의. 1948.12.14 비준 절차 없이 발효.
③ 대한민국 정부와 미합중국 정부간의 재정 및 재산에 관한 최종협정(조약 제1131호): 1950.1.17 서명, 발효. 1950.4.22 국회 동의. 조약 번호 사후부여.
④ 대한민국 정부와 미합중국 정부간의 상호방위원조협정(조약 제4호): 1950.1.26 서명, 발효. 1950. 3.30 국회 동의.
⑤ 대한민국 정부와 미합중국 정부간의 주한 미국 군사고문단 설치에 관한 협정(조약 제5호): 1950.1.26 서명. 1949.7.1로 소급 발효. 1950.3.30 국회 동의.
⑥ 대한민국 정부와 국제연합 국제아동긴급구호기금간의 협정(조약 제8호): 1950.3.25 서명, 발효. 1951.3.20 국회 동의.
⑦ 대한민국에서의 보건사업을 위한 대한민국 정부와 세계보건기구 간의 협정(조약 제10호): 1951.9. 21 서명. 1951.9.21 발효. 1951.10.13 국회 동의.
⑧ 원자력의 민간이용에 관한 대한민국 정부와 미합중국 정부 간의 협력을 위한 협정(조약 제36호): 1955.12.9 국회 동의. 1956.2.3 서명 발효.
⑨ 원자력의 비군사적 사용에 관한 대한민국과 미합중국 정부와의 협정의 수정협정(조약 제45호): 1957.8.10 국회 동의. 1958.3.14 서명. 1958.5.22 비준 절차 없이 발효.
⑩ 대한민국 한국전력(조선전업주식회사)과 미합중국 개발차관기금(DLF) 간의 차관협정(전신전화시설용)(조약 제53호): 1959.4.8 서명, 발효. 1959.12.9 국회 동의.
⑪ 대한민국 한국전력(조선전업주식회사)과 미합중국 개발차관기금(DLF) 간의 충주수력발전소 설계를 위한 DFL 차관협정(조약 제54호): 1959.5.26 서명, 발효. 1960.1.19 국회 동의.
⑫ 대한민국 정부와 국제연합 특별기금간의 특별기금원조에 관한 협정(조약 제78호): 1961.3.2 국회 동의. 1961.4.21 서명 발효.
이상은 비준절차가 적용되지 않았으나 당시 국회 동의를 받은 조약의 망라적 확인은 아니다. 정인섭, 조약의 "체결·비준"에 대한 국회의 동의권, 서울국제법연구 제15권 1호(2008), p.109.
31) 박일경(전게주 28), pp.244-245; 한태연, 헌법(3정판)(법문사, 1964), p.396.

은 표현은 아니다. 국제법의 국내적 효력에 관한 제헌헌법 제7조 제1
항과 제3공화국 이후 현행 헌법 제6조 제1항에 이르기까지 "체결·공
포된 조약과 […]는 국내법과 같은 효력을 가진다"라는 표현이 사용
되고 있는데, 여기의 "체결"은 비준을 포함해 조약의 국제적 성립방
식 모두를 가리키는 개념이다. 결과적으로 동일한 헌법 속에서 "체
결"이 한 곳에서는 비준을 포함하는 개념으로, 다른 곳에서는 비준을
배제한 개념으로 각기 다른 의미로 사용되고 있기 때문에 바람직스러
운 용어 사용이 아니다.32) 본래 "체결"이 비준을 제외한 조약을 성립
시키는 여타의 방식을 총칭하는 용어에 해당하지도 않다.

당초 입법의도와 상관없이 "체결·비준"이라는 문언은 "체결 및
(and) 비준" 각각에 대해 국회가 모두 2회의 동의권을 갖는다고 해석
해야 된다는 문제제기도 있었다. 2006년 6월 민노당 강기갑 의원은
한국-유럽 자유무역연합간 자유무역협정 비준 동의안에 대한 국회
본회의 심의과정에서 헌법에 비준뿐 아니라 체결에 대한 동의권까지
규정되어 있음에도 불구하고, 이런 것들이 타성적 관행에 의하여 무
시되어 지나치고 있다고 주장했다.33) 이후 강기갑 외 국회의원 22인
은 2006년 9월 11일 국회의원과 대통령 등 간의 권한쟁의 심판을 헌
법재판소에 제기했다. 즉 헌법 제60조 제1항에 규정된 조약 체결·비
준에 대한 국회의 동의권은 단순히 조약문안 확정 후 이에 대한 동의
여부만을 결정함이 아니라, 조약 체결과정 전반에 대한 동의권을 포
함하는 개념으로 해석하고, 한미 자유무역협정 체결과 관련해 전권대
표의 임명 및 협상 개시 이전에 조약체결 추진에 관해 먼저 국회의

---

32) 이러한 문제점은 제3공화국 헌법 제정 직후부터 지적되었다. 박일경(전게주 28),
p.67.

33) 강기갑 의원은 정부가 조약의 협상 개시 자체부터 국회의 동의를 얻어야 한다고
주장했으나, 당시 그의 주장은 다른 의원들로부터 별다른 호응을 얻지 못했다.
이 자유무역협정 비준 동의안은 찬성 146, 반대 25, 기권 17로 가결되었다. 제260
회 국회 본회의 회의록 제3호(2006.6.30.), p.14 이하 참조.

동의를 얻어야 한다고 주장했다. 국회는 조약의 체결과 비준에 대해
각각 별개의 동의권을 갖는다는 주장이었다. 당시 학계 일부에서도
이에 대한 지지가 표명되었다.[34]

　이 사건에서는 헌법재판소가 청구인들의 심판청구 자체가 부적
법하다고 판단했기 때문에 헌법에 규정된 조약의 체결·비준에 대한
국회의 동의권이 무엇을 의미하느냐 자체에 대한 판단까지는 나아가
지 않았다.[35] 일단 국제적으로 동일한 조약의 성립과정에 입법부가 2
번 동의권을 행사하는 국가는 찾을 수 없으며, 실제 바람직하지도 않
다. 제3공화국 헌법 제정 직후부터 "체결·비준"의 의미는 2중 동의를
의미하지 않는다는 지적이 있었고,[36] 한국에서의 오랜 헌법 관행상으
로도 국회의 1회 동의로 해석되어 왔다.[37] 여하간 이런 문제점을 감
안하면 "체결·비준"을 삭제하고 문언을 단순히 "국회는 […]에 관한
조약에 대한 동의권을 가진다"로 문언을 수정함이 바람직스럽다.[38]
이 표현이 제헌헌법 이래 조약동의에 관한 국내 헌법 실행을 보다 정
확히 가리키는 문언이다.

3. 동의 항목의 변천

　국회의 조약동의 조항은 한국의 굴곡진 헌정사 속에서 비교적 원
형을 유지하며 오늘에 이르고 있다. 제헌헌법 조항 중 "강화조약"과

---

34) 정인섭(전게주 30), p.103에 이러한 주장이 소개되어 있다.
35) 헌법재판소는 설사 대통령이 국회의 동의 없이 조약을 체결·비준해도 이는 국회
　　권한에 대한 침해이지, 국회의원 각자의 심의·표결권에 대한 침해가 아니라고
　　보아 국회의원인 청구인들의 심판청구가 부적법하다고 판단했다. 헌법재판소
　　2007.10.25. 선고 2006헌라5 결정. 헌법재판소는 이미 2007.7.26. 선고 2005헌라8
　　결정에서 사실상 동일한 논점에 대한 판단을 내린 바 있으며, 이 결정은 그 선례
　　의 반복이었다.
36) 문홍주, 한국헌법(3정판)(법문사, 1963), p.389.
37) 이 점에 대한 상세한 분석은 정인섭(전게주 30), p.104 이하 참조.
38) 정인섭, 개헌시 국회동의 대상조약 항목의 재검토, 국제법학회논총 제62권 제2호
　　(2017), p.249.

"입법사항에 관한 조약"은 동일한 문구로 현행 헌법에서도 유지되고 있다. 제헌 이후 변화가 있은 항목은 다음과 같다.

"국제조직에 관한 조약"은 제헌헌법과 제2공화국 헌법에서는 국회동의 대상 조약의 첫 번째 유형으로 규정되었지만, 제3공화국 헌법부터는 순서가 두 번째 유형으로 변경되었다.39) 제5공화국 헌법(1980년)부터는 국제조직 앞에 "중요한"이 추가되어 현재는 "중요한 국제조직에 관한 조약"만 국회동의 대상이다. "중요한"이 추가된 이유에 대해 1980년 당시 법제처 헌법연구반 보고서는 "오늘날 대부분의 국제기구는 극히 기술적·전문적·행정적 성격을 갖는 것으로서(무역협정 상의 합동위원회도 엄밀히 말하면 국제조직임) 이러한 국제기구에 관한 조약은 국회의 동의를 받게 할 성질의 것이 아닌바," 동의대상을 중요한 국제기구에 관한 조약으로 한정시켰다고 설명했다.40) 사실 국제기구라 해도 그 역할과 권한, 규모, 중요성 등이 천차만별이다. 외국의 예를 보아도 모든 국제기구에 관한 조약을 입법부의 동의대상으로 규정하고 있는 국가는 드물다. 제헌헌법의 모델이 되었던 프랑스에서도 헌법위원회(Conseil Constitutionnel)가 자국의 주권에 관련된 결정이나 제한을 할 수 있는 권한을 가진 상설적 국제기구에 관한 조약만이 입법부의 동의를 필요로 한다고 해석하고 있는 현실41) 등을 감안해 보면 중요한 국제기구에 관한 조약만으로 동의의 대상을 한정한 조치는 타당한 방향 설정이었다.42) 외국의 예를 보아도 국제기구에 관한

---

39) 제헌헌법 제42조의 모델이 된 프랑스 헌법에서도 1958년 개정 이후 "국제기구에 관한 조약"이 입법부 동의 대상 3번째 유형으로 순서가 변경되었다(제53조 제1항).

40) 법제처, 「헌법연구반 보고서」(법제처, 1980), pp.281-282.

41) DC no. 92-308, April 9, 1992; DC no. 98-408, January 22, 1999. P. Eisemann & R. Rivier, "National Treaty Law and Practice: France," in D. Hollis, M. Blakeslee & L. Ederington ed., National Treaty Law and Practice(Martinus Nijhoff, 2005), p.260에서 재인.

42) 정인섭(전게주 38), p.235.

조약을 국회동의 대상으로 하는 국가는 비교적 제한적이다.[43]

"상호원조에 관한 조약"은 유진오 초안이나 이의 모델이었던 프랑스 제4공화국 헌법에는 없던 유형으로 국회 제헌과정에서 추가된 내용인데, 당시 그 취지에 대한 아무런 공식 설명이 없었다. 이에 상호원조의 의미가 무엇이냐에 대한 논란이 제기되었다. 이에 5·16 후 제3공화국 헌법 개정시 "상호원조 및 안전보장에 관한 조약"으로 "안전보장"을 추가해 군사적 의미의 원조임을 분명히 했다.[44]

"통상조약"은 1980년 제5공화국 헌법부터는 우호통상항해조약으로 수정되어 오늘에 이른다. 모든 통상조약을 국회 동의 대상으로 규정함은 지나치게 범위가 넓으므로 그중 특히 우호통상항해조약만으로 동의대상을 제한할 필요가 있다는 점이 개정 이유였다.[45] 우호통상항해조약은 국가 간 관계를 포괄적으로 규정하는 조약으로 체약국 국민의 상호 출입국과 체류, 신체의 안전, 경제활동, 재산권 보장, 사회보장, 관세 등 정치·경제·사회 각 분야에 관한 다양한 내용을 규정하고, 통상 최혜국 대우와 내국민 대우를 기본원칙으로 포함하고 있어서 과거에는 국제관계에서 중요한 기능을 담당했다. 그러나 20세기 후반을 거치면서 이제 국제사회에서 이런 유형의 조약은 더 이상 활용되지 않는다. 대신 근래에는 투자, 통상, 해운, 사회보장 등 개별 분야별로 보다 구체적인 내용의 조약이 체결되고 있다. 한국이 우호통상항해조약이란 명칭의 조약을 체결한 사례도 1957년 발효된 미국과의 조약 1건뿐이며,[46] 제5공화국 헌법 개정 이후 단 한 건의 체결

---

43) 정인섭(전게주 38), pp.234-235.

44) 김기범은 이러한 문구 추가에도 실질적으로는 별다른 변화가 없다고 설명했다. 김기범(전게주 28), p.295.

45) 법제처(전게주 40), p.282.

46) 1956년 11월 28일 서명, 1957년 2월 4일 국회 동의, 1957년 11월 11일 발효(조약 제40호).

사례도 없다. 이렇듯 국제적으로나 한국에서 활용도 되지 않던 유형의 조약을 새삼스럽게 제5공화국 헌법이 국회 동의의 대상으로 추가한 조치는 시대에 뒤쳐진 발상이라는 비판을 면할 수 없다.[47] 외국의 예를 보아도 "우호통상항해조약"을 새삼 별도의 국회동의 대상 유형으로 규정한 입법례는 찾기 어렵다.[48]

"국가 또는 국민에게 재정적 부담을 지우는 조약"은 제3공화국 헌법부터는 "또는"이 "나"로 수정되었고, 제5공화국 헌법부터는 재정적 부담 앞에 "중대한"이 추가되었다. 과거에는 비교적 소액의 재정적 부담을 유발하는 조약도 국회동의의 대상이 된 적이 있으나, "중대한"의 추가로 일정 규모 이상의 재정부담을 야기하는 조약만 국회동의의 대상으로 제한되었다. 기본적으로는 올바른 방향으로의 개정이었다고 판단된다. 다만 국가의 재정지출은 어차피 국회로부터 예산승인을 받아야 가능하므로 국가에 중대하지 않은 재정부담을 지우는 조약이라 해 국회 통제를 벗어나는 결과는 되지 않는다. 다만 이 항목에서 제헌헌법 이래 유지되고 있는 "국민의"라는 표현은 불필요하다고 판단된다. 조약의 체결 주체는 국가이며, 조약으로 인한 재정적 부담은 1차적으로 국가에 대한 부담이고, 재정부담의 이행 주체 역시 국민 아닌 국가이기 때문이다. 국민은 국가의 구성원으로서 간접적인 영향을 받을 뿐이다. 유사한 조항을 두고 있는 외국 사례를 보아도 "국가" 또는 "국고"에 추가해 "국민"의 재정적 부담을 병기한 경우는 찾기 어렵다.[49]

제헌헌법에는 없던 국회동의 유형으로 "주권의 제약에 관한 조약"이 제5공화국 헌법부터 추가되었다. 당시 정부 내 헌법연구반의 설

---

47) 정인섭(전게주 38), p.239 동지, 배종인, "대통령의 조약 체결비준권과 이에 대한 국회의 동의권,"「세계헌법연구」제12권 1호(2006), p.147,
48) 정인섭(전게주 38), p.239.
49) 정인섭(전게주 38), p.245.

명에 따르면 이 유형의 조약은 제3공화국과 제4공화국 헌법에 국회동
의 대상으로 규정되었던 어업조약이나 외국 군대의 지위에 관한 조약
을 포괄하는 규정으로 삽입되었으며, 한국이 인접국과 새로이 해양
경계를 획정하는 경우도 이에 포함된다고 설명했다.50) 외국에서는 주
권의 제약에 관한 조약이 국회동의 대상조약으로 흔하게 등장하는 항
목은 아니다. 이에 속한다고 할 수 있는 조약의 대부분은 입법사항에
관한 조약에 해당해 국회동의 대상에 포함되므로, "주권의 제약"이라
는 개념이 내포하는 강한 정치적 상징성에도 불구하고 실질적 역할이
큰 항목은 아니다.51)

III. 국제법의 국내적 효력 조항

1. 제정 경위

대한민국 임시정부 시절 만들어진 헌법안 중 국제법의 국내적 효
력에 관한 조항을 포함한 시안은 없었다. 조국 광복이 실현되지 않은
상태에서 외국과 체결한 조약 등의 국내적 효력문제는 요원한 사항이
라고 생각했을 듯하다. 8·15 종전 후 비교적 이른 시기에 제시된 유
력 헌법안으로 행정연구회 헌법분과위원회 초안이나52) 남조선과도입
법의원 의결의 조선임시약헌53) 등에도 국제법 또는 조약의 국내적
효력에 관한 조항이 없었다.

이에 관한 조항은 유진오 초안에서 처음으로 등장한다.54) 이 안
제7조는 "정식으로 비준 공포된 조약과 일반으로 승인된 국제법규는

---

50) 법제처(전게주 40), pp.282-283.
51) 정인섭(전게주 38), p.242.
52) 전게주 6-7 및 관련본문 참조.
53) 전게주 9 참조.
54) 전게주 10-12 및 관련 본문 참조.

국내법으로서의 효력을 갖는다"고 규정하고 있었다. 제헌국회로 제출된 유진오와 행정연구위원회 공동초안에는 국제법의 국내적 효력에 관한 유진오 초안 제7조의 문구가 거의 그대로 포함되었다.[55] 역시 제헌국회에 제출되었던 권승렬안 제7조는 "비준 공포된 국제조약과 일반적으로 승인된 국제법규는 국내법과 동일한 효력이 있다"고 규정해 유진오 초안과 표현상 약간의 차이만 있을 뿐 내용은 사실상 동일했다. 제헌국회 헌법기초위원회에서의 논의를 거쳐 1948년 6월 23일 국회 본회의에 보고된 제7조 문안은 권승렬안을 따랐다.[56]

제헌국회 심의과정에서 제7조는 큰 논란의 대상이 아니었다. 제1 독회에서 조종승 의원이 "너무나 막연하다"는 지적을 했으나, 다른 의원들의 반향은 없었다.[57] 제2독회에서 서순영 의원 외 10명이 제7 조 삭제안을 제출했다. 그는 국내법과 같은 효력이 있다는 "해석적 규정을 헌법에다가 넣는 것은 결국 법률문화가 저열한 국가에서 쓰는 한 입법수단이 아닌가"라는 의문을 제기하며 이 조항 삭제를 주장했다.[58] 그러나 삭제안은 재석 167, 찬성 8, 반대 101로 부결되었고, 당초 원안은 재석 167, 찬성 135, 반대 1로 가결되었다.[59] 이상이 제헌국회에서 국제법의 국내적 효력에 관한 제7조 논의의 전부였다. 최종적으로 채택된 문언은 "비준 공포된 국제조약과 일반적으로 승인된 국제법규는 국내법과 동일한 효력을 가진다"였다.

---

55) 차이는 유진오 원안의 "효력을 갖는다"가 "효력을 가진다"로의 변경뿐이었다.
56) 제1회 국회속기록 제17차 회의(1948.6.23.), p.2.
57) 제1회 국회속기록 제20차 회의(1948.6.29.), p.28.
58) 제1회 국회속기록 제22차 회의(1948.7.1.), p.26. 이에 대해 권승렬 전문위원은 제 7조의 존치를 주장했는데, 그 설명의 취지가 삭제안에 대한 적절한 답변인지는 잘 이해되지 않는다. 상게주, p.26.
59) 제1회 국회속기록 제22차 회의(1948.7.1.), p.26.

2. 기본 취지와 실행

가. 취지

유진오는 헌법 성립 직후 발간한 헌법 개설서에서 제7조 제1항의 취지를 다음과 같이 설명했다.

"국제조약과 국제법규의 불준수는 국제평화파괴의 중요 원인이 되어 왔으므로 본조는 제6조와 동일한 정신으로 국제평화의 유지에 노력하기 위한 규정이라 할 수 있다. 그리고 비준 공포된 국제조약은 대부분이 이미 국회의 동의를 얻은 것이므로(제42조 참조) 국내법과 동일한 효력을 갖는다는 것은 당연하다 할 수 있는데, 본조는 일보 나아가서 일반적으로 승인된 국제법규까지 국내법과 동일한 효력을 가진다고 규정하여 우리나라가 국제평화의 유지에 적극적으로 노력할 것을 선명하였다. 종래 각국은 소위 국가주권의 최고 독립성의 주장에 입각하여 국제법규의 구속력은 각국의 승인에 의존한다고 설명하여 왔는데, 본조는 일반적으로 승인된 국제법규는 당연히 국내법과 동일한 효력을 가진다고 선언함으로써 우리 국가의 국제평화, 국제민주주의에 대한 열의를 표명한 것이다."[60]

즉 유진오는 국회동의를 얻은 조약이 국내법과 동일한 효력을 가짐은 당연한 일이며, 제헌헌법은 이에 나아가 일반적으로 승인된 국제법규도 국내법과 동일한 효력을 지닌다고 선언해 국제평화에 대한 대한민국의 열망을 표시했다고 평가했다. 간단한 내용 같지만 몇 가지 집고 넘어갈 사항이 있다. 첫째, "비준"을 거친 조약만이 국내법과 동일한 효력을 갖는다는 취지인가? 둘째, "일반적으로 승인된 국제법규"는 구체적으로 무엇을 의미하는가? 셋째, "국내법과 동일한 효력"에서

---

60) 유진오(전게주 16), p.26. 인용부분에서는 필자가 부분적인 맞춤법 수정을 하였다.

의 "국내법"이란 무엇을 의미하는가? 각각의 점에 대해 검토한다.

나. 비준 공포된 조약

조약이란 국제법 주체 간에 체결되어 국제법에 따라 규율되는 국제 합의이다.[61] 내용만 국제법 주체 간 구속력 있는 합의에 해당하면 그 구체적 명칭(예: 조약, 협약, 협정 등)이나 구성 문서의 수는 문제되지 않고 모두 조약에 해당한다.

제헌헌법 제7조 제1항은 "비준 공포된 국제조약"이라고 표현하고 있으므로 이는 반드시 "비준"절차를 거친 조약만을 의미하는가? 제42조 역시 국회동의 대상을 "○○○에 관한 조약의 비준"에 대해 동의를 가진다고 규정해 역시 동일한 의문이 제기되었다. 유진오는 "조약의 비준은 전권위원에 의하여 이미 체결(서명 조인)된 조약을 국가의 원수가 서명 승인하여 이를 확정적 국가의사로 만드는 행위"를 말한다고 설명했다.[62] 비준에 대한 이러한 설명 자체는 틀리지 않지만, 문제는 모든 조약이 "비준" 절차를 거치지는 않으며 비준 없이 성립하는 조약도 많다는 점이다. 제헌헌법 제7조 제1항과 제42조의 "비준"이란 용어는 모두 유진오 초안에서 기원한다. 유진오가 대학 졸업 직후 발표한 글에 따르면 그 역시 비준을 필요로 하지 않는 조약의 존재를 알고 있었으나,[63] 아마도 대부분의 조약이 "비준"을 거친다고 생각한 듯하다.

사실 현대로 올수록 비준 절차를 거치지 않는 조약이 비율상 훨씬 많은 편이다. 결국 제헌헌법 제7조 제1항의 "국제조약"이란 비준 절차를 거치는지 여부와는 상관없이 대한민국에 의해 성립되어 "공포"된 모든 조약을 가리키는 것으로 해석되었다. 제헌헌법 제42조의

---

61) 조약법에 관한 비엔나 협약 제2조 제1항 가호 참조.
62) 유진오(전게주 16), p.106.
63) 유진오, 조약비준론, 조선지광 1929년 4월호, p.71 참조.

국회동의 대상 역시 조항상 문언과 달리 "비준" 여부는 문제되지 않고 운영되었다.[64]

다. 일반적으로 승인된 국제법규

제헌헌법 제7조 제1항 "일반적으로 승인된 국제법규는 국내법과 같은 효력을 가진다"라는 구절이 관습국제법의 국내 적용에 관한 표현이라는 점에는 이견이 없다. 비교법적으로 보아도 "관습국제법(customary international law)"이라는 용어를 직접 사용하는 예는 흔하지 않으며, 상당수 헌법은 한국 헌법과 유사한 표현을 사용하고 있다. 각국 현행 헌법의 예를 보아도 독일은 "국제공법의 일반규칙"(제25조),[65] 이탈리아는 "일반적으로 승인된 국제법 원칙"(제10조 제1항),[66] 오스트리아는 "일반적으로 승인된 국제법 규칙"(제9조 제1항),[67] 러시아는 "범세계적으로 승인된 국제법의 원칙과 규범"(제15조 제4항),[68] 그리스는 "일반적으로 인정된 국제법 규칙"(제28조 제1항),[69] 일본은 "확립된 국제법규"(제98조) 등을 사용하고 있다.

여기서 "일반적으로 승인된 국제법규"라 함은 누구의 승인을 의미하는가? 이것이 국내법과 같은 효력을 가지려면 대한민국의 승인이 전제되는가?

이 구절의 원조격은 "일반적으로 승인된 국제법 규칙은 독일법의 일부로서 구속력을 갖는다"라고 규정한 독일의 바이마르 헌법(1919)

---

64) 전게주 30 및 관련 본문 참조.

65) general rules of public international law(die allgemeinen Regeln des Völkerrechtes).

66) generally recognized principles of international law(alle norme del diritto internazionale generalmente riconosciute).

67) generally recognized rules of international law(die allgemein anerkannten Regeln des Völkerrechtes).

68) universally recognized principles and norms of international law.

69) generally acknowledged rules of international law.

제4조이다. 이는 관습국제법의 국내 적용을 규정한 최초의 성문헌법 조항이었다. 그런데 당시 독일에서는 이 조항에 따라 관습국제법이 국내법의 일부가 되기 위해서는 독일의 승인이 필요하고, 승인된 국제법 규칙은 국내 법률과 동등한 효력을 갖는다고 해석되었다.[70] 이 조항을 통해 독일은 국제법에 대한 존중의지를 대외적으로 표명했으나, 자신이 원하는 경우 후법의 제정을 통해 관습국제법의 국내적용을 언제든지 봉쇄시킬 수 있었다. 이에 제2차 대전 후 새로이 제정된 독일 기본법(1949) 제25조는 구 헌법의 "일반적으로 승인된"이란 표현을 삭제하고 단순히 "국제공법의 일반규칙"은 연방법의 일부로서 연방법률에 우선한다고 규정했다. 이는 비록 독일에 의해 승인되지 않은 관습국제법도 국내적으로 법률보다 상위의 효력을 인정한다는 취지로서,[71] 독일의 국제법 준수의지를 강화시키려는 의도였다.

제헌헌법 제7조 제1항이 바이마르 공화국 헌법과 유사한 표현을 사용하고 있다고 해, 그 해석론까지 답습할 이유는 없다. 바이마르 공화국과 유사한 헌법 조항을 갖은 다른 국가들 역시 그 해석을 그대로 따르지 않는다. 이 같은 추상적 규범의 내용은 개별 국가가 나름의 사회적 환경 속에서 실행을 통해 구체화할 대상이기 때문이다.

이 문언의 최초 구상자인 유진오는 이는 주권국가의 승인에 의지하지 않고 국내법과 동일한 효력을 가진다는 취지로서 이를 통해 대한민국의 "국제평화, 국제민주주의에 대한 열의를 표명"했다고 설명했다.[72] 통상 관습국제법이 일반적으로 승인된 국제법규에 해당한다고 이해하면, 확립된 관습국제법은 개별 국가의 의사만으로 그 효력

---

70) L. Wildhaber & S. Breitenmoser, The Relationship between Customary International Law and Municipal Law in Western European Countries, ZaöRv vol.48, no.2(1988), p.179; 남복현 외, 국제조약과 헌법재판(헌법재판소, 2007), p.204.
71) L. Wildhaber & S. Breitenmoser(상계주), p.180; 이주윤, 독일 국내법상 국제법의 지위, (연세대) 법학연구 제27집(2007), pp.441-443.
72) 유진오(전게주 16), p.26 및 전게주 60의 인용 내용 참조.

을 부인할 수 없음이 원칙이다. 제헌 이후 현재까지 한국의 사법부가 "일반적으로 승인된 국제법규"를 적용함에 있어서도 한국의 승인 여부나 필요성을 직접 검토했거나 설시한 사례는 없었다.[73] "일반적으로 승인된 국제법규"성을 인정한 판례에서 한국의 승인 여부를 검토하지 않았다는 사실은 사법부가 한국 정부의 태도와 관계없이 국제적인 기준에 따라서만 이를 판단하려는 취지라는 추정이 가능하다. 국내 학설 역시 반드시 한국에 의한 직접적인 승인을 필요로 하지 않는다는 해석이 제헌 이래 다수설이며,[74] 특별히 한국의 승인이 필요하다는 주장은 발견되지 않는다. 필자 역시 같은 입장이다.

한편 "일반적으로 승인된 국제법규"는 관습국제법과 동일한 개념인가? 초기 헌법학설은 주로 이를 관습국제법을 의미한다고 해석했고,[75] 별다른 이견이 제시되지 않았다. 그러나 1960년대 들어 박일경은 관습국제법과 비록 "우리 나라가 조약 체결 당사국이 아닌 조약으로서 국제사회에서 일반적으로 그 규범성을 승인한 것(예: 포로에 관한 제네바 협약)"도 이에 해당한다고 주장했다.[76] 이후 현재 국내 헌법학자의 상당수는 관습국제법에 더해 비록 우리나라가 당사국이 아닌 조약이라도 국제사회에서 일반적으로 규범성이 인정되는 것은 "일반

73) 국내 사법부의 관습국제법 적용사례에 관해서는 정인섭, 헌법 제6조 제1항상 '일반적으로 승인된 국제법규'의 국내 적용 실행, 서울국제법연구 제23권 1호(2016), p.60 이하 참조.
74) 박천일, 헌법개론(대지사, 1954), pp.174-175; 강병두, 혁명헌법(수학사, 1961), p.131; 계희열, 헌법학(상)(제2보정판)(박영사, 2002), pp.174-175; 허영, 한국헌법론(전정 20판)(박영사, 2024), p.214; 김철수, 헌법학신론(제21전정신판)(박영사, 2013), p.223; 성낙인, 헌법학(제21판)(박영사, 2021), p.334; 한수웅, 헌법학(제11판)(박영사, 2021), p.359; 장영수, 헌법학(제15판)(홍문사, 2024), p.247; 나인균, 국제법(제2판)(법문사, 2008), p.171.
75) 이종극, 축조비교 헌법해의(숭문사, 1954), p.91; 이경호(전게주 28), p.83; 강병두(상계주), pp.131-132 등.
76) 박일경(전게주 28), p.66.

적으로 승인된 국제법규"에 포함된다고 설명한다.[77] 그러한 조약의
예로 포로에 관한 제네바 협정, 제노사이드방지 협약, UN 헌장, ICJ
규정, 부전조약, 세계우편연맹 규정 등이 주로 지적된다.[78]

그러나 이러한 해석은 조약과 관습국제법의 개념을 혼동하고, 제
헌헌법 제6조 제1항 이래 "일반적으로 승인된 국제법규"외 조약의
국내적 효력이 별도로 인정되고 있음을 간과한 주장이다. 조약은 당
사국에만 구속력을 지니며, 제3국에 대하여는 그의 동의 없이 권리나
의무를 창설하지 못한다.[79] 그러나 일정한 조약은 국제사회의 절대다
수의 호응을 얻어 비당사국에 대하여도 일반적 규범력을 발휘한다.[80]
이러한 현상이 발생하는 이유는 그 조약의 주요 내용이 관습국제법화
되어 관습국제법의 자격으로 일반적 규범력을 발휘하기 때문이다. 이
런 경우 조약은 관습국제법의 증거로서의 가치를 지닌다고 할 수 있
으나, 그 조약 자체를 일반적으로 승인된 국제법규의 일부로 이해하
는 태도는 부적절하다. 조약에는 발효에 관한 절차 조항 등 일반적으
로 승인된 국제법규가 될 수 없는 내용도 항상 포함되어 있으므로 아
무리 많은 호응을 받은 조약이라 할지라도 그 조약 내용 전체가 일반
적으로 승인된 국제법규는 될 수 없다. 더욱이 국내 학자들에 의해
공통적으로 빈번히 예시되는 조약인 제노사이드방지 협약과 포로에
관한 제네바 협정은 한국이 당사국이므로 "헌법에 의하여 체결·공포

---

77) 권영성, 헌법학원론(개정판)(법문사, 2009), p.175; 김철수(전게주 74), p.288; 허
　　영(전게주 74), p.214; 성낙인(전게주 74), p.334; 정재황, 헌법학(박영사, 2021),
　　p.404; 장영수(전게주 74), p.247; 남복현, 헌법 제6조 제1항의 구체적 의미, 한양
　　법학 제23집(2008), p.208; 정문식, 헌법 제6조, 한국헌법학회편, 헌법주석(Ⅰ)(박
　　영사, 2013), p.160.
78) 그 구체적인 사례는 정인섭, 신국제법강의(제14판)(박영사, 2024), p.137에 설명
　　되어 있다.
79) 조약법에 관한 비엔나 협약 제34조.
80) North Sea Continental Shelf (Germany/Denmark, Germany/Netherlands), 1969
　　ICJ Report 3, para.71.

된 조약"에 해당하며, 부전조약은 제2차 대전 후 UN의 등장으로 시대적 사명을 마친 조약이다. 왜 이 같은 조약들이 "일반적으로 승인된 국제법규"의 예로 근래 국내 헌법학자들의 주장에 공통적으로 등장하는지 이해하기 어렵다. 따라서 우리 헌법상 "일반적으로 승인된 국제법규"라는 개념에 조약을 포함시키는 입장은 타당하지 않으며, 국내 국제법 학자들은 거의 예외 없이 이를 관습국제법으로 해석하고 있다.[81]

라. 국내법과 동일한 효력

제헌헌법 제7조 제1항에 말하는 "국내법과 동일한 효력을 가진다"는 무슨 의미인가? 제헌헌법에서 "국내법"이란 용어가 사용되고 있는 조항은 이곳뿐이다. 국내법을 가리키는 통상적인 표현으로는 거의 대부분의 조항에서 "법률"이 사용되었고, "법령"이 일부 사용되었다(제96조 제1항 및 제2항, 부칙 제100조).[82] 왜 국제법의 국내적 효력을 나타내는 제7조에서만 "국내법"이 사용되었는가? 제헌 과정에서 이 점에 대한 지적이나 논의가 전혀 없었기 때문에 그 배경을 알기 어렵다. 통상 국내법이라 할 때 위로는 헌법부터 시행령, 시행규칙까지도 포함하는 개념으로 사용될 수 있기 때문에 국제법의 국내적 위계를 어

---

81) 김정건, 신판 국제법(박영사, 2004), p.114; 이한기, 국제법강의(신정판)(박영사, 1997), p.144; 이병조·이중범, 국제법신강(제9개정 제2보완수정판)(일조각, 2008), p.27; 김명기, 국제법원론(상)(박영사, 1996), p.119; 장효상, 현대국제법(박영사, 1987), p.33; 홍성화, 개정 국제법개론(건국대학교 출판부, 1995), p.84; 최재훈·정운장(외), 국제법신강(신영사, 1996), p.84; 김정건·장신·이재곤·박덕영, 국제법(박영사, 2010), p.140; 채형복, 국제법(제2판)(법영사, 2010), p.123 등. 헌법학자로는 최대권, 헌법학강의(박영사, 1998), p.353; 양건, 헌법강의(제10판)(법문사, 2021), p.173이 동일한 입장을 취하고 있다.
82) 이 점은 현행 헌법 역시 마찬가지이다. "국내법"은 제6조 제1항에서 한번 사용되고, 법령은 제114조 제6항, 제177조, 부칙 제5조 등 3번 사용되고 있다. 제11조 제1항에서는 "법"이 사용되고 있다. 기타의 경우 모두 "법률"이 사용되고 있다.

떻게 보아야 할지에 관해 혼선이 발생할 수 있다.

일단 조문의 최초 제안자였던 유진오는 "국제조약은 대부분이 이미 국회의 동의를 얻은 것이므로(제42조 참조) 국내법과 동일한 효력 가진다는 것은 당연하다"고 설명하며, "불란서 신헌법 제26조는 조약을, 일본 신헌법 제98조 제2항은 조약과 국제법규를 법률 이상의 효력을 가진다고까지 규정하였는데, 그것은 법리상으로는 더욱 진보적이라 할 수 있으나, 국제법과 국제관계의 현실을 고려할 때에 좀 지나친 것이라 아니할 수 없다"고 설명했다.[83] 내용의 취지로 보아 유진오는 국내법은 "국내 법률"로 이해했다고 판단된다.

1950년대부터 대부분의 학설 역시 국내법을 "국내 법률"로 해석하며, 그 근거로는 주로 조약이 국회동의를 얻기 때문이라고 설명했다.[84] 조약과 일반적으로 승인된 국제법규를 국내 법률과 같은 효력을 가진다고 이해함으로써 조약 등은 별다른 추가적 국내절차 없이 바로 직접 적용된다고 생각했다.[85]

국회동의 조약의 국내적 위계를 "법률"로 해석하는 점에서는 현재의 학설상으로도 이론이 없다.[86] 국내 사법부의 실행 역시 국회동의를 거친 조약은 "법률"의 효력을 지닌다고 판단해 왔다.[87] 국내 재판에서 국회동의를 받은 조약에 대해 시행령 또는 그 이하의 효력만 인정한 사례는 없었으며, 조약이 "법률"보다 상위의 효력을 지닌다고

83) 유진오(전게주 16), pp.26-27.
84) 이종극(전게주 75), p.93; 이경호(전게주 28), p.86; 문홍주, 신한국헌법(법문사, 1960), p.99 및 전게주 36, p.136; 강병두(전게주 74), p.134; 윤세창, 신고 헌법 (일조각, 1963), p.254 등.
85) 박천일(전게주 74), p.201; 이천수, 신헌법대요(수도문화사, 1955), pp.147-148; 박일경(전게주 28), p.67.
86) 정인섭(전게주 78), p.125에 수록된 내용 참조.
87) 이에 관한 사례는 정인섭, 조약의 국내법적 효력에 관한 한국 판례와 학설의 검토, 서울국제법연구 제22권 1호(2015), pp.33-36 수록 판례 참조.

판단한 판례 역시 없었다.[88]

문제는 국회동의를 받지않은 조약은 국내적으로 어떠한 효력을 지니는가이다. 유진오는 대부분의 조약이 국회동의를 거친다고 생각하며,[89] 국회동의를 받지 않은 조약의 효력에 대해서는 아무런 언급조차 하지 않았다. 비동의 조약에 대한 언급이 없기는 제1공화국 당시 발간된 거의 모든 헌법서적에서 공통적이다. 현재 국내 헌법학계의 다수설은 국회동의를 받지 않은 조약은 "시행령"의 효력만을 지닌다는 입장이다. 이에 대해 필자는 다른 판단을 하고 있으나, 이 점은 여기서의 주요 논점이 아니므로 상세한 분석은 피한다.[90]

3. 변천

제헌헌법 제7조 제1항은 1963년부터 시행된 제3공화국 헌법에서 "이 헌법에 의하여 체결·공포된 국제조약과 일반적으로 승인된 국제법규는 국내법과 동일한 효력을 가진다"로 표현이 2군데 수정되었고, 조문 순서도 제5조로 변경되었다.

맨 앞에 "이 헌법에 의하여"가 추가되었는데 이를 통해 특별한 의미변경이 있었다고는 보이지 않는다. "비준·공포된" 조약이 "체결·공포된" 조약으로 변경된 이유는 모든 조약이 비준절차를 거치지는 않으며 서명 등 다른 방법에 의해 성립되는 경우도 많기 때문이었다.[91] 여기서의 체결에는 기존 비준의 의미도 포함한다. 이후 1980년 제정된 제5공화국 선법부터는 맨 앞의 "이"가 삭제되었다. "이 헌법"이라고 하면 과거 헌법을 제외하는 듯한 인상을 줄 수 있다는 점이 당시의 삭제 이유였다.

---

88) 정인섭(상계주), p.36.
89) 유진오(전게주 16), p.26.
90) 이 점에 관한 구체적 설명은 정인섭(전게주 78), pp.124-130 참조.
91) 박일경(전게주 28), p.67.

제헌과정을 살펴보면 조약의 체결 절차와 국제법의 국내적 효력에 관한 헌법 조항을 살펴 보면 유진오의 절대적 영향력을 발견하게 된다. 즉 제헌헌법 제7조, 제42조, 제59조, 제72조 상의 관련 내용들은 유진오 초안에서 비로소 구체화되어 제시되었다. 임시정부 이래 해방 정국 초기에 제안된 각종 초안들 중 부분적으로 유사한 조항을 갖고 있는 경우는 있었으나 이 모든 내용을 담고 있던 초안은 없었다. 유진오 초안의 이들 내용은 행정연구회와의 공동 초안 작성 시에도 유지되었고, 국회 헌법기초위원회와 본회의 제헌과정에서도 별다른 내용 변화 없이 유지되었다. 국회 제헌과정에서 유일한 내용상 변화는 국회 동의대상 조약에 "상호원조에 관한 조약"이 추가된 부분뿐이다(제42조). 다만 제헌헌법 제7조와 제42조에서 모든 조약은 당연히 "비준"을 전제한 듯한 표현을 사용해 이후의 실제 실행과는 차이가 났고, 결국 제3공화국 헌법부터는 이 표현이 수정되었다. 그런데 수정 후의 표현 역시 같은 헌법 내에서 "체결"을 각기 다른 의미로 사용하는 실수를 범했다.

제6장

구 한말 외국공관의 개설과 광복 후 처리

　　조선(대한제국 시기 포함)은 모두 11개국과 근대적 조약을 통한 수교를 했다. 수호통상조약의 합의연도는 일본(1876년), 미국(1882년), 영국(1883년), 독일(1883년), 이탈리아(1884년), 러시아(1884년), 프랑스(1886년), 오스트리아(1892년), 청(1899년), 벨기에(1901년), 덴마크(1902년)이며, 단 조약 비준과 실제 수교는 위 시점보다 약간씩 늦다. 이중 오스트리아와 덴마크를 제외한 9개국이 서울에 공관을 개설했다. 일본, 중국, 러시아, 영국, 독일 등은 지방에 별도 영사관도 설치했다. 1905년 을사조약으로 조선의 외교권이 박탈당하자 서울에 개설된 주한 외국공관은 일제히 기능이 영사관으로 제한되었다. 1910년 조선이 식민지로 전락한 이후 업무가 많지 않은 일부 영사관은 차츰 철수했으나, 미국·영국·소련·프랑스·중국 영사관은 일제 후반부까지 서울 등지에 존속했다. 그중 1941년 12월 일본의 진주만 공격 이후 미국과 영국 영사관은 폐쇄되었으나, 소련·프랑스·중국 영사관은 1945년 8월 종전 무렵까지 유지되었다. 본장에서는 구 한말 조선에 개설된 외국공관이 일제 시기를 거친 다음, 대한민국 정부 수립

후에 어떻게 연계되었는가를 검토한다.

Ⅰ. 조선의 수교와 외국공관의 설치

1. 일본

조선이 근대적 조약관계를 맺은 첫 대상은 일본이었다. 1876년 체결된 조일 수호조규 제2조는 "일본국 정부는 지금부터 15개월 뒤에 수시로 조선국 한성에 사신을 파견해 예조판서와 직접 만나(親接) 교제 사무를 상의하며, 해당 사신의 머무는 기간의 장단(駐留久暫)은 모두 그때의 사정에 맡긴다."고 규정했다. 수호조규에 상대국 외교관의 상주를 확약하는 명문 조항은 없었으나, 일본은 상주사절의 파견을 원했다. 수호조규의 후속조치를 위한 부록안 협상에서 일본은 외교사절 상주 조항을 포함시키기 원했으나 조선의 완강한 반대로 성사되지 않았다. 일본은 다음 해인 1877년 9월 하나부사(花房義質)를 대리공사 자격으로 파견해 상주공관 개설과 사절의 주재를 요구했으나, 조선은 여전히 동래 왜관을 통한 교섭만을 고집했다.

일본은 1880년 다시 하나부사를 변리공사 자격으로 파견해 고종에게 "한성에 주재시켜 교섭에 관한 일을 관장하게 한다"는 내용을 포함한 국서를 봉정하도록 했다. 결국 이를 수락한 조선은 1880년 12월 말부터 서대문 바로 밖 구 경기중영(京畿中營) 청수관(淸水館)(천연동 31번지)에 일본공사가 일본 국기를 게양하고 장기 체류하며 외교교섭을 할 수 있도록 허용하기로 했다.[1] 이곳은 1876년 조·일 수호조규 이후 일본 사절이 내방할 때 몇 차례 접대관사로 사용되었고, 하

---

[1] 공사 이외 40명 정도 직원이 거주했다고 한다. 김갑득·김순일, 구한말 서울 정동 외국인 주거지의 형성과정에 관한 연구, 대한건축학회논문집 계획계 제17권 7호 (2001), p.154.

나부사가 대리공사 자격으로 방문시에도 숙소로 사용된 이력이 있어서 양측이 비교적 익숙한 장소였다.[2] 서대문 바로 밖이라 조선으로서는 도성에 일본 관리 체류를 허가하지 않았다는 명분을 고수할 수 있었고, 일본으로서는 궁궐이나 관청가와 가까워 업무에 편했다. 이 청수관 건물은 1882년 7월 임오군란 때 소실되어 일본 공사관은 남산 밑 이종승 저택으로 임시 이전했다가, 1884년 교동 박영효 저택을 매입해 이 부지 내에 공사관을 신축했다(대지 2177평, 현 인사동 경인미술관 자리). 그러나 이곳도 곧 이어 발생한 갑신정변(1884년 12월) 때 다시 불타버렸다. 이에 서대문 밖 임시장소를 거쳐 1885년부터는 남산 왜성대에 공사관을 신축해 이전했다.[3] 1905년 을사조약이 체결되어 일본 공사관도 폐쇄되자 이 건물은 1906년부터 통감관저로 전환되었고, 한일합병 이후에는 1939년까지 총독관저로 이용되었다. 이 건물은 6·25 때 소실되었다.

구한말 일본은 조선 내 부산(1880), 원산(1880), 인천(1882), 서울(1884), 목포(1897), 진남포(1897), 마산(1900) 등 7곳에 영사관을 개설했다. 을사조약으로 조선에 통감부가 설치되자 1906년 2월 1일부로 조선 개항장의 영사관 제도가 폐지되고, 이는 이사청(理事廳)으로 개편되었다.[4]

을사조약을 계기로 조선 내 일본공관은 외교·영사 기능이 모두 종료되었으므로, 일제기간 중 공관 자격으로 조선에 있던 일본 건물은 없었다. 원래 공관으로 사용되다 일본 국공유 재산으로 남았던 건물은 광복 후 미군정에 의해 모두 몰수되었다.[5] 미국은 군정 철수시

---

2) 이순우, 정동과 각국 공사관(하늘재, 2012), p.279.
3) 이순우(상계주), pp.281-282.
4) 하원호, 개항기 재조선 일본공관 연구, 하원호(외)저, 개항기의 재한 외국공관 연구(동북아역사재단, 2009), p.32. 통감부가 소재한 서울과 중요도가 떨어졌던 진남포에는 이사청이 설치되지 않았다.
5) 미군정법령 제33호(1945).

몰수한 적산을 대한민국 정부에 이양했다.[6] 일본은 대일평화조약을 통해 연합국 점령기의 처리결과를 수용했으므로 국공유 재산 몰수에 따른 법적 문제는 제기되지 않았다.[7]

2. 미국

미국은 서구국가 중 조선 최초의 수교국이었다. 청은 조·미 수교의 실질적 후원자였으며, 수교 교섭의 중요 내용은 북양대신 이홍장과 슈펠트 제독 사이에서 협상되었다. 조·미 수호통상조약은 1882년 5월 22일 제물포에서 신헌과 슈펠트에 의해 서명되었으며, 1883년 1월 9일 미국 의회의 동의를 받아, 1883년 5월 19일 외부대신 민영목과 특명전권공사 푸트(L. Foote)가 한성에서 비준서를 교환했다. 푸트가 바로 초대 주한 특명전권공사로 임명되었다.

푸트 공사는 한성 도착시 박동(현 종로구 수송동 지역)의 멜렌도르프[8] 구가에 잠시 거처하다, 현 정동 10번지에 공관을 개설했다. 정동 최초의 서양 외교공관이었다. 그는 왕실의 주선으로 1883년 6월 민영교과 민계호의 가옥 및 토지와 김감역의 작은 가옥을 미화 총 2,200달러에 구입할 수 있었다. 이 부지는 모두 8채의 가옥으로 구성되었다 (총면적 3152평). 푸트는 우선 개인 돈으로 이를 매입하고, 미국 정부가 그에게 임대료를 지불하는 형식으로 공관을 운영했다. 미국 의회가 공관 구입예산를 바로 편성해 주지 않아, 주한 공관은 상당 기간 푸트 개인재산으로 유지되었다. 미국 의회는 1886년 7월 공관 구입비를 승인해, 1887년 9월 비로소 소유자가 미국 정부로 변경되었다.[9] 건물은

---

6) 대한민국 정부 및 미국 정부간의 재정 및 재산에 관한 최초협정(1948).
7) 샌프란시스코 대일평화조약 제4조 (b).
8) Paul Georg von Möllendorff. 청 정부의 추천으로 1883년-1885년 사이 약 2년 10개월간 조선 정부 외교고문 관리로 근무했던 독일인.
9) 손정숙, 한국 근대 주한미국공사 연구(한국사학, 2005), pp.44-45.

전반적으로 낡았으나, 미국은 전면적인 개축 없이 부분 수리만 하고 공사관으로 사용했다. 주한 공관측은 본국 정부에 여러 차례 건물 신축을 요청했으나, 미국 정부가 예산을 배정해 주지 않았다. 이후 수교한 영국, 프랑스, 러시아 등이 번듯한 서양식 건물을 공관으로 신축해 세인의 이목을 끌었으나, 주한 미국 공관은 일제 말까지 정동 10번지에서 한옥 형태의 기존 건물을 유지했다.10) 미국은 한성 바깥에 별도 영사관을 설치하지 않았다.

1905년 을사조약이 체결되자 미국 정부는 11월 24일 공사관을 철수하라는 지시를 내렸다. 모건(E. Morgan) 주한 미국 공사는 11월 28일 이 사실을 조선 정부에 통지했다. 그 날짜로 공사관은 폐쇄되었고, 모건 공사는 출국했다. 기존 공사관의 모든 재산과 문서의 관리는 패덕(G. Paddock) 총영사에게 맡겨졌고, 이후 일제기간 동안 이 건물은 영사관으로 운영되었다. 1941년 12월 일본의 진주만 공격 이후 영사관은 폐쇄된 상태로 광복을 맞았다.

광복 후 기존 미국 영사관이 주한 대사관으로 바로 지위 변경이 되지는 않았다. 1948년 8월 초대 주한대사로 부임한 무쵸(Muccio)는 을지로 1가 (구) 반도호텔(현 롯데호텔 자리)에서 대사관 업무를 시작했다.11) 이후 정동의 구 공사관은 미 대사관저로 이용되었다. 다만 미군정을 거치면서 원래의 부지보다 그 면적이 대폭 확대되었다. 주한 미군이 철수하면서 한·미간에 체결된 「대한민국 정부 및 미국 정부간의

10) 후일 주한 공사를 역임한 Allen은 "공사관 건물이 매우 낡은 외관의 오래된 한옥 집이다. 우리 공사관과 가까운 다른 나라 공사관 건물과 비교해 초라한 건물이라 주한 미국인이 수치스러워한다."는 보고를 미국 정부에 하기도 했다. Allen to Secretary of State, Sept. 20, 1897. 손정숙(상게주), p.45에서 재인.
11) 무쵸 대사는 1948년 8월 23일 서울에 부임했으나, 아직 미국 정부가 대한민국 정부를 정식으로 승인하기 전이라 주한 미국공관을 일단 Mission of the United States Special Representative로 칭하고, 직책도 Special Representative of the President of the United States로 불렀다. 정인섭, UN 총회 한국정부 승인결의(제195호) 성립과정과 의미분석, 서울국제법연구 제29권 1호(2022), pp.250-251.

재정 및 재산에 관한 최초협정」에 따라 미군이 사용하던 미 영사관 인근 토지와 건물이 미국에 매각되었기 때문이다(제9조 「보충」).12) 이로써 정동의 미국 대사관저가 오늘과 같이 꽤 넓은 대지를 보유하게 되었다.13) 공사관으로 사용되던 구 가옥은 수리를 거쳐 현재 관저 내 게스트 하우스로 사용되고 있는데 2002년 서울시 유형문화재 제132호로 지정되었다. 구 한말의 미국 공관은 광복 후에도 소유권 변동 없이 계속 미국 외교시설로 사용되는 사례이다.

3. 영국

조·미 수호통상조약이 체결된 지 보름만인 1982년 6월 6일 그 내용을 거의 그대로 반복한 조·영 수호통상조약이 제물포에서 합의·서명되었다.14) 청의 마건충(馬建忠)과 정여창(丁汝昌)이 막후에서 주선한 결과였다. 그러나 이 조약이 영국 상인의 경제적 이익 보호에 미흡하다는 불만이 제기되어 결국 영국측이 비준하지 않았다. 조·영 양국은 재협상을 통해 1883년 11월 26일 서울에서 새로운 수호통상조약에 서명했다. 이에 1884년 영국의 특명전권공사 파크스(H. Parkes)가 서울로 파견되어 4월 28일 조약 비준서가 교환되었다. 파크스는 5월 1일 고종을 알현하고 신임장을 제정했다. 주중 공사를 겸임하던 파크스는 열흘 후 중국으로 귀임하고, 조선에서의 업무는 애스턴 총영사에게 맡겼다. 당시 파크스가 임시로 체류하던 장소가 정동 4번지

---

12) 미국은 정동 일대의 토지 및 건물과 아울러 후일 미 대사관 직원 사택으로 이용된 송현동 부지와 반도호텔 등을 취득하고, 한국이 미국에 지불해야 할 채무 약 170여만 불과 상계하기로 했다. 이를 당시 1달러 대 400원의 환율로 계산하면 약 6억 8천만 원에 해당한다. 최초협정 제9조 참조. 이순우(전게주 2), pp.132-133.

13) 주한 미국대사관은 6·25 부산 피난 후 돌아와 1952년 7월 반도호텔 건너 편 구 미쓰이 빌딩에 자리 잡았다가, 1970년 현재의 광화문 대로변 건물로 이전했다. 미쓰이 빌딩은 한동안 미국 문화원(USIS)로 사용되다가, 1990년 소유권이 서울시로 이전되어 현재 전시관으로 이용되고 있다.

14) 조·미 조약에서 연해 측량권만 추가되고 나머지는 동일한 내용이었다.

현재의 영국 대사관 부지였다.[15) 이곳이 위치나 가격도 적당하다고 판단한 파크스는 이를 구입해 공관으로 사용하기로 결정했다. 이 부지와 건물은 당시 신석희(신헌의 아들) 소유였는데, 파크스의 요청을 받은 조선 정부의 알선으로 매매가 허가되었다.[16) 1884년 5월 10일 1,200 멕시코 달러(조선 화폐 10,500량)의 매매계약이 체결되었다.[17) 전체적으로 3,144평 부지의 약 177평 규모 한옥 6동이었다.[18)

건물은 전반적으로 낡아 우선 수리해 사용했으나, 영국은 주한 외교공관으로는 최초로 서양식 건물을 신축하기로 했다. 1890년 5월 15일 기존 건물을 철거하고 신축 공사를 시작해 1891년 5월 공사관 1호 관사가 완공되고, 이어 1982년 5월 2호 관사로 완공되었다. 영국 측 기록에 따르면 총 공사비는 토지 구입비에 225파운드, 건물 건축비에 5,988파운드, 도합 6,213파운드가 소요되었다고 한다.[19) 영국은 주청 공사가 조선공사를 겸임하고, 주한 사절로 영사만 파견하다가 1898년 2월 총영사 조던(J. Jordan)을 대리공사 겸 총영사로 임명해 공사관 체제를 갖추었다.

을사조약이 체결되자 영국은 1906년 2월 12일자로 공사관 업무를 중단하고, 영사기능만 잔류시켰다.[20) 일제시기 영국 영사관은 소

---

15) 영국은 수교협상이 진행 중이던 1883년 3월 조선 정부에 공관 부지 알선을 부탁해 정동 지역을 후보지로 정했다. 김갑득·김순일(전계주 1), p.154.

16) 문일평은 신석희의 집이 본래 "정원이 아주 광활하고 헌창(軒窓)이 매우 화미(華美)"해 이 집이 영국 공관이 된 점이 수긍된다고 설명했다. 문일평, 금석을 말하는 외국영사관의 기지유래, 조광 1938년 4월호, p.173.

17) 김갑득·김순일, 구한말 서울 정동 영국공사관의 건립에 관한 연구, 대한건축학회 논문집 계획계 제18권 10호(2002), p.132.

18) 이헌주, 개항기 영국의 대한정책과 주한 영국공관, 하원호(외)(전계주 4), p.210. 인접 성공회 부지 2140평은 이와 별도임.

19) 이헌주(상제주), p.212. 영국 공관 건물 건축 경위는 김갑득·김순일(전계주 17)에 상세.

20) 손정숙(전계주 9), p.240.

규모 출장소 수준으로 유지되었다.[21] 정동 공관은 1941년 태평양 전쟁 발발 이후 일단 폐쇄되었다.

광복 후 미군정 시절 1946년 3월 영국정부는 D. W. 더모트를 연락관이란 직함 아래 주서울 영사 담당으로 파견했다. 1948년 5월에는 비비안 홀트(V. Holt)가 후임 총영사로 부임했다. 전쟁과 영사관 폐쇄에도 공관 부지와 건물의 소유권이 바뀌지는 않으므로 이들은 기존 건물을 계속 사용할 수 있었다. 1949년 1월 18일 영국이 한국을 승인하고 3월 17일 홀트를 대리공사로 임명해 업무를 시작했다.[22] 그 결과 영국은 구 한말 처음 개설한 외교공관을 같은 장소에서 오늘날까지 동일한 기능으로 사용하고 있는 유일한 국가가 되었다.

영국은 1884년 제물포에 영사관도 설치했는데, 처음에는 목조 건물을 구입해 사용하다가 1897년 붉은 벽돌조 양식 건물을 영사관으로 신축했다. 영국은 1915년 제물포 영사관을 폐쇄하고 이 건물과 부지를 처분했다. 원래 건물은 6·25 때 파괴되고, 그 자리에는 1965년 올림포스 호텔이 건립되어 2019년까지 운영되었다.

4. 독일

영국과의 조·영 수호통상조약이 1862년 6월 6일 서명되자 독일도 조약 체결을 서둘러 곧이어 1862년 6월 30일 조·독 수호통상조약이 제물포에서 서명되었다. 그러나 영국과 비슷한 이유에서 독일도 이 조약의 비준을 거부하고 재협상을 요청했다. 이에 1883년 11월 26일 새로운 수호통상조약이 서명되고, 1884년 11월 18일 서울에서 비준서가 교환되었다. 요꼬하마 총영사 자페(E. Zappe)가 특명전권대사로 파견되어 새 조약을 협상했고 비준서도 교환했다. 최초의 공관은

---

21) 조선일보 1967.9.17., p.5.
22) 상계주.

현재 충무로 1가 중앙우체국 뒤편 낙동(酪洞)에 조선 정부 소유 한옥
을 월 15원에 임대해 개설했다. 그러나 공사는 상주시키지 않고, 젬부
쉬(Zembsch)를 총영사로 임명, 영사체제로만 운영했다. 이어 1886년
11월 원래 민겸호의 저택으로 과거 멜렌도르프가 1885년 말까지 거
주하던 박동 주택을 조선 정부가 필요로 하면 언제라도 내준다는 조
건 아래 2년 임대계약을 체결하고 공관을 이전했다.23) 독일 공관은
1891년 말 다시 육영공원 자리(구 대법원, 현 서울시립미술관 부지)로 이
전했다.

고종이 덕수궁에 기거함에 따라 조선 정부는 덕수궁을 확장하려
했다. 이에 조선 왕실이 1900년 3월 대금 5만 5천원과 대체 부지를
제공하는 조건으로 독일 영사관 부지를 매입했다. 독일은 이때 조선
정부로부터 제공받은 회동(남창동 9번지) 대지에 새 공관을 건축했다.
1901년 3월 공사를 시작해 지상 2층, 지하 1층 연건평 252평의 벽돌
조 건물이 완공되자 독일 공관은 1902년 5월 16일 이곳으로 이전했
다.24) 이어 독일은 1903년 5월 6일 잘데른(C. von Saldern)을 판리공사
로 임명해 처음으로 조선에 공사를 상주시켰다.25) 제물포와 부산에도
영사관을 개설했다.26) 을사조약이 체결되자 1905년 12월 4일 공사관
은 폐쇄되었고, 영사관 체제로만 운영되었다.27)

독일 공관 건물은 이후에도 여러 변천을 겪었다. 영사관으로 격
하되자 1906년 초 서대문 밖 평동 26번지 한미전기회사 H. Collbran
과 H. Bostwick 공동 소유의 건물을 임차해 축소 이전했다. 회동 신
축 독일 공관은 왕실 궁내부가 매입해 일제시 건물과 부지는 여러 용

23) 이순우(전게주 2), pp.158-159.
24) 이순우(전게주 2), p.168.
25) 이순우(전게주 2), p.119.
26) 나혜심, 개항기 한국의 독일공관 연구, 하원호(외)(전게주 4), p.94
27) 손정숙(전게주 9), p.240.

도를 거치다가 광복 후 1970년 민간에 불하되어 철거되었다. 평동 건물은 1914년 8월 26일 일본이 독일에 선전포고를 함으로써 폐쇄되었다가, 1920년 조선식산은행에 매각되었다.[28] 독일은 영사업무를 미국에 위임하고 영사를 철수시켰다.[29] 일·독 외교관계가 재개되자 1928년 6월 13일 독일은 서울에 다시 영사관을 개설했다.[30] 그러나 당시 조선 거주 독일인이 매우 적었고 독일 상품에 대한 수요도 적어 1930년 5월 말 영사관은 재차 폐쇄되고,[31] 조선은 중국 대련(大連) 주재 독일 영사관 관할로 변경되었다.[32] 일제시 잠시 개설된 영사관은 임차로 사용했기 때문에 광복시 국내에는 독일 재산인 공관 건물이 없었다.

5. 프랑스

1886년 6월 4일 조·불 수호통상조약이 서울에서 서명되고, 1887년 5월 30일 비준서가 교환되었다. 수교 후 바로 주한 공관이 개설되지 않았고, 조선에서 프랑스인 이익보호는 러시아에 위임되었다.[33] 프랑스는 1888년 6월에야 수표교 부근 관수동 126번지(Hutchson 주택)에 첫 공관을 설치했다. 프랑스 공관은 이듬해 1889년 10월 1일 정동 28번지 한옥으로 이전했다가, 그 자리에 서양식으로 새로운 공관 건물을 축조했다. 완공연도가 확실치 않으나 대략 1897년 내지 1899년 사이로 추정된다. 첨탑까지 지상 5층, 지하 1층 벽돌조 건물로 건평 423.72㎡, 연건평 1370.95㎡의 규모였다.[34]

---

28) 동아일보 1920.9.12. p.3.
29) 나혜심(전계주 26), p.65.
30) 동아일보 1928.6.13. p.1.
31) 조선일보 1930.5.24., p.3.
32) 이순우(전계주 2), p.168.
33) 김도종, 단절된 아관의 역사의 대한 고찰, 국제정치논총 제38집 3호(1998), p.85.
34) 이순우(전계주 2), pp.2207-209.

을사조약이 체결되자 1906년 1월 6일 공사관은 폐쇄되고, 영사관
으로만 남았다.35) 한일 합병 직후 프랑스는 정동 공관을 매각하고 민
영환의 구옥 터인 인근 합동 30번지를 구입해 1910년 10월 1일 이전
했다.36) 이는 공관 규모를 축소하려는 의도에서 비롯되었다.37)

프랑스는 일제 말까지 서울에 영사관을 유지했다. 제2차 대전 중
프랑스 북부는 독일군에 의해 점령·지배되었으나, 남부에는 친독 비
시 정부가 수립되어 형식상 국가가 지속되었다. 주일 프랑스 대사관
은 비시 정부의 지휘를 받아 일본 항복 시까지 유지되다가 종전 직후
폐쇄되었다.38) 서울 주재 프랑스 영사관도 이와 거취를 같이 했다.
광복 후 미군정기인 1947년부터 프랑스 신정부는 영사담당을 파견했
다. 프랑스가 1949년 2월 15일 대한민국을 승인하고 재수교하자 기존
영사관을 수리해 공관으로 그대로 사용했다. 이 자리는 현재까지 프
랑스 대사관으로 사용되고 있다.

6. 벨기에

조선과 벨기에 수호통상조약은 1901년 3월 23일 서울에서 서명
되고, 비준서는 1901년 10월 17일 교환되었다. 벨기에는 비준서를 교
환하러 왔던 뱅카르트(L. Vincart)를 주한 총영사로 임명했고, 공관은
정동 16-1번지에 우선 개설되었다. 러시아 공사관 입구 바로 옆에 위
치한 방 5개의 서양식 건물로 이는 본래 고종이 1898년 3월 손탁(A.
Sontag)에게 하사해 당시 소유주가 손탁 여사였다.39) 그러나 약 2달여

---

35) 손정숙(전게주 9), p.240.
36) 정동 구 프랑스 공관 부지에는 1914년 서소문 소학교가 설치되었고, 공관 건물은
    여러 기관의 사용을 거쳐 1935년 철거되었다. 서소문 초등학교는 1973년 2월 폐
    교되고, 그 자리는 현재 창덕여자중학교가 있다.
37) 문일평(전게주 16), p.173. 민영환의 구옥은 일제 후반까지 유지되어 있었다고 한
    다. 상게주.
38) 國際法事例研究會, 國交再開·政府承認(慶應通信株式會社, 1988), pp.75-76 참조.
39) 이순우(전게주 2), p.230. 이 건물은 상당 기간 손탁의 소유로 남아 있다가, 1924

만에 벨기에 공관은 서대문 밖으로 이전했다가, 1902년 11월 남장동 (현 회현동 2가 78번지)의 구 헐버트 가옥을 매수해 1903년 9월부터 이 자리에 공관 신축 공사를 시작했다. 지상 2층 지하 1층 연건평 454평의 새 건물은 1905년 완공되었다.[40] 벨기에는 총영사만을 주재시켰으므로 을사조약 이후에도 기존 영사관 체제를 그대로 유지했다. 벨기에는 1919년 공관 건물을 요꼬하마 생명보험회사에 매각하고, 충정로 1가 18번지로 이전했다. 1935년 동아일보에 벨기에 명예영사(岩谷二郎)가 인사차 내방했다는 기사가 보도된 사실을 보면 당시 벨기에는 더 이상 조선에 영사관을 운영하지 않은 듯 하다.[41] 벨기에와는 광복 후 새롭게 정리될 공관 문제가 없었다.

벨기에 구 공관건물은 매각된 후 1930년대 중반 기생조합인 본권번(本券番)이 사용하다가, 일제 말기에는 해군성에서 사용했다. 광복 후에는 적산으로 몰수되어 한국 해군과 공군이 사용하다가 1970년 상업은행에 매각되었다. 이후 도심재개발 사업으로 이 건물은 1982년 관악구 남현동으로 이전 복원되었고, 현재는 서울 시립미술관 남서울 분관으로 활용되고 있다.[42] 한국과 벨기에는 1961년 외교관계를 재개했다.

년 이화학당에 매각되었다. 이화학당은 이 건물을 음악관으로 사용하다가, 1935년 조선토지경영회사에 매각하고 신촌 현 교지로 이전했다. 광복 후에는 하남호텔로 운영되다가 1995년 철거되고, 현재는 캐나다 대사관이 이 자리에 서 있다. 구 한말부터 있던 이 건물 앞 회화나무가 보호수로 지정되어 여전히 캐나다 대사관 앞에 건재하고 있다(지정번호 서울시 제2-3호).

40) 이순우(전게주 2), pp.119, 223-224.

41) 동아일보 1935.9.5.(석간), p.1. 동아일보 1936년 1월 1일부터 19일까지 "각국 영사관 순방기"란 총 18회의 연재물이 게재되었는데, 그 대상국은 영국, 중국, 소련, 미국, 프랑스였다. 이것이 당시 조선에 설치된 외국 영사관의 전부로 보인다.

42) 서울시 사적 제254호(1977년 지정).

7. 이탈리아

조·이탈리아 수호통상조약은 1884년 6월 26일 서명되었으나, 비준서는 1886년 7월 24일 교환되었다. 비준서 교환 후에도 이탈리아는 주한 공관을 바로 설치하지 않고, 자국민 보호 업무를 영국 공관에 위임했다. 이탈리아가 서울에 공관을 설치한 시기는 수교 15년이 지난 1901년이었다. 이탈리아는 1901년 12월 24세의 해군 중위 말그라 (Ugo F. di Malgra)를 총영사로 파견하고, 12월 24일 영사위임장을 제정했다. 이탈리아의 첫 공관지는 현재 롯데호텔이 자리한 을지로 1가 181번지로 미국 북장로교 Moore 목사가 살던 주택을 임대해 공관을 개설했다.[43] 말그라는 1902년 10월 12일 조선에서 장티푸스로 사망했다. 후임 영사로 부임한 로제티(C. Rossetti)는 마침 인천으로 이전한 구 러시아 부영사 관사(서소문동 41번지)를 공관으로 매입해 이전했다.[44] 이탈리아는 1903년 5월 6일 모나코(A. Monaco)를 판리공사로 임명해 첫 공사를 파견했다. 을사조약 이후 이탈리아 역시 공사관을 철수시키고, 영사관으로 남았다. 서소문 공관 건물은 1908년 매각 처분했다. 이탈리아는 1910년 1월 4일 자국민 보호를 영국 영사관에 위임하고 조선 내 영사관도 폐쇄했다.[45] 이탈리아는 1919년 서울에 잠시 영사관을 재개설했으나, 1920년 3월 다시 임무를 영국 영사관에 위임하고 더 이상 업무를 하지 않았다.[46] 광복 당시 국내에 이탈리아 공관 건물은 없었다.

---

43) 이순우(전계주 2), pp.242-244.
44) 이순우(전계주 2), pp.245-246.
45) 이순우(전계주 2), p.253.
46) 문일평이 1938년 작성한 글에서도 서울에 이탈리아 영사관은 없었다. 문일평(전계주 16), p.171.

8. 중국

중국의 주한 공관 설치는 특수한 역사적 맥락 속에서 진행되었다. 조선은 청(靑)과 오랜 교류관계를 맺고 있었으나, 상주사절 교환은 없었다. 19세기 중반 서양 세력이 동아시아에 도래함에 따라 이 지역에도 서양식 외교관계가 도입되기 시작했다. 1842년 청과 영국의 남경(南京)조약을 계기로 영국은 1843년부터 청에 서구 국가 최초로 영사를 주재시키기 시작했다. 반대로 청의 해외영사 파견은 이보다 상당히 늦어 1877년부터 시작되었다.

1882년 조선의 임오군란을 계기로 조청상민수륙무역장정(朝靑商民水陸貿易章程)이 체결되었다. 조·청 간 이른바 해관무역(海關貿易)이 시작되었다. 이는 종래 관 중심의 조공무역이나 국경무역과는 다른 형식의 민간 중심 상거래였다. 이를 통해 청국 상인의 조선 진출이 늘었다. 청은 조선에서 일본을 견제하고 자국 상인의 보호와 영향력 확대를 위해 서양식 영사파견의 필요를 느꼈다. 조청상민수륙무역장정에는 청이 조선에 상무위원 파견을 규정했다. 상무위원은 영사재판권을 행사하는 등 그의 역할은 서양식 영사와 유사했다. 다만 당시 청은 조선을 대등한 외국으로 간주하지 않고 속방으로 취급하려 했기 때문에 서양식 영사와는 여러 가지 차이를 두었다. 상무위원은 북양대신 이홍장이 파견했고, 조선은 청의 천진에 주진대원(駐津大員)을 파견할 수 있었다. 즉 조선국왕은 청의 북양대신과 동격인 셈이었다. 열강과의 조약과 달리 합의서의 제목도 장정(章程)이었다.[47] 이홍장은 진수당(陳樹棠)을 첫 총판상무위원으로 임명했다. 그는 1883년 9월 조선에 입성했다.

진수당은 회현방 낙동(酪洞)과 장동(長洞) 일대 민가와 토지를 매

---

47) 이은자, 개항기 주한 중국공관 연구, 하원호(외)(전게주 4), pp.143-144.

입해 주조선 상무서 설립을 시작했다. 1884년 한성 상무총서가 개관
했다. 이것이 오늘날 명동 중국공관의 기원이다. 1884년 중 인천, 부
산, 원산 등지에도 상무서가 개설되었다.[48] 진수당은 1885년 9월까지
근무하고, 후임으로 원세개가 부임했다. 원세개의 직함은 주찰조선총
리교섭통상사의(駐紮朝鮮總理交涉通商事宜)였다. 이는 통상과 (외교)교섭
을 임무로 한다는 취지로 제도적으로는 공사 정도에 해당하는 의미였
다.[49] 그러나 청은 조선을 속방으로 간주하고 파견 관원의 명칭에 공
사나 영사를 사용하지 않았다. 원세개가 조선 재임 중 상당한 권력을
행사했음은 잘 알려져 있다. 청·일 전쟁이 발발하자 주조선 상무서
인원은 모두 귀국하고, 청국인 보호는 주조선 영국 총영사에게 위임
되었다. 일본의 강요로 조선은 1894년 6월 22일 조청상민수륙무역장
정 폐기를 선언했고, 조·청간 공식 관계는 단절되었다.

　　1895년 시모노세키 조약 체결로 청·일 전쟁이 일본의 승리로 귀
결되자, 조선에서 청은 조청상민수륙무역장정 체제로 되돌아가기 어
렵게 되었다. 전쟁 중 귀국했던 청 상인의 복귀가 놀자, 이들의 보호
를 계속 영국 총영사에게만 의존하기 어려웠다. 청도 조선과 새로운
관계수립을 필요로 했다. 1896년 5월 청은 주조선 상무서에 마지막까
지 근무하던 당소의(唐紹儀)를 일종의 민간인 신분인 총상동(總商董)
직함으로 파견했다. 민간인 신분이라 당소의는 청국인 자체 문제만
관여하고, 대외문제는 여전히 영국 총영사관을 통해 진행했다. 이는
조선의 승인 없는 파견이었으나, 조선 정부는 그의 역할을 묵인했다.
조선으로 부임한 당소의는 인천과 서울 등지의 구 상무총서 건물을
다시 사용할 수 있도록 수리하고, 조선 상무서 복원을 준비했다.[50]

---

48) 정동연, 청의 주한공관과 한청 근대외교 연구(서울대학교 박사학위논문, 2020),
　　pp.106-107.
49) 정동연(상계주), p.119.
50) 정동연(상계주), p.161.

곧 이어 청은 1896년 10월 당소의를 주조선 총영사관으로 임명했다. 초대 총영사인 셈이었다. 주조선 상무서의 명칭도 주조선 영사서로 변경되었다.[51] 이는 조·청 관계가 상하관계에서 대등관계로 변화하는 과정을 상징했다. 1897년 고종은 칭제건원을 선언하고, 1899년 조·청통상조약이 체결·발효되었다. 조·청 간 공사급 정식 외교관계가 개설되었다. 기존의 청국 공관은 공사관으로 명칭되었고, 인천·부산·증남포·원산 등지의 상무서는 영사관으로 개칭되었다.

1905년 을사조약으로 조선이 외교권을 박탈당하자, 중국 공사관 역시 업무를 종료하고 철수했다. 서울에는 영사관만 남았다. 조선 내 영사관은 주일 청국공사 산하로 편입되었다. 1912년 청이 멸망하고, 중화민국이 수립되었다. 일본은 바로 중화민국을 승인하고, 조선의 기존 청국 영사관은 중화민국 소속으로 변경되었다. 일제 기간 중 조선에서는 서울의 총영사관을 비롯, 부산·인천·신의주·원산·진남포 등지에 중국 영사관이 운영되었다.[52] 일제 기간 중 중국대륙은 정치적 혼돈 상태였다. 일제 말 일본은 1939년 설립된 친일 汪精衛 남경 정부를 승인하고 지원했다. 조선의 중국 영사관은 왕정위 정부의 지휘를 받으며, 일제 패전 시까지 운영되었다. 이들 영사관은 1945년 일제 패전과 동시에 폐쇄되었다.

장개석 국민당 정부의 중화민국은 연합국 일원이었다. 미국은 중국정부에게 군정 하 남한에 중국이 영사를 파견해 영사기능을 수행해도 좋다고 통지했다. 중국 정부는 1947년 2월 유어만(劉馭萬)을 서울 주재 총영사 상당으로 파견하고, 영사업무를 개시했다.[53] 아직 대한민국이 수립되기 전이었기 때문에 그의 국제법적 지위는 애매했으나, 국내에서는 그를 공적 외교사절의 일종으로 간주했다. 중국은 대한민

---

51) 정동연(상게주), p.165.

52) 조선일보 1938.10.1.(석간), p.3.

53) 하게주 104-106 및 관련본문 참조

국 정부 수립 이후인 1949년 총영사관을 대사관으로 승격시키고 대사를 파견했다. 일제와 미군정기를 거치고, 중국의 중앙정부도 몇 차례 변경되는 과정 내내 구 한말 수립된 서울의 중국 공관지역과 지방 영사관은 변함없이 중국측 시설과 재산으로 인정되었으며, 이에 관한 특별한 법적 문제가 제기되지 않았다.

9. 러시아 · 기타

러시아는 구 한말 서울에 가장 큰 규모 공관을 개설했고, 일제 말까지 총영사관을 유지했다. 러 · 일 전쟁, 러시아 공산혁명, 제2차 대전과 미군정, 6 · 25, 대한민국과 소련의 1990년 재수교를 거치는 과정에서 러시아 공관과 관련해 다양한 법적 문제가 발생했다. 서울 주재 러시아 공관의 연혁과 광복 후 공관 처리와 관련해 제기된 특수 문제에 대해서는 다음 별도 항목에서 상세히 설명한다.

1921년 10월 4일자 총독부관보(제22쪽)에 따르면 네덜란드 영사 교체 사실이 고시되어 있어, 조선과 수교한 바 없던 네덜란드가 일제 기간 중 일시 서울에 영사관을 개설했던 듯하다.[54] 별다른 활동기록을 찾기 어렵다.

1932년 일제가 만주국을 수립한 후 1937년 서울에 명예 총영사관이 개설되었다. 박영철이 경성 주재 명예총영사에 임명되어 1937년 5월 8일 상업은행 건물 내에서 개관식을 가졌다.[55] 이어 1939년에는 경성방직 사장 김연수가 명예총영사로 임명되어 7월 24일 사내에 명예 총영사관을 개설했다.[56] 만주국은 제2차 대전 종전과 함께 사라졌

---

54) 전게주 16 문일평의 1938년 글이나 전게주 41 동아일보 1935년 기사에 네덜란드 영사관에 관한 언급이 없는 걸 보니, 비교적 단기간 존재했다가 폐쇄된 듯하다.
55) 조선일보 1937.4.22.(조간), p.1; 조선일보 1937.4.23.(석간), p.1; 조선일보 1937. 5.8.(석간), p.1.
56) 동아 1939.7.21.(조간), p.3; 1939.7.26.(조간), p.3.

고, 명예 총영사관은 국내 민간시설 내 개설되었기 때문에 광복 후 국제법적 문제가 발생할 소지는 없었다.

II. 미군정기 소련 영사관 처리의 법적 문제

1945년 8월 15일 해방 직후 서울에서는 소련 총영사관만이 외국 국가기관으로 활동하고 있었다. 소련도 1945년 8월 9일 대일선전포고를 함으로써 일·소 관계가 단절되었으나, 6일 만에 일본이 항복을 하는 바람에 서울의 소련 총영사관은 별다른 영향을 받지 않고 바로 활동을 재개할 수 있었다. 미국과 소련은 연합국의 일원이었으나, 종전과 동시에 이미 대결구도가 시작되고 있었다. 주한 미군정청은 소련 영사관이 남한 내 공산주의자들을 배후 지원하며, 군정 당국에 적대적 활동을 한다고 의심했다. 미군정은 결국 소련 영사관의 철수를 요구해 관철시켰다. 소련 영사관에는 관리인만 남겨진 상태에서 1948년 8월 대한민국 정부가 수립되었다.

해방 직후 서울의 소련 총영사관은 국제적으로 선례를 찾기 힘든 매우 독특한 법적 상황에 놓여 있었다. 소련의 대일 선전포고로 일·소관계는 단절되고 일본 내 소련 대사관은 일단 폐쇄되었는데, 일제의 항복으로 중단되었던 서울 영사관 기능은 자동적으로 복원되었는가? 미군정 기간 중 소련 영사관의 국제법적 지위는 무엇이었는가? 서울의 미 점령군은 소련 영사관의 철수를 요구할 법적 권한이 있었는가? 대한민국 정부 수립 이후 소련 영사관의 법적 지위는 무엇이었는가? 이하는 이러한 의문에 대한 답 찾기 시도이다.

1. 서울 주재 소련 영사관 연혁

조선과 러시아는 1884년 7월 7일 조·러 수호통상조약에 서명하

고, 1885년 10월 14일 비준서를 교환함으로써 수교했다. 조약 제2조
는 "양국 수도에 자국의 대사, 공사를 임명 주재시키며, 타국 영사관
이 주재하는 개항장에 총영사, 영사 또는 부영사를 임명 주재시킬 수
있다"라고 규정했다. 수교협상에서 활약이 컸던 베베르(Karl Waeber)
가 수교 즉시 조선 주재 초대 대리공사 겸 총영사로 취임했다. 베베
르는 1884년 수교 협상이 타결되자 바로 정동 15번지 일대를 러시아
공관 부지로 삼을 예정임을 조선 정부에 신고했다. 수교가 성사되자
베베르는 그곳 우선 민가 수채를 임차해 공관을 개설했다.[57] 이곳은
궁궐에서 멀지 않고 약간 높은 언덕 위라 주변 시야 확보에도 좋았
다. 그는 이 일대 토지를 매입해 공사관 건물을 신축하려 했다. 당시
러시아가 확보한 전체 공관 부지면적은 약 6,200평이었다(인접 러시아
정교회 부지 1,231평은 별도). 공관 신축공사는 1890년 5월 5일 착공되
었다.[58] 러시아의 세리딘 사바틴(Seredin-Sabatin: 우크라이나 출신)이
설계를 맡아 약 5년간의 공사 끝에 1895년 르네상스풍 2층 벽돌 건물
이 완공되었다.[59]

　이 건물은 복잡한 한국 근대사 속에서 여러 가지 사건을 겪게 된
다. 완공된 지 얼마 안 되어 고종의 아관파천이 발생했다(1896.2.11.-
1897.2.20.). 1904년 러·일전쟁이 발생하자 일본의 강요로 2월 12일
러시아 공사관 직원은 인천을 통해 본국으로 철수했고, 공관 관리권
은 일시 프랑스에 위임되었다. 러·일 전쟁 중 1904년 5월 18일 조선

57) 홍웅호, 개항기 주한러시아 공사관의 설립과 활동, 하원호(외)(전게주 4), p.264.
58) H. Allen, Chronological Index(Press of Methodist Publishing House, 1901), p.24
　　는 1890년 8월 30일 이 건물의 정초(定礎)를 했다고 기술.
59) 모두 4채의 건물로 이루어진 러시아 공사관 건립에는 부지 구입비용까지 합해 모
　　두 3만 3천 루블이 소요되었다고 한다. 홍웅호(전게주 57), p.267. 러시아 공사관
　　건립과정에 관해서는 김정신·발레리 알렉산드로비치 사보스텐코·김재명, 구한
　　말 서울 정동의 러시아공사관에 대한 복원적 연구, 건축역사연구 제19권 6호(2010)
　　참조.

은 러시아와의 외교관계와 모든 기존 조약 폐기를 선언하는 칙선서를
발표했다.[60] 종전과 을사조약 이후 공사관은 폐쇄되고, 1906년 러시
아는 조선에 다시 총영사를 파견해 이 건물에서 영사관 업무를 계속
했다.

조선이 일제 식민지가 된 이후에도 러시아 영사관은 유지되었다.
일제가 시행한 토지조사사업에 따른 토지사정 결과 러시아 공관부지
는 1912년 12월 31일 경성부 토지대장에 러시아국 소유로 등재되었
다.[61] 1917년 러시아 혁명으로 제정 러시아가 붕괴하자 일·소 관계
는 단절되었고, 주한 영사관은 본국으로부터 더 이상 송금을 받지 못
했다. 오갈 데 없는 러시아 부영사 한 명만이 몇 년간 건물을 지켰으
나, 영사로서의 활동은 하지 못했다.

1925년 1월 20일 일·소 기본조약이 체결되고 국교가 재개되었
다. 조선총독부는 3월 3일 그간 러시아 영사관을 관리하던 헤프트러
(M. F. Hefftler)로부터 정동 러시아 영사관 건물 및 부지를 포함한 조
선 내 러시아 재산을 인수받아 재산보호조치를 취했고, 이는 1925년
9월 7-8일간 새로운 소련 정부 대표에게 재인계되었다.[62] 소련은 9
월 24일 서울 총영사관을 다시 개설했다.[63] 1925년 11월 21일자 경성
부 토지대장에도 이 부지는 여전히 러시아국 소유로 등재되어 있었
다. 당시 좌익세력은 상당한 기대와 흥분으로 러시아 총영사관의 재
개관을 맞았다고 한다. 일·소 국교 재개 후 조선공산당이 결성되었
다. 1925년 9월 8일자 조선일보는 "조선과 아국(俄國)의 정치적 관계"
라는 제목으로 소련의 힘을 빌어 독립을 쟁취하자는 내용의 사설을

60) 하계주 144 및 관련 본문 참조.
61) 정세정, 러시아 공사관 부지 처리과정의 국제법적 검토, 국제법학회논총 제65권
　　제1호(2020), p.289.
62) 상계주, p.290.
63) 이순우(전게주 2), pp.193-194.

게재했다가 무기한 정간을 당하고, 다수의 관계자가 재판에 회부되는
일도 발생했다.[64]

　일본과 동맹관계인 독일이 1941년 6월 22일 소련을 침공해 독·
소 전쟁이 개시되었으나, 일본과 소련은 그 직전인 1941년 4월 13일
불가침 조약을 체결했기 때문에 서울 총영사관은 별다른 제약 없이
활동을 계속했다. 1945년 8월 9일 소련이 일본에 선전포고를 해 일·
소간 외교관계는 단절되고 영사관도 봉쇄되었으나, 곧이어 8월 15일
일본은 무조건 항복을 했다. 종전이 되자 봉쇄는 바로 풀렸고, 조선총
독부는 전승국인 소련 영사관에 크게 호의적인 태도를 취했다.

　8·15 당시 소련 총영사관에는 폴리안스키(Polianski) 총영사 등
약 10명의 영사관원이 근무했다.[65] 그 무렵 국내에는 러시아인이 약
300명 가량 체류하고 있었는데, 대부분 공산 소련을 피해 온 친 제정
러시아 성향이었기 때문에 영사관과의 관계는 소원한 편이었다고 한
다.[66] 8·15 후 소련 영사관측은 남한 내 친소 분위기 조성에 노력했
으며, 좌익세력이 국내 정국의 주도권을 잡도록 후원했다. 영사관측
은 일제 강점기부터 박헌영을 비롯한 남한 내 좌익인사들과 은밀히
접촉하고 의견을 나누고 있었으며, 종전 후 이들에게 자금지원은 물
론 소련이나 북한지역에서 발간되는 신문·잡지 등 각종 자료도 제공
했다.[67]

　후일 1946년 조선공산당 수사과정에서 이들과 소련 영사관 사이

64) 당시 조선일보 9월 8일자(조간) 1면 사설은 공란으로 지워진 채 발행되었다. 당시
　　재판에 관한 기사는 조선일보 1926년 4월 24일(석간), p.3 참조.
65) Lieutenant General John R. Hodge to General of the Army Douglas MacAthur,
　　at Tokyo(1945.10.12.), Foreign Relations on the United States(이하 FRUS) 1945
　　Volume VI, p.1072. 일부 저술은 당시 36명이 근무했다고 하는데(박실, 증보 한
　　국외교비사(정호출판사, 1984), p.75 등), 이는 공관원과 그 가족까지 포함한 숫
　　자로 추정된다.
66) 김도종, 단절된 俄館의 역사에 대한 고찰, 국제정치논총 제38집 3호(1998), p.82.
67) 상계주, p.92.

의 밀접한 관계를 보여주는 문서가 다수 발견되었다. 1947년 10월 13일 장택상 수도경찰청장은 그 해 8·15에 남한 각지에서 대대적 폭동이 계획되었는데, 그 배후 중심인물이 서울 총영사관 부영사로 약 8년간 근무하다 1946년 철수한 샤부신(L. Shabshin)이라고 발표해 국내를 놀라게 했다.[68]

2. 미군정 하 소련 영사관 처리 방향

가. 미군정청 초기 입장

서울에 진주한 주한 미군으로서는 북한의 소련군과 연락과 협조를 할 사항이 적지 않았다. 당시 남한은 전기를 북한에 크게 의존하고 있었으며, 여러 광물과 공산품도 마찬가지였다. 미군으로서는 북한의 소련군 당국과 원만한 관계 수립이 필요했다. 미군정은 소련 영사관의 존재와 특권을 묵인하며, 당시 혼란한 상황 속에서 이들에게 여러 편의를 베풀었다. 소련 영사관에 식량과 휘발유 제공, 미국 PX 이용, 동경으로 출국시 미군 비행기 이용 등의 편의를 제공했다. 미군정은 남북한 점령군 당국간 유무선 통신 연락망을 구축하고, 연락장교의 상호 부임을 희망했으나, 소련군은 이를 거절하고 서울 총영사관을 통한 교섭을 고집했다.[69] 영사관은 한동안 남북한 점령군 사이

---

68) 동아일보 1947.10.14., p.2; 1947.10.15., p.2. 샤부신은 1939년 3월부터 1946년 6월까지 서울에 정무담당 부영사로 근무해 국내에도 잘 알려진 인물이다. 그의 본명은 아나폴리 이바노비치 꿀리꼬프이다. 샤부신은 그가 서울로 부임하며 사용한 가명으로 당시 소련은 중요 비밀임무를 수행하는 외교관에게 가명을 사용하도록 했다. 그는 박헌영과 매우 밀접한 관계를 유지했으며, 종전 직후 소련 수뇌부에 박헌영을 북한 지도자로 추천해 스탈린이 박헌영을 면접보게 했었다. 서울 영사관 철수 이후 미·소 공동위원회 소련측 대표 스찌코프 장군의 부름을 받고 1946년 7월부터 다시 평양에서 근무하며 1948년 1월까지 남노당 활동 지원을 지휘했다. 김도종(전계주 66), pp.86-90; 샤브시나 꿀리꼬바, 소련의 여류 역사학자가 만나 박헌영, 역사비평 1994년 여름호(통권 제27호), pp.186-187.

69) General of the Army Douglas MacArthur to the Joint Chiefs of Staff(1945.10.11.), FRUS 1945, Vol. Ⅵ, pp.1071-1072.

의 연락창구 역할을 했다.

주한 미군정은 진주 초기부터 소련 영사관원들이 국제법상 영사 본연의 임무에만 충실하지 않는다고 의심했다. 특히 남한 내 좌익세력의 반사회적 혼란 선동을 부추긴다고 우려했다.[70] 미군정으로서는 총영사관측이 남한 내 공산주의자들을 배후에서 지원하며, 암암리에 미군정 당국의 신뢰를 손상시키려는 공작을 벌인다고 의심했다. 이들에게 각종 물자 지원과 아울러 정치적 지위를 보장해 주고 있음에도 불구하고 그에 따른 대가는 전혀 없다는 불만을 가졌다. 미군정은 1945년 10월부터 이미 소련 영사관의 규모 축소 또는 철수 요청을 검토하기 시작했다.[71] 미국은 소련이 남한에 특별한 현안이나 중요한 이해도 없으면서 대규모 영사관을 유지하려는 의도를 계속 의심했다.[72] 맥아더 장군도 소련이 합당한 이유 없이 큰 규모의 영사관을 유지한다는 시각이었다.[73]

미군정청측이 소련 영사관의 유지를 일단 용인한 이유는 소련과의 원만한 관계 수립과 아울러 그 대가로 미국도 만주나 평양에 자국 관리의 주재를 허용받을 수 있을까를 기대했기 때문이었다.[74] 미국은 그 지역 자국민 철수와 재산 보호를 담당할 관리를 파견하고 싶어 했다.

우선 8·15 직후 서울 주재 소련 총영사관의 법적 지위는 어떻게 평가해야 되는가?

---

70) The Political Adviser in Korea(Benninghoff) to the Secretary of State(1945.9.15.), FRUS 1945 Volume Ⅵ, p.1051.

71) Lieutenant General John R. Hodge to General of the Army Douglas MacAthur, at Tokyo(1945.10.12.), FRUS 1945 Volume Ⅵ, pp.1072-1073.

72) The Acting Political Adviser in Korea(Langdon) to the Secretary of State(1945. 12.14.), FRUS 1945 Vol. Ⅵ, 1143-1144.

73) General of the Army Douglas MacArthur to the Joint Chiefs of Staffs(1945.12. 16.), FRUS 1945 Vol. Ⅵ, p1147.

74) Lieutenant General John R. Hodge to General of the Army Douglas MacAthur, at Tokyo(1945.10.12.), FRUS 1945 Volume Ⅵ, p.1073.

1945년 8월 9일 소련의 대일 선전포고로 일·소 외교관계는 단절
되고, 주일 소련 외교사절도 철수했다.[75] 외교관계 단절이 반드시 영
사관계의 단절을 포함하지 않기 때문에[76] 이때 양국 영사관계도 함
께 단절되었는지는 명확하지 않다. 소련의 대일 선전포고문에도 이
점에 관한 언급은 없다. 당시 서울 영사관에 근무하던 샤브쉬나(샤부
신의 부인)의 회고에 따르면 8월 9일부터 8월 15일 사이 전쟁 기간 중
영사관 구역은 일본 경찰과 헌병대로 포위되었고, 외부세계와 차단되
어 관원의 시내 출입이 금지되었고, 라디오는 일본 관헌에 의해 압수
되었다고 한다.[77] 이러한 상황은 영사관계의 단절을 표시한다고 보여
진다. 다만 영사관원들이 별도의 장소에 억류되지는 않았기 때문에
종전과 동시에 활동을 재개할 수 있었다.[78] 8·15 이후 소련 영사관은
기존 영사관으로서의 지위로 원상 복귀되었는가?

이상은 일본 내 소련 대사관도 유사한 상황이었다. 법적으로 외
교관계가 일단 단절되었다면 전쟁 기간이 아무리 짧았더라도 관계재
개에는 양측의 새로운 합의가 필요하다. 종전 후 일본 내 기존 소련
대사관은 소련 대표부라는 명칭 아래 존속했지만, 그 법적 지위는 애

---

75) 川島慶雄, わが國と諸外國の外交關係斷絶の經緯, 國際法事例硏究會(전게주 38),
   p.203. 소련 내 일본 대사관은 1946년 4월 25일 완전 철수했다.
76) 영사관계에 관한 비엔나 협약 제2조 제3항 참조. ILC는 이 조항이 "국제법상 일반
   적으로 수락된 규칙"이라고 평가했다. ILC, Draft Articles on Consular Relations
   with Commentaries(1961), Article 2, para.6.
77) 8월 15일 총독부측에서 중요 사실이 통고된다는 연락이 와 관원들이 영사관 내
   백색홀에 모두 모였는데, 샤브쉬나는 자신들이 일본을 거쳐 본국으로 송환된다는
   통지를 예상했었다. 그러나 일본의 항복 소식을 전달받고 라디오도 반환받았다고
   한다. 파냐 이사악꼬브나 샤브쉬나(김명호 역), 1945년 남한에서(한울, 1996), pp.
   61-62.
78) H. Larson ed., History of the United States Armed Forces in Korea(unpulished),
   Part Ⅱ, Chapter Ⅳ(이하 HUSAFIK(전게주 78)로 인용), p.294도 선전포고 이후
   이들은 억류되지 않았다고 서술하고 있다. 이 책자는 주한미군사(돌베개, 1988)
   로 영인되었다. HUSAFIK는 이 영인본을 대본으로 활용했다.

매해 일본 학계도 제대로 설명을 하지 못한다.[79] 일본과 소련과의 공식 외교관계는 1956년 12월 12일 일·소 공동선언 발효와 동시에 비로소 재개되었다. 이상에서 일단 단절된 외교관계는 종전이라는 사실만으로 바로 원상 복귀되지 않았다는 점을 알 수 있다. 이러한 법리는 서울의 총영사관에 대해서도 동일하게 적용될 수 있으리라 본다.

그러나 한편 외교관계를 전제로 하는 대사관과 달리 영사관은 국교가 없는 상태에서도 활동할 수 있고, 소련은 단순한 제3국이 아닌 미국과의 연합국이며 전승국이라는 특징이 있고, 종전 직후와 같은 혼란상황에서는 자국민 보호 등 영사관의 역할이 한층 필요한 시기인데 전승국에게 이런 권리가 바로 박탈된다는 해석은 불공평하며, 서울 영사관의 폐쇄기간이 1주일도 되지 않아 사실상 그 지위와 활동이 계속되었다는 해석도 무리는 아니라고 본다. 짧은 기간이나마 조선총독부도 종전 후 미군 진주시까지 소련 영사관에게 영사관으로서의 지위를 인정했다. 이 부분에 관해서는 점령당국의 태도가 중요한데 적어도 미·소 공동위원회 결렬 시까지는 주한 미군정청이 소련측의 정치적 협조를 기대하며 영사관으로서의 법적 지위와 면제를 묵시적으로 인정했음이 사실이다.

한반도의 장래를 결정할 미·소 공동위원회가 1946년 3월 20일부터 서울에서 개최되었다. 소련 총영사관은 소련측 대표의 주 숙소로 이용되었다. 미·소 공동위원회 회의는 초기부터 난항이었다. 양측은 이견을 좁히지 못하고 5월 6일부터 무기 휴회로 들어갔다. 미·소 공동위원회 기간 동안 영사관 직원 일부가 위원회 일을 담당했기 때문에 군정청측은 일단 기존에 제공하던 특권과 면제를 유지시켰지만, 회의가 결렬로 가게 되자 보다 강경한 입장을 취하게 된다.

---

79) 國際法事例研究會(전게주 38), p.44은 "그 법적 지위에는 문제가 있다"고만 설명한다.

미·소 공동위원회가 지지부진한 가운데 1946년 4월 27일 하지(J. Hodge) 미군정장관은 폴리안스키 총영사에 대한 전화 통화에서 소련 영사관 활동의 중단을 요구했다. 그 이유 설명은 다음과 같았다. 즉 점령지역 내 영사관 활동은 점령당국의 허가가 필요한데 소련측은 영사관 활동에 관해 이제까지 미국과 어떠한 협의도 없었다고 지적하며, 일본의 승인을 근거로 활동하고 있는 현재 소련 영사관의 위치는 국제법상 매우 비정상적 상황이라고 주장했다. 이에 연합국 총사령관의 허가가 있을 때까지는 영사관 현판을 게시하지 말라고 요구하고, 자신은 소련 영사관원을 우호국 사인(私人)으로만 취급할 예정임을 통지했다. 또한 미국을 포함한 어떠한 다른 국가도 서울에 영사관을 유지하고 있지 않으며, 북한에 미국 영사관이 없음을 지적하면서 서울의 소련 총영사관도 업무를 중단하라고 요청했다. 미국은 동일한 규모의 영사관을 서울과 평양에 상호 개설하기를 원한다고 통지했다.80) 미국 정부는 5월 9일 소련 주재 스미스(Smith) 대사에게도 평양 영사관 개설 의사를 소련 정부에 전달하고, 5월 24일까지 긍정적 답변이 없을 경우 서울의 소련 영사관 활동 중단을 요청할 예정임을 통고하라고 지시했다.81)

소련 로조브스키(Lozovsky) 외교차관은 스미스 미국대사에게 현재 평양에는 어떠한 나라의 영사관도 없으며 미국 영사관 신규 개설은 조만간 수립될 한국의 신정부와 미국 간 합의를 통해 해결될 문제인 반면, 서울의 소련 총영사관은 1885년 조선 정부와의 합의로 개설되었고, 1925년 이래 국제법에 따라 활동을 계속하고 있음을 지적하며, 서울의 총영사관 활동과 평양에 미국 영사관의 신규 설립 문제는

---

80) HUSAFIK(전게주 78), pp.303-304.

81) The Acting Secretary of State to the Ambassador in France(Caffery)(1946.5.10.), FRUS 1946 Vol.Ⅷ, pp.676-677.

서로 연계될 이유가 없다고 반박했다.82)

이를 전달받은 미 국무부는 스미스 대사에게 평양 영사관 개설 의사를 다시 한번 소련 정부로 전달하라고 요청하는 한편, 점령지에서 영사관의 유지나 개설은 해당 지역을 군사력으로 실효적 지배 중인 정부가 결정할 문제이며, 한국의 독립정부 수립 여부가 영사관 개설의 필수 전제는 아님을 환기시키라고 지시했다.83) 미국은 이 같은 주장을 뒷받침하기 위해 Hyde와 Garner의 저술을 참고문헌으로 제시했다.84)

스미스 대사는 1946년 5월 28일 러시아의 몰로토프(Molotov) 외무장관을 만나 미국의 평양 영사관 개설에 대한 소련측 입장 변화를 재차 촉구했다. 그러나 몰로토프의 지시를 받은 로조브스키(Lozovsky) 차관은 6월 4일자 공한을 통해 최근 주한 미군의 여러 자의적 조치로 서울의 자국 영사관이 정상적 활동을 할 수 없게 되었다고 비난하며, 서울 영사관을 폐쇄하기로 결정했다고 통보했다.85)

이러한 양측의 공방은 국제법상 어떻게 평가될 수 있는가? 미국의 평양 영사관 개설 요청과 미국의 서울 소련 영사관 철수 요구로 나누어 분석한다.

---

82) The Ambassador in the Soviet Union(Smith) to the Secretary of State(1946. 5.22.), FRUS 1946 Vol.Ⅷ, pp.682-683.
83) The Secretary of Stae to the Ambassador in the Soviet Union(Smith) (1946.5. 24.), FRUS 1946 Vol.Ⅷ, p.685.
84) 이 때 인용된 해당 부분은 C. Hyde, International Law Chiefly as Interpreted and Applied by the United States vol.3 2nd revised ed.(Little, Brown and Company, 1945), section 701; J. Garner, International Law and the World War Vol.Ⅱ (Longman, Green and Co. 1920), pp.59-61.
85) The Ambassador in the Soviet Union (Smith) to the Secretary of State(1946.6.5.), FRUS 1946, Vol.Ⅷ, p.691.

나. 미국의 평양 영사관 개설 요청

(1) 미국의 기본 입장

영사관계 수립은 주권국가 간 상호 합의에 의해 이루어진다. 영사관은 접수국 동의 하에만 그 국가에 설치될 수 있다.[86) 당시 소련은 독립이 예정된 한반도의 북반부를 임시점령 중일 뿐이며, 북한 지역에 대한 주권을 행사할 권한은 없었다. 따라서 미래에 설립될 국가를 대신해 평양에 외국 영사관 설치를 합의할 권한이 없다는 점에서는 소련의 답변이 원칙적으로 타당하다. 서울에 소련 총영사관의 존재를 이유로 미국이 소련에게 평양 영사관 설치를 허용하라고 요구할 법적 권한 역시 없다. 그럼 미국은 어떠한 판단에서 소련에 대해 평양 주재 영사관 설치를 허용하라고 요구했는가?

미국은 전통적으로 군사점령지에서는 국제법상 그 지역을 실제 지배하는 군사령관이 영사관 설치와 운영에 관한 전반적 재량권을 갖는다는 입장이었다. 미국 정부가 소련에 대한 설득시 제시하라던 Hyde와 Garner의 저술은 다음과 같은 내용이었다.

1914년 11월 독일이 벨기에 대부분을 점령하자, 점령 당국은 과거 벨기에 정부에 의해 부여된 영사인가장은 모두 실효되었다고 발표했다. 적국 정부가 부여한 영사 인가장은 점령국인 독일에 대해 구속력이 없다는 입장이었다. 다만 외국 영사에 관해 과거 기록을 조사할 권한을 유보한다는 조건 하에 기존 영사의 활동을 임시 승인한다고 발표했다. 독일이 새로운 영사인가장을 부여하지는 않았다. 이에 대해 벨기에 망명정부는 군사적 적대행위와 관련되지 않는 한 점령군이 기존의 영사인가장을 일률적으로 취소할 권한은 없다고 반박했다. 영사인가장 취소는 일종의 주권행위인데 점령군이 그 지역에 대한 주권

---

86) 영사관계에 관한 비엔나 협약 제2조 및 제4조. 이는 국가주권 원칙에 기반하며, 관습국제법의 반영이다. ILC, Draft Articles on Consular Relations with Commentaries(1961), Article 2 Commentary, para.2 & Article 4, para.1.

을 취득하지는 못했고, 법적으로 벨기에가 여전히 존속하기 때문이라
는 이유였다.[87]

이 사안에 관해 당시 미국 정부는 정치적 대표가 아니라 주로 상
사관련 활동을 하는 영사의 경우 특정 지역에서의 활동 허용 여부는
그 지역을 지배하는 당국의 법적 지위와 관계없이 실제 지배 당국에
달려 있다고 보고, 독일의 조치를 이의 없이 수용하기로 결정했다.[88]
Hyde는 전시 점령군 당국은 자신이 통제하는 영역과 외부세계와 사
이 모든 교류를 통제할 의문의 여지 없는 권한을 갖고 있고, 점령국
은 관할지역 내 중립국 영사의 기능행사를 통제할 수 있다고 해석하
며,[89] 당시 미국의 대응이 이론상 적절했다고 평가했다.[90]

이에 미국은 북한을 점령 중인 소련이 관할지역 내 외국 영사의
활동 허가에 관한 통제권을 갖는다는 입장이었다. 미국은 제2차 대전
후 자신이 점령군 지위에 있었던 몇 가지 사례에서도 위와 같은 정책
을 취했다.

(2) 미국의 관련 실행
(가) 일본 점령

일본은 전쟁 발발 전 약 60개국과 외교(또는 영사)관계를 수립하
고 있었으나,[91] 1945년 8월 15일 항복을 선언한 시점에는 대부분 국
가와의 국교가 이미 단절된 상태였다. 소수의 중립국들만 일본과 외
교 또는 영사관계를 지속하고 있었다.[92] 주일 연합국 총사령부는 그

---

87) J. Garner(전게주 84), pp.60-61.
88) C. Hyde(전게주 84), p.1904; J. Garner(전게주 84), p.61.
89) C. Hyde(전게주 84), pp.1903-1904.
90) C. Hyde(전게주 84), p.1904.
91) 安藤仁介, 國交再開の意義と態樣, 國際法事例研究會(전게주 38), p.192.
92) 일본 항복 시까지 아프가니스탄, 스위스, 스웨덴, 바티칸, 포르투갈, 태국 등과의
외교관계가 유지되었다. 橫川新, 占領期間中の外交機能, 國際法事例研究會(전게

나마 남아 있던 일본의 모든 외교·영사관계를 정지시켰다. 연합국
총사령관은 1945년 10월 25일 일본 정부에 대해 해외에 소재하는 일
본공관의 모든 재산과 문서를 연합국측에 인계하고, 그때까지 중립국
에 주재하던 모든 일본 외교관(영사)을 국내로 소환하라고 지시했
다.93) 또한 일본 정부는 자국 내 주재하던 중립국 외교관과의 접촉도
금지당했다.94) 이로써 일본은 국내 및 국외에서 외국과의 모든 공식
적 접촉과 교류를 정지당했다.95) 그 기간 중 일본과 외국과의 교섭은
원칙적으로 연합국 총사령부를 통해 실시해야 했다.96)

한편 일본과의 여러 현안을 갖고 있던 적지 않은 국가들은 일본
에 자국 외교관을 주재시킬 필요가 있었다. 이에 연합국 총사령부는
외국 정부의 주일 대표부 설치를 허용했다. 다만 이들은 어디까지나
주일 연합국 총사령관 허가를 받아 총사령관을 상대로 파견되는 형식
이었다. 이들의 일본 주재가 일본과의 국교 재개를 의미하지 않았으

주 38), p.216.
93) SCAPIN(Supreme Commander for the Allied Powers Instruction Notes: 연합국
최고사령관 각서) No.189: "Transfer of Custody of Diplomatic and Consular
Properth and Archives"(1945.10.25.) 이 문서는 F. Yamaguchi, Suspension of
Diplomatic Relations between Occupied Japan and Neutral States, Zeitschrift für
ausländisches öffentliches Recht und Völkerrecht vol.42(1982), pp.103-104 수록.
94) SCAPIN No.237: "Official Relations between the Japanese Government and
Representatives of Neutral Nations"(1945.11.4.). F. Yamaguchi(상게주), p.106
수록.
95) 이 과정진행에 관한 상세한 설명과 평가는 F. Yamaguchi, 전게주 93 논문 참조.
96) 橫川新(전게주 92), p.217. 미국은 1950년 5월 이후 일본 정부의 대외활동을 부분
적으로 허용해 평화조약 발효 시까지 23개국 31개 도시에 일본 정부의 재외사무
소가 설치되었다. 이는 외교공관이나 영사관은 아니나, 필요시 유사한 기능을 담
당했다. 1952년 평화조약 발효와 동시에 15개국에서는 재외사무소가 바로 외교
공관으로 변경되었다. 한편 총사령부는 1948년 5월 28일 이후에는 무역에 관해서
는 일본 정부가 재일 외국대표와의 직접 접촉을 허용했고, 1951년 2월 13일부터
는 총사령부가 지정한 한국 포함 20개국과는 제한된 업무에 한해 일본 정부와 외
국대표 간의 직접 교섭이 허용되었다. 橫川新(전게주 92), pp.219-221.

며, 점령 초기에는 일본 정부와 직접 접촉이 금지되었다. 주일 대표부 설치 국가에는 원래 일본과 외교관계가 없었던 신생국도 포함되어 있었다. 한국은 연합국 총사령부 동의하에 1949년 1월 4일 주일 대표부를 개설했고, 대체로 영사관과 영사에 상당하는 특권과 면제를 인정받았다.[97] 인도네시아와 필리핀 역시 독립 이후 연합국 총사령부의 동의 아래 주일 대표를 파견했다. 이들은 정식으로 일본에 부임한 외교관이나 영사는 아니나 일정한 특권·면제가 인정되었다.

이상 주일 미군사령부는 외국이 그 명칭과 상관없이 피점령 일본에 자국 대표를 주재시키며, 외교관 또는 영사에 준하는 활동을 하도록 허용했다. 미군정 종료 이후 이들의 계속 주재나 특권·면제 유지에는 일본 정부의 새로운 동의나 승인이 필요했음은 물론이다.[98]

(나) 남한 점령

점령지 군사령관이 외국 영사 주재에 관해 재량권을 갖는다는 미국의 정책은 1945년-48년 남한 점령에도 적용되었다. 미 국무부는 군사안보상 관점에서 반대가 없다면 중국 정부가 한국에 영사와 보조원을 파견해도 좋으며, 영국 정부에 대해서도 기존 연락관(liaison officer)의 지위를 영사(consular officer)로 변경해도 좋다는 입장이었다.[99] 실제로 미국 정부는 주미 중국대사에게 미군정 하 남한에 중국이 영사 1명과 보조원 2명으로 구성된 소규모 영사사무소를 개설해

---

97) 國際法事例研究會, 國家承認(日本國際問題研究所, 1983), p.68.

98) 일본 정부는 미군정 종료 후 한국, 인도네시아, 필리핀 대표부에 대해 기존과 같은 지위와 특권을 인정한다는 통지를 함으로써 이들 국가를 묵시의 승인을 했다고 해석한다. 橫川新, 默示の國家承認と日本の國家實行, 國際法事例研究會(상계 주), pp.188-190.

99) Draft Message from the Joint Chiefs of Staffs to General of the Army Douglas MacArthur for lieutenant General John R. Hodge, FRUS 1946 Vol.Ⅷ, pp.717-718. 이 문서는 미국의 한국지역 내 영사관의 설립이란 제목으로 7월 15일자 작성되어 7월 19일 정부 관련부서로 송부되었다.

제한된 영사기능을 수행도 좋다고 통지했다. 미국 정부는 같은 내용의
공한을 1946년 9월 5일 영국과 프랑스에도 전달했다.[100] 이후 중국,
영국, 프랑스 등은 미군정청 동의하에 서울 주재 영사를 파견했다.

영국은 1946년 3월 D. W. 더모트를 주 서울 영사 담당으로 파견
했다.[101] 그에게는 영사가 아닌 연락관이란 직함만이 허용되었는데,
이 사실은 소련 영사관이 활동하고 있는 점과 대비되어 미군측도 곤
란함을 느꼈다.[102] 이후 1948년 5월에는 비비안 홀트가 후임 총영사
로 부임했고, 그는 대한민국 정부 수립 이후에도 계속 근무했다. 1949
년 3월 17일 총영사관이 공사관으로 승격하자 홀트가 초대 공사로 임
명되었다.[103]

중국은 1947년 2월 10일 유어만(劉馭萬)을 서울 주재 총영사로 파
견해 총영사관을 개설했다.[104] 당시 국내 언론은 유 총영사를 해방
이후 최초로 서울에 부임한 공적 외교사절이라고 표현했다.[105] 유 총
영사는 대한민국 정부 수립 이후인 1949년 4월까지 근무하고, 5월 10
일 중국으로 귀환했다.[106]

프랑스에서는 제2차 대전 중 북부 지역이 독일군에 의해 점령된
상태에서 남부에는 친독 비시 정부가 수립되어 형식상 국가가 지속되
었다. 1941년 12월 8일 자유프랑스가 대일 선전포고를 했으나, 당시

---

100) The Acting Secretary of State to the Chinese Ambassador (Koo)(1946.9.6.),
　　 FRUS 1946 Vol.Ⅷ, p.735.
101) 일제 시대에도 소규모 출장소처럼 유지되던 주 서울 영국 영사관은 1941년 영국
　　 과의 선전포고 이후 철수했다. 조선일보 1967.9.17., p.5.
102) HUSAFIK(전게주 78), p.300.
103) 조선일보 1967.9.17., p.5.
104) 동아일보 1947.2.8., p.1. 劉馭萬 총영사 부임 이전 관련사무는 서울의 中華商會
　　 가 대행했다. 조선일보 1945.11.24., p.1은 馮文雄을 서울 주재 중국영사로 표기
　　 하고 있었다.
105) 동아일보 1947.10.23. p.1.
106) 동아일보 1949.5.17., p.1. 중국 총영사관은 1949년 7월 대사관으로 공식 승격해
　　 소육린(邵毓麟) 대사가 부임했다.

일본 정부는 법적으로 이를 무시했다. 이에 주일 프랑스 대사관은 일본 항복 시까지 유지되다가 종전 직후 폐쇄되었다.[107] 서울의 프랑스 영사관도 일제기간 내내 운영되다가 일본 항복 후 폐쇄되었다. 1947년 프랑스 신 정부는 베조오와 르보크 드펠비르드를 각각 영사로 파견했고, 1947년 5월에는 앙리 코스티에가 새로 영사로 부임해 정부 수립 이후까지 재임했다.[108] 1949년 2월 15일 프랑스가 대한민국을 승인하고 국교가 수립되자 그는 서울 주재 대리공사로 발령되었다.[109]

　군정기간 중 이들 외국 대표는 군정청 허가 아래 서울에 부임해 영사의 역할을 담당했으나, 그 법적 지위는 애매했다. 점령군 사령관이 이들에게 국제법상 영사인가장을 부여할 권한은 없었다. 아직 대한민국 정부가 출범하기도 전이었으므로 한국에 부임한 외국 대표라고 할 수 없었다. 일상적으로는 영사라고 표현되었으나, 엄밀한 의미의 영사라고는 보기 어려웠다. 이들은 미군정청이 남한 지역을 실효적으로 지배하던 기간 중 미군정청과의 관계에서 영사 상당의 법적 지위를 인정받고 제한된 업무를 수행했을 뿐이다.[110] 심지어 미군정청 내에서 영사에 해당하는 역할을 하는 미국인의 직책에 대해서도 당시 국내에서는 영사로 통용되었다.[111] 군정청의 영사 인정이 이후

---

107) 國際法事例硏究會(전게주 38), pp.75-76.

108) 조선일보 1967.9.7., p.3.

109) 동아일보 1949.2.6., p.6.

110) 당시 이들은 국내 주요 행사에 자주 초대되었고, 국내 언론은 이들을 "영사"로 호칭했다. 예: 동아일보 1947.2.8., p.1; 경향신문 1947.2.28., p.1; 조선일보 1946. 4.29., p.2; 경향신문 1947.6.14., p.2; 동아일보 1947.7.10., p.2; 동아일보 1947.8. 15. p.4; 동아일보 1947.8.16., p.2 등.

111) 동아일보 1946.4.23., p.1(미국의 베닝 호프 영사에 관한 언급); 동아일보 1948. 7.17., p.2(이화장에서 미국 영사 랜돈 송별연, 영국·중국·프랑스 영사도 동석). 미국 국무부는 미군정기에도 한국에서 영사 역할을 수행할 수 있도록 미국 영사관 개설에 적극적이었으나, 실현되지는 않았다. 하지 군정청장은 영사 요원을 군사연락단에 소속시키자고 제안했고, 이는 평양 영사관 소속원 확보를 위한 실용적 조치로 생각되었다. HUSAFIK(전게주 78), p.301.

출범한 대한민국 정부에 구속력은 없었다. 한국 정부는 1948년 8월 15일 이후 근무한 외국 영사를 국내에 부임한 초대 영사로 계산하며, 그 이전에 근무하다 귀국해 한국 정부에 영사위임장을 제출한 바 없는 영사는 국내에 근무한 외국사절로 보지 않는다.

(다) 이라크 점령

미국은 2003년 3월 20일 이라크에 대한 공격을 개시하고, 부시 대통령은 5월 1일 이라크에서의 주요 전투작전이 종료되었다고 선언했다. 5월 16일 임시연합사령부(Coalition Provisional Authority: CPA)가 수립되어 이라크에서의 모든 입법, 행정, 사법권을 장악했다. UN 안보리는 5월 22일 미군과 영국군을 통합사령부 하의 점령군으로 인정했다.[112] 약 1년 후 2004년 6월 1일 이라크 임시정부가 수립되었으며, CPA는 6월 28일 모든 정부권한을 이에 이양했다. 그동안 이라크는 미국을 중심으로 한 외국의 군사점령 하에 있었다.

이라크 점령을 주도한 미국 정부는 구 후세인 정권에 신임장을 제정했던 외교사절의 경우 이들은 더 이상 존재하지 않는 정부를 상대로 부임했으므로 기존 외교관과 공관은 외교사절로서의 특권과 면제를 향유할 수 없다고 주장해 논란이 제기되었다. 미국의 입장은 러시아 등의 국가와 학자로부터 비판을 받았으나,[113] 미국은 공식적으로는 이러한 입장을 철회하지 않았다.

미국의 이라크 점령이 기정사실화되자 국외로 임시 피난했던 기존 외교관의 복귀는 물론, 후세인 정권과 관계를 맺고 있지 않던 국가들도 업무 협의를 위해 자국 외교관을 새로 파견했다. 2003년 8월 22일 기준 한국, 미국, 영국 포함 35개국이 바그다드에 외교관을 주재시키고 있었는데, 이들 사무소는 공식적으로 외국연락사무소

---

112) SC Res. 1483(2003), 전문 para.13.

113) S. Talmon, Diplomacy under Occupation. The Status of Diplomatic Missions in Occupied Iraq, Anuario Mexicano de Drecho Internacional vol. Ⅵ(2006), p.467.

(Foreign Liaision Mission)로 호칭되었다. 이들 사무소는 명칭만 제외하면 사실상 외교공관이나 다름없었다.114) 공식적으로는 대사와 대사관이란 호칭이 사용되지 않았으나, 이들에게는 외교사절 및 외교공관에 준하는 특권과 면제가 인정되었다. 이에 영국은 바그다드 기존 대사관을 임시로 "British Office"로 불렀다. 호주의 경우 "Australian Representative Office"로 호칭했다.

점령 당국은 이들이 이라크에 부임한 외교사절이 아니며, 점령군은 이들의 신임장을 접수할 권한이 없다고 보았다. 점령군에 의해 인정된 어떠한 특권과 면제도 향후 수립될 이라크 정부를 구속하지 못하며, 만약 점령 종료 후에도 계속 근무할 예정이면 이라크 신정부의 아그레망을 얻어 신임장을 제정해야 했다.115) 이라크 사례도 점령군은 업무상 필요하다면 외국 외교사절(영사)의 주재를 허용할 수 있고, 이들에게 제한된 특권과 면제를 부여할 수 있다는 실행의 표시였다.116)

(3) 평가

이러한 실행들은 해당 지역을 실제 지배하는 점령당국은 그 지역에 대한 주권 보유와 관계없이 외국 대표의 주재를 허가할 수 있다는 미국 입장의 적용이었다. 단 그 기능과 특권, 규모는 점령군 당국에 의해 제한될 수 있다고 보았다. 공식 명칭이 어떠하든 대체로 이들은

---

114) 상게주, p.507.
115) 미국, 호주, 덴마크, 영국 대사 등은 CPA가 이라크 임시정부에 모든 권한 이양 직후 새로운 신임장을 제정했다. S. Talmon(전게주 113), p.508.
116) 이라크 점령당국은 이들 외국 사절들은 이라크의 사법절차로부터는 면제되나, 점령당국의 관할권에는 복종해야 한다는 입장이었다. "Office of the Admiistrator of the Coalition Provisional Authority Bagdad, Iraq: Public Notice Regarding the Status of Coalition, Foreign Liaison and Contractor Personnel, 26 June 2003." S. Talmon(전게주 113), p.509에서 재인용.

영사에 준하는 특권과 면제를 인정받았으나, 통상적인 영사보다 더 많은 제약을 받았다.

점령군이 관할지역에 외국 영사의 주재와 활동을 허용하는 행위는 점령군으로서 일종의 자기 권한 제한이다. 외국 영사의 출입 보장은 물론 이들에게 일정한 특권 면제를 부여해야 되기 때문이다. 점령군의 이러한 조치가 국제법에 저촉되지 않음은 물론이며, 점령기간 중 외국인 보호를 위해 바람직한 행위이다. 다만 점령군이 영사의 역할을 하도록 주재를 허용한 외국대표가 국제법상 영사에 정확히 해당한다고는 보기 어렵다. 그래서 미국의 실행에서 이들의 명칭은 영사 아닌 연락관, 영사관 아닌 대표부 또는 연락사무소 등으로 호칭되기도 했다.

점령군이 부여한 이들의 법적 지위는 점령 종료 후에는 지속되지 않으며, 그 이후는 신정부와의 관계에서 처리될 문제이다. 즉 점령군의 허가로 부임한 외국 대표가 점령 종료 후에도 계속 근무하려면 새 정부에 대해 신임장 또는 영사위임장을 제출해야 한다.

그런 의미에서 미군정 기간 중 미국측이 소련에 평양 영사관 설치 허용을 요구한 일은 국제적 선례에 크게 어긋나거나 국제법에 위반된 불가능한 요구는 아니었다. 미국은 미래에 탄생할 한국에 대한 영사관 개설을 요구한 것이 아니라, 소련 점령지역에서 소련 당국을 상대로 활동할 자국 사무소의 개설을 원했었다. 소련은 이를 허용할지 여부에 관해 재량권을 갖고 있었으며, 이의 거부 역시 국제법 위반은 아니었다.

다. 미군정청의 소련 영사관 철수 요구
(1) 소련 영사관 철수 과정

미국의 거듭되는 압력에 소련은 서울 주재 영사관을 철수시키기로 결정했다. 서울의 소련 총영사관에 관한 마찰은 이곳이 남한 내 좌익활동의 중심 역할을 한다는 미군정의 우려에서 비롯되었으며,[117] 다만 미국은 이를 평양 내 미국 사무소 개설의 지렛대로 활용할 의도에서 일정 기간 지켜본 듯하다. 미군정청은 미·소 공동위원회의 결렬이 사실상 확인된 다음 1946년 6월 1일부터 소련 영사관에 대한 식량 배급과 미군 PX 이용 등을 중단시켰다. 미군의 보급로보다 소련으로부터의 보급로가 더 가깝다는 이유를 들었다.[118] 폴리안스키 총영사는 이러한 공급 중단이 비우호적 처사라고 비난했으나, 사실 점령당국이 관할 내 외국 영사관에 생필품을 공급할 의무는 없다. 미군의 조치가 소련 영사관원들의 상황을 어렵게 만들었겠지만, 소련이 의지만 있었다면 대체방안 마련이 불가능하지는 않았을 것이다. 소련이 영사관 철수를 결정한 가장 큰 이유는 미국의 평양 영사관 개설 요구를 거부하기 위함이었다. 미국은 미·소 양국이 서울과 평양에 같은 규모의 사무소를 상호주의적으로 운영하자고 주장했기 때문이다. 미군정청은 폴리안스키에게 총영사로서의 활동에 관해 점령당국에 동의를 요청해 합법화 절차를 밟으라고 요구했지만,[119] 만약 소련측이 이러한 동의를 요청했다면 미군측은 상호주의적 평양 영사관 개설을 조건으로 내세웠으리라 생각되었다.

서울의 폴리안스키 총영사는 6월 13일 본국으로부터 철수 명령을 받았다며, 1주일 내지 10일 이내에 철수를 완료하겠다는 계획을 미군정청에 통보했다. 그리고 비코프(Konstanian Grigorievich Bikoff) 영사가 청사 관리를 위해 잔류하며, 2명의 직원(Sergei Semenovich Zudin 와 Nikolai Alexseevick Krivosheeff)이 새로 파견되어 관리 업무를 함께

---

117) 동아일보 1946.6.25., p.2.
118) HUSAFIK(전게주 78), pp.307-308.
119) 1946년 4월 27일자 하지 군정장관의 폴리안스키에 대한 전화 통지. HUSAFIK(전 게주 78), p.303.

한다고 했다. 그는 철수 사실을 언론에 알릴 의사가 없다며 언론 보도문을 발표하지 않았다.[120] 폴린안스키 총영사와 남자 7명, 여자 9명, 어린이 13명의 일행은 1946년 7월 2일 열차편으로 서울을 출발, 개성을 거쳐 평양으로 떠났다.[121] 소련 총영사관의 철수 사실은 당시 국내 언론에 바로 보도되지 않았다. 형식적으로는 자발적 소환이었지만 실질적으로는 미국의 업무중단 압박에 따른 퇴거였다.

(2) 점령지 내 제3국 영사관 처우에 관한 실행

점령군은 자신의 관할구역 내 제3국 영사관에 대해 어떠한 권한을 행사할 수 있으며, 필요하면 철수를 요구할 수 있는가? 이 질문에 앞서 먼저 해결되어야 할 문제가 있다. 미군 진주시 소련 영사관의 법적 지위가 무엇이었냐는 점이다. 1945년 8월 9일 소련의 대일 선전포고로 일·소간 외교·영사관계가 종료되어 서울 영사관으로서의 지위도 법적으로 이미 종료된 상태에 불과하다면, 이들의 처우를 굳이 제3국 영사관 처우의 문제로 다룰 필요가 없다. 그러나 소련 영사관은 종전 직전 1주일을 제외하고 계속 영사관 현판을 내걸고 업무를 보았고, 1945년 9월 8일 미군이 남한에 진주할 때도 총독부의 인정 아래 영사관 기능을 수행하고 있었다. 미군정청은 점령 초기 9개월 간 소련 영사관과 관원들에게 국제법상 특권·면제를 인정하는 등 영사관으로서의 활동과 지위를 묵인했었다. 이 기간 동안 소련 영사관은 영사관으로서의 실질적 활동을 수행했다.

헤이그 육전조약에는[122] 전시 점령시 제3국 외교관과 영사의 처우에 관한 직접적인 조항이 없다. 후에 제정된 1949년 제네바 제4협

---

120) Lieutenant General John R. Hodge to the Secretary of State(1946.6.13.), FRUS 1946 Vol.Ⅷ, pp.703-704.

121) HUSAFIK(전게주 78), p.310.

122) Convention with respect to the Laws and Customs of War on Land.

약(민간인 보호협약)이나 1962년 외교관계에 관한 비엔나협약, 1963년 영사관계에 관한 비엔나협약에도 이에 관한 조항은 없다. 이 문제는 관습국제법의 영역으로 남아 있었다. 과거 전시점령 하 제3국 외교관(영사)의 처우는 주로 점령지를 안전하게 떠날 권리가 주 관심사였으며, 이들이 출국을 원할 경우 통상 재산 및 문서와 함께 안도권(safe conduct)이 보장되었다.123) 피점령지에 잔류할 경우 이들의 지위나 활동범위에 관해서는 관습국제법의 내용도 명확하지 않았고, 학자들의 연구도 많지 않다.124)

통상적인 경우 전시점령이라는 사실만으로 피점령지 내 제3국 영사의 국제법적 지위가 자동으로 종료되지 않는다. 왜냐하면 이론상 피점령국의 국가로서의 존재는 계속되기 때문이다. 점령국은 사실적 권한을 행사할 뿐, 피점령지의 주권이 점령국으로 이전되지도 않는다. 점령국이 피점령국의 영사관계 자체를 종료시킬 국제법상 권한은 없다.125) 점령지 내 제3국 영사는 계속 체류가 허용되며, 점령군으로부터 새로운 영사인가장을 발부받지 않고도 점령당국에 해가 되지 않는 범위에서 영사기능을 지속한 사례가 많았다.126) 사실 점령 상황에서는 영사의 역할이 평상시보다 더욱 필요하고, 중요하다.127)

그러나 전시점령이라는 특수한 상황으로 인해 점령국이 피점령지 내 제3국 외교관(영사)의 퇴거를 요구한 사례가 적지 않았다. 1914년 벨기에를 점령한 독일이 구 벨기에 정부에 의해 부여된 기존 영사인가장은 모두 실효되었다고 발표한 사실은 앞서 지적한 바 있

---

123) G. von Glahn, The Occupation of Enemy Territory(University of Minnesota Press, 1957), p.87.
124) S. Talmon(전게주 113), p.464.
125) S. Talmon(전게주 113), p.467.
126) G. von Glahn(전게주 123), p.88.
127) L. Lee & J. Quigley, Consular Law and Practice 3rd ed.(Oxford UP, 2008), p.101.

다.[128] 1914년 룩셈부르크를 점령한 독일은 프랑스와 벨기에 공사에게 출국을 요구했다. 추축국이 1916년 12월 루마니아 부쿠레슈티를 점령하자 중립국 외교관에게 1917년 1월 13일까지 출국을 요구했다.[129] 폴란드를 점령한 독일 당국은 1939년 12월 31일 이제 폴란드 정부가 발급한 모든 영사인가장은 무효로 되었으며, 외국 영사들의 공적 지위를 더 이상 인정할 수 없으니 철수하라고 통고했다.[130] 독일은 또한 1940년 7월 1일 벨기에, 룩셈부르크, 노르웨이, 네덜란드의 점령이 완료되었다며 미국 정부에게 이들 국가로부터 공관을 철수하라고 요구했다. 아울러 이들 국가에 관한 정치적 문제를 논의하기 원한다면 베를린에서 자신과 협의하라고 통지했다.[131] 이러한 요구는 관련국으로부터 항의를 받기도 했으나, 현실에서는 모두 수용되었다. 다만 일부 외교공관은 영사관으로 기능이 변경되었다. 제2차 대전시 1943년 이탈리아 항복조약은 연합국이 이탈리아 내 중립국 외교관과 영사의 출국을 요구할 권리를 가진다고 규정했다(Section 25(B)). 독일 점령 시에도 연합국은 피점령지 내 모든 중립국 외교관과 영사 등의 철수를 요구할 수 있다고 발표했다.[132]

점령지 내 제3국 외교관(영사)의 존재가 현지 질서와 안전 확보에 방해가 되는 경우 점령군 당국은 이들의 소환을 요구할 수 있을 것이다. 헤이그 육전조약 제43조 점령당국은 "공공질서와 안전을 가능한 한 회복하고 보장하기 위해 자신의 권한상 모든 조치를 취한다."는 규정 내용이 근거가 될 수 있다. 그 실제 판단에 있어서는 점령군이

---

128) 전게주 87 및 관련 본문 참조.

129) S. Talmon(전게주 113), p.475.

130) G. Hackworth ed., Digest of International Law Vol.IV(1942), p.691. 1940년 3월 미국 정부는 주 폴란드 영사관이 폐쇄되지는 않았으나 당분간 그 기능을 정지하고, 주 베를린 대사관이 그 업무를 수행하라고 지시했다. 상게주.

131) G. Hachworth ed., Digest of International Law vol.VI(1943), p.391.

132) Control Council Proclamation No.2.

상당한 재량권을 갖는다고 보아야 한다.133)

  UN 체제에서 안보리가 전시점령 자체를 위법하다고 판정한 경우
에는 조금 다른 양상이 벌어졌다. 쿠웨이트를 침략한 이라크는 1990
년 8월 8일 이의 합병을 선언하고 쿠웨이트 내 기존 외교공관들은 8
월 24일까지 철수하라고 요구했다. 안보리는 이 같은 합병이 무효임
을 선언하고, 이라크는 쿠웨이트 내 외교공관 및 영사관 폐쇄명령을
철회하라고 결의했다.134) 8월 21일 EC 12개국은 자국민 보호를 위해
쿠웨이트 내 공관을 계속 유지하겠다는 성명을 발표했다. 약 25개국
이 공관유지 방침을 밝혔다.135) 안보리는 다시 이라크가 쿠웨이트 내
외교관 및 영사와 이들 공관의 안전을 보호하고, 그들의 임무수행을
방해하지 말라고 결의했다.136) 그러나 이라크는 공관에 대한 수도와
전기 공급을 중단하고, 식량조달과 통신도 방해했다. 여러 차례 외교
관을 강제구금하고, 일부 공관에 강제진입도 했다. 결국 생활 자체가
어려워져 그해 연말까지 모든 외국공관은 쿠웨이트에서 철수했다. 많
은 국가가 이라크의 행동이 외교관계에 관한 비엔나 협약 위반이라고
비난했다.137)

  이상과 같이 점령군이 현지 제3국 외교관과 영사에 대한 퇴거 요
구는 과거 폭넓게 실행되었다. 다만 점령국이 이 점에 대해 완전한
재량권을 갖는지는 명확하지 않았다. 일단 점령군의 요구로 공관이
철수하게 되면 이에 필요한 합리적 시간 동안에는 특권과 면제가 유
지되어야 하며, 철수 이후에도 점령 당국은 공관과 이의 재산 및 문
서를 존중하고 보호해야 한다.138)

133) S. Talmon(전게주 113), p.478.
134) SC Res. 664(1990.8.18.), para.3.
135) S. Talmon(전게주 113), pp.479-480.
136) SC Res. 667(1990.9.16.), para.4.
137) S. Talmon(전게주 113), p.491.
138) 외교관계에 관한 비엔나 협약 제44조 및 제45조, 영사관계에 관한 비엔나 협약

피점령지 내 잔류하는 외교관(영사)이 일단 자신의 외교관(영사)
로서의 법적 지위는 유지하더라도 평시에 접수국에서 인정받던 완전
한 특권과 면제의 향유는 어렵다. 전시점령이라는 특성상 군사적 필
요와 안보적 관점에서 이들의 권리는 제한될 수 있다.139) 미국의 전
쟁교본은 피점령지 내 제3국 외교관과 영사는 전시의 필요성에 적절
히 유의하며(due regard to the necessities of the war) 모든 예양을 다해
처우되어야 하며, 허용가능한 최대의 행동 자유를 부여받아야 한다고
규정하고 있다.140) 결국 "전시의 필요성"이 이들 처우 제한에 관건이
된다. 특히 점령지 내 이들의 활동이 점령군의 군사적 이해와 충돌하
지 않아야 한다. 그 제한기준에 관해서는 관습국제법이 확실하지 않
으며, 이에 대한 판단에는 점령군이 상당한 재량권을 행사하게 될 것
이다.141)

(3) 평가
하지 군정청장이 폴리안스키 소련 총영사에게 점령 당국의 허가

제53조 등 참조. 이는 접수국의 의무로 규정되어 있으나, 점령국에게도 적용된다
고 해석된다.

139) 1936년 5월 2일 에티오피아 아디스아바바를 점령한 이탈리아는 기존 제3국 외교
관이 이탈리아의 법과 군사명령을 위반하지 않는 한 기왕의 특권과 면제를 계속
향유한다고 발표했다. 이 방침은 일반적으로 수용되었으며, 기존 공관은 그해 12
월 21일까지 기능을 수행했다. S. Talmon(전게주 113), p.498.

140) Department of Defense, Law of War Manual(2016), para. 15.6.4.2: "(Diplomatic
Agents and Consular Personnel in Occupied Territory) Diplomatic agents of
neutral States must be treated with all courtesy and must be permitted such
freedom of action as it is possible to allow, with due regard to the necessities
of the war. The same is true of consular personnel of neutral States, except
those who are enemy nationals." 이는 미국의 과거 육전교본 내용과 동일하다.
Department of the Army, The Law of Land Warfare(FM 27-10)(1956), para.549;
War Department, The Rules of Land Warfare(FM 27-10)(1940), para.398. von
Glahn은 이를 매우 진보적 입장이라고 평가했다. von Glahn(전게주 123), p.87.

141) S. Talmon(전게주 113), p.499.

가 있어야만 영사관이 활동을 할 수 있으며, 활동을 계속하려면 점령 당국에 협의를 요청했어야 한다는 주장은 국제법적으로 지지받기 어렵다. 전시점령 하에서도 제3국 영사관은 일단 기존 지위를 유지할 수 있고, 다만 점령당국이 필요한 경우에만 이들의 활동범위나 특권·면제를 제한하거나 최종적으로 철수를 요구할 수 있기 때문이다. 이러한 제한이나 철수 요구에는 군사적 필요성에 근거한 합당한 이유가 있어야 하지만, 실제로 점령군은 이의 판단에 있어서 폭넓은 재량권을 가진다. 구체적으로 소련 영사관이 남한에서 반 미군정 세력인 공산주의자들을 지속적으로 지원한 사실은 철수 요구의 근거가 될 수 있었다고 판단된다.

Ⅲ. 대한민국 정부 수립과 소련 영사관

1948년 8월 15일 소련 영사관은 약간 명의 관리인만 잔류한 상태에서 대한민국 정부 수립을 맞았다. 이들 관리인은 1949년 10월 4일까지 서울에 체류하다 추방되었다. 1948년 8월부터 1949년 9월 사이 소련 영사관의 법적 지위는 무엇이었는가? 일제 패망과 대한민국 수립으로 구 조선과의 외교(영사)관계는 자동적으로 복원되고, 서울의 소련 영사관은 국제법상 영사관으로서의 지위를 갖고 있었는가?

1. 구 조·러 관계 복원 여부

미군정 당국이 1946년 4월 북한 지역에는 상응하는 미국 기관이 없음을 이유로 서울 주재 소련 영사관의 업무 중단을 요청하자, 소련은 이 공관이 1885년 조선 정부와의 합의로 개설되었고, 1925년 이래 국제법에 따라 활동을 계속하고 있음을 지적했다.[142] 소련 영사관의

---

142) The Ambassador in the Soviet Union(Smith) to the Secretary of State(1946.

궁극적 활동근거가 1885년 조선·러시아 수교협약이고, 한국이 일제로부터 해방됨으로써 구 외교(영사)관계가 복원되었다고 할 수 있는가? 이를 검토하기 위해서는 구 한말 관련 역사를 살펴야 한다.

조선은 1885년 러시아와 수교했으나, 러·일 전쟁이 발발하자 1904년 5월 18일 일본의 강요로 조·러간 기존 조약을 "일체 폐파(廢罷)하고 전연(全然) 실시하지 않는다"는 칙선서(勅宣書)를 발표했다.[143] 이를 통해 조·러 외교관계는 단절되고, 모든 기존 조약은 실효되었는가?

러·일 전쟁이 종료되고 포츠머스 조약이 발효하자, 러시아는 서울에 총영사관을 다시 개설하고 싶어 했다. 을사조약으로 조선의 외교권이 일본으로 탈취되었기 때문에 서울의 각국 외교공관은 모두 폐쇄되고 오직 영사관만 개설될 수 있었다. 이에 러시아 정부는 새로운 서울 주재 총영사로 플란손(Planson)을 임명했다. 그는 1906년 2월 일본에 도착했으나, 영사인가장 발부 문제로 8월까지 서울로 부임하지 못했다. 공식 영사인가장은 1906년 11월 21일자로 발부되었다. 그 사정은 다음과 같다.

러·일 전쟁 종료 후 러시아 람즈도르프 외무장관은 조·러 간 기존 조약이 여전히 유효하다고 생각했다. 을사조약은 조·일 간 양자조약으로 러시아는 이를 승인한 바 없고, 1904년 칙선서의 효력과 관련해 조선과 러시아는 전쟁관계에 있지 않았으므로 조선이 기존 조약을 일방적으로 폐기할 수 없으며, 포츠머스 강화조약에도 별다른 제한조항이 없었다는 이유였다. 이에 플란손의 영사위임장을 대한제국

5.22.), FRUS 1946 Vol.Ⅷ, pp.682-683.

143) 칙선서는 그 제안이유서에서 "지금 在俄 공사관을 철퇴했으니 이로써 韓俄間 외교관계가 실상인즉 단절되었음은 물론이지만, 금후 우리 大韓의 방향을 명백히 하고, 종래 俄國과 체결한 조약 및 특허조약을 폐기함으로써 […]"라고 설명했다. 국회입법조사국편, 구한말조약휘집(하)(국회입법조사국, 1965), pp.81-83.

황제를 수신으로 하는 형식으로 작성했는데, 조선은 여전히 독립국이
므로 러시아 총영사에 대한 인가장 부여는 조선 정부가 해야 한다는
주장이었다.144) 러시아는 이러한 입장을 영국, 독일, 이탈리아, 프랑
스 등에도 통지하며 지지를 기대했다.

일본은 러시아의 이러한 태도가 러·일 전쟁 패배와 을사조약을
부정하려는 의도라고 해석하며 반발했다. 일본은 플란손의 영사위임
장 수신인을 대한제국 황제 대신 일본 천황으로 바꾸라고 요구했
다.145) 이 같은 양측 대립으로 동경에 도착한 플란손은 바로 서울로
부임하지 못했고, 이 갈등은 수개월 간 지속되었다. 그러는 사이 러시
아 외무장관이 일본에 좀 더 유화적인 이즈볼스키로 변경되었다. 그
는 러·일 간 신뢰관계 수립을 위해 영사위임장 문제에서 일정 부분
양보할 의향이었다. 결국 러시아는 대한제국 황제를 영사위임장 수신
인에서 제외하고, 위임장에 일본이 조선의 대외관계를 "완전히 통제
(fully control)"함을 인정한다는 표현을 삽입하기로 했다.146) 이러한
영사위임장은 동경 주재 러시아 공사에 의해 11월 16일 일본 정부에
제출되었다. 1906년 8월 가인가 상태로 서울에 착임했던 플란손에 대
해 11월 21일자로 정식 영사인가장이 발부되어 사건은 일단락되었
다.147) 러시아는 내부적으로 칙선서와 포츠머스 조약만으로는 조·러
간 기존 조약이 폐기되지 않았다는 입장을 유지했지만,148) 기존 조약
이 실질적 효력을 상당히 상실했음을 인정했다.149)

---

144) 김종헌, 한국주재 러시아 총영사 플란손의 착임과정에서 제기된 인가장 부여문제
에 대한 연구, 사총 제72집(2022), pp.140-141.
145) 김종헌(상게주), p.145.
146) 김종헌(상게주), p.151.
147) 김종헌(상게주), p.153.
148) 쁠란손, 쏘모프, 서울 총영사로 취임; 노보-끼옙스끄 국경행정관의 경흥 영사 직
무수행에 관한 건, 박종효편, 러시아 국립문서보관소 소장 한국관련 문서요약집
(한국국제교류재단, 2002), p.455 참조.
149) 김도종(전게주 66), p.155.

이후의 역사전개는 구한말 조·러 관계가 복원되었는가에 대한 논의를 무의미하게 만들었다. 조선이 곧이어 일본의 식민지로 전락했기 때문이다. 구 한말 조선과 수교했던 모든 국가들이 1910년 한일합병을 수락했고, 이로써 조선과의 수교조약은 폐기되었다고 해석했다. 공산혁명으로 일시 일본과의 국교단절을 경험했던 소련도 1925년 국교 재개 및 서울 영사관 재개설 합의를 거치며 일제의 조선지배를 확인했다. 결국 8·15 종전 무렵까지 존속한 서울 주재 소련 영사관은 일본과의 합의와 일본국이 발부한 영사인가장을 근거로 활동했다. 소련이 서울 총영사관은 1885년 조선 정부와의 합의로 개설되었다는 지적은 역사적 기원에 관한 설명일 뿐, 국제법적 권리주장의 근거는 되지 않는다.

서울 주재 소련 영사관은 미군정 시절인 1946년 6월 말로 영사관으로서의 일체 기능을 이미 종료한 상태였다. 일제시 영사인가장을 발급받았던 폴리안스키 총영사를 포함한 영사관원들은 모두 철수했고, 건물 관리인만 근무하고 있었다. 최소한 1946년 6월 이후에는 소련 영사관이 영사관으로서의 법적 지위를 더 이상 주장할 수 없게 되었다. 영사관으로서의 역할은 종료되었고, 영사관으로서 보호받을 기능이 없었기 때문이다. 1948년 8월 대한민국 정부 수립 당시 서울에는 구 러시아 공관 건물만 존속하고 있었을 뿐, 국제법적 의미의 영사관은 존재하지 않았다. 당시 소련 영사관은 국내 소재 외국 국유재산일 뿐이었다. 잔류 관리인들 역시 대한민국에 부임한 국제법상 영사가 아니므로, 영사로서의 특권과 면제를 향유할 수 없었다. 양국간 영사관계 복원과 신임 영사의 파견에는 새로운 합의가 필요했다. 이러한 점은 다음의 영사관 관리인 추방사건을 통해서도 확인된다.

2. 소련 영사관 관리인 추방

서울에 남아 있던 소련 영사관 관리인도 1949년 10월 4일 모두 추방되었다. 그 이유는 다음과 같다. 한국 경찰은 1949년 8월 9일 소련 영사관 관리인으로 와 있던 Nikolai Krivosheeff(27세)를 국내 좌익 활동과 연관된 국가보안법 위반 혐의로 체포했다. 그는 1946년 소련 영사관 폐쇄시 관리인으로 새로 파견된 자였다. 8월 17일에는 그의 부인 쥬리아(24세)가 추가로 체포되었다.[150] 한국 정부는 외교관계를 고려해 이들을 기소유예 후 추방하기로 결정하고, 일단 9월 5일 정동 소련 영사관 주거 조건으로 석방했다. 이와 관련해 임병직 외무장관은 1949년 9월 13일 사건을 설명하는 담화문을 발표했다. 당시 발표문 주요 부분은 다음과 같다.

"소(蘇) 시민 니콜라이 크레오세브와 그 부인은 대한민국 정부 수립 이래 아무런 허가나 여행권이나 사증도 없이 한국 영토 내 서울에 거주하고 있었다. 해방 이후 대한민국 정부 수립 이전에는 그들은 전 소련 영사관 사옥의 관리인이었다. 증거에 의하면 크레오세브는 그의 부인과 같이 그 직장을 이용하여 소련의 이익을 위하여서 암약한 한국 공산당에 연락원 노릇을 하였다. 그러므로 그들은 한국을 파괴하려는 공산당원과 소련과의 비밀한 연락을 지음에 있어서 한국 정부에 대하여 범죄하였던 것이다. [⋯]

대한민국의 주권이 완전 유효하게 실현되고 있는 영지 내에서 대한민국의 국법을 위반하여 대한민국 정부를 전복하려는 불법적 행동에 나간 사람에게는 원래 기(其) 국적 여하를 막론하고 주권에 고유한 사법과 경찰권의 발동에 의하여 법에 의한 처단이 있음은 당연한 일이려니와 금반 사건에 있어서는 우리 대한민국 정부는 [⋯] 소련으로부터의 외교적

---

150) 동아일보 1949.8.19., p.2. 조선일보 1949.8.13., p.2와 1949.9.7., p.2는 Krivosheeff 체포일자를 8월 10일로 보도하고 있다.

교섭에 응할 용의가 있으며 또한 친선을 도모코저 하는 바이다."151)

이 담화문에는 소련 영사관 지위에 관한 한국 정부의 입장이 밝혀져 있다. 첫째, 소련 영사관은 국제법상 영사관으로서의 지위를 갖지 못하며, 관리인 역시 영사관원의 지위를 갖지 않는다. 둘째, 관리인들은 미군정 시절의 연장선상에서 서울에 체류하고 있었으나, 대한민국 정부로부터 사증이나 체류자격 등을 부여받은 바 없다. 결론적으로 소련 영사관과 관리인들에게는 어떠한 면제권도 인정되지 않는다. 이상의 한국 정부의 입장은 국제법상 아무런 하자가 없었다고 평가된다.

소련과의 교섭 끝에 영사관 관리인들은 1949년 10월 4일 개성을 통해 북한지역으로 추방되었다.152) 이후 영사관은 6·25로 건물 대부분이 파괴되기 전까지 빈집으로 남아 있었다. 한국 정부는 후일 영사관 부지를 국유화한 후 공원으로 조성된 일부(전체의 약 1/3)를 제외하고는 민간에게 불하해 오늘에 이른다.153)

---

151) 동아일보 1949.9.14., p.1에 전문 수록.
152) 당초 이들은 9월 8일 또는 9월 27일 북한으로 추방될 예정이었다. 김태선 서울 시경국장도 9월 26일 이들이 27일 북한으로 송환된다고 담화를 발표한 바 있어, 그간 국내에서는 9월 27일 이들이 추방되고 소련 영사관이 완전 폐쇄되었다고 설명하는 경우도 있었으나(박실(전게주 65), p.75 등), 사정으로 연기되어 실제는 10월 4일 추방되었다. 동아일보 1949.9.27., p.2 및 동아일보 1949.10.5., p.2. 조선일보 1949.10.5., p.2 등 참조. 이때 서울 동양외국어전문학관에서 프랑스어 교수를 하던 안나 야꼴세프도 함께 추방되었는데, 그는 러시아 혁명 후 서울로 와 약 30년을 보낸 사람이었다. 그는 떠나면서 자신이 제정 러시아 귀족집안 출신으로 현재의 소련을 잘 모르며, 한국이 자신의 고향이라고 주장했다.
153) 그 과정에 대한 구체적 설명과 법적 타당성 분석은 정세정(전게주 61), p.290 이하 참조.

참고문헌

1. 본 책자 내용으로 활용된 필자 논문
- 법적 기준에서 본 한국인의 범위, 두남 임원택 교수 정년기념 — 사회과학
  의 제문제(법문사, 1988)
- 국적유보제도 도입의 득실, 서울국제법연구 제4권 2호(1997)
- 우리 국적법상 최초 국민 확정기준에 관한 검토, 국제법학회논총 제43권
  제2호(1998)
- 대한민국의 수립과 구법령의 승계, 국제판례연구 제1집(박영사, 1999)
- 통일과 조약승계, 경희법학 제34권 제1호(1999)
- 조약 체결에 관한 국회의 사후동의, 서울국제법연구 제9권 1호(2002)
- 1952년 평화선 선언과 해양법의 발전, 서울국제법연구 제13권 2호(2006)
- 통일 후 한러 국경의 획정, 서울국제법연구 제14권 1호(2007)
- 조약의 "체결·비준"에 대한 국회의 동의권, 서울국제법연구 제15권 1호
  (2008)
- 한국의 조약정보 관리상의 오류실태, 국제법학회논총 제54권 제1호(2009)
- 국민의 탄생과 법적 경계, 한국미래학회편, 제헌과 건국(나남, 2010)
- 한국과 UN, 그 관계 발전과 국제법학계의 과제, 국제법학회논총 제58권
  제3호(2013)
- 조약의 국내법적 효력에 관한 한국 판례와 학설의 검토, 서울국제법연구
  제22권 1호(2015)
- 한국 문제를 통한 UN법의 발달, 서울국제법연구 제22권 2호(2015)
- 헌법 제6조 1항상 '일반적으로 승인된 국제법규'의 국내 적용 실행, 서울
  국제법연구 제23권 1호(2016)

- 개헌시 국회동의 대상조약 항목의 재검토, 국제법학회논총 제62권 제2호 (2017)
- 광복 후 대마도 반환론의 전개, 서울국제법연구 제26권 2호(2019)
- 제헌헌법 제4조 영토조항의 성립과 의미, 서울대학교 법학 제61권 제4호 (2020)
- 대한민국 정부 수립과정상 UN 총회의 역할: 제기되었던 국제법적 쟁점, 국제법학회논총 제66권 제2호(2021)
- UN 총회 한국 정부 승인 결의(제195호) 성립과정과 의미 분석, 서울국제 법연구 제29권 제1호(2022)
- 해방 직후 서울 주재 소련 총영사관 처리를 둘러싼 법적 쟁점, 서울국제 법연구 제30권 1호(2023)

2. 한글 자료
가. 단행본
강문용, 헌법(신아사, 1958)

강병두, 혁명헌법(수학사, 1961)

강석화, 조선 후기 함경도와 북방영토의식(경세원, 2002)

계희열, 헌법학(상)(제2보정판)(박영사, 2002)

고려대학교 박물관편, 현민 유진오 제헌헌법 관계 자료집(고려대학교 출판 부, 2009)

국사편찬위원회편, 한국독립운동사 자료 1(임정편 1)(국사편찬위원회, 1970)

국사편찬위원회편, 대한민국사 자료집 42(UN의 한국문제처리에 관한 미국무 부 문서 V)(국사편찬위원회, 1998)

국제연합 한국임시위원단 보고서(1948년도)(제1부 제1권)(국회도서관 입법 조사국, 1965)

국회도서관 입법조사국 역, 국제연합한국위원단 보고서(1949·1950)(국회도 서관, 1965)

국회도서관 입법조사국편, 헌법제정회의록(제헌의회)(국회도서관, 1967)

국회입법조사국편, 구한말조약휘집(하)(국회입법조사국, 1965)

권영성, 헌법학원론(개정판)(법문사, 2009)

김기범, 헌법강의(수정초판)(법문사, 1964)

김동조, 회상 30년 한일회담(중앙일보사, 1986)

김명기, 국제법원론(상)(박영사, 1996)

김병화, 한국사법사(현대편)(일조각, 1979)

김상훈, 일본이 숨겨 오고 있는 대마도·독도의 비밀(양서각, 2010)

김상훈(외), 한국 속의 대마도(보문각, 2012)

김석준, 미군정시대의 국가와 행정(이화여자대학교 출판부, 1996)

김수용, 건국과 헌법(경인문화사, 2008)

김영구, (신판) 한국과 바다의 국제법(21세기북스, 2004)

김영수, 대한민국 임시정부 헌법론(삼영사, 1980)

김영철·서원철, 현대국제법연구(1988)

김용호, 외교영토 넓히기: 대한민국의 수교 역사(대한민국 역사박물관, 2016)

김정건, 신판 국제법(박영사, 2004)

김정건·장신·이재곤·박덕영, 국제법(박영사, 2010),

김주수, 주석친족상속법(전정증보판)(법문사, 1984)

김증한, 법학통론(삼정)(위성문화사, 1955)

김철수, 위헌법률심사제도론(박영사, 1983)

김철수, 헌법학신론(제21전정신판)(박영사, 2013)

김철수, 대한민국 헌법사(대학출판사, 1988)

김화홍, 대마도도 우리 땅(지와사랑, 2005)

김화홍, 간도 대마도 독도 영유권 주장(2015)

김희곤, 대한민국 임시정부 연구(지식산업사, 2004)

나인균, 국제법(제2판)(법문사, 2008)

남복현 외, 국제조약과 헌법재판(헌법재판소, 2007)

노계현, 조선의 영토(한국방송통신대학출판부, 1997)

노성환 역주, 古事記(민속원, 2009)

노진설, 실무본위 선거법 해설(수선사, 1948)

대법원 법우회, 대법원행정판례집Ⅰ(위헌제청판례)(어문각, 1963)

대법원 법원행정처 법정국편, 韓國戶籍 및 寄留例規全集(대법원법우회, 1954)

대한민국 외무부, 한국외교 40년 1948-1988(외무부, 1990),

대한민국 정부, 한일회담백서(1965)

대한민국 정부, 대한민국과 일본국간의 조약 및 협정 해설(1965)

문홍주, 신한국헌법(법문사, 1960)

문홍주, 한국헌법(3정판)(법문사, 1963)

박실, 증보 한국외교비사(정호출판사, 1984)

박일경, 신헌법해의(진명문화사, 1963)

박종효편, 러시아 국립문서보관소 소장 한국관련 문서요약집(한국국제교류재
　　　　단, 2002)

박진희, 한일회담(선인, 2008)

박천일, 헌법개론(대지사, 1954)

박치영, 유엔정치론(법문사, 1994)

박치영, 유엔 정치와 한국 문제(서울대학교 출판부, 1995)

법무부, 법령질의해석응답집 제1집(법무부, 1963)

법무부역, 公海에 관한 법령집(상·하)(발간연도 미상)

법원행정처, 主要舊法令集(上)(下)(법원행정처, 1987)

법원행정처, 大法院例規集 戸籍編(법원행정처, 1996)

법제처, 「헌법연구반 보고서」(법제처, 1980)

법제처편, 독일통일관계법연구(법제처, 1991)

퍄냐 이사악꼬브나 샤브쉬나(김명호 역), 1945년 남한에서(한울, 1996)

손정숙, 한국 근대 주한미국공사 연구(한국사학, 2005)

손희두, 북한의 국적법(한국법제연구원, 1997)

송병기, 고쳐 쓴 울릉도와 독도(단국대학교 출판부, 2005)

서울대학교 법학연구소편, 주석한국판례집(민사Ⅱ)(서울대학교 법학연구소,
　　　　1968)

서울대학교 법학연구소편, 주석한국판례집(공법Ⅰ)(서울대학교 법학연구소,
　　　　1970)

석동현, 국적법연구(동강, 2004)

성낙인, 헌법학(제23판)(법문사, 2023)

양건, 헌법강의(제10판)(법문사, 2021)

양문사 편집부 편, 민법(친족상속법)(양문사, 1954)

양창수, 민법연구 Ⅲ(박영사, 1995)

연민수(외) 역, 역주 일본서기 1(동북아역사재단, 2013)

원용석, 한일회담 14년(삼화출판사, 1965)

외무부, 한일회담약기(1955)

외무부 외교연구원, 한국 외교의 20년(1967)

유미림, 우리 사료 속의 독도와 울릉도(지식산업사, 2013)

유진오, 헌법해의(명세당, 1949)

유진오, 헌법기초회고록(일조각, 1980)

유진오, 한일회담 ― 제1차 회담을 회고하면서(외무부외교안보연구원, 1993)

윤석헌, 먼 길을 후회 없이(동아일보사, 1993)

윤세창, 신고 헌법(일조각, 1963)

이경호, 헌법강의(일한도서출판사, 1959)

이병조·이중범, 국제법신강(제9개정 제2보완수정판)(일조각, 2008)

이석우편, 대일강화조약 자료집(동북아역사재단, 2006)

이선민, 대한민국 국호의 탄생(나남, 2013)

이순우, 정동과 각국 공사관(하늘재, 2012)

이순천, 조약의 국가승계(열린책들, 2012)

이영록, 유진오 헌법사상의 형성과 전개(한국학술정보, 2006)

이종극, 헌법해의(숭문사, 1954)

이창수, 증보 대한민국 헌법대의(동아인쇄관, 1950)

이천수, 신헌법대요(수도문화사, 1955)

이한기, 한국의 영토(서울대학교 출판부, 1969)

이한기, (신정판) 국제법강의(박영사, 1997)

이화자, 조청 국경문제연구(집문당, 2008)

임명삼역, UN 조선위원단 보고서(돌베개, 1984)

임병직, 임병직 회고록(여원사, 1964)

장영수, 헌법학(제15판)(홍문사, 2024)

장효상, 현대국제법(박영사, 1987)

정광현, 한국가족법연구(서울대학교 출판부, 1967)

정동연, 청의 주한 공관과 한청 근대외교 연구(서울대학교 박사학위논문, 2020)

정운현 편역, 創氏改名(학민사, 1994)

정인섭, 신국제법강의 제14판(박영사, 2024)

정인섭, 재일교포의 법적지위(서울대학교 출판부, 1996)

정인섭, 조약법: 이론과 실행(박영사, 2023)

정인섭, 한국법원에서의 국제법판례(박영사, 2018)

정인섭, 한국판례국제법(홍문사, 1998)

정일형편, 유엔과 한국문제(국제연합한국협회, 1961)

정병준, 독도 1947(돌베개, 2010)

정재황, 헌법학(박영사, 2021)

정종섭편, 한국헌법사문류(박영사, 2002)

정홍기, 대마도가 한국 땅인 증거 127(노드미디어, 2019)

조성구, 民籍法規詳解(수문서관, 1914)

중앙선거관리위원회, 대한민국선거사 제1집(중앙선거관리위원회, 1973)

지철근, 평화선(범우사, 1979)

지철근, 한일어업분쟁사(한국수산신문사, 1989)

차종환·신법타, 대마도는 한국 땅(동양서적, 2006)

채형복, 국제법(제2판)(법영사, 2010)

최대권, 헌법학강의(박영사, 1998)

최영호, 평화선을 다시 본다(논형, 2021)

최재훈·정운장(외), 국제법신강(신영사, 1996)

최정태, 한국의 관보(아세아문화사, 1992)

최종기, 현대국제연합론(전정수정판)(박영사, 1991)

최종화, 현대한일어업관계사(세종출판사, 2000)

하원호(외)저, 개항기의 재한 외국공관 연구(동북아역사재단, 2009)

한국법사연구원편, 대법원판결례(헌법)(법전출판사, 1996)

한국법제연구회편, 미군정법령총람(국문판)(한국법제연구원, 1971)

한국정신문화연구원 현대연구소, 한국현대사의 재인식 2: 정부수립과 제헌국
　　　　회(오름, 1998)

한국헌법학회편, 헌법주석(Ⅰ)(박영사, 2013)

한동섭, 헌법(수정판)(박영사, 1971)

한웅길, 개정한국헌법론(고시학회, 1953)

한일관계사연구회 편저, 독도와 대마도(지성의 샘, 1996)

한태연, 헌법(3정판)(법문사, 1964)

허영, 한국헌법론(전정20판)(박영사, 2024)

홍성화, 개정 국제법개론(건국대학교 출판부, 1995)

황현백, 대마도는 한국 땅, 독도는 우리 땅(극일운동시민연합, 2002)

玄采, 大韓地誌(1899)

국제법학(법학부용)(김일성종합대학교출판사, 1992)

국제법사전(1988)

주한미군사(돌베개, 1988)

남조선과도입법원 속기록(영인본)(선인문화사, 1999)

대법원 판례집

대법원 판결문 사본(서울법대 도서관 소장본)

제헌국회 속기록

조선왕조실록(번역본)

나. 논문

강경원, "한반도의 개념과 내재적 문제", 문화역사지리 제27권 제3호(2015)

고정휴, 태평양전쟁기 대한민국 임시정부의 승인외교활동, 한림일본학 제9집
    (2004)

고지훈, 주한미군정의 점령행정과 법률심의국의 활동(서울대학교 석사논문,
    1999)

권영설, 헌법의 국민조항과 국적법, 고시계 1997년 7월호

권영준, 근대 중국의 국적법과 조선이 귀화정책, 한일민족문제연구 2003년호

김갑득·김순일, 구한말 서울 정동 외국인 주거지의 형성과정에 관한 연구,
    대한건축학회논문집 계획계 제17권 7호(2001)

김갑득·김순일, 구한말 서울 정동 영국공사관의 건립에 관한 연구, 대한건축
    학회논문집 계획계 제18권 10호(2002),

김갑수, 군정과 日本法 적용의 한계(1), 법정 1947년 2월호

김갑수, 군정과 日本法 적용의 한계(5), 법정 1947년 10월호

김갑수, 신문지법의 실효 여부, 법정 1948년 7월호

김기원, 미군정의 경제정책에 관한 연구, 한국방송통신대학논문집 제5집(1986)

김도종, 단절된 아관의 역사의 대한 고찰, 국제정치논총 제38집 3호(1998)

김명기, 국제연합 총회의 결의 제195(Ⅲ)호에 관한 연구, 국제법학회논총 제 28권 제1호(1983)

김명기, 청일 간도협약의 무효, 고시계 1985년 9월호

김명기, 통일한국의 북중 국경선조약의 승계에 관한 고찰, 국제법 동향과 실 무 제4권 3·4호(2005)

김상훈, 국제사회가 공인한 대마도 영유권과 반환 요구의 타당성 연구, 한일 군사문화연구 제11집(2011)

김선영, 퀴바디스 한반도 유일의 합법정부(서강대학교 정치외교학과 석사논 문, 2016)

김성호, 1948년 건국헌법 전문(前文)에 나타난 "우리들 대한국민"의 정체성 과 정당성, 한국정치학회보 제42집 4호(2008)

김성호, 1948년 건국헌법에 나타난 혼합적 권력구조의 기원 : 미군정기와 제 헌국회의 헌법안 및 헌법논의를 중심으로, 헌법학연구 제15권 2호 (2009)

김수자, 대한민국 정부수립 전후 국적법 제정 논의과정에서 나타난 국민 경 계설정, 한국근현대사연구 제49집(2009)

김용훈, 근대 한일교류분석을 통한 대마도 영토권원, 백산학보 제87호(2010.8.)

김용훈, 근대 격변기의 대마도 영토권, 백산학보 제89호(2011.4)

김용훈, 국제재판사례 분석을 통한 대마도 영토권 회복방안 연구, 백산학보 제93호(2012.8.)

김정신·발레리 알렉산드로비치 사보스텐코·김재명, 구한말 서울 정동의 러 시아공사관에 대한 복원적 연구, 건축역사연구 제19권 6호(2010)

김종구, 미군정기 미법률고문과 대륙법 및 영미법의 교착 : 프랭켈, 퍼글러, 오플러를 중심으로, 법학논총(조선대) 제20집 2-2호(2013)

김종렬, 대마도와 조선관계: 대마도의 반환을 요구하자, 신천지 1948년 3월호

김종헌, 한국주재 러시아 총영사 플란손의 착임과정에서 제기된 인가장 부여 문제에 대한 연구, 사총 제72집(2022)

김종호, 일본 헌법상 영토론에 대한 이해와 그 변화의 고찰, (단국대) 법학논총 제41권 제1호(2017)

김주수, 환관의 이성양자 입양의 효력, 법률신문 1967년 6월 5일

김증한, 민법 제14조에 대한 판례비평, 법정 1948년 1월호

김찬규, 평화선의 합법성에 관한 고찰, 건대학보 제9호(1960)

김창록, 1948년 헌법 제100조, (부산대학교) 법학연구 제39권 제1호(1998.12.)

김채형, 독도에 관련된 샌프란시스코평화조약을 둘러싼 미국과 영국의 입장 고찰, (부경대) 인문사회과학연구 제15권 제1호(2014)

김태영, 국적법 개설(1), 법정 1949년 5월호

나인균, UN 헌장의 적국조항과 한반도, 국제법학회논총 제43권 제1호(1998)

나인균, 한반도 점령정책의 국제법적 고찰, 국제법학회논총 제48권 제1호(2003)

남궁훈, 국민의 의무, 대한자강월보 제10호(1907.4.25.)

남궁훈, 국가의 개념, 서우 제16호(1908.3.1.)

남복현, 헌법 제6조 제1항의 구체적 의미, 한양법학 제23집(2008)

노성환, 대마도의 영토의식을 통하여 본 한일관계, 일본학보 제8호(2001)

노영돈, 한중 간도영유권문제의 고찰, 군사 제56호(2005)

노영돈, 소위 청일 間島協約의 효력과 한국의 간도영유권, 국제법학회논총 제40권 2호(1995)

노영돈, 우리 나라 국적법의 몇 가지 문제에 관한 고찰, 국제법학회논총 제41권 2호(1996)

노영돈, 1997년 국적법 개정안의 검토, 서울국제법연구 제4권 2호(1997)

노영돈, 우리 國籍法上 '最初의 大韓民國 國民의 範圍'規定의 缺如問題와 「國籍에 관한 臨時條例」의 效力, 인천대 법학논총 제5집(2002)

대원장부, 위대한 국민에난 3개 특성이 유함을 견함, 대한자강월보 제2호(1906.8.25.)

도회근, 헌법의 영토조항에 관한 비교헌법적 연구, 법조 2009년 11월호

문일평, 금석을 말하는 외국영사관의 기지유래, 조광 1938년 4월호

문준영, 미군정법령체계와 국방경비법, 민주법학 제34호(2007)

문철순, 제네바 국제해양법회의 경과, 국제법학회논총 제4호(1958.9.)

문홍주, 군정법령과 위헌심사, 고시계 1959년 9월호

박기갑, 일반 국제법이론에 비추어 본 남북한간 가능한 국가승계 형태론, 한
      림법학 Forum 제5권 1호(1996)

박기갑, 남북한의 국제법상 관행연구, 벽파 김정건 박사 화갑논문집 ― 변화
      하는 세계와 국제법(박영사, 1993)

박태근, 1860년 北京條約과 한로 국경의 성립, 영토문제연구 창간호(1983)

박준호, 한국의 독립관련 유엔총회 결의 채택과정과 배경 ― 미국 외교문서를
      중심으로, 국제법 동향과 실무 Vol.1, No.1(2016)

박찬표, 제헌국회 선거법과 한국의 국가형성, 한국정치학회 회보 제29집 3호
      (1995)

방성주, 대한민국 헌법 영토조항의 역사정치학(연세대학교 석사학위논문, 2018)

배재식, 한일기본관계조약, 국제법학회논총 제15권 제1호(1970)

배재식, 남북한의 법적 관계, 국제법학회논총 제21권 제1·2호(1976)

배종인, "대통령의 조약 체결비준권과 이에 대한 국회의 동의권,"「세계헌법
      연구」제12권 1호(2006)

백진현, 한반도 통일시 남북한 체결 조약의 승계에 관한 연구, 서울대학교 통
      일학연구보고서 04-자-11(2006)

백충현, 백두산 천지 양분설의 국제법적 평가, 북한 1984년 8월호

법제처, 舊法令 정리사업의 현황, 법제월보 1962년 1월호

산운생, 국민의 의무, 서우 제17호(1908.5.1.)

샤브시나 꿀리꼬바, 소련의 여류 역사학자가 만나 박헌영, 역사비평 1994년
      여름호(통권 제27호)

서석순, 대한민국 헌법과 국제법, 국제법학회논총 창간호(1956)

석동현, 최초의 대한민국 국민에 관한 법적 흠결과 그 치유방안에 관한 소고,
      법무연구 제27호(2000)

손승회, 만주사변 전야 만주한인의 국적문제와 중국, 일본의 대응, 중국사연
      구 제31집(2004)

송기춘, 미군정하 한국인에 대한 군정재판 : 미군 점령통치기의 주한미군사

령부 문서를 중심으로, 단국대 법학논총 제30권 1호(2006)

송병권, 미군정기 폴리 배상 사절단의 배상안과 조선의 지역주의적 재편문
　　제, 사학연구 제102호(2011)

신각수, 조약에 관한 국가승계, 국제법학회논총 제27권 제1호(1982)

신각수, 국제법적 관점에서의 한중관계의 정상화, 동아연구 제26집(1993)

신석호, 독도 소속에 대하여, 사해 창간호(1948)

신승욱, "1·2차 유엔한국위원단의 평화통일 중재 활동과 그 귀결(1948~1950
　　년)," (서울대학교 국사학과 석사학위논문, 2013)

신용옥, '평화선' 획정 과정의 논리 전개와 그 성격, 고려대학교 사총 제76집
　　(2012)

신용호, 조약의 국가승계와 관행, 국제법학회논총 제48권 제3호(2003)

신우철, '중국의 제헌운동이 상해 임시정부 헌법제정에 미친 영향 — 임시헌
　　장(1919.4.11.)과 임시헌법(1919.9.11.)을 중심으로', 법사학연구 제29
　　호(2004)

신우철, 대한민국 헌법(1948)의 "민주주의 제 제도수립," 헌법학연구 제15권
　　제3호(2009)

심지연, 한민당이 주무른 과도입법의원, 월간조선 1986년 4월호

심헌용, 근대 조러 국경획정과 영토 이주민 문제, 북방사논총 제6호(2005)

안재홍 외, 내가 본 재만동포 해결책, 동광 제24호(1931년 8월호)

양창수, 헌법제정 후 일정법령의 효력, 오늘의 법률 제97호(1997.2.)

양창수, 우리나라 최초의 헌법재판논의 — 처의 행위능력 제한에 관한 1947
　　년 대법원 판결에 대하여, 법학 제40권 2호(1999)

양태진, 한로 국경선상의 鹿屯島, 한국학보 제19집(1980)

오문환, 대마도, 희망 1958년 2월호

오제연, 평화선과 한일협정, 역사문제연구 제14호(2005)

유영박, 鹿屯島의 귀속문제, 학술원논문집(인문사회과학편) 제15집(1976)

유영박, 鹿屯島의 연륙과정과 국경분쟁의 미결유산, 진단학보 제44집(1977)

유영박, 鹿屯島 문제의 국제화와 일본개입의 진의, 학술원논문집(인문사회과
　　학) 제17집(1978.12.)

유진오, 조약비준론, 조선지광 1929년 4월호

윤진수, 민법 시행 전에 이성양자가 허용되었는지 여부 및 민법 시행 전 입
　　　양의 요건에 대한 민법의 소급적용, 판례월보 1996년 11월

윤천희, 환관 이성양자 시비, 법률신문 1967년 5월 22일

윤효정, 국민의 정치사상, 대한자강월보 제6호(1906.12.25.); 대동학회월보
　　　제14호(1909.3.25.)

윤효정편, 본회회보, 대한자강월보 제1호(1906.7.31.)

이경호, 법률과 군정법령의 차이," 법조 1959년 5월호

이경호, 군정법령의 효력과 위헌심사, 동국법학 창간호(1959)

이경호, 참의원 의원의 부존재와 헌법위원회 구성, 법조 1959년 11월호

이경호, 군정법령의 위헌심사권은 법원에 있다는 판례, 법학 제1권 제2호
　　　(1959)

이근관, 통일 후 한-중 국경문제에 관한 국제법적 고찰, 국제법학회논총 제
　　　55권 제4호(2010)

이근관, 1948년 이후 남북한 국가승계의 법적 검토, 서울국제법연구 제16권
　　　1호(2009)

이석우, 미국 국립문서보관소 소장 독도관련 자료, 서울국제법연구 제9권 1
　　　호(2002)

이성환, 대한민국 국민의 범위, (국민대학교) 법학논총 제9집(1997)

이영진·최민경, 남북한의 법적 지위─UN 총회 결의 제195(Ⅲ)과 관련하여,
　　　현대법학의 이론과 과제(벽서 오세탁박사 화갑기념논문집(법영사, 1990)

이완범, 국호 '대한민국'의 명명, 항해문화 2008년 여름호(통권 제60호)

이원택, 조선 전기의 귀화와 그 성격, 서울국제법연구 제8권 2호(2001)

이인, 조선인의 국적문제, 별건곤 제32호(1930년 9월호)

이인, 헌법위원회 구성 시비, 법률신문, 1960년 3월 7일자

이장희, 통일시대를 대비한 국적법의 개정방향, 이장희(편), 통일시대를 대비
　　　한 국적법의 개정방향(아시아사회과학연구원, 1998)

이장희, 남북한 통일 이후 국가승계의 국제법적 과제, 한국법학교수회, 한국
　　　법학 50년 과거 현재 미래(Ⅰ)(1998)

이정선, 민적법 시행기(1909-23) 일제의 日鮮結婚 관련 법규정비와 日鮮人
　　　구별(서울대학교 석사학위논문, 2008)

이주윤, 독일 국내법상 국제법의 지위, (연세대) 법학연구 제27집(2007)

이지형, "군사법원의 독립론(2)," 법정 1950년 1월호

이창석, 舊法令의 효력, 법제월보 1959년 12월호

이창석, 舊法令의 위헌심사권, 법제월보 1959년 10월호

이헌환, 대한민국의 법적 기초: 헌정의 연속성과 남북한정부의 관계, 전북대 법학연구 제31집(2010)

이헌환, 미군정기 식민잔재청산 법제 연구, 법사학연구 제30호(2004)

이현조, 조중 국경조약체제에 관한 국제법적 고찰, 국제법학회논총 제52권 제3호(2007)

이형석, 고르비! 우리 땅 鹿屯島를 돌려주오, 북한 1990년 9월호

이홍민, 현행민법 시행 전 이성양자의 허용여부, 가족법연구 제25권 제3호 (2011)

임대식, 일제시기·해방 후 나라이름에 반영된 좌우갈등: 우 '대한'·좌 '조선' 과 남 '대한'·북 '조선'의 대립과 통일, 역사비평 1993년 여름호(통권 제23호)

장박진, 대일평화조약 제4조의 형성과정 분석, 국제지역연구 제20권 3호(2011)

장효상, 한국인의 국적, 월간고시 1989년 3월

장후영, 민법 제14조의 운명, 법정 1948년 4월호

장후영, 군법회의의 성격, 법조협회잡지 제4권 제1호(1955)

정병준, 영국 외무성의 對日평화조약 草案·부속지도의 성립(1951.3.)과 한국 독도영유권의 재확인, 한국독립운동사연구 제24집(2005)

정병준, 1945-1951년 미소·한일의 대마도 인식과 정책, 한국근현대사연구 제59호(2011.12.)

정병준, 1945-1951년 미소·한일의 대마도 인식과 정책, 한국근현대사연구 2011년 겨울호(제59집)

정상우, 1948년 헌법 영토조항의 도입과 헌정사적 의미, 공법학연구 제19권 제4호(2018)

정세정, 러시아 공사관 부지 처리과정의 국제법적 검토, 국제법학회논총 제 65권 제1호(2020)

정지호, 청말 국적법 제정과 국민의 경계, 중국사연구 제52집(2008)

조소영, 미 군정청 사법부(the department of Justice)의 기능과 역할에 관한 실증적 연구: 사법부 유권해석선집(selected legal opinions of the department of justice) 제1부의 정리와 자료를 중심으로, 법사학연구 제30호(2004)

조용환, 성문화된 관습형법? — 국방경비법의 인권문제, 세계인권선언 50주년 기념사업위원회 주최, 한국 인권의 현황과 과제(1999년 2월 26일-3월 1일, 제주도 세미나 발표논문)

차상철, 1945-1946년 트루만행정부의 한국정책, 동방학지 제63집(1989)

차진아, 공포는 법률의 효력발생요건인가? : 헌재 2001.4.26. 98헌바79등 결정에 대한 평석, 저스티스 제99호(2007)

최경옥, 제헌국회의 성립사: 미군정법령과 관련하여, 공법연구 제31집 제5호(2003)

최경옥, 미군정법령에 관한 연구, 법사학연구 제29호(2004)

최경옥, 미군정하의 국방경비법의 유래와 변천, 공법연구 제35집 제2호(2006)

최봉룡, 만주국의 국적법을 둘러싼 딜레마, 한국민족운동사연구 제9집(2011)

하용운, UN 한국임시위원단(UNTCOK) 연구 — 5.10 선거기의 역할과 성격을 중심으로, 한성사학 제6·7합집(1994)

한광호, 외국인의 공권급공법상 의무, 서우 제10호(1907.9.1.)

한모니카, 1948년 대한민국 정부 수립과 주한미군의 정권 이양 과정 및 의미, 동방학지 제164집(2013)

한병호, 아시아 지역 국가의 헌법과 바다, 해사법연구 제31권 제1호(2019)

한병호, 유럽지역 국가의 헌법상 해양관할권 규정에 관한 연구, 해사법연구 제32권 제2호(2020)

해외유객, 국가의 본의, 대한자강월보 제3호(1906.9.25.)

허동현, 대한민국 승인을 위한 수석대표 장면의 활동, 한국민족운동사연구 제61집(2009)

허동현, 대한민국의 건국 외교와 유엔(UN), 숭실사학 제30집(2013)

홍순호, 장면 외교의 명암(1946-1952), 경기사학 제5권(2001)

홍진기, 사법재판소의 법률심사, 법정 1947년 11월호

홍현욱, 한국 군법회의제도의 구상, 법정 1955년 4월호

황명준, 간도 영유권의 국제법적 분석 (서울대학교 법학석사논문, 2005)

황성희, 처의 능력에 대한 신판례에 관하여, 법정 1947년 12월호

황성희, 입법의원 의원선거법에 대한 의의 약간, 법정 1948년 3월호

황태연, 대한민국 국호의 기원과 의미, 정치사상연구 제21집 제1호(2015), 법
　　　제월보 1958년 6월호

3. 일어 자료

江川英文·山田鐐一·早田芳郎, 國籍法(有斐閣, 1989)

國際法事例研究會, 國家承認(日本國際問題研究所, 1983)

國際法事例研究會, 國交再開·政府承認(慶應通信株式會社, 1988)

內部警務局編, 民籍事務槪要(1910)

福田博, 基本關係, 時の法令 1966年 3月 別冊(日韓條約と國內法の解説)

福田博, 基本條約, 法律時報 1965年 9月號

富田節子·金英達·梁太昊, 創氏改名(明石書店, 1992)

司法協會, 朝鮮高等法院要旨類集(司法協會, 1943)

小田滋, 日韓漁業紛爭をめぐつて, ジョリスト 1953年 4月 15日

小田滋, 李承晩宣言の違法性, 法律時報 1953年 10月號

小田滋, 海の資源と國際法 Ⅰ(有斐閣, 1971)

松岡修太郎, 外地法(新法學全集 第三卷 中)(日本評論社, 1936)

外務省 條約局 法規課, 日本統治時代の朝鮮, 外地法制誌(1971)

外務省條約局條約課韓, 日韓條約國會審議要旨(1966)

二宮正人. 國籍法における男女平等(有斐閣, 1973)

鄭光鉉, 姓氏論考(東光堂書店, 1940)

朝鮮總督府, 在滿洲朝鮮關係領事官打合會議報告(1923), 金正柱, 朝鮮統治史料
　　　第8卷(韓國史料研究院, 1971)

朝鮮總督府編, 民籍例規(大成印刷所, 1922)

朝鮮總督府編, 朝鮮戶籍及寄留例規(朝鮮戶籍協會, 1943)

朝鮮總督府 法務局, 氏制度の解說(1940)

淸宮四郎, 外地法序說(有斐閣, 1944)

統監官房, 韓國施政年報(明治 39·40年)

朝鮮總督府 官報

4. 영문 자료
가. 단행본

H. Allen, Chronological Index(Press of Methodist Publishing House, 1901)

American Law Institute, Restatement of the Law: Foreign Relation of the United States 3rd ed.(American Law Institute, 1987)

D. Attard, The Exclusive Economic Zone in International Law(Oxford University Press, 1987)

Benvenisti, The International Law of Occupation(Princeton UP, 2004)

A. Boll, Multiple Nationality and International Law(Martinus Nijhoff, 2007)

D. Bowett, United Nations Forces(Stevens & Sons, 1964)

In Seop Chung, Korean Questions in the United Nations(Seoul National University Press, 2002)

J. Crawford, The Creation of States in International Law 2nd ed.(Oxford UP, 2006)

J. Crawford, Brownlie's Principles of Public International Law 9th ed. (Oxford UP, 2019)

Department of the Army, The Law of Land Warfare(FM 27-10)(1956)

Department of Defense, Law of War Manual(2016)

Depart of State, Foreign Relations on the United States 1945 Volume Ⅵ (United States Government Printing Office)

Foreign Relations on the United States 1946 Vol.Ⅷ

Foreign Relations of the United States 1948 vol. Ⅵ

Foreign Relations of the United States 1949 Volume Ⅶ

Foreign Relations of the United States 1951 Volume Ⅵ, Part 1

J. Dugard, Recognition and the United Nations(Grotius Publications, 1987)

S. Fox, China, South Korea, and the Socotra Rock Dispute(Palgrave, 2019)

J. Garner, International Law and the World War Vol.Ⅱ(Longman, Green and Co. 1920)

L. Goodrich, E. Hambro & A. Simons, Charter of the United Nations: Commentary and Documents 3rd & Revised ed.(Columbia UP, 1969)

W. Gould, An Introduction to International Law(Harper & Brothers, 1957)

T. Grant, The Recognition fo States(Praeger, 1999)

G. H. Hackworth ed., Digest of International Law(1940-1944)

R. Higgins et al., Oppenheim's International Law: United Nations vol.1 (Oxford UP, 2017)

D. Hollis ed., The Oxford Guide to Treaties 2nd ed.(Oxford UP, 2020)

D. Hollis, M. Blakeslee & L. Ederington ed., National Treaty Law and Practice(Martinus Nijhoff, 2005)

C. Hyde, International Law Chiefly as Interpreted and Applied by the United States vol.3 2nd revised ed.(Little, Brown and Company, 1945)

R. Jay, United Nations Observers Status: An Accumulation of Contemporary Developments(World Association of Lawyers, 1976)

R. Jennings & A Watts, Oppenheim's International Law 9th ed. vol.1, parts 2 to 4(Longman, 1992)

H. Kelsen, The Law of the United Nations with supplement(Praeger, 1951)

H. Kelsen(revised and edited by R. Tucker), Principles of International Law 2nd ed.(Holt, Rinehart and Winston, Inc., 1966)

H. Larson ed., History of the United States Armed Forces in Korea (unpulished)

L. Lee & J. Quigley, Consular Law and Practice 3rd ed.(Oxford UP, 2008)

P. Malanczuk, Akehurst's Modern Introduction to International Law 7th rev. ed.(Routledge, 1997)

M. Marak ed., Succession of States(M. Nijhoff, 1999)

P. Menon, The Succession of States in respect to Treaties, State Property, Archives, and Debts(The Edwin Mellen Press, 1991)

Ministry of Foreign Affairs, The View of the Korea Government, Selected Documents, and Thesis on Peace Line(Reference Material Series No.

F.P.A. —P.12) vol. I (?)

W. O'Brien ed., The New Nations in International Law and Diplomacy (Stevens & sons, 1965)

F. Orrego Vicuna, The Exclusive Economic Zone(Cambridge University Press, 1989)

A. J. Peaslee(ed.), Constitutions of Nations, 2nd ed., vol. 1-3(Martinus Nijhoff, 1956)

D. Reiter, How Wars End(Princeton UP, 2009)

S. Risenfeld & F. Abbott ed., Parliamentary Participation in the Making and Operation of Treaties(Martinus Nijhoof, 1994)

S. Sharma, Territorial Acquisition, Disputes and International Law(Martinus Nijhoff Publishers, 1997)

M. Shaw, International Law 9th ed.(Cambridge UP, 2021)

B. Simma, DE Khan, G. Nolte & A. Paulus eds., The Charter of the United Nations: A Commentary 3ed ed.(Oxford UP, 2012)

J. Stone, Legal Control of International Conflicts 2nd revised ed.(Stevens & Sons, 1959)

S. Talmon, Recognition of Governments in International Law(Oxford UP, 2001)

United States Army Forces in Korea, Selected Legal Opinions of the Department of Justice, United States Army Military Government in Korea ① & ②(1948)

H. van Fanhuys, The Role of Nationality in International Law(A.W. Sythoff, 1959)

War Department, The Rules of Land Warfare(FM 27-10)(1940)

A. Watts, The International Law Commission 1949-1998 vol. Ⅱ: The Treaties (Oxford University Press, 1999)

M. Whiteman ed., Digest of International Law vol.2(Department of State, 1963)

R. Wolfrum ed., The Max Planck Encyclopedia of Public International Law vol.Ⅶ(Oxford UP, 2012)

F. Yamaguchi, Suspension of Diplomatic Relations between Occupied Japan and Neutral States, Zeitschrift für ausländisches öffentliches Recht und Völkerrecht vol.42(1982)

Tae-Ho Yoo, The Korean War and the United Nations(Libairie Desbarax, 1965)

Repertory of Practice of Untied Nations Organs(1945-1954) vol.1

Repertory of Practice of Untied Nations Organs(1945-1954) vol.2

Repertory of Practice of United Nations Organs(1945-1954) vol.5

Repertory of Practice of United Nations Organs, Supplement No.1 (1954-55) vol.1

Repertory of Practice of United Nations Organs, Supplement No.2 (1954-55) vol.2

Repertory of Practice of United Nations Organs Supplement No.2 (1955-1959) vol.2

Repertory of Practice of United Nations Organs Supplement No.3 (1959-1966) vol.2

Repertory of Practice of United Nations Organs Supplement No.4 (1966-1969) vol.1

Repertory of Practice of United Nations Organs Supplement No.5 (1970-1978) vol.2

Repertory of Practice of United Nations Organs Supplement No.6 (1979-1984) vol.3

Report of the United Nations Temporary Commission in Korea vol. Ⅰ-Ⅲ, A/575 & Add.1-3(1948)

Report of the United Nations Commission on Korea vol.I, A/936(1949)

UN Legislative Series, Laws and Regulations on the Regime of High Seas (UN Doc. ST/LEG/Ser.B/1(1951)

UN, Laws concerning Nationality(UN, 1954)(ST/LEG/SER.B/4/Add.1)

나. 논문

A. Halwan Al-Enazy, The International Boundary Treaty(Treaty of Jeddah) Concluded between the Kingdom of Saudi Arabia and the Yemeni Republic on June 12, 2000, American Journal of International Law vol.96(2000)

E. Bello, Reflections on Succession of States in the light of the Vienna Convention on Succession of States in Respect of Treaties 1978, German Yearbook of International Law vol.24

Seung Hwan Choi, The Status, Rights and Duties of Observers for Non-Member States of the United Nations, The Korean Journal of Comparative Law vol.19(1991)

D. Coster, The Interim Committee of the General Assembly: An Appraisal, International Organization Vol.3, No.3(1949)

A. Dean, The Geneva Conference on the Law of the Sea: What was accomplished, American Journal of International Law vol.52(1958)

A. Dean, The Second Geneva Conference on the Law of the Sea: The Fight for Freedom of Sea, American Journal of International Law vol.54 (1960)

D. Dzurek, Deciphering the North Korean-Soviet(Russian) Maritime Boundary Agreements, Ocean Development and International Law vol.23 (1992)

C. Eagleton, The Work of the UN Interim Committee, AJIL vol.42, No.3 (1948)

Kay Hailbronner, Nationality in Public International Law and European Law, in Rainer Bauböck, Eva Ersbøll, Kees Groenendijk & Harald Waldrauch ed., Acquisition and Loss of Nationality(Amsterdam UP, 2006)

A. Hollick, The Origin of 200-mile Offshore Zones, American Journal of International Law vol.71(1977)

Kaikobad, Some Observation on the Doctrine of Continuity and Finality of Boundaries, British Yearbook of International Law vol.54(1983)

S. Kaye, The Relevance of the Syngman Rhee Line in the Development of the Law of the Sea, 서울국제법연구 제18권 2호(2011)

Lee, Keun-Gwan, Korean Unification and State Succession in respect of Treaties, External Property and Debts of North Korea(unpublished report, 1998)

Y. Liang, Notes on Legal Questions concerning the United Nations, AJIL vol 42 No.4(1948)

Yuen-Li Liang, Abstention and Absence of a Permanent Member in Relation to Voting Procedure in the Security Council, American Journal of International Law Vol.44(1950)

Munkman, Adjudication and Adjustment — International Judicial Decision and Settlement of Territorial and Boundary Disputes, British Yearbook of International Law vol.46(1972)

S. Oda, Normalization of Relations between Japan and the Republic of Korea, American Journal of International Law vol.61 no.1(1967)

Park, Tae-Gyun, The Ugly Duckling: Activities of the Canadian Delegate in UNTCOK and Koreans' Evaluation, Comparative Korean Studies, vol. 13 no.1(2005)

P. Potter, Legal Aspects of the Situation in Korea, American Journal of International Law vol.44, no.4(1950)

Rizk, Monarchs in War, Al Ahram Issue No.681(2004.3.11-17); R. Schofield, Negotiating the Saudi-Yemeni international boundary, The Britush-Yemeni Society(March 31, 1999)

G. Schwarzenberger, Title to Territory: Response to a Challenge, American Journal of International Law vol.51(1957)

D. Sarooshi, The Legal Framework Governing United Nations Subsidiary Organs, BYIL vol.67(1997)

F. Blaine Sloan, The Binding Force of a Recommendation of the General Assembly of the United Nations, BYIL vol.25(1948)

S. Talmon, Diplomacy under Occupation. The Status of Diplomatic Missions in Occupied Iraq, Anuario Mexicano de Drecho Internacional vol. Ⅵ(2006)

L. Wildhaber & S. Breitenmoser, The Relationship between Customary International Law and Municipal Law in Western European Countries, ZaöRv vol.48, no.2(1988)

The Interim Committee of the General Assembly, Documents & State Papers Vol.1, No.3(1948)

저자약력

서울대학교 법과대학 및 동 대학원 졸업(법학박사)
서울대학교 법학전문대학원 교수(1995-2020)
국가인권위원회 인권위원(2004-2007)
대한국제법학회 회장(2009)
인권법학회 회장(2015. 3-2017. 3)
현: 서울대학교 법학전문대학원 명예교수

[주요저서 및 편서]
재일교포의 법적지위(서울대학교출판부, 1996)
국제법의 이해(홍문사, 1996)
한국판례국제법(홍문사, 1998 및 2005 개정판)
국제인권규약과 개인통보제도(사람생각, 2000)
재외동포법(사람생각, 2002)
고교평준화(사람생각, 2002)(공편저)
집회 및 시위의 자유(사람생각, 2003)(공편저)
이중국적(사람생각, 2004)
사회적 차별과 법의 지배(박영사, 2004)
국가인권위원회법 해설집(국가인권위원회, 2005)(공저)
재일변호사 김경득 추모집 ─ 작은 거인에 대한 추억(경인문화사, 2007)
증보 국제인권조약집(경인문화사, 2008)
신국제법강의(박영사, 2010 및 2024 개정14판)
신국제법입문(박영사, 2014 및 2024 제5판)
에센스 국제조약집(박영사, 2010 및 2023 개정 5 판)
난민의 개념과 인정절차(경인문화사, 2011)(공편)
생활 속의 국제법 읽기(일조각, 2012)
김복진: 기억의 복각(경인문화사, 2014, 2020 증보판)
한국법원에서의 국제법 판례(박영사, 2018)
국제법 시험 25년(박영사, 2020 및 2022 증보판)
국제법 학업 이력서(박영사, 2020)
신국제법판례 120선(박영사, 2020)(공저)
조약법: 이론과 실행(박영사, 2023)
국제인권규약 주해: 시민적 및 정치적 권리(박영사, 2024)(공편)

Korean Questions in the United Nations(Seoul National University Press, 2002) 외

[역서]
이승만, 미국의 영향을 받은 중립(연세대학교 대학출판문화원, 2020)

이 저서는 2017년 정부(교육부)의 재원으로 한국연구재단의 지원을 받아
수행된 연구임(NRF-2017S1A6A4A01020302)
This work was supported by the National Research Foundation of Korea Grant
funded by the Korean Government(NRF-2017S1A6A4A01020302)

대한민국 수립과 국제법

초판 발행   2024년 4월 25일

지은이   정인섭
펴낸이   안종만·안상준

편 집   김선민
기획/마케팅   조성호
표지디자인   벤스토리
제 작   우인도·고철민·조영환

펴낸곳   ㈜ **박영사**
              서울특별시 금천구 가산디지털2로 53, 210호(가산동, 한라시그마밸리)
              등록 1959. 3. 11. 제300-1959-1호(倫)

전 화   02)733-6771
fax   02)736-4818
e-mail   pys@pybook.co.kr
homepage   www.pybook.co.kr
ISBN   979-11-303-4722-6   93360

* 파본은 구입하신 곳에서 교환해 드립니다. 본서의 무단복제행위를 금합니다.

정 가   32,000원